Filmen

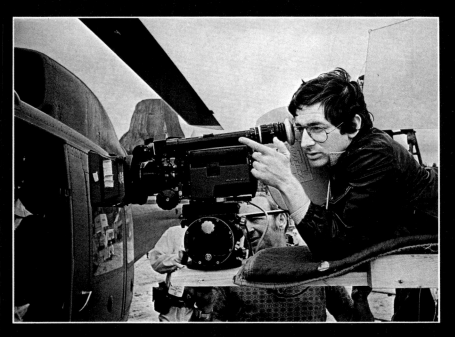

Für Catherine

Das Bild oben zeigt Steven Spielberg bei den Dreharbeiten zu *Unheimliche Begegnung der dritten Art*.
Die Illustration auf der vorhergehenden Doppelseite stammt aus dem Film *In der Glut des Südens*.

Idee und Gestaltung Dorling Kindersley Limited, London

© 1981 Hallwag AG Bern

Die englische Originalausgabe ist unter dem Titel «The Book of Movie Photography» im Verlag Ebury Press, London, erschienen

© 1979 Dorling Kindersley Limited, London
© 1979 David Cheshire (Text)

Deutsche Übersetzung: Rudolf Hermstein
Umschlaggestaltung: Robert Buchmüller
Satz: Filmsatz Lehmann + Co., Thun/Switzerland
Printed in Italy by A. Mondadori, Verona

ISBN 3 444 10273 9

Inhalt

6 Einführung

Die Geschichte des Films
18 Die Bilder lernen laufen
20 Die ersten Filmaufnahmen
22 Die ersten Filmemacher
24 Der Film in den zwanziger Jahren
26 Die ersten Tonfilme
28 Die Nachkriegszeit
30 Gegenwart und Zukunft

Kamera und Film
32 Die technischen Grundlagen
34 Super-8
38 16 mm
41 Andere Formate
42 Filmtransport und Umlaufblende
43 Das Kameraobjektiv
44 Bildschärfe und Scharfeinstellung
46 Blende und Schärfentiefe
48 Suchersysteme
51 Wirkungsweise des Filmmaterials

Grundlagen der Filmtechnik
54 Die Sprache des Films
56 Kamerahaltung und -befestigung
58 Die Einstellungen
64 Das Zoom
68 Horizontal- und Vertikalschwenks
70 Die fahrende Kamera
72 Aufbau einer Sequenz
74 Die Handlungsachse
76 Dialogaufnahmen
78 Komplizierte Achsensprung-Probleme
80 Erweiterung des Bildes
82 Simultanhandlung
84 Die fertig montierte Sequenz
86 Kontinuität

Beleuchtung
88 Film und Beleuchtung
90 Belichtungsmesser
92 Farbtemperatur
94 Belichtungsregulierung
96 Natürliche Beleuchtungsverhältnisse
98 Künstliche Beleuchtung
102 Aufbau einer Beleuchtungsanordnung
108 Spezielle Beleuchtungstechniken

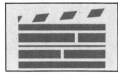

Vertonung
110 Grundlagen der Tonaufzeichnung
112 Einbandverfahren
116 Zweibandverfahren
120 Tonaufnahmegeräte
122 Mikrofone
126 Manipulation der Tonwiedergabe

Ein Film entsteht
128 Die Grundausrüstung
130 Der Familienfilm
132 Ein Hochzeitsfilm
134 Charakterstudien
136 Der Film-Essay
138 Dokumentarfilme
140 Ein einfacher Drehbuchfilm
144 Filmen ohne Drehbuch
146 Verfilmung einer literarischen Vorlage
148 Regie führen
150 Atmosphäre und Charakter
152 Spannung aufbauen
154 Komik im Film
156 Kampfszenen
157 Explosionen
158 Stunts
160 Sportfilme
164 Spezialeffekte
165 Kostüme und Dekorationen
166 Der Urlaubsfilm
168 Der Reisefilm
170 Filmaufnahmen von Bauwerken
172 Landschaft
174 Tiere in freier Wildbahn
176 Filmen unter Wasser
178 Extremer Nahbereich
180 Luftaufnahmen

Spezialtechniken
182 Filter für Spezialeffekte
184 Trickfilter und Objektivvorsätze
186 Filmtricks mit der Kamera
190 Miniaturmodelle
192 Maskeneffekte
194 Spiegel- und Vordergrundtrick
195 Front- und Rückprojektion
196 Grundlagen der Animationstechnik

Filmentwicklung und -bearbeitung
208 Filmentwicklung
210 Wozu Schnitt und Montage?
212 Filmklebeverfahren
216 Wann und wo geschnitten wird
220 Aufbau einer Sequenz
222 Symbolische Montage
224 Fehler beim Filmschnitt
226 Tricks beim Filmschnitt
228 Negativschnitt
229 Filmkopierung
230 Das Kopierwerk

Tonfilmschnitt
233 Filmbespurung
234 Tonfilmschnitt im Einbandverfahren
238 Tonfilmschnitt im Zweibandverfahren
242 Schnitt nach Musik
244 Nachvertonung und Tonmischung

Projektion
250 Projektoren
252 Funktionsweise des Projektors
256 Breitwandverfahren

Technischer Anhang
258 Pflege der Ausrüstung
260 Fehler und Störungen
262 Polavision
264 Video
266 Technische Daten – Kameras
270 Technische Daten – Projektoren
272 Technische Daten – Filme
274 Tabellen

276 Verzeichnis der Fachausdrücke

283 Register

Einführung

Man schätzt, daß seit der Erfindung der Kinematographie im Jahre 1895 über eine Viertelmillion Filme gedreht worden sind. Das entspricht etwa acht Millionen Kilometer Film oder einer ununterbrochenen Betrachtungszeit von 50 Jahren. Kein Zweifel, schon diese nüchternen Zahlen zeigen, daß der Film die bei weitem dynamischste Kunstgattung des 20. Jahrhunderts ist. Aber mehr noch, mit Ausnahme der Stehbildfotografie wird keine Art des kreativen Selbstausdrucks in so großem Umfang auch von Amateuren ausgeübt. Schmalfilme, vertont und in Farbe, können heute selbst mit einfachsten Geräten technisch perfekt gedreht werden. Der Amateur kann heute auf ein ganzes Arsenal von Konventionen und Traditionen zurückgreifen, die von den Pionieren des Films in mühsamer Arbeit erfunden – oder vielleicht sollte man besser sagen entdeckt wurden. Zwischenschnitt, Großaufnahme, Schwenk, Kamerafahrt, Rückblende und Überblendung – alle diese Techniken sind heute selbstverständliche Bestandteile der Sprache des Films.

Das Erzählen ist überhaupt das wesentlichste Merkmal des Films. Im Gegensatz zu einem Standfoto zeigt ein Film einen Ablauf, eine Folge von Tönen und Bildern, aus denen wir ganz unwillkürlich bestimmte Schlüsse ziehen. Aus zwei Einstellungen, von denen die erste vielleicht einen Grabstein und die zweite eine weinende Frau zeigt, konstruieren wir bereits eine Geschichte. Das gilt auch schon für den einfachsten Amateur-Schmalfilm. Aufgabe jedes Filmemachers ist es, das vorhandene Material so zu gestalten, daß die Geschichte, die er erzählen möchte, einleuchtend und überzeugend zum Ausdruck kommt.

Dieses Buch beruht auf der Annahme, daß gewisse allgemeine, grundlegende Prinzipien für jede Art des Filmemachens gelten, also für den Amateur-Schmalfilm ebenso wie für den professionellen Film. Für den Amateur gibt es keinen besseren Weg, das Handwerk des Filmers zu erlernen, als möglichst oft ins Kino zu gehen – oder sich Filme im Fernsehen anzuschauen. Wenn Sie es sich erst einmal zur Gewohnheit gemacht haben, bei jedem Film, den Sie sich ansehen, auf Merkmale wie Rhythmus, Schnitt und Bildkomposition zu achten, werden Ihre eigenen Filme davon gewaltig profitieren. Aus diesem Grunde bringt dieses Buch zahlreiche Ausschnitte aus großen Filmen der Vergangenheit. Diese Ausschnitte sind als *Sequenzen* wiedergegeben, denn in einem Film steht keine Einstellung für sich alleine.

Das Buch ist so aufgebaut, daß Sie vom einfachsten «heruntergedrehten», ungeschnittenen Amateurfilmchen bis zu raffiniert gemachten, dramatisierten Filmen mit Zweibandvertonung, Stereoton und Breitwandprojektion fortschreiten können. Die Auswahl der Geräte, der Drehplan, der Schnitt und die Projektion bilden dabei eine Reihenfolge, die im ganzen Buch immer die gleiche bleibt.

Wo wir Ratschläge geben, kann oft der Eindruck entstehen, wir wollten vorschreiben, was «richtig» und was «falsch» ist. In Wirklichkeit sind alle diese Regeln dazu da, bewußt übergangen zu werden, sobald Sie einmal so weit sind, daß Sie wissen, was Sie da übergehen oder mißachten. Andererseits können Sie natürlich nicht erwarten, daß Sie gleich nach den ersten Versuchen ein Meister sein werden. Eigene Experimente und Erfahrungen lassen sich durch nichts ersetzen.

Film und Bild
Bertolucci verwendete in *1900* die Flagge, um politische Haltungen anzudeuten.

Film und dramatischer Effekt
Ken Russell begann seinen Film über das Leben von Gustav Mahler mit dieser Sequenz eines in Flammen aufgehenden Hauses – Beispiel für die bildliche Darstellung abstrakter Ideen.

Film und Bildaufbau (rechts)
David Lean schuf in seinem Film *Doktor Schiwago* ein eindringliches Bild, indem er die nächtliche Prozession Eisenbahngleise in der winterlichen russischen Landschaft überqueren ließ.

EINFÜHRUNG

Die Einstellung

Zu den Ausdrucksmitteln des Films gehört nicht nur der Schnitt von einem Bild zum nächsten, sondern auch die Veränderung des Bildinhalts einer einzigen Einstellung. Dies geschieht am eindrucksvollsten durch die Kamerafahrt. Die auf diesen Seiten wiedergegebene Einzeleinstellung, die Orson Welles 1941 für *Citizen Kane* filmte, ist eine der eindrucksvollsten Einstellungen, die je gedreht wurden. Gregg Toland, der Kameramann, erzählte: «Welles bestand darauf, die Story möglichst wirkungsvoll zu erzählen, auch wenn dabei alle Hollywood-Konventionen zum Teufel gingen.» Diese «Außenaufnahme» wurde tatsächlich im Atelier gedreht.

In dieser einen Kranaufnahme faßte Welles das ganze Pathos von Susan Alexander Kanes Laufbahn zusammen: Ihr Mann, der Zeitungskönig und «Bürger» Kane des Filmtitels, hat sie gezwungen, Sängerin zu werden – wofür sie denkbar unbegabt ist. Die Kamera steigt nach oben, durch den strömenden Regen, mitten durch die Neonreklame, die ihren Ruhm verkündet, durch das Glas des Oberlichts und hinab in den Nachtclub, in dem sie sitzt und weint. Die Aufnahme ist ebenso aussagestark wie überraschend. Hier ersetzt die Kamera nicht das Auge. Es ist eine völlig neue Art des Sehens.

Ersteinstellung
Die Einstellung, die 25 Sekunden dauert, beginnt mit einer weißen Leinwand – einem Blitzschlag. Anschließend sieht man eine Anschlagtafel mit einem Plakat, das Susan Alexander Kane zeigt. Die Dimensionen des Plakats sind nicht erkennbar. Der Blitzschlag auf dem Einzelbild und der über die Leinwand rauschende Regen sind Studioeffekte.

1a ⏱ 25 Sek. Blitz

1b Das Plakat mit Kanes Frau

1c Ein zweiter Blitz

Kranaufnahme
Nach weiteren Blitzen steigt die Kamera über das Plakat, und man sieht die Mauer, an der die Anschlagtafel befestigt ist.

1d Kamera steigt

1e Blick über das Dach

Kamerafahrt vorwärts
In diesem Augenblick beginnt die Kamera, vorwärts zu fahren. Sie steigt bis über das Dach des Gebäudes und nähert sich unaufhaltsam der Leuchtreklame. Wir sehen Susan Alexander Kanes Namen in Leuchtschrift.

Kranaufnahme geht weiter
Immer noch innerhalb der ersten Einstellung steigt die Kamera weiter. Das Plakat verschwindet aus dem Bild, und der Blick geht über die Mauer und die nassen Dächer zu einer in der Ferne leuchtenden Neonreklame.

1f Die Neonreklame erscheint

1g Kamerafahrt vorwärts

Kamerafahrt geht weiter
Während die Kamera der Leuchtreklame immer näher kommt, schwenkt die Kamera nach oben, und wir entziffern, daß Susan in einer Show in einem Nightclub namens «El Rancho» als Sängerin auftritt. Außerdem sehen wir jetzt das Licht aus dem Lokal, das das Oberlicht erhellt.

EINFÜHRUNG

Kamerafahrt auf die Leuchtreklame zu
Der Regen strömt noch immer auf die Dekoration herab, und es blitzt erneut. Unterdessen fährt die Kamera unaufhaltsam auf die Leuchtreklame zu. Allmählich füllt die Neonschrift von Susans Namen das ganze Bildfeld aus.

1h Ein weiterer Blitz

1i Fahrt geht weiter

1j Leuchtschrift wird größer

1k Kamera erreicht die Schrift

1l Die Schrift teilt sich

1m Die Kamera fährt durch

Kamerafahrt durch die Leuchtreklame
In ununterbrochener Bewegung fährt die Kamera mitten durch die Leuchtreklame hindurch. Wie von Zauberhand bewegt, teilt sich die Reklame und läßt die Kamera durch. Dazu wurde während der Dreharbeiten für diese Einstellung die Leuchtreklame im Atelier abmontiert.

Fahrt und Schwenk nach unten
Nachdem sie durch die Reklame hindurch ist, fährt die Kamera weiter und schwenkt nach unten zu dem Oberlicht. Der Regen prasselt auf die Glasscheiben, aber im Näherkommen sehen wir Susan Alexander Kane zusammengesunken an einem der Tische im leeren Nightclub sitzen.

1n Das Oberlicht taucht auf

1o Schwenk hinunter zum Oberlicht

1p Blick durchs Oberlicht

Überblendung
Das Bild wird unscharf, und eine extreme Großaufnahme des Regens auf dem Oberlicht geht in die nächste Einstellung über. Nicht einmal Orson Welles konnte mit der Kamera durch Glasscheiben fahren. Die Überblendung ist jedoch fast unmerklich – man hat den Eindruck einer kontinuierlichen Fortsetzung der Einstellung.

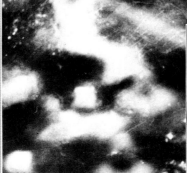
1q Überblendung

2 Das Innere des Nightclubs

Neue Einstellung – Innenaufnahme
Diese neue Einstellung vom Innern des Lokals beginnt beim selben Kamerastandpunkt wie am Ende der ersten Einstellung – hoch in einer Ecke des Raums, mit Blick auf Kanes Frau hinab. So erscheint die Bewegung der Kamera über das Dach, zwischen den Wörtern der Reklame hindurch und hinunter in das Lokal als kontinuierlich.

EINFÜHRUNG

Kreative Verwendung von Farbe im Film

Die Farbwiedergabe im Film läßt sich beeinflussen, um nicht nur die Stimmung, sondern auch sehr subtile Aspekte einer Persönlichkeit wiederzugeben. Dies gelang Michelangelo Antonioni in seinem ersten Farbfilm *Die rote Wüste* (1964). Es handelt sich um eine Studie einer jungen Frau (Giuliana), gespielt von Monica Vitti, die in neurotischer Entfremdung von ihrer Umwelt lebt. Die schrecklichen Fabriken, Kanäle und Hafenanlagen in der Umgebung ihres Hauses sind in Grau- und Pastelltönen gefilmt, ergänzt durch Weichzeichnereffekte, die Giulianas Entfremdung betonen. Antonioni ging sogar so weit, Obst grau anzumalen. In der hier gezeigten Szene erzählte Giuliana ihrem Sohn Valerio eine Geschichte. In der – natürlich erfundenen – Geschichte kommt ihre verzweifelte Sehnsucht nach Freiheit, Kindheit und Naturschönheit zum Ausdruck.

Antonioni filmte diese Phantasieszenen in kräftigen, jedoch leicht rosastichigen Farbtönen. Der Symbolismus des unerreichbaren Segelbootes und des überirdischen Gesangs, den Giuliana hört, wird verstärkt durch die jähe Rückkehr in die Wirklichkeit am Ende der Geschichte – so als sei nur die Welt der Phantasie Realität.

Junge: «Erzähl mir eine Geschichte.»

Giulianas Geschichte
Während Giuliana mit ihrer Geschichte beginnt, wird auf eine unscharfe Einstellung vom Strand geschnitten. Schwenk auf das schwimmende Mädchen. Das kristallklare Wasser kontrastiert mit den verdreckten Kanälen bei Giulianas Haus. Kormorane, Möwen und Wildkaninchen verstärken den Eindruck eines Naturparadieses.

Mutter: «Auf einer Insel lebte einmal ein kleines Mädchen. Erwachsene langweilten und ängstigten sie, ebenso die Kinder, die immer Erwachsensein spielten.»

1 ⏱ 11,5 Sek. Die Mutter wendet sich dem Jungen zu

2 ⏱ 3 Sek. Großaufnahme ihres Kindes

3 ⏱ 18,5 Sek. Mutter und Kind auf dem Bett

4a ⏱ 6 Sek. Schnitt auf unscharfe Strandansicht

4b ⏱ Schwenk auf ein schwimmendes Mädchen

5 ⏱ 2 Sek. Das Mädchen schwimmt unter Wasser
«Sie war immer allein...»

6 ⏱ 3,5 Sek. Sie taucht auf

7 ⏱ 4 Sek. Ein schwimmender Kormoran
«Mit den Kormoranen...»

8 ⏱ 3 Sek. Eine Möwe auf den Klippen
«Den Möwen...»

9 ⏱ 6 Sek. Ein Kaninchen am Rand des Wassers
«Wildkaninchen...»

10a ⏱ 14 Sek. Beginn des Schwenks von den Klippen weg

10b ⏱ Schwenk endet in einer langen Einstellung von dem schwimmenden Mädchen

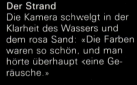
Der Strand
Die Kamera schwelgt in der Klarheit des Wassers und dem rosa Sand: «Die Farben waren so schön, und man hörte überhaupt ‹eine Geräusche.›»

«Sie hatte einen kleinen, einsamen Strand entdeckt, wo das Meer klar und der Sand rosa war.»

11 ⏱ 11,5 Sek. Ende des Schwenks vom Meer

12a ⏱ 17 Sek. Beginnender Schwenk vom Strand weg

12b ⏱ Schwenk endet im tieferen Wasser

13 ⏱ 12,5 Sek. Das Mädchen steigt aus dem Wasser

EINFÜHRUNG

14 ⏱ 10,5 Sek. Sie versteckt sich im Gebüsch

15 ⏱ 4,5 Sek. Weißes Segel am Horizont

16 ⏱ 3,5 Sek. Luftaufnahme von Segelboot

17 ⏱ 4,5 Sek. Luftaufnahme von zwei Booten

«Einmal sah sie ein Segel am Horizont. Das Boot war anders. Es war ein rotes Segelschiff...»

Sie ist allein
Es folgt noch eine weitere Sequenz von Einstellungen (links und unten), die die Erzählung fortsetzt und die Tatsache unterstreicht, daß das Mädchen schon oft an dem Strand war und daß es alleine ist.

Sie sieht das Schiff
Als das Boot näherkommt, sieht man die anderen Boote mit ihren leuchtend roten und blauen Segeln. Auch das Boot in der Ferne hat leuchtende Farben. Es hat «Sturm und Seegang getrotzt, auf den Meeren dieser und vielleicht anderer Welten...» Das Mädchen springt ins Wasser und schwimmt auf das Boot zu.

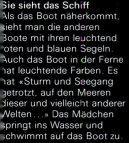

18 ⏱ 16,5 Sek. Das Boot mit den weißen Segeln kommt näher

19 ⏱ 5 Sek. Es kommt ganz nahe heran

20 ⏱ 6 Sek. Das Mädchen springt ins Wasser

«Von weitem sah es herrlich aus. Aus der Nähe wirkte es unheimlich. War jemand an Bord? Es lag ein paar Minuten unbeweglich auf dem Wasser, dann drehte es ab und verschwand so lautlos, wie es gekommen war.»

21 ⏱ 9 Sek. Sie schwimmt dem Boot entgegen

22 ⏱ 4,5 Sek. Der Abstand verringert sich

23 ⏱ 1,2 Sek. Großaufnahme von dem Mädchen

24 ⏱ 6 Sek. Das Boot

25 ⏱ 4 Sek. Seitenansicht des Bootes

26 ⏱ 3,5 Sek. Boot im Mittelgrund

27 ⏱ 3 Sek. Boot am Horizont

Das Schiff verschwindet
Erst sieht es so aus, als halte das Boot auf sie zu, aber im letzten Moment dreht es ab und verschwindet über den Horizont. An Bord hat sich kein Mensch gezeigt.

28 ⏱ 7 Sek. Schnitt auf Gesicht der Mutter

Wirklichkeit
An das Verschwinden des Bootes schließt sich eine Szenenfolge an, in der das Mädchen eine geheimnisvolle Stimme singen hört. Ja, «alles sang», sagt Giuliana, die Antonioni durch einen abrupten Schnitt ins Bild bringt, wie um ihren Traum zu unterbrechen. Das jähe Erwachen wird noch verschlimmert durch einen Schnitt auf dasselbe Schiff aus Einstellung 1 im Kanal vor dem Fenster.

29 ⏱ 4,5 Sek. Tanker läuft aus dem Hafen aus

EINFÜHRUNG
Die Bedeutung der Montage

Die sogenannte Neue Welle Anfang der sechziger Jahre bestand im Grunde genommen darin, daß man traditionelle Regeln auf intelligente Weise außer Kraft setzte. Zumal Jean-Luc Godard, führte auf der großen Leinwand eine Spontaneität ein, die man bis dahin nur bei experimentellen Filmen gewohnt war. Ein Sturm der Entrüstung brach los, als 1959 *A Bout de Souffle* («Außer Atem») in die Kinos kam, ein Film, der laut Godard zum Teil als Huldigung an amerikanische Gangsterfilme der dreißiger und vierziger Jahre wie z. B. *Scarface* gedacht war. Es ist zugleich verwirrend und aufregend, wie Godard in diesem Film mit unvorhersehbarem Handlungsverlauf, Stimmungsumschwüngen, Handlungssprüngen und Achsensprüngen arbeitet. Der Film erzählt zwar noch eine Geschichte, doch ist seine Erzählweise auf eine Art Stenographie reduziert. Bei dieser Art Anti-Montage gelten Achsensprünge und Handlungssprünge als akzeptabel, ja werden manchmal sogar regelrecht kultiviert. Während die klassische Montage unauffällig sein soll, will die *Anti-Montage* (wie man sie nennen könnte) die Aufmerksamkeit auf den Prozeß des Filmemachens selbst lenken. In dieser Szene, in der Michel (Jean-Paul Belmondo) einen Polizisten erschießt, vermitteln die harten Schnitte und Gegenschüsse eindrucksvoll die Hektik einer Verfolgungsjagd.

Die Ersteinstellung
Michel, der ein Auto geklaut hat, wird von zwei Polizisten auf Motorrädern verfolgt. Der Wagen hat Motorschaden, und er ist in einen Waldweg eingebogen, wo man ihn aber von der Straße aus noch sehen kann. Er beugt sich aus dem Fenster und schaut zurück.

1 ⏱ 5,5 Sek. Michel im Auto

Der erste Polizist
Godard schneidet auf eine kurze Einstellung von dem ersten Polizisten, der an der Einmündung vorbeifährt; warum er Michel nicht sieht, bleibt offen. Michel behauptet, aus dem Off, die Polizisten seien ihm in die Falle gegangen – doch worin die bestehen soll, wird auch nicht klar.

2 ⏱ 1 Sek. Der erste Polizist fährt vorbei

Michel: «Die Idioten sind mir in die Falle gegangen.»

Michel repariert den Wagen
In diesen drei Einstellungen öffnet Michel die Kühlerhaube und macht sich am Motor zu schaffen. Es folgt ein Schnitt auf den – wie man annimmt – zweiten Polizisten, der ebenfalls vorbeifährt, obwohl die beiden Polizisten bisher nebeneinander gefahren sind. Schnitt zurück auf Michel, der die Motorräder zurückkommen hört.

3 ⏱ 5 Sek. Michel sieht sich den Motor an

4 ⏱ 1 Sek. Der zweite Polizist fährt vorbei

5 ⏱ 5 Sek. Michel schaut auf

Der Polizist nähert sich
In dieser Einstellung fährt einer der Polizisten zurück – man nimmt an, er sei umgekehrt, weiß aber nicht, warum. Er biegt in den Fahrweg ein und kommt auf Michel zugefahren. Diese Einstellung unterbricht den bisherigen Schnittrhythmus und ist die bisher längste von dem Polizisten. Nichts deutet darauf hin, daß er gleich das Opfer werden soll.

6 ⏱ 3,5 Sek. Der zweite Polizist kommt zurück

Michel Halbnah
Schnitt zurück zum Auto. Michel läuft um den Wagen herum und langt durchs offene Fenster hinein. Es gibt keinen Dialog, und obwohl wir nicht wissen, was er sucht, wird allein durch die abrupten Wechsel Spannung und eine unbehagliche Stimmung aufgebaut.

7 ⏱ 3,5 Sek. Michel langt ins Auto

EINFÜHRUNG

Michel: «Keine Bewegung, oder ich schieße.»

8a ⏱ 2 Sek. Schwenk nach unten

8b Schwenk geht weiter

8c Schwenk geht weiter

8d Schwenk geht weiter

Schwenk nach unten
Der Aufnahme, die Michel beim Griff ins Wageninnere zeigt, folgt ein Gegenschuß, der auf seinem Hut beginnt und dann über sein Gesicht zu seiner Schulter schwenkt. Seine Lippen bewegen sich nicht, aber wir hören seine Stimme.

Harter Schnitt
Der Kameraschwenk nach unten über Michels Gesicht wird durch einen harten Schnitt auf seinen Ellbogen abgebrochen. Dieser abrupte Wechsel wäre eigentlich nicht nötig, dient aber dazu, die unbehagliche Stimmung der Sequenz zu verstärken – und die Illusion von Wirklichkeit zu «unterbrechen», die sich beim Betrachten jedes Films gerne einstellt.

9a ⏱ 2 Sek. Schwenk von links nach rechts

9b Schwenk geht weiter

Schwenk am Arm entlang
Die Einstellung geht mit einem Schwenk von links nach rechts weiter, an Michels Arm entlang, so daß die Kamera einen Bogen von 90° beschreibt. An diesem Punkt weist Godard am deutlichsten auf den Entstehungsprozeß des Films hin. Die Konzentration auf winzige Details ist gekünstelt und verwirrend. Die Technik ist so aufdringlich, daß es unmöglich ist, sich nicht der Kamera bewußt zu werden.

Revolver ganz groß
Erneut ein harter Schnitt. Man hört das laute Klicken beim Spannen des Revolvers, und der Schwenk an Michels Arm entlang wird durch den Schnitt auf eine Ganz-Groß-Aufnahme des Revolvers in seiner Hand abgebrochen. Die Trommel dreht sich, und die Kamera schwenkt zur Mündung des Laufes. Es fällt kein Wort mehr, und man weiß nicht, wo der Polizist ist oder ob er sich bewegt hat.

10a ⏱ 2 Sek. Schwenk nach rechts

10b Schwenk geht weiter

10c Schwenk geht weiter

11a ⏱ 2,5 Sek. Die Kugel trifft den Polizisten

11b Er bricht zusammen

Der Revolver geht los (links)
Man hört einen lauten Knall und sieht ganz kurz den Polizisten im Unterholz zusammenbrechen. Der Schock wird durch Michels brutale und unvermittelte Tat verstärkt, für die kein Motiv angedeutet wird.

Die letzte Einstellung (rechts)
Die Sequenz endet mit einem Zeitsprung zu einer ziemlich langen Einstellung von Michel, der über eine Wiese vom Schauplatz seiner Tat wegrennt.

12 ⏱ 16 Sek. Michel rennt über Wiesen

EINFÜHRUNG
Die subjektive Kamera

Es ist eines der paradoxen Merkmale des Films, daß wir beim Betrachten einer Filmszene nicht voraussetzen, es müsse jemand «dabeigewesen» sein. So ist es möglich, einen einsamen Menschen zu zeigen. Wir sind Zeugen seiner Einsamkeit, obwohl er in Wirklichkeit allein wäre. Es ist aber auch möglich, «subjektiv» zu filmen, nämlich so, als hätte sich die Kamera im Kopf einer handelnden Person befunden – gewissermaßen anstelle ihrer Augen. Es ist merkwürdig, wie leicht wir uns von der einen auf die andere Betrachtungsweise umstellen. Wie man jedoch an dieser Sequenz aus Nicholas Roegs Film *Walkabout* (1970) sehen kann, geht dem Übergang zu einer subjektiven Aufnahme fast immer eine Einstellung voraus, die das Gesicht der betreffenden Person zeigt, so daß wir wissen, aus wessen Blickwinkel das folgende Geschehen dargestellt ist.

Die Filme von Nicholas Roeg, darunter *Performance* und *Don't Look Now* zeichnen sich alle durch visuelle Phantasie aus. In *Walkabout* sind das Mädchen und ihr Bruder, die von ihrem Vater im australischen Busch verlassen wurden, seit Tagen gelaufen und am Ende ihrer Kräfte. Hier mischen sich subjektive und objektive Einstellungen mit Halluzinationen infolge von Durst und Erschöpfung, bis sie dann endlich an ein Wasserloch kommen.

Die Geier
Als erstes zeigt die Kamera groß das Gesicht des kleinen Jungen. Er hängt schlafend seiner Schwester über die Schulter. Die Kamera schwenkt dann zu einer Naheinstellung auf das Mädchen. Es folgt eine Einstellung auf einen über ihnen kreisenden Geier. Dann kommt ein zweiter ins Bild. Durch die Off-Stimme des Mädchens wird klar, daß es sich nicht um eine subjektive Aufnahme handelt.

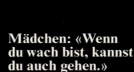
2a Zwei Geier

Mädchen: «Wenn du wach bist, kannst du auch gehen.»

1 ⏱ 6,5 Sek. Nah: Das Mädchen trägt den Jungen

2 ⏱ 5 Sek. Ein Geier

Sie sehen die Oase
Einstellung 4 ist eine subjektive Aufnahme von den Füßen des Mädchens, etwa aus ihrer Augenhöhe. Bei dem Skorpion handelt es sich nicht um eine subjektive Einstellung. Nachdem durch einen Schnitt auf Nah klargemacht ist, daß der Junge mit dem Kopf nach unten hängt, zeigt Roeg die Oase aus der Sicht des Jungen verkehrt herum. Einstellung 9 kehrt zur Sicht des Mädchens zurück.

3 ⏱ 10,5 Sek. Nah: Die beiden Kinder

4 ⏱ 5 Sek. Der Fuß des Mädchens (subjektiv)

5 ⏱ 6,5 Sek. Groß: Skorpion

6 ⏱ 6 Sek. Der Junge kommt ins Rutschen

Junge: «Was ist das?»
Mädchen: «Was?» Junge: «Das da.»

7 ⏱ 4,5 Sek. Junge sieht Oase

8 ⏱ 4 Sek. Nah: Beide Kinder

9 ⏱ 3,5 Sek. Mädchen sieht Oase

EINFÜHRUNG

10 ⏱ 10 Sek. Nah: Das Mädchen

10a Junge mit Kopf nach unten

10b Er schleift über den Sand

10c Er macht sich los

10d Er setzt sich auf

10e Er steht auf

11 ⏱ 5 Sek. Er geht auf die Oase zu

Der Junge läuft davon
Diese Sequenz ist ziemlich objektiv gefilmt. Als der Junge die Oase sieht, läßt er sich heruntergleiten und steht auf. Er geht auf den Baum zu. Einstellung 11 könnte subjektiv sein, da die Kamera in Augenhöhe ist und das Mädchen an dieser Stelle stehengeblieben ist.

Sie erreichen die Oase
Das Mädchen steht da und starrt auf das Grün mitten in der Wüste. Wir sehen sie in Großaufnahme, als Vorbereitung auf die folgende Darstellung ihrer Gedanken – durch Einblendung von grünem Laub über ihr Gesicht. Es erscheint in Einstellung 12a und wird dann wieder ausgeblendet. Schließlich sehen wir in einer Totalen von oben den Jungen beim Trinken am Tümpel. Das Mädchen folgt ihm. Wie ist es Roeg gelungen, diese Komplexität so durchsichtig zu machen? Erstens hat er bei allen subjektiven Einstellungen Bewegungs- und Blickrichtung auf die jeweilige Person abgestimmt. So entstand Einstellung 4 beim Gehen und aus der Hand, 7 steht auf dem Kopf und 9 ist statisch. Zweitens sieht man jeweils den Darsteller, bevor man in ihn hineinversetzt wird.

12 ⏱ 8 Sek. Groß: Das Mädchen

12a Einblendung

12b Einblendung verschwindet

12c Groß: Das Mädchen

13 ⏱ 2,5 Sek. Groß: Beeren

14 ⏱ 2 Sek. Groß: Beeren

15 ⏱ 13,5 Sek. Junge am Wasser

EINFÜHRUNG

Die Rolle des Regisseurs

Regisseure
Sam Peckinpah (unten) und Woody Allen (rechts) verfolgen die Handlung.

Kommunikation
Franco Zeffirelli (oben), Peter Bogdanovich (rechts) und Jean-Luc Godard (oben rechts)

Am Drehort
Michael Cimino (oben), Autor-Regisseur von *The Deer Hunter*. Regisseur Ridley Scott (rechts) bei den Drehbeiten für *The Duellists*. François Truffaut (oben rechts) führt Regie bei *Anne und Muriel*.

Filmen zeigt, welch großer Unterschied zwischen dem Filmemachen und anderen kreativen Tätigkeiten besteht: Filmemachen ist kein in sich geschlossener Schaffensprozeß, sondern eine *Folge* solcher Prozesse. Bevor Sie den Film drehen, müssen Sie den Handlungsablauf planen und eventuell sogar ein Drehbuch schreiben. Außerdem müssen Sie sich vergewissern, ob die zur Verfügung stehende Ausrüstung für den geplanten Film geeignet ist. Und beim Drehen selbst müssen Sie eine genaue Vorstellung davon haben, was bei der nächsten Stufe – dem Schnitt – geschehen soll.

Es mag zwar zutreffen, daß ein Spielfilm wie *Ben Hur* und ein Amateurfilm wie *Baby im Garten* eine gemeinsame Sprache haben, doch bestehen unübersehbare Unterschiede in Arbeitsweise und Möglichkeiten. Das betrifft vor allem die finanzielle Ausstattung, die Zusammenarbeit und die Technik, drei Faktoren, die in gegenseitiger Abhängigkeit stehen. Denn im Unterschied beispielsweise zum Romanautor sind der Phantasie des Filmemachers physische Grenzen gesetzt. Er kann nicht einfach eine Schlachtenszene hinschreiben, an der Tausende von Darstellern beteiligt wären. In Hollywood hat einmal jemand geschätzt, daß an der Produktion eines einzigen größeren Spielfilms Angehörige von nicht weniger als 246 Berufsgruppen beteiligt sind! Auf einem bescheideneren Niveau kann beispielsweise ein örtlicher Filmklub arbeiten; hier kommt man mit etwa zehn Mitarbeitern aus – Darsteller, Kameramann, Toningenieur, Cutter, Beleuchter und natürlich Regisseur.

Bei einem Ein-Mann-Film hängt alles von Ihnen selbst ab. Wenn Sie jedoch mit anderen zusammenarbeiten, werden Sie feststellen, daß dieser Prozeß der Zusammenarbeit und des Gedankenaustausches außerordentlich befriedigend sein und eine Bereicherung des Films darstellen kann, den Sie gemeinsam produzieren.

Die entscheidende Rolle des Regisseurs wurde erst ziemlich spät in der Geschichte des Films erkannt, aber heute gibt es darüber kaum noch Meinungsverschiedenheiten. Die französische Avantgarde der sechziger Jahre mit ihren sehr persönlichen *films d'auteur* hat sehr viel für die Anerkennung der vorherrschenden Rolle des Regisseurs getan. «Jeder kann Regisseur oder Schauspieler werden», sagte François Truffaut. Claude Chabrol ging sogar noch weiter: «Alles, was man wissen muß, um Regisseur zu werden, läßt sich in vier Stunden lernen.» Vielleicht hätte er hinzufügen sollen «... sofern man vorher dreißig Jahre ins Kino gegangen ist». Außerdem verschwieg er noch ein weiteres Hindernis für das Filmemachen aus dem Stegreif – das fehlende technische Fachwissen.

Wenn dies nun alles zu sehr nach angestrengter und anstrengender Arbeit klingt, so muß dennoch hervorgehoben werden, daß Filmemachen für alle Beteiligten außerordentlich lohnend und befriedigend ist. Es ist fast nicht zu glauben, daß manche Leute dafür auch noch bezahlt werden. Aber obwohl Sie wahrscheinlich selbst für Ihre Kosten aufkommen müssen, werden Sie trotzdem das schöpferische Vergnügen beim Filmemachen genießen.

Die Geschichte des Films

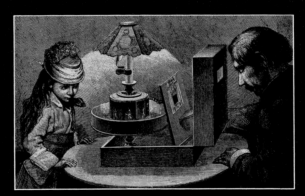

«Nun da wir unsere Lieben photographieren können – und zwar nicht nur in Ruhe, sondern so, wie sie sich bewegen, wie sie handeln, bei vertrauten Gesten und beim Sprechen – ist der Tod nichts Absolutes mehr.» *La Poste de Paris* (1896) nach der Vorführung von Lumières Cinématographe

DIE GESCHICHTE DES FILMS
Die Bilder lernen laufen

Obwohl heute allgemein anerkannt wird, daß die moderne Filmtechnik von Edison erfunden und von Lumière in den neunziger Jahren des vorigen Jahrhunderts vervollkommnet wurde, waren dem Werk dieser beiden Männer schon hundert Jahre intensiver Bemühungen anderer vorausgegangen. Die Verfahren dieser früheren Erfinder des 19. Jahrhunderts waren höchst unterschiedlich. Ihre Geräte waren oft kurios oder sogar spleenig, aber sie hatten alle dasselbe Ziel vor Augen: *Bewegung* naturgetreu darzustellen.

Die industrielle Revolution führte zu einer Reihe chemischer und physiologischer Entdeckungen, die für die Entwicklung des Films sehr bedeutsam waren. So entdeckte Peter Mark Roget, daß ein Bild nach seinem Verschwinden noch für einen Sekundenbruchteil im Auge «nachklingt». Die Abhandlung, die er 1824 über diese Entdeckung schrieb, zog eine Serie wissenschaftlicher Erfindungen nach sich. Das *Thaumatrop*, Stampfers *Stroboskop* und das *Faradaysche Rad*, um nur einige Beispiele zu nennen, waren alles Geräte zur Vortäuschung von Bildbewegungen. Neben Vorführungen mit der Laterna magica, Abblätterbüchern, rotierenden Scheiben und kreiselnden Münzen sorgten sie dafür, daß jedermann sich von der Richtigkeit von Rogets Beobachtung überzeugen konnte, daß das Auge Bewegung «sehen» kann, wo in Wirklichkeit nur Stehbilder in rascher Folge wahrgenommen werden.

Nun galt es, diese Erfindungen mit der neuen Wissenschaft von der Fotografie zu kombinieren. Das von Louis Daguerre 1822 erfundene *Diorama* war einer gemalten, beweglichen Version eines Umzuges vergleichbar: Der Zuschauer saß in einem Theater, und naturalistisch bemalte Schirme wurden um ihn herum bewegt.

Im selben Jahr gelang Joseph Nicéphore Niepce die Herstellung der ersten dauerhaften fotografischen Aufnahme. Schon bald arbeiteten Daguerre und Niepce zusammen, und 1839 stellte Daguerre in Paris die *Daguerreotypie* vor, zur selben Zeit, als Henry Fox Talbot in London an der Entwicklung seines *Kalotypie*-Verfahrens arbeitete. Die Stehbildfotografie war geboren, und um 1847 wurde in Paris bereits eine halbe Million fotografischer Platten jährlich verkauft. Baudelaire proklamierte: «Von heute an ist die Malerei tot.» Der erste, der das wissenschaftliche Spielzeug mit der Fotografie kombinierte, war der Belgier J. A. F. Plateau. Es gelang ihm, fotografische Bilder mit der vorgetäuschten Bewegung seines Phenakistoskops zu verbinden und sogar einige – allerdings noch recht primitive – Bilder auf eine Leinwand zu projizieren. Ähnliche Apparate, so das *Kinematoskop* und das *Phantasmaskop* arbeiteten mit gemalten Bildern.

Das Thaumatrop
Um einen Vogel im Käfig darzustellen, wurde eine runde Scheibe mit einem Vogel auf der einen und einem Käfig auf der anderen Seite in Rotation versetzt.

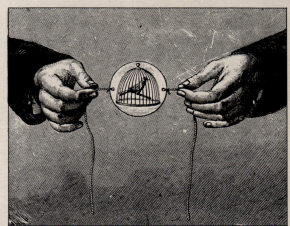

Frühe Apparate für Bildbewegungen
Das *Mutaskop* und das *Kinematoskop* arbeiteten nach demselben Prinzip. Eine Bildserie wurde durch Drehen einer Trommel rasch durchgeblättert; von oben gesehen bewegten sich die Bilder scheinbar. Beim *Phenakistoskop* oder «Lebensrad» wurden verschiedene Stufen eines Bewegungsablaufs durch Schlitze in einer zweiten Scheibe betrachtet.

Mutaskop

Kinematoskop

Phenakistoskop

Abblätterbuch
Beim raschen Abblättern der Seiten 18 bis 30 hat man den Eindruck, daß sich Pferd und Buggy bewegen (Aufnahmen von Muybridge). Dieses Phänomen bezeichnet man als «Trägheit des Auges».

DIE GESCHICHTE DES FILMS

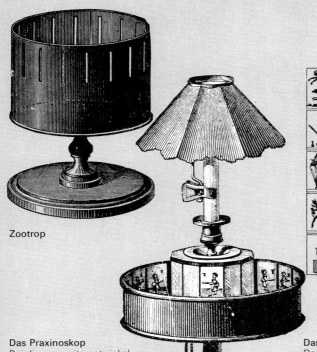

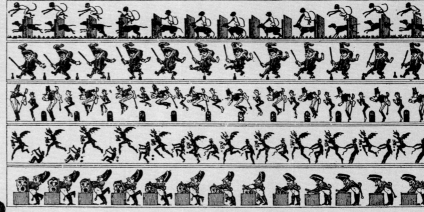

Zootrop

Das Praxinoskop
Bei diesem weiterentwickelten Gerät wurde mit Hilfe von Spiegeln ein ständig vorhandenes, doch bewegliches Bild erzeugt.

Das Zootrop
Das *Zootrop* (links oben) war ein verbessertes Lebensrad. Gezeichnete Bildserien (oben) kamen in eine Trommel. Wenn man diese drehte und durch die Schlitze schaute, sah man einen kontinuierlichen Bewegungsablauf.

Eadweard Muybridge

Die nächsten Neuerungen wurden indirekt durch eine Kontroverse über die Darstellung von Pferden auf frühen Jagdbildern ausgelöst – die Tiere schienen dort bisweilen den Gesetzen der Schwerkraft zu spotten. So entstand 1877 in den USA ein Streit darüber, ob sich bei einem galoppierenden Pferd irgendwann alle vier Hufe gleichzeitig über dem Boden befänden. Eine Wette wurde abgeschlossen. Der englische Fotograf Eadweard Muybridge wurde beauftragt, das Rätsel zu lösen. Er stellte 24 Kameras auf, die nacheinander von einem Pferd durch Zerreißen von Seidenfäden ausgelöst wurden. Die Serienbilder zeigten, daß das Pferd manchmal ganz in der Luft war (siehe unten).

Muybridge und das Zoopraxinoskop
Das Zoopraxinoskop wurde von dem französischen Pferdemaler Meissonier entwickelt. Es bestand aus Lampenhaus und Objektiv eines normalen Projektors, hatte jedoch anstelle des üblichen Diaschachtes eine rotierende Scheibe. Damit konnten Muybridges Fotos in rascher Folge auf eine Leinwand projiziert werden. Es handelte sich dabei um den Vorläufer des modernen Filmprojektors.
Muybridge setzte seine Studien von bewegten Menschen und Tieren mit einer Batterie von Kameras fort, bis dann 1887 Marey seine fotografische Flinte herausbrachte, mit der bis zu 100 Aufnahmen je Sekunde gemacht werden konnten.

DIE GESCHICHTE DES FILMS
Die ersten Filmaufnahmen

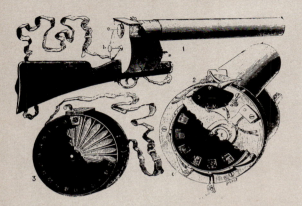

Mareys fotografische Flinte

Edison und das Kino
Die Entwicklung des Kinetoskops durch seinen Mitarbeiter W. L. Dickson ermöglichte es Edison, eine Kette von Guckkastentheatern aufzuziehen. Dickson erfand die Zelluloid-Filmstreifen sowie einen Verschluß und eine Transportvorrichtung, die es gestattete, den Film gleichmäßig durch Kamera und Projektor zu ziehen. In seinem Atelier (unten rechts) drehte Edison historische Dramen zur Erbauung, doch «nicht bloßen Belustigung» von Tausenden.

Die erste Kamera, die in sehr rascher Folge Serienbilder aufnahm, wurde von dem französischen Physiologen E. T. Marey erfunden; sie hatte die Gestalt einer «fotografischen Flinte», die anstelle des Laufs ein Objektiv hatte und nicht mit Patronen, sondern mit Filmstreifen geladen wurde. Bis 1887 brachte es diese erste aller tragbaren Serienbildkameras schon auf 100 Aufnahmen je Sekunde – auf dem neuen Zelluloidfilm. Aber die Ergebnisse dieser «Chronophotographie» konnten immer noch nicht als zusammenhängende Sequenz projiziert werden. Das schafften erst ein, zwei Jahre später Eastman, Edison und Louis Lumière.

In den acht Jahren von George Eastmans Patent auf den Zelluloidfilm (1887) bis zur ersten öffentlichen Vorführung des Kinematographen durch Louis Lumière am 28. Dezember 1895 arbeiteten Erfinder in Europa und den USA fieberhaft an der Entwicklung kinematographischer Geräte. Thomas Edison hatte 1888 bereits den Phonographen erfunden, und zunächst erwog er, Ton und Bilder auf derselben Wachswalze aufzuzeichnen. Er übergab das Projekt seinem englischen Mitarbeiter W. K. L. Dickson, der auf die Idee kam, George Eastmans Film mit Perforationslöchern zu versehen, um ihn in genau festgelegten Schritten transportieren zu können. Man legte für das einzelne Bild ein Seitenverhältnis von 1,33:1 (das ist es bei 16-mm- und Super-8-Film heute noch) und für den Film eine Breite von 35 mm fest.

Im Jahre 1889 wurde Dicksons Entwicklung, das Kinetoskop, Edison vorgeführt, mit synchronisiertem Ton! Der erste echte Film war also gleichzeitig auch der erste Tonfilm. In den folgenden Jahren produzierte Edison zahlreiche Stummfilme für seine Kette von Guckkastentheatern. Die Filme bestanden aus einminütigen Dramen wie *Maria Stuarts Hinrichtung*.

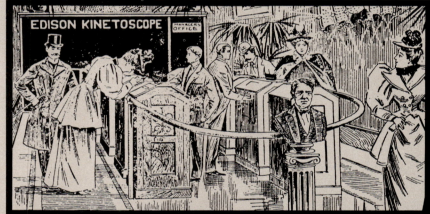

Das Bioskop
Der Deutsche Skladanowski war nur einer von vielen, die im Ausland auf der Grundlage von Edisons ungeschützten Patenten eigene Geräte entwickelten.

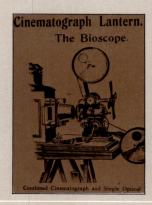

DIE GESCHICHTE DES FILMS

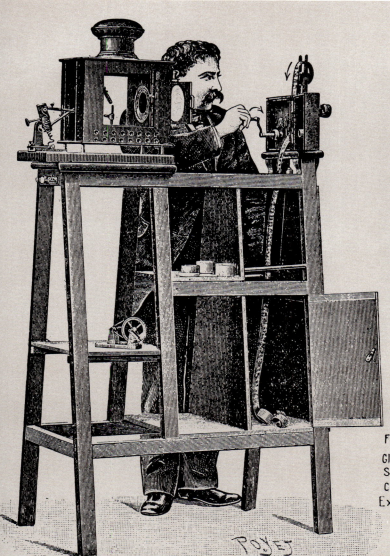

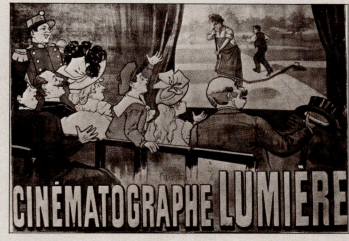

Lumières Kinematograph (links und Mitte)

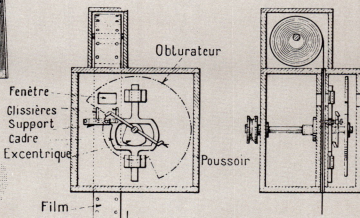

Im Jahre 1895 führte der französische Wissenschaftler Louis Lumière seinen *Cinématographe* einem 33 Köpfe zählenden Publikum vor. Das Gerät war Kamera und Projektor in einem. In den nächsten drei Jahren gab es in allen Großstädten der zivilisierten Welt einen Ansturm auf die jeweils aus einer einzigen Einstellung bestehenden Kurzfilme. Im Gegensatz zu den USA bevorzugte man in Europa nicht ruhige Erzählhandlungen, sondern Ereignisse und vor allem Bewegungen. Lumières dynamische Aufnahme von einem an der Kamera vorbei und scheinbar aus der Leinwand herausfahrenden Zug löste überall, wo er gezeigt wurde, Panik bei den Zuschauern aus. Die Lumières machten mit Edisons Idee ein Vermögen. Sie filmten Wellen, Prozessionen, Begräbnisse, Pferderennen, Tänze. Die Bilder waren frappant und einprägsam. Maxim Gorki sagte 1896 von Lumières Wogen: «Man meint, der Gischt würde einen bespritzen, und zuckt unwillkürlich zurück.»

Rechts: Lumières berühmter fahrender Zug

DIE GESCHICHTE DES FILMS
Die ersten Filmemacher

Während für Edison und Lumière Laufbilder lediglich eine wissenschaftliche Kuriosität waren, erkannte der Berufsmagier Georges Méliès auch den künstlerischen Wert des neuen Mediums. Er entwickelte sich in wenigen Jahren zum ersten wahrhaft einfallsreichen Filmkünstler. Für ihn war das Kino eine Spielart der Magie. Er schuf längere Filme aus mehreren Einstellungen, und arbeitete schon mit Auf-, Aus- und Überblendung, harten Schnitten, Doppelbelichtungen, Zeitlupe und Zeitraffer und handkoloriertem Film. Die Kamera war zwar immer noch an einen einzigen Standpunkt gefesselt, und er versuchte nicht, Zeit und Raum zu manipulieren, aber in Filmen wie *Die Reise zum Mond*, *Der Ausbruch des Mt. Pelée* oder *Die Krönung Eduards VII.* machte Méliès ein für allemal klar, daß der Film nur in der Phantasie seines Autors seine Grenzen findet.

Zu Beginn des Jahrhunderts vollzogen sich die wichtigsten Entwicklungen in Amerika. Edwin S. Porter machte zwei Filme, *Das Leben eines amerikanischen Feuerwehrmannes* und *Der große Eisenbahnraub*, in denen zum erstenmal die Möglichkeiten der Montage erkundet wurden. Aufeinanderfolgende Szenen wurden mit brutalen Schnitten aneinandergereiht, ohne Aus- oder Überblendungen, und führte als erster die Parallelmontage ein – überkreuz geschnittene Szenen aus zwei Handlungssträngen. In dieser Frühzeit des Films waren die Kinobesucher nicht sehr anspruchsvoll, oft recht arm und – in den USA – Einwanderer, die noch nicht lange im Land waren. Bei allen diesen Menschen, von denen viele Englisch kaum verstanden, geschweige denn lesen konnten, war der Stummfilm eine beliebte Art der Unterhaltung.

David W. Griffith

Zumindest einen gab es jedoch, dem die Kurzfilme oder «Einakter» nicht genügten: David W. Griffith. Er begann als Schauspieler und erhielt 1908 seinen ersten Regieauftrag beim Film. Von 1903 bis 1913 drehte er für die New Yorker *Biograph* über 400 Kurzfilme und revolutionierte dabei das ganze Medium. Er veränderte aus rein dramaturgischen Überlegungen die Kamerastandpunkte, führte Großaufnahmen von Darstellern und Gegenständen ein, komprimierte Zeit und Raum, variierte den Rhythmus, um Spannung zu erzeugen, entwickelte neue Kompositionsmittel und dramatisierte die Beleuchtung.

Nachdem er 1913 die ambitionierteren italienischen Epen und «Films d'Art» aus Europa gesehen hatte, darunter der erste «Vierakter», der je in den USA gezeigt wurde – mit Sarah Bernhardt, im Verleih von Adolph Zukor –, gründete er mit Mack Sennett und Thomas H. Ince die Triangle Company. Im Jahre 1915 drehte Griffith *Geburt einer Nation*. Woodrow Wilson

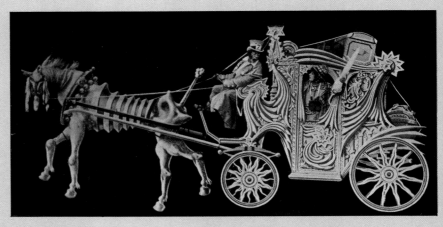

«Satans fröhliche Possen»
Einer der ersten Filme, 1906 von Georges Méliès gedreht. Er entdeckte als erster die phantastischen und magischen Wirkungen des Films, starb jedoch verarmt in Paris.

sagte über diesen Dreistundenfilm, das sei wie «Geschichtsschreibung mit Blitzen». Mit diesem Film sowie *Intoleranz* (1916) schuf er die beiden ersten klassischen Werke der Filmgeschichte.

Im Jahre 1915 wurde am New Yorker Broadway das erste komfortable Kino mit 3000 Plätzen für das neue Mittelklasse-Publikum eröffnet. Mack Sennet hatte 1915 in Los Angeles die Keystone Studios gegründet und im ersten Jahr bereits 140 Lustspiele produziert. In den folgenden Jahren beschäftigte er unter anderen Harold Lloyd, Buster Keaton, Gloria Swanson, Carole Lombard, W. C. Fields, Bing Crosby und Charles Chaplin. Die Studios wurden nach Kalifornien verlegt, und 1918 entstanden in Hollywood bereits 80% aller in der ganzen Welt gedrehten Filme. Hollywood konnte aber noch mit einem zweiten Phänomen aufwarten: dem Filmstar. Charlie Chaplin ging 1913 nach Hollywood, und 1915 verdiente er schon $ 1250 die Woche und lag damit an zweiter Stelle hinter Mary Pickford. Sie spielte die Königin von Hollywood – mit Douglas Fairbanks als König –, während Chaplin seinen eigenen Tramp zur bekanntesten Figur in der Geschichte der Schauspielkunst entwickelte.

Geräte aus der Zeit nach 1900
Eine Moy-and-Bastie-Kamera aus dem Jahre 1905 (oben), die von der englischen Hepworth Company verwendet wurde. Der Cinéclair-Projektor (rechts) wurde 1903 für die *Pathé* hergestellt. Er diente als Betrachter und Schneidegerät.

DIE GESCHICHTE DES FILMS

D.W. Griffith
Obwohl sich Griffith wenig Gedanken über die künstlerischen Möglichkeiten des Films machte, als er 1908 Filmregisseur wurde, erfand er in den folgenden Jahren die Sprache des Films. Er und andere befreiten schließlich das Kino von den gattungsfremden theatralischen und literarischen Konventionen.

Keystone Film Company
Eines der ersten großen Filmstudios Hollywoods, gegründet von Mack Sennett.

DIE GESCHICHTE DES FILMS
Der Film in den zwanziger Jahren

In Europa fand keine so kontinuierliche Entwicklung statt wie in Amerika. Nach dem Ersten Weltkrieg mußte die Filmindustrie von vorne anfangen, und nirgendwo war dieser Neubeginn radikaler als im nachrevolutionären Rußland. «Von allen Künsten», hatte Lenin erklärt, «ist der Film für uns die wichtigste», und ausgehend von Griffiths Pionierarbeit revolutionierten die russischen Filmemacher den Stummfilm.

Intoleranz war 1919 nach Rußland gelangt, wo Lenin selbst sich um die Verbreitung dieses Films gekümmert hatte. Der junge Naturwissenschaftler W. Pudowkin wurde durch die Betrachtung dieses einen Films angeregt, selbst Filme zu machen, und auch andere, die später zu den großen russischen Regisseuren zählen sollten, kamen unter Griffiths Einfluß. Zu ihnen gehörten Wertow, Kuleschow, Eisenstein und Dowshenko. Sie befaßten sich insbesondere mit den Möglichkeiten der Montage, was zum Teil auf die extreme Knappheit an Filmmaterial zurückzuführen war. Wertow analysierte in *Der Mann mit der Kamera* (1929) den Prozeß des Filmemachens als eine Art futuristische Maschine, während Eisenstein seine Theorie von der Kollisionsmontage entwickelte. In *Streik* (1924) und *Panzerkreuzer Potemkin* (1925) wird die symbolische Wirkung jeder Einstellung durch die Schnitte dramatisch überhöht, so daß der Gesamteffekt größer ist als die Summe der Teile. Eisenstein ging es weniger um eine kontinuierliche Erzählung als um die kumulative intellektuelle Wirkung seiner Bildersprache. Pudowkin stellte dagegen die dramatische Erzählung in den Vordergrund, arbeitete jedoch ebenfalls mit der kumulativen Wirkung aufschlußreicher Details. In *Mutter* (1925) denkt der Held beispielsweise an die Außenwelt, während er im Gefängnis auf seine Freilassung wartet. Wir sehen seine Hände, sein Lächeln, einen Bach im Frühling und schließlich ein lachendes Kind.

Ein ähnlicher poetischer Symbolismus findet sich in Dowshenkos *Erde* (1930), in dem eindrucksvolle ruhige Bilder, der Rhythmus von Natur, Leben und Tod eine große Rolle spielen.

Auch Deutschland erlebte in der kurzen Zeit von 1919 bis 1925 einen erstaunlichen Ausbruch kreativen Filmschaffens. Die Deutschen hatten in Neubabelsberg die am besten ausgestatteten und größten Studios der Welt – diejenigen der Ufa. In den Ateliers von Neubabelsberg konnten die üppigsten Ausstattungsfilme produziert werden, und Regisseure wie Ernst Lubitsch, G. W. Pabst, Paul Leni und Fritz Lang drehten dort prachtvolle, wenn auch etwas überladene historische Ausstattungsfilme. Diese Beschwörungen der glanzvollen deutschen Vergangenheit waren verständliche Reaktionen auf die triste Realität der Weimarer Republik, doch diese fand direkteren Ausdruck in den «Straßenfilmen»

«United Artists»
Douglas Fairbanks, Mary Pickford und Charlie Chaplin, die Gründer der Gesellschaft.

Sergej Eisenstein
Der Regisseur von *Iwan der Schreckliche* bei Außenaufnahmen in Alma Ata, Rußland.

«Das Kabinett des Dr. Caligari»
Der Dienersklave in Robert Wienes berühmtem Film.

«Der blaue Engel» (rechts)
Marlene Dietrich, wie sie in den dreißiger Jahren in Josef von Sternbergs Film auftrat.

vom zeitgenössischen Leben in der Großstadt. Das hervorstechende Merkmal dieser Filme war die Mobilität und Wendigkeit der Kameraarbeit, die ihren Höhepunkt in F. W. Murnaus *Der letzte Mann* erreichte. Hier tritt die Kamera buchstäblich an die Stelle der Augen eines Hotelportiers, aber sie erlaubt uns trotzdem, den Mann auch von außen zu sehen. Die «subjektive Kamera» wurde auch von Wiene in *Das Kabinett des Dr. Caligari* (1919) souverän eingesetzt. Hier erzählt die Kamera eine Geschichte aus der Sicht eines Wahnsinnigen. Es folgten viele weitere expressionistische Arbeiten, darunter *Dr. Mabuse, der Spieler* (1922) und *Geheimnisse einer Seele* (1926). Nach 1925 begann jedoch Hollywood, die deutschen Filmtalente regelrecht aufzukaufen, so daß diese Blütezeit des deutschen Films bald zu Ende ging.

In Frankreich war es nach dem Zusammenbruch des Pathé-Imperiums, das Lumières Filme vertrieben hatte, vor allem der Kritiker und Regisseur Louis Delluc, der eine neue Generation von Filmemachern um sich sammelte. Unter seinen Einfluß kamen Abel Gance, dessen «Polyvision» (Projektion verschiedener Bilder auf drei Leinwände) bis zum heutigen Tage revolutionär geblieben ist; weiter der junge René Clair, dessen Komödien aus dem Leben der einfachen Leute von Paris damals schon einfallsreich und gekonnt waren, Jean Renoir, der mit einem eigenen Stil experimentierte, sowie Jacques Feyder, der einen scharfen Blick für soziale Nuancen hatte. Buñuel sollte mit Salvador Dali den surrealistischen *Chien Andalou* drehen, und der dänische Regisseur Carl Dreyer führte Regie bei dem wohl größten klassischen Stummfilm *La Passion de Jeanne d'Arc* (1929).

In Hollywood waren die zwanziger Jahre eine Dekade der Konsolidierung, die mit zwei Knalleffekten zu Ende ging: der Erfindung des Tonfilms und der Weltwirtschaftskrise. In diesen zehn Jahren stiegen die Produktionskosten in schwindelnde Höhen, und die Studios, die von Berühmtheiten wie Zukor, Fox und Mayer betrieben wurden, machten sich immer rücksichtsloser das Starsystem zunutze. Nur drei Stars – Chaplin, Fairbanks und dessen Frau Mary Pickford – gelang es, sich der Tyrannei der Filmgesellschaften zu entziehen, indem sie eine eigene Produktionsfirma gründeten, die United Artists. Die meisten anderen Darsteller und Regisseure waren mehr oder weniger Gefangene eines zunehmend oppressiveren und kommerziellen Systems. Der Aufstieg Hollywoods war von der Ausplünderung des europäischen Films begleitet. Regisseure wie Murnau, Schauspieler wie Emil Jannings und Drehbuchautoren wie Somerset Maugham wurden einfach gekauft und über den Atlantik verfrachtet. Sehr häufig stellten sie fest, daß ihnen der amerikanische Kommerz ein vernünftiges Arbeiten unmöglich machte.

Zwei große amerikanische Traditionen blieben davon jedoch unberührt: der Western und die Komödie. In Filmen wie *The Covered Wagon* (James Cruze, 1923) und *The Iron Horse* (John Ford, 1924) schlug der Western eine neue Gangart ein – der Cowboy war jetzt ein idealisierter Ritter der Prärie, und der Western wurde zu einem Zweig der Mythologie.

Auf dem Gebiet der Komödie schufen Buster Keaton, Harold Lloyd und Charles Chaplin in dieser Zeit

DIE GESCHICHTE DES FILMS

einen Großteil ihrer Meisterwerke. Keaton, vielleicht der subtilste und brillanteste in diesem Trio, wurde schließlich gezwungen, seine Tätigkeit als Regisseur aufzugeben – von einem Mann namens Irving Thalberg bei MGM. Thalberg, in dem viele ein junges Genie sahen, war auch verantwortlich für das brutale Zusammenschneiden von Erich von Stroheims Meisterwerk *Gier*.

Auf technischem Gebiet war die Entwicklung weitergegangen. Man war für die Beleuchtung nicht mehr auf Tageslicht angewiesen, und die Glasdächer der Studios wurden von den Scheinwerfern der zwanziger Jahre abgelöst: Diese wurden für einen typischen Beleuchtungsstil eingesetzt, der in keiner Weise naturalistisch war. Panchromatischer Schwarzweiß-Sicherheitsfilm, der für alle Farben des Spektrums empfindlich war, ersetzte das für Rot unempfindliche orthochromatische Material, und die verschiedensten Farbfilme wurden in der Zeit zwischen 1913 und 1930 vorgestellt. Die Bildfrequenz, die bei den Stummfilmen zwischen 15 und 25 Bildern pro Sekunde geschwankt hatte, sollte schließlich auf 24 B/sec standardisiert werden – zusammen mit der Einführung des Tonfilms, mit dem bereits experimentiert wurde. Das war die Revolution, die Hollywood brauchte, und sie wurde ironischerweise von einer Gesellschaft ausgelöst, die kurz vor dem Bankrott stand.

Im Jahre 1927 setzte man bei Warner Brothers alle Hoffnungen auf ein Aufnahmeverfahren mit Schallplatten. Das war nur eines von vielen Systemen, die synchrone Ton- und Bildaufzeichnung versprachen, und es wurde schon bald von der Tonspur direkt auf dem Film abgelöst, einem Verfahren, das sich mit Abwandlungen bis heute erhalten hat.

Fritz Lang bei Dreharbeiten mit Sylvia Sidney

Ufa-Studios
Regenaufnahme für den Film *Looping the Loop*. Die Ufa war die einzige Filmgesellschaft, die mit Hollywood um ausländische Märkte konkurrieren konnte.

Dekoration für einen Cowboyfilm in Hollywood

DIE GESCHICHTE DES FILMS

Die ersten Tonfilme

Bis zum Jahre 1929, als die Weltwirtschaftskrise ausbrach, hatte jedes Filmstudio auf der Welt mit der Umstellung auf Tonfilm begonnen; das war zu diesem Zeitpunkt eine Frage des Überlebens.

Die ersten Tonfilme nach *Der Jazzsänger* hatten die Tendenz, den Ton unverhältnismäßig stark hervorzuheben. Das Bemühen, um jeden Preis Dialoge und Musik in den Film einzubauen, lähmte noch zusätzlich die Kamera, die in den ersten Jahren ohnehin schon mitsamt dem Kameramann in ein riesiges schalldichtes Gehäuse eingesperrt war. Man führte einfach vor dieser starren Kamera kaum modifizierte Theaterstücke auf. Die mühsam erkämpfte künstlerische Raffinesse des Stummfilms wurde kurzerhand über Bord geworfen. Nur Walt Disney (*Dampfschiff Willy* lief 1930 an) behielt die bewegliche Kamera bei, aber er hatte ja auch keine Geräuschdämpfungsprobleme.

Der Neuigkeitswert des Tons nutzte sich jedoch rasch ab, und eine neue Generation von Regisseuren wie z. B. Ernst Lubitsch, King Vidor, Frank Capra und Rouben Mamoulian begann, den Ton als ein Mittel der Konfrontation mit der Wirklichkeit des modernen Amerika einzusetzen, das jetzt tief in der Wirtschaftskrise steckte. Paradoxerweise begann ausgerechnet in den dreißiger Jahren auch der Siegeszug des Musicals – vielleicht eine Reaktion auf die rauhe wirtschaftliche Realität. Busby Berkeley sollte aus diesem Genre eine ganz eigenständige, abstrakte Kunstform machen.

Mit *On the Show* war 1928 auch ein erster Farbfilm (in *Technicolor*) in die Kinos gekommen, jedoch ohne Erfolg. Dieses Zweifarbenverfahren wurde zunächst nicht in größerem Umfang akzeptiert, und das Dreifarben-Technicolor, das von 1934 bis 1953 angewandt wurde, erforderte eine komplizierte Kamera mit drei getrennten Filmstreifen. Der erste Dreischichten-Farbfilm, Kodachrome, wurde 1935 für Amateurzwecke (16 mm und 8 mm) auf den Markt gebracht, aber auch erst im Jahre 1951 vervollkommnet. Schwarzweiß war deshalb bis Anfang der fünfziger Jahre die Regel, beim Spielfilm ebenso wie beim Amateur-Schmalfilm.

Das raffinierte Gewebe diffusen Lichts, mit dem Regisseure wie Sternberg ihre Filmdivas umsponnen hatten, hielt sich bis in die Ära des Tonfilms. Jetzt konnte man die Garbo und die Dietrich nicht nur in gesofteten Bildern sehen, sondern auch hören. Die visuellen Gags der Stummfilme wurden durch den verbalen Humor der dreißiger Jahre ersetzt. Blumige Texte wurden so redigiert und zusammengestrichen, daß eine halbwegs normale Umgangssprache herauskam. In seinem *Citizen Kane* konnte Orson Welles dann schon (neben zahlreichen visuellen Neuerungen) komplexe Dialoge und Tonmontagen einführen.

«Der Jazzsänger»
Als Al Jolson 1929 als «Jazzsänger» auf die Leinwand kam (ganz rechts), wurde aus dem Stummfilm der Tonfilm. Die Kamera mußte jedoch während der Aufnahmen in einem riesigen schalldichten Gehäuse untergebracht werden (rechts).

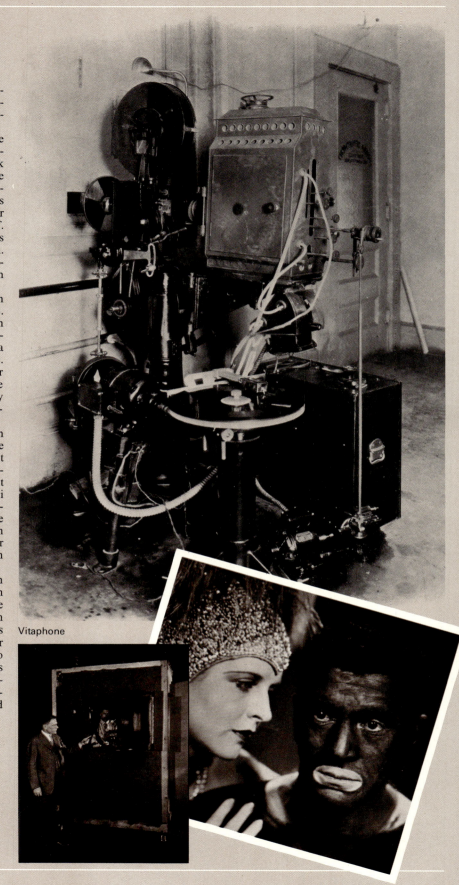

Vitaphone

DIE GESCHICHTE DES FILMS

Eine Szene aus einem Propaganda-Dokumentarfilm von Leni Riefenstahl

Marlene Dietrich in einem Paramount-Film

In Frankreich hatte René Clair schon früh die Möglichkeiten des Tonfilms erkannt und genutzt. In seinen Tonfilm-Komödien *Unter den Dächern von Paris* (1929) und *Die Million* (1931) arbeitete er mit einem Minimum an Dialogen und einem Mosaik von Musik und Toneffekten. Er kam darauf, daß es schon reicht, wenn man eine Fensterscheibe zerbrechen hört – man braucht es nicht auch noch zu sehen.

Viele der Filme dieser Periode waren von melancholischer Verzweiflung durchzogen (die sogenannten *films noirs*), und in der Figur des proletarischen Helden verband sich Romantik mit realistischer Darstellung eines von der Wirtschaftskrise gezeichneten Jahrzehnts. Den tiefgründigsten Abgesang auf die dahingeschwundene soziale Ordnung stimmte Jean Renoir in seinen Meisterwerken *Die große Illusion* (1937) und *Die Spielregel* (1939) an.

Die frühen Dokumentarfilme

Auf dem Gebiet der Dokumentarfilme hatte John Griersons G.P.O. Film Unit einige hervorragende Talente gefördert. Der russische Einfluß war bei Grierson vor allem in der Montagetechnik anfangs stark spürbar, ebenso beim Amerikaner Robert Flaherty. In Dokumentarfilmen wie *Nanuk, der Eskimo* (1922), *Moana* (1926) und *Die Männer von Aran* (1934) spielten Flahertys Eskimos, Südseeinsulaner und irische Kleinbauern mit unvergeßlicher Eindruckskraft sich selbst.

In Deutschland hatte Leni Riefenstahl mit *Triumph des Willens* (1936) und *Olympiade* (1938) schon einen

Firmenzeichen eines der großen Filmstudios

Nanuk, der Eskimo
Ein Bild aus dem gleichnamigen Dokumentarfilm von Robert Flaherty.

Vorgeschmack auf die Propaganda-Dokumentarfilme des bevorstehenden Weltkrieges gegeben. In England wurde aus Griersons G.P.O. Film Unit 1940 die Crown Film Unit, und Dokumentarfilmer taten sich zum beiderseitigen Nutzen mit Spielfilmregisseuren zusammen. Die Wochenschauen, die Anfang der dreißiger Jahre entstanden waren, hatten sich als wirkungsvolles Instrument zur Vermittlung gezielter Informationen erwiesen, und sie sollten nun dem Dokumentarfilm Auftrieb geben. Sie wurden natürlich auf 35-mm-Film gedreht; damals wurde fast alles auf 35 mm gedreht, selbst Kriegsberichte von der Front, obwohl schon seit 1923 auch 16-mm-Film verfügbar war. Wenn doch einmal auf 16-mm-Material gedreht wurde (um Gewicht zu sparen), dann wurde der Film für die Montage anschließend auf 35 mm «aufgeblasen». Der 8-mm-Film, der 1932 für Amateurzwecke auf den Markt gebracht worden war, wurde für Dokumentarzwecke nicht einmal in Erwägung gezogen. Der 16-mm-Film wurde jedoch während des Krieges für Verleihkopien verwendet, was dazu führte, daß nach dem Krieg eine ganze neue Generation von Avantgarde-Filmern dieses Material bevorzugte. Erst die stetige Verbesserung des Aufnahmematerials in den fünfziger und sechziger Jahren ermöglichte dann einen fruchtbaren Austausch zwischen den kleineren «Amateur»-Formaten 16 mm und 8 mm und dem professionellen 35-mm-Film.

DIE GESCHICHTE DES FILMS
Die Nachkriegszeit und die Neue Welle

Die Auswirkungen des Krieges auf die amerikanische Spielfilmindustrie waren vielschichtig und weitreichend. Die beiden Haupttendenzen der dreißiger Jahre – der Realismus einerseits und die romantische Weltflucht andererseits – entfernten sich noch weiter voneinander. Auf der einen Seite ist in John Fords *Früchte des Zorns* (1941) oder *Schlacht am Midway* (1942) in der Kargheit der Bilder deutlich der Einfluß des Dokumentarfilms zu spüren. In den zahlreichen Raymond-Chandler-Verfilmungen und den Gangsterfilmen der letzten Kriegsjahre zeigte sich auch eine Tendenz zur Brutalität und Gewaltdarstellung.

Auch in England war der Film beliebter denn je. Die Kinos waren selbst während der deutschen Bombenangriffe gesteckt voll. Vor allem Michael Balcons Ealing Studios spezialisierten sich auf Spielfilme mit einer wirkungsvollen Beimengung von dokumentarischem Material.

In allen Ländern erzeugte der Zweite Weltkrieg eine Schockwelle, die entweder zu einer noch verzweifelteren Weltflucht (wie in den amerikanischen Epen der frühen fünfziger Jahre) oder aber zu einem vertieften Bewußtsein der Bedeutung des Realismus führte. In Italien kann man den Beginn der neorealistischen Bewegung bei Viscontis *Von Liebe besessen* (1942) ansetzen, in dem die Kamera aus dem Studio befreit und die Schauspieler unaufdringlich mitten unter die einfache Landbevölkerung gemischt wurden. Noch viel weiter in dieser Richtung ging Rossellini in *Rom, offene Stadt* (1945), wo er in revolutionärer Weise gestellte Szenen mit reinen Dokumentaraufnahmen vermengte; viele Szenen dieses Films wurden während des Abzugs der deutschen Wehrmacht aus Rom gefilmt.

Hollywood reagiert auf das Fernsehen

In Hollywood verursachte das Aufkommen des Fernsehens 1949 eine Panik. Die Filmindustrie versuchte auf verschiedene Arten, künstlerisches Versagen durch technische Neuerungen wettzumachen. Auf der Grundlage des neuen Eastman-Color-Dreischichtenfarbfilms (s. S. 51) wurde eine ganze Reihe von Breitwandverfahren eingeführt. *Cinerama* (1952) arbeitete mit einer Dreiteilung des überbreiten Projektionsbildes mit Hilfe von drei synchronisierten Filmen; *Cinemascope* brachte mit Hilfe anamorphotischer Objektive Breitwandaufnahmen auf den 35-mm-Film, so daß sich auf der Leinwand ein Seitenverhältnis von 2,55:1 ergab; bei *Todd-AO* (1955) wurde ein 70 mm breiter, aber normal hoher Film auf eine gekrümmte Leinwand projiziert; bei *Vistavision* (1954) ließ man den Film quer durch die Kamera laufen, so daß sich Anamorphoten erübrigten; und beim *3-D*-Verfahren schließlich wurden stereoskopische Bilder auf die flache Leinwand projiziert. Um diese technischen Neuerungen an den Mann zu bringen, produzierten die Gesellschaften so schwerfällige Ausstattungsfilme wie *Das Gewand* (1952).

Erst 1959 wurde mit der Neuen Welle eine mögliche Richtung für die künftige Entwicklung aufgezeigt. In Indien und Japan entstanden in den fünfziger Jahren hervorragende Filme. Kurosawas *Rashomon* (1951) und Satyajit Rays *Auf der Straße* (1956) wurden in Venedig und Cannes ausgezeichnet. Kurosawas dynamischer und dennoch intimer Umgang mit geschichtlichen Stoffen und Rays unvergleichliches Gespür für das ländliche Indien und seine Menschen waren für das Publikum der Studiokinos im Westen eine Offenbarung. Während jedoch Rays Werk in Indien bislang beispiellos geblieben ist, fußte Kurosawa auf einer reichen filmischen Tradition seines Landes, zu deren Vertretern auch Ichikawa, Mizoguchi und Ozu zählen.

Die Neue Welle

Die Neue Welle, wie sie schon bald getauft wurde, brach 1959 über die Filmlandschaft herein. Seit Jahren hatte sich eine Gruppe junger französischer Filmkritiker um den einflußreichen Schriftsteller André Bazin geschart, dessen Zeitschrift *Cahiers du Cinéma* die Bibel einer völlig neuen cineastischen Religion werden sollte. Zu ihnen gehörten unter anderen Claude Chabrol, Louis Malle, François Truffaut, Alain Resnais, Eric Rohmer und Jean-Luc Godard. Ihnen allen gemeinsam waren die Ablehnung der herkömmlichen kommerziellen Wertvorstellungen, das Mißtrauen gegenüber den konventionellen Montagetechniken, die Begeisterung für die in die Tiefe reichende Komposition, wie sie Murnau, von Stroheim, Welles und Renoir eingeführt hatten, und vor allem die Überzeugung, daß der Regisseur

Neuerungen der fünfziger Jahre
Unter den verschiedenen Breitwandformaten, mit denen Hollywood das Publikum vom Fernseher weglocken wollte, waren auch Todd-AO und 3-D. Todd-AO arbeitete mit 70-mm-Film, der auf eine große, gekrümmte Leinwand projiziert wurde (rechts). Für 3-D brauchte man spezielle Polaroidbrillen (unten).

DIE GESCHICHTE DES FILMS

Der Regisseurkult
In den fünfziger und sechziger Jahren avancierte der Regisseur zum Star. Europäische, indische und japanische Regisseure erlangten ein Maß an Selbstbestimmung über ihre Filme, wie es für die meisten Hollywood-Regisseure unerreichbar war. Truffaut, Ray, Kurosawa, Resnais und Godard, um nur einige zu nennen, wurden so bekannt wie früher nur Filmstars.

der *auteur*, der Alleinautor seines Films sein müsse. In den nächsten vier Jahren drehten nicht weniger als 170 französische Regisseure ihre ersten Spielfilme und revidierten dabei radikal die Vorstellungen der Welt über das Kino. Die Handlung konnte jetzt in harten Schnitten, Improvisationen und Einschüben ablaufen. Auf einem noch experimentelleren Niveau erkundeten Dokumentarfilmer wie Chris Marker die Möglichkeiten der 16-mm-Handkamera und präsentierten dem Publikum *cinéma-vérité* in Reinkultur – in Form eines rohen, ungeglätteten und womöglich unmontierten Ausschnittes aus dem Leben.

Auch in den USA kam Anfang der sechziger Jahre der «unabhängige» Filmemacher auf, der damals vorwiegend mit 16-mm-Film arbeitete. Als aber 1965 das Super-8- und das Single-8-Format eingeführt wurden, entstanden viele experimentelle Filme auf diesem neuen Material. Im Laufe der nächsten zehn Jahre fanden viele Ideen, die zum erstenmal in unabhängigen auf Schmalfilm gedrehten Produktionen aufgetaucht waren, Eingang in den kommerziellen 35-mm-Spielfilm. Dies alles läßt sich auf den befreienden Einfluß der Neuen Welle Anfang der sechziger Jahre zurückführen. Die erste Phase der französischen *nouvelle vague* ging 1963 zu Ende (als das Kino weltweit einen Niedergang erlebte), obwohl viele der begabtesten Regisseure weitermachten und ihre besten Arbeiten in den siebziger Jahren schufen.

Aus Italien kamen in den ausgehenden sechziger Jahren zwei der eigenwilligsten modernen Filmregisseure – Bernardo Bertolucci und Michelangelo Antonioni. Jemand hat sogar einmal gesagt, der moderne italienische Film stehe am Ende einer *malerischen* Tradition, in der das große Bild immer mehr gezählt hat als das Wort. Das gilt sicherlich für das opulente Spätwerk von Visconti.

Das internationalisierte Kino
Im Uhrzeigersinn von oben links: *Letztes Jahr in Marienbad* (1961), Regie Alain Resnais, *Ferner Donner* (1971) von Satyajit Ray, *Schießen Sie auf den Pianisten* (1960) von François Truffaut und *Die Sieben Samurai* von Akira Kurosawa (1954).

DIE GESCHICHTE DES FILMS
Gegenwart und Zukunft

In den vergangenen zehn Jahren hat Hollywood eine Renaissance erlebt. Eine ganze Serie von Hits, von *Bonnie und Clyde* (1967) über *Der Pate* (1971) und *Der weiße Hai* (1975) bis hin zu *Krieg der Welten* (1977) hat die finanzielle Situation der Filmgesellschaften entscheidend verbessert. (*Krieg der Welten* spielte umgerechnet rund eine Milliarde Mark ein.) Die Special-effects-Abteilungen dachten sich immer aufregendere Tricks aus, wodurch der Science-fiction-Film neuen Auftrieb bekam. Stanley Kubricks *2001* (1968) und Stephen Spielbergs *Unheimliche Begegnung der dritten Art* (1978) verdankten jedoch ihren Erfolg eher einem neuen Hang der Jugend zur Mystik als ihren Bauten und Maskeneffekten. Die jungen Leute machten inzwischen die Mehrheit des Kinopublikums aus. Peter Fondas *Easy Rider* (1969) kostete $ 40 000 und spielte $ 30 Millionen ein: Die Filmgesellschaften begannen sich für Filme mit geringem Kostenaufwand zu interessieren, die sich an das jugendliche Publikum wandten. Robert Altmans *Woodstock* (1970) und die Rock-Neuauflagen *Saturday Night Fever* (1977) und *Grease* (1978) waren das Ergebnis. Gleichzeitig wurde die Einstellung gegenüber Sex und Gewalt sehr viel freizügiger.

Ein letztes Genre, das hier nicht unerwähnt bleiben darf, ist der Katastrophenfilm. Der letzte dieser Filme, *Das China Syndrom* (1979), der einen Reaktorunfall schildert, ist inzwischen beinahe von der Wirklichkeit eingeholt worden.

Auch in anderen Ländern gibt es Anzeichen für einen ähnlich kraftvollen Aufschwung der Filmindustrie. Besonders Japan, Deutschland, Südamerika, Australien, Spanien und, wie eh und je, Frankreich und Italien machen durch ausgezeichnete neue Filme von sich reden. Mehr Filme als in jedem anderen Land werden in Indien produziert, und jedes Jahr sind auch ein paar originelle Arbeiten der dortigen Neue-Welle-Regisseure dabei.

Die Spielfilmindustrie erfreut sich heute tatsächlich einer Erfolgssträhne, wie sie in den ersten Jahren nach der Einführung des Fernsehens unvorstellbar gewesen wäre. Das ist nur zum Teil auf die Spezialeffekte, Breitwandverfahren, das Dolby-Stereo und die großen Starbesetzungen zurückzuführen. Es hat schon mehr damit zu tun, daß eben das *Inskinogehen* immer noch seinen ganz besonderen Reiz besitzt, dem das Fernsehen nichts Vergleichbares entgegenzusetzen hat.

Bei den unabhängigen Filmemachern in Amerika und in allen anderen Ländern der Welt gibt es nun eine Neue Welle ganz anderer Art. Mit dem billigeren Schmalfilm (16 mm und Super-8) kann heute jeder zu seinem eigenen Vergnügen Filme machen, ohne sich Gedanken darüber machen zu müssen, ob er auch genügend Zuschauer bekommen wird. Der «Underground-

«2001: Odyssee im Weltraum»
Der Boom des aufwendigen Science-fiction-Films mit seinem riesigen Arsenal an Spezialeffekten begann 1968 mit Stanley Kubricks Film und ist nach wie vor ungebrochen.

«Das China Syndrom»
Dieser zeitgenössische Thriller mit Jane Fonda, Jack Lemmon und Michael Douglas dreht sich um den Versuch, einen Unfall in einem Atomreaktor zu vertuschen.

film» wurde von Leuten wie Kenneth Anger, Stan Brakhage und Andy Warhol ins Leben gerufen, hat sich aber in kürzester Zeit als sehr dynamische Bewegung in Filmschulen, Filmclubs, Workshops und Kommunen in aller Welt erwiesen. Viele dieser Kamerafilme werden gewissermaßen im Rohzustand belassen, um nur ja keinerlei Zugeständnisse an den kommerziellen Film zu machen.

Andere Filme, wie z. B. *Sebastiane* (1978) wurden auf 16 mm gedreht und für den Verleih auf 35 mm aufgeblasen. Unter Umgehung des kostspieligen Apparats der Filmindustrie gelang es, mit niedrigstem Aufwand die Freiheit eines «experimentellen» Films mit allen Attributen eines erfolgreichen kommerziellen Spielfilms in Einklang zu bringen. Aber die bedeutsamste Entwicklung auf dem Gebiet des 16-mm-Films hat in den letzten Jahren zweifellos bei den Fernsehfilmen stattgefunden. In England z. B. haben manche Regisseure viele ihrer besten Arbeiten fürs Fernsehen gedreht. Besonders bemerkenswert ist die Entstehung eines neuen Realismus, der dem Dokumentarfilm eng verwandt ist. John Cassavetes hat in den USA als Schrittmacher auf diesem Gebiet gewirkt. Die wichtigste Entwicklung für den Amateur war in den letzten zehn Jahren jedoch zweifellos die Super-8-Tonfilmkamera, dicht gefolgt von der 60-m-Kassette für Super-8. Nachdem das Super-8-Format jetzt mit Einband- und Zweibandvertonung und einer Kassette mit 13 Minuten Laufzeit aufwartet, ist es als ernsthafter Mitbewerber für die Anwendung im Fernsehen zu betrachten. Nur ganz wenige Fernsehzuschauer merken den Unterschied zwischen dem Super-8- und dem normalen 16-mm-Material.

Doch genau in dem Augenblick, da das Super-8-Format den Kinderschuhen entwuchs und dem «Sechzehner» ernsthafte Konkurrenz zu machen drohte, kam die Video-Revolution dazwischen. In den letzten Jahren sind Videogeräte für den Hausgebrauch in ständig wachsender Zahl auf den Markt gekommen. Die Materialkosten für eine einstündige Videoaufnahme entsprechen jetzt denen von etwa 3 Minuten im Einbandsystem vertontem Super-8-Film. Die Preise für Videogeräte werden mit Sicherheit sinken. Der Schnitt von Videofilmen liegt jedoch außerhalb der Reichweite des Amateurs, so daß Video und Super-8 im Moment noch nicht direkt miteinander konkurrieren. Auf einem Gebiet arbeiten die beiden Systeme sogar Hand in Hand: Man kann jetzt Schmalfilme über einen Videorecorder zum Vorführen über das Fernsehgerät auf Videoband überspielen. Die anderen technischen Fortschritte wie z. B. die Überspielung von Videoaufzeichnungen auf Film, Video-Großprojektion und bewegte Holographie werden in den nächsten fünf bis zehn Jahren kaum richtig zum Tragen kommen. Im Augenblick sind deshalb der Super-8- und der 16-mm-Film zweifellos nach wie vor *das* Medium für den Amateur, den angehenden Filmemacher und den echten Profi. Noch wichtiger ist jedoch, daß es heute leichter ist als je zuvor, mit vergleichsweise einfachen Geräten professionelle Qualität zu erzielen. Zwischen dem Schmalfilm des Amateurs und dem Spielfilm, der Millionen verschlungen hat, liegt heute ein kleinerer Abstand als je zuvor.

Kamera und Film

«Film ist Realität in vierundzwanzig Bildern pro Sekunde.» *Jean-Luc Godard*

KAMERA UND FILM
Die technischen Grundlagen

Alle Filmkameras dienen demselben Hauptzweck: Ein bewegtes Motiv als Serie aufeinanderfolgender Bilder auf einem Streifen lichtempfindlichen Films festzuhalten. Wenn der Film entwickelt ist und diese Bilder mit derselben Geschwindigkeit wie bei der Aufnahme projiziert werden, entsteht wieder der Eindruck kontinuierlicher Bewegung. Das liegt daran, daß das Auge bei einer Geschwindigkeit von mehr als 16 Filmbildern bzw. 48 Bildeindrücken pro Sekunde die Einzelbilder nicht mehr getrennt wahrnimmt.

Das bedeutet, daß wir Bewegung zu sehen glauben, wo wir in Wirklichkeit nur eine Folge von Stehbildern wahrnehmen. Alle Filmkameras arbeiten nach dem Prinzip der intermittierenden, ruckartigen Bewegung, um eine schnelle Folge von Stehbildern einzufangen; der Filmtransportmechanismus sorgt dafür, daß der Film jeweils für die Belichtung eines Einzelbildes angehalten und dann weitertransportiert wird. Bei normaler Ganggeschwindigkeit der Kamera beträgt die Belichtungszeit jeweils 1/40 bis 1/60 Sek. Die Blende des Projektors ist außerdem so konstruiert, daß jedes Einzelbild dreimal gezeigt wird. Dadurch wird zusätzlich das Flimmern reduziert und der Eindruck der Bewegung vervollkommnet. Kamera und Projektor sind in vielerlei Hinsicht ähnlich konstruiert. In beiden Fällen wird der Film von einer Vorratsspule auf eine Aufwickel- oder Fangspule gewickelt und läuft dabei an einem Bildfenster vorbei. Durch das Bildfenster der Kamera wird der Film belichtet, so daß ein latentes Bild entsteht; durch das Bildfenster des Projektors wird das jeweilige Einzelbild projiziert.

Wie das Bild aufgezeichnet wird

Die einfache Kamera
Vom Motiv reflektiertes Licht wird vom Kameraobjektiv eingefangen und auf den Film projiziert, wo es ein auf dem Kopf stehendes latentes Bild erzeugt.

Der einfache Projektor
Gebündeltes Licht einer Lampe durchleuchtet den Film und projiziert das Bild durch das Objektiv, wobei es wieder aufrecht gestellt wird.

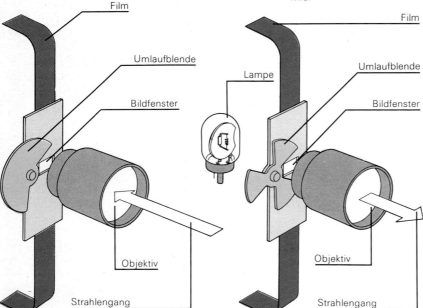

Was ist «Film»?

Das Aufnahmematerial des Filmers ist der Film, ein schmaler Streifen aus flexiblem Kunststoff, der mit einer Emulsion beschichtet ist. Die Emulsion besteht aus lichtempfindlichen Silbersalzen.

Der Film wird in Kassetten oder Spulen geliefert. Er ist entweder auf einer oder auf beiden Seiten mit kleinen *Perforationslöchern* versehen und kann deshalb in Kamera oder Projektor abwechselnd für Belichtung oder Projektion von einem Greifermechanismus festgehalten oder weitertransportiert werden. Den Abstand zwischen zwei Perforationslöchern bezeichnet man auch als Bildschritthöhe, die Trennlinie zwischen zwei Einzelbildern als Bildstrich.

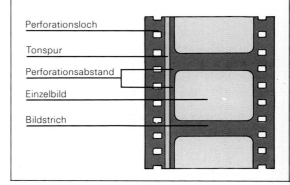

KAMERA UND FILM

Die Formate

Die Erfindung des Kinofilms im Jahre 1889 war das Ergebnis einer Zusammenarbeit zwischen George Eastman und Thomas Edison. Der Film, für den sie sich schließlich entschieden, war *35 mm* breit und bestand aus Nitrocellulose. Das Format war für professionelle Zwecke genau richtig und ist bis heute in der Filmindustrie die Norm geblieben.

Im Jahre 1923 brachte Kodak einen *16 mm* breiten Film auf den Markt. Dieses Material war billiger und sicherer (da es auf Acetylcellulose-Basis hergestellt und deshalb schwerer entflammbar war) und lieferte schon damals Aufnahmen von ausreichender Qualität. Dieses Format wird heute von Amateuren und Profis verwendet. Für Fernsehfilme ist 16 mm heute fast generell das Standardformat.

Im Jahre 1932 kam jedoch Eastman mit einem weiteren neuen Format auf den Markt. Dieser *Normal-8-* oder *Doppel-8-Film* war im Grunde nichts anderes als ein 16-mm-Film mit der doppelten Anzahl Perforationslöcher und einer auf etwa ein Viertel reduzierten Bildgröße. Er war speziell für den Amateurmarkt gedacht und machte das Hobbyfilmen noch billiger, trotzdem schreckte aber sein sonderbares System der Belichtung der halben Filmbreite pro Druchlauf (s. S. 41) manche Leute ab.

Im Jahre 1965 brachte dann Kodak sein neues Super-8-System heraus und erschloß damit dem Schmalfilm einen noch breiteren Markt. Super-8-Film wird in einfachen Plastikkassetten geliefert und hat ein um 43 Prozent grösseres Bild als Normal-8.

Seitenverhältnis

Edison hatte für das Einzelbild auf seinem 35-mm-Film ein *Seitenverhältnis* von 4:3 oder 1,33:1 vorgesehen. Die ersten 35-mm-Stummfilme wurden auch mit diesem Seitenverhältnis gedreht. Es wurde «Vollbild» genannt. Als der Tonfilm aufkam, mußte die Bildgröße verringert werden, um Platz für die Tonspur zu schaffen, aber das Seitenverhältnis blieb unverändert. Das neue Format erhielt die Bezeichnung «Academy-Format». Auch bei Super-8, Normal-8, 16 mm und Fernseh-Videoband beträgt das Seitenverhältnis 1,33:1.

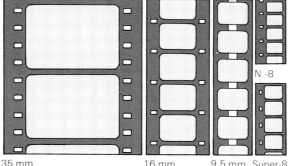

35 mm 16 mm 9,5 mm Super-8

Vergleich der Filmformate
Die Filmstreifen sind hier in Originalgröße wiedergegeben. Mit der Einführung der neuen Formate verringerte sich die Filmbreite von 35 auf 8 mm, so daß die Kameras kleiner werden konnten. Super-8 (japanische Version: Single-8) ist heute das beliebteste Amateurformat.

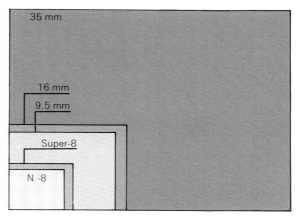

Vergleich der Bildgrößen
Beim 35-mm-Film ist die Bildfläche fast viermal so groß wie beim 16-mm- und 20mal so groß wie beim Super-8-Format. Die Bildgröße ist für jedes Format standardisiert; sie hängt von den Dimensionen des Bildfensters der Kamera ab. Das Bildfenster des Projektors ist jedoch etwas kleiner, so daß das Bild an allen vier Seiten ganz leicht beschnitten wird. Das Seitenverhältnis bleibt davon unberührt.

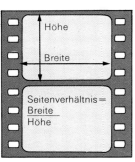

Definition des Seitenverhältnisses
Der Ausdruck «Seitenverhältnis» bezeichnet nicht die Größe, sondern die Form des Bildes. Man erhält es, indem man die Bildbreite durch die Bildhöhe teilt. Wie unten gezeigt, haben beide Versionen des 35-mm-Films das Seitenverhältnis 1,33:1.

Änderung des Seitenverhältnisses

Die Filmindustrie setzt seit vielen Jahren Breitwandverfahren ein, um mehr Zuschauer in die Kinos zu locken. Dazu wird das Seitenverhältnis auf zweierlei Arten verändert.

Masken Die einfachste Art, ein größeres Bild auf die Leinwand zu bekommen, besteht darin, daß man einen größeren Projektionsabstand wählt. Wenn das Bild jedoch nur breiter werden soll, muß das Bild oben und unten durch Masken abgedeckt werden. Damit lassen sich Seitenverhältnisse von 1,66:1, 1,75:1 oder 1,85:1 erzielen.

Anamorphotische Objektivvorsätze Mit einem anamorphotischen Objektivvorsatz an der Kamera läßt sich ein großer horizontaler Bildwinkel in das normalbreite 35-mm-Format «zwängen». Bei der Projektion wird das Bild durch einen identisch aufgebauten Objektivvorsatz am Projektor wieder auf die ursprüngliche Breite «gedehnt» (s. S. 256).

Masken
Für Breitwandprojektion beim Filmen das Bild wie oben gezeigt maskieren.

Anamorphoten
Unten links das gedehnte Bild auf der Leinwand in normalen Proportionen, rechts zusammengedrängt.

KAMERA UND FILM
Super-8

Der Super-8-Film wurde 1965 von Kodak als Verbesserung gegenüber dem Normal-8-Film eingeführt. Er setzte sich sofort durch, weil er bei gleicher Breite über mehr Bildfläche verfügte und die Kassetten, in denen er geliefert wurde, das Einlegen wesentlich vereinfachten.

Bei Super-8 sind die Perforationslöcher kleiner und das Bild größer als bei Normal-8. Bei der Projektion ist das Bild bei gleichem Abstand 43 Prozent größer, was eine Qualitätsverbesserung des Projektionsbildes ergibt.

Super-8-Film ist in lichtdichten Kassetten untergebracht, bei denen der ganze Film in einem Durchlauf belichtet wird und die sich leicht in die Kamera einlegen lassen. Auf der Vorderseite hat die Kassette eine Reihe von Nuten. Die Führungsnut sorgt für richtigen Sitz der Kassette in der Kamera; eine andere «sagt» der Kamera, auf welche Filmempfindlichkeit die Belichtungsautomatik eingestellt werden muß; wieder eine andere gibt an, ob das eingebaute Konversionsfilter für Tageslichtaufnahmen eingeschwenkt werden muß oder nicht (s. S. 92), und die letzte schließlich zeigt an, wie der Film zu entwickeln ist. Beim Einlegen der Kassette muß man lediglich darauf achten, daß die Kassette nicht auf dem Kopf steht.

Im Jahre 1974 brachte Kodak die Super-8-Tonfilmkassette heraus. Sie enthält Film, der mit einer dünnen Magnetspur für gleichzeitige Bild- und Tonaufnahmen «besputrt» ist (s. *Einbandsystem*, S. 112). Die Tonfilmkassette ist etwa 13 mm höher als die für Stummfilm und hat an der Unterseite eine Aussparung, in die ein in die Kamera eingebauter Tonkopf eingreift.

Super-8-Film
Super-8-Film ist stets 8 mm breit, ob Stumm- oder Tonfilm. Das Seitenverhältnis beträgt 1,33:1.

Bell & Howell 2123XL
Diese «XL» oder «Minilicht»-Kamera ist für Aufnahmen auch bei schlechten Lichtverhältnissen konstruiert. Sie hat eine Sektorenblende mit einem besonders großen Hellsektor von 225° und ein recht lichtstarkes Objektiv 1:1,2. Sie ist recht typisch für die Super-8-Kameras der unteren Preisklasse.

Super-8-Kameras Es sind zur Zeit über 130 Super-8-Kameras auf dem Markt. Alle sind kompakt, leicht und problemlos zu bedienen. Das Angebot reicht von simplen «narrensicheren» Kameras bis hin zu technisch hochentwickelten «Microcomputer»-Tonfilmkameras. Seit ihrer Einführung 1965 haben die Super-8-Kameras eine rasante technische Entwicklung durchgemacht. Power-Zoom, XL-Kameras für schlechte Lichtverhältnisse, eingebaute Intervalltimer für Zeitrafferaufnahmen und Einzelbildschaltung, Tonüberblendung und sogar automatische Scharfeinstellung sind heute gang und gäbe. Manche Super-8-Kameras sind sogar schon vielseitiger als 16-mm-Kameras.

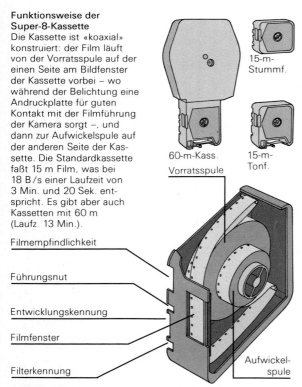

Funktionsweise der Super-8-Kassette
Die Kassette ist «koaxial» konstruiert: der Film läuft von der Vorratsspule auf der einen Seite am Bildfenster der Kassette vorbei – wo während der Belichtung eine Andruckplatte für guten Kontakt mit der Filmführung der Kamera sorgt –, und dann zur Aufwickelspule auf der anderen Seite der Kassette. Die Standardkassette faßt 15 m Film, was bei 18 B/s einer Laufzeit von 3 Min. und 20 Sek. entspricht. Es gibt aber auch Kassetten mit 60 m (Laufz. 13 Min.).

Sankyo XL 61-200
Diese Tonfilmkamera kann mit 15- und 60-m-Super-8-Tonfilmkassetten geladen werden. Der Ton kann entweder in der Kamera auf besputrten Film (Einbandverfahren) oder mit einem separaten Tonbandgerät aufgenommen werden, das über ein Impulskabel angeschlossen wird (Zweibandverfahren).

Beaulieu 5008S
Eine Kamera der Spitzenklasse. Dank ihres Schwingspiegelverschlusses kann sie mit Wechselobjektiven ausgestattet werden – eine Seltenheit bei Super-8-Kameras. Sie hat einen Spiegelreflexsucher mit Entfernungseinstellung auf einer Feinschliff-Mattscheibe. Die Kamera kann mit Stumm- und Tonfilmkassetten geladen werden und ist für Tonaufnahmen im Ein- und Zweibandsystem eingerichtet.

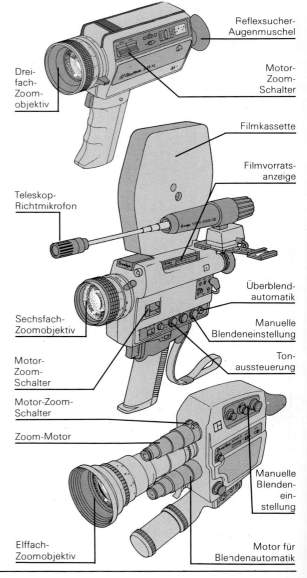

KAMERA UND FILM

Das vielseitige Super-8-Format

Super-8 hat das frühere Normal-8 als beliebtestes 8-mm-Format endgültig abgelöst. Die Ausrüstung ist leicht, vielseitig und weitgehend narrensicher. Das Format ist außerdem viel billiger als jedes andere mit Ausnahme von Normal-8 und hat deshalb das Hobbyfilmen für beinahe jedermann erschwinglich gemacht. Es ist das ideale Format für den Amateur. Darüber hinaus schätzen auch immer mehr professionelle Filmemacher die Mobilität, die Unaufdringlichkeit und die weitreichenden technischen Möglichkeiten dieses Formats.

Super-8-Filme Das Angebot an Super-8-Filmen vergrößert sich ständig. Es sind zur Zeit weltweit 40 Sorten für das Super-8-Format auf dem Markt, in Schwarzweiß und Farbe, mit und ohne Ton, normal- und hochempfindlich und in verschiedenen Farbabstimmungen. Außerdem gibt es neben der Standard-15-m-Kassette auch eine mit 60 Metern Fassungsvermögen. Es gibt drei große Schmalfilmhersteller – Agfa, Kodak und Fuji (letzterer nur Single-8). Die Filme, die sie anbieten, unterscheiden sich stark hinsichtlich der Farbwiedergabe, Gradation, Körnigkeit usw. Verschiedene Aufnahmesituationen erfordern verschiedene Filme, und die beste Art, für jede Aufgabe das richtige Material zu finden, besteht darin, daß man sich über die Prioritäten klar wird. Ist z. B. hohe Empfindlichkeit erforderlich, oder kommt es mehr auf Feinkörnigkeit an? Probieren Sie mehrere Typen aus und stellen Sie anhand der Aufnahmen fest, welche Filme Ihnen am meisten zusagen.

Doppel-Super-8

Super-8-Film ist auch auf 30-m-Spulen erhältlich. Hier ist der Film 16 mm breit, hat aber beidseitig Super-8-Perforationslöcher. Diese Filme haben eine Laufzeit von 6 Min. 40 Sek. (bei 18 B/sec). Wie der Doppel-8-Film läuft auch dieser Film zweimal durch die Kamera und wird dabei jeweils hälftig belichtet. Kameras für Doppel-Super-8 sind technisch aufwendig und entsprechend teuer (z. B. die Canon DS 8 und die Pathé Webo BTL II); sie werden deshalb vorwiegend im halbprofessionellen Bereich eingesetzt.

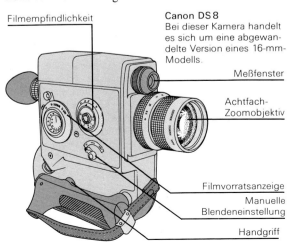

Filmempfindlichkeit

Canon DS 8
Bei dieser Kamera handelt es sich um eine abgewandelte Version eines 16-mm-Modells.

Meßfenster
Achtfach-Zoomobjektiv
Filmvorratsanzeige
Manuelle Blendeneinstellung
Handgriff

Single-8

Single-8-Film und die Kameras dazu werden ausschließlich von der japanischen Firma Fuji hergestellt. Der Film hat dieselbe Breite und dasselbe Format wie Super-8, unterscheidet sich aber in zwei wichtigen Punkten: die Kassette hat eine andere Form, und die Filmunterlage ist aus Polyester. Polyester ist fester und dünner als die übliche Acetat-Unterlage von Super-8. Single-8-Film muß beim Schnitt mit Klebefolien geklebt werden; normaler Filmkitt wirkt nämlich nicht auf Polyester (s. S. 212). Man kann Single-8-Film mit Super-8-Projektoren vorführen, doch ist es nicht immer ratsam, ihn mit Super-8-Material zu einem Streifen zu montieren, weil sich sonst womöglich die unterschiedliche Dicke des Schichtträgers in Schwankungen der Bildschärfe bemerkbar macht.

Die Fuji-Kassette ist der Tonbandkassette vergleichbar; die Vorratsspule ist über der Aufwickelspule angeordnet. Die Kassette ist kleiner und schmäler als die Super-8-Kassette. Ein weiterer Vorteil der Fuji-Kassette ist, daß im Gegensatz zu Super-8 der Film für Doppelbelichtungen unbegrenzt rückgewickelt werden kann (s. S. 186).

Die Fuji-Kameras sind vielseitig, technisch ausgereift, schlanker und kompakter als die meisten Super-8-Kameras. Die Spitzenmodelle halten jedem Vergleich mit den besten Super-8-Kameras stand.

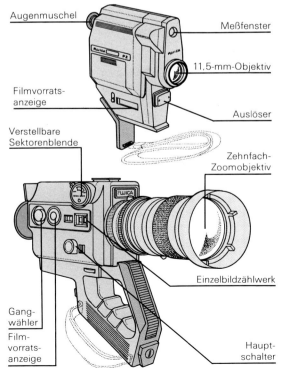

Augenmuschel
Meßfenster
11,5-mm-Objektiv
Filmvorratsanzeige
Auslöser
Verstellbare Sektorenblende
Zehnfach-Zoomobjektiv
Einzelbildzählwerk
Gangwähler
Filmvorratsanzeige
Hauptschalter

15-m-Stummf.
15-m-Tonf.

Single-8-Kassetten
Fuji-Kassetten enthalten 15 m Film. Sie sind für Stumm- und Tonfilmaufnahmen erhältlich.

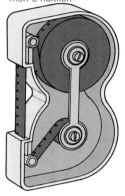

Funktionsweise der Single-8-Kassette
Die Vorratsspule ist oben, die Aufwickelspule unten.

Fujica P 2
Diese Single-8-Kamera gehört zu den kleinsten und einfachsten 8-mm-Modellen. Sie hat einen Reflexsucher und Belichtungsautomatik mit Meßfenster (s. S. 48–49). Das Objektiv 1:1,8 hat eine feste Brennweite von 11,5 mm und Fixfocuseinstellung, wodurch alles ab etwa 1,5 m scharf wiedergegeben wird.

Fujica ZC 1000
Das ist das Spitzenmodell von Fuji. Wie die Beaulieu ist diese Kamera mit einer Spiegelblende ausgestattet, so daß das Objektiv voll auswechselbar ist. Sie ist hier mit einem Makro-Zoom 1,8/7,5–75 mm abgebildet, aber es können auch Objektive mit «C-mount» von 16-mm-Kameras und Objektive von Fotokameras mit Adaptern verwendet werden. Die Kamera ist mit allen technischen Vorzügen ausgestattet, die es heute beim 8-mm-Format gibt.

KAMERA UND FILM

Wie die Super-8-Kamera arbeitet

Die Kamera hat ein aus mehreren Linsen bestehendes Objektiv, um Licht einzufangen und auf den unbelichteten Film zu projizieren. Das Objektiv fokussiert die Lichtstrahlen auf die Filmebene und entwirft dort ein auf dem Kopf stehendes Bild, das als latentes Bild auf dem Film aufgezeichnet wird. Das Objektiv kann auf verschiedene Entfernungen eingestellt werden.

Die auf den Film gelangende Lichtmenge muß genau auf die Empfindlichkeit des Films abgestimmt werden. Die Lichtintensität wird durch eine verstellbare *Blende* gesteuert, die normalerweise ins Objektiv eingebaut ist. Bei sehr hellem Licht wird die Blendenöffnung verkleinert («Abblenden»); bei schlechten Lichtverhältnissen wird dagegen «aufgeblendet». Heute wird die Blende bei den meisten Kameras durch einen eingebauten *Belichtungsmesser* automatisch gesteuert.

Die Belichtungszeit wird von der Sektoren- oder *Umlaufblende* der Kamera geregelt. Dabei handelt es sich um eine rotierende Kreisscheibe, aus der ein Segment ausgeschnitten ist und die kein Licht auf den Film gelangen läßt, während das nächste unbelichtete Einzelbild ins Bildfenster transportiert wird. Für den genau festgelegten Sekundenbruchteil der Belichtung läuft der «Hellsektor» am Bildfenster vorbei, dann wird dieses wieder von der Umlaufblende verdeckt, während der Film wieder einen Schritt weitertransportiert wird. Im Augenblick der Belichtung muß der Film völlig stillstehen. In diesem Moment befindet er sich im *Bildfenster* der *Filmbühne*. Die ruckartige Bewegung des Films am Bildfenster vorbei wird durch einen Greifer gesteuert. Dieser greift in eines der *Perforationslöcher* am Filmrand ein und zieht den Film um einen Bildschritt

Bezeichnung der Teile
1 Zoom-Motor
2 Greifer
3 Sucheroptik
4 Bildfenster
5 Gedruckte Schaltung
6 Kassettenantrieb
7 165°-Sektorenblende
8 Getriebe f. Sekt.-Bl.
9 Strahlenteilerprisma
10 Grundobjektiv
11 Kamera-Antriebsmotor
12 Blendenflügel
13 Strahlenteilerprisma
14 Fokussierbares Glied
15 Variator
16 Power-Zoom-Ring
17 45°-Spiegel

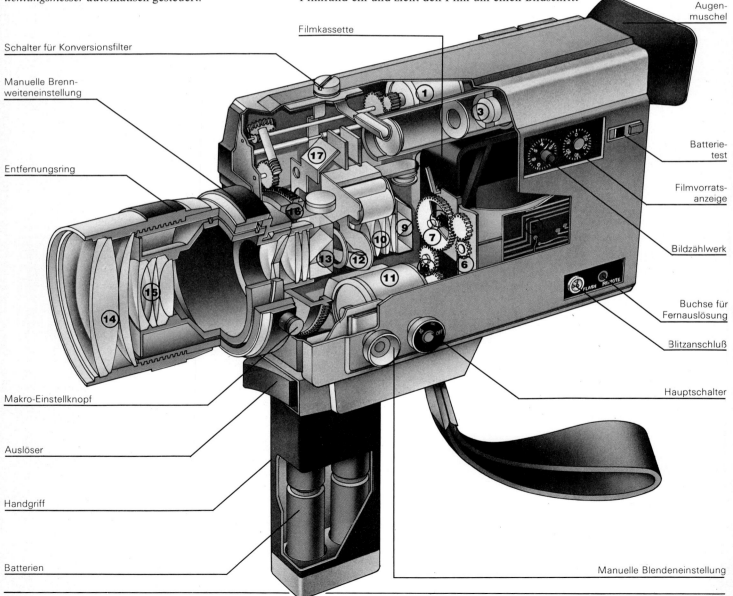

KAMERA UND FILM

weiter. Das *Laufwerk* der Kamera sorgt sowohl für die ruckartige Bewegung des Greifers als auch für den kontinuierlichen Filmtransport. Die Diskrepanz zwischen beiden wird durch eine *Entlastungsschlaufe* in der Kassette ausgeglichen.

Damit Sie auch sehen, was Sie filmen, hat die Kamera einen Sucher. Dabei kann es sich entweder um einen optischen Durchsichts- oder einen Reflexsucher handeln (s. S. 48).

Super-8-Film befindet sich in Kunststoffkassetten, die einfach in die Kamera eingeschoben werden. Die *Vorratsspule* (auf der sich der kleiner werdende Wickel unbelichteten Films befindet) und die *Aufwickelspule* (auf die der belichtete Film aufgewickelt wird) liegen nebeneinander. Auf dem Weg von der einen zur anderen läuft der Film am Bildfenster vorbei.

Die «Microcomputer»-Kamera

Auch die Hersteller von Super-8-Kameras fangen jetzt an, die Möglichkeiten der Microelektronik zu nutzen. Die neuesten Super-8-Kameras haben bereits Microschaltungen auf winzigen ICs. Dadurch werden die Kameras erheblich kleiner, leichter, vielseitiger und bedienungsfreundlicher. Die Bauer S 715 XL enthält beispielsweise einen programmierbaren «Microcomputer», der die meisten Kamerafunktionen steuert – verschiedene Ganggeschwindigkeiten (9, 18, 24 und 40 B/s), Einzelbild-Intervalltimer, Titel- und Trickautomatik (für Belichtung von jeweils 1, 2, 3 oder 4 Einzelbildern pro Auslösung), Selbstauslöser (wenn Sie sich selbst filmen wollen) und Szenenlängenautomatik (die die Kamera nach 6, 8 oder 10 Sekunden automatisch stoppt). Das Fünfzehnfach-Zoomobjektiv hat eine Lichtstärke von 1:1,4, einen Brennweitenbereich von 6 bis 90 mm und zwei Zoomgeschwindigkeiten.

Bauer S 715XL
Diese Tonfilmkamera ist eine der hochwertigsten Super-8-Kameras, die derzeit auf dem Markt sind. Sie besitzt einen «Microcomputer», der es gestattet, alle Kamerafunktionen zu programmieren – von der Gangwahl bis zur Zeitraffung. Die Kamera hat vier Motoren, von denen drei durch den Microcomputer gesteuert werden.

Reflexsuchersystem

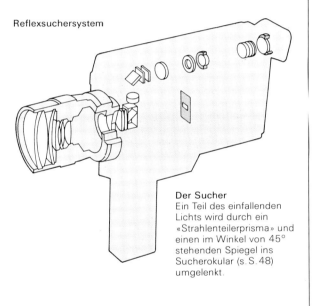

Der Sucher
Ein Teil des einfallenden Lichts wird durch ein «Strahlenteilerprisma» und einen im Winkel von 45° stehenden Spiegel ins Sucherokular (s. S. 48) umgelenkt.

Reflex-Meßsystem

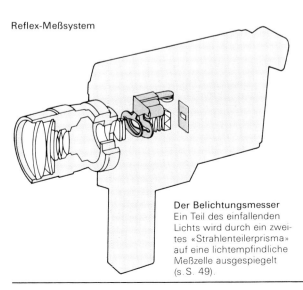

Der Belichtungsmesser
Ein Teil des einfallenden Lichts wird durch ein zweites «Strahlenteilerprisma» auf eine lichtempfindliche Meßzelle ausgespiegelt (s. S. 49).

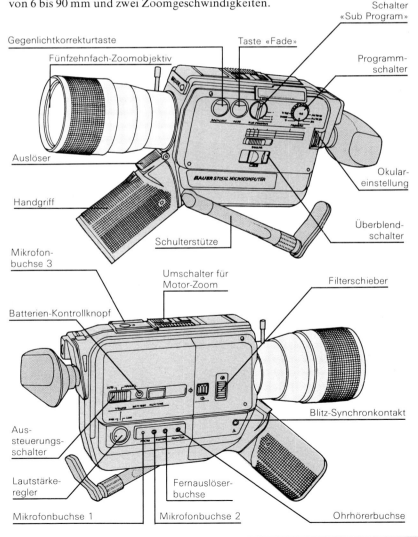

KAMERA UND FILM
16 mm

Film in 16 mm Breite wurde zum erstenmal 1923 von Eastman Kodak auf den Markt gebracht. Das Filmen mit 35-mm-Material hatte sich für Amateure als zu kostspielig erwiesen, und eben diesen Markt wollte sich Kodak mit seinem neuen Format erschließen. Es hatte schon vorher Versuche gegeben, den Amateuren billigeres Filmmaterial zur Verfügung zu stellen – z. B. in Form eines in der Mitte durchgeschnittenen 35-mm-Films, der somit eine Breite von 17,5 mm hatte –, doch hatte sich bis dahin nichts durchsetzen können. Kodak hatte jedoch Erfolg – und noch einmal 1939 mit dem 16-mm-Tonfilm.

Das 16-mm-Format ist heute gleichermaßen ein Format für Amateure und Profis. Für den Profi ist 16 mm das ideale Format für Lehr-, Reportage- und Dokumentarfilme. Die Qualität ist hoch und die Ausrüstung ist tragbar und vielseitig. Tatsächlich werden heute fast alle Fernsehfilme mit 16-mm-Kameras gedreht.

Der Amateur bekommt bei 16 mm eine etwa dreieinhalbmal so große Bildfläche wie bei Super-8. Schärfe und Kornverhalten bei der Projektion sind dementsprechend besser. Hinzu kommt, daß 16 mm das kleinste Format ist, das man beim Schneiden noch mühelos mit bloßem Auge betrachten kann, das einbelichtete Randnummern hat (s. S. 209) und mit dem man Filme für kommerzielle Zwecke drehen kann.

16-mm-Kameras Die meisten 16-mm-Kameras sind schwerer, unhandlicher, teurer und überraschenderweise auch aufnahmetechnisch nicht so vielseitig wie ihre Super-8-Abkömmlinge. In der unteren Preisklasse bekommen Sie hier eine Federwerkskamera für 15- oder 30-m-Tageslichtspulen. Im Mittelfeld gibt es mehrere elektrisch angetriebene Kameras, z. B. die Modelle von Beaulieu, Bolex und Canon. Und für viel Geld bekommt man Spitzenmodelle wie die Arriflex SR oder die Aäton. Wenn Sie jedoch vorwiegend Stummfilme drehen möchten, können Sie durchaus schon mit einer der billigsten Kameras professionelle Resultate erzielen, vorausgesetzt, sie hat ein anständiges Objektiv und Sie wissen damit umzugehen. Für anspruchsvollere Arbeiten lohnt es sich dagegen wahrscheinlich, eine Kamera zu mieten.

16-mm-Filme 16-mm-Film gibt es in verschiedenen Längen; die gebräuchlichsten sind 30 m, 60 m und 120 m. Er wird entweder mit einseitiger oder mit doppelseitiger Perforation geliefert (s. rechte Seite oben). Doppelseitig perforierter Film wird immer noch verwendet – obwohl heutzutage nur noch in Hochgeschwindigkeitskameras. Für Filme mit Licht- oder Magnettonspur muß einseitig perforiertes Filmmaterial verwendet werden.

Es gibt sowohl Schwarzweiß- wie Farbfilm als Negativ- oder Umkehrfilm (s. S. 52). Umkehrfilm wird bevorzugt, weil man vom Negativfilm für die Vorführung erst eine Positivkopie anfertigen lassen muß. Negativfilm ist jedoch viel flexibler, weil bei der Anfertigung von Kopien Dichte und Farbbalance des Positivs sich in größerem Umfang beeinflussen lassen.

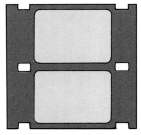

16-mm-Film
Der Film ist 16 mm breit und hat 132 Einzelbilder pro Meter. Das Seitenverhältnis beträgt 1,33:1.

Bolex H 16 RX-5
Diese 16-mm-Kamera wurde in der Schweiz hergestellt. Sie wird von einem starken Federwerk angetrieben, das mit einer Kurbel an der Kameraseite aufgezogen wird. Sie hat einen Revolverkopf für drei Objektive mit «C-mount», der mit einem Hebel gedreht wird. Die Kamera wird mit 30-m-Spulen geladen; eine 120-m-Kassette ist ansetzbar.

Beaulieu R 16
Diese französische 16-mm-Kamera ist kompakt, leicht und zuverlässig. Sie ist mit Elektromotor, Reflexsucher, abschaltbarer Belichtungsautomatik, Ganggeschwindigkeiten von 2 bis 64 B/s und auswechselbarem Zoomobjektiv oder Objektivrevolver ausgestattet. Eine 60-m-Kassette ist ansetzbar.

Arriflex 16 SR
Dies ist das neueste Modell der in Deutschland hergestellten Arriflex-Kameras. Die Kamera ist trotz ihres geringen Gewichts sehr robust und so konstruiert, daß sie bequem auf der Schulter gehalten werden kann. Der Sucher ist um 360° dreh- und außerdem schwenkbar. Die voll auswechselbaren Objektive haben die Standard-Arri-Fassung (Bajonett). Die Kamera ist sehr leise und für synchrone Tonaufnahmen eingerichtet. Sie hat eine 120-m-Schnellwechselkassette.

Doppelseitig perforiert
Dies war die ursprüngliche Form 16-mm-Film. Er hat auf beiden Seiten des Bildes Perforationslöcher.

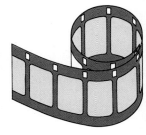

Einseitig perforiert
Dieser moderne 16-mm-Film hat auf einer Seite Perforationslöcher und auf der anderen eine Licht- oder Magnettonspur.

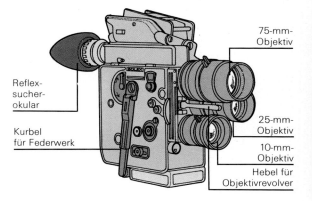

Reflexsucherokular — 75-mm-Objektiv — 25-mm-Objektiv — 10-mm-Objektiv — Kurbel für Federwerk — Hebel für Objektivrevolver

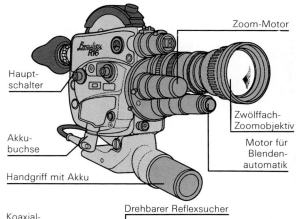

Zoom-Motor — Hauptschalter — Zwölffach-Zoomobjektiv — Motor für Blendenautomatik — Akkubuchse — Handgriff mit Akku

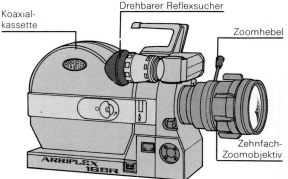

Koaxialkassette — Drehbarer Reflexsucher — Zoomhebel — Zehnfach-Zoomobjektiv

KAMERA UND FILM

Allgemeine Regeln für das Filmeinlegen

16-mm-Film gibt es entweder auf Spulen oder auf Kunststoffkernen. Die Spulen können bei Tageslicht eingelegt werden und enthalten im allgemeinen 15 oder 30 Meter Film. Größere Längen gibt es auf Rollen; hier ist der Film auf Kunststoffkerne gewickelt, die bei Dunkelheit in die Kassetten eingelegt werden müssen.

Tageslichtspulen Viele 16-mm-Kameras können mit 60-m-Kassetten geladen werden. Diese sind so konstruiert, daß man sie bei Tageslicht einlegen kann, aber helles Licht sollte trotzdem vermieden werden. Das Einlegen ist bei jeder Kamera ein wenig anders; die Anweisungen des Herstellers müssen deshalb genau befolgt werden. Achten Sie vor allem darauf, daß die Vorwickelschlaufen beiderseits der Filmbühne ausreichen.

Laden von Kassetten bei Dunkelheit Wenn Ihre Kamera nur Filmrollen aufnimmt, muß die Kassette bei völliger Dunkelheit geladen werden – also in einer Dunkelkammer oder in einem Wechselsack. Es ist ratsam, das Einlegen des Films erst einmal mit einem belichteten Streifen *außerhalb* des Wechselsacks zu üben, bis alle Handgriffe «sitzen».

Wenn Sie den Klebstreifen auf der Vorderseite der neuen Filmrolle abgelöst haben, kleben Sie ihn auf die Außenseite der Dose. So kann das Innere der Kamera nicht mit Klebstoff verschmiert werden, und wenn der Film abgedreht ist, erinnert Sie der Streifen daran, daß die Dose belichteten Film enthält.

Zubehör für 16-mm-Kameras

Objektive
Viele 16-mm-Kameras haben Wechseloptiken. Die meisten 16-mm-Objektive haben eine «C-mount»- oder eine «Arri»-Bajonettfassung.

60- und 120-m-Kassetten
Viele Kameras nehmen eine dieser beiden Kassetten auf. Mit ihnen kann man längere Zeit ununterbrochen drehen; deshalb werden sie oft für Reportageaufnahmen verwendet.

Kompendium und Filter
Das Kompendium wird auf der Kameravorderseite angebracht und dient zur Befestigung von Filtern und Masken und als Gegenlichtblende.

Batteriegürtel
16-mm-Kameras beziehen ihren Strom meist aus Batterien. Wenn diese nicht in der Kamera Platz finden, kann man sie in einem Gürtel um die Hüfte tragen.

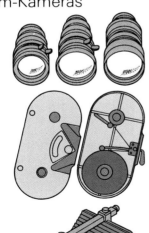

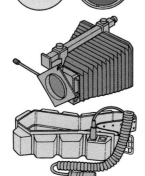

Filmwicklungen
Einseitig perforierten 16-mm-Film gibt es in zwei Versionen: Wicklung A und Wicklung B. Bei Wicklung A hat der Film, von der Kameravorderseite gesehen, die Perforation rechts vom Bildfenster, bei Wicklung B links. Die Schicht ist in beiden Fällen innen. Wicklung B ist gebräuchlicher.

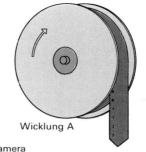
Wicklung A

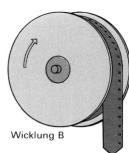
Wicklung B

Funktionsweise der 16-mm-Kamera
Diese Standardkamera Arriflex 16S hat einen Revolverkopf für drei Wechselobjektive. Weiter hat sie eine 170°-Spiegelblende, die im Winkel von 45° zur Filmebene angeordnet ist. Ein Transportgreifer transportiert den Film, und ein Sperrgreifer hält ihn fest, während das Einzelbild belichtet wird.

Abwickelspule — Aufwickelspule — Andruckrolle — Okular — Film — Filmbühne — Spiegelblende — Transportgreifer — Sperrgreifer — Sucheroptik — 45°-Prisma — Revolvergriff — Dritte Objektivfassung — Zweite Objektivfassung — Objektivdeckel

Angénieux-Zoomobjektiv 10–150 mm
Hebel für manuelle Brennweiteneinstellung

Super-16

Super-16 ist eine Variante des normalen 16-mm-Formats. Wenn man einseitig perforierten 16-mm-Film in Kameras verwendet, deren Bildfenster etwas vergrößert wurde, reicht das Bild bis in den unperforierten, sonst der Tonspur vorbehaltenen Rand. Dadurch vergrößert sich die Bildfläche um 24%, und das Seitenverhältnis ändert sich von 1,33:1 auf 1,66:1. Super-16 wird vorwiegend verwendet, wenn der Film auf 35 mm «Breitwand» aufgeblasen werden soll.

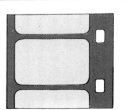

Super-16-mm-Film
Einseitig perforierter 16-mm-Film mit verbreiterter Bildfläche.

KAMERA UND FILM

35 mm

Seit Edison dieses Format einführte, ist der 35-mm-Film der Grundstein der Filmindustrie. Auf diesem Material wurden die ersten Spielfilme gedreht, und obwohl heute immer mehr Filme von Filmgruppen und unabhängigen Filmemachern auf 16 mm gedreht werden, gilt 35 mm immer noch als die Norm für Spielfilme, ausgenommen Fernsehfilme.

Das Einzelbild ist bei 35 mm fast viermal so groß wie bei 16 mm und 20mal so groß wie bei Super-8. Das bedeutet höchste Bildqualität. Selbst wenn vom Original schon zahllose Kopien gezogen wurden, bleiben «Feinkörnigkeit» und «Auflösungsvermögen» erhalten. Hinzu kommt, daß der 35-mm-Film bei der Projektion ein sehr ruhiges Bild liefert. Dafür gibt es zwei Gründe: Erstens braucht der Film nicht so stark vergrößert zu werden wie andere Formate und zweitens hat der 35-mm-Film mehr Perforationslöcher, die den Film während der Belichtung der Einzelbilder ruhig halten.

Es muß aber betont werden, daß es sich hier um Profimaterial handelt. Geräte und Filme sind so teuer, daß sie für den Amateur nicht in Frage kommen. Höchstens für optische Kopierzwecke oder für Animationen wird der Amateur gelegentlich auf dieses Format zurückgreifen.

35-mm-Film
35-mm-Film hat 8 Perforationslöcher pro Bild – 4 auf jeder Seite. Kommerzielle Filme werden grundsätzlich auf «Negativ»-Film gedreht, meistens Eastmancolor.

35-mm-Kameras Das breite Angebot an 35-mm-Kameras läßt sich in zwei Kategorien aufteilen: Handkameras und Studiokameras. 35-mm-Handkameras sind zwar größer und schwerer als 16-mm-Kameras, aber noch wesentlich kleiner und leichter als die massiven 35-mm-Studiokameras. Sie sind meist gut ausbalanciert und so konstruiert, daß sie bequem auf der Schulter des Kameramanns sitzen und leicht ruhig zu halten sind. Die großen Studiokameras wie die Mitchell oder die Panavision PSR sind dagegen sehr schwer, sehr teuer und technisch sehr hochentwickelt. Sie bieten dem Filmemacher jede erdenkliche technische Raffinesse – von verstellbaren Sektorenblenden und Sucherfiltern bis hin zu 300-m-Kassetten und auswechselbaren Einstellscheiben. Viele dieser Profikameras lassen sich heute mit Video-Adaptierung ausrüsten, so daß neben dem Kameramann auch der Regisseur beobachten kann, was gerade gedreht wird.

Das größte Problem bei 35-mm-Kameras ist die Tonaufnahme. Das Laufgeräusch der Kamera ist oft so laut, daß es mit auf die Tonspur kommt, wenn Bild und Ton gleichzeitig aufgenommen werden. Um das zu verhindern, werden größere Kameras oft mit einem «Blimp» schallgedämpft. Leider werden sie dadurch noch größer und schwerer.

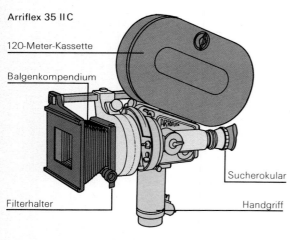

Arriflex 35 IIC
- 120-Meter-Kassette
- Balgenkompendium
- Filterhalter
- Sucherokular
- Handgriff

Handkamera
Das Gewicht der Kamera ist so bemessen, daß man sie auf der Schulter abstützen kann. Die Stellung des Suchers läßt sich meist zum bequemeren Einblick verändern.

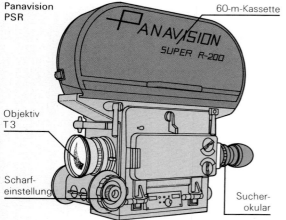

Panavision PSR
- 60-m-Kassette
- Objektiv T3
- Scharfeinstellung
- Sucherokular

Studiokamera
Die größeren 35-mm-Kameras werden auf Stativwagen montiert. Diese können mit Friktions-, Hydro- oder Getriebe-Stativköpfen versehen sein (letztere für kommerzielle Studioarbeit am besten geeignet).

Zubehör

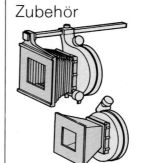

Balgenkompendium
Das Kompendium ist ein starres oder flexibles balgenartiges Gerät, das vor die Kamera gesetzt wird. Es dient als Gegenlichtblende und als Halter für Filter und besonders geformte Masken, die «Blenden» genannt werden.

Getriebe-Stativkopf
Die meisten professionellen Stativköpfe gehören zum Typ des schweren Getriebe-Stativkopfs (s.S. 57). Bei geschickter Bedienung der Handräder kann man mit einem solchen Stativkopf gleichmäßige horizontale und vertikale Schwenks in verschiedenen Geschwindigkeiten erzielen.

Anamorphotisches Objektiv
Manche Kinofilme werden mit einem anamorphotischen Objektiv an der Kamera gedreht. Dieses drückt einen großen horizontalen Bildwinkel auf die Breite des 35-mm-Bildes zusammen. Bei der Projektion wird das Bild wieder gedehnt und kann so eine «Breitwand» füllen (s.S. 253).

KAMERA UND FILM

Andere Formate

Normal-8 (Doppel-8)

Der Normal-8- oder Doppel-8-Film wurde in den dreißiger Jahren speziell für den Amateurmarkt eingeführt. Er ist jetzt fast vollständig vom Super-8-Film verdrängt worden, der bei gleicher Filmbreite mehr Bildfläche bietet. Doppel-8-Film ist aber immer noch erhältlich. Es handelt sich dabei um 16-mm-Film mit der doppelten Anzahl Perforationslöcher. Er wird meistens in 7,5-m-Spulen geliefert, die – mit der gebotenen Sorgfalt – bei Tageslicht eingelegt werden können. Der Film läuft zweimal durch die Kamera – einmal in der einen und dann in der andern Richtung – und wird dabei jeweils hälftig belichtet. Nach dem ersten Durchlauf muß die Spule herausgenommen, umgedreht und wieder eingelegt werden. Im Labor wird der belichtete Film dann in der Mitte zerschnitten, und die beiden Teile werden anschließend so zusammengeklebt, daß sich ein einziger Streifen ergibt, der die Perforationslöcher alle auf einer Seite hat. Bei 16 B/sec, der ursprünglichen Standard-Bildfrequenz für Normal-8-Stummfilme, ergibt dies eine Laufzeit von gut 4 Min. Bei der normalen Tonfilm-Bildfrequenz von 24 B/sec sind es 2 Min. 46 Sek. Das Filmeinlegen ist bei der Normal-8-Kamera nicht befriedigend gelöst (s. rechts). Es ist umständlich, und beim Umdrehen nach dem ersten Durchlauf passieren leicht Fehler. Vor allem sollte man den Wechsel nicht im hellen Licht vornehmen und darauf achten, daß der Film sich nicht abrollt – beides kann zu Lichteinfall führen.

Das Einzelbild ist bei Normal-8 etwa um ein Drittel kleiner als bei Super-8, was sich bei der Projektion in verminderter Bildqualität äußert. Es muß stärker vergrößert werden, wenn man auf der Leinwand dieselbe Bildgröße erzielen will. Hinzu kommt, daß die Perforationslöcher, die mehr Platz einnehmen als bei Super-8, genau auf der Höhe der Bildstriche liegen und man deshalb beim Schneiden durch diese Löcher schneiden muß. Die Klebeverbindung ist aus diesem Grund nicht so fest wie beim Super-8-Film. Andererseits ist Doppel-8 immer noch das billigste Format, und sowohl Kameras wie Filme werden noch verwendet.

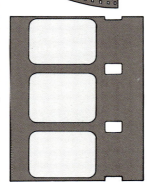

Doppel-8-Film

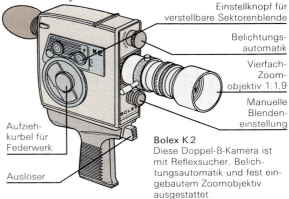

Doppel-8-Kameras Doppel-8-Kameras werden zwar nicht mehr hergestellt, sind aber noch zu Tausenden in Gebrauch. Im Gegensatz zu den durchweg elektrisch angetriebenen Super-8-Kameras haben sie entweder ein Federwerk oder einen Elektromotor. Manche Modelle hatten schon einen sehr hohen technischen Stand erreicht, bevor sie von den Super-8-Kameras verdrängt wurden. Die Kameras sind sehr leicht und können ein fest eingebautes Objektiv, einen Objektivrevolver oder ein Zoomobjektiv haben.

Einstellknopf für verstellbare Sektorenblende
Belichtungsautomatik
Vierfach-Zoomobjektiv 1:1,9
Manuelle Blendeneinstellung

Aufziehkurbel für Federwerk
Auslöser

Bolex K 2
Diese Doppel-8-Kamera ist mit Reflexsucher, Belichtungsautomatik und fest eingebautem Zoomobjektiv ausgestattet.

Einlegen des Films

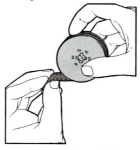 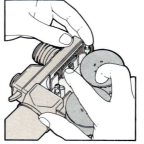 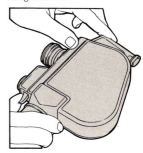

1. Bei gedämpftem Licht arbeiten. Die Spule so halten, daß sich der Film nicht abrollen kann – das würde zu Lichteinfall führen.

2. Die Spule mit der richtigen Seite nach oben auf die Wickelachse stecken. Den Film in die Filmführung einfädeln.

3. Vorwickelschlaufen prüfen und Filmende an der Aufwickelspule befestigen. Kamera schließen und einige Sekunden laufen lassen.

9,5 mm

Dieses längst veraltete Format wurde 1923 in Frankreich von Pathé als Antwort auf Kodaks 16-mm-Format entwickelt. Der Film ist heute in Europa nur schwer und in den USA überhaupt nicht mehr zu bekommen. Dennoch glauben einige wenige unentwegte Anhänger dieses Formats an ein Leben nach dem Tode. Beim 9,5-mm-Film liegen die Perforationslöcher in der Mitte zwischen den Einzelbildern, so daß weniger Platz verschenkt wird als bei jedem anderen Format. Tatsächlich ist die Bildfläche fast so groß wie beim 16-mm-Film, obwohl der Film selbst viel schmäler und die Kameras leichter und kompakter sind. Da der Film so schwer aufzutreiben ist und es so wenig Geräte dafür gibt, darf man vermuten, daß dieses Format zum Aussterben verurteilt ist.

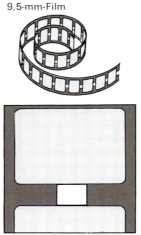

9,5-mm-Film

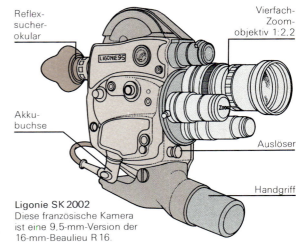

Reflexsucherokular
Akkubuchse

Vierfach-Zoomobjektiv 1:2,2
Auslöser
Handgriff

Ligonie SK 2002
Diese französische Kamera ist eine 9,5-mm-Version der 16-mm-Beaulieu R 16.

41

KAMERA UND FILM

Filmtransport und Umlaufblende

In jeder Kamera muß der unbelichtete Film Bild für Bild von der Vorratsspule durch die Filmführung und dann auf die Aufwickelspule transportiert werden. Am Bildfenster wird der Film jeweils für einen Sekundenbruchteil angehalten, die Umlaufblende gibt das Bildfenster für die Belichtung eines Einzelbildes frei, und dann wird der – wieder abgedunkelte – Film einen Schritt weiter transportiert. Das ist ein Vorgang, der höchste Präzision voraussetzt. Die geringste Abweichung in der Position der Einzelbilder äußert sich beim Vorführen durch Flattern und Unschärfe des Projektionsbildes. Man spricht in diesem Fall von einem schlechten «Bildstand» der Kamera.

Filmtransport

Der Film wird von einem motorisch angetriebenen *Transportgreifer* hinter das Bildfenster gezogen und in manchen Fällen durch einen Sperrgreifer festgehalten. Bei Super-8-Kameras wird der Film vom Greifer geschoben, in allen anderen Kameras wird er gezogen. Diese Bewegung wird mit der Umlaufblende synchronisiert, so daß der Film im Augenblick der Belichtung völlig still steht. Außer in Kassettenkameras wird der Film außerdem über Zahntrommeln geführt. Ihre kontinuierliche Bewegung wird durch Vorwickelschlaufen im Film von der ruckartigen Bewegung des Films im Filmkanal abgesetzt.

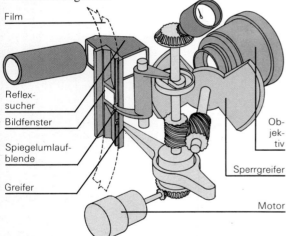

Bildfrequenz Die *Bildfrequenz* oder *Ganggeschwindigkeit* ist die Geschwindigkeit, mit der der Film durch den Filmkanal transportiert wird; sie wird in Bilder pro Sekunde (B/s) angegeben, also in der Zahl der Bilder, die pro Sekunde belichtet werden. Da die Umlaufblende mit dem Filmtransport koordiniert ist, hängt die Belichtungszeit von der gewählten Bildfrequenz ab; bei niedriger Bildfrequenz kann sie natürlich länger sein als bei hoher. Viele Kameras lassen sich auf eine ganze Reihe verschiedener Bildfrequenzen einstellen, aber die gebräuchlichsten Ganggeschwindigkeiten sind 18 und 24 B/s. Für professionelle Filme wird meist mit 24 B/s gearbeitet, weil dabei die Tonqualität besser ist und auch die Bildqualität etwas steigt – es werden mehr «Informationen» pro Sekunde aufgezeichnet.

Wie der Film belichtet wird

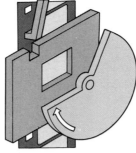

1. Bei offener Umlaufblende steht der Film still. Der Greifer faßt in die Perforation.

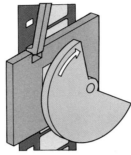

2. Der Dunkelsektor ist vor dem Bildfenster, der Greifer schiebt den Film nach unten.

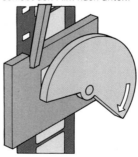

3. Der Film ist einen Bildschritt weitertransportiert. Der Greifer geht zurück.

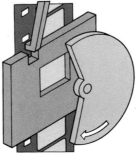

4. Der Hellsektor gibt das Bildfenster frei. Der Greifer geht wieder nach oben.

Die Umlaufblende

Die Umlaufblende ist nichts weiter als ein Ein-/Aus-Schalter für das Licht, der sich zwischen Objektiv und Film befindet. Sie hat damit dieselbe Funktion wie der Verschluß in Fotokameras. Während der Film im Bildfenster stillsteht, läßt die Umlaufblende Licht passieren. Bewegt sich der Film, hält sie das Licht zurück. Fast alle Umlaufblenden sind runde Scheiben, aus denen ein Sektor herausgeschnitten ist (Sektorenblenden). Die Scheibe macht pro Einzelbild eine volle Umdrehung und unterbricht dabei wie unten dargestellt den Lichtstrom. Die Größe des herausgeschnittenen Sektors («Hellsektors») bestimmt die Belichtungszeit. Eine typische Sektorenblende hat einen Hellsektor von etwa 165°. Bei 18 B/s bedeutet dies eine Belichtungszeit von etwa 1/40 Sek. Bei 24 B/s ist es nur noch 1/52 Sek. Heute sind jedoch viele Kameras aller Formate mit *verstellbaren Sektorenblenden* ausgestattet (s. unten).

In 16-mm-Arriflex-Kameras steht die Sektorenblende in einem Winkel von 45° zum Strahlengang (links). Die Oberfläche der Blende ist verspiegelt, und während sie rotiert, reflektiert sie abwechselnd das Licht in den Sucher oder auf den Film.

Anstelle der Umlaufblende haben manche hochentwickelte Kameras (z. B. die Super-8- und 16-mm-Modelle von Beaulieu) einen Schwingspiegelverschluß, der sich vor dem Bildfenster auf und ab bewegt (s. S. 48).

Verstellbare Sektorenblende

Eine ganze Reihe Kameras aller Formate sind heute mit einer verstellbaren Sektorenblende ausgerüstet. Das bedeutet, daß die Größe des Hellsektors eingestellt werden kann, um die Belichtungszeit zu verlängern oder zu verkürzen. Bei manchen Kameras ist dies sogar während der Aufnahme möglich. Man kann diese Einrichtung z. B. für Auf- und Abblendungen (s. S. 186), zur Veränderung der Belichtung unabhängig von der Blendenöffnung und zur Reduzierung des Flimmerns bei manchen Beleuchtungsarten oder des stroboskopischen Effekts benutzen. Eine Halbierung des Hellsektors entspricht dabei dem Schließen der Objektivblende um eine Blendenstufe.

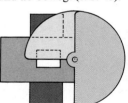
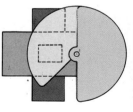
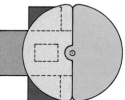

XL-Sektorenblenden

Sektorenblenden in XL- oder «Minilicht»-Kameras haben einen Hellsektor von bis zu 230°. Dadurch ergibt sich eine um etwa 30% verlängerte Belichtungszeit und somit eine verbesserte Lichtausbeute.

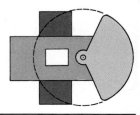

KAMERA UND FILM

Das Kameraobjektiv

Das Objektiv besteht aus einer Anzahl Linsen, die in einen «Objektivtubus» eingebaut sind. Das Objektiv hat die Aufgabe, einen Teil der von Ihrem Motiv nach allen Richtungen reflektierten Lichtstrahlen einzufangen und so zu sammeln, daß bei richtiger Scharfeinstellung ein erkennbares Bild auf dem Film hervorgerufen wird. Die Lichtstrahlen werden beim Eintritt in das Objektiv so «gebrochen», daß jeweils alle von einem Dingpunkt kommenden Strahlen an einem bestimmten Punkt hinter dem Objektiv zusammenlaufen. An dieser Stelle entwerfen sie also ein scharfes Abbild des Dingpunktes (einen Bildpunkt), und in diesem Abstand vom Objektiv muß sich der Film befinden. Die verschiedenen Bildpunkte liegen alle in einer Ebene, der «Filmebene». Das Bild auf dem Film steht auf dem Kopf, da die einfallenden Lichtstrahlen vom Objektiv umgekehrt werden.

Das Motiv kann natürlich unterschiedlich weit von der Kamera entfernt sein. Um dies auszugleichen, nimmt man am Objektiv eine Entfernungseinstellung oder *Scharfeinstellung* vor (s. S. 44). Dazu wird der Abstand zwischen Objektiv und Filmebene verändert – bei geringen Aufnahmeabständen vergrößert, bei großen Abständen verkleinert. Gegenstände, die über einen bestimmten Abstand hinaus von der Kamera entfernt sind, liegen im «Unendlichen».

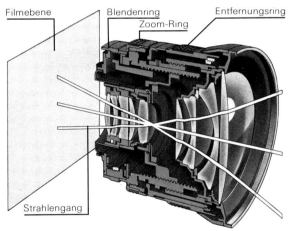

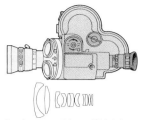

Festbrennweitiges Objektiv
Weitwinkelobjektiv auf Objektivrevolver an einer 16-mm-Kamera.

Zoomobjektiv
Elffach-Motor-Zoomobjektiv an einer Super-8-Kamera.

Funktionsweise des Objektivs
Das vom Gegenstand reflektierte Licht ist in der Abbildung links durch drei weiße Linien angedeutet. Die Lichtstrahlen passieren die gekrümmten Glaslinsen und überschneiden sich im optischen Mittelpunkt des Objektivs. Sie entwerfen (zusammen mit allen anderen einfallenden Lichtstrahlen) auf dem Film ein auf dem Kopf stehendes Bild. Die Bildgröße im Verhältnis zum Gegenstand (der Abbildungsmaßstab) hängt von der Brennweite des Objektivs ab.

Brennweite Die Größe des Projektionsbildes auf dem Film (die Bildgröße) hängt von der Brennweite des Objektivs ab: je länger die Brennweite, um so größer die Bildgröße und umgekehrt. Da aber das Format des Einzelbildes festlegt und alle Objektive nur eine bestimmte Fläche auszeichnen können, steht die Brennweite in direktem Zusammenhang mit dem *Bildwinkel*. Mit anderen Worten, welcher Motivausschnitt auf den Film kommt, hängt von der Brennweite des Objektivs ab. Kurzbrennweitige (Weitwinkel-) Objektive haben einen großen, langbrennweitige (Tele-) Objektive einen kleinen Bildwinkel. Ein «Normalobjektiv» liegt in der Mitte zwischen diesen beiden Extremen. Als Normalbrennweite gelten für 35-mm-Film 50 mm, für 16-mm-Film 25 mm und für Super-8 13 mm. Diese Objektive haben alle einen Bildwinkel von etwa 25°.

Festbrennweitige Objektive
Noch bis vor relativ wenigen Jahren standen dem Filmemacher ausschließlich Objektive mit fester Brennweite zur Verfügung. Sie werden bei einfachen Kameras auch heute noch verwendet. Manchmal werden zwei oder drei Objektive mit fester Brennweite auf einem Objektivrevolver angebracht, so daß man mit einem Handgriff von einer Brennweite zur anderen wechseln kann.

Zoomobjektive
Ein Zoomobjektiv (auch Varioobjektiv oder «Gummilinse» genannt) ist ein Objektiv mit veränderlicher Brennweite. Es enthält etwa ein Dutzend Linsen, die in drei Gruppen angeordnet sind: dem Grundobjektiv (am hinteren Ende), das normalerweise nicht beweglich ist, dem Variator (in der Mitte), der zur Veränderung der Brennweite innerhalb des Objektivtubus vor und zurück bewegt wird, und dem Frontglied, das zur Scharfeinstellung hinein- und herausgedreht wird. Die Zoomobjektive der meisten modernen Super-8-Kameras sind mit motorischer Brennweiteneinstellung (Motor-Zoom) ausgestattet.
Viele moderne Zoomobjektive haben außerdem eine Makro-Einstellung; dadurch kann bis auf die Oberfläche der Frontlinse scharf eingestellt werden (s. *Makrofotografie*, S. 178).

Wahl eines Zoomobjektivs Der größte bei Super-8 derzeit erhältliche Zoombereich geht von 6 bis 90 mm. Ein solches Objektiv bezeichnet man als Fünfzehnfach-Zoom (die längste Brennweite ist 15mal so lang wie die kürzeste). Der Bildwinkel variiert dementsprechend von 55 bis 3,7°. Gebräuchlicher sind jedoch Zoombereiche von etwa 9–56 mm für Super-8- und 10–100 mm für 16-mm-Kameras.

Bei der Wahl eines Zoomobjektivs für Ihre Kamera sollten Sie sich überlegen, ob Ihnen der Weitwinkel- oder der Telebereich wichtiger ist. Fast alle Super-8-Zooms werden fest in die Kamera eingebaut; entscheiden Sie sich deshalb – im Rahmen Ihres Budgets – für ein Objektiv mit einer möglichst großen Weitwinkeleinstellung; der Telebereich ist nur wichtig, wenn Sie ihn auch wirklich brauchen.

Brennweite und Bildwinkel
Die vier Bilder rechts zeigen, wie sich eine Veränderung der Objektivbrennweite auf den Bildwinkel auswirkt. Der Aufnahmeabstand war in allen vier Fällen der gleiche. Bildwinkel von 40° (a), 25° (b), 15° (c) und 5° (d) ergeben sich bei einer Super-8-Kamera bei Brennweiten von 7, 13, 20 und 60 mm, bei einer 16-mm-Kamera bei Brennweiten von 12, 25, 35 und 100 mm.

a

b

c

d

KAMERA UND FILM

Bildschärfe und Scharfeinstellung

Sobald das Licht von Ihrem Aufnahmegegenstand das Objektiv passiert hat, entwirft es im sogenannten *Brennpunkt* ein auf dem Kopf stehendes Bild. Die *Scharfeinstellung* dient dazu, diesen Brennpunkt mit der Filmebene zusammenfallen zu lassen. Falls das Objektiv zu nahe an der Filmebene oder zu weit von ihr weg ist, wird das Bild unscharf. Dieser Abstand wird durch Drehen am Scharfeinstellring verändert.

Falsche Scharfeinstellung
Das Objektiv ist zu weit von der Filmebene weg. Der Brennpunkt liegt vor dem Film.

Richtige Scharfeinstellung
Richtige Stellung des Objektivs. Brennpunkt fällt mit der Filmebene zusammen.

Falsche Scharfeinstellung
Das Objektiv ist zu nahe an der Filmebene. Der Brennpunkt liegt hinter dem Film.

Praxis der Scharfeinstellung Fahren Sie zur Entfernungseinstellung möglichst immer zunächst in Telestellung. Hier ist die «Schärfentiefe» (s. S. 47) geringer, präzises Scharfeinstellen deshalb leichter. Besonders wichtig ist dieses vorherige Scharfstellen, wenn Sie während der Aufnahme in den Telebereich zoomen wollen. Nichts irritiert mehr als eine lange Zoomfahrt auf ein Gesicht, das dabei immer unschärfer wird.

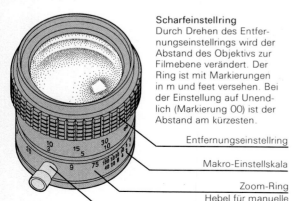

Scharfeinstellring
Durch Drehen des Entfernungseinstellrings wird der Abstand des Objektivs zur Filmebene verändert. Der Ring ist mit Markierungen in m und feet versehen. Bei der Einstellung auf Unendlich (Markierung ∞) ist der Abstand am kürzesten.

— Entfernungseinstellring
— Makro-Einstellskala
— Zoom-Ring
— Hebel für manuelle Brennweitenverstellung

Scharfeinstellen mit einem Zoomobjektiv Wenn Ihre Kamera keinen Entfernungsmesser besitzt, müssen Sie den Aufnahmeabstand entweder schätzen oder abmessen. Dann können Sie die richtige Entfernung am Einstellring des Objektivs einstellen. Wenn Ihre Kamera einen Entfernungsmesser hat, sehen Sie im Sucher, ob Ihr Motiv scharf eingestellt ist (s. rechte Seite).

Motiv anvisieren
Bauen Sie die Kamera im erforderlichen Abstand auf und wählen Sie den gewünschten Motivausschnitt.

In den Telebereich zoomen
Verstellen Sie die Brennweite zum Telebereich hin. Um die Batterien zu schonen, sollten Sie beim Scharfeinstellen manuell zoomen.

Auf das Motiv scharfstellen
Bei Personenaufnahmen immer auf die Augen scharfstellen. Bei komplizierten Motiven einen Punkt wählen, der am Ende des ersten Drittels der gewünschten Schärfezone liegt.

Zurückzoomen
Nach Scharfeinstellung in Richtung Weitwinkel zoomen, bis gewünschte Brennweite eingestellt ist. Die größere Schärfentiefe garantiert dann ausreichende Schärfe, einschließlich einer nachfolgenden Zoomfahrt in den Telebereich.

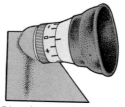

Dioptrienverstellung
Verstellbare Sucherokulare sind in «Dioptrien» kalibriert. Bei den meisten Kameras umfaßt der Bereich ± 2 bis 3 Dioptrien.

Sucherokular mit Dioptrienverstellung

Heute haben die meisten Filmkameras Sucherokulare mit Dioptrienverstellung für Fehlsichtige. Ein Kurzsichtiger braucht eine negative Anpassung, ein Weitsichtiger eine positive. Bei einer Kamera, die über diese Verstellmöglichkeit verfügt, müssen Sie als erstes das Okular auf Ihr Auge einstellen. Dazu stellen Sie das Objektiv unscharf, richten die Kamera auf eine weiße Wand und drehen dann am Okular, bis die Einstellscheibe (oder, bei Luftbild, das Fadenkreuz) absolut scharf zu sehen ist.

KAMERA UND FILM

Scharfeinstellsysteme

Die unten dargestellten Scharfeinstellsysteme sind alles «Reflexsysteme», das heißt ein Teil des ins Objektiv fallenden Lichts wird in den Sucher ausgespiegelt, so daß man im Sucher genau das Bild sieht, das auf den Film kommen wird. Das Objektiv wird dann verstellt, bis das Bild als Luftbild oder auf einer Einstellscheibe scharf ist.

Luftbild
Das Bild entsteht hierbei frei in der Luft, nicht auf einer Einstellscheibe. Ein Fadenkreuz erleichtert die Adaptierung des Auges auf die richtige Einstellebene.

Schnittbildindikator
In der Mitte der Sucherscheibe wird das Bild in einem kreisförmigen Feld durch zwei Meßkeile in zwei Teilbilder zerlegt. Wenn die beiden Hälften zusammenpassen, ist die Entfernung richtig eingestellt.

Mikroprismenraster
Ein Kreis mit winzigen Prismen in der Mitte der Sucherscheibe läßt das Bild stark flimmern, wenn es unscharf eingestellt ist. Diese Erscheinung verschwindet, sobald die Entfernung richtig eingestellt ist.

Mattscheibe
Das Bild wird mit Hilfe einer sehr fein geschliffenen Mattscheibe scharfgestellt. Bei falscher Entfernungseinstellung erscheint das Bild unscharf und verschwommen.

Mattscheibenfeld
Hier ist nur ein kreisförmiges Feld in der Mitte der Sucherscheibe als Mattscheibe ausgebildet. Das Sucherbild ist deshalb heller als bei einer den ganzen Sucher ausfüllenden Mattscheibe.

Dichroitischer Entfernungsmesser
Wenn die Entfernung nicht richtig eingestellt ist, hat das Sucherbild auf einer Seite ein farbiges «Geisterbild». Bei korrekter Entfernungseinstellung decken sich die beiden Bilder.

Sankyo ES-44 XL VAF

Automatische Scharfeinstellung

Manche Kameras sind jetzt mit automatischer Scharfeinstellung ausgestattet. Eine solche Automatik funktioniert zufriedenstellend, wenn der Hauptgegenstand in der Bildmitte ist, kann jedoch bei komplizierten Motiven versagen. Die Automatik läßt sich jedoch abschalten, und Fehlmessungen treten nicht häufiger auf als bei der Belichtungsautomatik.

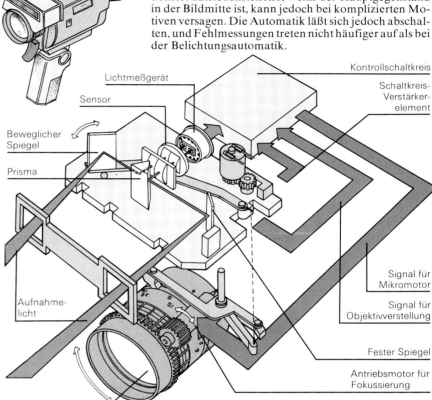

Funktionsweise der automatischen Scharfeinstellung Zwei Spiegel, der eine beweglich, der andere fest, vergleichen die Helligkeit des von einem Gegenstand reflektierten Lichts. Eine Steuereinheit registriert die Unterschiede zwischen den beiden Signalen und gibt einem Servomotor den Befehl, den Entfernungseinstellring am Objektiv zu drehen, bis die Helligkeit beider Spiegel gleich ist. Dann ist das Motiv scharfgestellt.

Der Sucher als Kontrollzentrum
Der Sucher kann neben der Einstellscheibe auch noch weitere Anzeigen enthalten. Ideal ist ein Sucher, der alle für die Aufnahme wichtigen Informationen liefert, ohne daß dadurch das Sucherbild selbst beeinträchtigt wird.

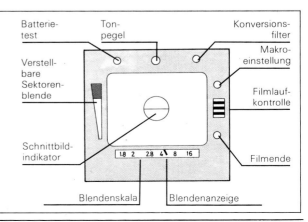

KAMERA UND FILM

Blende und Schärfentiefe

Der Film muß bei jeder Aufnahme die richtige Lichtmenge erhalten. Ist es zuviel, wird er überbelichtet, ist es zuwenig, wird er unterbelichtet. Um die Helligkeitsschwankungen des Aufnahmelichts auszugleichen, wird die Menge des durchs Objektiv fallenden Lichts durch eine verstellbare *Blende (Objektivblende)* gesteuert. Diese arbeitet genauso wie das menschliche Auge. Wie sich bei hellem Licht unsere Pupillen verengen, so wird auch die Blende der Kamera verengt, um die auf den Film gelangende Lichtmenge zu reduzieren. Bei schwacher Beleuchtung weiten sich dagegen die Pupillen, um möglichst viel Licht ins Auge gelangen zu lassen. Dementsprechend wird auch die Blende der Filmkamera geöffnet. Super-8-Kameras haben ein eingebautes Belichtungsmeßsystem, das diese Anpassung der Blendenöffnung automatisch vornimmt (s. S. 49). Bei den meisten Kameras mit Wechseloptik muß die Blende dagegen manuell eingestellt werden.

Blendenstufen Die jeweilige Öffnung der Blende wird meist auf dem Objektivtubus und manchmal auch im Sucher durch die sogenannten *Blendenstufen* oder *Blendenzahlen* angezeigt. Bei diesen Zahlen handelt es sich um das mathematisch ausgedrückte Verhältnis der Blendenöffnung zur Brennweite des Objektivs. Je größer die Blendenöffnung, um so kleiner ist die Blendenzahl und umgekehrt. Es handelt sich um eine logarithmische Reihe mit folgenden Stufen:

Ganze Werte 1, 1,4, 2, 2,8, 4, 5,6, 8, 11, 16, 22, 32, 45
Halbe Werte 1,2, 1,8, 2,2, 3,5, 4,5, 6,3, 9, 12, 18, 25, 36

Wird die Blende stufenweise geschlossen («abgeblendet»), dann entspricht jeder Blendenschritt auf der Skala einer Halbierung der auf den Film gelangenden Lichtmenge. Zwischen diesen ganzen Blendenstufen liegen jeweils noch halbe Werte. Die größte Blendenöffnung (kleinste Blendenzahl) eines Objektivs ist seine *Lichtstärke*. Ein Objektiv mit der Lichtstärke 1,4 hat also eine größte Öffnung von 1,4. Durchschnittliche Super-8-Kameras haben eine Lichtstärke von etwa 1,6; bei XL-Kameras steigt die Lichtstärke bis auf 1,2 oder 1,1.

Schärfentiefe

Unter *Schärfentiefe* versteht man den Entfernungsbereich, in dem Gegenstände liegen müssen, um scharf abgebildet zu werden. Wenn Ihr Objektiv auf eine bestimmte Entfernung eingestellt ist, werden Sie feststellen, daß auch Gegenstände vor und hinter diesem Punkt noch scharf abgebildet werden. Der Bereich, für den dies gilt, ist die Schärfentiefe. Sie variiert mit der eingestellten Blende und der Brennweite des Objektivs.

Wenn Ihre Kamera eine Spiegelblende hat, sehen Sie im Sucher genau das Bild, das auf den Film kommt. Ein Strahlenteiler spiegelt jedoch das Licht für den Sucher vor der Objektivblende aus (s. S. 48); in einem solchen Sucher können Sie deshalb die jeweilige Schärfentiefe nicht beurteilen. Um ganz sicher zu gehen, müssen Sie in diesem Fall Schärfentiefetabellen (s. S. 275) heranziehen, aus denen Sie auch erfahren, wie Sie durch Einstellung auf den Nah-Unendlich-Punkt (die Hyperfokalentfernung) größtmögliche Schärfentiefe erzielen.

T-Blenden Da der Blendenwert eine mathematische Größe ist und nicht berücksichtigt, daß beim Durchgang durch die verschiedenen Linsen des Objektivs Licht verlorengeht, sind bei vielen Kameras außerdem die tatsächliche Lichtstärke oder T-Blenden in den Objektivtubus eingraviert. Bei Kameras mit komplexen Zoomobjektiven und Strahlenteilern kann der Unterschied eine volle Blendenstufe und mehr ausmachen.

Die Auswirkung der Blende auf die Belichtung

Große Blendenöffnung Bei schwachem Licht muß die Blende weit geöffnet werden – so wie die Pupille sich weitet, um mehr Licht auf die Netzhaut gelangen zu lassen. Bei normalen Lichtverhältnissen kann eine zu große Blende jedoch zu Überbelichtung führen.

Bl. 5,6

Mittlere Blendenöffnung Wenn die Blende genau auf die Beleuchtungsverhältnisse abgestimmt wird, gelangt exakt die richtige Lichtmenge auf den Film, und die Aufnahme wird richtig belichtet.

Bl. 11

Kleine Blendenöffnung Bei hellem Licht muß «abgeblendet» werden – genau wie sich die Pupille verengt, um weniger Licht einzulassen. Bei normalen Lichtverhältnissen kann jedoch eine kleine Blendenöffnung zu Unterbelichtung führen.

Bl. 22

Umgang mit der Schärfentiefe Geringe Schärfentiefe ermöglicht selektives Scharfeinstellen, wobei nur ein Teil des Motivs scharf abgebildet wird; bei großer Schärfentiefe kann man dagegen auch tiefgestaffelte Motive durchgehend scharf abbilden (s. S. 66). Große Schärfentiefe ist nicht immer wünschenswert. Oft werden Sie einen bestimmten Gegenstand isolieren wollen, z. B. eine einzelne Person in einer Menschenmenge. Sie haben in diesen Fällen folgende Möglichkeiten, die Schärfentiefe zu verringern:
● Sie arbeiten mit einer längeren Brennweite. Mit anderen Worten, Sie vergrößern den Aufnahmeabstand und fahren mit dem Zoomobjektiv in Telestellung.
● Sie blenden stärker auf. Den Belichtungsausgleich schaffen Sie durch Verstellen der Sektorenblende, durch ein Graufilter (s.S. 94) oder durch Verwendung eines Films mit niedriger Empfindlichkeit.
● Bei Innenaufnahmen reduzieren Sie die Beleuchtung und blenden weiter auf.

KAMERA UND FILM

Wie sich die Schärfentiefe verändert

Die Schärfentiefe ist im wesentlichen von zwei Faktoren abhängig: der Blende und der Brennweite des Objektivs.

Bei großer Blendenöffnung (z. B. 1,4) ist die Schärfentiefe sehr gering. Nur ein schmaler Bereich des Motivs wird scharf abgebildet. Je stärker man abblendet, um so größer wird die Schärfentiefe.

Die Abhängigkeit der Schärfentiefe von der *Brennweite* gehorcht einem einfachen Gesetz: je länger die Brennweite, um so geringer die Schärfentiefe. Mit anderen Worten, bei einem Teleobjektiv ist die Schärfentiefe sehr gering, bei einem Weitwinkelobjektiv ist sie sehr groß. Die tatsächlichen Werte hängen vom Filmformat ab. (s. *Schärfentiefetabellen*, S. 275). Näheres über die Ausnutzung der Schärfentiefe finden Sie unter *Wahl der Brennweite*, S. 66.

Die Auswirkung der Blende auf die Schärfentiefe

Große Blendenöffnung
Je größer die Blendenöffnung, um so geringer die Schärfentiefe. Bei Blende 1,4 wird nur das Mädchen scharf abgebildet. Die Bäume sind verschwommen.

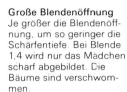
Bl. 1,4

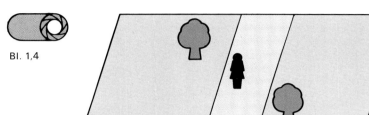

Mittlere Blendenöffnung
Bei dieser Aufnahme, die mit Blende 8 gemacht wurde, ist die Schärfentiefe größer. Der Baum rechts von dem Mädchen ist scharf geworden. Das liegt daran, daß die Schärfentiefe hinter der Einstellebene größer ist als davor.

Bl. 8

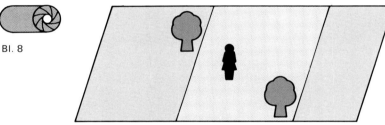

Kleine Blendenöffnung
Je kleiner die Blendenöffnung, um so größer die Schärfentiefe. Bei Blende 22 liegen sowohl das Mädchen als auch beide Bäume im Bereich der Schärfentiefe und werden deshalb scharf abgebildet.

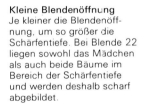
Bl. 22

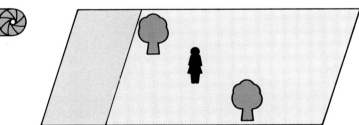

Die Auswirkung der Brennweite auf die Schärfentiefe

Telestellung
Je länger die Brennweite des Objektivs, um so geringer die Schärfentiefe. Bei dieser mit einem Zoomobjektiv in Telestellung gemachten Aufnahmen sind nur der Mann und eine der Säulen scharf wiedergegeben.

75 mm

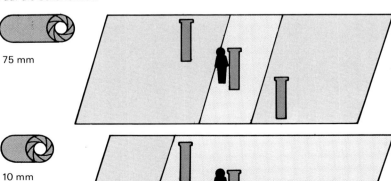

Weitwinkelstellung
Je kürzer die Brennweite, um so größer die Schärfentiefe. Bei dieser mit einem Zoomobjektiv in Weitwinkelstellung entstandenen Aufnahme sind der Mann und alle Säulen scharf wiedergegeben.

10 mm

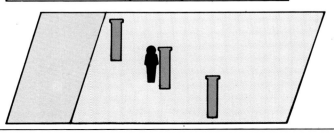

47

KAMERA UND FILM

Suchersysteme

Ein guter Sucher ist bei einer Filmkamera genauso wichtig wie ein gutes Objektiv, denn Sie sollten möglichst genau das Bild sehen, das auf den Film kommt, und auch feststellen können, ob das Bild scharf sein wird. Es gibt zwei verschiedene Suchersysteme, den optischen *Durchsichtsucher* und den *Reflexsucher*.

Optische Durchsichtsucher

Der Durchsichtsucher ist ein einfaches optisches System, durch das man parallel zum Aufnahmeobjektiv, jedoch *nicht durchs Objektiv* das Motiv anvisiert. In einem solchen Sucher läßt sich die Schärfeverteilung nicht beurteilen; außerdem gibt es bei kurzen Aufnahmedistanzen Probleme mit der Parallaxe (s. rechts).

Der Hauptvorteil dieses Systems liegt darin, daß mehr Licht auf den Film gelangt, weil nichts für den Sucher abgezweigt wird.

Reflexsucher

Beim Reflexsucher wird das Motiv durch das Objektiv betrachtet. Man sieht also genau das Bild, das auf den Film kommt, und zwar bei jeder Brennweite. Es gibt zwei Arten: *Strahlenteiler* und *Spiegelblende* bzw. *Schwingspiegelverschluß*.

Strahlenteiler Bei Reflexsuchern mit Strahlenteilern wird ein erheblicher Teil des durchs Objektiv einfallenden Lichts durch einen teildurchlässigen 45°-Spiegel für den Sucher abgezweigt. Das übrige Licht gelangt auf den Film. Da die Abzweigung vor der Objektivblende erfolgt, läßt sich im Sucher nicht die Schärfentiefe bei der jeweiligen Arbeitsblende beurteilen. Das Sucherbild bleibt jedoch unabhängig von der eingestellten Blende immer gleich hell, und die Scharfeinstellung ist einfacher, weil der Sucher stets durch das voll geöffnete Objektiv «blickt». Das Strahlenteilerprinzip wird heute bei fast allen Super-8-Kameras angewandt.

Funktionsweise des Strahlenteilers
Ein teildurchlässiger, im Winkel von 45° stehender Spiegel innerhalb eines Prismas zweigt bis zur Hälfte des Aufnahmelichts ins Sucherokular ab. Der Strahlenteiler ist Teil des Objektivs; deshalb haben Kameras mit Strahlenteiler keine Wechseloptik.

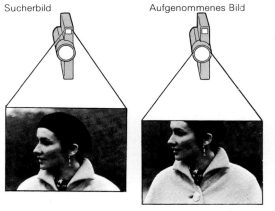

Parallaxe
Bei einer Kamera mit Durchsichtsucher deckt sich im Nahbereich das Sucherbild nicht ganz mit dem Ausschnitt, den das Objektiv erfaßt. Das liegt daran, daß Objektiv und Sucherfenster etwas gegeneinander versetzt sind. Diese Abweichung, die *Parallaxe*, macht sich bei kurzen Aufnahmeabständen dadurch bemerkbar, daß am oberen Bildrand Motivteile weggeschnitten werden.

Spiegelblende und Schwingspiegelverschluß Bei der Spiegelblende und dem Schwingspiegelverschluß ist ein 45°-Spiegel Bestandteil der Umlaufblende bzw. des Schwingspiegelverschlusses. Die Spiegelblende (z. B. bei Arriflex-Kameras) ist eine schrägstehende, verspiegelte Umlaufblende, die das Aufnahmelicht während der Filmtransportphase seitwärts in das Suchersystem einspiegelt.

Beim Schwingspiegelverschluß bewegt sich ein Spiegel auf und ab.

Diese Suchersysteme haben folgende Vorteile: Das gesamte einfallende Licht gelangt jeweils auf den Film und in den Sucher, es können Wechselobjektive verwendet werden, und die Schärfentiefe läßt sich im Sucher beurteilen, weil der Spiegel *hinter* der Objektivblende angeordnet ist.

Der einzige Nachteil ist ein leichtes Flimmern des Sucherbildes im Rhythmus der Spiegelbewegung. Das stört jedoch in der Praxis kaum.

Funktionsweise des Schwingspiegelverschlusses
Bei diesem Verschluß handelt es sich um einen im Winkel von 45° gestellten Spiegel, der sich auf- und abbewegt und dadurch das Bildfenster abwechselnd freigibt und abdunkelt. In der Dunkelstellung lenkt er *alles* Licht ins Sucherokular, in der Hellstellung läßt er *alles* Licht auf den Film gelangen.

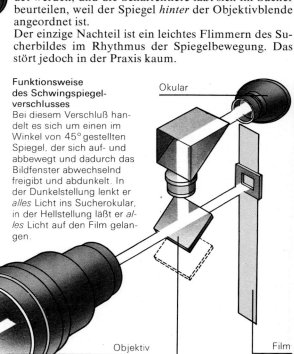

KAMERA UND FILM

Belichtungsmeßsysteme

Alle Super-8- und einige 16-mm-Kameras sind heute mit Belichtungsmeßsystemen ausgestattet, die automatisch die Blende des Objektivs den herrschenden Lichtverhältnissen anpassen. Das Prinzip ist recht einfach: Kernstück des Belichtungsmessers ist eine kleine lichtempfindliche Zelle, ein sogenannter Fotowiderstand. Meist handelt es sich dabei um eine Cadmiumsulfid-(CdS-)Zelle. Die Zelle verändert je nach der Stärke des auffallenden Lichts ihren Widerstand gegenüber einem schwachen Batteriestrom, von dem sie durchflossen wird. Wird das Licht heller, so vermindert sich der Widerstand, der Strom wird stärker, und die Blende schließt sich. Umgekehrt öffnet sich die Blende.

Die Belichtungsautomatik arbeitet meistens zufriedenstellend. Manchmal muß sich die Automatik aber auch abschalten lassen (s. S. 90–91). Es gibt zwei Arten der Belichtungsmessung in der Kamera: *Außenmessung* und *Innenmessung (TTL-Messung)*.

Außenmessung

Bei Kameras mit Außenmessung ist die lichtempfindliche Zelle, die das vom Gegenstand reflektierte Licht mißt, *neben* dem Objektiv angeordnet. Es handelt sich meist um eine CdS-Zelle. Die Zelle steuert je nach der Stärke des einfallenden Lichts einen Servomotor, der die Blende im Objektiv verstellt. Die meisten Außenmeßsysteme sind so konstruiert, daß der Meßwinkel der Zelle dem Bildwinkel des Objektivs entspricht (etwa 40°). Leider läßt sich der Meßwinkel nicht den verschiedenen Bildwinkeln eines Zoomobjektivs anpassen. Auch läßt ein solcher Belichtungsmesser vor das Objektiv gesetzte Filter unberücksichtigt, so daß man die Blende dem jeweiligen Filterfaktor entsprechend verstellen muß (s. S. 94). Die Außenmessung hat vor allem den Vorteil, daß kein Licht für die Belichtungsmessung abgezweigt wird. Deshalb wird sie hauptsächlich bei XL-Kameras verwendet.

Sucheranzeigen
Fast alle Kameras mit Belichtungsautomatik haben Sucheranzeigen. Es wird entweder die eingesteuerte Blende angezeigt, oder es sind Warnmarken für Über- und Unterbelichtung vorhanden.

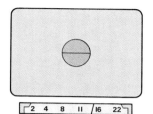
Blendenanzeige mit Zeiger

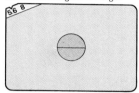
Blendenanzeige mit beweglicher Blendenskala

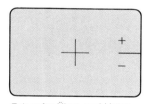
Zeiger für Über- und Unterbelichtungsanzeige

Innenmessung

Bei diesem System wird das durchs Objektiv einfallende Licht für die Belichtungsmessung verwendet. Man spricht deshalb auch von «Belichtungsmessung durchs Objektiv» oder «TTL-Messung». Der Sensor, meist eine CdS-Zelle, mißt nur den vom Objektiv erfaßten Motivausschnitt aus. Ein Strahlenteiler zweigt einen Teil des durchs Objektiv einfallenden Lichts auf die CdS-Zelle ab, die entweder den ganzen Motivausschnitt (Integralmessung) oder nur das Mittelfeld (mittenbetonte Messung) ausmißt. Solche Belichtungsmesser öffnen und schließen meist über einen Servomotor die Blende entsprechend den Lichtverhältnissen. Der große Vorteil der TTL-Messung ist, daß dabei Filter und Brennweitenwechsel automatisch berücksichtigt werden. Man braucht sich also weder um Filterfaktoren (s. S. 94) noch um den Lichtverlust durch eine erhöhte Anzahl von Linsen (s. S. 46) zu kümmern.

Bei den einfachen Kameras mit Innenmessung öffnet und schließt sich die Blende automatisch, und im Sucher wird die eingesteuerte Blende angezeigt. Bei fast allen besseren Kameras ist heute jedoch die manuelle Belichtungskorrektur um mindestens eine Blendenstufe zum Ausgleich von Gegenlicht möglich (s. S. 91). Dies geschieht häufig mit Hilfe eines «Blendenfeststellers». Damit kann man beim Messen Motivteile ausschließen, die zu einer Fehlmessung führen könnten – z. B. einen sehr hellen Himmel –, und die Blende in der als richtig ermittelten Stellung fixieren. Man geht dazu entweder mit der Kamera nahe an das Objekt heran oder visiert einfach mit dem Objektiv in Telestellung einen repräsentativen mittleren Tonwert an, stellt die Blende fest und zoomt wieder zur Aufnahmebrennweite zurück. Auf diese Weise läßt sich die Kamera fast wie ein Spotbelichtungsmesser einsetzen (s. *Richtig belichten*, S. 90–91).

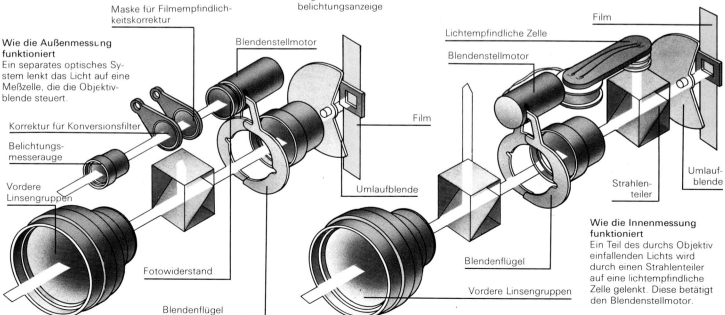

Wie die Außenmessung funktioniert
Ein separates optisches System lenkt das Licht auf eine Meßzelle, die die Objektivblende steuert.

Wie die Innenmessung funktioniert
Ein Teil des durchs Objektiv einfallenden Lichts wird durch einen Strahlenteiler auf eine lichtempfindliche Zelle gelenkt. Diese betätigt den Blendenstellmotor.

KAMERA UND FILM

Licht und Farbe

Unter Licht verstehen wir den kleinen Bruchteil des Spektrums elektromagnetischer Strahlung, der für unser Auge als Helligkeit wahrnehmbar ist. Dabei wird jede Wellenlänge als eine andere Farbe gesehen. Rot ist die kürzeste sichtbare Wellenlänge, Blau die längste. Zwischen diesen beiden Extremen liegen alle anderen Farben. «Weißes» Licht – z. B. Sonnenlicht – ist eine ausgewogene Mischung aller Farben.

Der Farbkreis
Die Farben des sichtbaren Spektrums lassen sich in einem «Farbkreis» darstellen. Alle Farben oder *Farbtöne* des Kreises gehen allmählich ineinander über, und sie sind alle rein oder *gesättigt*, d. h. sie enthalten keine Beimengung von Schwarz oder Weiß.

Das sichtbare Spektrum
Weißes Licht wird beim Durchgang durch ein Glasprisma in die Regenbogenfarben des «sichtbaren Spektrums» zerlegt. Die Farben werden getrennt wahrgenommen, weil sie aufgrund ihrer unterschiedlichen Wellenlängen verschieden stark «gebrochen» werden.

Additive und subtraktive Farbmischung
Bei der *additiven Farbmischung* entstehen aus den additiven Grundfarben deren Komplementärfarben: Wird rotes, blaues und grünes Licht übereinander projiziert, so erscheint jeweils eine subtraktive Grundfarbe, wo sich zwei additive Grundfarben überschneiden. Wo sich alle drei überschneiden, entsteht Weiß. Umgekehrt werden bei der *subtraktiven Farbmischung* aus den subtraktiven Grundfarben deren Komplementärfarben ermischt: Hält man Filter in zwei subtraktiven Grundfarben vor weißen Hintergrund, so erscheint dort, wo sie sich überschneiden, eine additive Grundfarbe. Überschneiden sich alle drei subtraktiven Grundfarben, entsteht Schwarz.

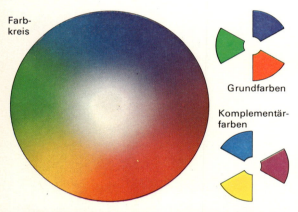

Grundfarben und Komplementärfarben
Die Farben des Farbkreises lassen sich in zwei Gruppen einteilen: «additive» Grundfarben und «subtraktive» Grundfarben. Jeder additiven Grundfarbe steht eine subtraktive Grundfarbe als Komplementärfarbe gegenüber. Grundfarbe und Komplementärfarbe ergänzen einander jeweils zu Weiß. Es ergeben sich somit drei komplementäre Farbpaare: Blau und Gelb, Grün und Purpur (Magenta), Rot und Blaugrün (Cyan).

Farbkontrast
Wenn es Ihnen auf möglichst prägnante Farbkontraste ankommt, sollten Sie Farben zusammenstellen, die sich im Farbkreis gegenüberliegen, denn den stärksten Kontrast bildet jede Farbe mit ihrer Komplementärfarbe.

Farbharmonie
Um eine harmonische Farbzusammenstellung zu erzielen, sollten Sie sich auf Farben beschränken, die im Farbkreis möglichst nahe beieinander liegen. Mit anderen Worten, halten Sie sich an benachbarte Farbtöne und vermeiden Sie kontrastierende gesättigte Farben.

Additive Farbmischung

Jede Farbe des Spektrums kann durch blaues, grünes und rotes Licht ermischt werden.

Grünes und rotes Licht übereinander ergibt Gelb.

Blaues und rotes Licht übereinander ergibt Magenta.

Blaues und grünes Licht übereinander ergibt Cyan.

Subtraktive Farbmischung

Jede Farbe des Spektrums kann durch Filter oder Farbstoffe in Gelb, Magenta und Cyan ermischt werden.

Magenta schluckt Grün, Cyan schluckt Rot. Als Mischfarbe erscheint Blau.

Gelb schluckt Blau, Cyan schluckt Rot. Als Mischfarbe erscheint Grün.

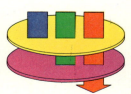

Gelb blockiert Blau, Magenta blockiert Grün. Mischfarbe: Rot.

KAMERA UND FILM

Wirkungsweise des Filmmaterials

Alle Filme sind lichtempfindlich. Schwarzweißfilm hat nur eine lichtempfindliche Emulsion oder «Schicht». Er reagiert auf alle Farben, liefert jedoch nur ein Bild in verschiedenen Grautönen. Farbfilm besitzt drei Schichten, von denen jede für eine andere Farbe empfindlich ist («Mehrschichtenfarbfilm»). Er arbeitet nach dem Prinzip, daß Licht jeder Farbe aus blauem, grünem und rotem Licht in unterschiedlichen Anteilen besteht und daß man wiederum diese Farben durch Farbstoffe oder «Filter» in den Farben Gelb, Magenta und Cyan rekonstruieren kann. Bei der Filmverarbeitung wird das in jeder Schicht hervorgerufene Silberbild durch ein Farbstoffbild ersetzt. Jede Schicht hat die Komplementärfarbe der Farbe, für die sie empfindlich ist; die blauempfindliche Schicht ist also nach der Verarbeitung gelb. Bei *Umkehrfilm* ergeben die Farbschichten ein positives, bei *Negativfilm* ein negatives Bild.

Schichtaufbau des Films
Der Film besteht aus dem Schichtträger, einer Lichthofschutzschicht und den Emulsionsschichten. Die Lichthofschutzschicht verhindert die Bildung von Lichthöfen. Die Emulsionsschichten sind Schichten lichtempfindlicher Silberhalogenide, die durch Lichteinwirkung zu metallischem Silber reduziert werden. Farbfilm hat drei solcher Schichten, von denen je eine für eine additive Grundfarbe empfindlich ist; außerdem eine Gelbfilterschicht, die bei der Verarbeitung entfärbt wird.

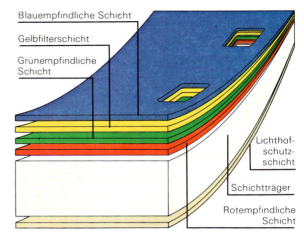

Umkehrfilm
Jede der drei Schichten wird durch die verschiedenen Farben des Motivs anders beeinflußt. Die obere Schicht ist für Blau empfindlich, die mittlere für Grün und die untere für Rot. An den *unbelichteten* Stellen bilden sich bei der Verarbeitung komplementäre Farbstoffe, die miteinander ein positives Bild ergeben.

Blauempfindliche Schicht
Da Gelb Blau absorbiert, können nur die Partien blau erscheinen, die in der oberen Schicht keinen gelben Farbstoff erhalten.

Gelbfilterschicht
Eine Gelbfilterschicht hält blaues Licht von den unteren Schichten fern.

Grünempfindliche Schicht
Grün (und Gelb, das aus Rot und Grün besteht) wird dadurch registriert, daß sich an den unbelichteten Stellen Magentafarbstoff bildet.

Rotempfindliche Schicht
Rot (und Gelb) wird dadurch registriert, daß sich an den unbelichteten Stellen Cyanfarbstoff bildet.

Farbpositiv
Wird der entwickelte Film mit weißem Licht durchstrahlt, erscheint auf der Bildwand ein positives Farbbild des Motivs. Es hat deshalb die natürlichen Farben, weil nach dem subtraktiven Prinzip additive Grundfarben entstehen, wo sich subtraktive Grundfarben überdecken (Cyan + Magenta ergibt z. B. Blau).

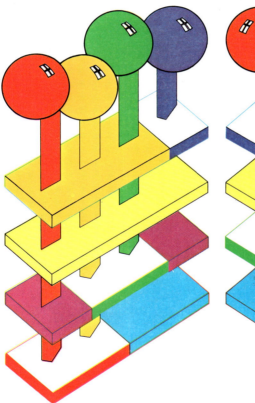

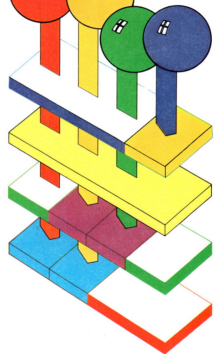

Negativfilm
Jede der drei lichtempfindlichen Schichten wird durch die verschiedenen Farben des Motivs anders beeinflußt. Die obere Schicht ist blau-, die mittlere grün- und die untere rotempfindlich. An den *belichteten* Stellen bilden sich bei der Verarbeitung komplementäre Farbstoffe, die miteinander ein negatives Bild ergeben.

Blauempfindliche Schicht
Blau wird dadurch registriert, daß bei der Verarbeitung an den belichteten Stellen gelber Farbstoff entsteht.

Gelbfilterschicht
Eine Gelbfilterschicht hält blaues Licht von den unteren Schichten fern.

Grünempfindliche Schicht
Grün (und Gelb, das aus Rot und Grün besteht) wird dadurch registriert, daß an den belichteten Stellen Magentafarbstoff entsteht.

Rotempfindliche Schicht
Rot (und Gelb) wird dadurch registriert, daß an den belichteten Stellen Cyanfarbstoff entsteht.

Farbnegativ
Nach der Verarbeitung zeigt der Negativfilm ein negatives, komplementärfarbiges Abbild des Motivs. Vom Negativ wird ein Positiv hergestellt, indem man einen Positiv-Kopierfilm durch das Negativ belichtet.

KAMERA UND FILM

Wahl der Filmsorte

Die verschiedenen Filmsorten und -fabrikate unterscheiden sich stark in ihren Eigenschaften. Sie haben unterschiedliche Lichtempfindlichkeit, erfordern unterschiedliche Einstellungen an der Kamera und liefern unterschiedliche Resultate. Um die richtige Wahl treffen zu können, sollten Sie die Bedeutung bestimmter Fachausdrücke kennen.

Filmempfindlichkeit

Die Lichtempfindlichkeit eines Films wird in DIN und/oder ASA angegeben. Geringempfindliche Filme haben um 15 DIN (25 ASA), mittelempfindliche um 21 DIN und hochempfindliche 27 DIN oder mehr. Drei DIN entsprechen jeweils einer Verdoppelung bzw. Halbierung der Empfindlichkeit; bei 21 DIN kann die Blende um eine Stufe weiter geschlossen werden als bei 18 DIN und muß um eine Stufe weiter geöffnet werden als bei 24 DIN. Alle Filme haben jedoch einen gewissen «Belichtungsspielraum», d. h. sie liefern auch noch annehmbar belichtete Aufnahmen, wenn sie leicht über- oder unterbelichtet werden (s. *Gesteigerte Empfindlichkeitsausnutzung*, S. 208).

Körnigkeit

Wie wir sahen, besteht die lichtempfindliche Emulsion eines Films aus einer dünnen Schicht von Silberhalogenidpartikeln. Je kleiner diese Partikeln sind, um so besser gibt der entwickelte Film feine Details wieder. Den Grad der Sichtbarkeit dieser Partikeln im projizierten Bild bezeichnet man als *Körnigkeit*. Geringempfindlicher Film ist feinkörniger als hochempfindlicher. Die Körnigkeit eines Films kann in einzelnen Bildpartien unterschiedlich stark ausgeprägt sein, fällt aber vor allem in großen, neutralen Flächen wie z. B. einem grauen Himmel auf.

Schärfe

Die «Bildschärfe», die ein Film liefert, hängt von mehreren Faktoren ab, die nicht verwechselt werden sollten: Auflösungsvermögen, Konturenschärfe und bis zu einem gewissen Grad Kontrastwiedergabe.

Das *Auflösungsvermögen* eines Films ist seine Fähigkeit, feinste Details getrennt wiederzugeben. Wird meist als Anzahl der Linien angegeben, die auf 1 mm Film getrennt abgebildet werden können.

Die *Konturenschärfe* ist die Schärfe der Trennlinien zwischen hellen und dunklen Bildpartien.

Kontrast

Alle Motive weisen Helligkeitsunterschiede auf. Ein Motiv mit einem großen «Kontrastumfang» bezeichnet man als *kontrastreich*, eines mit geringen Helligkeitsunterschieden als *kontrastarm*. Die Fähigkeit, den Kontrastumfang eines Motivs wiederzugeben, ist von Film zu Film verschieden. Man bezeichnet sie als die *Gradation* des Films; die Meßzahl dafür ist das *Gamma*. Ein Film mit steiler Gradation (hohem Gammawert) betont die Motivkontraste, einer mit flacher Gradation (niedrigem Gammawert) arbeitet kontrastausgleichend oder «weich» (s. a. *High-key und Low-key*, S. 97).

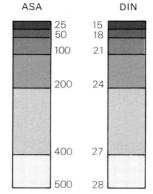

Filmempfindlichkeit
Die Tabelle zeigt die Beziehung zwischen der deutschen DIN- und den amerikanischen ASA-Zahlen.

Körnigkeit
Oberes Bild: Zunahme der Körnigkeit, wenn Super-8 auf 35 mm vergrößert wird. Darunter: Ausschnitte aus einem 15-DIN- (links) und einem 27-DIN-Film.

Kontrast
Das obere Bild wurde auf kontrastreich, das untere auf kontrastarm arbeitendem Film aufgenommen.

Negativ- oder Umkehrfilm

Negativfilm liefert ein negatives Bild. Bei Schwarzweißfilm heißt dies, daß die hellen Partien eines Motivs schwarz, die dunklen weiß bzw. transparent erscheinen. Bei Farbfilm bedeutet es, daß neben dieser Umkehrung der Helligkeitswerte auch die Farben komplementär wiedergegeben werden. Für die Betrachtung wird von dem Negativfilm eine Positivkopie mit «normaler» Farb- und Helligkeitswiedergabe angefertigt. *Umkehrfilm* zeigt jedoch nach der Verarbeitung bereits ein «naturgetreues» Bild.

Negativ- und Umkehrfilm gibt es in Farbe und Schwarzweiß, mit Ausnahme des 8-mm-Formats, für das es keine Negativfilme gibt. Negativfilm hat mehrere Vorteile: Bei der Anfertigung der Positivkopie läßt sich die Farbwiedergabe in gewissen Grenzen verändern, es können «Auf- und Abblendungen» sowie «Überblendungen» (s. S. 186–187) nachträglich ausgeführt werden, und man kann eine unbegrenzte Anzahl von Kopien ohne Qualitätsverlust herstellen. Umkehrfilm ist billiger, hochempfindlicher und einfacher zu verarbeiten.

Farb- oder Schwarzweißfilm

Farbfilm gilt heute als Standardmaterial, aber Schwarzweißfilm hat eine ganz eigentümliche Schönheit, die heute oft übersehen wird. Er kann grafisch interessante Muster von Licht und Schatten liefern und verleiht einer Szene oft Stimmung und Atmosphäre. Außerdem sind Verarbeitung und Kopien billiger und die Empfindlichkeit derzeit noch höher und Sie brauchen sich keine Gedanken über die Farbtemperatur zu machen (s. unten).

Kunstlicht- oder Tageslichtfilm

Tageslicht (Sonnenlicht) ist farblich anders zusammengesetzt als Kunstlicht, es hat eine andere «Farbtemperatur» (s. S. 92). Farbfilm muß stets auf die Farbtemperatur des Aufnahmelichts abgestimmt sein. *Tageslichtfilm* ist auf die Farbtemperatur von Tageslicht abgestimmt. *Kunstlichtfilm (Type A oder Type B)* ist auf die Farbtemperatur künstlicher Lichtquellen abgestimmt. Konversionsfilter ermöglichen die Verwendung von Kunstlichtfilm bei Tageslicht und umgekehrt.

Es gibt auch noch einen dritten Filmtyp *(Type G)*, der bei allen Lichtverhältnissen akzeptable Farbwiedergabe liefert.

Hohe oder niedrige Empfindlichkeit

Je höher die Empfindlichkeit des Films, um so schlechter die Bildqualität. Nehmen Sie deshalb stets einen Film mit der niedrigsten Empfindlichkeit, die das Aufnahmelicht zuläßt.

Grundlagen der Filmtechnik

«Die wichtigste Eigenschaft eines Filmregisseurs ist es, sehen zu können.»
Michelangelo Antonioni

GRUNDLAGEN DER FILMTECHNIK

Die Sprache des Films

Oft ist die Rede von der «Sprache» des Films, denn beim Film wie bei der Sprache ist das Ganze mehr als die Summe der Teile. Um ein melodramatisches Beispiel zu nehmen: Wenn Sie einer Einstellung von einer weinenden Frau eine folgen lassen, in der ein leerer Kinderwagen zu sehen ist, haben Sie ein Ganzes geschaffen, das komplexer und aussagestärker ist als die beiden Einzeleinstellungen. Der Film kann unsere literarischen Interpretationen der Bilder umgehen und diese direkt auf unsere Phantasie wirken lassen. Mit anderen Worten, um einen Film zu betrachten, braucht man nicht einen bestimmten Bildungsstand zu haben. Doch je mehr Filme Sie sich ansehen, um so eher werden Sie die angewandten Techniken durchschauen.

Ihrem instinktiven Verständnis der Filmsprache sind einige Konventionen überlagert. Diese Kunstgriffe, die im allgemeinen als das «Vokabular» des Films bezeichnet werden (s. S. 72), betreffen Dinge wie Richtungswechsel, Zwischenschnitte und Zeitwechsel. Diese Konventionen sind uns so selbstverständlich geworden, daß sie uns gar nicht mehr auffallen.

Da die Sprache des Films über so viele Variable verfügt, sollten die filmerischen «Regeln» nur aus guten Gründen und nur von einem Filmer übertreten werden, der genau weiß, welche Wirkungen sich durch solche Regelverstöße erzielen lassen. Stellen Sie sich einmal eine Buchseite vor, auf der jedes Wort in einer anderen Größe und einer anderen Farbe gedruckt ist, an beliebige Stellen der Seite verschoben werden kann, seinen eigenen Klang besitzt und von veränderlicher Dauer ist: Dies sind die Grundlagen des Filmemachens. Und nur wenn man jedes dieser Elemente kennt und beherrscht, kann man sie mit Erfolg kombinieren.

Der Stellenwert des Filmschnitts

Der Weg zu besseren Filmen führt über den Filmschnitt, die «Montage». Manche Filme können «in der Kamera montiert» werden, aber einen Film zu drehen, der keines Schnitts bedarf, erfordert makellose Aufnahmetechnik, die man nur in jahrelanger Praxis erwerben kann. Leider arbeiten gerade Anfänger mit dieser Technik.

Was dabei herauskommt, ist dann oft enttäuschend, denn ohne Schnitt ist es unmöglich, Bilder nebeneinanderzustellen, eine Sequenz aufzubauen, Ausschuß auszusondern, zu lange Einstellungen zu straffen, mehrere Handlungsstränge durch Parallelmontage miteinander zu verschränken oder überhaupt dem Film irgendeine Gestalt zu geben, die von den gefilmten Ereignissen abweicht. Die Montage kann andererseits eine sehr interessante und kreative Tätigkeit sein. Es ist für den Filmemacher ungeheuer befriedigend, die zeitliche Folge der Einstellungen zu verändern und den Rhythmus der Handlungsabläufe neu festzulegen.

Es gibt natürlich Filme, die keines Schnitts bedürfen (z. B. einfache Andenkenfilme, die nur zum eigenen Gebrauch gedreht werden). Aber selbst in diesen Fällen wird man beim Drehen ganz anders vorgehen, wenn man weiß, wie eine Sequenz aufgebaut wird. Dieses Wissen kann man nur erwerben, wenn man selbst Filme schneidet, und viele der unten beschriebenen Aufnahmetechniken setzen voraus, daß Sie sich auch mit der Montage befassen werden.

1 ⏱ 2 Sek. Gavino schaut sich nach seinen Freunden um

2 ⏱ 12 Sek. Die Freunde entfernen sich

Gavinos Freunde: «Denk dran: Du mußt die Bedeutung der Wörter lernen.»

Der Exerzierplatz
Während Gavino seinen Freunden nachsieht, kommt ein harter Schnitt auf den kommandierenden Offizier, der eine Ansprache an seine Leute hält. Gavino ist unter ihnen (Einstellung 7).

Offizier: «Die Flagge... Jeder von euch muß wissen, was die Flagge bedeutet...

«Vater und Herr» (1977)
Diese Sequenz aus dem Film *Vater und Herr* der Brüder Taviani ist ein Beispiel dafür, wie souverän der Film über Zeit und Raum verfügen kann. Der Held, Gaviano, ist ein analphabetischer sardischer Bauer, der zum Militär gegangen ist, um sich der Tyrannei seines Vaters zu entziehen. Aber während auf einem Exerzierplatz Worte des kommandierenden Offiziers an sein Ohr dringen, vermischt sich bei ihm der zwanghafte Wunsch, lesen zu lernen, mit seinen Erinnerungen an seinen sadistischen Vater – seinen Herrn.

3 ⏱ 5,5 Sek. Gavino starrt ihnen nach

4 ⏱ 15,5 Sek. Der kommandierende Offizier

aber nicht die Bedeutung der Flagge, des Symbols unseres Vaterlandes.»

5 ⏱ 10,5 Sek. Der Exerzierplatz

Ihr könnt den Namen eurer Mutter vergessen, eures Vaters, eures Bruders...

6 ⏱ 4 Sek. Hissen der Flagge

7 ⏱ 8 Sek. Gavino

GRUNDLAGEN DER FILMTECHNIK

Die Flagge
An Gavino, der zusieht, wie die Flagge gehißt wird, schließt sich ein Schnitt auf die Flagge selbst an. Die Kamera zoomt in eine Großaufnahme, die scheinbar dieselbe Flagge zeigt. Es kommt jedoch ein Übergang zu 8d. Gleichzeitig mischt sich Gavinos Off-Stimme mit der Tirade des Offiziers über die italienische Flagge.

8a ⏱ 42,5 Sek. Flagge wird hochgezogen

8b Nah: Die Flagge

8c Nah: Die Flagge

Gavino (Off): «Banner... Bank... Band...»

«Bandit... Bande... Bariton... Bantu»

«Staat... stagnieren... Stab... Stall... Stalagmit... Sterne... Statue»

Gavino als Junge
Die Kamera verläßt das *Rot* der Flagge – ein politisches Symbol –, schwenkt nach unten und erfaßt in einem Horizontalschwenk die Schafe und Weiden aus Gavinos Kindheit. Ein Junge taucht im Bild auf, und man sieht ihn seine Schubkarre beladen. Für Gavino ist das eine Erinnerung und gleichzeitig eine Vorahnung seiner Rückkehr auf den sardischen Hof.

8d Sardische Landschaft

9a ⏱ 9 Sek. Junge auf der Weide

9b Junge auf der Weide

«Station... Generation... Kleinkind... Junge... Baby... benommen... Blutsauger... Blasen... wütend.. wild...»

10a ⏱ 17 Sek. Nah: Die Flagge

10b Nah: Die Flagge

11a ⏱ 17 Sek. Nah: Die Flagge

Wieder die Flagge
In Einstellung 10a kehrt die Kamera wieder zu der Flagge zurück. Gavino ist bei seinem Aufsagen von Wörtern (er lernt lesen) von «pastoral... Pastor... Pasteurisierung» auf «öde... schrecklich... dreckig» gekommen, und schließlich schwenkt die Kamera von der Flagge nach unten auf seinen Vater, der über sein Land geht.

«Gebirgig... bukolisch... idyllisch... arkadisch... pastoral... Pastor...»

«Deportation... Trennung... Zurückweisung... Masturbation

Öde... schrecklich... dreckig... Vater»

11b Gavinos Vater

«Patriarch... Pate... Vater... Patron...»

Auflösung
Schließlich wird die Logik der Sequenz klar: für Gavino symbolisiert die Flagge den Paternalismus Italiens – «Patriarch... Pate... Vater...». Das ist eine politische und zugleich persönliche Sicht seiner Vergangenheit, ausgedrückt durch die Farbe der Flagge, die Rückblenden auf seinen Vater und die Alliteration der Off-Stimme. Von hier stammt auch der Titel des Films.

11c Gavinos Vater

12 ⏱ 46 Sek. Gavino lernt

GRUNDLAGEN DER FILMTECHNIK

Kamerahaltung und -befestigung

Sie sollten sich stets bemühen, die Kamera so ruhig wie möglich zu halten. Die verwackelten Filmbilder, die durch nachlässiges Filmen mit der Handkamera entstehen, sind alles andere als angenehm anzusehen, und man sollte solche Erschütterungen nur als Spezialeffekte einsetzen, um beispielsweise «Erdbeben» oder «Explosionen» zu simulieren oder die Welt so zu zeigen, wie ein Flüchtender oder ein Betrunkener sie sieht (s. *Subjektive Kamerafahrt*, S. 70). Den «natürlichsten» Eindruck liefert eine ruhige Kamera. Wenn die Kamerabewegung zu erratisch wird, geht diese Illusion verloren, und wir werden zu deutlich darauf hingewiesen, daß wir einen Film ansehen.

Das einzig sichere Mittel, die Kamera standfest in Aktion zu bringen, ist ein Stativ. Aber auch mit der Handkamera läßt sich einiges erreichen, wenn man die richtige Kamerahaltung beherrscht.

Haltung der Kamera

In vielen Fällen – z. B. wenn Sie sich schnell bewegen müssen – ist es vernünftiger, die Kamera in der Hand zu halten, als sie aufs Stativ zu setzen.

Wenn Sie die Kamera in der Hand halten, sollten Sie stets nahe herangehen und mit der kürzesten Brennweite (Weitwinkel) arbeiten. Das Bild ist dann ruhiger, und Sie haben zudem noch mehr Schärfentiefe. Denken Sie daran, daß Erschütterungen der Kamera um so deutlicher zu sehen sind, je länger die Brennweite war. Vermeiden Sie deshalb nach Möglichkeit längere Teleaufnahmen aus der Hand.

In ihrem Element ist die Handkamera, wenn es darum geht, ein bewegtes Objekt zu verfolgen (s. S. 70). Versuchen Sie möglichst gleitend zu gehen und machen Sie kurze Schritte, um die Auf- und Abbewegung möglichst gering zu halten. Halten Sie beide Augen offen, damit Sie Hindernissen ausweichen können.

Kamerastützen Für längere Handaufnahmen mit einer größeren Super-8-Kamera ist eine *Schulterstütze* nützlich. Damit können Sie die Kamera fest gegen Ihre Schulter stützen. Es gibt auch Schulterstützen, die zusätzlich noch auf einem Hüftgurt ruhen.

Die Balance der Kamera ist genauso wichtig wie ihr Gewicht; das gilt besonders für 16-mm-Kameras. Es gibt sogenannte «Körperstative» aus Aluminium, die die Kamera tragen und dem Kameramann die Hände freilassen.

Wie man die Kamera in der Hand hält
Fast alle Kameras sind für Rechtshänder gebaut. Halten Sie sich die Kamera mit der rechten Hand ans Auge und drücken Sie dabei den rechten Ellbogen fest an den Körper. Spreizen Sie leicht die Beine. Lehnen Sie sich nach Möglichkeit an eine Mauer, einen Baum, eine Hausecke oder stützen Sie sich auf einem Autodach, einer Stuhllehne oder auf der Schulter einer anderen Person ab.

Schulterstützen
Diese leichten Aluminiumstützen ermöglichen ein ruhiges Halten der Kamera.

Stabilisierungssysteme

Seit einiger Zeit sind verschiedene Stabilisierungssysteme erhältlich, die es dem Kameramann ermöglichen, sehr ruhige «Fahraufnahmen» mit der Handkamera zu drehen. Sie sind stark gedämpft, so daß sie alle abrupten Bewegungen abfangen. Die Kamera «schwebt» unabhängig vom Kameramann, so daß er sogar Treppen hinauflaufen kann.

«Steadicam»-System

GRUNDLAGEN DER FILMTECHNIK

Stative

Es gibt viele Filmtechniken und Motive, bei denen man ohne Stativ nicht auskommt, z. B. Vertikalschwenks, Zeitrafferaufnahmen, Fernauslösung, Teleaufnahmen von Wildtieren, Architektur-, Landschafts- und Makroaufnahmen. Darüber hinaus sollten Sie *immer* mit Stativ arbeiten, wenn Sie von einem festen Standpunkt aus drehen wollen. Schneiden Sie möglichst nicht abrupt von Stativaufnahmen auf Handaufnahmen, denn der Unterschied fällt auf.

Stative gibt es in verschiedenen Größen und mehr oder weniger robuster Ausführung. Sie haben ausziehbare Schenkel, so daß man sie auch auf unebenem Boden waagrecht ausrichten kann. Die Beine haben Gummifüße oder Stahlspitzen für den Einsatz in Innenräumen und im Freien.

Die wichtigste Anforderung an ein Stativ ist, daß Beine und Stativkopf nicht wackeln. Kaufen Sie sich deshalb das robusteste Stativ, das Sie sich leisten können. Die leichteren Stative eignen sich für statische Aufnahmen, wackeln jedoch meistens bei Kameraschwenks.

Aufstellen des Stativs Ziehen Sie die Beine des Stativs auf die erforderliche Höhe aus und schrauben Sie die Kamera an. Prüfen Sie den Blickwinkel und vergewissern Sie sich, daß die Kamera genau waagrecht und senkrecht ausgerichtet ist. Manche Stative haben zu diesem Zweck eine eingebaute Wasserwaage. Ist dies bei Ihrem Stativ nicht der Fall, lohnt sich die Anschaffung einer kleinen Wasserwaage, die Sie dann auf die Kamera legen können.

Auf glattem Boden sorgt eine *Spreizsicherung* (Spinne) dafür, daß die Beine nicht wegrutschen. Sie können statt dessen das Stativ aber auch auf eine Decke stellen oder die Beine mit Band oder Schnur sichern.

Der Stativkopf Die Kamera wird mit einem *Stativkopf* (Schwenkkopf, Kinoneiger, Neigekopf) auf dem Stativ befestigt. Dieser läßt sich für Panoramaschwenks waagrecht und für Vertikalschwenks senkrecht drehen. Kugelgelenkköpfe eignen sich nicht für die Filmarbeit, weil man damit die Kamera bei Panoramaschwenks nicht in vertikaler Stellung halten kann.

Der Schwenkkopf muß nicht nur ohne jedes Spiel arbeiten, sondern auch möglichst leichtgängig sein. Die Kamera muß sich schon mit ganz leichtem Druck schwenken lassen. Die Bewegung soll völlig gleichmäßig und ruckfrei sein und muß sich präzise anhalten lassen.

Die billigeren Leichtstative haben meist Köpfe mit Friktionsdämpfung, bei denen die Reibung der beweglichen Teile für die nötige Bremsung sorgt. Diese Köpfe reichen meist für kleinere Super-8-Kameras aus.

Nach dem Fluid-Prinzip arbeitende Stativköpfe sind zwar teurer, doch für normale Aufgaben am besten zu empfehlen. Sie sind flüssigkeitsgedämpft und ermöglichen weiche, ruckfreie Schwenks.

Getriebeköpfe sind groß, teuer und sehr präzise. Sie werden vorwiegend von Profis für schwere 16- und 35-mm-Kameras verwendet.

Verschiedene Stativtypen

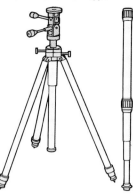
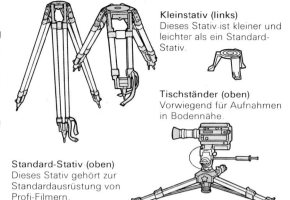

Kleinstativ (links)
Dieses Stativ ist kleiner und leichter als ein Standard-Stativ.

Tischständer (oben)
Vorwiegend für Aufnahmen in Bodennähe.

Standard-Stativ (oben)
Dieses Stativ gehört zur Standardausrüstung von Profi-Filmern.

Einfaches Stativ (oben)
Ein leichtes Alu-Stativ mit ausziehbaren Beinen und Mittelsäule.

Einbeinstativ (oben links)
Ein einzelnes ausziehbares Rohr zum behelfsmäßigen Abstützen der Kamera.

Cullman-Stativ (oben)
Dieses Stativ hat Schnellklemmtasten und eine sehr geringe Minimalhöhe.

Rutschsicherung für Stativbeine

Spinne
Verhindert das Wegrutschen der Stativfüße.

Klebeband als Behelf
Die Beine mit Klebeband oder Schnur umspannen.

Decke als Unterlage
Dient als behelfsmäßige Rutschsicherung.

Verschiedene Typen von Kinoneigern (Schwenkköpfen)

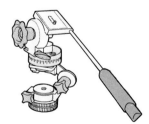

Friktionsdämpfung (links)
Mit einem einzigen Hebel können Vertikal- und Horizontalschwenks ausgeführt werden.

Fluid-Dämpfung (rechts)
Ein solcher Neigekopf ermöglicht sehr weiche Schwenks in beiden Ebenen.

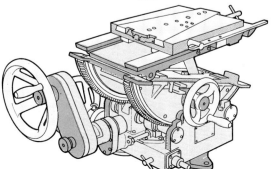

Getriebekopf
Dieser Stativkopf ist vorwiegend für schwere Studio-Kameras bestimmt. Die Kamera läßt sich mit Handrädern in beiden Ebenen schwenken. Manche Modelle haben ein Getriebe, das unterschiedliche Schwenkgeschwindigkeiten ermöglicht.

GRUNDLAGEN DER FILMTECHNIK

Die Einstellungen

Obwohl man den Bildausschnitt der Einstellungen beliebig wählen kann, klassifiziert man die Einstellungen üblicherweise je nach dem erfaßten Bildausschnitt als *Total, Halbtotal, Halbnah, Nah, Groß* und *Ganzgroß*. Die am häufigsten angewandten Einstellungen sind Halbtotal, Halbnah und Nah. Als Anhaltspunkt für den Bildausschnitt dient dabei die menschliche Gestalt. In der Halbtotalen ist der ganze Körper zu sehen, Halbnah reicht meist bis unter die Hüfte, Nah umfaßt nur Kopf und Schultern. Diese drei Grundeinstellungen entsprechen in etwa drei verschiedenen Stufen der Konzentration: Die Aufmerksamkeit des Zuschauers wird von einer Szenenübersicht auf eine Gruppe und weiter auf eine einzelne Person gelenkt.

Die drei grundlegenden Einstellungsarten
Die Einstellungen Halbtotal, Halbnah und Nah erzeugen ganz unterschiedliche Wirkungen, weil jede ihre speziellen Charakteristiken hat.

Die Nahaufnahme löst den Kopf eines der Jungen heraus.

Die halbnahe Einstellung zeigt auch die unmittelbare Umgebung.

Die Halbtotale liefert einen erweiterten Überblick.

Der «Anschnitt»
Bei der Wahl des Bildausschnitts sollten Sie daran denken, daß es für die Zuschauer sehr irritierend ist, wenn Sie Ihren Modellen die Füße oder die herabhängenden oder gestikulierenden Hände «abschneiden». Aus diesem Grund hat sich eine Konvention eingebürgert, der sogenannte «Anschnitt». Sie werden feststellen, daß Sie eine bessere Komposition erzielen, wenn Sie eine Person in den rechts dargestellten Höhen anschneiden, nämlich dicht unter den Achselhöhlen, unter der Brust, unter der Taille, in der Mitte der Oberschenkel und unter den Knien.

Anschnittpunkte

Nah
Der beste Anschnitt für eine Nahaufnahme liegt dicht unter den Achselhöhlen (oben). Das ergibt eine ausgewogene Komposition.

Halbnah
Bei halbnaher Einstellung wird der Körper unterhalb der Taille angeschnitten. Das ist schon eine «Körper»-Aufnahme, weil das Gesicht nicht mehr dominiert.

Halbtotal
Eine Halbtotale zeigt den ganzen Körper (oben). Die Füße dürfen nicht «abgeschnitten» werden (unten).

GRUNDLAGEN DER FILMTECHNIK

Besonderheiten der Einstellungsarten

Die *Halbtotale* ist die grundlegendste Einstellungsart. Sie liefert, vor allem, wenn sie sich schon der Totalen nähert, einen Überblick über den Schauplatz und kann zur reinen Informationsvermittlung dienen – als «Übersicht» oder «einführende Totale». Sie kann aber auch dramaturgisch in direktem Kontrast zu umgebenden Halbnah- und Naheinstellungen angewandt werden. Die Halbtotale zeigt die Person in ihrer Beziehung zur Natur, ihrer Umgebung oder einer Gruppe anderer Menschen.

Halbnah ist die beste Einstellung für die Einführung in das Wechselspiel der handelnden Personen. Sie läßt uns soviel vom Gesicht der Person erkennen, daß wir uns für ihre Äußerungen oder ihre Gedanken interessieren, engt uns jedoch nicht so ein, daß wir uns *nur* auf diese eine Person konzentrieren. Zwei oder mehr Personen können gleichzeitig sichtbar sein, und all ihre Reaktionen sind gut zu erkennen.

Die *Nah*-Einstellung verengt den Blick auf das Gesicht eines Menschen oder ein anderes Detail der Szene.

Halbtotale (oben)
Die zwei auf die Kamera zuradelnden Mädchen sind in der Halbtotalen erfaßt.

Halbnah (links)
Diese Einstellung lenkt den Blick auf die Nonne, zeigt aber auch etwas von ihrer Umgebung.

Nah (rechts)
Die Nahaufnahme holt das Gesicht des Mädchens heran. Dieses bildet praktisch den einzigen Bildinhalt.

Großaufnahme

Die Einstellungen *Groß* und *Ganzgroß* sollten sparsam verwendet werden, weil sie einen Schockeffekt hervorrufen, indem Sie die ganze Leinwand mit einem einzigen Bild füllen. Man verwendet sie, um die Aufmerksamkeit auf die Augen oder Hände einer Figur zu lenken.

Totale

Dies ist die richtige Einstellung, wenn Sie eine panoramaartige Übersicht über den Schauplatz geben wollen («einführende Totale»). Die Totale kann auch winzige menschliche Gestalten vor einer weiten Landschaft zeigen und damit den Eindruck dramatischer Einsamkeit vermitteln.

Groß (links)
Bei dieser Einstellung nehmen Augen und Nase der Frau das ganze Bildfeld ein. Ein Augenzwinkern würde bei diesem Ausschnitt als dramatische Geste erscheinen.

Totale (rechts)
Die einsame Gestalt in dieser Einstellung verdeutlicht die Dimensionen der Kirchenruine in Armenien und betont ihre Baufälligkeit.

GRUNDLAGEN DER FILMTECHNIK

Wahl der richtigen Einstellung

Bewegung innerhalb des Bildraums

Beim Fotografieren kommt der Bildgestaltung große Bedeutung zu, weil sich dort das Bild nicht bewegt. Beim Filmen gehört jedoch die Bewegung selbst zum Bildaufbau, und deshalb sollten Sie sich bei der Wahl des Kamerastandpunktes immer überlegen, wie Sie die zu erwartende Handlung oder Bewegung am besten ausnutzen können. Denken Sie daran, daß bei einem bewegten Motiv der Bildaufbau zu Beginn der Einstellung vielleicht weniger wichtig ist als in der Mitte oder am Ende. Versuchen Sie sich vorzustellen, wie sich die Dinge bis zum Ende der Einstellung entwickeln werden. So hat es wenig Sinn, mit Nah anzufangen, wenn Ihr Modell am Schluß auf Sie zulaufen soll.

Denken Sie auch daran, daß sich die Brennweite und der Abstand zwischen Kamera und Gegenstand auf die Darstellung der Bewegung auswirken (s. S. 67).

Verbindung verschiedener Einstellungen

Da jede Einstellungsart anders wirkt, müssen Sie die Wirkung bedenken, die sich aus dem Anschluß einer Einstellung an eine andere ergibt. Ein Schnitt von Halbtotal auf Halbnah *konzentriert* die Aufmerksamkeit der Zuschauer auf einen engeren Ausschnitt. Eine Halbnah-Einstellung, die auf eine Nahaufnahme folgt, *verringert* oft die Spannung oder Intensität, indem sie den Blickwinkel erweitert und andere Objekte mit einbezieht. Wenn Sie dieselbe Handlung nacheinander von verschiedenen Standpunkten und mit unterschiedlicher Blickrichtung filmen, sollten Sie darauf achten, daß die Personen in dieselbe Richtung schauen (s. rechte Seite), sich in dieselbe Richtung bewegen (s. S. 74) und an der richtigen Stelle im Bild sind (s. S. 73).

Sie sollten auch daran denken, daß die Unterschiede in Abbildungsgröße und Blickwinkel von einer Einstellung zur nächsten zwar deutlich, aber nicht so groß sein sollten, daß es einen «Sprung» gibt.

Feinheiten des Gesichtsausdrucks lassen sich nur mit Nahaufnahmen einfangen.

Von Halbtotal auf Halbnah
Ein Schnitt von einer Halbtotalen auf Halbnah konzentriert das Interesse der Zuschauer auf Ihr Modell. Während der Mann mit der Zeitung (rechts) zuerst nur irgendeine Gestalt vor einem Gebäude war, füllt er nun plötzlich den ganzen Ausschnitt.

Von Halbnah auf Nah
Ein Schnitt von Halbnah auf Nah konzentriert die Aufmerksamkeit noch stärker. Der Hintergrund fällt kaum noch auf, und Kopf und Schultern des Mädchens füllen den Ausschnitt aus.

Abbildungsgröße

Im Unterschied zum Theater, wo der Abstand zwischen Zuschauern und Darstellern immer gleich bleibt, kann die Filmkamera sich den handelnden Personen nähern oder sich von ihnen entfernen – entweder durch Zoomen oder durch eine Kamerafahrt.

Berücksichtigen Sie auch, daß bei Nahaufnahmen jede Bewegung oder Äußerung der handelnden Person übertrieben wird. Umgekehrt sind bei sehr großem Abstand nur noch auffällige Gesten erkennbar.

Als Faustregel können Sie sich merken, daß Sie um so mehr auf Nahaufnahmen angewiesen sind, je kleiner Ihr Filmformat ist. Das liegt daran, daß die kleine Leinwand beim 8-mm-Format für lange Totalen oder Halbtotalen weniger geeignet ist. Solche Einstellungen wirken hier nur dann, wenn sie gut komponiert sind und keine feinen Details enthalten.

Abstimmung von Nahaufnahmen

Wenn Sie zwei miteinander redende Leute filmen und abwechselnd einen von beiden in Nahaufnahme zeigen, soll die Abbildungsgröße einheitlich sein, sonst zieht der Zuschauer aus der unterschiedlichen Größe Schlüsse auf die Beziehung der beiden.

Frau dominiert
Wenn die Frau ständig größer gezeigt wird als der Mann, erscheint sie als die stärkere Persönlichkeit. Wenn Sie dies beabsichtigen, ist dies eine vorzügliche Technik.

Mann dominiert
Umgekehrt gilt das gleiche, wenn der Mann größer gezeigt wird: Jetzt erscheint er als die beherrschende Figur. Bei solchen Gegenschnitten müssen die Blickwinkel der beiden Darsteller aufeinander bezogen sein (s. rechte Seite und S. 76–77).

Blickwinkel

Unter Blickwinkel versteht man in diesem Zusammenhang die Richtung, in die der Darsteller blickt. Ist nur eine Person zu sehen, so wird ihr Blick um so intensiver – und die Einstellung um so wirkungsvoller – sein, je mehr sich ihr Blickwinkel dem Kameraobjektiv nähert. Deshalb sollte beim Übergang von Halbnah auf Nah dem Zuwachs an Intensität durch die größere Abbildung eine Annäherung des Blickwinkels an die Kamera entsprechen (rechts).

Blickt ein Darsteller direkt in die Kamera, so haben die Zuschauer das Gefühl, «in ihn hineinschauen» zu können. Schaut jedoch bei einem Dialog einer der Partner in die Kamera, so wird die Kamera zu seinem Gesprächspartner. In diesem Fall befindet sich die Kamera sozusagen «im Kopf» des anderen Dialogpartners.

Wenn Sie eine Gruppe filmen und dabei von der Übersichtsaufnahme auf Nah schneiden und umgekehrt, sollten die Darsteller in beiden Einstellungen in dieselbe Richtung sehen. Die Blickwinkel der Nahaufnahmen sollten sorgfältig dem allgemeinen räumlichen Aufbau der Szene angepaßt werden.

In einem Dialog schauen die beiden Partner im allgemeinen knapp an der Kamera vorbei. Normalerweise schaut der eine rechts, der andere links an der Kamera vorbei. Auf diese Weise bleibt bei Gegenschnitten die Stellung jedes Partners erkennbar, und die Zuschauer glauben gerne, daß die beiden tatsächlich miteinander reden (s. S. 76).

Verkleinerung des Blickwinkels beim Übergang auf Nah
Bei einem Schnitt von Halbnah auf Nah sollte sich die Blickrichtung der Kamera annähern.

Blick in die Kamera
Eine Nahaufnahme von einer Person, die direkt in die Kamera schaut, ist eine der wirkungsvollsten Einstellungen, weil der Betreffende dann scheinbar die Zuschauer ansieht. Einer solchen Einstellung wird häufig ein Off-Monolog unterlegt, der die Gedanken des Darstellers wiedergeben soll.

Anpassung von Nahaufnahmen an die Übersicht
Die Darsteller sollen in den Nahaufnahmen in dieselbe Richtung schauen wie in der Übersicht – sonst meint man, sie hätten sich inzwischen bewegt, und die Kontinuität geht verloren.

Falsch

Richtig

Falsch

Richtig

Richtig

Falsch

Falsch

GRUNDLAGEN DER FILMTECHNIK

Gestaltung der Aufnahme

Die Bildgestaltung im Film unterscheidet sich in zwei wesentlichen Punkten von der in der Stehbildfotografie. Zum einen muß jede Einstellung den vorhergehenden und anschließenden angepaßt werden, und zum zweiten muß während der ganzen Einstellung ein bewegtes Motiv wirkungsvoll gestaltet werden.

Eine unausgewogene, überladene Aufnahme oder ein häßlicher Bildaufbau fällt beinahe jedem auf, während man bei einer gut komponierten Einstellung meist nicht genau sagen kann, warum sie so gut ist. Immerhin gibt es ein paar Grundregeln, die man beherzigen sollte. Sie betreffen die Position des Aufnahmeobjekts, die Linienführung und die Gewichtung der einzelnen Bildelemente.

Eine Faustregel besagt, daß man das Bildfeld nach Möglichkeit nicht in zwei gleichgroße Hälften aufteilen sollte. Es entsteht eine langweilige, statische Komposition, wenn Sie den Horizont mitten durchs Bild verlaufen lassen und dann noch eine Person in die Bildmitte stellen. Es ist weitaus besser, die Bildfläche in Drittel aufzuteilen. Die steilen Diagonalen, die dabei entstehen, geben der Aufnahme räumliche Tiefe und Richtung. Diese Technik eignet sich besonders für Szenen mit zwei Darstellern (s. S. 76–77).

Die wichtigste Gestaltungsregel besagt, daß man den Bildaufbau *möglichst einfach* halten soll. Eine schöne Komposition sollte nie auf Kosten der Klarheit gehen; es sollte nie Zweifel geben, wo der Schwerpunkt liegt. eine überladene Aufnahme, sie mag noch so schön gestaltet sein, wird auf der Leinwand immer verwirrend und nie wirkungsvoll sein.

Ausgewogenheit

Ausgewogenheit springt stets ins Auge, läßt sich aber schwer definieren. Gewöhnen Sie sich an, das Motiv abzuwägen und sich zu fragen, ob Ihr Aufnahmeobjekt besser etwas nach links oder rechts oder nach oben verschoben oder der Ausschnitt verkleinert werden sollte.

Hälften (links)
Wird die Bildfläche in zwei Hälften geteilt und befindet sich das Hauptmotiv womöglich ganz in einer der beiden Hälften, so ergibt sich eine langweilige, spannungslose Komposition.

Drittel (rechts)
Wird die Bildfläche gedrittelt, entstehen interessante Diagonalen, die jedes bewegte Motiv dynamischer erscheinen lassen.

Gegenläufige Diagonalen
Wählen Sie den Bildausschnitt so, daß ausgeprägte Diagonalen entstehen. Sehr wirkungsvoll ist es, wenn beim fertigen Film Einstellungen mit gegenläufigen Diagonalen aufeinanderfolgen.

Ausgewogene Kompositionen
Die drei Beispiele unten zeigen, wie man die Bildelemente so anordnen kann, daß sich ein optisches Gleichgewicht ergibt.

GRUNDLAGEN DER FILMTECHNIK

Farbgestaltung

Farbe kann in Ihrem Bildaufbau genausoviel Gewicht haben wie Licht und Form. Ein kleiner roter Punkt in einer ansonsten monochromen Szene kann eine Wirkung ausüben, die in keinem Verhältnis zu seiner Größe steht. Und eine im übrigen ausgewogene Komposition kann durch dissonante Farben zerstört werden. Streben Sie nach einer harmonischen Farbgestaltung.

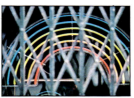

Das Farbspektrum

Farbharmonie
Obwohl diese Aufnahme kräftige, gesättigte Farben aufweist, wirken diese nicht grell. Die kalten Blau- und Grüntöne erzeugen eine Stimmung von Ruhe und Harmonie. Diese wird noch zusätzlich betont durch die Symmetrie des Bildaufbaus, die das Auge ins Bild hineinzieht.

Kräftige Farben
Die kräftigen reinen Farben dieser Aufnahme von zwei Papageien wirken fröhlich und lebhaft. Die kühne Linienführung und der einfache Bildaufbau gleichen die starken Farbkontraste aus. Ausgewogenheit der Farben ist ebenso wichtig wie die Ausgewogenheit der grafischen Elemente – doch hat man dabei natürlich viel weniger Gestaltungsspielraum.

Umrahmung

Wirkungsvoller Bildaufbau läßt sich dadurch erreichen, daß man das Motiv mit einem Vordergrundobjekt umrahmt. Bei dem Rahmen kann es sich um einen Baumast, eine Tür, ein Fenster oder auch einen Menschen oder eine Gruppe von Leuten handeln.

Umrahmung
Diese Aufnahme von einem Jungen, der in einer Tür steht, zeigt, wie man durch Umrahmung einen eindrucksvollen Bildaufbau schaffen kann. Die beiden großen schwarzen Flächen rechts und links balancieren einander aus und lenken das Interesse auf den Jungen. Die Belichtung muß in einem solchen Fall natürlich auf die Objekte im Freien abgestimmt werden (s. S. 91).

Hoher Kamerastandpunkt

Durch ungewöhnliche Kamerastandpunkte kann man Abwechslung in eine Sequenz bringen. Auch bestimmte Effekte und Stimmungen lassen sich mit dieser Technik erreichen. Bei hohem Kamerastandpunkt («Vogelperspektive») sehen wir auf die agierende Person hinunter, die daher hilflos oder harmlos erscheinen kann.

Vogelperspektive
Ein hoher Kamerastandpunkt betont bei dem Bild unten die abstrakten Bildelemente und läßt den Cowboy (rechts) weniger bedrohlich erscheinen.

Tiefer Kamerastandpunkt

Indem man die Kamera in Bodennähe aufbaut und nach oben richtet, kann man Aufnahmen aus der «Froschperspektive» machen. Aus dieser Position schauen wir zu den agierenden Personen auf, die dadurch an scheinbarer Größe, Kraft und Bedeutung gewinnen.

Froschperspektive
Ein tiefer Kamerastandpunkt zeigt das Mädchen aus ungewohntem Blickwinkel. Den Cowboy (rechts) läßt er bedrohlich erscheinen.

GRUNDLAGEN DER FILMTECHNIK

Das Zoom

Das Zoomobjektiv (s. S. 43) ist ein Objektiv mit veränderlicher Brennweite. Es erlaubt die stufenlose Verstellung des Bildwinkels, so daß Sie stets die freie Wahl zwischen allen Brennweiten von Weitwinkel bis Tele haben. Der Zoombereich (Brennweitenbereich) wird allgemein als Vielfaches der kürzesten Brennweite angegeben. Z. B. bezeichnet man ein Objektiv mit einem Zoombereich von 6 bis 60 mm als «Zehnfach-Zoom». Oft ist es jedoch wichtiger zu wissen, welches die tatsächliche kürzeste oder längste Brennweite ist (s. *Wahl eines Zoomobjektivs*, S. 43).

Obwohl Zoomobjektive erst seit relativ kurzer Zeit in Filmkameras eingebaut werden, sind sie inzwischen fast schon zur Selbstverständlichkeit geworden. Ihr unschätzbarer Vorteil ist, daß sie Ihnen die Wahl zwischen vielen verschiedenen Brennweiten gestatten, ohne daß Sie Wechselobjektive mit sich herumschleppen müßten. Außerdem gestatten sie die allmähliche Brennweitenverstellung während der Aufnahme – eben das «Zoomen». Dies geschieht heute bei den meisten Zoomobjektiven motorisch auf Knopfdruck. Gerade deshalb verfallen jedoch Anfänger leicht der «Zoomeritis» – sie zoomen zuviel und zu oft.

Wann zoomen?

Das Zoomen ist im Grunde zweidimensional: Im Gegensatz zur Kamerafahrt ändert sich dabei nicht die Perspektive, sondern nur der Bildwinkel (s. S. 67). Deshalb sollten Sie nur dann zoomen, wenn ein Wechsel des Kamerastandorts ausgeschlossen ist, mit der Einschränkung, daß ein gleichmäßiges Zoom vom Stativ besser ist als eine wacklige «Fahrt» mit der Handkamera. Häufig ist jedoch das Zoomobjektiv genau das Richtige, nämlich immer dann, wenn man nicht nahe genug ans Motiv herankommt. Wählen Sie die Zoomgeschwindigkeit sorgfältig und beginnen und enden Sie jeweils mit einem statischen Bild.

Weitwinkel
Tele

Kombinierte Zooms Im allgemeinen sollte man nicht zweimal hintereinander zoomen, vor allem nicht hin und zurück. Zwischen zwei Zooms sollten mindestens zwei statische Aufnahmen oder Schwenks liegen. Man kann jedoch mehrere Zooms in derselben Richtung durch Überblendungen oder Schnitte während des Zooms aneinanderreihen. Sie müssen sich entscheiden, ob die Überblendungen im Zoom oder im Stand am Ende der einen und zu Beginn der nächsten Einstellung stattfinden sollen. Aber Sie sollten die einmal gewählte Art auf alle Fälle konsequent durchhalten. Überblendungen während des Zooms sind schneller und flüssiger.

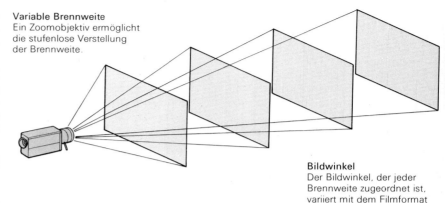

Variable Brennweite
Ein Zoomobjektiv ermöglicht die stufenlose Verstellung der Brennweite.

Bildwinkel
Der Bildwinkel, der jeder Brennweite zugeordnet ist, variiert mit dem Filmformat (s. S. 275).

Funktionsweise des Zoomobjektivs

Ein Zoomobjektiv mit Entfernungseinstellung besteht aus etlichen Linsen, die in mehreren Gruppen angeordnet sind. Die Brennweitenverstellung obliegt den mittleren Linsengliedern (Variator), die zu diesem Zweck vor und zurück bewegt werden müssen. Das Vorderglied dient der Entfernungseinstellung. Und die hinterste Gruppe, das «Grundobjektiv», entwirft das Bild in der Filmebene. Fast alle Super-8-Kameras haben *Motor-Zoom*, oft mit veränderlicher Geschwindigkeit.

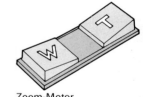

Zoom-Motor
Der Zoom-Motor wird durch Knöpfe oder einen Wippschalter betätigt.

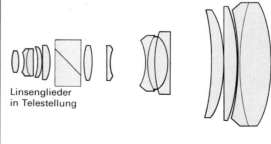

Telestellung
Das Vorderglied des Variators zieht sich zurück und erzielt dadurch den kleinen Bildwinkel.

Linsenglieder in Telestellung

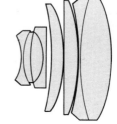
Linsenglieder in Weitwinkelstellung

Weitwinkelstellung
Das Vorderglied des Variators bewegt sich nach vorne und erzielt dadurch den großen Bildwinkel.

GRUNDLAGEN DER FILMTECHNIK

Zoomen in den Telebereich

Beim «Heranzoomen» wird der Bildwinkel verengt. Im Gegensatz zu einem Schnitt, etwa von Halbnah auf Nah, bleiben bei einem Zoom die räumlichen Verhältnisse immer durchschaubar. Dem entspricht nichts in unserer alltäglichen Seherfahrung; deshalb sollten Sie diese Technik sparsam einsetzen. Wenn Sie vorhaben, in den Telebereich zu zoomen, sollten Sie vorher mit der längsten Brennweite scharfstellen (s. S. 44).

Heranzoomen
Konzentriert das Interesse auf einen kleinen Ausschnitt. Die Einstellung soll mit statischen Bildern beginnen und enden.

Zoomen in den Weitwinkelbereich

Das «negative» Zoomen ist kein Vorgang der Konzentration, sondern einer der Enthüllung. Je weiter der Bildwinkel wird, um so mehr neue Objekte tauchen auf. Die Einstellung sollte deshalb zunehmend interessanter werden. Versuchen Sie, die Endeinstellung festzulegen, bevor Sie mit dem Zoom beginnen. Vorheriges Scharfstellen ist nicht nötig, da die Schärfentiefe laufend zunimmt.

«Negatives» Zoom
Während der Bildwinkel sich weitet, tauchen neue Bildelemente auf, und man erkennt die Umgebung oder den Schauplatz der Nahaufnahme.

Kombinierte Zooms und Schwenks

Eine der besten Arten, die Härte eines Zooms zu mildern, besteht darin, es mit einem Schwenk zu kombinieren. Die seitliche Bewegung der Kamera macht dabei oft die Brennweitenveränderung vergessen. Es handelt sich hier um eine schwierige Technik; proben Sie deshalb die Einstellung. Setzen Sie die Kamera aufs Stativ, stellen Sie sie scharf und führen Sie Zoom und Schwenk langsam aus.

Zoom und Schwenk
Für diese kombinierte Kamerabewegung braucht man unbedingt ein Stativ.

Statischer Anfang
Die Bewegung beginnt mit dem Objektiv in Weitwinkelstellung. Das Mädchen erscheint in der Halbtotale am Seeufer. Sie kommt von links nach rechts auf die Kamera zu.

Statisches Ende
Während das Mädchen näherkommt, schwenkt die Kamera nach rechts und beginnt zu zoomen. Die Einstellung endet mit einer statischen Nahaufnahme vom Gesicht des Mädchens.

GRUNDLAGEN DER FILMTECHNIK

Wahl der Brennweite

Egal, ob Sie eine Kamera mit Zoomobjektiv oder mit Wechseloptik besitzen, ein Wechsel der Brennweite wirkt sich immer auf die Schärfentiefe, den Blickwinkel, die Stimmung und die Art der Bewegungsdarstellung aus.

Schärfentiefe und Brennweite

Wie wir bereits gesehen haben (S. 47), ist die Brennweite einer der Faktoren, von denen die *Schärfentiefe* abhängt – also die Ausdehnung der Schärfe vor und hinter die genaue Einstellebene. Bei gleicher Blende ist die Schärfentiefe um so geringer, je länger die Brennweite ist. Ein Teleobjektiv hebt deshalb ein einzelnes Objekt hervor, indem es Vorder- und Hintergrund unscharf werden läßt. Sie können damit «selektiv» auf ein bestimmtes Objekt scharfstellen.

Umgekehrt liefert ein Weitwinkelobjektiv große Schärfentiefe: meist ist sogar bei großer Blendenöffnung das Motiv durchgehend scharf. Die Brennweite wird beim Filmen oft zur Änderung der Schärfentiefe eingesetzt, weil die Verstellung der Objektivblende die Belichtung verändert, es sei denn, Sie haben eine Kamera mit verstellbarer Sektorenblende (s. S. 42) oder Sie verwenden eine Grauscheibe (s. S. 94).

Große Schärfentiefe (oben)
Die Schärfe reicht hier von der Möwe im Vordergrund bis zum Horizont.

Wenig Schärfentiefe (links)
Eine lange Brennweite verringert die Schärfentiefe und läßt den Hintergrund unscharf verschwimmen.

Herauslösen einer Figur (rechts)
Eine große Blendenöffnung verringert die Schärfentiefe und läßt Vorder- und Hintergrund unscharf werden.

Nachstellen der Schärfe

Da das Objektiv immer nur auf eine bestimmte Entfernung scharfgestellt sein kann, werden bewegte Objekte oft unscharf, wenn sie sich abrupt der Kamera nähern oder von ihr entfernen. Bei Weitwinkel (große Schärfentiefe) ist dies nur selten ein Problem, doch bei Teleaufnahmen müssen Sie wegen der geringen Schärfentiefe die Schärfe oft während des Drehens nachstellen. Das ist relativ einfach, wenn Ihre Kamera einen Reflexsucher hat, doch ist es in jedem Fall hilfreich, wenn Sie im voraus wissen, wann und wohin sich Ihr Objekt bewegen wird. Am besten proben Sie die Aufnahme, bevor Sie sie abdrehen.

Selektives Scharfeinstellen kann kreativ zur Verlagerung der Betonung von einem Teil der Szene auf einen anderen eingesetzt werden. Dazu müssen Sie mit sehr geringer Schärfentiefe arbeiten und die Entfernung während der Aufnahme verstellen. Z. B. könnte eine Einstellung damit beginnen, daß nur ein Vordergrundobjekt scharf wiedergegeben wird. Durch das Nachstellen der Schärfe verschwimmt dann dieses Objekt, und ein vorher nicht sichtbares Hintergrundobjekt wird langsam scharf.

Nachstellen der Schärfe
Beim Beginn der Einstellung sind nur die Blüten scharf. Mit dem Nachstellen der Schärfe zum Hintergrund hin wird nach und nach das Mädchen sichtbar.

GRUNDLAGEN DER FILMTECHNIK

Perspektive und Brennweite

Verändert man durch Zoomen die Brennweite, so ändert sich damit der Bildwinkel, aber nicht die Perspektive. Obwohl das Motiv größer abgebildet wird, ändert sich der Aufnahmebestand nicht, und von diesem hängt die Perspektive ab.

Heranzoomen (links)
Verkleinerung des Bildwinkels durch Heranzoomen steigert die Abbildungsgröße. Da sich aber der Abstand Kamera/Objekt nicht ändert, bleibt auch die Perspektive unverändert.

Heranzoomen und Kamerafahrt rückwärts
Man kann die Abbildungsgröße beibehalten, indem man beim Zoomen mit der Kamera zurückgeht. Dabei ändert sich jedoch mit dem Aufnahmeabstand auch die Perspektive.

Beeinflussung der Perspektive Die Perspektive kann nur durch einen Wechsel des Kamerastandorts verändert werden. Das läßt sich ganz einfach ausprobieren: Wenn Sie zoomen, dabei aber mit der Kamera zurückgehen, bleibt Ihr Modell im Sucherbild gleich groß, aber die Perspektive – d. h. das Größenverhältnis zwischen Vorder- und Hintergrund – ändert sich.

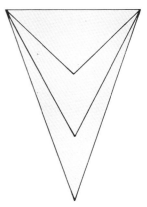

Atmosphäre und Brennweite

Die Brennweite beeinflußt spürbar die «Atmosphäre» oder Stimmung einer Einstellung. Weitwinkelaufnahmen aus kurzem Aufnahmeabstand betonen die räumliche Tiefe. Die Gegenwart der Kamera ist nicht zu übersehen, und dank der realistischen Darstellungsweise setzt man kurze Brennweiten vor allem bei Dokumentarfilmen gerne ein. Weitwinkel-Porträtaufnahmen aus sehr geringem Abstand sind jedoch meist wenig schmeichelhaft.

Lange Brennweiten sind wegen des größeren Aufnahmeabstands, den sie bedingen, für Porträts besser geeignet. Bei langen Brennweiten und großen Aufnahmeabständen beobachtet die Kamera das Geschehen aus der Ferne und liefert distanzierte, lyrische Bilder.

Da Weitwinkelaufnahmen atmosphärisch so ganz anders sind als Teleaufnahmen, lassen sich beide nur schwer aneinander anschließen. Entscheiden Sie sich deshalb am Anfang für eine bestimmte Atmosphäre und halten Sie diese dann konsequent durch.

Übertriebene räumliche Tiefe
Weitwinkelobjektive sind ideal für Aufnahmen auf engem Raum, weil sie einen großen Bildwinkel haben. Bei Porträts vergrößern sie jedoch Nase und Kinn auf unschmeichelhafte Weise.

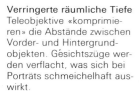

Verringerte räumliche Tiefe
Teleobjektive «komprimieren» die Abstände zwischen Vorder- und Hintergrundobjekten. Gesichtszüge werden verflacht, was sich bei Porträts schmeichelhaft auswirkt.

Objektbewegung und Brennweite

Ein Objekt, das auf die Kamera zukommt, bewegt sich scheinbar sehr langsam, wenn Sie es mit langer Brennweite filmen. Um die Bewegung schneller erscheinen zu lassen, müssen Sie näher herangehen und eine kürzere Brennweite einstellen. Dann wird das Objekt rasch größer.

Bewegung betonen
Der Wagen unten fuhr in beiden Fällen mit der gleichen Geschwindigkeit. In den Weitwinkelaufnahmen bewegt er sich jedoch scheinbar schneller als in den Teleaufnahmen.

Beginn einer Teleaufnahme

Ende einer Teleaufnahme

Beginn einer Weitwinkelaufnahme

Ende einer Weitwinkelaufnahme

GRUNDLAGEN DER FILMTECHNIK

Horizontal- und Vertikalschwenks

Unter einem Horizontalschwenk (Panoramaschwenk) versteht man eine Bewegung der Kamera um ihre Vertikalachse. Horizontalschwenks dienen dazu, einen weiteren Ausschnitt zu erfassen, als das feststehende Objektiv zeigt, ein bewegtes Objekt zu «begleiten» oder einen Zusammenhang zwischen einem Objekt und einem andern herzustellen. Horizontalschwenks macht man meist vom Stativ, weil sie aus der Hand nur selten ruhig und gleichmäßig genug geraten. Jeder Schwenk sollte durch ein entsprechendes Geschehen motiviert sein. Fragen Sie sich stets: «Wohin oder worauf will ich schwenken?» und planen Sie Beginn, Fortsetzung und Ende der Einstellung. Denken Sie daran, daß Ihr Schwenk dem Ende zu interessanter werden sollte.

Ein nach einem Schnitt abrupt einsetzender Schwenk ist häßlich. Deshalb sollte am Anfang und Ende jedes Schwenks die Kamera «Ausgang» und «Ziel» statisch beobachten. Der Schwenk selbst braucht nicht kontinuierlich zu sein. Die Kamera kann ruhig unterwegs verweilen. Solche Pausen müssen lang genug sein, um nicht unbeabsichtigt zu wirken, aber auch so kurz, daß der Schwenk noch als eine fortlaufende Bewegung empfunden wird – 2 Sek. sind ein gutes Mittel. Man kann mehrere Horizontalschwenks als Gegenschnitte kombinieren, aber im allgemeinen sollten Sie eine Folge gegenläufiger Schwenks vermeiden, es sei denn, Sie haben ein bewegtes Objekt, das sie miteinander verbindet.

Der Horizontalschwenk
Beim Horizontalschwenk wird die Kamera in einem waagrechten Bogen herumgeführt.

Horizontalschwenk mit der Handkamera
Halten Sie die Kamera dorthin, wo der Schwenk enden soll, drücken Sie die Arme an den Körper und drehen Sie sich aus der Hüfte dorthin, wo der Schwenk beginnen soll.

Schwenkgeschwindigkeit

Wenn Sie ein bewegtes Objekt verfolgen, hängt die Geschwindigkeit des Begleitschwenks von der Geschwindigkeit des Objekts ab. Entscheiden Sie sich vor der Aufnahme, ob das Objekt aus der Einstellung laufen oder in ihr – und wenn ja, wo – zum Stehen kommen soll. Der Schwenk soll im allgemeinen dem bewegten Objekt etwas vorauseilen.

Richtiger Ausschnitt   Falscher Ausschnitt

Bei einem Panoramaschwenk über eine statische Szenerie muß die Schwenkgeschwindigkeit sorgfältig gewählt werden, damit keine sinnlose Bewegungsunschärfe entsteht. Je größer der Bildwinkel, um so schneller kann der Schwenk sein. Ein Schwenk in Telestellung muß sehr langsam und absolut ruckfrei sein.

Einen sehr schnellen Schwenk bezeichnet man als «Reiß-Schwenk». Er wird manchmal als Überleitung von einer Szene zur nächsten verwendet (s. S. 83).

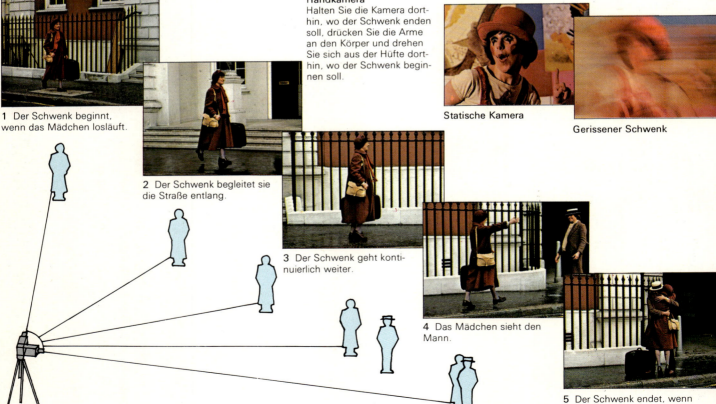

Statische Kamera   Gerissener Schwenk

1 Der Schwenk beginnt, wenn das Mädchen losläuft.

2 Der Schwenk begleitet sie die Straße entlang.

3 Der Schwenk geht kontinuierlich weiter.

4 Das Mädchen sieht den Mann.

5 Der Schwenk endet, wenn die beiden sich umarmen.

GRUNDLAGEN DER FILMTECHNIK

Horizontalschwenks vom Stativ

Bei Schwenks sollten Sie nach Möglichkeit immer vom Stativ arbeiten. Das Stativ muß absolut gerade und die Kamera absolut senkrecht stehen. Eine Aufnahme, die beim Beginn eines Schwenks noch senkrecht wirkt, kann am Ende hoffnungslos schräg stehen, wenn das Stativ nicht gerade steht. Eine Wasserwaage (Libelle) am Stativkopf oder an der Kamera ist eine große Hilfe. Stellen Sie die Dämpfung am Stativkopf auf einen solchen Widerstand ein, daß sich die Kamera mit zwei Fingern am Ende des Schwenkhebels ruckfrei bewegen läßt (s. S. 57).

Das Problem bei allen Stativschwenks ist, wo man seine Beine läßt. Da man mit dem Auge dicht an der Kamera ist, bekommt diese unweigerlich einen Stoß, wenn man aus dem Gleichgewicht gerät. Wenn es ein langer Schwenk ist, muß man sogar die Stellung wechseln, und dabei stößt man sehr leicht an die Stativbeine.

Stellen Sie sich für einen 90°-Schwenk so auf, daß Ihr Körper etwa auf die Mitte des Schwenks ausgerichtet ist. Dann brauchen Sie sich nur um 45° nach beiden Seiten zu drehen, und dazu brauchen Sie wahrscheinlich die Beine nicht zu bewegen. Stellen Sie das Stativ so auf, daß sich je ein Stativbein rechts und links von Ihnen befindet. Ein gleichmäßiger 180°-Schwenk ist schwierig, sollte aber nach einiger Übung gelingen.

Ausführen eines Stativschwenks

1 Richten Sie sich zur Mitte des Schwenks aus. Verlagern Sie Ihr Gewicht auf das linke Bein.

2 Verlagern Sie Ihr Gewicht allmählich auf beide Beine.

3 Am Schluß sollte Ihr Gewicht hauptsächlich auf dem rechten Bein ruhen.

Der Vertikalschwenk

Beim Vertikalschwenk wird die Kamera um ihre Horizontalachse gedreht. Man verwendet ihn vorwiegend dazu, ohne Weitwinkelobjektiv Aufnahmen von hohen Gebäuden oder von Personen zu drehen.

Der Vertikalschwenk sollte genau wie der Horizontalschwenk zum Ende hin interessanter werden.

Auch bei Vertikalschwenks sollten Sie nach Möglichkeit vom Stativ arbeiten. Bauen Sie die Kamera absolut senkrecht auf und versuchen Sie, den Schwenkhebel mit einer Bewegung des ganzen Körpers und nicht nur mit der Hand oder dem Arm zu führen.

Kombinierter Horizontal- und Vertikalschwenk (unten)
Man kann Horizontal- und Vertikalschwenk zu einer einzigen Kamerabewegung kombinieren. Bei dieser Sequenz hat die Kamera mit einem Horizontalschwenk die Fenster im obersten Stock erfaßt und dann nach unten auf die Prügelszene geschwenkt.

Der Vertikalschwenk (rechts)
Mit Vertikalschwenks kann man eine spannungsgeladene oder geheimnisvolle Stimmung aufbauen. Bei dem Motiv rechts könnten Sie von den Füßen des Mannes langsam nach oben auf sein Gesicht schwenken.

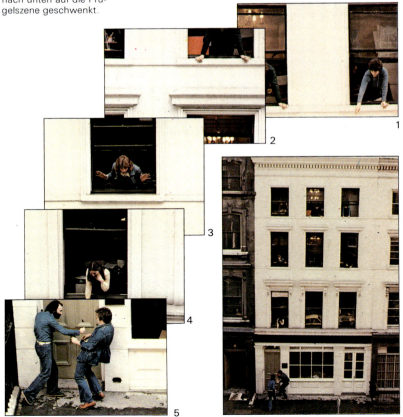

GRUNDLAGEN DER FILMTECHNIK

Die fahrende Kamera

Eine horizontale Standortveränderung der Kamera während der Aufnahme bezeichnet man als *Kamerafahrt* oder kurz *Fahrt*. Eine Standortveränderung nach oben oder unten ist eine *Kranaufnahme*. Nur die Filmkamera bietet diese Möglichkeit zur Rekonstruktion des dreidimensionalen Raums auf einer zweidimensionalen Bildwand. Während sich die Kamera bewegt, ändert sich die Perspektive, und das Objekt wird plastisch.

Fahraufnahme

Eine Kamerafahrt ist die beste Art, dreidimensionale Objekte zu filmen, deren Gestalt nur dann richtig zur Geltung kommt, wenn die Kamera sie umfährt. Wählen Sie die Geschwindigkeit mit Sorgfalt und proben Sie die Fahrt, bevor Sie zu drehen anfangen. Im Falle eines Dialogs zwischen Darstellern, die sich nicht bewegen, liegt die dramaturgische Rechtfertigung für eine Kamerafahrt im Wechselspiel der Charaktere. Sie ist eine visuelle Metapher für irgendeinen Aspekt der Beziehung zwischen den beiden Personen und stets als Manipulation erkennbar. Setzen Sie sie daher sparsam ein.

Begleitfahrt

Die Begleitfahrt eignet sich vorzüglich dazu, ein bewegtes Objekt in Naheinstellung zu behalten. Bewegt sich das Objekt, so bewegt sich auch die Kamera – und der Abstand zwischen beiden bleibt konstant. Bei dem Objekt kann es sich um alles Mögliche handeln, von einer gehenden oder laufenden Person über ein Auto bis hin zu einem Pferderennen. Die Geschwindigkeit kann gemächlich bis rasant sein.

Die Begleitfahrt ist eine der schwierigsten Aufnahmearten, die mit der Handkamera nur gelingt, wenn man sehr geübt ist (s. S. 56). Falls es die Situation erlaubt, sollten Sie deshalb immer irgendeine Art von «Dolly» verwenden. Wenn möglich sollten Sie die Fahrt planen und proben. Entscheiden Sie sich, ob Sie vor, hinter oder neben Ihrem Objekt fahren wollen und welcher Abstand eingehalten werden soll. Bei Außenaufnahmen müssen Sie etwaige Beleuchtungsänderungen berücksichtigen (s. S. 94), bei Innenaufnahmen müssen Sie die Leuchten so anordnen, daß sich eine gleichmäßige Beleuchtung ergibt (s. S. 106).

Die «subjektive» Kamerafahrt

Eine Fahraufnahme, bei der die Kamera das «sieht», was die Figur im Film sieht, bezeichnet man als *subjektive Kamerafahrt*. Stellen Sie sich z. B. eine Szene vor, in der ein Mann auf eine Tür zugeht und sie öffnet. Während er hineingeht, wird auf eine Einstellung geschnitten, die das zeigt, was er nun sieht. Die Kamera wird an der Stelle aufgebaut, an der wir ihn zuletzt gesehen haben. Dann bewegt sich die Kamera so, als wäre sie der Mann. Wenn er stehenbleibt, muß auch sie stehenbleiben. Wenn er zu laufen anfängt, muß auch die Geschwindigkeit der Kamerafahrt zunehmen. Blickt er seitwärts, muß auch die Kamera seitwärts schwenken. Wir sehen dann gewissermaßen mit seinen Augen. Bei dieser Technik ist ruhige Kameraführung nicht so wichtig. Vielmehr kommt in dem leichten Wackeln einer normalen Aufnahme aus der Hand die Bewegung des Mannes überzeugend zum Ausdruck.

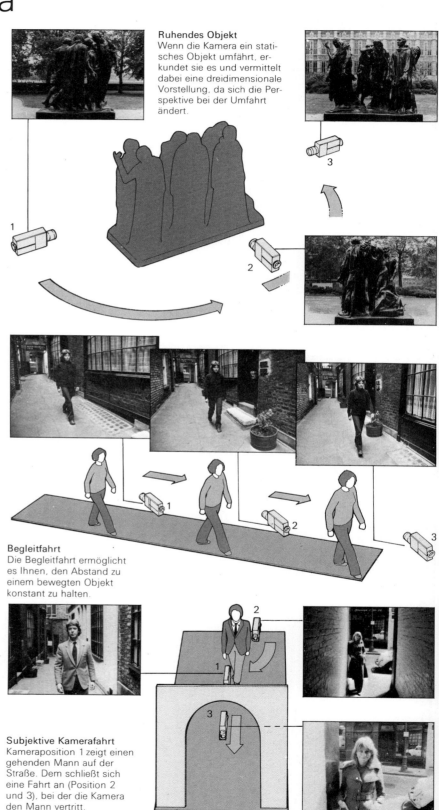

Ruhendes Objekt
Wenn die Kamera ein statisches Objekt umfährt, erkundet sie es und vermittelt dabei eine dreidimensionale Vorstellung, da sich die Perspektive bei der Umfahrt ändert.

Begleitfahrt
Die Begleitfahrt ermöglicht es Ihnen, den Abstand zu einem bewegten Objekt konstant zu halten.

Subjektive Kamerafahrt
Kameraposition 1 zeigt einen gehenden Mann auf der Straße. Dem schließt sich eine Fahrt an (Position 2 und 3), bei der die Kamera den Mann vertritt.

GRUNDLAGEN DER FILMTECHNIK

Ausführung von Kamerafahrten

Eine Kamerafahrt kann mit einem professionellen «Dolly», einem Auto oder einem Rollstuhl oder durch Gehen mit der Handkamera ausgeführt werden. Das Problem ist in allen Fällen die ruhige Kameraführung.

Wenn Sie sich für eine Aufnahme aus der Hand entscheiden, müssen Sie versuchen, so gleichmäßig wie irgend möglich zu gehen. Vielleicht können Sie eines der für Fahraufnahmen aus der Hand bestimmten Stabilisierungssysteme mieten (s. S. 56).

Besser ist es, irgendeine Art von «Dolly» zu benutzen. Bei dem Dolly der Profis handelt es sich um ein niedriges Spezialfahrzeug, auf dem die Kamera installiert wird. Der Kameramann sitzt oder steht auf dem Dolly, und das Ganze läuft auf Gummirädern oder Schienen und wird von einem Motor angetrieben oder von einem Assistenten geschoben. Sie können sich einen behelfsmäßigen Dolly aus einem Rollstuhl, einem Einkaufswagen oder sogar einem Kinderwagen basteln. Für Fahraufnahmen auf einer Straße ist natürlich ein Auto am besten geeignet. Bei holpriger Fahrbahn können Sie ein bißchen Luft aus den Reifen lassen, um die Erschütterungen zu dämpfen. Wenn Sie durch eine Scheibe filmen, müssen Sie diese vorher säubern.

Rollstuhl als Dolly
Lange Bretter als improvisierte Schienen verwenden.

Selbstgebauter Dolly
Wägelchen für Kamera und Stativ.

Studio-Dolly
Spezialfahrzeug für Kamera und Kameramann.

Start- und Ende-Markierungen
Da die Scharfeinstellung bei Nahaufnahmen oft kritisch ist, bringt man manchmal Markierungen (Kreide oder Klebstreifen) auf dem Boden an, so daß Objekt und Kameramann zu Beginn und am Ende der Kamerafahrt an der richtigen Stelle sind.

Fahrtgeschwindigkeit

Die Geschwindigkeit einer Kamerafahrt hängt von der Brennweite des Objektivs, dem Aufnahmeabstand und dem Winkel ab, in dem die Objekte die Kamera passieren. Die richtige Geschwindigkeit läßt sich deshalb nur bei einer Probefahrt ermitteln. Faustregel: Je kürzer die Brennweite, um so schneller müssen Sie fahren, um auf der Leinwand eine gute Geschwindigkeit zu bekommen. Wenn die Kamera von vorne auf die bewegten Objekte gerichtet ist, erscheint die Fahrt langsamer, als wenn Sie die Kamera schwenken, so daß sie seitlich zur Fahrtrichtung schaut.

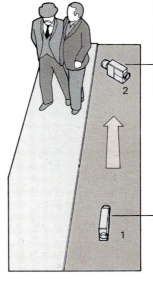

Seitliche Aufnahmerichtung
Die Kamera schwenkt zur Seite.

Aufnahmerichtung geradeaus
Die Kamera blickt in Fahrtrichtung.

Kranaufnahmen

Eine Kranaufnahme ist eine vertikale Kamerafahrt. Die Kamera wird während der Aufnahme entweder emporgehoben oder zum Boden abgesenkt – wobei sich Höhe und Blickwinkel dramatisch verändern. Weil dieser Effekt außerhalb unserer normalen Erfahrung liegt, muß die Kranaufnahme unbedingt motiviert sein.

Einfache Kranaufnahme
Der Bildausschnitt verändert sich mit der Kamerahöhe.

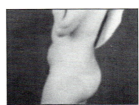
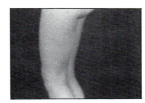

Ausführen einer Kranaufnahme Sie können eine einfache Kranaufnahme machen, indem Sie die Kamera in der Hand halten und aus der Kniebeuge langsam aufstehen. Es ist möglich, eine große hydraulische Plattform zu mieten, wie sie für Reparaturen an Straßenlampen verwendet wird, aber das ist teuer. Als Ersatz können Rolltreppen, Lifts, Gabelstapler oder Wippschaukeln dienen.

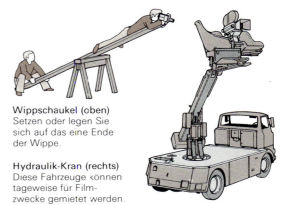

Wippschaukel (oben)
Setzen oder legen Sie sich auf das eine Ende der Wippe.

Hydraulik-Kran (rechts)
Diese Fahrzeuge können tageweise für Filmzwecke gemietet werden.

GRUNDLAGEN DER FILMTECHNIK

Aufbau einer Sequenz

Jeder Film erzählt eine Geschichte. Die Szenen, die Sie zu einem fertigen Film zusammenfügen, werden immer in einer festgelegten Folge vorgeführt. Und diese Szenenfolge interpretiert der Zuschauer als Erzählung. Wenn Sie nicht klarmachen, daß es sich um eine Rückblende oder einen Traum handelt, werden Ihre Zuschauer davon ausgehen, daß die erste Einstellung sich vor der zweiten ereignete, die zweite vor der dritten usw. Folgen zwei nicht miteinander zusammenhängende Einstellungen unmittelbar aufeinander, stellt das Publikum oft einen imaginären Zusammenhang her.

Das erzählende Element im Film ist bei Hobby-Schmalfilmen oder Reportagefilmen genauso wichtig wie bei Spielfilmen. Nehmen wir z. B. an, Sie wollen einen kurzen Film davon drehen, wie ihre kleine Tochter gebadet und zu Bett gebracht wird. In der halben Stunde, die das dauert, belichten Sie 15 m Film in einer Super-8-Kassette. Bei 18 B/s ergibt das etwa 3 Min. 20 Sek. Vorführzeit. Sie stehen demnach sofort vor folgenden Problemen: Sie müssen mehrere Aufnahmen von derselben Person mit verschiedenen Aufnahmerichtungen und Einstellungen machen und dabei das häßliche «Springen» vermeiden; Sie müssen die räumlichen Bezüge sichtbar machen, wenn das Kind von einem Zimmer ins andere gebracht wird; und Sie müssen mit Zwischenschnitten und Nahaufnahmen arbeiten, um die Zeitverkürzung plausibel zu machen.

Die Kunst des Filmemachens besteht darin, Aufnahmen, die zu verschiedenen Zeiten, aus verschiedenen Aufnahmerichtungen und manchmal an verschiedenen Orten entstanden sind, so zu montieren, daß eine zufriedenstellende Schilderung eines Ereignisses, eines Ortes, einer Stimmung dabei herauskommt. Wenn die grundlegenden Einstellungen als das filmische *Vokabular* gelten, so kann man das Zusammenfügen der einzelnen Szenen zu einer logischen, zusammenhängenden Sequenz als die *Grammatik* des Films bezeichnen. Sie erst verleiht einem Film seine Wirkung. Die auf den folgenden Seiten beschriebenen Techniken stellen die visuellen Interpunktionszeichen dar, ohne die der Film keinen Sinn hätte.

Abkürzungen
Für die einzelnen Einstellungsarten (s. S. 58) gibt es gebräuchliche Abkürzungen. Sie lauten:

GG Ganz Groß
G Groß
N Nah
HN Halbnah
HT Halbtotal
T Total

Filmen einer einfachen Erzählung

Sie müssen eine Szene stets so filmen, daß die verschiedenen Aufnahmen sich zu einer kontinuierlichen Szenenfolge kombinieren lassen. Dabei müssen Sie u. a. folgende Faktoren berücksichtigen: die *Abbildungsgröße* der Objekte und ihre *Position* innerhalb des Bildausschnitts, die *Blickrichtung* der handelnden Personen und die *Handlungsachse* sowie die *Kontinuität* der Handlung. Das hier gezeigte Beispiel ist bewußt einfach gehalten. Man sieht ein Mädchen einen Weg entlanggehen, eine Haustür öffnen und ins Haus gehen. Die Zeichnung zeigt den Schauplatz sowie einige der möglichen Kamerastandorte. Auf den folgenden Seiten besprechen wir, wie Sie diese Szene filmen und dabei einige der häufigsten Fehler vermeiden können.

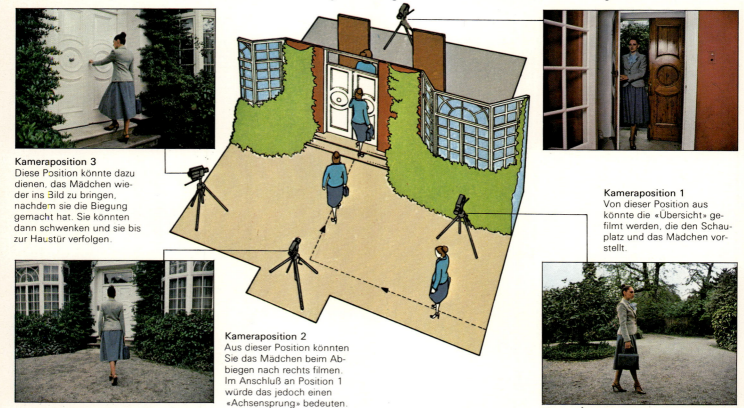

Kameraposition 3
Diese Position könnte dazu dienen, das Mädchen wieder ins Bild zu bringen, nachdem sie die Biegung gemacht hat. Sie könnten dann schwenken und sie bis zur Haustür verfolgen.

Kameraposition 2
Aus dieser Position könnten Sie das Mädchen beim Abbiegen nach rechts filmen. Im Anschluß an Position 1 würde das jedoch einen «Achsensprung» bedeuten.

Kameraposition 4
Die Kamera ist jetzt im Haus. Sie könnten Sie auf derselben Seite der «Achse» aufbauen wie bei Position 3 oder auch auf der entgegengesetzten Seite.

Kameraposition 1
Von dieser Position aus könnte die «Übersicht» gefilmt werden, die den Schauplatz und das Mädchen vorstellt.

GRUNDLAGEN DER FILMTECHNIK

Abbildungsgröße

Die Sequenz könnte damit beginnen, daß die Kamera in Position 1 aufgebaut wird (s. unten) und eine Halbtotale von dem auf das Haus zugehenden Mädchen aufnimmt. Dann könnten Sie schwenken und sie verfolgen und eine andere Position wählen, sobald sie abbiegt. Wahrscheinlich käme es der Sequenz aber zugute, wenn Sie nach der Übersicht auf eine Nahaufnahme von dem Mädchen schneiden.

Bei einem solchen Schnitt muß der Unterschied in der Abbildungsgröße von einer Einstellung zur nächsten stimmen. Normalerweise schneidet man eine halbnahe Einstellung zwischen die Übersichts- und die Nahaufnahme. Sie könnten die ganze Szene von Kameraposition 1 aus drehen und das Mädchen «heranzoomen». In der Praxis wäre jedoch ein Kameraumbau besser. Bei Position 2 ergibt sich ein neuer Blickwinkel, und sie eignet sich für eine Halbnaheinstellung besser. Für die Nahaufnahme könnten Sie entweder schwenken oder dicht vor dem Mädchen auf Position 3 fahren.

Bildsprung
Wenn Sie von einer weiteren auf eine nähere Einstellung schneiden, z.B. von Halbtotal auf Halbnah, muß sich die Abbildungsgröße deutlich verändern. Wenn sich die Größe des Mädchens nur unwesentlich ändert wie hier, entsteht ein unschöner «Sprung» (s.S. 83).

Schockierender Schnitt
Schneiden Sie dagegen von Halbtotal unmittelbar auf Groß, ergibt sich ein Schockeffekt, der oft störend wirkt. Deshalb fügt man im allgemeinen noch eine mittlere Einstellung als Übergang ein.

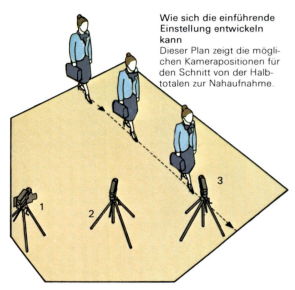

Wie sich die einführende Einstellung entwickeln kann
Dieser Plan zeigt die möglichen Kamerapositionen für den Schnitt von der Halbtotalen zur Nahaufnahme.

Halbtotale (Pos. 1)

Halbnah (Pos. 1)

Groß (Pos. 1)

Halbtotale (Pos. 1) Halbnah (Pos. 2) Groß (Pos. 3)

Position innerhalb des Bildfeldes

Beim Einstellungswechsel sollte das Objekt seine Position innerhalb des Bildfeldes beibehalten. Wenn die handelnde Person in der Halbtotalen in der linken Bildhälfte ist, sollte sie das auch bei der Halbnah-Einstellung sein. So schließen sich die Einstellungen glatt aneinander an, und die Zuschauer erkennen sofort, daß es sich beide Male um dieselbe Person handelt. Wird diese Regel nicht beachtet, erscheint also das Objekt, das zuvor links auf der Leinwand war, plötzlich in Großaufnahme rechts, so wirkt dies als unschöner Sprung.

Beibehaltung der Position
In beiden hier gezeigten Beispielen hat sich die Position des Mädchens innerhalb des Bildfeldes von einer Einstellung zur nächsten verändert. Deshalb machen das Mädchen und der Hintergrund scheinbar einen Ruck nach rechts.

GRUNDLAGEN DER FILMTECHNIK

Die Handlungsachse

Eines der größten Probleme beim Filmen besteht darin, die Raumdarstellung überschaubar zu halten, wenn die Kamera zwischen zwei Einstellungen den Standort wechselt. Nur allzu leicht kann es passieren, daß zwei Aufnahmen aufeinanderfolgen, in denen dieselbe Person scheinbar in entgegengesetzte Richtungen blickt oder geht («Achsensprung»). Um die dadurch entstehende Verwirrung zu vermeiden, muß man sich stets vergegenwärtigen, wo die sogenannte «Handlungsachse» liegt – eine gedachte Verbindungslinie zwischen den wichtigsten Handlungselementen. Achsensprünge vermeidet man dadurch, daß man stets auf derselben Seite der Handlungsachse bleibt.

Achsensprung

Es wäre eine unzumutbare Einschränkung, wenn man für die Dauer einer ganzen Sequenz stets auf derselben Seite der «Achse» bleiben müßte. Im folgenden sind drei Arten des erlaubten Achsensprungs beschrieben.

Kameraposition auf Handlungsachse Wird die Kamera auf der Handlungsachse aufgestellt, so kann diese Einstellung als Überleitung zwischen zwei Aufnahmen von entgegengesetzten Seiten der Achse dienen.

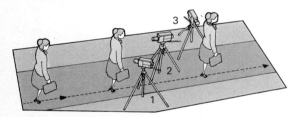

Achsensprung bei Richtungsänderung der Objektbewegung Mit der Bewegungsrichtung des Objekts ändert auch die Handlungsachse ihre Lage. Wird die Kamera so aufgebaut, daß die Richtungsänderung *sichtbar* ist, dann herrscht Klarheit über die neue Handlungsachse.

Kamerafahrt über die Handlungsachse Hier quert die Kamera die Achse, während das Mädchen sich nähert, und läßt dadurch im Verlauf einer einzigen Einstellung die Richtungsänderung deutlich werden.

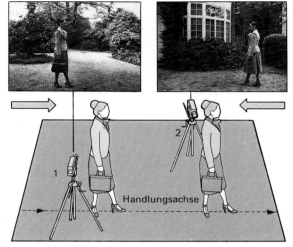

Verbotener Achsensprung
Bei diesem Beispiel hier ist die Handlungsachse die Richtung, in die das Mädchen geht. Die Richtung einer Bewegung nimmt das Auge in jedem Film als erstes wahr, und deshalb muß sie kontinuierlich sein. Die Standfotos zeigen, was geschieht, wenn zwei Kamerapositionen beiderseits der Handlungsachse verwendet werden. Kamera 1 zeigt das Mädchen von links nach rechts gehend, während es für Kamera 2 von rechts nach links geht. Folgen die beiden Einstellungen aufeinander, dann sieht es so aus, als sei das Mädchen zwischendurch umgekehrt.

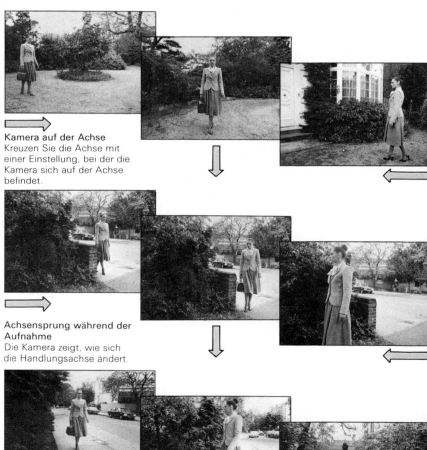

Kamera auf der Achse
Kreuzen Sie die Achse mit einer Einstellung, bei der die Kamera sich auf der Achse befindet.

Achsensprung während der Aufnahme
Die Kamera zeigt, wie sich die Handlungsachse ändert.

Fahrt durch die Achse
Die Kamera fährt und läßt dadurch den Wechsel auf die andere Seite erkennen.

GRUNDLAGEN DER FILMTECHNIK

Eintritt durch eine Tür

Das Mädchen, das in unserer Szene den Weg entlangkam, geht nun auf die Haustür zu. Sie stehen jetzt vor dem Problem, wie Sie das Öffnen der Tür und das Hineingehen filmen sollen. Wenn Sie sich nicht damit begnügen wollen, zu zeigen, wie sie im Haus verschwindet, brauchen Sie mindestens zwei Kamerapositionen – eine draußen und eine drinnen. Die Positionen müssen im Hinblick auf die Handlungsachse gewählt werden, damit beim Schnitt von der ersten auf die zweite Einstellung die Kontinuität gewahrt bleibt. Hier kann man die Bewegungsrichtung als Handlungsachse ansehen, da diese stets Vorrang vor der Blickrichtung hat und keine anderen Personen in der Szene sind. Wenn die Kamera vor dem Haus (Pos. 1) schwenkt, um sie von rechts nach links gehend zu zeigen, muß die Kamera im Haus auf derselben Seite der Achse (Pos. 2) aufgebaut werden, weil das Mädchen sonst auf einmal von links nach rechts geht, so daß man meint, sie sei umgekehrt. Der Einstellungswechsel könnte kommen, wenn sie den Knopf dreht und die Tür aufgeht.

Diese Ratschläge bedürfen einer Einschränkung: Sie werden oft Filme sehen, in denen die Achse übersprungen wird, wenn jemand durch eine Tür geht, und Sie werden feststellen, daß das Türöffnen allein ausreicht, um die Rechts-links-Orientierung aufrechtzuerhalten.

Die Handlungsachse beim Gehen durch eine Tür
Es ist üblich, mit wenigstens zwei Kamerapositionen zu arbeiten, wenn man jemanden filmt, der durch eine Tür geht. Wenn die Kamera draußen und drinnen auf derselben Seite der Achse aufgebaut wird, geht das Mädchen in beiden Einstellungen von rechts nach links.

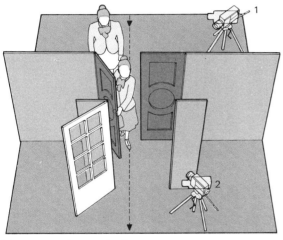

Halbtotale (Kamera 1)

Vermeiden des Achsensprungs
Kameraposition 1 und 2 liegen beide auf derselben Seite der Handlungsachse.

Halbtotale (Kamera 1)

Halbtotale (Kamera 2)

Tarnen eines Achsensprungs

Es kann sein, daß das Mädchen für die Szene, die Sie im Haus drehen wollen, besser von links nach rechts geht anstatt von rechts nach links wie auf dem Bild oben. Das bedeutet, daß Sie «die Achse überspringen» müssen. Dazu könnten Sie einen der auf der linken Seite gezeigten Kunstgriffe anwenden, um den Richtungswechsel zu verdeutlichen. Es wäre hier aber wahrscheinlich einfacher, den Achsensprung durch Einschalten eines «Zwischenschnitts» zu tarnen. Beginnen Sie die Sequenz mit einem Schwenk von Pos. 1 aus auf das sich der Tür nähernde Mädchen. Während sie die Hand ausstreckt, um die Tür zu öffnen, schneiden Sie auf eine Großaufnahme des Türknopfs, aufgenommen im Haus von der anderen Seite der Achse. Wenn die Tür aufgeht, zoomen Sie zurück, um das Mädchen beim Eintreten zu zeigen. So fällt der Achsensprung nicht auf.

Der Zwischenschnitt
Ein unvermeidlicher Achsensprung läßt sich manchmal mit einem «Zwischenschnitt» tarnen. In diesem Fall lenkt eine Großaufnahme des Türknopfs davon ab, daß die Kamera für die Aufnahme im Haus die Achse übersprungen hat.

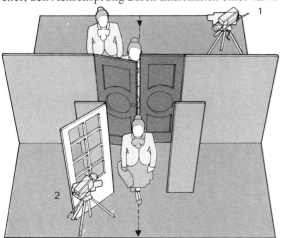

Halbtotale (Kamera 1)

Achsensprung
Kameraposition 1 und 2 liegen beiderseits der Handlungsachse.

Groß (Kamera 2)

Halbtotale (Kamera 2)

GRUNDLAGEN DER FILMTECHNIK

Dialogaufnahmen

Ein Dialog wirft das Problem des Achsensprungs in seiner einfachsten Form auf. Sie können einen Dialog entweder von einer einzigen Position aus oder mit der – bewegten – Handkamera filmen.

Die aufs Stativ gesetzte Kamera bietet viele Vorteile. So wird z. B. das Bild nicht verzittert, wenn Ihre Hand allmählich müde wird. Mit der Wahl der Kameraposition entscheiden Sie sich jedoch zwangsläufig zugunsten eines der beiden Partner, so daß eher ein Interview als ein Dialog herauskommt, oder Sie müssen beide Partner im Profil zeigen. Beide Lösungen sind nicht restlos überzeugend. Deshalb werden im allgemeinen Dialogszenen entweder so gedreht, daß man erst den ganzen Dialog mit Blick von vorne auf einen der beiden Partner filmt und dann eine Reihe von «Gegenschüssen» vom anderen Partner aufnimmt, so daß in der fertig montierten Szene beide Partner abwechselnd von vorne zu sehen sind. Diese Gegenschüsse kann man nachdrehen, nachdem der ganze Dialog abgedreht ist.

Weniger aufwendig ist es, mit der Handkamera zu arbeiten und abwechselnd einen der beiden Partner ins Bild zu bringen. Dabei können Sie auch flexibel auf den Inhalt des Dialogs reagieren. Von Kamerafahrten ist abzuraten, doch können Sie durchaus mit zwei Kameras im Schuß-Gegenschuß-Verfahren von derselben Seite der Achse aus arbeiten.

Gleichbleibende Kameraposition
Die Übersichtsaufnahme von einem Dialog zwischen zwei Darstellern kann von der Seite gedreht werden. Das bedeutet aber, daß man beide nur im Profil sieht.

Kamerapositionen
Die Fotos unten zeigen die Einstellungen, die Sie von den verschiedenen Positionen aus bekommen würden. Man könnte sie alle ineinandermontieren, ausgenommen Nr. 1 und 9, bei denen die Kamera auf der falschen Seite der Achse steht.

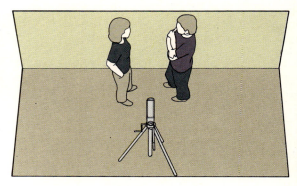

Verlauf der Handlungsachse

In der Regel kann man bei Dialogen zwischen zwei Partnern die Verbindungslinie zwischen ihren Köpfen als die Achse ansehen. Falls sich einer der Darsteller bewegt, verlagert sich die Achse, bleibt aber weiterhin identisch mit der gedachten Verbindungslinie; die einzige Schwierigkeit kann dadurch entstehen, daß einer der beiden Partner so weit vom anderen wegsieht, daß seine Blickrichtung auf die andere Kameraseite wechselt. Die Regeln bezüglich des Achsensprungs sollten befolgt werden.

Achsensprung
Kameraposition 1 liegt auf der anderen Seite der Achse.

Subjektive Aufnahme
Position 2 liefert eine subjektive Aufnahme von dem Mädchen.

Nahaufnahme
Nahaufnahme vom Mädchen allein, aus Position 3 herangezoomt.

Zwei Personen im Bild
Eine Weitwinkelaufnahme von Position 4 zeigt beide Partner.

Übersicht
Von Position 5 erscheinen beide Partner im Profil.

Zwei Personen im Bild
Eine Weitwinkelaufnahme von Position 6 zeigt beide Partner.

Achsensprung
Kameraposition 9 liegt auf der anderen Seite der Achse.

Subjektive Aufnahme
Position 8 liefert eine subjektive Aufnahme von dem Mann.

Nahaufnahme
Nahaufnahme von dem Mann allein, herangezoomt aus Position 7.

GRUNDLAGEN DER FILMTECHNIK

Kontinuität der Blickrichtung

Wenn Sie eine Dialogszene drehen, *muß* die Position der Partner zueinander für den Zuschauer klar ersichtlich sein, selbst wenn sie nur einzeln in Nahaufnahme gezeigt werden. Diese Orientierung können Sie sicherstellen, indem Sie mit der Kamera auf derselben Seite der Achse bleiben und Achsensprünge vermeiden (s. linke Seite). Aber auch die Blickrichtung der Partner muß unbedingt stimmen. Wenn nur einer der beiden Dialogpartner sichtbar ist, dann ist seine Blickrichtung für den Zuschauer der einzige Hinweis darauf, wo der andere Partner sich befindet. Deshalb müssen die Blickrichtungen Kontinuität zeigen (s. S. 61).

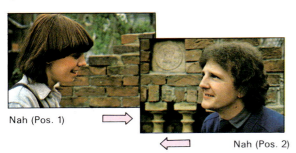

Nah (Pos. 1) → ← Nah (Pos. 2)

Bildaufbau für Nahaufnahmen
Das Mädchen, das in der Übersicht links steht, sollte auch bei den Nahaufnahmen in der linken Bildhälfte sein und nach rechts schauen. Wenn der Mann dann nach links schaut, entsteht der Eindruck, daß sich die beiden ansehen.

Telefongespräche

Herkömmlicherweise filmt man zwei miteinander telefonierende Darsteller einzeln. Später kann man dann die Einstellungen so montieren, daß entsprechend den dramaturgischen Erfordernissen abwechselnd der eine und der andere im Bild ist. Um die Illusion zu unterstützen, daß die beiden miteinander sprechen, sollte der eine nach rechts und der andere nach links blicken. Telefongespräche werden manchmal in der Technik der «geteilten Leinwand» gedreht.

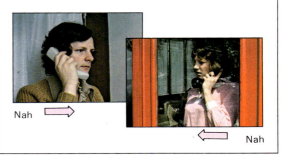

Nah → ← Nah

Manipulation des Bildausschnitts

Durch Veränderung des Blickwinkels der Kamera können Sie die Beziehung zwischen den Akteuren beeinflussen. Um Nahaufnahmen von Personen zu machen, können Sie mit der Kamera näher heranfahren und den Bildwinkel verkleinern. Die Nahaufnahmen können dann bei der Montage als Zwischenschnitte eingebaut werden. Die relative Größe der Nahaufnahmen beeinflußt die Interpretation des gezeigten Geschehens durch die Zuschauer (s. S. 60). Indem Sie mit der Kamera höher gehen und über die Schultern der Darsteller filmen, können Sie den Eindruck von «Beherrschung» hervorrufen. Derjenige, der in beiden Aufnahmen größer erscheint, wird als der Stärkere empfunden.

Auch die Brennweite wird sich auf Ihre Inszenierung des Dialogs auswirken. Kurze Brennweiten verstärken den Eindruck räumlicher Tiefe, lange verringern ihn. In Weitwinkelaufnahmen erscheinen deshalb ihre Darsteller weiter voneinander entfernt, während sie bei Teleaufnahmen einander näherrücken.

Veränderung der Kamerahöhe
Ein niedriger Kamerastandort auf der einen und ein hoher auf der anderen Seite garantieren, daß der eine Partner stets größer erscheint.

Teleobjektiv (links)
Ein langbrennweitiges Objektiv läßt den Abstand zwischen den beiden Dialogpartnern kürzer erscheinen.

Weitwinkelobjektiv (rechts)
Die jungen Leute stehen hier genau an derselben Stelle wie auf dem Bild links. Die Kamera ist jedoch näher gekommen, und die dadurch veränderte Perspektive läßt den Abstand zwischen ihnen größer erscheinen.

Kameraposition 1

Kameraposition 2

77

GRUNDLAGEN DER FILMTECHNIK

Komplizierte Achsensprung-Probleme

Szenen mit mehr als zwei Darstellern können Schwierigkeiten machen, wenn die Position jeder Person auch bei häufigen Gegen- und Zwischenschnitten stets erkennbar bleiben soll. Daher sollten Sie versuchen, solche Sequenzen vor Beginn der Dreharbeiten zu planen. Bei einer Gruppe gibt es mehrere Blickrichtungen, mehrere Handlungsachsen und, falls sich jemand bewegt, auch mehrere Bewegungsrichtungen. Wie stellen Sie fest, wo jeweils die Haupt-Handlungsachse verläuft? Die Antwort lautet, daß Sie sich aus den vielerlei Linien eine – die Achse, die zwei Brennpunkte der Handlung verbindet – aussuchen und möglichst konsequent bei ihr bleiben müssen.

Bei dem Beispiel auf diesen Seiten sitzen vier Leute beim Essen. Die Anzahl der möglichen Achsen ist rechts dargestellt. Am einfachsten ist es, eine der äußeren Linien zu nehmen, etwa die Gerade von A zu B, und dann stets auf ihrer Außenseite zu bleiben – also außerhalb des ganzen Kreises. Von den zwei Kamerapositionen aus können Sie alle vier Darsteller filmen.

Mehrfache «Achsen»
Vier Leute an einem Tisch bilden ein kompliziertes Muster verschiedener «Achsen». Wenn alle sitzen bleiben, dann hat jede Person drei Achsen, je nachdem mit welcher der drei anderen sie sich unterhält bzw. welche sie ansieht. Die Szene hat also sechs mögliche Handlungsachsen. Entscheiden Sie sich für eine davon und bleiben Sie immer auf derselben Seite von ihr.

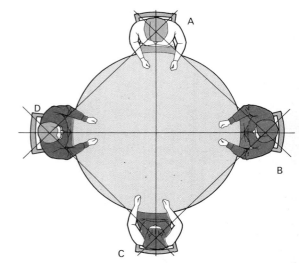

Kameraposition 1
Von diesem Standort aus können Sie drei Darsteller erfassen – C, D und A –; eine Nahaufnahme von Cs Gesicht ist allerdings nicht möglich. Die Achse verläuft von B nach C.

Kameraposition 2
Die Kamera ist jetzt ein Stück um den Tisch herumgefahren, bleibt aber außerhalb der Achse B–C. Von dieser neuen Position aus bekommen Sie D, A und B ins Bild.

Wie man die Achse überspringt

Die beiden gezeigten Kamerapositionen erlauben es zwar, alle vier Personen zu filmen, doch sind B und C nur im Profil zu sehen. Es wird aber manchmal nötig sein, B oder C in Nahaufnahme zu zeigen, nämlich wenn einer von beiden gerade etwas sagt oder auf eine Äußerung eines anderen reagiert. Um eine solche Nahaufnahme zu machen, müssen Sie die Achse überspringen. Aber wie?

Nehmen wir an, C richtet das Wort an A. Eine gute Nahaufnahme von Cs Gesicht können Sie nicht von Pos. 1 oder 2 aus machen – und auch von keinem anderen Punkt aus, der rechts von der Achse B–C liegt. Sie müssen also die bisherige Achse überspringen und sich eine neue aussuchen. Dafür bietet sich die zwischen C und A durch den Dialog entstandene Achse an. Nehmen Sie diese als Ihre neue Achse und gehen Sie mit der Kamera weiter um den Tisch, bis Sie C beim Sprechen in Nahaufnahme erfassen können. Bleiben Sie aber rechts von der neuen Achse. Falls Sie sie überspringen, blickt C auf einmal nach links.

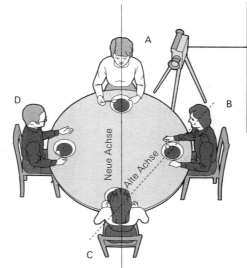

Nahaufnahme von C
Wenn Sie die alte Achse B–C überspringen und A–C als neue Achse nehmen, können Sie so weit um den Tisch herumgehen, daß Sie eine gute Nahaufnahme vom Gesicht von C bekommen.

GRUNDLAGEN DER FILMTECHNIK

Einführung neuer Handlungsachsen

Nachdem Sie die Kamera umgebaut und die Nahaufnahme von C gemacht haben, können Sie entweder zur vorherigen Position zurückkehren und die ursprüngliche Achse wieder gelten lassen oder die Linie A–B überhaupt als neue Achse für beide Kamerapositionen nehmen. Eine weitere Möglichkeit wäre es, einen ganz neuen Standpunkt für die Kamera und damit eine dritte Handlungsachse zu wählen.

Nehmen wir jetzt an, B richtet das Wort an A. Um eine Nahaufnahme von B zu bekommen, werden Sie mit der Kamera noch weiter um den Tisch herumgehen und damit eine neue Achse B–A schaffen müssen. Diesmal müssen Sie links von der Blickrichtung von B bleiben, so daß B nach wie vor nach links schaut.

Machen Sie sich Skizzen von den geplanten Einstellungen – besonders im Hinblick auf die Blickrichtungen. Wenn Sie nach dem Prinzip vorgehen, eine neue Achse nur dann einzuführen, wenn Sie die alte überspringen müssen, werden Sie die Ergebnisse wahrscheinlich voraussehen können.

Filmen aus dem Stegreif

Leider läßt sich eine Szenenfolge wie die oben skizzierte nur dann drehen, wenn Sie Gelegenheit haben, sich vorher einen Plan zurechtzulegen. Wenn Sie beispielsweise bei einem echten Diner filmen wollen – wo Sie nicht einfach das Gespräch unterbrechen können, um Ihre Kamera umzubauen –, werden Sie wahrscheinlich auf größere Schwierigkeiten stoßen.

Kamerafahrt um den Tisch

Während Szenen mit zwei und drei Darstellern die räumliche Orientierung erleichtern, kommt man bei Nahaufnahmen leicht durcheinander, und nach drei Naheinstellungen hintereinander weiß keiner der Zuschauer mehr so recht, wer denn nun wo sitzt. Wenn Sie die Szenenfolge nicht Schuß für Schuß planen können, läßt sich die räumliche Orientierung am besten dadurch erreichen, daß Sie mit der Handkamera um den Tisch gehen, *bevor* Sie auf Nah schneiden oder zoomen.

Zwischenschnitte

Wenn Sie in nicht geplanten Situationen aus dem Stegreif filmen, sollten Sie nach Möglichkeit versuchen, sich «einzudecken», indem Sie recht viele Zwischenschnitte von Ihren redenden und zuhörenden «Darstellern» sammeln. Damit haben Sie dann beim Schnitt mehr Spielraum. Da die Konstanz der Blickrichtung so wichtig für die räumliche Orientierung ist (s. S. 61), machen Sie am besten von jeder Person je eine Nahaufnahme mit Blickrichtung nach rechts, nach links und geradeaus. Diese Aufnahmen können Sie dann als Übergänge zwischen andere Einstellungen einbauen.

Ebenso sollten Sie jede Person einmal dabei filmen, wie sie den Kopf durch die Kameraachse dreht. Diese «stummen» Aufnahmen leisten unschätzbare Dienste als Überleitungen bei einer Sequenz, in der ein Achsensprung vorkommt.

Wenn alle Stricke reißen, haben Sie außerdem noch die Möglichkeit, Zwischenschnitte vom Essen selbst zu machen, um einen Achsensprung zu vertuschen.

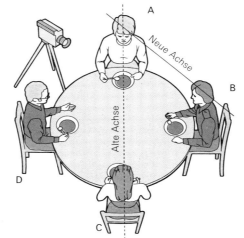

Nahaufnahme von B
Um B «Nah» ins Bild zu bekommen, müssen Sie noch weiter um den Tisch herumgehen. Überspringen Sie die ursprüngliche Achse A–C und führen Sie eine neue Achse A–B ein. Achten Sie sorgfältig auf die Blickrichtungen.

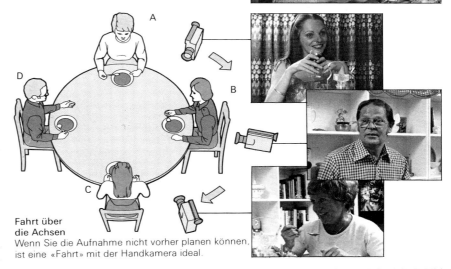

Fahrt über die Achsen
Wenn Sie die Aufnahme nicht vorher planen können, ist eine «Fahrt» mit der Handkamera ideal.

A blickt nach links
Nahaufnahme von A mit Blick nach links.

A blickt in die Kamera
Nahaufnahme von A *en face*.

A blickt nach rechts
Nahaufnahme von A mit Blick nach rechts.

Wein
Eine Einstellung, die sich als Zwischenschnitt eignet.

Blumen
Dieser Zwischenschnitt ist «achsenneutral».

Suppe
Machen Sie auch ein paar Aufnahmen vom Essen.

GRUNDLAGEN DER FILMTECHNIK

Erweiterung des Bildes

Die einfachste Art, ein Ereignis im Film festzuhalten, besteht darin, daß man die Kamera an einem bestimmten Standort aufbaut und die ganze Szene von dieser einen Stelle aus filmt. Das bezeichnet man als Übersichtszene oder *Übersicht*. Es handelt sich hier um die theatralischste aller filmischen Techniken: Das Geschehen entfaltet sich vor einer statischen Kamera, die als passiver Beobachter fungiert. Die Einmaligkeit der filmischen Fotografie liegt aber gerade darin, daß sie es gestattet, die Handlung zu manipulieren, den Rhythmus selbst zu bestimmen und das Abbild der Wirklichkeit zu erweitern. Daher begnügt man sich meistens nicht mit der Übersicht. Vielmehr wird häufig sogar das Geschehen mehrmals hintereinander gefilmt, und zwar jedesmal von einem anderen Standort aus, und von diesen Szenenfolgen ist dann eine die Übersicht. Die Sequenz erhält schließlich bei der Montage durch Einfügen von Nahaufnahmen und Gegenschüssen in die Übersichtszene ihre endgültige Form. Eine andere Möglichkeit besteht darin, daß man die ganze Sequenz plant, die Szenen in einzelne Einstellungen unterteilt und diese jeweils für sich dreht.

Einschubszenen

Eine Einschubszene ist eine Einstellung auf ein in der Übersicht enthaltenes Detail. Sie wird meist von einem anderen Kamerastandort aus gedreht und hinterher als Zwischenschnitt in die Übersichtszene montiert. Einschubszenen werden vorwiegend dazu verwendet, ein Detail hervorzuheben. Man kann sie auch zur Überleitung von einer Übersichtszene zur nächsten einfügen.

Die Übersichtszene
Unter einer Übersichtszene versteht man eine aus größerer Entfernung aufgenommene Darstellung einer Handlungsfolge, die als länger dauernde Einzeleinstellung gedreht wird. Um die Szene visuell interessanter zu machen, kann man in die Übersicht Gegenschüsse, Nahaufnahmen, Einschub- oder Reaktions-Zwischenschnittszenen einfügen.

Bei der Verwendung von Einschubszenen ist Vorsicht geboten, vor allem wenn sie zu einer anderen Zeit gedreht wurden: Jeder Anschlußfehler fällt sofort auf. Passen Sie auf, daß keine versehentlichen Achsensprünge vorkommen, und achten Sie beim Schnitt auf Nah auf die Kontinuität der Blickrichtungen.

Anwendung von Einschubszenen
Bei dieser Sequenz wurden zwei Nahaufnahmen von den Protagonisten eingefügt.

Eine Einschubszene von Kameraposition 2

Eine Einschubszene von Kameraposition 3

Übersicht

Übersicht

Übersicht

Übersicht

Übersicht

GRUNDLAGEN DER FILMTECHNIK

Zwischenschnitte

Eine *Einschubszene* kann auch ein Zwischenschnitt auf ein Detail außerhalb der Handlung sein, das also in der Übersichtsaufnahme nicht enthalten ist. Es wird in den Handlungsverlauf eingeschoben, weil es auf irgendeine Weise mit der Handlung zusammenhängt und eine visuelle oder dramaturgische Bereicherung darstellt. Es kann sich dabei einfach um einen Schuß auf etwas oder jemanden handeln, von dem die Hauptfiguren sprechen. Es kann aber auch etwas sein, was weit weg ist – räumlich oder zeitlich –, oder etwas Imaginäres, das als metaphorischer Kommentar zur Handlung oder zu einer der Figuren verstanden werden soll. Leider wird der Einschub oft dazu mißbraucht, einen unbeabsichtigten Achsensprung zu kaschieren (s.S. 226).

Übersicht · Einschub · Übersicht

Verwendung von Einschubszenen
Durch Einmontieren von Zwischenschnitten in die Haupthandlung kann man zusätzliche Handlungsebenen in eine Szene einführen. In den hier gezeigten Beispielen wurden Zwischenschnitte von dem entsetzten Mädchen, vom Herausnehmen der Pistolen und von einer der Pistolen in Großaufnahme in die Handlung eingebaut.

Reaktions-Zwischenschnitte

Wie der Name sagt, zeigt ein Reaktions-Zwischenschnitt die stumme Reaktion einer oder mehrerer Personen auf eine Person oder ein Ereignis. Solche Gegenschnitte werden im Licht der Haupteinstellung gedreht, also *nach ihr,* außer es stehen zwei Kameras zur Verfügung. Die Blickrichtungen müssen zusammenstimmen. Bei einer Konfrontation sollten Sie die beiden Gesichter auf entgegengesetzten Seiten zeigen, weil sonst der Eindruck entstünde, daß die beiden Rücken an Rücken stehen.

Gute Reaktions-Zwischenschnitte zu drehen ist schwieriger, als man denkt, weil die Darsteller bei einzelnen Nahaufnahmen zur Übertreibung neigen. Man kann die Gegenschnitte auch an vergleichbaren Stellen einer späteren Szene aufnehmen.

Übersicht

Zwischenschnitt · Übersicht

GRUNDLAGEN DER FILMTECHNIK

Simultanhandlung

Zwischenschnitte jeder Art sind Beispiele für «simultanes» Filmen. Mit anderen Worten, was die Zwischenschnitte zeigen, folgt nicht auf die unmittelbar vorher gezeigte Handlung, sondern läuft gleichzeitig mit ihr ab. Im Film läßt sich diese Simultaneität sehr leicht herstellen. Oft geht das sogar so weit, daß zwei gleichzeitig, aber völlig voneinander getrennt verlaufende Handlungsstränge miteinander verflochten werden. Man spricht in diesem Fall von *Simultanhandlung* und *Parallelmontage*. Als Simultanhandlung kann jede mit der Haupthandlung inhaltlich zusammenhängende Szene betrachtet werden, die nicht am selben Schauplatz stattfindet wie die Haupthandlung, jedoch in diese hineinmontiert werden kann. In diesem Fall laufen die beiden Handlungen gleichzeitig ab – selbst wenn eine davon eine Rückblende oder eine Vorwegnahme der Zukunft ist. Eine parallel einmontierte Sequenz kann daher eine Erinnerung, eine Phantasie oder auch eine rein symbolische Ergänzung der eigentlichen Handlung oder Erzählung sein.

Anwendung der Parallelmontage

Die Parallelmontage wurde seit der Frühzeit des Films immer wieder als Mittel zur Steigerung der Spannung eines Films eingesetzt. Es wurden z. B. jahrzehntelang Sequenzen von einer am Marterpfahl schmachtenden Western-Heldin mit Aufnahmen von der über die Prärie galoppierenden Kavallerie überkreuz geschnitten. Sie schaut nach links, die Retter reiten nach rechts.

Die Parallelmontage ist jedoch nicht auf die Erzeugung von Spannung in Thrillern und Verfolgungsszenen beschränkt. Sie wird in allen Filmen angewandt, die mehr erreichen wollen, als eine zweidimensionale Geschichte zu erzählen. Beispielsweise können die Gegenschnitte in einer Unterhaltung von vier Leuten eine ganz andere Geschichte erzählen als die Übersichtsaufnahme. In diesem Fall kann die parallele Handlung dazu dienen, der Szene eine zusätzliche psychologische oder emotionale Dimension zu verleihen.

Parallelmontage zur Steigerung der Spannung
In dieser Sequenz wechseln Einstellungen von der nichtsahnenden Frau ab mit Aufnahmen von dem die Treppe heraufschleichenden Mörder. Die Spannung wird noch zusätzlich durch die dramatische Beleuchtung und den ständigen Wechsel zwischen Nahaufnahmen und Weitwinkel-Einstellungen angeheizt.

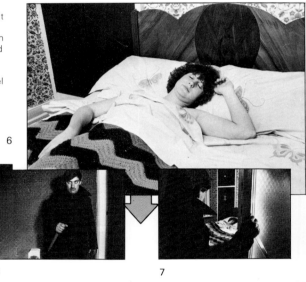

Überbrückung von Zeit und Raum
Bei diesem Beispiel für Parallelmontage sind Einstellungen von einem Einbrecher mit Aufnahmen von einem Polizisten kombiniert. Den Zusammenhang stellen die Zuschauer selbst her.

GRUNDLAGEN DER FILMTECHNIK

Manipulation von Zeit und Raum

Im Film können Sie frei über Zeit und Raum verfügen. Sie können eine ganze Woche zu einer Sequenz von einer Minute komprimieren oder in Sekundenschnelle von einem Ort zu einem anderen «springen». So können Sie auf der Leinwand eine Wirklichkeit entstehen lassen, die mit Ihrer tatsächlichen Szenerie kaum noch Ähnlichkeit hat. Aus- und Einblendungen, Überblendungen, Wischblenden, Reißschwenks und Gegenschnitte sind einige der Stereotypen der Filmsprache, die es uns erlauben, Zeit und Raum zu manipulieren.

Ausblendung

Optische Effekte

Man kann eine Einstellung ein- oder ausblenden (s. S. 186). Mit einer *Ausblendung* endet eine Szene, mit einer *Auf- oder Einblendung* beginnt sie.

Eine *Überblendung* ist eine kombinierte, gleichzeitig ablaufende Aus- und Aufblendung (s. S. 187). Auch sie ist ein Szenenübergang, aber kein so endgültiger wie die Ausblendung. Man verwendet sie, um weich von einer Einstellung zur nächsten überzuleiten.

Überblendung

Montagetechniken

Zwischenschnitte dienen dazu, die Handlung zu verdichten, wenn Sie eine Zeitverkürzung kaschieren wollen. Die bekannteste Anwendung dieses Kunstgriffs ist wohl der Zwischenschnitt auf das Publikum bei der gekürzten Fernsehübertragung eines Fußballspiels. Einschubszenen können aber auch dazu dienen, ein Geschehen zu *dehnen*. Indem Sie eine Szene *überdrehen*, können Sie z. B. die letzten fünf Sekunden, bevor eine Bombe hochgeht, auf 30 Sek. Vorführzeit dehnen.

Ein *Bildsprung* entsteht dadurch, daß man aus einer kontinuierlichen Einstellung ein Stück Film herausschneidet und die Enden wieder zusammenklebt (s. S. 226). Auf der Leinwand kann ein solcher Schnitt sehr abrupt wirken oder auch fast unsichtbar sein. Bildsprünge werden oft bei Reportagen angewandt, z. B. um ein Interview ohne Zwischenschnitte zu kürzen. Manchmal werden Bildsprünge mit *Stopptricks* (s. S. 189) oder mit «Standbildern» kombiniert, um ein Stakkato von Einzelbildern zu erzeugen. Standbildkopierungen werden im Labor als optische Effekte ausgeführt.

Haupthandlung   Einschub   Haupthandlung

Halbtotale   Herausgeschnittenes Zoom   Schnitt auf Halbnah

Veränderung der Bildfrequenz

Durch Veränderung der Ganggeschwindigkeit der Kamera (der Bildfrequenz) können Sie den Zeitablauf unmittelbar verändern. Durch *Überdrehen* kann man z. B. ein galoppierendes Pferd in Zeitlupe zeigen, *Unterdrehen* vom fahrenden Auto aus ergibt den komischen Effekt einer Fahrt in irrwitzigem Tempo, und mit der Technik des *Zeitraffers* kann man einen Krokus innerhalb von zehn Sekunden aufblühen lassen.

In der Praxis bietet sich jedoch häufiger Gelegenheit zu *geringen* Veränderungen der Ganggeschwindigkeit. Stunt-Aufnahmen wie eine Prügelszene oder ein Verkehrsunfall werden oft leicht verlangsamt, damit die Zuschauer mitkommen. Ebenso werden Verfolgungsszenen oft etwas beschleunigt, damit sie noch spannender wirken. Im allgemeinen dürfen Sie die Ganggeschwindigkeit höchstens um ein Drittel verändern, wenn der Effekt nicht auffallen soll.

Wischblenden

Wischblenden können senkrecht, waagrecht, rund oder quadratisch sein oder streifenweise verlaufen. Sie werden meist beim optischen Kopieren hergestellt, doch können Sie bestimmte Wischblenden auch selbst ausführen (s. S. 187).

«Irisblende»
Diese Irisblende, bei der auf die letzten Münzen in der Hand des Helden ausgeblendet wird, stammt aus Godards Film *Außer Atem*, einer Parodie auf die amerikanischen Gangsterfilme.

83

GRUNDLAGEN DER FILMTECHNIK
Die fertig montierte Sequenz

Diese Sequenz zeigt, wie die verschiedenen filmischen Mittel, die wir auf den vorhergehenden Seiten kennenlernten – Kameraeinstellung, Rhythmus, Kamerabewegung und Bildaufbau – erst im Zusammenwirken ihre volle Wirkung entfalten. Claude Chabrols *Der Schlachter* (1968), aus dem diese Bilder stammen, ist ein Beispiel für eine unauffällige, doch höchst raffinierte Technik. In dieser Sequenz ist eine Lehrerin – Chabrols Frau Stephane Audran – mit ihrer Klasse auf dem Schulausflug. Wir wissen schon, daß in der Gegend ein Mörder frei herumläuft. Düstere Musik und langsame Kamerafahrten steigern die angstvolle Stimmung.

1 ⏱ 8 Sek. Die Klasse beim Picknick

Einführende Totale
In dieser langen Übersicht sehen wir, daß die Kinder am Rande eines Felsabsturzes sitzen. Dadurch wird ihre mögliche Gefährdung verdeutlicht. Die Kamera verweilt brütend über der Szene. Im Off hört man ferne Kinderstimmen.

2a ⏱ 14 Sek. Die Lehrerin

2b Die Schulkinder

2c Das Mädchen mit dem blauen Kleid

Horizontal- und Vertikalschwenk
Diese lange (14 Sek.) Einstellung von oben lenkt unsere Aufmerksamkeit von der Gruppe auf das Mädchen mit dem blauen Kleid. Wir wissen nicht warum, und auch dies verstärkt die Spannung der Szene. In die Kinderstimmen mischt sich Musik, die immer bedrohlicher wird.

Nahaufnahme des Mädchens
Von den langen Schwenks schneidet Chabrol auf diese (intimere und kürzere) Nahaufnahme. Sie zeigt eine Schülerin, die gerade ein Brot essen will.

3 ⏱ 2 Sek. Das Mädchen klappt das Brot auf

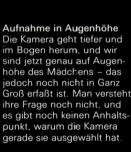

4 ⏱ 2 Sek. Sie will gerade hineinbeißen

Aufnahme in Augenhöhe
Die Kamera geht tiefer und im Bogen herum, und wir sind jetzt genau auf Augenhöhe des Mädchens – das jedoch noch nicht in Ganz Groß erfaßt ist. Man versteht ihre Frage noch nicht, und es gibt noch keinen Anhaltspunkt, warum die Kamera gerade sie ausgewählt hat.

Mädchen: «Regnet es?»

Halbnah: Die Lehrerin
Dieser Zwischenschnitt auf die Lehrerin ist ebenfalls ziemlich lang (5 Sek.), wodurch die Spannung weiter zunimmt. Die halbnahen Einstellungen bedeuten, daß Chabrol sich die Nah- und Großaufnahmen für spätere, dramatischere Momente aufhebt.

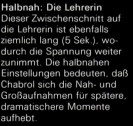

5 ⏱ 5 Sek. Die Lehrerin

6 ⏱ 3 Sek. Ganz Groß: Blut tropft auf das Brot

Ganz-Groß-Aufnahme von dem Blut
Das ist der Augenblick, in dem sich die Spannung löst. Von jetzt an beschleunigt sich die Szenenfolge und besteht vorwiegend aus Groß- und Ganz-Groß-Aufnahmen. Der «Regen» ist in Wirklichkeit Blut, das auf das Brot des Mädchens tropft.

Die Lehrerin: «Natürlich nicht. Der Himmel ist blau.»

Mädchen: «Es ist rot.»

GRUNDLAGEN DER FILMTECHNIK

Nahaufnahme/Reaktion
In einer Nahaufnahme dreht sich die Lehrerin rasch zu dem Mädchen um. Die Dramatik des Augenblicks wird mehr durch die Schnelligkeit der Kopfbewegung als durch die Kürze der Einstellung betont.

7 ⏱ 1,5 Sek. Die Lehrerin dreht sich um

8 ⏱ 1 Sek. Blut tropft dem Mädchen ins Gesicht

Schockszene
Chabrol kehrt mit einem sehr schnellen, schockierenden Schnitt zu dem Mädchen zurück. Wie vorhin auf das Brot, tropft dem Mädchen jetzt Blut ins Gesicht.

9a ⏱ 6 Sek. Halbnah: Ein Junge

9b Die Kamera fährt zurück und zeigt in Großaufnahme die nach oben schauende Lehrerin

Kamerafahrt rückwärts
Mit einer Fahrt – die nur mit der Handkamera ausgeführt worden sein kann – stellt Chabrol eine Verbindung zwischen den Kindern – ein erschrockener Junge halbnah – und einer Großaufnahme von der Lehrerin her, die an der Felswand hochschaut. Bei der nächsten Einstellung übernimmt die Kamera die Blickrichtung der Lehrerin.

Junge: «Es ist Blut.»

Subjektive Aufnahme
Wir sehen jetzt mit den Augen der Lehrerin. Das Blut, so erkennt man, tropft von einer über die Felswand hängenden Hand, die sich deutlich vom blauen Himmel abhebt. An dieser Stelle erreicht die Musik einen Höhepunkt.

10a ⏱ 6 Sek. Zoom

10b Zoom

Heranzoomen
Diese Einstellung ist ein hervorragendes Beispiel für ein subjektives Zoom in die Telestellung. Die Hand wird immer größer und symbolisiert damit, daß die entsetzte Lehrerin nur noch eines sieht, die blutende Hand.

10c Zoom

GRUNDLAGEN DER FILMTECHNIK

Kontinuität

Die Grundregel der *Kontinuität* besagt, daß die Aktion in einer Einstellung mit der in der nächsten zusammenpassen soll. Um das auf S. 72 gezeigte Beispiel wiederaufzunehmen: Wenn Sie von einer Halbtotalen von dem gehenden Mädchen auf eine Halbnah-Einstellung mit anderer Aufnahmerichtung schneiden, muß das Mädchen auf demselben Weg, in derselben Richtung und mit derselben Geschwindigkeit gehen und dieselben Kleider tragen. Ist eine dieser Bedingungen nicht erfüllt, so ist die Kontinuität beeinträchtigt, und die Zuschauer kommen nicht klar.

Wenn Sie sich den Luxus von Sofortbildaufnahmen nicht leisten können, sollten Sie daran denken, daß Gesichtsausdrücke und Gesten die größten Anschlußprobleme verursachen. Es gibt keine Patentrezepte für perfekte Übergänge, aber es kommt vor allem darauf an, *die Handlung in dem Moment, wo Sie einen Schnitt machen wollen, sehr aufmerksam zu verfolgen, und sie dann ein wenig mit der nächsten Einstellung überlappen zu lassen.* So haben Sie mehr Spielraum für den Schnitt. Und schließlich sollten Sie wissen, daß Anschlußfehler viel weniger auffallen, wenn sich die Blickrichtung der Kamera bei zwei aufeinanderfolgenden Einstellungen erheblich ändert.

Polaroid-Kamera

Kontinuität der Bewegung
In den ersten drei Einstellungen sieht man das Mädchen halbnah von links nach rechts eine Straße entlanggehen. Aber bei der vierten Einstellung hat die Kamera die Handlungsachse übersprungen (s. S. 74), und das Mädchen läuft auf einmal von rechts nach links. Das bezeichnet man als «Achsensprung».

Rotwein
Weißwein

Visuelle Kontinuität
Diese beiden Beispiele zeigen zwei der häufigsten Kontinuitätsfehler. In den beiden Einstellungen links hat sich der Rotwein auf wundersame Weise in Weißwein verwandelt, und das Mädchen rechts hat von einem Moment auf den anderen seine Ohrringe verloren.

Ohrring
Kein Ohrring

Kontinuität von Ton und Bild

Wenn Sie die verschiedenen Einstellungen drehen, die zusammen eine Sequenz ergeben sollen, müssen Sie sowohl Tonpegel wie auch Belichtung möglichst konstant halten. Das gilt vor allem für Umkehrfilm.

Wenn Sie den Ton manuell aussteuern, sollten Sie versuchen, bei einer festen Einstellung zu bleiben, damit Pegel und Akustik des Tons während der ganzen Sequenz gleichbleiben. Auch sollten Sie eine asynchrone Aufnahme von der jeweiligen Geräuschkulisse aufnehmen. Diese wird später beim Mischen der montierten Sequenz verwendet, um Ton-Unebenheiten zu glätten (s. S. 245).

Die visuelle Kontinuität hängt vor allem mit einer konstanten Lichtqualität zusammen. Das Problem ist hier meistens das Wetter, denn es geht nicht, daß nur in jeder zweiten Einstellung die Sonne scheint. Wenn Sie beständiges Wetter haben, dann standardisieren Sie die Belichtung für eine bestimmte Aufnahmerichtung. Drehen Sie möglichst alle Einstellungen für eine Sequenz hintereinander ab. Denken Sie auch daran, daß die Tageszeit die Farbtemperatur des Lichtes beeinflußt.

Wechselndes Licht
Diese Aufnahmen wurden im Abstand von zwei Stunden gedreht. Das Licht hat sich so stark verändert, daß man sie kaum zusammenmontieren könnte.

Beleuchtung

«Ein Film taugt nur was, wenn die Kamera ein Auge im Kopf eines Poeten ist.» *Orson Welles*

BELEUCHTUNG

Film und Beleuchtung

Die Beleuchtung ist der Schlüssel zu jeder kreativen Filmarbeit. Das Licht muß vor allem hell genug sein, um ein richtig belichtetes Bild auf dem Film erzeugen zu können. Ist diese Bedingung erfüllt, dann können Sie die Beleuchtung je nach der gewünschten Stimmung variieren. Die Einstellungen auf diesen beiden Seiten stammen aus Ken Russells Film *Mahler*.

Silhouette

Gegenlichtaufnahmen sind eine der aufregendsten Arten des Filmens. Und die reine Silhouette kann für eindrucksvolle, abstrakte Bilder eingesetzt werden. Bei dieser Szene überbrückt Russell mit einer Silhouettenaufnahme von Mahler einen Orts- und Zeitsprung. Am Beginn der Sequenz sieht man Mahler in einem Eisenbahnabteil, als Silhouette vor der vorüberziehenden Landschaft. Plötzlich kommt ein Schnitt auf ihn in genau derselben Pose, diesmal aber als Silhouette vor einem blauen See. Uns wird klar, daß wir es mit einer Rückblende in seine Vergangenheit zu tun haben.

1a ⏱ 2 Sek. Im Zug

Form und Silhouette
Der jähe Schnitt von dem Zug auf den See wird durch die einprägsame Form der Silhouette überbrückt.

1b ⏱ 3 Sek. Im Zug

2a ⏱ 2 Sek. Mahler am Seeufer

2b ⏱ 3 Sek. Er beginnt zu sprechen

2c ⏱ 5 Sek. Die Kamera zoomt zurück

Licht und Spiegelung

Eine einfache Möglichkeit, Filmaufnahmen jeder Art zu beleben, besteht darin, vorhandene Spiegelungen auszunutzen. Von Wasser, Glas, Metall oder einer nassen Straße reflektiertes Licht kann wichtige Bildelemente hervorheben. Für die dramatische Einstellung von Mahler rechts fand Ken Russell einen genialen Kameraaufbau: Er filmte durch zwei Fenster, von denen das vordere die Gebirgskulisse spiegelte.

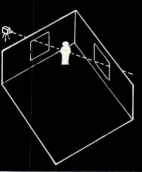

Spiegelungen in Glas
Diese Aufnahme ist eigentlich aus drei Teilbildern zusammengesetzt. Die Kamera ist draußen vor dem Badehaus aufgebaut, in dem Mahler steht. Wir sehen ihn durch das eine Fenster, in dessen Scheibe sich die Berge spiegeln. Der Lichtfleck hinter Mahlers Kopf ist der Blick aus dem zweiten Fenster des Hauses.

Natürliche Beleuchtung

Versuchen Sie, sich die Vielfalt des wechselnden Tageslichts zunutze zu machen, z. B die weiche, schattenlose Beleuchtung an einem bedeckten Tag oder den dramatischen Himmel vor einem Unwetter. Die Szene unten spielt an dem See vor dem Badehaus, in dem Mahler seine Musik komponierte. Die ganze Sequenz wurde in der Abendsonne gedreht. Dadurch entstanden warme, goldene Farben und kräftige Hell-Dunkel-Kontraste.

Abendsonne
Die idyllische Atmosphäre wird durch das rotgoldene Licht der Abendsonne noch betont.

1a ⏱ 5 Sek. Das Holzhaus am See

1b ⏱ 3 Sek. Mahler mit seiner Frau

1c ⏱ 5 Sek. Mahler mit seiner Frau

Künstliche Beleuchtung

Innenaufnahmen kann man oft nicht ohne Kunstlicht drehen. Bei sorgfältiger Anordnung der Beleuchtungsgeräte brauchen diese Aufnahmen jedoch keineswegs «unnatürlich» zu wirken. Die hier wiedergegebene Sequenz ist ein hervorragendes Beispiel dafür. An ihrem Beginn steht Mahlers Frau am Fenster. Dann wendet sie sich der Kamera zu und geht in die Mitte des Zimmers, wo die Kinder in ihren Betten liegen. Man meint, die Einstellung sei beim Licht der Kerze auf dem Nachttisch gedreht worden. In Wirklichkeit wurde der Kerzenlichteffekt durch ein starkes Spotlight vorgetäuscht, das auf die Wand hinter dem Nachttisch gerichtet war.

1a ⏱ 6 Sek. Mahlers Frau

1b ⏱ 6 Sek. Sie wendet sich der Kamera zu

1c ⏱ 4 Sek. Bei den Kindern

Kerzenlicht
Der Lichtschein der Kerze wird in Wirklichkeit von einem Spotlight erzeugt. Es wird abgeschaltet, als Mahlers Frau die Kerze ausbläst.

1d ⏱ 8 Sek. Sie bückt sich zu dem Kind herab

1e ⏱ 1 Sek. Sie bläst die Kerze aus

BELEUCHTUNG

Belichtungsmesser

Damit der Film richtig belichtet wird, muß die auf ihn einwirkende Lichtmenge genau reguliert werden. Bei strahlender Sonne ist es viel heller als an einem trüben Tag, und die Objektivblende muß entsprechend geöffnet bzw. geschlossen werden. Der *Belichtungsmesser* ist das Gerät, mit dem man die Intensität des auf ein Objekt fallenden oder von ihm reflektierten Lichts mißt. Er ist so kalibriert, daß er einen richtigen «Mittelwert» anzeigt.

Es gibt in die Kamera eingebaute und Handbelichtungsmesser. Die eingebauten Belichtungsmesser sind immer für *Objektmessung* eingerichtet, während Handbelichtungsmesser in drei Haupttypen erhältlich sind (s. u.). In allen Fällen wird das Licht elektrisch von einer Fotozelle gemessen, bei der es sich entweder um eine Selen-, eine CdS-(Cadmiumsulfid-) oder Siliziumzelle oder um eine Gallium-Fotodiode handeln kann.

Am Belichtungsmesser müssen Sie jeweils die Empfindlichkeit des verwendeten Films einstellen.

Belichtungsmesser für Objektmessung Dieser Typ mißt das vom Aufnahmeobjekt reflektierte Licht. Man kann mit ihm den ganzen Bildausschnitt ausmessen (Integralmessung) oder aus geringem Abstand Punktmessungen an einzelnen Motivdetails vornehmen, um den Kontrastumfang zu ermitteln. Wird das Gerät eingeschaltet, so bewegt sich eine Anzeigenadel auf einer Skala, die im allgemeinen in Werte von 1 bis 18 unterteilt ist. Der angezeigte Wert wird dann auf eine Rechenscheibe übertragen, und die richtige Blende kann jeweils gegenüber der benutzten Bildfrequenz (B/s) abgelesen werden.

Spot-Belichtungsmesser Ein Spot-Belichtungsmesser hat einen sehr kleinen Meßwinkel, so daß Sie damit auch auf größere Entfernungen kleine Details anmessen können. Diese Geräte haben meist einen Pistolengriff und einen Sucher, in dem das angemessene kreisförmige Feld zu sehen ist. Die Anzeige erfolgt entweder durch eine Nadel, durch eine bewegliche Skala oder digital. Da diese Geräte einen so kleinen Meßwinkel haben, *müssen* Sie die richtige Stelle im Motiv anmessen (s. rechte Seite).

Eine Kamera mit Zoomobjektiv kann als behelfsmäßiger Spot-Belichtungsmesser dienen. Zoomen Sie dazu einen möglichst kleinen Ausschnitt heran und lesen Sie den angezeigten Wert ab.

Belichtungsmesser für Lichtmessung Geräte dieses Typs messen das auf den Gegenstand einfallende Licht. Sie halten den Belichtungsmesser vom Aufnahmeobjekt aus in Kamerarichtung gegen das Licht. Bei dieser Methode kommt es nicht zu Fehlmessungen durch große helle oder dunkle Flächen im Motivausschnitt, und Weiß wird zuverlässig als Weiß, Schwarz als Schwarz wiedergegeben, während bei Objektmessung ein Schneesturm genauso wie ein Kohlenkeller im selben «richtig belichteten» mittleren Grau wiedergegeben wird. Die Lichtmessung ist zweifellos die zuverlässigste Meßmethode; sie ist die Standard-Meßmethode des Profi-Filmers. Viele Handbelichtungsmesser können wahlweise für Objekt- oder Lichtmessung eingesetzt werden.

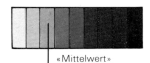
«Mittelwert»

Der Stufengraukeil
Jedes Motiv weist eine Vielfalt von Helligkeitsstufen oder «Tonwerten» auf. Diese reichen von den dunkelsten «Schatten» bis zu den hellsten «Lichtern». Belichtungsmesser sind so eingestellt, daß eine Oberfläche mit einem Reflexionsgrad von 18% als mittleres Grau wiedergegeben wird. Damit werden die mittleren Grautöne korrekt, die Lichter und Schatten noch akzeptabel belichtet.

Profisix

Minolta-Spot

Spectra-Combi

Handbelichtungsmesser oder eingebauter Belichtungsmesser

Fast alle Super-8-Kameras haben heute eingebaute Belichtungsmesser. Diese messen das vom Motiv reflektierte Licht und stellen automatisch die Blende auf den richtigen Wert ein. Die Belichtungsautomatik sollte sich aber unbedingt auch abschalten lassen. Bei «Innenmessung» (s. S. 49) wird außerdem jeder Lichtverlust durch die vielen Linsen, den Strahlenteiler und vorgesetzte Filter automatisch berücksichtigt. Das ist der große Vorteil gegenüber einem Handbelichtungsmesser für Objektmessung. Außer an den teuersten Kameras gibt die Blendenzahl nicht das Licht an, das tatsächlich auf den Film gelangt. Wenn Sie mit einem Handbelichtungsmesser arbeiten, müssen Sie die tatsächliche Lichtstärke (T-Blenden) Ihrer Kamera-Objektiv-Kombination kennen. Es lohnt sich, diesen Wert durch Vergleichsaufnahmen zu ermitteln, denn dann können Sie auch Spot- und Lichtmessungen vornehmen.

Anwendung
Stellen Sie sich mit dem Rücken zur Kamera, richten Sie den Belichtungsmesser auf Ihr Motiv und lesen Sie den angezeigten Wert ab.

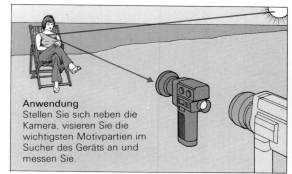

Anwendung
Stellen Sie sich neben die Kamera, visieren Sie die wichtigsten Motivpartien im Sucher des Geräts an und messen Sie.

Anwendung
Stellen Sie sich neben Ihr Objekt, richten Sie den Belichtungsmesser auf die Kamera und lesen Sie den angezeigten Wert ab.

BELEUCHTUNG

Richtig belichten

Jede Einzelaufnahme enthält eine Vielfalt von Helligkeitswerten. So kann der Belichtungsmesser bei einer Motivpartie z. B. Bl. 2,8 anzeigen, und bei einer anderen Stelle desselben Motivs Bl. 22. Bei den meisten eingebauten Belichtungsmessern wird dieses Problem dadurch gelöst, daß das ganze Sucherbild ausgemessen und ein Mittelwert festgestellt wird («Integralmessung») oder daß nur der Mittelteil des Bildfeldes ausgemessen wird («mittenbetonte Messung»), ausgehend von der Annahme, daß sich dort die bildwichtigsten Details befinden.

Wenn Sie einen Handbelichtungsmesser benutzen, sollten Sie entweder mehrere selektive Messungen an verschiedenen Stellen des Objekts vornehmen und selbst einen Mittelwert errechnen (s. rechts) oder eine Partie anmessen, die dem Reflexionsgrad von 18% möglichst nahe kommt und damit als mittleres Grau wiedergegeben werden kann (z. B. Gras).

Situationen, in denen Fehlmessungen vorkommen

Der Nachteil der Integralmessung ist, daß der Belichtungsmesser einen falschen Wert anzeigt, wenn er eine große Fläche erfaßt, die viel heller oder dunkler als die bildwichtigen Partien ist. Wenn Sie z. B. aus einem Hausgang filmen, zeigt der Belichtungsmesser eine zu große Blendenöffnung an. Sie können eine solche Überbelichtung vermeiden, wenn Sie eine Lichtmessung oder eine Selektivmessung mit einem Spot-Belichtungsmesser vornehmen oder eine Kamera mit abschaltbarer Belichtungsautomatik oder einem «Blendenfeststeller» benutzen. Bauen Sie die Kamera wie gewohnt auf, zoomen Sie Ihr Motiv heran und stellen Sie dann die Blende entweder manuell auf den angezeigten Wert ein oder fixieren Sie sie mit dem Blendenfeststeller. Zoomen Sie dann zur Aufnahmebrennweite zurück und filmen Sie.

Ähnliche Schwierigkeiten ergeben sich bei Gegenlichtaufnahmen. Der Belichtungsmesser mißt dabei hauptsächlich den hellen Himmel und nicht das dunklere Objekt im Vordergrund an. Diesen Fehler können Sie vermeiden, wenn Sie die «Gegenlichtkorrekturtaste» Ihrer Kamera immer dann drücken, wenn helles Licht in Richtung der Kamera scheint oder wenn der Bildausschnitt große weiße Flächen enthält.

Blendenfeststeller
Mit einem «Blendenfeststeller» können Sie die Belichtungsautomatik der Kamera auf einen bestimmten Blendenwert fixieren. Bei der Braun Nizo (rechts) ist diese Einstellung durch «fix.» gekennzeichnet.

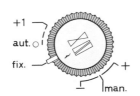

Gegenlichtkorrektur
Die meisten Super-8-Kameras haben eine «Gegenlichttaste», mit der Sie bei Gegenlichtaufnahmen die Blende um einen Wert weiter öffnen können.

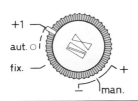

Für richtige Belichtung aufblenden.

Anmessen der Lichter führt zu Unterbelichtung

Detailmessung
Bei jedem Motiv ist der Kontrastumfang, den Sie durch Anmessen der hellsten und dunkelsten Stellen ermitteln können, erstaunlich groß. Für das kleine Bild oben wurde die Belichtung an einer der hellsten Partien gemessen (Bl. 16), bei dem kleinen Bild unten wurde eine dunkle Vordergrundpartie angemessen (Bl. 2). Das erste ist unter-, das zweite überbelichtet. Das große Bild wurde bei Bl. 8 aufgenommen – dem Mittelwert zwischen den beiden Extremen.

Anmessen der Schatten führt zu Überbelichtung

Bei «Integralmessung» wird die Gestalt in der Bildmitte überbelichtet.

Für richtige Belichtung abblenden.

Bei «Integralmessung» wird das Gesicht unterbelichtet.

Gegenlicht und Silhouetten

Wenn Sie bei Gegenlichtaufnahmen noch etwas Zeichnung in den Schatten bekommen, trotzdem aber das kontrastreiche Glitzern der Spitzlichter oder die Lichtsäume, die Ihr Modell umrahmen, einfangen wollen, messen Sie die Belichtung gegen das Licht, schalten dann aber die Gegenlichtkorrektur Ihrer Kamera ein. Ohne Gegenlichtkorrektur werden die Vordergrundobjekte als Silhouetten abgebildet.

Aufnahme mit Gegenlichtkorrektur

Silhouettenaufnahme

BELEUCHTUNG

Farbtemperatur

Alle Lichtquellen haben einen Farbstich. Beispielsweise ist Lampenlicht warmgelb gefärbt, während das Licht von einem bewölkten Himmel stark blaustichig ist. Die Farbqualität von Licht, die sogenannte Farbtemperatur, wird in Kelvin (K) gemessen. Jede Lichtquelle hat ihre eigene Farbtemperatur, mittleres Tageslicht z. B. 5500 K. Das bedeutet, daß ein angenommener «schwarzer Körper» auf 5000 K erhitzt werden müßte, um Licht von derselben Farbtemperatur wie mittleres Tageslicht abzustrahlen. Obwohl man rötliche Farben als «warm» und bläuliche als «kalt» bezeichnet, hat blaues Licht eine hohe, rotes eine niedrige Farbtemperatur.

Farbtemperaturen-Diagramm

Farbtemperaturmesser
Dieses Meßgerät zeigt die Farbtemperatur des einfallenden Lichts an. Es bestimmt das Blau-Rot- und Grün-Rot-Verhältnis des jeweils herrschenden Lichts. Der Meßwert wird in Kelvin angezeigt, und anhand von Tabellen kann man das erforderliche Korrekturfilter bestimmen. Solche Meßgeräte werden in großem Umfang in Film- und Fernsehstudios zur Abstimmung von Filmmaterial und Beleuchtung verwendet.

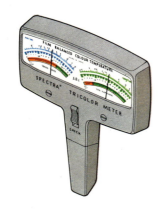

Mischlicht
Das Bild rechts wurde kurz nach Sonnenuntergang auf Tageslichtfilm aufgenommen. Das Licht des Abendhimmels, das eine Farbtemperatur von etwa 7000 K hat, rief einen allgemeinen leichten Blaustich hervor. Das elektrische Licht im Haus hat dagegen eine niedrige Farbtemperatur, so daß die Fenster sich in einem warmen Rötlich-Gelb abgebildet haben.

Farbtemperatur und Film

Im allgemeinen nehmen wir die Schwankungen in der Farbtemperatur des Lichts nicht wahr. Wenn wir z. B. «wissen», daß wir ein weißes Blatt Papier ansehen, dann erscheint es uns auch weiß, ob wir es im gelben Licht einer Kerze oder im bläulichen Licht der Mittagssonne ansehen. Der Film nimmt keinen solchen Ausgleich vor. Mit Schwarzweißfilm können Sie natürlich bei jedem Licht filmen, aber Farbfilm registriert jeden vorhandenen Farbstich. Deshalb wird Farbfilm meist in zwei Typen geliefert, als Tageslichtfilm (abgestimmt auf 5500 K) und als Kunstlichtfilm (Type A, abgestimmt auf 3400 K, und Type B, abgestimmt auf 3200 K). Der Unterschied zwischen Tages- und Kunstlichtfilm kann durch Konversionsfilter ausgeglichen werden.

Tageslicht
Das große Bild wurde bei Tageslicht auf Tageslichtfilm aufgenommen. Das kleine Bild zeigt dieselbe Szene, jedoch auf Kunstlichtfilm aufgenommen. Es ist unnatürlich blau.

Konversionsfilter

Vor das Objektiv der Kamera gesetzt (bzw. in den Strahlengang eingeschaltet), verändern diese Filter die Farbtemperatur des Lichts, so daß man Tageslichtfilm bei Kunstlicht verwenden kann und umgekehrt. Wenn Sie für Kunstlichtaufnahmen Tageslichtfilm verwenden, bekommen die Bilder einen starken Orangestich, weil normales Kunstlicht eine niedrige Farbtemperatur hat. Um das Licht blauer zu färben, nehmen Sie ein bläuliches Konversionsfilter, z. B. das Wratten 80 A (s. rechte Seite). Bei Tageslichtaufnahmen auf Kunstlichtfilm können Sie den Blaustich mit einem Orangefilter wie Wratten 85 oder 85 B ausgleichen. Super-8-Filme sind fast durchweg auf Kunstlicht abgestimmt. Ein Konversionsfilter für Tageslichtaufnahmen ist in die Kamera eingebaut.

Kunstlicht
Das große Bild wurde bei Kunstlicht auf Kunstlichtfilm aufgenommen. Das kleine Bild zeigt dieselbe Szene, aufgenommen auf Tageslichtfilm. Es ist unnatürlich gelb.

BELEUCHTUNG

Korrekturfilter

Neben den recht kräftig gefärbten Konversionsfiltern (s. linke Seite), die Kunstlichtfilm an Tageslicht anpassen und umgekehrt, gibt es auch Korrekturfilter für leichtere Farbabweichungen des Aufnahmelichts. Sie verändern die Farbtemperatur entweder nach Rot oder nach Blau. Die gebräuchlichsten sind das «Skylight»-Filter (1 A) und das Korrekturfilter 81 A. Häufig verwendet werden auch *UV-Filter*, die bläulichen Dunst reduzieren, und *Polarisationsfilter* («Polfilter»), die ein satteres Himmelsblau erzeugen (s. S. 182).

Farbtemperatur-Korrekturfilter
Für die Ausfilterung von Farbstichen ist ein ganzes Sortiment von Korrekturfiltern erhältlich. Man verwendet sie zum Angleichen der Farbtemperatur an die Farbabstimmung des Films und zum Ausgleich des starken Blaustichs bei trübem Wetter oder Mittagssonne. Sie werden meist nach dem «Wratten»-System von Kodak klassifiziert.

Korrekturfilter 81A (links)
Durch Vorschalten eines «warmen» Korrekturfilters (Wratten 81A) wurde der Blaustich dieser Aufnahme reduziert. Das Bild erscheint deshalb «natürlicher».

UV-Filter (rechts)
Ultraviolettes Licht, das für uns unsichtbar ist, ruft vor allem in großen Höhen und bei Fernaufnahmen einen Blaustich hervor. Ein UV- oder Skylight-Filter (1A) läßt den Dunst teilweise verschwinden.

Tageszeit

Die Farbtemperatur des Lichts verändert sich im Tageslauf sehr stark und beeinflußt deshalb die Stimmung, die Farbwiedergabe und die plastische Wirkung Ihrer Filme entscheidend. Man kann diese Veränderungen aber auch kreativ einsetzen. Gewöhnen Sie sich deshalb an, das Beste aus dem vorhandenen Licht herauszuholen. Wenn es nötig ist, können Sie aber auch jedes beliebige Korrekturfilter verwenden.

Wechselnde Farbtemperatur des Tageslichts
Bei Sonnenaufgang liegt die Farbtemperatur des Tageslichts etwa bei 3000 K, einem warmen Rosa oder Gelb, je nachdem, wie kräftig die Sonne scheint. Im Tageslauf steigt die Farbtemperatur an, erreicht gegen Mittag ihren Höhepunkt und sinkt dann wieder ab, um bei Sonnenuntergang wiederum einen satten Rotstich zu bekommen.

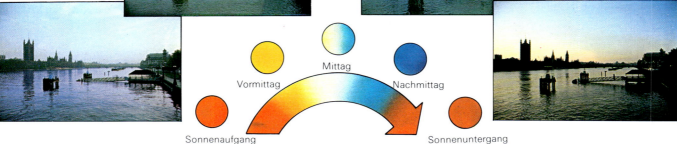

BELEUCHTUNG
Belichtungsregulierung

Graufilter

Eine der praktischsten Arten der Belichtungsregulierung neben dem einfachen Verstellen der Blende ist die Verwendung von *Graufiltern* (Grauscheiben). Diese Filter reduzieren die Helligkeit des einfallenden Lichts um mehrere Blendenstufen, so daß Sie bei Bedarf die Blende entsprechend öffnen können, z. B. um die Schärfentiefe zu reduzieren. Graufilter gibt es in den verschiedensten Dichten, und sie beeinflussen die Farbwiedergabe in keiner Weise. Gelegentlich kann man sie auch verwenden, wenn das herrschende Licht überhaupt zu hell für den eingelegten Film ist.

Grau-Verlauffilter sind nur in der oberen Hälfte eingefärbt, dunkeln also nur den Himmel ab, ohne die untere Bildhälfte zu beeinflussen. Wählen Sie den Bildausschnitt so, daß der Übergang zwischen den beiden Hälften nicht auffällt.

Filterfaktoren Alle Filter schlucken einen Teil des Lichts und reduzieren damit die auf den Film gelangende Lichtmenge. Falls Ihre Kamera über «Innenmessung» verfügt (s. S. 49), wird dies automatisch berücksichtigt. Benutzen Sie dagegen einen Handbelichtungsmesser oder eine Kamera mit Außenmessung, *müssen* Sie wissen, um welchen Betrag Sie die Belichtung verändern müssen. Zu diesem Zweck wird für jedes Filter der sogenannte «Filterfaktor» angegeben, ein Multiplikator (z. B. 2x oder 3x, meist in die Filterfassung eingraviert). Bei einem Filterfaktor von 2x muß um eine Stufe aufgeblendet werden, bei 3x um 1½ Stufen, bei 4x um 2 Stufen usw.

Graufilter
Bei dieser Aufnahme wurde ein Graufilter verwendet, um die Schärfentiefe zu verringern, den Hintergrund unscharf werden zu lassen und die Rolls-Royce-Kühlerfigur hervorzuheben.

Grau-Verlauffilter
Durch die Verringerung der Belichtung in der oberen Bildhälfte wurde der Himmel verdunkelt und so eine Gewitterstimmung erzeugt.

Belichtungsmessung und Objektbewegung

Wenn Ihre Kamera Belichtungsautomatik hat, wird diese im allgemeinen die Blende *während* der Aufnahme verstellen, sobald sich die Lichtverhältnisse ändern. Wenn Sie z. B. von einem weißen Haus auf eine grüne Wiese schwenken, wird sich die Blende plötzlich öffnen. Und wenn ein Mann seine Jacke auszieht und sein weißes Hemd zum Vorschein kommt, wird sich die Blende schließen. Das ist unattraktiv und kann mit Hilfe der fixierten Blende vermieden werden (s. S. 91). Messen Sie die Belichtung vor der Aufnahme und stellen Sie anschließend die Blende fest. Es wird jedoch auch vorkommen, daß Sie die Belichtungsdifferenz zwischen dem Anfang und dem Ende einer Einstellung aufrechterhalten wollen, und dann brauchen Sie irgendeine Form der Anpassung. Dies geschieht durch manuelle Anpassung der Blende während der Aufnahme, so daß der Übergang kaum merklich ist.

Heller Hintergrund
Wenn der Mann vor dem hellen Hintergrund vorbeiläuft, wird die Kamera die Blende auf 16 schließen, um zu verhindern, daß die Wand überbelichtet wird. Das fällt auf, weil der Mann plötzlich dunkler wird. Um das zu verhindern, stellen Sie die Blende auf 5,6 fest.

Dunkler Hintergrund
In der ersten Hälfte der Einstellung läuft der Mann vor einem dunklen Hintergrund. Der Belichtungsmesser berücksichtigt das und stellt die Blende 5,6 ein.

Aufnahme bei Bl. 5,6

Abgeblendet auf Bl. 16

Blende auf 5,6 «festgestellt»

BELEUCHTUNG

Filmen bei «Minilicht»

Mit den heutigen Kameras, Objektiven und Filmen kann man auch bei Lichtverhältnissen filmen, die noch vor wenigen Jahren als hoffnungslos gegolten hätten. Beim Super-8-Format sind «XL» – oder «Minilicht-Kameras» mit ihren verstellbaren Sektorenblenden und superlichtstarken Objektiven (bis 1:1,2) inzwischen eine Selbstverständlichkeit geworden. Bei den größeren Filmformaten gibt es sogar Objektive mit Lichtstärken bis zu 1:0,7.

Schwaches Licht bietet an sich keine besonderen Vorteile. Aber mit einer XL-Kamera können Sie eben auch noch bei «Minilicht» filmen, ohne auf künstliche Beleuchtung zurückgreifen zu müssen.

Wenn Sie jedoch bereits mit ihrer lichtstärksten Kamera-Objektiv-Kombination arbeiten und das Licht trotzdem nicht ausreicht, dann stehen Ihnen noch drei Wege offen, bevor Sie gezwungen sind, Kunstlicht einzusetzen: Legen Sie einen höchstempfindlichen Film ein, lassen Sie den Film «mit erhöhter Empfindlichkeitsausnutzung» entwickeln oder «unterdrehen» Sie.

Höchstempfindlicher Film Die höchstempfindlichen Super-8-Filme, die auf dem Markt sind, haben eine Nenn-Empfindlichkeit von 23 DIN (Farbe) bzw. 27 DIN (Schwarzweiß). Sie liefern alle eine ausreichende Bildqualität, obwohl sie natürlich grobkörniger sind und ein geringeres Auflösungsvermögen haben als Filme mit niedrigerer Empfindlichkeit.

Erhöhte Empfindlichkeitsausnutzung Sie besteht einfach darin, daß man einen Film so belichtet, als hätte er eine höhere als die angegebene Empfindlichkeit. Sie können z. B. einen Ektachrome 160 (23 DIN) belichten wie 26 DIN (ein Gewinn von einer Blendenstufe). Der Film muß dann entsprechend länger («forciert») entwickelt werden (s. S. 208), um die zu geringe Belichtung auszugleichen. Diese Methode hat leider auch gravierende Nachteile: Sie vergröbert das Korn, reduziert das Auflösungsvermögen und steigert den Kontrast.

Unterdrehen Eine Kamera «unterdrehen» bedeutet einfach, daß man sie mit einem langsameren «Gang» laufen läßt als gewöhnlich, so daß jedes Einzelbild länger belichtet wird. Sie müssen sich ein Motiv suchen, das sich für diese Technik eignet, denn Bewegungen werden dadurch beschleunigt (s. *Schnelle Bewegung*, S. 188). Arbeiten Sie grundsätzlich vom Stativ, wenn Sie unterdrehen, und denken Sie daran, daß jede Kamerabewegung beim Vorführen viel schneller wirkt als sonst. Die Belichtung können Sie leicht errechnen: Wenn Sie mit 4 B/s drehen, wird jedes Einzelbild ⅛ Sek. belichtet, ein Gewinn von zwei Blendenstufen gegenüber dem Normalgang von 18 B/s (1/30 Sek.). Bei 2 B/s gewinnen sie eine weitere Blendenstufe.

Ich mußte einmal das Innere der Hagia Sophia in Istanbul filmen und dazu mit 8 B/s unterdrehen und zudem über den ziemlich holprigen Boden fahren. Trotzdem sind die Aufnahmen recht gut geworden. Fazit: versuchen Sie immer, bei vorhandenem Licht zu filmen, und wenn Sie es ergänzen müssen, dann tun Sie es möglichst unauffällig.

Feuer
Die einzige Beleuchtung für diese Aufnahme kam von dem Lagerfeuer. Da mit einer XL-Kamera gedreht und die Blende ganz geöffnet wurde, reichte die Belichtung einigermaßen aus. Denken Sie daran, daß die Schärfentiefe bei offener Blende sehr gering ist. Präzises Scharfeinstellen ist also unerläßlich.

Bühnenlicht
Diese Aufnahme von Mick Jagger entstand bei vorhandenem Bühnenlicht. Eine XL-Kamera und hochempfindlicher Film garantierten eine ausreichende Belichtung. Bühnenlicht, das oft von über oder hinter dem Darsteller kommt, kann attraktive Gegenlichteffekte hervorrufen, aber achten Sie darauf, daß das Licht nicht direkt in die Kamera scheint und Überstrahlungen hervorruft – es sei denn, ein solcher Effekt ist beabsichtigt.

Superlichtstarkes Objektiv
Bei den Aufnahmen zu seinem Film *Barry Lyndon* verwendete Stanley Kubrick oft ein Objektiv mit der sagenhaften Lichtstärke 1:0,7. So bekam er wundervoll realistische Einstellungen und wurde, wie man sagen könnte, zum Regisseur des ersten bei Kerzenlicht gedrehten Spielfilms.

Unterdrehen
Mit einer auf 8 B/s eingestellten Kamera entstanden die ersten dokumentarischen Filmaufnahmen im Innern der Hagia Sophia in Istanbul. So konnte auf künstliche Belichtung verzichtet werden, die wahrscheinlich an die $ 40000 pro Tag gekostet hätte.

BELEUCHTUNG
Natürliche Beleuchtungsverhältnisse

Die natürlichen Beleuchtungsverhältnisse, wie sie durch die jeweilige Witterung geschaffen werden, wirken sich noch stärker auf die Stimmung Ihrer Filme aus als die Tageszeit. Es ist schwer, eine Beerdigung nicht als Fest erscheinen zu lassen, wenn man sie bei strahlender Sonne filmen muß.

Wenn Sie es auf eine bestimmte Stimmung abgesehen haben, suchen Sie sich einen Tag aus, an dem das Wetter dieser Stimmung möglichst genau entspricht.

Nasses Wetter

Man sollte möglichst immer versuchen, das vorhandene Licht und jeweils herrschende Wetter *auszunutzen*. Wenn es regnet, filmen Sie eben Pfützen und Regenschirme, Leute, die sich vor dem nächsten Guß in Sicherheit bringen, an den Blättern hängende Regentropfen usw. Die Kamera darf nie naß werden; stecken Sie sie in eine Plastiktüte oder stellen Sie sich unter einen Regenschirm. Ein Klarglas- oder UV-Filter hält die Regentropfen vom Objektiv fern; denken Sie aber daran, daß Tropfen auf dem Filter bei Weitwinkeleinstellung deutlicher zu sehen sind als bei Telestellung.

Nach dem Regen (oben)
Die Pastellfarben dieser Aufnahme entstanden durch das weiche Abendlicht nach einem Regenguß.

Regenbogen (ganz links)
Dieser Regenbogen wurde nach einem Sommergewitter gefilmt.

Platzregen (links)
Die Atmosphäre eines plötzlichen Regengusses ist in dieser Aufnahme sehr gut eingefangen. Sie wurde durch eine regennasse Fensterscheibe gedreht.

Einen Sonnenuntergang filmen

Sonnenuntergänge wirken besonders dramatisch, wenn man sie mit «Zeitraffer» filmt (s. S. 189). Außerdem geben Sie einen vorzüglichen Hintergrund ab. Denken Sie aber daran, daß das Licht stark rot gefärbt ist und die Szene einen beinahe himbeerfarbenen Farbstich bekommt.

Die richtige Belichtung ist das größte Problem beim Filmen von Sonnenuntergängen, weil die Sonne, solange sie noch da ist, den Belichtungsmesser zu hoch ausschlagen läßt. Um das zu vermeiden, können Sie entweder in Telestellung fahren und die Wolken neben der Sonne anmessen oder aber in Weitwinkelstellung fahren und versuchen, die Sonne mit der Hand abzuschirmen. Auf diese Weise bekommen Sie einen richtigen Mittelwert für die Wolkenpartien. Schließlich könnten Sie auch mit einem Spot-Belichtungsmesser Detailmessungen vornehmen und einen Mittelwert zwischen den verschiedenen Wolken-Meßwerten wählen.

Früher Sonnenuntergang (oben)
Die Sonne steht noch über dem Horizont und ist sehr hell: Schauen Sie im Sucher nicht direkt in die Sonne: Neben dem Licht wird auch ihre Wärme ins Okular eingespiegelt und könnte Ihrem Auge schaden.

Später Sonnenuntergang (unten)
Die Sonne ist jetzt gesunken Beim Belichtungsmessen spielt sie jetzt keine Rolle mehr; sie ist nicht mehr hell genug, um eine Fehlmessung hervorzurufen.

BELEUCHTUNG

Kaltes Wetter

«Schlechtes» Wetter schafft oft ideale Voraussetzungen für bestimmte Aufnahmen. Schnee, Nebel oder ein trüber Winternachmittag haben alle eine ausgeprägte eigene Stimmung. Achten Sie bei Schneeaufnahmen darauf, daß Sie nicht unterbelichten (s. S. 91).

Schnee
Die Krähen, die sich auf dem verschneiten Acker niedergelassen haben, kontrastieren wirkungsvoll mit dem Schnee und dem dramatischen Winterhimmel. Denken Sie daran, daß Sie bei sehr niedrigen Temperaturen die Kamerabatterien in einer Tasche Ihrer Kleidung tragen sollten, weil sie womöglich nicht mehr genug Strom liefern, wenn sie zu kalt werden.

Nebel
Dichter Morgennebel hat bei dieser Aufnahme von einem auf die Kamera zufahrenden Motorradfahrer alle Kontraste und Details gedämpft. Die «ungünstigen» Lichtverhältnisse wurden so für eine stimmungsvolle und leicht mysteriöse Einstellung genutzt. Nebeleffekte lassen sich auch mit einem Spezialfilter simulieren (s.S. 182).

Heißes Wetter

Ein knallblauer Himmel, im Dunst verschwimmende Landschaft oder das Flimmern der Luft über einer heißen Straße können die erstickende Atmosphäre heißer Sommertage erstehen lassen. Bei sehr hohen Temperaturen sollten Sie die Kamera möglichst immer in den Schatten bringen, wenn Sie nicht gerade drehen.

Hitze
Diese Aufnahme entstand in der brütenden Hitze der kenianischen Wüste. Am Horizont ist eine Luftspiegelung zu sehen. Wenn Sie bei sehr heißem Wetter filmen, müssen Sie Kamera und Film kühl halten. Eine normale Haushalts-Kühltasche kann als behelfsmäßiger Kühlschrank dienen.

High-key und Low-key

Wetter, Tageszeit, Gegenlicht, Silhouetten, starker oder geringer Kontrast, hartes oder weiches Licht, kräftige oder gedämpfte Farben, dramatischer oder unauffälliger Bildaufbau – all diese Faktoren können zusammenwirken, um ein Bild mit einem eigenen Stil entstehen zu lassen. Wichtig ist, daß die einzelnen Einstellungen im Stil zusammenpassen, wenn Sie sie schließlich zu einer vorführfertigen Sequenz montieren. Die Ausdrücke «High-key» und «Low-key» werden oft gebraucht, um Lichtintensität und Beleuchtungskontrast zu beschreiben.

High-key Eine *High-key*-Aufnahme ist durch dramatische Beleuchtung und Bildkomposition gekennzeichnet. Sie weist einen großen Tonwertreichtum auf, und die Farben sind meist stark «gesättigt» und kontrastieren oft miteinander. Eine Beleuchtungsanordnung für eine High-key-Innenaufnahme erzeugt einen künstlichen, dramatischen Effekt.

Low-key Eine *Low-key*-Aufnahme ist durch flache, kontrastarme Beleuchtung gekennzeichnet, meist in Blickrichtung der Kamera und von einer diffusen Lichtquelle wie z. B. einem grauen Himmel. Kräftige kontrastierende Farben sollten vermieden werden; Pastellfarben, die im Farbkreis benachbart sind (s. S. 50) ergeben einen subtileren, gedämpften Effekt.

BELEUCHTUNG

Künstliche Beleuchtung

Kunstlicht hat immer die Aufgabe, eine Szene so hell zu beleuchten, daß der Film ausreichend belichtet wird. Die erforderliche Helligkeit ist verschieden, je nachdem wie empfindlich der verwendete Film ist, welche Farben und Oberflächenstrukturen die Aufnahmeobjekte haben und in welchem Winkel sie zur Lichtquelle stehen. Die Helligkeit hängt von der Leistung der Lichtquelle und ihrem Abstand zu den Objekten ab, und Leuchten verschiedener Bauart liefern unterschiedliche Beleuchtungsqualität.

Filmleuchten gibt es in den verschiedensten Größen und Ausführungen – von kleinen aufsteckbaren Geräten für den anspruchslosen Amateur bis hin zu den Bogenlampen der Spielfilmindustrie. Der große Vorteil der künstlichen Beleuchtung ist, daß Sie sie ganz nach Belieben einsetzen können.

Das Lambertsche Entfernungsgesetz
Das Licht einer einfachen Lichtquelle (z. B. einer Kerze) gehorcht dem Lambertschen Entfernungsgesetz: Seine Beleuchtungsstärke ist dem Quadrat der Entfernung von der Lichtquelle umgekehrt proportional. D. h. wenn Sie den Abstand zwischen Objekt und Leuchte verdoppeln, erhält das Objekt nur noch ein Viertel der ursprünglichen Lichtmenge. In der Praxis ist der Lichtverlust erheblich geringer, weil alle Leuchten irgendeine Art von Reflektor haben, der den Lichtverlust reduziert.

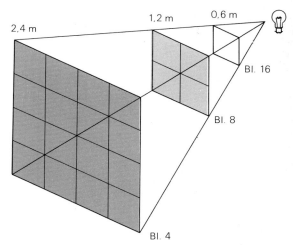

Hartes Licht (links)
Licht von einem stark konzentrierten Lichtbündel mit einem kleinen Leuchtwinkel ergibt kontrastreiche Aufnahmen.

Weiches Licht (rechts)
Ein «Weichstrahler» ist eine Leuchte, die diffuses, gestreutes Licht in einem weiten Winkel abstrahlt. Solch sanftes Licht liefert Aufnahmen mit wenig Kontrasten und aufgehellten, unscharf begrenzten Schatten.

Plastische Beleuchtung (links)
Wenn Sie eine Person mit gerichtetem Licht von unten beleuchten, treten Details der Oberflächenstruktur hervor, und es entstehen harte Kontraste.

Flache Beleuchtung (rechts)
Bei diffuser Beleuchtung entstehen weniger dramatische Aufnahmen, die jedoch einen größeren Tonwertumfang und weichere Schatten aufweisen.

Reflektortypen

Eine Lampe ohne Reflektor strahlt ihr Licht in alle Richtungen ab. Befindet sich die Lampe jedoch in einem Reflektor, so können Sie das Licht in eine bestimmte Richtung lenken. Ein *parabolischer Reflektor* produziert hartes Licht und wird vor allem für Glühlampen verwendet. Beim *Weichstrahler* ist der Lampe ein kleiner Reflektor vorgeschaltet, so daß er nur indirektes Licht liefert. Ein *Spotlight* erlaubt Ihnen die Verstellung des Lichtkegels.

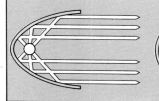
Parabolischer Reflektor
Liefert einen konzentrierten, gerichteten Lichtkegel.

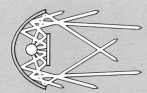
Weichstrahl-Reflektor
Liefert diffuses Licht mit weichem Leuchtwinkel.

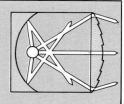
Spotlight
Der Durchmesser des Strahlenbündels läßt sich verändern.

BELEUCHTUNG

Konventionelle Glühlampen und Fotolampen

Glühlampen ähneln im Prinzip den Haushalts-Glühbirnen: In einem mit Edelgas gefüllten Glaskolben befindet sich ein Wolfram-Glühfaden. Wird der Glühfaden von Strom durchflossen, so erhitzt er sich und strahlt Licht ab. Glühlampen gibt es mit unterschiedlichster Leistung, von 100-Watt-Einstelllampen bis hin zu den 10 000-Watt-Scheinwerfern, die in der Filmindustrie verwendet werden. Eine normale Grundausrüstung an Beleuchtungsgeräten umfaßt jedoch nur drei Lampen mit einer Gesamtleistung von 1000 bis 1500 Watt und kostet etwa 200 Mark. Glühlampen sind in zwei Haupttypen erhältlich: Konventionelle Glühlampen und «Fotolampen».

Konventionelle Glühlampen

Glühfadenlampen werden in der Filmindustrie schon seit langem verwendet. Man kann sie mit den verschiedensten Reflektoren kombinieren. Eine Studioleuchte mit *parabolischem Reflektor* liefert ein ziemlich breites Bündel gerichteten, «harten» Lichts. Ein *Weichstrahler* ist meist flacher geformt und hat eine weniger stark reflektierende Innenfläche sowie einen kleinen Reflektor vor der Lampe, der dafür sorgt, daß kein direktes Licht abgestrahlt wird. Und schließlich gibt es noch das *Spotlight*, das ein scharf begrenztes Bündel gerichteten Lichts liefert. Vor der Leuchte können verschiedene Lichtklappen angebracht werden (Vierklappenvorsatz, «Scheunentor»), mit denen sich der Lichtkegel zusätzlich begrenzen läßt. Außerdem können diese Scheinwerfer mit Filtern und verschiedenen Diffusern versehen werden (s. S. 101).

Fotolampen

Fotolampen sind die billigsten Kunstlichtquellen. Sie können in normale Lampenfassungen eingeschraubt werden. Diese Lampen gibt es mit einer Leistung von 100 bis 1000 Watt, und ihre Farbtemperatur beträgt entweder 3200 oder 3400 K. Viele Fotolampen werden mit *Überspannung* betrieben. Das bedeutet, daß sie zwar sehr helles Licht abgeben, aber eine sehr begrenzte Lebensdauer haben. Schon nach wenigen Betriebsstunden beginnt sich der Glaskolben mit Wolframablagerungen zu schwärzen, die Lichtleistung nimmt ab und die Farbtemperatur sinkt – so daß die Aufnahmen einen Rotstich bekommen.

Übrigens schwankt die Farbtemperatur von Glühlampen auch mit der Netzspannung. Mit einem Farbtemperaturmesser (s. S. 92) können Sie solche Abweichungen feststellen.

Es sind auch Fotolampen erhältlich, die mit geringerer Überspannung betrieben werden. Sie sind nicht so hell wie die regulären Überspannungslampen, halten aber viel länger – bis zu 100 Betriebsstunden – und setzen sich deshalb immer mehr durch. Es gibt auch *innenverspiegelte* Fotolampen. Hier wird das Licht durch eine spiegelnde Schicht reflektiert, die auf die Innenseite des Kolbens aufgebracht ist.

Konventionelle Glühlampen
Diese Lampen, die herkömmliche Lichtquelle für fotografische Zwecke, gibt es in den verschiedensten Formen und Ausführungen. Leider haben diese Lampen nur eine begrenzte Lebensdauer.

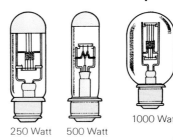

250 Watt   500 Watt   1000 Watt

10 000 Watt

Studioleuchte (links)
Diese Leuchte enthält eine einzelne Glühlampe in einem schüsselförmigen Reflektor. Sie liefert hartes, aber gleichmäßiges Licht.

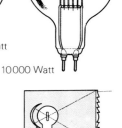

«Spot»-Stellung

«Flutlicht»-Stellung

Spotlight (rechts)
Bei diesen Scheinwerfern läßt sich der Lichtkegel mit Hilfe einer «Stufenlinse» scharf konzentrieren. Lampe und Reflektor lassen sich hinter der Linse vor- und zurückbewegen, so daß Lichtkegel von extremer Konzentration oder auch größerer Ausdehnung erzeugt werden können.

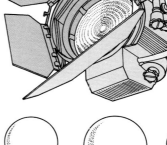

Fresnel Luminaire

Fotolampen
Auch diese Lampen gibt es in den verschiedensten Größen und Ausführungen. Manche Typen sind mattiert oder innenverspiegelt. Sie sind preiswert, haben aber eine Lebensdauer von nur wenigen Betriebsstunden. Ihr Hauptvorteil ist, daß sie in normale Lampenfassungen passen.

Fotolampe 275 Watt

Fotolampe 500 Watt

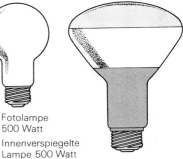

Innenverspiegelte Lampe 500 Watt

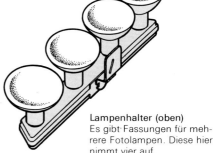

Lampenhalter (oben)
Es gibt Fassungen für mehrere Fotolampen. Diese hier nimmt vier auf.

BELEUCHTUNG

Halogenlampen

Heute werden für Filmzwecke vorwiegend Halogenlampen (Halogenbrenner) verwendet. Sie sind kleiner, leichter und leistungsfähiger als herkömmliche Glühlampen. Sie bestehen aus einem Glühfaden in einem kleinen Quarzglaskolben, der mit einem Halogengas – meist Jod – gefüllt ist. Das Jod sorgt dafür, daß der Kolben nicht nachdunkelt und daß Lichtleistung und Farbtemperatur konstant bleiben. Die meisten Halogenlampen haben eine Lebensdauer von bis zu 250 Stunden und eine Farbtemperatur von 3200 K. Die Lichtleistung liegt bei Batteriebetrieb zwischen 150 und 300 Watt und bei Netzbetrieb zwischen 200 und 10000 Watt. Der Quarzglaskolben darf nie mit der bloßen Hand angefaßt werden. Fassen Sie Halogenlampen deswegen stets nur mit einem Stück weichem, dünnen Papier an.

Halogenleuchten

Dank ihrer hohen Lichtleistung, ihrer langen Lebensdauer und ihrer Tragbarkeit haben sich die Halogenleuchten zu den beliebtesten Filmleuchten entwickelt.

Für Super-8-Kameras gibt es sehr kompakte Halogenleuchten, die aufgesteckt oder mit einer Schiene an der Kamera befestigt werden. Sie werden entweder von Batterien gespeist oder ans Netz angeschlossen. Manche Modelle lassen sich für «indirekte» Beleuchtung auch nach oben schwenken. Das ist ein großer Vorteil, denn direktes Licht von einer Halogen-Filmleuchte ist meist sehr hart, ungleichmäßig und «flach».

Von der Kamera getrennte, batteriebetriebene Halogenleuchten werden im professionellen Bereich oft für Nachtaufnahmen verwendet. Diese Leuchten kann man auch an trüben Tagen zum «Aufhellen» von Schatten, vor allem bei Personenaufnahmen, verwenden (s. S. 108). Während der Aufnahme muß eine solche Leuchte ruhig gehalten werden, weil jedes Wackeln hinterher auf der Leinwand zu sehen ist.

Viel verwendet werden auch Halogenlampen in offenen Reflektoren. Die Leistung dieser Leuchten reicht von 200 bis 2000 Watt, es gibt aber auch welche mit bis zu 10 000 Watt. Bei vielen Modellen läßt sich die Ausleuchtung durch Verschieben des Brenners verändern.

Eine Grundausrüstung besteht im allgemeinen aus drei Halogenleuchten mit je bis zu 1000 Watt. Sie sind oft mit «Scheunentoren» und Stativen versehen.

Farbtemperatur von Filmleuchten

Normale Glüh- und Halogenlampen haben meist eine Farbtemperatur von 3200 oder 3400 K (s. S. 92). Man sollte sie deshalb zusammen mit Kunstlichtfilm verwenden. Wenn Sie jedoch Halogenleuchten zum *Aufhellen* bei Tageslichtaufnahmen verwenden, sollten Sie ihre Farbtemperatur durch Vorsetzen dichroitischer Blaufilter auf 5500 K erhöhen. Dadurch nimmt natürlich die Lichtleistung ab. Bogenlampen haben entweder 3200 oder 5500 K.

Denken Sie daran, daß die Farbtemperatur bei einem Spannungsabfall sinkt.

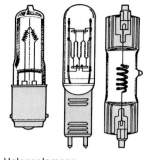

Halogenlampen
Der Glühfaden befindet sich in einem mit Halogengas gefüllten Quarzglaskolben.

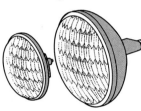

«PAR»-Halogenlampen
Diese kompakten Lampen haben einen eingebauten Reflektor hinter dem Brenner und ein Sicherheitsglas.

«Mini»-Sicherheits-Halogenleuchten (Filmleuchten)
Diese kompakten Leuchten sind die gebräuchlichsten Halogenleuchten für Amateurfilmer. Man kann sie auch in der Hand halten.

Netzunabhängige Halogenleuchten
Dies sind kleine, leichte Halogenleuchten, die eine Leistung von etwa 150 bis 300 Watt haben und von einem Batteriesatz mit Strom versorgt werden. Ihr Hauptvorteil ist die Tragbarkeit, und deshalb werden sie gerne für Reportageaufnahmen verwendet, wo schwere Beleuchtungsgeräte unpraktisch wären. Ihr Licht ist jedoch sehr hart, wenn es direkt eingesetzt wird.

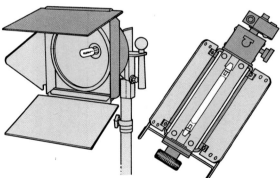
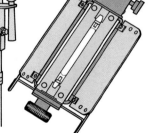

Halogen-Reflektorleuchte
In dieser Leuchte kann man auswechselbare Brenner mit 500, 750 oder 1000 Watt verwenden. Die Ausleuchtung läßt sich durch Verstellen des Brenners innerhalb des Reflektors variieren. Der Leuchtwinkel kann zwischen 5 und 67° verändert werden. Zu der Leuchte gibt es reichhaltiges Zubehör, z. B. Vierklappenvorsatz, Filter und auswechselbare Reflektoren.

Halogenleuchte mit Breitbandreflektor
Diese Leuchte ist mit einem Halogenbrenner bestückt, der eine Leistung von 300 bis 1000 Watt haben kann. Sie liefert besonders breites, gleichmäßiges Licht, das sich vorzüglich für indirekten Einsatz eignet. Der Leuchtwinkel kann durch Verstellen der Lichtklappen verändert werden. Die Leuchte ist robust, sehr kompakt und leicht. Auch für dieses Modell gibt es viel Zubehör.

Halogen-Weichstrahler
Diese Doppel-Halogenleuchte wird mit zwei Stabbrennern bestückt, die im allgemeinen je 750 Watt haben. Die Brenner sind nach innen gerichtet, zum Reflektor hin, so daß kein direktes Licht abgestrahlt wird, sondern nur indirektes Licht von der strukturierten Reflektor-Oberfläche das Objekt erreicht. So liefert die Leuchte zwar sehr helles, aber «weiches» Licht.

Kunstlicht-Zubehör

Das wichtigste Zubehör für die Beleuchtungsanlage ist das *Leuchtenstativ*. Es sollte so robust wie möglich, dabei aber nicht zu schwer sein. Notfalls kann man es mit einem Sand- oder Wassersack beschweren. Sie können eine Leuchte aber auch mit einer Klemme befestigen, z. B. an einer Tür oder einer Vorhangschiene.

Das übrige Beleuchtungszubehör dient vor allem dazu, die Licht*qualität* zu verändern (s. unten). Manches davon, z. B. *Klappen*, *Streuschirme* und *Filter* ist so gut wie unentbehrlich. Viele dieser Geräte können Sie sich selbst basteln. Beispielsweise ergibt eine große Platte aus weißem Styropor einen vorzüglichen Reflexschirm für indirektes Licht. Auch große Reflexschirme können Sie improvisieren, z. B. mit einem aufgehängten weißen Bettuch.

Lampenklemme
Eine solche Federklemme ist ideal zur Befestigung leichterer Leuchten wie z. B. kleiner bis mittelgroßer Halogenleuchten.

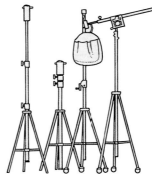

Leuchtenstative
Hochwertige Modelle sind aus Leichtmetall gefertigt und ausziehbar. Sie sollten eine Höhe von rund 2 m erreichen und stabile Beine haben, die sich weit spreizen lassen. Mit einem «Galgenstativ» ist es möglich, die Szene von oben zu beleuchten, ohne daß das Stativ mit aufs Bild kommt.

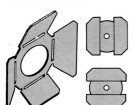

Vierklappenvorsatz
Die mit Scharnieren versehenen Klappen lassen sich vor der Leuchte anbringen. Indem Sie sie einzeln verstellen, können Sie die Beleuchtung regulieren.

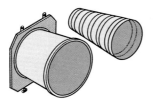

Vorsatztubus
Dieser röhrenförmige Vorsatz für die Leuchte dient dazu, den Lichtkegel einzuengen.

Streuschirm
Ein vor die Leuchte gestellter Streuschirm aus Plexiglas, gesponnenem Glas oder auch nur Transparentpapier sorgt für weiches, stimmungsvolles Licht.

Schirmreflektor
Diese Schirme sind auf der Innenseite mit stark reflektierendem Material beschichtet. Mit ihrer Hilfe läßt sich weiche, fast schattenlose Beleuchtung erzielen.

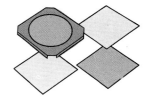

Filter
Wenn Sie bei Mischlicht (Tages- und Kunstlicht) drehen, können Sie dichroitische oder Gelatine-Korrekturfilter bzw. Konversionsfilter vor die Leuchte setzen (s. S. 107).

Abschirmfläche
Dies ist eine mattschwarze Tafel, die an einer flexiblen Strebe befestigt wird und zum Abschirmen dient.

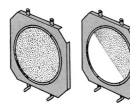

Scrims
Scrims sind Schirme aus Drahtgaze. Sie können sie vor die Leuchten setzen, um die Lichtintensität zu verringern, ohne die Leuchte versetzen zu müssen.

Cukaloris
Dieses Hilfsmittel wird zwischen Leuchte und Hintergrund angebracht, um auf diesem Schatten entstehen zu lassen.

Reflexschirm
Mit einem Reflexschirm können Sie hartes, direktes Licht in weiches, indirektes Licht verwandeln. Außerdem können Sie ihn zum Aufhellen von Schatten verwenden.

Folienfilter
Anstatt vor die Leuchte können Sie ein entsprechend großes Folienfilter auch vor dem Fenster anbringen. Nehmen Sie dazu eine große Rolle Gelatine-Filterfolie.

Studioleuchten und -scheinwerfer

Um mehr Licht als sonst zu bekommen, können Sie eine *Flächenleuchte* einsetzen, z. B. eine, die aus neun Einzelleuchten besteht. Solche Beleuchtungsanlagen können nur dort verwendet werden, wo die elektrischen Leitungen entsprechend ausgelegt sind.

Bogenlampen sind außerordentlich groß, schwer und lichtstark. Sie können Kunst- oder «Tages»licht in ungeheurer Intensität erzeugen.

Metallbogenlampen sind wie alle hier aufgeführten Beleuchtungsgeräte Profi-Studios vorbehalten; sie können die Nacht zum Tage machen und an einem trüben Tag die Sonne scheinen lassen.

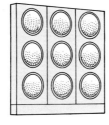

Flächenleuchte
Diese Leuchte besteht aus neun 650-Watt-Halogenleuchten, die sich auch einzeln einschalten lassen.

Bogenlampe
Lichtquelle ist hier ein Lichtbogen, der zwischen zwei Kohleelektroden brennt.

Metallbogenlampe
Hier wird Licht dadurch erzeugt, daß an zwei Quecksilberelektroden Wechselstrom angelegt wird.

BELEUCHTUNG

Aufbau einer Beleuchtungsanordnung

Kreative Beleuchtung ist ebenso wichtig wie kreativer Umgang mit der Kamera. Sie können Höhe, Richtung, Helligkeit und Qualität jeder Ihrer Lichtquellen variieren, und jede Änderung wird die Stimmung und die optische Eigenart Ihrer Filme verändern. Durch entsprechende Anordnung der Leuchten können Sie eine strahlende, glitzernde Bildwirkung oder aber einen gedämpften, naturalistischen Effekt erzielen. Die auf den folgenden Seiten dargestellten Techniken lassen sich nach Wunsch jeder Situation anpassen – und sie sind alle schon mit einfachen, preiswerten Geräten zu verwirklichen.

Beleuchtung für Porträts

Das menschliche Gesicht ist der grundlegendste Bestandteil jedes Films, und wenn Sie erst einmal die verschiedenen Arten, ein Porträt auszuleuchten, kennengelernt haben, werden Sie auch mit der Beleuchtung anderer, komplizierterer Sujets leichter zurechtkommen. Sie können natürlich mit dem Aufbau der Leuchten nach Belieben experimentieren, aber die meisten Filmer sind sich darüber einig, daß die beste Beleuchtung für Porträts zustande kommt, wenn man mit einem *Hauptlicht* (Führungslicht), einem *Aufhellicht* (Aufheller) und einem *Effektlicht* arbeitet.

Beim Aufbau dieser drei Leuchten sollten Sie daran denken, daß es jeweils zwei Merkmale zu berücksichtigen gilt: die Lichtqualität («hartes» oder «weiches» Licht, s. S. 98) und die Beleuchtungsrichtung.

Beleuchtungsrichtung
Die Richtung der vorherrschenden Lichtquelle bestimmt weitgehend Wirkung und Aussehen des Gesichts. Hier wurde ein starkes Spotlight aus verschiedenen Richtungen eingesetzt, um zu demonstrieren, wie sich Plastizität und Detailwiedergabe verändern.

4 Seitenlicht

Die erzielbaren Effekte reichen von der reinen Silhouette, wenn das Licht auf den weißen Hintergrund hinter dem Mädchen gerichtet wird, bis zu einer harten, flachen Beleuchtung ohne plastische Wirkung bei reinem Vorderlicht. Keine dieser Beleuchtungsarten ist für sich genommen sonderlich attraktiv.

1 Silhouette

2 Effektlicht

3 Effektlicht 45°

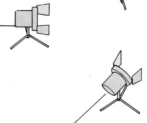

5 Vorderlicht 45°

6 Vorderlicht

Plazierung des Hauptlichts

Das Hauptlicht bestimmt im wesentlichen den Beleuchtungscharakter eines Porträts. Von ihm hängt die plastische Wirkung des Gesichts ab, da es am hellsten ist; es wird deshalb meistens seitlich angeordnet. Besonders wichtig ist, daß Sie das Hauptlicht bezüglich der Blickrichtung Ihres Modells richtig aufstellen, wobei unter Blickrichtung eine gedachte Linie zu verstehen ist, die senkrecht zur Verbindungslinie der Augen steht. Wenn Ihr Modell nicht direkt in die Kamera schaut, sollte die Richtung des Hauptlichts der Blickrichtung möglichst nahe kommen, weil sonst die Nase einen unschönen Schatten wirft. Wenn es die plastische Wirkung erfordert, kann das Hauptlicht nach beiden Seiten um 20° von dieser Linie abweichen.

Horizontaler Winkel
Das Hauptlicht wird im allgemeinen innerhalb eines Winkels von 20° beiderseits der Blickrichtung des Modells plaziert.

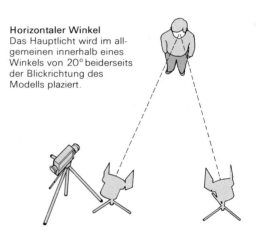

Auch die Höhe des Hauptlichts ist wichtig. Ist es zu niedrig, ergibt sich ein grotesker Effekt: Augenbrauen, Backenknochen und Kinn werden unnatürlich hervorgehoben. Ist das Hauptlicht jedoch zu hoch plaziert, dann sind die Augen nicht mehr zu sehen, und harte Schatten verfremden die Gesichtszüge. Die beste Position liegt bei einem Winkel von 40° über der Augenlinie des Modells. Das Wechselspiel von Lichtern und Schatten, das sich bei dieser Beleuchtungsart auf dem Gesicht einstellt, empfinden wir deshalb als «natürlich».

Senkrechter Winkel
Das Hauptlicht sollte einen Winkel von rund 40° mit der Blicklinie des Modells bilden.

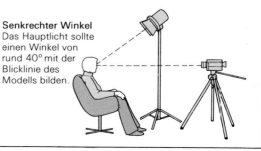

Hauptlicht allein

Das *Hauptlicht* sollte als erstes aufgebaut werden. Es liefert den größten Teil der Beleuchtung und bestimmt daher weitgehend die Belichtung. Sollten Sie es für richtig halten, die Helligkeit dieser Leuchte zu verringern, indem Sie sie weiter vom Objekt entfernen, müssen Sie daran denken, die Leuchte auch höher zu stellen, damit das Licht im gleichen Winkel auf das Objekt trifft. Beim Hauptlicht handelt es sich meist um ein Spotlight oder eine verstellbare Reflektorleuchte. Normalerweise wird es nicht «gesoftet», aber wenn es die einzige Lichtquelle ist, müssen Sie es auf die eine oder andere Art streuen. Das Hauptlicht darf nie direkt hinter der Kamera stehen. Wenn Sie das Hauptlicht aufgebaut haben, messen Sie die Belichtung.

Hinzunehmen eines «Aufhellers»

Ein «Aufhellicht» dient dazu, die vom Hauptlicht geworfenen Schatten überall oder partiell aufzuhellen. Es sollte so hell sein, daß die Schatten deutlich heller werden, aber doch nicht so hell, daß sie ganz verschwinden. Vom Verhältnis zwischen Hauptlicht und Aufhellicht hängt es ab, wie kontrastreich das Objekt beleuchtet wird. Bei einer klassischen Beleuchtungsanordnung würde es etwa 2:1 betragen, wobei das Aufhellicht die Gesamthelligkeit ungefähr um eine Blendenstufe erhöht. Nehmen Sie zum Aufhellen stets weiches, diffuses Licht. Wenn Ihr Modell direkt in die Kamera schaut, bauen Sie das Aufhellicht auf der dem Hauptlicht gegenüberliegenden Seite auf. Schaut es jedoch zur Seite, dann plazieren Sie den Aufheller irgendwo *zwischen* Kamera und Hauptlicht. Schalten Sie das Hauptlicht wieder ein und verschieben Sie das Aufhellicht, bis Ihnen die Wirkung beider Leuchten zusagt.

Hinzunehmen eines Effektlichts

Wenn Haupt- und Aufhellicht aufgebaut sind, schalten Sie beide Leuchten aus und stellen ein Effektlicht auf. Diese Leuchte, meist ein Spotlight oder eine verstellbare Reflektorleuchte, hat die Aufgabe, Haar und Schultern Ihres Modells mit einem Lichtsaum zu versehen und damit die Figur vom Hintergrund zu lösen und ihr mehr Plastizität zu verleihen. Das Effektlicht sollte leicht seitlich von der Blickrichtung der Kamera und recht hoch angebracht werden – in einem Winkel von etwa 50° über dem Kopf Ihres Modells.

Hintergrundausleuchtung

Wahrscheinlich steht Ihr Modell jetzt entweder vor einem dunklen Hintergrund, der die Belichtungsmessung verfälschen kann, oder vor einem hellen mit unerwünschten unruhigen Schatten. Dem können Sie abhelfen, indem Sie noch ein Hintergrundlicht mit einbeziehen. Dabei handelt es sich meist um eine Reflektorleuchte, die auf den Hintergrund gerichtet und etwas seitlich von der Kamera aufgebaut wird – auf derselben Seite wie das Hauptlicht. Dadurch werden die Schatten, die Ihr Modell wirft, aufgehellt, und die räumliche Wirkung der Aufnahme verbessert sich. Sie können auch ein «Cukaloris» vor der Lampe anbringen, um die Schatten noch mehr aufzulösen. Oder Sie stellen eine Leuchte hinter Ihrem Modell auf.

Hauptlicht
Das Hauptlicht bestimmt bei jeder Anordnung den grundlegenden Beleuchtungscharakter.

Hauptlicht und Aufheller
Das Aufhellicht wird näher bei der Kamera und tiefer aufgebaut als das Hauptlicht. Es bringt Zeichnung in die Schatten.

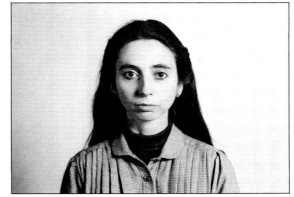

Hauptlicht, Aufheller und Effektlicht
Das Rücklicht beleuchtet das Modell von hinten und ruft auf Haar und Schultern Glanzlichter hervor.

Die komplette Beleuchtungsanordnung
Durch Hinzunehmen eines Hintergrundlichts kann der Bereich hinter dem Modell ausgeleuchtet werden.

BELEUCHTUNG

Effektbeleuchtung

Die klassische Beleuchtungsanordnung mit Hauptlicht, Aufhellicht und Effektlicht kann für stilisierte «Glamour»-Aufnahmen eingesetzt werden. Dazu verwendet man ein starkes Rücklicht, um Haar und Schultern durch helle Lichtsäume zu betonen und wählt ein im Verhältnis zum Aufheller sehr helles Hauptlicht. Geschickt eingesetzt, kann diese Beleuchtung trotz aller Künstlichkeit überzeugend wirken. Dieser Beleuchtungsstil war im Hollywood der dreißiger Jahre sehr beliebt, vor allem in Verbindung mit Weichzeichnung. Das war z. T. darauf zurückzuführen, daß bei der geringen Empfindlichkeit des damaligen Filmmaterials die Szene sehr hell ausgeleuchtet werden mußte, kam aber auch dem Geschmack dieser Epoche entgegen.

Der «Hollywood-Look»
Dieses Standfoto von Marlene Dietrich in Sternbergs *Der blaue Engel* (1930) ist ein vorzügliches Beispiel für die klassische Beleuchtungstechnik Hollywoods. Der Weichzeichnereffekt, die kontrastreiche High-key-Beleuchtung und das starke Rücklicht tragen alle zu diesem übersteigerten Glamour bei.

Aufbau einer High-key-Beleuchtungsanordnung
Bauen Sie auf einer Seite der Kamera ein starkes Hauptlicht auf (Spotlight oder verstellbare Reflektorleuchte). Zum Aufhellen der Schatten nehmen Sie noch ein Aufhellicht dazu. Der Helligkeitsunterschied zwischen Hauptlicht und Aufhellicht soll bei solcher Effektbeleuchtung recht groß sein. Bauen Sie schließlich noch ein starkes Effektlicht auf, um im Haar Ihres Modells Glanzlichter zu setzen.

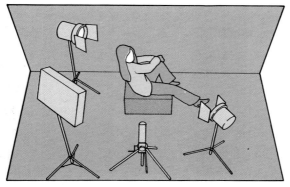

Melodramatische Beleuchtung

Melodramatische Beleuchtung erzielt man am besten dadurch, daß man gegen alle Beleuchtungsregeln verstößt. Anstatt nach einer möglichst ausgewogenen Ausleuchtung zu streben, teilen Sie hier das Bildfeld in scharf kontrastierende Lichter- und Schattenpartien auf. Dadurch erzeugen Sie eine Atmosphäre von Dramatik und Spannung. Verwenden Sie Spotlights oder statten Sie Ihre Reflektorleuchten mit «Vorsatztuben» (s. S. 101) aus, so daß Sie die Szene mit scharf begrenzten Lichtbündeln ausleuchten können. Variieren Sie vor allem die Beleuchtungsrichtung. Hartes Licht, das Ihr Modell von unten anstrahlt, erzeugt einen ausgesprochen unheimlichen Effekt – was Sie in zahlreichen Horrorfilmen bestätigt finden werden.

Dramatische Beleuchtung
Diese Einzelbild-Vergrößerung stammt aus *Citizen Kane* (1941). Die beiden Reporter, deren Gesichter man nie richtig zu sehen bekommt, heben sich vor hell erleuchteten Flächen in einem fast völlig dunklen Projektionsraum ab. Dies ist ein Fall, wo im Zusammenwirken von Bildaufbau und Effektbeleuchtung eine hochdramatische Atmosphäre entsteht.

Aufbau für melodramatische Beleuchtung
Verwenden Sie hartes Licht, vorzugsweise eng gestellte Spotlights. Bauen Sie das Hauptlicht tief auf, so daß es das Gesicht Ihres Darstellers schräg von unten beleuchtet. Die Schatten können Sie durch eine auf der anderen Seite hoch angeordnete Leuchte aufhellen. Betonen Sie mit einem starken Effektlicht eine Gesichtshälfte und werfen Sie tiefe, dramatische Schatten auf den Hintergrund.

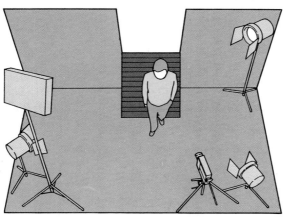

BELEUCHTUNG

Realistische Beleuchtung

Bei Tageslicht im Freien sehen wir die Objekte meist in Sonnenlicht oder dem diffusen Licht eines bedeckten, aber hellen Himmels. Dieses Licht empfinden wir als das «natürlichste».

Da die Filmgeräte anders als früher kein helles Studiolicht mehr benötigen, können wir heute bei realistischer Low-key-Beleuchtung filmen. Vorkämpfer dieses modernen naturalistischen Filmstils waren europäische Regisseure und Kameraleute der fünfziger und sechziger Jahre. Dieser Stil hat inzwischen auch in Hollywood Eingang gefunden, mit allen Vorteilen, die sich aus einer realistischen Bildauffassung ergeben. Dank der neuen XL-Kameras kann auch der Amateur mit einfachen Geräten diese realistische Wirkung erzielen.

Weiches, dunstiges Licht
Antonionis Film *Die rote Wüste* (1964), aus dem diese Einstellung stammt, gehörte zu jenen europäischen Filmen der sechziger Jahre, die mit den Konventionen der artifiziellen Studiobeleuchtung brachen. Diese Aufnahme verdankt ihre Stimmung dem weichen Licht, dem verhangenen grauen Himmel und den gedämpften Farben und Formen.

Natürliche Beleuchtung
Diese Aufnahmen stammen beide aus *The Duellists* (1977). Beide entstanden unter geschickter Ausnutzung des Tageslichts. Bei der Aufnahme wird das Paar ausschließlich von dem durchs Fenster einfallenden Tageslicht beleuchtet. Es wurde kein Filter verwendet, doch erzeugt die Kamera einen leichten Weichzeichnereffekt. Die Aufnahme rechts zeigt das weiche, schattenlose Licht eines grauen Herbsthimmels.

Naturalistische Beleuchtung

Wenn Ihre künstliche Beleuchtung möglichst naturalistisch wirken soll, müssen Sie versuchen, die Beleuchtung zu rekonstruieren, die sie an einem durchschnittlichen Tag im Freien vorfinden würden. Vermeiden Sie jede Art von harter Beleuchtung, halten Sie die Helligkeitsunterschiede zwischen Haupt- und Aufhellicht gering und betonen Sie das Effektlicht nicht zu stark. Wenn Sie nicht ohnehin mit speziellen Weichstrahlern arbeiten (s. S. 100), erzielen Sie die weichere Beleuchtung entweder dadurch, daß Sie das Licht von einer Wand oder der Decke reflektieren lassen (indirektes Licht) oder die Lampen mit Streuschirmen versehen.

Anordnung für realistische Beleuchtung
Setzen Sie harte Lichtquellen indirekt oder mit Streuschirmen ein. Ein Effektlicht darf nicht zu hell sein.

Indirektes und gestreutes Licht

Weiches, relativ schattenloses Licht kommt stets von einer diffusen Lichtquelle. Mit anderen Worten, es darf kein direktes Licht von einer Glühlampe auf das Objekt fallen. Harte Lichtquellen lassen sich leicht in weiche verwandeln, am einfachsten, indem man sie auf eine helle Fläche richtet, so daß nur *indirektes* Licht auf das Objekt fällt. Bei dieser Fläche kann es sich um eine Wand oder einen Reflexschirm handeln. Farbige Flächen sind ungeeignet, weil sie einen Reflexfarbstich hervorrufen würden. Eine andere Möglichkeit besteht darin, daß man mit Hilfe eines *Streuschirms* (Diffusors) hartes Licht in diffuses verwandelt.

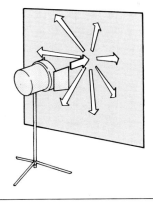

Indirektes Licht (links)
Bauen Sie die Leuchte so auf, daß ihr Licht diffus von einer hellen Fläche reflektiert wird. Farbige Flächen sind ungeeignet, weil sie das indirekte Licht farbig tönen.

Gestreutes Licht (rechts)
Stellen Sie einen Schirm aus durchscheinendem Material zwischen Objekt und Lichtquelle. Je weiter dieser von der Leuchte entfernt ist, um so stärker streut er das Licht.

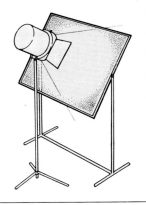

BELEUCHTUNG

Beleuchtung und Bewegung

Wenn Sie eine Innenaufnahme machen, bei der sich Objekt oder Kamera oder beide bewegen, werden sie vor besondere Beleuchtungsprobleme gestellt. Die perfekt ausgewogene Anordnung für eine bestimmte Phase kann sofort völlig ungeeignet werden, wenn das Objekt sich auch nur ein bis zwei Meter nach rechts oder links bewegt. Obendrein verändert sich gemäß dem Lambertschen Entfernungsgesetz (s. S. 98) auch noch die Beleuchtungsstärke, wenn Ihr Objekt bald näher an der Lichtquelle, bald weiter von ihr entfernt ist.

Es gibt mehrere Möglichkeiten, solche Schwankungen auszuschließen. Die einfachste besteht darin, daß Sie den ganzen Aufbau mit Hauptlicht, Aufhellicht und Effektlicht vergessen und die ganze Szene bei diffusem «indirektem» Licht (s S. 105) drehen. Die Beleuchtungsanordnung dafür ist einfach. Sie brauchen keine Streuschirme für die Leuchten. Es reicht, wenn Sie sie an die Wände oder die Decke richten, die jedoch nicht farbig getönt sein dürfen. Wenn die Leuchten alle aufgebaut sind, prüfen Sie mit dem Belichtungsmesser mittels «Lichtmessung» die Gleichmäßigkeit der Ausleuchtung. Eine andere Möglichkeit: Lassen Sie Ihren Darsteller alle Bewegungen einstudieren und messen Sie die Belichtung in jeder Phase der Aufnahme.

Beleuchtung und Kameraschwenk

Beim Aufbau einer komplizierten Beleuchtungsanordnung für ein bewegtes Objekt können Sie die Beleuchtungsstärke konstant halten, wenn Sie sich an folgende Grundregeln halten. Erstens: Bauen Sie die Leuchten möglichst weit vom Darsteller auf. Zweitens: Füllen Sie die Lücken zwischen den Hauptlichtern mit weichen Aufhellichtern aus, wo sich dies machen läßt, ohne daß diese Leuchten mit aufs Bild kommen. Auf diese Weise erhalten Sie weiche Übergänge vom Bereich eines Hauptlichts zu dem des nächsten.

Bei unserem Beispiel hier geht das Mädchen quer durchs Zimmer, um den Telefonhörer abzunehmen. Die Kamera erfaßt sie dabei in einem Begleitschwenk. Die beste Beleuchtungsanordnung für diese Aufnahme besteht aus zwei Hauptlichtern – einem links und einem rechts von der Kamera – und einem Aufheller. Um die Gleichmäßigkeit der Ausleuchtung zu messen, gehen Sie mit einem auf Lichtmessung eingestellten Belichtungsmesser, den Sie in Augenhöhe halten, denselben Weg wie das Mädchen. Bei etwaigen Helligkeitsschwankungen wird die Nadel des Geräts ausschlagen. Dann müssen Sie die Position der Lampen solange verändern, bis überall die gleiche Helligkeit herrscht.

Beleuchtung und Kamerafahrt

Bei diesem Beispiel hier begleitet die fahrende Kamera den Darsteller und bleibt ständig kurz vor ihm, während er durchs Zimmer geht. Würde man diese Aufnahme auch nur mit zwei Hauptlichtern und einem Aufheller ausleuchten, wäre das Licht zu hell, wenn der Darsteller am ersten Hauptlicht vorbeiginge und zu dunkel in der Lücke bis zum zweiten. Deshalb kann man ein sehr helles kleines Punktlicht zwischen die beiden Hauptlichter stellen, um die Lücke auszufüllen. Drei Weichstrahler gegenüber den Hauptlichtern bewirken eine noch gleichmäßigere Ausleuchtung.

Anordnung für gleichmäßige diffuse Ausleuchtung
Dieser Aufbau läßt Ihnen ein Höchstmaß an Spielraum. Alle Leuchten sind indirekt eingesetzt und so angeordnet, daß Ihr Darsteller sich frei bewegen kann, ohne daß Sie die Belichtung verstellen müssen und ohne daß die Lampen aufs Bild kommen. Richten Sie Leuchte 1 auf eine weiße Wand, als diffuses Hauptlicht für die Grundposition. Leuchten 2 und 3 richten Sie an die Decke, von der Kamera weg, um auch die Zimmerdecken gut auszuleuchten.

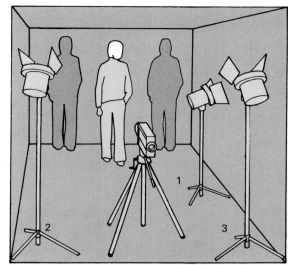

Beleuchtungsanordnung für einen Schwenk (rechts)
Bauen Sie ein Hauptlicht für die Ausgangsstellung des Mädchens und ein zweites für die Stellung am Telefon auf. Hellen Sie den Bereich dazwischen mit einem diffusen Aufheller auf. Die Beleuchtungsrichtung muß konstant bleiben, weil jede Änderung auf der Leinwand sichtbar wäre.

Beleuchtungsanordnung für eine Kamerafahrt (unten)
Stellen Sie zwei harte Lichtquellen auf einer Seite Ihres Darstellers und drei Weichstrahler auf der anderen Seite auf. Achten Sie darauf, daß die Leuchten weit genug weg sind, um nicht mit aufgenommen zu werden.

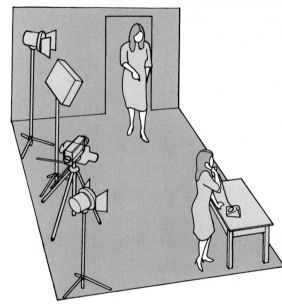

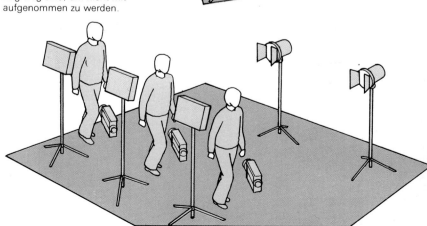

BELEUCHTUNG

Mischlicht

Wenn Sie eine Innenaufnahme drehen, bei der auch Tageslicht durch ein Fenster hereinkommt, stehen Sie vor zwei Problemen: Belichtung und Farbtemperatur.

Bei dem Beispiel hier ist es drinnen viel dunkler als draußen. Richtet sich die Belichtung nach den Verhältnissen draußen, dann wird das Mädchen zur Silhouette reduziert (s. unten links). Wird jedoch auf das Gesicht des Mädchens belichtet, so verliert der Fensterausschnitt wegen der starken Überbelichtung jede Zeichnung (s. unten rechts). Die Lösung lautet in einem solchen Fall, daß man mit einer diffusen Lichtquelle das Mädchen im Zimmer beleuchtet. Wenn Sie in Farbe drehen, stellt sich jedoch außerdem das Problem der Farbtemperatur. Das Tageslicht wird eine Farbtemperatur von etwa 6000 K haben, das Kunstlicht nur 3400 K. Wenn Sie Tageslichtfilm verwenden, wird deshalb der Vordergrund einen unschönen Rotstich aufweisen. Nehmen Sie Kunstlichtfilm, dann kommt der Hintergrund zu blau. Um das zu vermeiden, müssen Sie mit Filtern alles Licht entweder auf Kunstlicht- oder auf Tageslichttemperatur bringen.

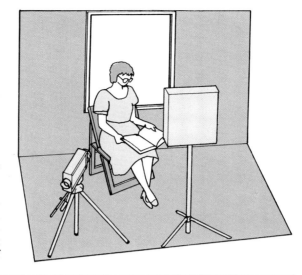

Vermeiden einer Szene mit Mischlicht
Nehmen Sie einen Weichstrahler, um die Schatten im Gesicht Ihres Modells aufzuhellen. Es kann auch eine harte Lichtquelle mit einem Streuschirm sein (s. S. 105). Damit wird das Mädchen hell genug beleuchtet, um nicht nur als Silhouette zu erscheinen, der Tageslichteffekt bleibt aber trotzdem erhalten (s. unten). Vergewissern Sie sich durch einen Blick in den Sucher, daß sich die Leuchte nicht in der Fensterscheibe spiegelt.

Belichtung wie bei Außenaufnahme
Wenn Sie die Belichtung so wählen, daß die Objekte im Freien richtig belichtet werden, dann geht im Gesicht des Mädchens jede Zeichnung verloren. Sie bildet sich nur als Silhouette vor dem hellen Fenster ab.

Belichtung wie bei Innenaufnahme
Wenn Sie die Belichtung auf das Gesicht des Mädchens abstimmen, werden die Objekte draußen vor dem Fenster stark überbelichtet. Der Blick durchs Fenster weist deshalb keinerlei Zeichnung auf und wirkt unnatürlich.

Abhilfe durch Konversionsfilter

Eine Art, Mischlicht zu beseitigen, besteht darin, daß man die Kunstlichtquelle mit einem Filter auf Tageslicht abstimmt, die Leuchte also mit einem «blauen» Konversionsfilter versieht. Dann wird das Tageslichtfilter in der Kamera eingeschwenkt, und die Aufnahme kann wie eine normale Außenaufnahme gedreht werden. Das Ergebnis ist farblich in Ordnung, aber Sie werden feststellen, daß Sie eine ziemlich starke Leuchte brauchen, weil das Filter vor der Leuchte eine Menge Licht schluckt und das Filter in der Kamera die effektive Empfindlichkeit des Films herabsetzt.

Eine bessere Lösung besteht darin, daß man das Fenster mit einer Konversionsfolie «85» abdeckt und die Szene auf Kunstlichtfilm dreht. Dabei kommt man ohne Leuchten- und Kamerafilter aus, und das Tageslicht wird außerdem durch die Filterfolie gedämpft.

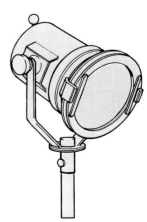

Leuchtenfilter (rechts)
Für Filmleuchten gibt es Konversions- und andere Farbfilter aus dichroitischem Glas oder hitzebeständiger Gelatine. Sie werden vorne an der Leuchte befestigt.

Folienfilter (links)
Diese Orangefilter «85» verwandeln Tageslicht in Kunstlicht. Sie sind als flexible Gelatinefolien in Rollen oder als steife Plexiglastafeln erhältlich. Kleben Sie sie innen oder außen vors Fenster und achten Sie auf Reflexe.

BELEUCHTUNG

Spezielle Beleuchtungstechniken

Tageslicht ergänzen

Außenaufnahmen bei Tageslicht stellen den Filmer kaum vor Belichtungsprobleme wegen zu geringer Helligkeit. Solange es noch so hell ist, daß der Belichtungsmesser anzeigt, bekommen Sie auch eine vernünftige Aufnahme, besonders mit einer XL- oder «Minilicht»-Kamera. Manchmal werden Sie jedoch feststellen, daß Sie irgendeine zusätzliche Lichtquelle gebrauchen könnten, um die Schatten aufzuhellen – z. B. wenn die Personen, die Sie filmen wollen, mit dem Rücken zur Sonne oder unter einem Baum stehen. In solchen Situationen arbeiten Sie am besten mit einem «Aufhellschirm» (Reflexschirm) (s. S. 101). Man kann damit Gesichtsschatten aufhellen und allgemein den Beleuchtungskontrast der Objekte verringern. Aufhellschirme gibt es in vielen Ausführungen zu kaufen, Sie können sich aber leicht auch selber einen anfertigen: Ein Stück weißes Styropor, das auf einer Seite mit Aluminiumfolie überzogen ist, läßt Ihnen die Wahl zwischen härterem und weicherem Aufhellicht. Im Notfall können Sie auch einen Bogen weißes Papier oder, für eine Nahaufnahme, sogar eine Zeitung nehmen.

Auch eine netzunabhängige Filmleuchte (s. S. 100) kann das benötigte Aufhellicht liefern. Sie muß aber mit einem Konversionsfilter versehen und sehr sorgfältig plaziert werden. Gesichter dürfen nicht so stark aufgehellt werden, daß sie überbelichtet werden, und die Leuchte darf keine zusätzlichen Schatten erzeugen. Gut geeignet sind solche Leuchten auch, um Glanzlichter in die Augen zu setzen.

«Getürkte» Tageslichtaufnahmen

Wenn Sie eine Innenaufnahme machen wollen, die auch ein Fenster zeigt, können Sie das Problem des Mischlichts (s. S. 107) umgehen, indem Sie bei Nacht drehen und mit Kunstlicht einen Tageslichteffekt simulieren. Das ist recht einfach und kann sehr überzeugend wirken. Da ausschließlich Kunstlicht vorhanden ist, gibt es keine Schwierigkeiten mit der Farbtemperatur.

Bauen Sie vor dem Fenster eine Leuchte so auf, daß sie ins Zimmer scheint. Um den Effekt eines bewölkten, aber hellen Tages zu erzielen, können Sie einen Weichstrahler nehmen oder eine normale Reflektorleuchte durch mehrere Lagen Stores oder Scheibengardinen scheinen lassen. Für «Sonne» brauchen Sie ein einzelnes, sehr helles Punktlicht. Die Innenbeleuchtung sollte gedämpft und kontrastarm sein, damit sie dem «Tageslicht» keine Konkurrenz macht.

«Getürkte» Nachtaufnahmen

Viele Nachtszenen in Spielfilmen werden gar nicht bei Nacht gedreht. Sie werden überwiegend bei Tage gedreht und einfach um zwei Blenden unterbelichtet, so daß der Eindruck von Dunkelheit entsteht. Man bezeichnet diesen Kunstgriff als «amerikanische Nacht». Wenn Sie in Farbe drehen, sollten Sie außerdem ein dunkles Blaufilter vors Kameraobjektiv setzen (s. S. 183). Oder Sie nehmen einfach das Konversionsfilter aus dem Strahlengang der Kamera und machen die Aufnahme auf Kunstlichtfilm. Damit der Effekt überzeugend wirkt, sollten Sie sich ein Motiv mit vielen Lichtern und klaren Konturen suchen.

Aufhellschirme
Mit solchen reflektierenden Flächen können Sie Schattenpartien aufhellen. Passen Sie ihre Stellung regelmäßig der Sonne an, wenn Sie länger drehen.

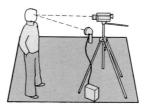

Glanzlichter in den Augen
Mit einer in Augenhöhe aufgebauten netzunabhängigen Filmleuchte können Sie in den Augen Ihres Modells Glanzlichter hervorrufen.

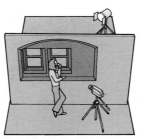

Künstliches Tageslicht
Diffuses Kunstlicht, das durch ein Fenster hereinscheint, wirkt wie Tageslicht.

«Amerikanische Nacht»
Um den Tag zur Nacht zu machen, können Sie um zwei Blenden unterbelichten und ein Blaufilter vors Objektiv setzen. Bei Negativfilm läßt sich der Effekt beim Kopieren im Labor erzeugen.

Leuchtstofflampen

Filmen bei «Neonlicht» kann komplizierte Farbtemperaturprobleme aufwerfen. Leuchtstofflampen arbeiten etwas anders als normale Glüh- oder Halogenlampen. Ihr Licht ist nicht an einem bestimmten Ende des Spektrums angesiedelt, sondern hat ein diskontinuierliches Spektrum. Man kann ihnen deshalb keine bestimmte Farbtemperatur und somit keinen Kelvinwert zuordnen. In der Praxis ruft Neonlicht oft einen häßlichen Grün- oder Blaustich hervor. Aber selbst dieser kann schwanken, da es Leuchtstofflampen in vielen verschiedenen Ausführungen gibt. Es ist also äußerst schwierig, Farbfilm auf Neonlicht abzustimmen.

Die Hersteller empfehlen oft Filter für ihre Farbfilme, doch ist für jeden Filmtyp und jeden Lampentyp ein anderes Filter erforderlich. Wenn Sie Zeit dazu haben, machen Sie am besten Testaufnahmen mit verschiedenen Filtern. Wenn nicht, so drehen Sie am besten auf Kunstlichtfilm bei eingeschaltetem Konversionsfilter. Kunstlichtfilm Type G, dessen Abstimmung in der Mitte zwischen Tages- und Kunstlicht liegt, liefert oft gute Resultate. Wenn Sie wollen, können Sie noch Glüh- oder Halogenlampen dazunehmen, um eine etwas wärmere Farbwiedergabe zu bekommen.

Vertonung

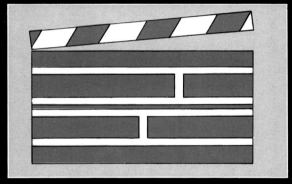

«Ich bin überzeugt, daß der Tonfilm potentiell die Kunstform der Zukunft ist. Er ist eine Synthese aller Elemente – des Oralen, des Visuellen, des Philosophischen. Uns bietet sich die Chance, die Welt mit all ihren Linien und Tonwerten in eine neue Kunstform zu übersetzen, die sich durchsetzt und alle älteren Künste ersetzen wird, denn sie ist das Medium, in dem wir das Heute und das Morgen ausdrücken können.»

W. I. Pudowkin

VERTONUNG
Grundlagen der Tonaufzeichnung

Schall ist eine Folge von Druckwellen in der Luft, die durch irgendein vibrierendes Objekt ausgelöst werden – z. B. eine Violinsaite, menschliche Stimmbänder oder die Membran eines Lautsprechers. Sobald diese Druckwellen unser Trommelfell erreichen, versetzen sie es in Schwingungen, die unser Gehörsinn als Schallwahrnehmung registriert.

Frequenz
Die *Tonhöhe* hängt von der Frequenz der Welle ab, der Anzahl der Schwingungen je Sekunde. Die Einheit der Frequenz ist das *Hertz (Hz)*; «20 Hz» bedeutet also, daß in jeder Sekunde 20 vollständige Schwingungen ablaufen. Die Empfindlichkeit des menschlichen Ohrs für Schallwellen reicht von etwa 16 Hz (einem tiefen Brummen) bis etwa 16 000 Hz (einem sehr hohen Piepsen).

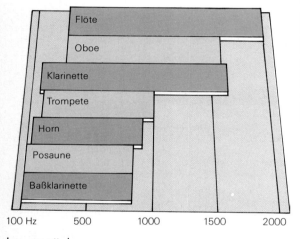

Lautstärke
Das menschliche Ohr nimmt jede Verdoppelung der Schallintensität als eine Einzelstufe wahr. Die Einheit des Maßsystems für die Lautstärke ist das *Dezibel (dB)*. Als Anhaltspunkt dienen 120 dB, die sogenannte Schmerzschwelle.

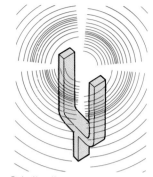

Schallwellen
Die Stimmgabel (oben) erzeugt Druckwellen, die sich in alle Richtungen ausbreiten.

Frequenz
Die in dem Diagramm links genannten Instrumente haben alle einen anderen Frequenzbereich. Der dargestellte Frequenzumfang macht nur einen kleinen Teil des gesamten für den Menschen hörbaren Frequenzbereichs aus.

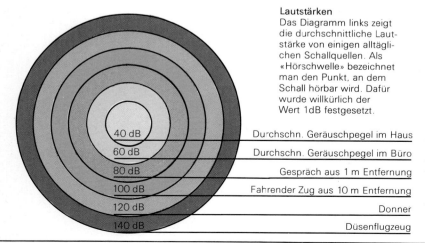

Lautstärken
Das Diagramm links zeigt die durchschnittliche Lautstärke von einigen alltäglichen Schallquellen. Als «Hörschwelle» bezeichnet man den Punkt, an dem Schall hörbar wird. Dafür wurde willkürlich der Wert 1dB festgesetzt.

Frequenzumfang
Alle Töne enthalten zahlreiche Obertöne, die z. B. die charakteristische Klangfarbe verschiedener Instrumente ausmachen. Das ist der Grund, weshalb der «Frequenzumfang» jedes Systems zur Tonaufzeichnung so wichtig ist. «High-fidelity» (HiFi) bedeutet soviel wie «hohe Tontreue».

Der Tonträger
Die erste Stufe in der Aufzeichnung von Schallwellen auf eine Tonspur ist das *Mikrofon*, das die Schallwellen in Elektrizität verwandelt. Dies kann auf verschiedene Arten geschehen, und die einzelnen Mikrofontypen unterscheiden sich in Frequenzumfang, Empfindlichkeit und Richtcharakteristik (s. S. 122–123). Das vom Mikrofon erzeugte Signal kann auf zwei verschiedene Arten aufgezeichnet werden.

Magnetton Das Mikrofonsignal wird verstärkt und zu einem magnetischen Tonkopf geleitet. Ein Tonband oder ein mit Oxidpartikeln beschichteter Filmstreifen läuft daran vorbei und wird je nach der Stärke des Mikrofonsignals magnetisiert. Beim Abspielen des Bandes werden dann die ursprünglichen Signale reproduziert.

Lichtton Diese Art der Tonaufzeichnung beruht auf der Modulation eines Lichtbündels. Die Helligkeit des Lichts verändert sich entsprechend den Intensitätsschwankungen des vom Mikrofon kommenden Signals. Dieses modulierte Lichtbündel wird auf dem Film aufgezeichnet und stellt nach dessen Entwicklung eine fotografische Aufzeichnung der Schwankungen des elektrischen Signals dar.

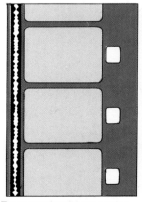

Transversalverfahren (oben)
Bei dieser Art der Lichttonaufzeichnung wird die Tonspur in geschwärzte und transparente Partien aufgeteilt. Die so entstehende «Zackenschrift» auf dem Film entspricht der Wellenform des aufgezeichneten Signals.

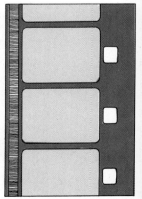

Intensitätsverfahren (oben)
Dies ist eine andere Art der Lichttonaufzeichnung. Der Schall wird hier als Folge verschiedener Intensitäten aufgezeichnet, so daß eine sogenannte «Sprossenschrift» entsteht, die über die ganze Breite der Tonspur reicht.

VERTONUNG

Aufnahmegeschwindigkeit

Die Tontreue eines Tonwiedergabeverfahrens hängt weitgehend von seiner Fähigkeit ab, den Frequenzumfang des Signals vollständig und unverzerrt wiederzugeben. Vor allem bei den höchsten Tönen müssen sehr viele Oxidpartikeln pro Sekunde den Tonkopf passieren, damit die Wiedergabe zufriedenstellend ausfällt. Je höher die Bandgeschwindigkeit ist, um so besser ist deshalb der Frequenzumfang der Wiedergabe. Spulentonbandgeräte werden bei Studio-Musikaufnahmen mit einer Bandgeschwindigkeit von 38 cm/s (Zentimeter je Sekunde), für Sprach- und normale Musikaufnahmen mit 19 cm/s gefahren. Die langsameren Geschwindigkeiten 9,5 cm/s und 4,75 cm/s eignen sich nur für Sprachaufnahmen bzw. Diktate. Kassettenbänder erreichen dagegen bei der Standardgeschwindigkeit von 4,75 cm/s auch bei anspruchsvollen Musikaufnahmen sehr gute Qualität, vor allem dank eines Rauschunterdrückungssystems wie Dolby.

Dieselben Kriterien gelten auch für die Magnettonaufzeichnung auf Film *(Magnetspur, Tonpiste)* und auf *Cord- bzw. Perfoband:* Bei Super-8 läuft der Film bei 24 B/s mit einer Geschwindigkeit von 10 cm/s am Tonkopf vorbei (bei 18 B/s mit 7,5 cm/s). Deshalb ist die Tonwiedergabe bei 24 B/s etwas besser, aber beide Geschwindigkeiten sind rund *doppelt* so hoch wie beim Kassettenrecorder, so daß die Wiedergabequalität hervorragend sein kann. Bei 16 mm entsprechen 24 B/s einer Bandgeschwindigkeit von 17,5 cm/s.

Jedes Urteil über die Tonqualität ist subjektiv. Ein guter Test besteht darin, daß man zwei kurze Aufnahmen macht, eine mit 24 und eine mit 18 B/s. Wenn Sie keinen Unterschied feststellen können, dann machen Sie noch eine Aufnahme mit niedrigerer Bildfrequenz.

Super-8-Tonfilm
Eine schmale Magnetspur (Tonpiste) dient beim Super-8-Tonfilm zur Aufzeichnung des vom Mikrofon aufgenommenen Tons.

Cordband/Magnetfilm
Eine andere Art der Tonaufzeichnung bedient sich des Cordbandes bzw. Magnetfilms. Dieses Material hat dieselben Dimensionen wie der Bildfilm und ist genauso perforiert. Er wird in einem speziellen Aufnahmegerät verwendet und liefert eine Toninformation, die hinterher mit dem Film synchronisiert werden kann.

Tonfilm

Der Filmemacher kann seine Filme auf drei verschiedene Arten vertonen: mit *Originalton* (entweder synchron oder «Off»), mit *Geräuscheffekten* und durch *Nachvertonung.*

Originalton (Live-Ton) Wenn Ton und Bild genau zusammenpassen, ist der Film «synchron» («lippensynchron») vertont. Dabei ist die Fehlertoleranz sehr gering – wenn ein Darsteller in Nahaufnahme spricht, kann der Zuschauer schon eine Abweichung von einem Einzelbild zwischen Ton und Bild feststellen.

«Off»-Geräusche, z. B. die allgemeine Geräuschkulisse, werden am Drehort, aber unabhängig von der Kamera aufgenommen. Eine solche Aufnahme kann man als Hintergrundkulisse für eine Sequenz oft ungeschnitten einblenden.

Geräuscheffekte Geräuscheffekte, die «live» aufgenommen werden, z. B. splitterndes Glas oder Schritte, haben die unschöne Angewohnheit, ausgesprochen unecht zu klingen. Dagegen wirken Geräuschimitationen oft überraschend echt.

Nachvertonung Die Tonuntermalung gehört seit den ersten Anfängen zum Film, aber der moderne Filmemacher hat den Vorteil, daß er nicht mehr auf den Pianisten angewiesen ist, sondern seinen Film mit jeder Art von Geräuschen und Musik untermalen bzw. vertonen kann. Er kann den Ton auf Band aufnehmen und synchron mit der Projektion abspielen oder das Band einfach im Hintergrund mitlaufen lassen. Musik, Geräuscheffekte und Kommentar können auch auf die Magnetspur von Einband-Tonfilm überspielt werden, so daß Bild und Ton unverrückbar aneinander gekoppelt sind.

Vertonungssysteme

Beim Super-8-Filmen haben Sie die Wahl zwischen zwei verschiedenen Vertonungssystemen, dem Einband- und dem Zweibandverfahren. Beim Einbandverfahren wird der Ton gleichzeitig mit dem Bild auf eine Magnetspur am Rande des Films aufgezeichnet. Für das Zweibandverfahren braucht man ein separates Tonbandgerät. Die Kamera setzt dabei parallel zum Ton Impulse, die für die Synchronisation von Bild und Ton sorgen. Bei Aufnahmen im Zweibandverfahren muß im allgemeinen ein zweiter Mann das Bandgerät bedienen.

Das Einbandverfahren kann im günstigsten Fall bessere Ergebnisse bringen als ein Kassettenrecorder, erreicht aber nie die Tonqualität eines mit 19 cm/s laufenden Spulengeräts. Beim Einbandverfahren muß die Kamera bei jeder Tonaufnahme laufen; für Aufnahmen der Geräuschkulisse verwendet man deshalb am besten ein zusätzliches Tonbandgerät. Es gibt heute Kameras für Einband-Vertonung, die Überblendungen, Auf- und Ausblendungen sowie manuelle und automatische Ton-Aussteuerung ermöglichen.

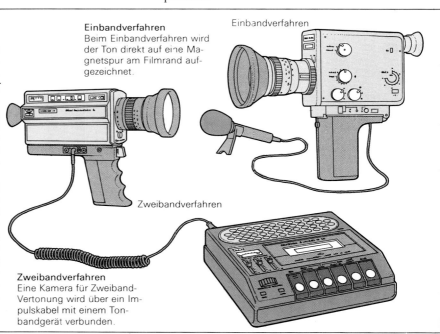

Einbandverfahren
Beim Einbandverfahren wird der Ton direkt auf eine Magnetspur am Filmrand aufgezeichnet.

Einbandverfahren

Zweibandverfahren
Eine Kamera für Zweiband-Vertonung wird über ein Impulskabel mit einem Tonbandgerät verbunden.

VERTONUNG
Einbandverfahren

Die Super-8-Tonfilmkassette wurde 1973 von Kodak auf den Markt gebracht und löste eine kleine Revolution in der Schmalfilmindustrie aus – zum ersten Mal konnte man Tonfilme mit kaum größerem Aufwand als Super-8-Stummfilme drehen.

Das Grundprinzip war nicht gänzlich neu: für 16-mm-Film war es schon lange vor 1973 verfügbar gewesen. Das Fernsehen wußte seit Jahren die Möglichkeit garantiert lippensynchroner Aufnahmen zu schätzen, denn die Vorteile lagen auf der Hand: Angesichts der stets knappen Termine war eine Tonaufnahme vorzuziehen, die nicht erst im Schneideraum mit der Bildaufnahme kombiniert werden mußte. Der Ton war da, absolut synchron, sobald der Film aus der Entwicklungsanstalt kam – eine erhebliche Vereinfachung vor allem bei Streifen, die stark geschnitten werden mußten.

Vor der Einführung der Super-8-Tonfilmkassette von Kodak hatte nur ein einziger Hersteller einen ernsthaften Vorstoß auf dieses Gebiet unternommen, die kalifornische Williamson Camera Company. Dort war man auf den Gedanken gekommen, die Minolta D 10 für eine 60-m-Kassette umzurüsten und sie mit einem Zahnkranzantrieb und einem Tonkopf auszustatten. Dieses abgewandelte Modell verkaufte die Firma für $ 5000 fast ausschließlich an Nachrichtenmedien. Zum Glück kosten die heute erhältlichen Tonfilmkameras nur einen Bruchteil dieser Summe.

Das Einbandverfahren ist mit Abstand die einfachste Art der Filmvertonung. Mit dem Mikrofon auf der Kamera oder in der Hand kann man Bild und Ton ohne weiteres alleine aufnehmen. Der einzige gravierende Nachteil dieses Verfahrens zeigt sich beim Schnitt. Die dabei auftretenden Probleme werden auf S. 234–237 ausführlich erörtert.

Aufnahmen im Einbandverfahren
Die gleichzeitige Aufnahme von Bild und Ton im Einbandverfahren funktioniert dank eines Abstands von 18 Einzelbildern zwischen Bildfenster und Aufnahmekopf. Bild und Ton werden genau im selben Moment, jedoch an verschiedenen Filmstellen aufgenommen. Der Ton wird 18 Einzelbilder vor dem entsprechenden Bild aufgezeichnet.

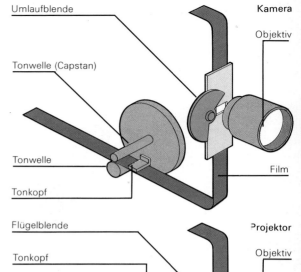

Projektion beim Einbandverfahren
Damit Ton und Bild bei der Projektion auch wirklich synchron wiedergegeben werden, muß der Bild-Ton-Abstand von 18 Einzelbildern gewahrt bleiben (s. rechts). Der Projektor ist so konstruiert, daß die Tonspur im selben Augenblick am Tonkopf vorbeiläuft, in dem das dazugehörige Einzelbild projiziert wird.

Bild-Ton-Abstand
Der Ton wird 18 Einzelbilder vor dem dazugehörigen Bild aufgezeichnet.

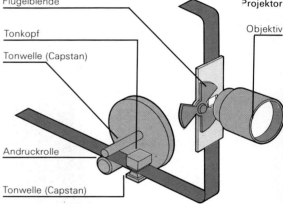

Der Film
Tonfilm für das Einbandverfahren muß auf der Trägerseite mit einer Magnetspur versehen sein. Obwohl diese Spur nicht sehr dick ist (nur etwa 1/160 mm), muß man am gegenüberliegenden Rand eine Ausgleichsspur von derselben Stärke aufbringen, denn sonst würde sich der Film ungleichmäßig aufwickeln (s. u. rechts). Diese Ausgleichsspur hat aber noch eine zweite Funktion. Da sie aus demselben Material besteht wie die Tonspur, kann sie mit manchen hochentwickelten Projektoren ebenfalls bespielt werden, so daß Sie die Möglichkeit haben, zusätzlichen Ton synchron aufzuzeichnen. Diese zweite Tonspur wird meist nach dem Schnitt bespielt, und es gibt schon eine ganze Reihe Projektoren für die Duoplay- oder Stereowiedergabe der beiden Tonspuren (s. S. 250). Diese Möglichkeit besteht bei 16-mm-Film nicht.

Die Kassette
Super-8-Kassetten gibt es in Längen von 15 und 60 m. Kameras für 60-m-Kassetten können auch mit 15-m-Kassetten geladen werden, jedoch nicht umgekehrt. Tonfilmkassetten passen nicht in Stummfilmkameras.

Filmformate
Die Bezeichnungen der Filmformate beziehen sich jeweils auf die Breite des Filmstreifens – 16 mm bedeutet also, daß der Film 16 mm, und 8 mm, daß er 8 mm breit ist. Die beiden Formate unterscheiden sich auch durch die Lage der Perforationslöcher.

Ausgleichsspur
Die Magnetspur am Rand von Super-8-Tonfilm ist zwar extrem dünn, muß aber trotzdem durch eine Spur gleicher Stärke auf der gegenüberliegenden Seite ausgeglichen werden, damit sich der Film nicht ungleichmäßig aufwickelt. Die Ausgleichsspur kann aber auch zur Aufnahme weiterer Vertonung nach dem Filmschnitt verwendet werden.

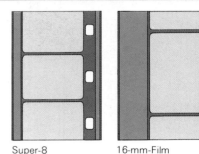

Super-8   16-mm-Film

VERTONUNG

Die Kamera

Während der Film zur Belichtung jedes Einzelbilds angehalten wird, muß die Tonspur kontinuierlich über den Tonkopf laufen. Deshalb müssen Bildfenster und Tonkopf voneinander getrennt angeordnet sein. Bei Tonfilmkameras für das Einbandverfahren befindet sich der Tonkopf etliche Einzelbilder vor dem Bildfenster (28 Bilder bei 16 mm und 18 bei Super-8). Mit anderen Worten, die Tonaufzeichnung neben jedem Einzelbild gehört in Wirklichkeit zu einem eine Sekunde weiter hinten liegenden Bild (s. linke Seite). Der dazwischenliegende Filmstreifen bildet eine Schlaufe, so daß die ruckartige Bewegung am Bildfenster in eine kontinuierliche verwandelt wird, bis dieselbe Filmstelle am Tonkopf vorbeikommt. Bei der Projektion muß der Bild-Ton-Abstand erhalten bleiben; solange sich die richtige Anzahl von Einzelbildern zwischen Bildfenster und Tonkopf befindet, ist die Projektion absolut lippensynchron (s. linke Seite).

Hier hängt natürlich alles davon ab, wie genau dieser Abstand in der Kamera eingehalten wurde. Bei 16 mm wird dies durch Zahnkränze erreicht, die in die Filmperforation eingreifen und so die richtige Schlaufe entstehen lassen. Bei Super-8 werden für Filmtransport und Tonkopf getrennte Motoren verwendet, die durch einen Servomotor-Mechanismus miteinander verbunden sind. Die Tonaufnahme erfolgt mit einer genau festgelegten Geschwindigkeit, und die Belichtungszeit wird angepaßt. Dies wird durch einen Sensor erreicht, der jede Veränderung der Entlastungsschlaufe registriert und den Filmtransport entsprechend korrigiert. Die Geschwindigkeit der Tonaufnahme hat Priorität, weil hier die geringste Schwankung als Tonhöhenschwankung wahrgenommen würde.

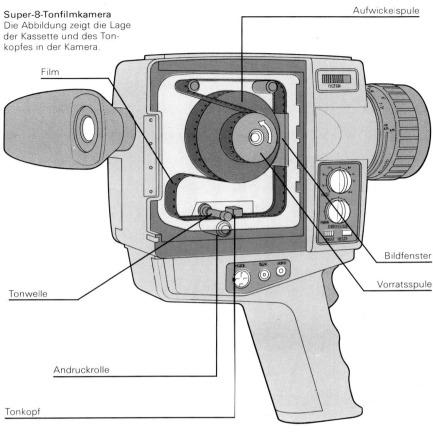

Super-8-Tonfilmkamera
Die Abbildung zeigt die Lage der Kassette und des Tonkopfes in der Kamera.

Aufwickelspule — Film — Bildfenster — Vorratsspule — Tonwelle — Andruckrolle — Tonkopf

Schallschutz

Wenn das Mikrofon auf der Kamera befestigt ist, besteht die Gefahr, daß das Laufgeräusch der Kamera mit aufgenommen wird. Eine Schallschutztasche aus Schaumgummi beseitigt dieses Problem. Ein «Blimp» ist im Unterschied zu dieser leichten Tasche ein schweres, starres Schallschutzgehäuse.

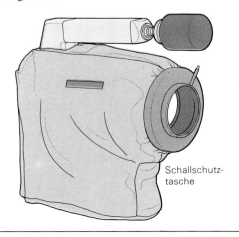

Schallschutztasche

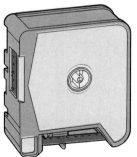

Super-8
Der Film in einer Super-8-Tonfilmkassette (links) hat eine Triacetatunterlage. Das Einlegen dauert nur ein paar Sekunden, und die Kassette ist nicht wiederverwendbar.

Single-8
Das Single-8-Format ist genauso groß wie Super-8. Der Film hat jedoch eine Polyesterunterlage, und die Kassette ist anders geformt.

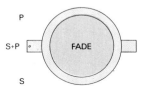

Toneinblendungen und -ausblendungen
Der Schalter für Auf-, Aus- und Überblendungen an der Kamera (rechts) gestattet es Ihnen, eine Aufnahme mit einem dunklen Bild zu beginnen und durch langsames Drehen des Schalters allmählich bis zur normalen Belichtung aufzublenden (s. S. 186). Bei manchen Kameras wird dadurch auch der Ton automatisch eingeblendet. Die Ausblendung ist der umgekehrte Vorgang.

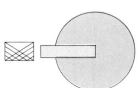

Tonüberblendungen
Die Überblendeinrichtung der Kamera (links unten) erlaubt es Ihnen, eine Einstellung allmählich in die nächste übergehen zu lassen. Dazu wird das Ende der ersten Einstellung ausgeblendet, der Film rückgewickelt und die nächste Einstellung auf demselben Filmstück eingeblendet (s. S. 187). Bei manchen Tonfilmkameras wird gleichzeitig auch der Ton überblendet.

VERTONUNG

Tonkontrolle und Aussteuerung

Bei jedem Tonaufnahmeverfahren muß das Eingangssignal der Kapazität des Bandes (oder der Magnetspur) angepaßt werden, auf dem es aufgezeichnet werden soll. Ist das Signal zu schwach, dann kommt bei der Wiedergabe das von der Magnetbeschichtung herrührende «Grundrauschen» zu stark durch, ist es zu stark, wird es «übersteuert». Der Eingangspegel für die Tonaufnahme wird bei vielen Super-8-Kameras automatisch ausgesteuert, während er bei anderen manuell anhand einer Aussteuerungsanzeige (s. oben rechts) ausgesteuert werden muß. Die Nadel des Geräts sollte normalerweise in der Mitte des weißen Bereichs stehen und nur bei den lautesten Stellen bis an den Rand des roten Bereichs ausschlagen. Bei vielen Kameras kann die Aussteuerung auch im Sucher kontrolliert werden.

Aussteuerungsautomatik
Die automatische Aussteuerung regelt die Tonaufnahme laufend auf einen mittleren Pegel ein; deshalb arbeitet dieses System bei einem in etwa gleichbleibenden Geräuschpegel am besten. Problematisch wird es, wenn die Lautstärke plötzlich absinkt, denn dann hebt die Automatik den Eingangspegel an, um auch diese leisen Geräusche noch hörbar aufzuzeichnen, und die Folge ist, daß in jeder Tonpause die allgemeine Geräuschkulisse viel lauter wird. Trotz dieses Nachteils führt die Automatik bei Einmannbetrieb zu besseren Tonaufnahmen als die manuelle Aussteuerung; außerdem können Sie sich besser auf die Bildaufnahme konzentrieren.

Tonaufnahme
Der Hobbyfilmer braucht nur die Grundlagen der Mikrofonkonstruktion zu kennen. Das wichtigste Merkmal der meisten Mikrofontypen, die für Super-8-Kameras der mittleren Preislage angeboten werden, ist ihre geringe Empfindlichkeit. Um die Empfindlichkeit Ihres Mikrofons zu testen, können Sie mehrere Aufnahmen aus verschiedenen Abständen von der Schallquelle machen und sich notieren, bei welcher die Tonqualität am besten ist. Außer bei Reportageaufnahmen werden Sie immer Wert darauf legen, daß das Mikrofon nicht mit aufs Bild kommt. Es muß aber andererseits nahe genug an der Schallquelle sein, damit eine akzeptable Aufnahme zustande kommt. Abhilfe läßt sich hier dadurch schaffen, daß Sie das Mikrofon an einem Mikrofongalgen oder einer langen Stange befestigen (s. S. 122–123).

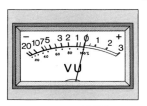

Aussteuerungsanzeigen
Sowohl VU-Meter (links) wie Spitzenwertanzeige (rechts) sind manuelle Systeme zur Regulierung des Aufnahmepegels.

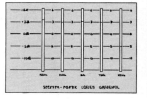

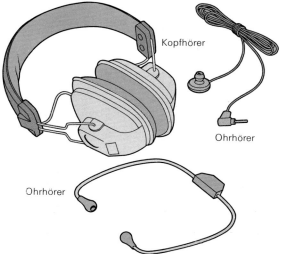

Kopfhörer

Ohrhörer

Ohrhörer

Tonkontrolle
Das Mithören der Tonaufnahme in einem Kopf- oder Ohrhörer hat viele Vorteile. Sie merken sofort, ob das Mikrofon richtig angeschlossen und plaziert ist. Ein weiterer wichtiger Aspekt der Tonkontrolle ist es, daß Sie nur die vom Mikrofon aufgefangenen Geräusche hören. Ohne dieses Hilfsmittel würden Sie vielleicht ein entfernteres lautes Geräusch hören und sofort den Eingangspegel nach unten verstellen, obwohl das Mikrofon dieses Geräusch gar nicht registriert hat. Vor allem aber können Sie beim Mithören die verschiedenen Schallquellen richtig gegeneinander ausbalancieren.

Mikrofon-Positionen
Die Zeichnungen unten zeigen nur einige der vielen Möglichkeiten der Mikrofonanbringung bei Tonfilmaufnahmen.

An der Kamera
Die Befestigung eines Richtmikrofons auf der Oberseite der Kamera ist die bequemste Art der Bild- und Tonaufnahme im Einmannbetrieb. Das Mikrofon kann dabei jedoch das Laufgeräusch der Kamera mit aufnehmen. Abhilfe: Eine Schallschutztasche für die Kamera.

An einem Galgen
Ein leichter Mikrofongalgen (links) oder eine Stange erlaubt es Ihnen, das Mikrofon über die Schallquelle zu halten.

In der Hand
Wenn Sie ein Interview oder eine Reportage drehen (rechts), kann das Mikrofon ruhig mit aufs Bild kommen.

Auf einem kleinen Mikrofonstativ
Ein kleines Mikrofonstativ (links) ist ein praktisches Hilfsmittel. Wenn das Mikrofon nicht mit aufs Bild kommen soll, können Sie die Mittelsäule verstellen, bis die Höhe stimmt. Der Nachteil ist, daß das Mikrofon eine bewegliche Schallquelle nicht begleiten kann.

Auf einem Tischstativ
Wie das kleine Bodenstativ ist auch das Tischstativ (links) so niedrig, daß das Mikrofon außer bei Weitwinkelaufnahmen nicht aufs Bild gerät.

Versteckt
Man kann das Mikrofon auch hinter Requisiten verstecken, die jedoch den Ton nicht dämpfen dürfen.

VERTONUNG

Tips für Tonaufnahmen im Einbandverfahren

Die größten Probleme bei der Anwendung des Einbandverfahrens ergeben sich aus dem Bild-Ton-Abstand von 18 Einzelbildern, der nötig ist, damit der Film kontinuierlich über den Aufnahmekopf in der Kamera läuft. Auf dem bespurten Film bleibt der Ton auch während des Schnitts und der Projektion vor den dazugehörigen Bildern. Bei Super-8 bedeutet dieser Versatz eine Diskrepanz von ¾ Sek. bei 24 B/s und von 1 Sek. bei 18 B/s. Bei der Projektion macht das nichts aus, weil der Tonkopf des Projektors genauso angeordnet ist wie in der Kamera (s. S. 112). Beim Schneiden muß man jedoch Kunstgriffe anwenden.

Entmagnetisierungsdrossel
Die magnetische Aufladung eines Tonkopfes, die zu einem verstärkten Grundrauschen führen kann, wird mit einer Entmagnetisierungsdrossel beseitigt, die wie ein Löschkopf arbeitet. Das Gerät kann auch für Kamera-Tonköpfe verwendet werden.

Überspielen von Hintergrundgeräuschen

Eine nichtsynchrone Aufnahme der Geräuschkulisse, die am Drehort vorhanden war, kann auf die Magnetspur überspielt werden. Damit lassen sich beim Schnitt entstandene Tonpausen überbrücken und die Szenenübergänge weicher und logischer gestalten. Manche Projektoren haben eine Einrichtung für das Hinzumischen von Geräuschen, Musik oder Kommentar zum Originalton.

«Tonschnitt» bei der Aufnahme

Um sich die Arbeit beim Filmschnitt (s. S. 234–237) zu erleichtern, können Sie den Bild-Ton-Abstand schon während der Aufnahme berücksichtigen.

Die Einstellungen müssen dabei etwas länger werden als bei Stummfilm. Versuchen Sie, am Beginn jeder Aufnahme mindestens eine volle Sek. Stille einzuplanen, so daß Sie bei einem auf die Handlung abgestimmten Schnitt nicht den Anfang des Tons wegschneiden müssen. Ebenso sollten Sie nach dem letzten Ton jeder Szene den Film noch eine Sek. weiterlaufen lassen. So brauchen Sie hinterher nicht zu wählen, ob Sie die letzten Töne wegschneiden oder den Ton eine Sek. in die nächste Einstellung hineinlaufen lassen sollen.

1 Eine Sekunde Stille beim Start der Aufnahme

2 Sie beginnt zu spielen

3 Musikaufnahme geht weiter

4 Musikaufnahme geht weiter

5, 6 Eine Sekunde Stille am Schluß

Beseitigung unerwünschter Geräusche

Nach vielen Betriebsstunden können die Tonköpfe von Kamera und Projektor dauerhaft magnetisiert sein, was sich durch ein unangenehmes Grundrauschen bei Aufnahme und Wiedergabe bemerkbar macht. Aufnahme und Wiedergabe werden viel reiner, wenn man die Tonköpfe mit einer *Entmagnetisierungsdrossel* entmagnetisiert. Man kann dieses Gerät auch dazu benutzen, unerwünschte Fremdgeräusche von der Tonspur zu tilgen. Es vermag jedoch nicht zwischen erwünschten und unerwünschten Geräuschen zu unterscheiden; um sicherzugehen, sollten Sie deshalb die betreffenden Stellen der Tonspur lieber mit einem kleinen Stückchen Filmklebeband überkleben, wodurch die Tonspur abgedeckt wird.

Tonfilmaufnahmen im Einbandverfahren
Bitten Sie Ihre Darstellerin, am Beginn jeder neuen Einstellung eine Sekunde zu warten, nachdem die Kamera zu laufen begonnen hat, und erst dann zu sprechen oder zu spielen anzufangen (s. Bild oben links). Lassen Sie die Kamera am Ende jeder Einstellung nach dem letzten Wort oder Ton noch eine Sek. laufen (s. Bild rechts). So gibt es keine Bild-Ton-Überschneidungen.

VERTONUNG
Zweibandverfahren

Unter den Oberbegriff Zweibandverfahren fällt jedes Tonaufnahmeverfahren, bei dem der synchrone Ton außerhalb der Kamera aufgezeichnet wird. Tonträger und Film sind bei der Aufnahme völlig voneinander getrennt. Das ist der Hauptvorteil des Zweibandverfahrens gegenüber dem Einbandverfahren, denn es bedeutet, daß Bild und Ton nicht unverrückbar aneinander gekoppelt sind. Man kann also beim Schnitt den Ton unabhängig vom Bild verkürzen, verändern oder verlegen. Allerdings muß es eine Möglichkeit geben, Bild und Ton für die Betrachtung und den Schnitt zu synchronisieren. Der größte Nachteil des Zweibandverfahrens ist wohl, daß im allgemeinen ein zweiter Mann für die Tonaufzeichnung zur Verfügung stehen muß.

Für die Synchronisierung der Tonaufnahme mit einem separaten Bandgerät gibt es drei Hauptverfahren. Bei den ersten beiden, dem *Pilottonverfahren* und dem *Impulsverfahren* müssen Kamera und Tonbandgerät durch ein Synchronkabel verbunden sein. Dieses dient dazu, dem Impulskopf des Tonbandgeräts elektronische Impulse zuzuführen, die als Anhaltspunkte für die Laufgeschwindigkeit der Kamera dienen. Das dritte System, die Quarzsteuerung, kommt ohne Kabel aus, so daß Tonbandgerät und Kamera unabhängig voneinander bewegt werden können. Ein Kabel ist meistens hinderlich, und wenn Sie das Tonbandgerät nicht selbst bedienen, ist es vorzuziehen, wenn der Assistent, der die Tonaufnahme macht, nicht an die Kamera gefesselt ist.

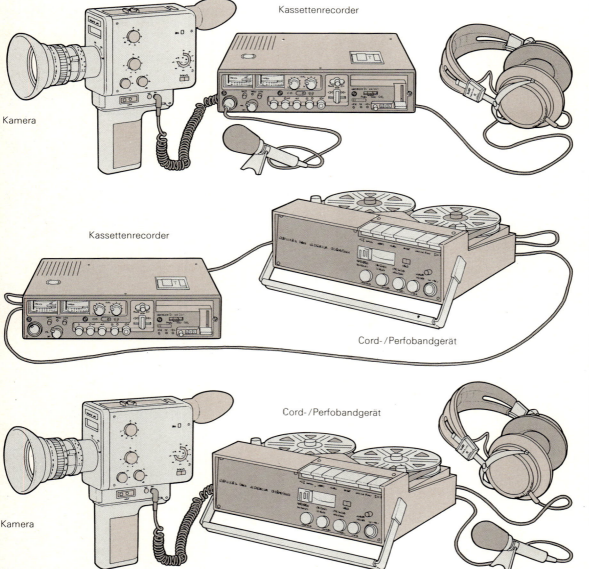

Aufnahme auf Tonband
Bei Zweibandvertonung im Pilotton- oder im Impulsverfahren müssen Kamera und Tonbandgerät (oder Kassettenrecorder) mit einem Synchronkabel verbunden sein. Bei Quarzsteuerung brauchen Kamera und Tonaufnahmegerät nicht verbunden zu sein. Die Tonaufnahme sollte immer mit Kopfhörern kontrolliert werden, um sicherzugehen, daß das Mikrofon richtig plaziert und angeschlossen ist.

Vom Tonband zum Cordband (Perfoband)
Die über das Synchronkabel dem Tonbandgerät zugeführten Impulse werden auf dem Band parallel zum Ton aufgezeichnet. Diese Impulsfolge wird später von einem Cord-/Perfobandgerät dazu benutzt, den Ton genau synchron mit dem Bild auf Cord-/Perfoband zu überspielen.

Aufnahme auf Cord-/ Perfoband
Man kann sich den oben erwähnten Arbeitsgang sparen, wenn man den Ton gleich auf Cord- oder Perfoband aufnimmt. Dazu braucht man ein tragbares Gerät. Das Gerät muß ebenfalls durch ein Synchronkabel mit der Kamera verbunden werden. Cord-/Perfobandgeräte können aber auch quarzgesteuert werden und liefern dann eine Tonaufnahme auf Cord- oder Perfoband, die zum Filmstreifen genau synchron ist.

VERTONUNG

Pilottonverfahren

Das Pilottonverfahren wird fast durchweg bei 35- und 16-mm-Film angewandt. Für das Super-8-Format ist es bei einigen Nizo- und Beaulieu-Kameras möglich. Die Kamera erzeugt einen «Pilotton» von 50 oder 60 Hz, der über ein Synchronkabel dem Tonbandgerät zugeführt wird. Läuft die Kamera mit 25 B/s, so entfallen (bei 50 Hz) auf jedes Einzelbild genau 2 Schwingungen (bei 60 Hz und 24 B/s sind es 2½ Schwingungen je Bild).

Bei diesem System sind der Motor der Kamera und der des Tonbandgeräts voneinander unabhängig und laufen mit verschiedenen Geschwindigkeiten. Für Schnitt- und Vorführzwecke muß die Aufnahme auf Magnetfilm «überspielt» werden, und dabei fungiert der Pilotton als Steuersignal, so daß das Aufnahmegerät seine Geschwindigkeit entsprechend variieren kann.

Das Magnetfilmgerät sieht ähnlich wie ein normales Spulentonbandgerät aus. Es richtet sich beim Überspielen laufend nach dem Pilotton, der parallel zum Ton auf das Tonband aufgezeichnet ist, und zeichnet den Ton auf Magnetfilm auf. Die Synchronisation beruht darauf, daß jeweils zwei Schwingungen des Pilottons einem Einzelbild entsprechen (bei 50 Hz und 25 B/s).

Impulsverfahren

Dieses Verfahren wird in großem Umfang für die Zweibandvertonung von Super-8-Filmen angewandt. Für alle Kameramodelle mit Blitzbuchse o. ä. sind die nötigen Zusatzgeräte erhältlich, die synchrone Tonaufnahmen nach diesem Verfahren ohne jede Nachrüstung ermöglichen. Das System arbeitet mit einem Schalter, der zu *jedem* Einzelbild einmal schließt und über einen «Impulsgenerator» einen *Impuls* abgibt, der parallel zum Ton aufgezeichnet wird. Wenn sich die Bildfrequenz der Kamera ändert, dann ändert sich auch die Impulsfolge. Der Schalter in der Kamera wurde ursprünglich entwickelt, um Elektronenblitzgeräte für Zeitrafferaufnahmen (s. S. 189) einsetzen zu können. Er öffnet und schließt sich je einmal bei jedem Einzelbild, das durchs Bildfenster der Kamera läuft. Wenn Sie nun statt des Blitzgeräts einen Impulsgenerator und ein Tonbandgerät an die Blitzbuchse anschließen, liefert der Schalter einen Impuls pro Bild. In manchen Nizo-Kameras ist der Impulsgenerator eingebaut; hier kann die Kamera über das Synchronkabel direkt mit dem Tonbandgerät verbunden werden. Der Impulsgeber kann auch bei anderen Kamera-Bandgerät-Kombinationen in Form eines 1000-Hz-Oszillators eingesetzt werden, der in die Synchronleitung zwischen Kamera und Bandgerät geschaltet wird. Der Blitzschalter der Kamera unterbricht die Impulsfolge einmal pro Einzelbild. Die somit auf dem Band aufgezeichnete «elektronische Perforation» wird vom Magnetbandgerät dazu benutzt, ein synchrones Cord- oder Perfoband herzustellen, das synchron mit dem Film geschnitten werden kann.

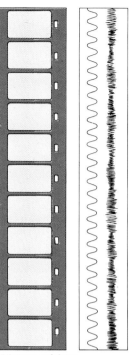

Pilottonverfahren
Bei diesem System entsprechen je 2 Schwingungen einem Einzelbild.

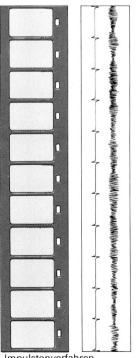

Impulstonverfahren
Bei diesem Verfahren wird für jedes Einzelbild ein Impuls gesetzt.

Quarzsteuerung

Bei der Quarzsteuerung entfällt der größte Nachteil der anderen Verfahren der Bandvertonung – das Synchronkabel, das immer irgendwo im Weg ist.

Das System beruht auf der Verwendung von zwei Schwingquarzen, die man sich als zwei extrem genaugehende Uhren vorstellen kann. Der eine steuert die Geschwindigkeit des Kameramotors, der andere zeichnet auf dem Band parallel zum Ton eine ebenso genaue Impulsfolge auf. Die beiden Quarze sind nicht miteinander verbunden, erzeugen aber gleichlaufende Steuerfrequenzen mit einer Abweichung von weniger als 1 Einzelbild je zehn Minuten Laufzeit. Die Quarzsteuerung hat mehrere Vorteile gegenüber den anderen Zweibandverfahren: Der Mann, der das Bandgerät bedient, kann sich außerhalb des Blickfelds der Kamera, aber nahe an der Schallquelle aufstellen, auch wenn der Kameramann mit Telebrennweite aus größerer Entfernung dreht; man kann im Gewühl filmen, ohne befürchten zu müssen, daß das Synchronkabel herausgerissen wird, und man kann mehrere Kameras ohne jede Kabelverbindung synchron laufen lassen.

Wird direkt auf ein Cord-/Perfobandgerät aufgenommen, so steuert der Quarz die Geschwindigkeit des Geräts genau synchron zur Kamera, so daß eine mit der Filmaufnahme exakt synchrone Tonaufnahme auf Cord-/Perfoband entsteht. Bei einem normalen Tonbandgerät wird eine vom Quarz kommende Impulsfolge aufgezeichnet, mit deren Hilfe die Tonaufnahme dann synchron überspielt werden kann.

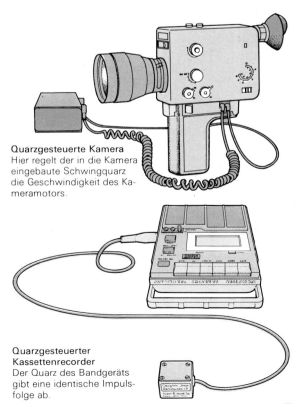

Quarzgesteuerte Kamera
Hier regelt der in die Kamera eingebaute Schwingquarz die Geschwindigkeit des Kameramotors.

Quarzgesteuerter Kassettenrecorder
Der Quarz des Bandgeräts gibt eine identische Impulsfolge ab.

VERTONUNG

Zweibandverfahren

Startmarkierung

Wenn Sie den Ton mit einem Kassettenrecorder oder Spulengerät aufgenommen und dann auf Cord- oder Perfoband überspielt haben, haben Sie die Grundlagen für die synchrone Vertonung Ihres Films geschaffen. Auf dem Cord-/Perfoband ist dank der vorher aufgezeichneten Impulsfolge nun die Tonaufzeichnung genau so lang wie die Filmaufnahme und mit ihr Bild für Bild synchron. Wenn Sie jedoch nicht für jede Einstellung eine gemeinsame Startmarkierung für Bild und Ton angebracht haben, werden Sie beim Schnitt Schwierigkeiten haben, denn nur anhand einer solchen Startmarke, die aus einem gleichzeitigen Bild- und Tonereignis bestehen muß, können beim Schneiden die Anfänge beider Aufnahmen genau bestimmt und angelegt werden.

Die Klappe Im allgemeinen verwendet man für diese Startmarkierung eine *Klappe*, ein Brettchen mit einem beweglichen Arm an der Oberseite. Sie wird am Beginn jeder Einstellung vor die Kamera gehalten, und wenn Kamera und Tongerät richtig laufen, ruft der «Klappenmann» die Nummer der Einstellung und klappt die beiden Teile zusammen. So wird der Anfang von Bild- und Tonaufnahme genau markiert – man sieht auf dem Film genau, wann die Klappe geschlossen ist, und im selben Moment wurde auf dem Tonband der Knall aufgezeichnet.

Klappe
Bei Zweibandaufnahmen sollte am Beginn jeder Einstellung die Klappe betätigt werden, um eine gemeinsame Startmarke für Bild und Ton zu setzen.

Elektronische Startmarkierung Als Alternative zur Klappe sind einige Profi-Kameras mit einer elektronischen Vorrichtung versehen, mit der gleichzeitig ein Piepton auf dem Band aufzeichnet und die ersten Filmbilder mit einem Lichtblitz belichtet werden. Beim Schnitt werden dann die belichteten Filmbilder und der Piepton auf dem Band «angelegt», um die Einstellung zu synchronisieren. Manche Cord-/Perfobandgeräte starten mit dem ersten Impuls von der Kamera, andere setzen gleichzeitig eine akustische Startmarkierung.

Eine dritte Möglichkeit: Man hält das Mikrofon vor die Kamera und klopft scharf dagegen.

Elektronische Startmarkierung
Manche Kameras haben eine Vorrichtung für automatische Startmarkierung. Dabei wird gleichzeitig der Film belichtet und ein Piepton aufgezeichnet. Damit wird derselbe Zweck erreicht wie mit der Klappe, nämlich eine gemeinsame Startmarke für Bild und Ton.

Startmarkierung mit der Klappe

1 Alle wichtigen Informationen, wie z. B. Szenen- und Einstellungsnummer, werden auf die Klappe geschrieben, und das Tonaufnahmegerät wird eingeschaltet.

2 Wenn die Bestätigung «Ton läuft» kommt (das bedeutet, daß die Synchronimpulse und der Ton aufgenommen werden), schalten Sie die Kamera ein und lassen sie 1 bis 2 Sek. «hochlaufen».

3 Wenn Kamera und Bandgerät beide mit korrekter Geschwindigkeit laufen, wird die Klappe so vor die Kamera gehalten, daß die auf ihr befindlichen Informationen aufgenommen werden.

4 Bitten Sie den Klappenmann, die Einstellung auch mündlich zu identifizieren und dann den Arm der Klappe scharf herunterzuklappen. Dann muß die Klappe schnell aus dem Blickfeld der Kamera genommen und die Schärfe nachgestellt werden, bevor die Handlung einsetzt.

VERTONUNG

Cord-/Perfobandgerät

Wenn Sie glücklicher Besitzer eines Cord-/Perfobandgeräts sind, steht Ihnen ein sehr vielseitiges und praktisches Gerät zur Verfügung. Es kann für Originalaufnahmen, für die Überspielung einer Tonaufnahme von einem normalen Tonbandgerät und beim Mischen (s. S. 248) verwendet werden. Außerdem kann man ein Cord-/Perfobandgerät dazu verwenden, eine Tonmischung aus mehreren Einzelaufnahmen anzufertigen.

Diese tragbaren Geräte können mit einem Synchronkabel an viele Kameras angeschlossen werden, die über eine Blitzbuchse oder einen Impulsgeber für das Impulsverfahren (s. S. 117) verfügen, und es kann eine bis 45 Min. lange bildsynchrone Tonaufnahme erfolgen. Manche Cord-/Perfobandgeräte können auch an Kameras angeschlossen werden, die – wie manche Super-8-Kameras von Beaulieu und Braun-Nizo – eine Pilotfrequenz erzeugen. Wenn Sie eine quarzgesteuerte Kamera verwenden (s. S. 117), dann gleichen einige der Recorder dank ihrer eigenen Quarzsteuerung ihre Geschwindigkeit ohne Kabelverbindung der Bildfrequenz der Kamera an. Wenn Sie für die Originalaufnahme lieber einen Kassettenrecorder oder ein Spulentonbandgerät nehmen, können Sie das Cord-/Perfobandgerät auch zum Überspielen der Aufnahme auf Cord- oder Perfoband verwenden, die dank der über das Synchronkabel zugespielten Impulse genau bildsynchron wird.

Kombinieren von Bild und Ton

Nach dem Ton- und Bildschnitt haben Sie immer noch zwei getrennte Träger, das Band und den Film. Für Projektionszwecke ist es meistens praktischer, wenn man beide Aufzeichnungen auf einem Träger vereinigt, anstatt zwei miteinander verbundene Geräte laufen zu lassen. Der erste Schritt dazu ist die Bespurung des Filmstreifens mit einer Magnetpiste, auf die dann die Tonaufnahme aufgezeichnet wird. (Die Bespurung können Sie in einer Entwicklungsanstalt vornehmen lassen oder auch selbst besorgen, s. S. 233.) Als nächstes wird der Film in einen für Pistenfilmvertonung eingerichteten Projektor eingefädelt. Der Projektor muß mit einem 1:1-Kontakt ähnlich dem an der Kamera ausgerüstet sein. Dann wird das Cord-/Perfobandgerät an den Projektor angeschlossen. Wenn beide Geräte laufen, unterbricht der 1:1-Kontakt im Projektor einmal pro Bild einen Strom und steuert damit in Verbindung mit der Synchronelektronik die Geschwindigkeit des Bandgeräts in der Weise, daß der Ton bildsychron auf die Tonpiste des Films überspielt wird. Es empfiehlt sich außerdem, einen Equalizer zwischen die beiden Geräte zu schalten, um endgültige Korrekturen an der Toncharakteristik vorzunehmen.

Es ist nicht schwierig, beide Geräte gleichzeitig zu starten. Das besorgt eine automatische Starteinrichtung, die das Bandgerät in dem Moment einschaltet, in dem der Projektor gestartet wird und der eingebaute 1:1-Kontakt Impulse abgibt. Wichtig: Cord- bzw. Perfoband und Film müssen eine gemeinsame Startmarke haben.

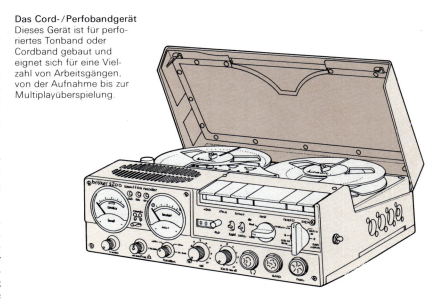

Das Cord-/Perfobandgerät
Dieses Gerät ist für perforiertes Tonband oder Cordband gebaut und eignet sich für eine Vielzahl von Arbeitsgängen, von der Aufnahme bis zur Multiplayüberspielung.

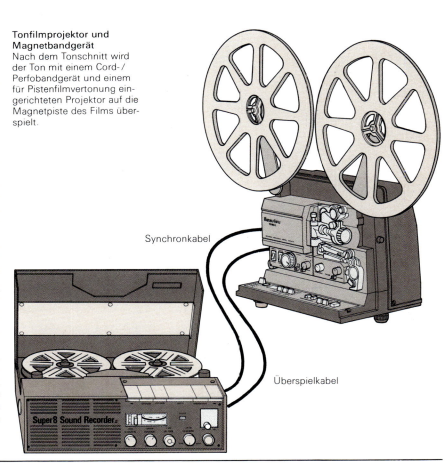

Tonfilmprojektor und Magnetbandgerät
Nach dem Tonschnitt wird der Ton mit einem Cord-/Perfobandgerät und einem für Pistenfilmvertonung eingerichteten Projektor auf die Magnetpiste des Films überspielt.

Synchronkabel

Überspielkabel

119

VERTONUNG

Tonaufnahmegeräte

Es läge nahe, an die Tonwiedergabe bei der Filmvertonung dieselben Maßstäbe anzulegen wie bei einer Stereoanlage, doch das ist höchstens bei Musikaufnahmen vertretbar. Aus praktischen Gründen wird man normalerweise nur ein tragbares Bandgerät verwenden, das sich gut mit einer Hand tragen läßt. Je nachdem, wieviel man ausgeben möchte, kann es sich dabei um einen einfachen Kassettenrecorder oder ein hochwertiges Spulentonbandgerät handeln.

Funktionsweise von Tonbandgeräten

Tonbandgeräte arbeiten nach dem Prinzip der gegenseitigen Beeinflussung von elektrischen Strömen und Magnetfeldern. Das Mikrofon verwandelt Schall in elektrische Signale, deren Stärke mit der Intensität des jeweiligen Schalls schwankt. Diese Signale werden verstärkt und einem magnetischen *Aufnahmekopf (Sprechkopf)* zugeleitet. Dieser erzeugt ein Magnetfeld, das ebenfalls entsprechend der Stärke des zugeführten Signals schwankt. Während das Tonband am Tonkopf (einem Elektromagneten) vorübergeführt wird, magnetisiert dieser die Magnetpartikeln, mit denen das Band beschichtet ist. Um den aufgezeichneten Ton wiederzugeben, muß das Band an einem zweiten Elektromagneten, dem *Wiedergabekopf (Hörkopf)*, vorbeigeführt werden. Bei manchen Geräten sind Aufnahme- und Wiedergabekopf zu einem einzigen Tonkopf vereinigt. Wenn die magnetisierten Partikeln in das Magnetfeld des Wiedergabekopfes geraten, erzeugen sie wiederum eine Wechselspannung, die dann noch verstärkt und den Lautsprechern oder Kopfhörern zugeführt wird.

Welches System?

Die Wahl fällt im allgemeinen zwischen einem Spulentonbandgerät und einem Kassettenrecorder. Cord-/Perfobandgeräte liefern zwar auch qualitativ hochwertige Originaltonaufnahmen, kosten aber so viel wie zwei bis drei Kassettenrecorder.

Spulentonbandgeräte Ob Sie nun eine Geräuschkulisse aufnehmen oder lippensynchrone Filmaufnahmen machen wollen, ein Spulentonbandgerät bietet Ihnen die größte Vielseitigkeit. Mehrere Bandgeschwindigkeiten, die sich unmittelbar auf die Tonqualität auswirken, gehören praktisch zur Standardausstattung – sie reichen von 38 bis 4,75 cm/s. Bei der Zweibandvertonung wird die Aufnahme erst auf Cord-/Perfoband überspielt und kann nach dem Tonschnitt noch auf die Tonpiste des Films überspielt werden. Dabei geht auf jeder Stufe ein bißchen Tonqualität verloren – deshalb sollte die Originalaufnahme so gut sein wie irgend möglich. Das breite Band (6 mm) und die höhere Bandgeschwindigkeit sorgen dafür, daß die Signale beim Spulentonbandgerät mit höherer Qualität aufgezeichnet werden als beim Kassettenrecorder.

Leider sind viele Spulentonbandgeräte für den Einsatz am Drehort zu schwer und eigentlich nur für den Heimgebrauch bestimmt. Bei den meisten ist außerdem nur Netzbetrieb möglich. Es gibt aber auch sehr gute netzunabhängige Spulentonbandgeräte.

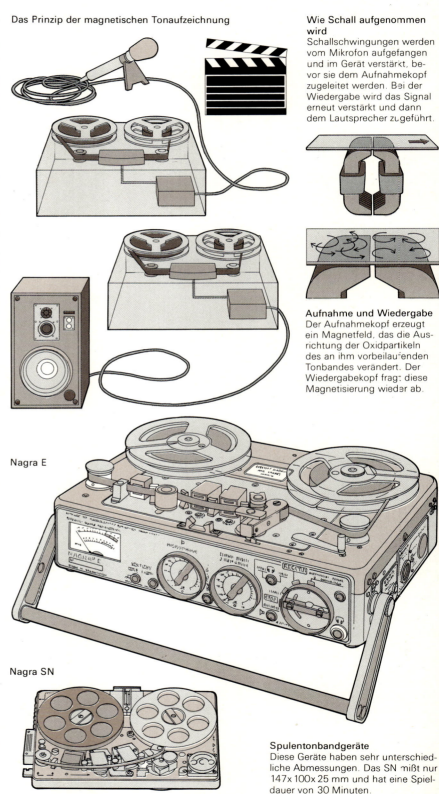

Das Prinzip der magnetischen Tonaufzeichnung

Wie Schall aufgenommen wird
Schallschwingungen werden vom Mikrofon aufgefangen und im Gerät verstärkt, bevor sie dem Aufnahmekopf zugeleitet werden. Bei der Wiedergabe wird das Signal erneut verstärkt und dann dem Lautsprecher zugeführt.

Aufnahme und Wiedergabe
Der Aufnahmekopf erzeugt ein Magnetfeld, das die Ausrichtung der Oxidpartikeln des an ihm vorbeilaufenden Tonbandes verändert. Der Wiedergabekopf fragt diese Magnetisierung wieder ab.

Nagra E

Nagra SN

Spulentonbandgeräte
Diese Geräte haben sehr unterschiedliche Abmessungen. Das SN mißt nur 147x 100x 25 mm und hat eine Spieldauer von 30 Minuten.

VERTONUNG

Kassettenrecorder Der Hauptvorteil der Kassettenrecorder gegenüber den Tonbandgeräten ist ihre Tragbarkeit. Die leichte Kompaktbauweise ist bei Außenaufnahmen sehr willkommen, und wenn nötig kann der Kameramann den Recorder leicht selbst tragen, so daß kein zweiter Mann gebraucht wird. Hochwertige Kassettengeräte sind trotz dieser leichten Bauweise robust. Bei den Dreharbeiten ist die Zeit oft kostbar, und beim Kassettenrecorder braucht man sie nicht mit dem umständlichen Einfädeln eines neuen Bandes zu vergeuden, sondern legt in Sekundenschnelle eine neue Kassette ein. So verringert sich die Gefahr, daß ein größerer Teil der Handlung auf der Tonaufnahme fehlt.

Mit der Einführung des Dolby-Rauschunterdrückungssystems wurde der größte Nachteil des Kassettenrecorders aus der Welt geschafft – sein durch die geringe Bandgeschwindigkeit (4,75 cm/s) verursachtes starkes Grundrauschen. Trotz der extrem schmalen Spuren verringert sich der Qualitätsabstand zu den Spulentonbändern zusehends.

Aus der Sicht des Filmemachers zeigt sich der Nachteil der Kassetten beim Tonschnitt. Vor allem bei Aufnahmen von Geräuschkulissen läßt sich der Schnitt kaum umgehen, doch das extrem schmale Kassettenband läßt sich nur sehr mühsam einwandfrei schneiden und kleben. Womöglich werden Sie dazu übergehen, die ganze Tonaufnahme bloß zum Schneiden auf breiteres Band zu überspielen; dabei laufen Sie jedoch Gefahr, Tonqualität einzubüßen, und es entstehen Ihnen zusätzliche Kosten.

Welches System für Nachvertonung?

Wenn Sie nicht vorhaben, Live-Tonaufnahmen zu machen, sondern ihre Filme lediglich mit Geräuscheffekten, Musik und Kommentar nachvertonen möchten, dann sollten Sie sich für ein Spulentonbandgerät entscheiden. Das 6 mm breite Tonband ist vielseitiger als das Kassettentonband und kann geschnitten werden. Ein Stereotonbandgerät, das in jeder Richtung zwei Spuren hat, läßt Ihnen die Wahl zwischen verschiedenen Arten der Nachvertonung. Wenn Ihr Gerät für *Multiplay* eingerichtet ist (man kann der ersten Aufnahme eine zweite hinzumischen, ohne die erste zu löschen), dann können Sie z. B. Kommentar und Musik dauerhaft zusammenlegen. Bei solchen Aufnahmen ist ein genau arbeitendes *Zählwerk* unerläßlich.

Eine Tonbandmaschine, die diesen Anforderungen gerecht wird, braucht nicht tragbar zu sein und keine eingebauten Lautsprecher zu haben, weil sie nur im Haus eingesetzt wird.

Belegung der Tonspuren

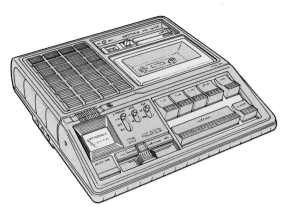

Philips N 2229
Kassettenrekorder mit eingebautem Impulskopf für die automatische Steuerung von Film- oder Diaprojektoren in Verbindung mit dem Impulssetzgerät N 6401.

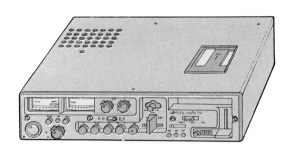

Uher CR 240
Dieses Gerät bietet Dolby-Rauschunterdrückung, Zweispur-Stereobetrieb sowie eine eigene Impulsspur. Ein Gerät der Spitzenklasse.

Funktionsweise der Tonbandkassette

Die Kassette besteht aus einem flachen Kunststoffgehäuse, in dem das Band von einem Spulenkern auf den anderen gewickelt wird. Ist das Band abgespielt, so löst es sich nicht vom Spulenkern, weil es an diesem durch ein kurzes Vorspannband befestigt ist, und die geschlossene Kassette soll ja gerade das Einfädeln überflüssig machen. Mehrere Führungselemente sorgen für guten Kontakt des Bandes mit der Antriebsrolle und den Tonköpfen des Recorders.

Kassettentonbänder
Der Kassettenrecorder muß auf die «Vormagnetisierung» der verwendeten Bänder eingestellt sein. Beispielsweise muß das Gerät für Chromdioxidbänder manuell oder automatisch umgeschaltet werden, damit einwandfreie Aufnahme und Wiedergabe gewährleistet ist.

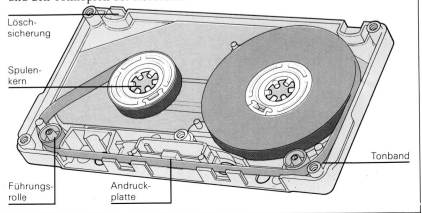

VERTONUNG

Mikrofone

Das Mikrofon hat die Aufgabe, Schallwellen (s. S. 110) in elektrische Signale umzusetzen. Die Konstruktion des Mikrofons wirkt sich unmittelbar auf die Qualität des am anderen Ende des Systems wiedergegebenen Schalls aus. Es gibt fünf Grundtypen von Mikrofonen: Kristall-, Kohle-, Bändchen-, dynamische (Tauchspulen) und Kondensatormikrofone. Das Funktionsprinzip ist bei jedem Typ etwas anders. Die billigeren Kristall- und Kohlemikrofone liefern keine sehr gute Aufnahmen. Bändchen-, dynamische und Kondensatormikrofone können jedoch hervorragend sein, ebenso die preiswertere Variante des Kondensatormikrofons, das Elektretmikrofon.

Das Wichtigste, was man im Hinblick auf die normale Verwendung eines Mikrofons kennen muß, ist seine *Richtcharakteristik*. Nicht alle Mikrofone reagieren gleich auf Geräusche aus verschiedenen Richtungen; man unterscheidet sie deshalb vor allem nach ihrer *Richtungsempfindlichkeit*. In dieser Hinsicht gibt es drei Haupttypen: Mikrofone mit Kugel-, Nieren- (Kardioid-) und Keulencharakteristik.

Kugelcharakteristik

Dieser Mikrofontyp ist theoretisch gleich empfindlich für Schall aus allen Richtungen. Er ist deshalb gut geeignet für Aufnahmen, bei denen auch die Geräuschkulisse mit aufgezeichnet werden soll, versagt jedoch, wenn bestimmte Geräusche, z. B. das Laufgeräusch der Kamera, unterdrückt werden sollen. Leider wird gerade dieser Mikrofontyp oft für Einband-Tonfilmkameras angeboten. Außerdem ist die Qualität dieser Mikrofone oft recht gering; wenn dies bei Ihrem Mikrofon der Fall ist, sollten Sie sich eines mit einer ausgeprägteren Richtcharakteristik anschaffen.

Nierencharakteristik

Nieren- oder Kardioidmikrofone sind für Schall von vorne wesentlich empfindlicher als von den Seiten oder von hinten. Diese Charakteristik ist besonders günstig, wenn das Mikrofon auf der Kamera angebracht werden soll, weil dann das Laufgeräusch hinten liegt: Das Mikrofon reagiert automatisch stärker auf Geräusche, die aus der Richtung des Aufnahmeobjekts kommen, als auf solche, die außerhalb des Blickfelds der Kamera entstehen. Auch für Aufnahmen von Geräuschkulissen ist dieses Mikrofon geeignet, aber dafür muß es sorgfältiger plaziert werden als ein Mikrofon mit Kugelcharakteristik – z. B. hoch über der Szene an einem Galgen, so daß es auf die Geräuschquellen «herabsieht».

Keulencharakteristik

Bei Mikrofonen mit Keulencharakteristik ist die Richtungsempfindlichkeit noch stärker eingegrenzt als bei Nierenmikrofonen, und zwar auf einen Einfallswinkel von etwa 40°. Dieser Mikrofontyp ist besonders günstig, wenn Sie nicht nahe genug an die Schallquelle herangehen können – z. B. bei Weitwinkelaufnahmen. Mikrofone mit Keulencharakteristik sind nicht billig, und die Aufnahmequalität ist nicht immer so gut wie bei Mikrofonen mit Kugel- oder Nierencharakteristik, die in geringer Entfernung von der Schallquelle eingesetzt werden.

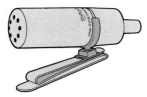

Umhängemikrofon

Drahtloses Mikrofon

Mikrofon mit Kugelcharakteristik
Dieses Mikrofon ist das ideale Instrument zum Aufnehmen unspezifischer Geräusche, also einer Geräuschkulisse. Es wird nur selten als Teleskopmikrofon direkt an der Kamera eingesetzt, weil dafür eine ausgeprägte Richtcharakteristik günstiger ist.

Mikrofon mit Nierencharakteristik
Dieser Mikrofontyp wird wahrscheinlich am häufigsten verwendet. Die Richtungsempfindlichkeit variiert zwar von Modell zu Modell, aber dank seiner Fähigkeit, unerwünschte Geräusche zu unterdrücken, ist dies ein gutes Allround-Mikrofon, das sich besonders an der Kamera bewährt, weil es das Laufgeräusch unterdrückt.

Mikrofon mit Keulencharakteristik
Die Richtungsempfindlichkeit dieses Mikrofons ist auf einen kleinen Einfallswinkel begrenzt. Allerdings macht sich mancher übertriebene Vorstellungen von der «Zielgenauigkeit» dieses Richtmikrofons. Der Winkel beträgt immerhin 40°.

Umhängemikrofon

Diese winzigen, unauffälligen Mikrofone kann man entweder an der Kleidung befestigen oder sich um den Hals hängen. Das Anschlußkabel wird für die Kamera unsichtbar durch einen Ärmel oder ein Hosenbein geführt. Diese Mikrofone bewähren sich vor allem bei lauten Umgebungsgeräuschen, denn man kann sie sehr nahe am Mund anbringen.

Drahtloses Mikrofon

Drahtlose Mikrofone gibt es jetzt als Zubehör für viele Amateurkameras. Die Einrichtung besteht aus einem Mikrofon, einem Sender mit geringer Reichweite und einem Empfänger an der Kamera oder dem Tonaufnahmegerät; die Übertragung erfolgt im UKW-Bereich. Diese Mikrofone lassen den Darstellern mehr Bewegungsfreiheit, weil ihnen kein Kabel in die Quere kommen kann.

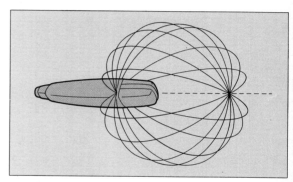

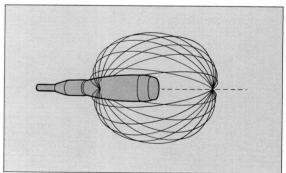

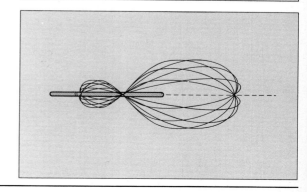

VERTONUNG

Plazierung des Mikrofons

Bei allen Filmen, die auf realistische Darstellung angelegt sind, sollte das Mikrofon nie im Bild auftauchen. Andererseits halten Reporter ihren Gesprächspartnern das Mikrofon oft demonstrativ hin, um den Aufnahmeprozeß auch im Bild sichtbar werden zu lassen. Wo das Mikrofon am besten hinkommt, hängt vom verwendeten Typ und von der Akustik des Aufnahmeorts ab. Bei der folgenden Erörterung wird davon ausgegangen, daß das Mikrofon nicht mit aufs Bild kommen soll.

Akustische Verhältnisse

Selbst im Freien gelangt der Schall nur auf Umwegen zum Mikrofon. In Räumen mit harten, glatten Wänden wird der Schall mehrmals reflektiert, ehe er «verhallt», wobei vor allem die hohen Frequenzen verfälscht werden können. Sind dagegen wenig schallreflektierende Flächen vorhanden, wie z. B. in einem mit Teppichen und Vorhängen ausgestatteten Raum, dann verebbt der Schall schnell und ohne viel Nachhall- oder Echoeffekte. Solche gedämpfte Akustik kommt immer der Klarheit der Musik- oder Sprachaufnahme zugute, aber Klarheit ist nicht das einzige Kriterium, und gerade bei Musik wird ein leichter Halleffekt manchmal durchaus erwünscht sein. Der akustische Raumcharakter spielt jedenfalls eine wichtige Rolle bei der Plazierung des Mikrofons. Als Faustregel kann gelten, daß der Nachhall um so weniger in Erscheinung tritt, je näher das Mikrofon sich an der Schallquelle befindet. Sie können den Nachhall auch dadurch dämpfen, daß Sie die Vorhänge zuziehen oder einen Teppich ausbreiten. Umgekehrt wird die Akustik «offener», wenn Sie das Mikrofon weiter von der Schallquelle entfernen. Auch die Entfernung des Mikrofons von den Wänden spielt eine Rolle. Um die günstige Akustik zu ermitteln, machen Sie am besten Probeaufnahmen mit verschiedenen Mikrofonpositionen.

«Offene» Akustik
Ein leerer Raum und harte Oberflächen reflektieren den Schall.

Gedämpfte Akustik
Eine Wohnzimmereinrichtung dämpft den Schall durch Absorption.

Mikrofon-Impedanz

Die Impedanz ist der Gesamtwiderstand, den das elektrische System aufweist; sie wird in Ohm (Ω) angegeben. Man unterscheidet im allgemeinen hoch-, mittel- und niederohmige Mikrofone. Jedes Mikrofon sollte an eine Buchse mit entsprechender Impedanz am Tonbandgerät oder der Tonfilmkamera angeschlossen werden. Fragen Sie einen Fachhändler um Rat, falls Sie Zweifel haben. Im allgemeinen ist bei hochohmigen Mikrofonen die Qualität weniger gut als bei niederohmigen.

Eine Person spricht
Bei Aufnahmen von einer einzigen Schallquelle sollte ein Mikrofon mit Nieren- oder Kugelcharakteristik vor der Kamera plaziert werden, um das Laufgeräusch der Kamera weitgehend zu unterdrücken.

Ein Gespräch
Wenn der Einsatz von zwei Mikrofonen nicht möglich ist, kann man statt dessen ein einzelnes Mikrofon mit Nieren- oder Keulencharakteristik verwenden.

Eine Menschenmenge
Für Aufnahmen von der Geräuschkulisse einer Menschenansammlung sind Mikrofone mit Kugel- und Nierencharakteristik gleich gut geeignet.

Sprachaufnahmen von einem Darsteller

Wenn Sie kein Umhängemikrofon zur Verfügung haben, werden Sie wahrscheinlich entweder mit einem Nieren- oder einem Kugelmikrofon arbeiten. Das Nierenmikrofon sollte rund einen halben bis einen Meter von der Schallquelle entfernt sein (je nach den Umgebungsgeräuschen), das Mikrofon mit Kugelcharakteristik etwas näher. Beide Typen müssen aber *vor der Kamera* sein, gerade nicht mehr im Bild, damit das Kamerageräusch möglichst unterdrückt wird. Auch wenn Sie ein Kugelmikrofon verwenden, das dafür eigentlich nicht geeignet ist, muß es in der Blickrichtung des Darstellers plaziert sein, damit die Aufnahme möglichst gut wird; es braucht aber nicht unbedingt in Kopfhöhe zu sein. Wenn sich das Kugel- oder Nierenmikrofon nicht nahe genug an die Schallquelle bringen läßt, sollten Sie eines mit Keulencharakteristik aus größerem Abstand verwenden.

Aufnehmen eines Gesprächs

Ein Gespräch zwischen zwei oder mehr Leuten kann man auf verschiedene Arten aufnehmen. Ideal sind zwei Mikrofone. Wenn Sie nur eines ohne ausgeprägte Richtcharakteristik haben, können Sie es zwischen den Sprechern plazieren, doch dann würde es wahrscheinlich mit aufs Bild kommen. Wenn es ein Richtmikrofon ist, muß es entweder auf der Kamera angebracht oder von einem Assistenten auf den jeweiligen Sprecher gerichtet werden. Der Assistent muß gleichzeitig darauf achten, daß er nicht ins Blickfeld der Kamera gerät und eine der Handlung entsprechende Tonaufnahme zustande bringt. Er kann auch Ausgleich schaffen, wenn die einzelnen Darsteller verschieden laut reden. Das ist jedoch eine recht komplizierte Technik, und für die meisten durchschnittlichen Filmaufnahmen reicht das auf der Kamera angebrachte Mikrofon aus.

Aufnahmen in einer Menschenmenge

Da es sich hier um eine Geräuschkulisse handelt, ist eine «Off»-Aufnahme oft besser als eine synchronisierte. Kugel- und Nierencharakteristik sind gleich gut geeignet, vor allem wenn das Mikrofon mit einem über der Schulter getragenen Tonbandgerät verbunden ist. Eine solche Aufnahme kann man synchronen Einzelaufnahmen von der Pistontonkamera unterlegen.

Musikaufnahmen

Tonfilmaufnahmen von Musik sind ein weites Feld; über die dabei auftretenden Probleme mit der Plazierung des Mikrofons kann hier nur andeutungsweise gesprochen werden. Es gibt aber eine goldene Regel – *machen Sie stets eine Hörprobe über Kopfhörer, und plazieren Sie das Mikrofon entsprechend.* Das Wichtigste ist, daß Sie das Musikstück genau kennen. Lassen Sie die Interpreten die lautesten Stellen proben, damit der Tonassistent nachher darauf gefaßt ist. Denken Sie schließlich daran, daß Musikaufnahmen die größte Bewährungsprobe für ein Mikrofon darstellen, und verwenden Sie das beste, das Ihnen zur Verfügung steht.

VERTONUNG
Musik im Film

Eine Tonfilmaufnahme von einem Musikstück darf keine Lücken und Unterbrechungen aufweisen. Das bedeutet, daß Sie mindestens eine durchgehende Aufnahme von dem Stück machen müssen, gleichgültig, ob Sie im Pistenton- oder Zweibandverfahren arbeiten. Denken Sie daran, daß Sie bei Tonfilmaufnahmen von Musik unweigerlich an den Ton gebunden sind. Sie brauchen also für jeden Zentimeter Tonaufnahme auch Bildaufnahmen.

Die Filmaufnahme
Um das Schneiden einer gefilmten Musikdarbietung zu erleichtern, macht man gewöhnlich eine durchgehende Bild- und Tonaufnahme von dem ganzen Stück und nimmt dann bei einer Wiederholung zahlreichere kürzere Zwischenschnitte auf, die dann in die synchron mit der Tonaufnahme ablaufende Filmaufnahme hineingeschnitten werden können. Diese zusätzlichen Aufnahmen macht man am besten im *Playbackverfahren* (s. unten rechts); wenn sie jeweils nur kurz und die Interpreten sich ihrer Tempi sicher sind, kann man sie aber auch ohne dieses Hilfsmittel aufnehmen. Ein anderer Trick, der die Arbeit am Schneidetisch erleichtert: man macht viele Aufnahmen deren Zusammenhang mit der Musik nicht zu erkennen ist – der Kopf des Dirigenten ohne die Hände oder der Pianist über den Flügel hinweg aufgenommen. Solche Einstellungen können dazu beitragen, daß genügend Filmmaterial für die gesamte Musikaufnahme zur Verfügung steht.

Machen Sie sich vorher mit dem Musikstück vertraut
Musik, ob Klassik oder Pop, ist sehr schwierig aufzunehmen; deshalb sollten Sie sich gründlich darauf vorbereiten. Beschaffen Sie sich nach Möglichkeit eine Aufnahme des betreffenden Stücks und lesen Sie beim Abspielen die Noten mit. Selbst wenn Sie eigentlich nicht Notenlesen können, werden Sie schon bald in der Lage sein, das Auf und Ab der Melodie zu verfolgen und anzuzeichnen, wo die Musik besonders laut wird (und die Aufnahme deshalb übersteuert werden könnte). Wer im Notenlesen nicht geübt ist, muß besonders auf die Wiederholungszeichen achten, die angeben, daß eine ganze Passage noch einmal gespielt werden muß. Falls Sie Rockmusik aufnehmen wollen, die nicht genau festgelegt ist, sollten Sie sich vorher mit einem der Musiker unterhalten, um eine Vorstellung davon zu bekommen, wann Sie mit besonders lauten Stellen zu rechnen haben.

Der Aufnahmeort
Musik nimmt man am besten in einem Raum mit relativ gedämpfter Akustik auf – also etwa einem normal eingerichteten Wohnraum mit nur wenigen glatten, stark reflektierenden Flächen. Bauen Sie das Aufnahmegerät in einer stillen Ecke auf, denn beim Mithören über Kopfhörer sollte die «echte» Musik nicht durchschlagen.

Nach der Besichtigung des Aufnahmeorts müssen Sie sich entscheiden, wo Sie Geräte und Mikrofon plazieren wollen.

Zwischenschnitte
Wenn Sie Musikaufführungen filmen, können Sie Aufnahmen wie die obige Einstellung von dem Dirigenten in den Film hineinschneiden, um genügend Bildmaterial für die ganze Tonaufnahme zu bekommen.

Pianist
Ein anderes Beispiel für einen Zwischenschnitt: Eine Aufnahme vom Pianisten aus einem solchen Blickwinkel, daß man die Hände nicht sieht.

Die Umgebung
Als «Füller» eignen sich nicht nur Aufnahmen von den Musikern. Wenn die Aufführung in einem interessanten Raum stattfindet, können Sie ab und zu auch Schnitte auf die Szenerie einbauen. Beispielsweise könnten Sie zum Klang einer Orgel die Orgelpfeifen zeigen (oben) und diese heranzoomen, wenn die Orgelmusik lauter wird, um dann weiter auf ein architektonisches Detail oder sogar die Decke zu schwenken.

Ausrüstung
Eine Tonfilmkamera ist nicht das ideale Gerät für Musikaufnahmen. Der Frequenzumfang der Tonspur auf dem Film ist auch bei 24 B/s schlechter als der von 6 mm breitem Tonband bei 19 cm/s. In den meisten Fällen wird man die Tonaufnahme mit einem separaten Bandgerät machen und den Ton anschließend auf Piste oder Cord-/Perfoband überspielen, aber stets gilt die Regel: *je besser die Originalaufnahme, um so besser auch die endgültige Tonmischung.* Wenn Sie mit einer Super-8-Tonfilmkamera arbeiten, sollten Sie sich für eine entscheiden, die auch mit 60-m-Kassetten geladen werden kann und bei der sich die Tonaussteuerung auch manuell vornehmen läßt – die Aussteuerungsautomatik würde nämlich die «Dynamik» der Tonaufnahme «verflachen». Die Spielzeit des Tonbandes muß so bemessen sein, daß es nicht mitten in der Aufnahme plötzlich zu Ende ist. Super-8-Filmer, die einen Stereoton-Projektor besitzen, sollten die Möglichkeit einer Stereoaufzeichnung erwägen. Dafür ist ein Stereo-Tonbandgerät erforderlich.

Zwei quarzgesteuerte, für Zweibandvertonung eingerichtete Kameras sind ideal für Live-Musikaufnahmen. Wenn bei der einen Kamera der Film zu Ende geht, beginnt die zweite zu laufen. Die Bildaufnahmen beider Kameras sind absolut synchron mit der gemeinsamen Tonaufnahme.

Das Mikrofon sollte die höchste Qualität aufweisen, die im Bereich Ihrer finanziellen Möglichkeiten liegt. Für welche Richtcharakteristik Sie sich entscheiden, wird weitgehend von der Anzahl und der räumlichen Anordnung der Interpreten abhängen.

Filmaufnahmen mit Playback
Bei Filmaufnahmen von Musik mit nur einer Kamera muß man oft getrennte Aufnahmen ineinandermontieren. Wenn die Musikdarbietung nicht an einer bestimmten Stelle unterbrochen werden kann, muß man z. B. oft Bild-Aufnahme Nr. 1 mit Tonaufnahme Nr. 2 kombinieren. Der Haken dabei ist, daß die Interpreten ein Stück nicht zweimal genau im selben Tempo singen oder spielen können. Die Folge davon ist, daß Bild und Ton nicht mehr ganz synchron sind. Um hier Abhilfe zu schaffen, arbeiten sie mit zwei Bandgeräten. Mit dem einen spielen Sie den Ton von der ersten Aufnahme ab, und die Interpreten tun für die Filmaufnahme so, als musizierten sie richtig. Die zweite Aufnahme brauchen Sie als Anhaltspunkt für den Filmschnitt.

Ohne dieses Hilfsmittel ließe sich hinterher schwer feststellen, welche Passage der simulierten Darbietung zu welchem Teil der ursprünglichen Tonaufnahme gehört. Das erste Bandgerät muß stets mit gleicher Geschwindigkeit laufen; nach Möglichkeit ist ein quarzgesteuertes Gerät zu verwenden. Der Regisseur muß dafür sorgen, daß die Playback-Bewegungen synchron zur Musik laufen.

VERTONUNG

Aufstellung des Mikrofons

Ob Sie nun mit einem oder mehreren Mikrofonen arbeiten, in jedem Fall ist es eine große Hilfe, wenn Sie bei einer Probe die günstigste Plazierung des Mikrofons oder der Mikrofone ermitteln können. Wird nur ein Mikrofon verwendet, sollte es so plaziert werden, daß kein Instrument bevorzugt wird. Für eine gleichmäßige Aufnahme sollte es hoch angebracht und diagonal in den Raum gerichtet werden, um den Nachhall gering zu halten. Die Verwendung eines einzelnen Mikrofons ist in gewisser Hinsicht die reinste Art der Tonaufnahme. Meistens arbeitet man jedoch mit mehreren Mikrofonen. Man baut sie bei einer Probe einzeln auf und hört sie nacheinander ab; das Gleichgewicht zwischen ihnen wird mit einem *Mischpult* geregelt. Es ist allgemein üblich, ein Hauptmikrofon zu verwenden, dessen Aufnahme dann noch Einzelaufnahmen von bestimmten Instrumenten oder Sängern zugemischt werden, die man mit Richtmikrofonen auf Stativen aus geringerem Abstand macht.

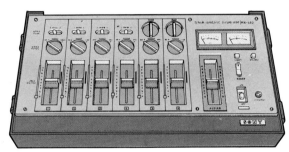

Mischpult (oben)
Das Sony-Mischpult MX-650 hat 6 getrennte aussteuerbare Mikrofoneingänge, so daß gut ausbalancierte Aufnahmen von sechs verschiedenen Instrumenten oder Instrumentengruppen möglich sind. Das MX-650 kann auch durch Batterien mit Strom versorgt werden.

Aufnahmen von mehreren Interpreten (unten)
Wenn Sie nur ein Mikrofon verwenden, sollten Sie es in Diagonalrichtung aufstellen, um den Hall zu reduzieren, der sich zwischen parallelen Wänden aufbauen kann.

Aufnahmen von einzelnen Instrumenten

Klavier Wählen sie eine Mikrofonposition, die nicht das eine Ende der Tastatur auf Kosten des anderen begünstigt. Die beste Position liegt etwa am Ende des ersten Drittels eines gedachten Bogens von der Rückseite zur Seite des Instruments. Das Mikrofon wird dabei nach unten gerichtet, so daß es alle Saiten «sieht».

Singstimme Einen Sänger oder eine Sängerin kann man bitten, sich so aufzustellen, daß die günstigste Balance zwischen Singstimme und Instrumentalmusik erreicht wird. Außer bei Rockmusik sollte das Mikrofon nicht so nahe am Mund sein, daß der Atem des Interpreten mit aufgenommen wird – etwa 0,6 m ist das Minimum. Wenn die Stimme nicht besonders laut ist, sollten Sie das Mikrofon gegen die Instrumente abschirmen.

Holzbläser Bei Holzblasinstrumenten kommen die Töne vorwiegend aus den obersten Löchern und breiten sich praktisch nach allen Richtungen aus. Schwierigkeiten gibt es meist nur bei Flöten. Hier kann es am günstigsten sein, das Mikrofon hinter und über den Interpreten aufzubauen. Dadurch werden die Blasgeräusche reduziert, die bei frontaler Mikrofonposition manchmal die Aufnahme verderben.

Saiteninstrumente Bei allen Saiteninstrumenten gehen die Töne vom Schallkörper und nicht von den Saiten aus, und die hohen Frequenzen werden vorwiegend nach oben ausgestrahlt. Bei hoher Mikrofonposition werden die hohen Frequenzen betont, weshalb eine Position in Augenhöhe meist am besten ist. Bei den größeren Saiteninstrumenten breitet sich der Schall im wesentlichen nach allen Richtungen aus.

Blechbläser und Schlagzeug Diese beiden Typen von Instrumenten erzeugen meist plötzliche, laute Töne, und deshalb sollte man im voraus wissen, wann sie einsetzen. Hier ist es schwierig, die richtige Mikrofonposition ausfindig zu machen, aber meist ist eine Stelle vor dem Instrument und nicht zu hoch am günstigsten. So entspricht die Aufnahme weitgehend dem Eindruck des Publikums.

Verstärkeranlagen Bei laut verstärkter Musik gehen die Geräusche, die von den Interpreten gemacht werden, völlig unter. Bauen Sie das Mikrofon vor der Schallquelle auf – den Lautsprechern. Die beste Position liegt auf der Achse der Abstrahlung der hohen Frequenzen. Für die Trommeln braucht man zwei rückwärtig aufgestellte Mikrofone, für die Baßtrommel ein frontal aufgestelltes. Eine Singstimme muß über ein eigenes Mikrofon aufgenommen werden.

VERTONUNG
Manipulation der Tonwiedergabe

Klangfilter
Alle Mikrofone verändern die Klangfarbe des aufgenommenen Schalls, und das gilt auch für alle weiteren Stufen des Aufnahme- und Wiedergabeprozesses. Um solche Verzerrungen zu beheben, wendet man ein Verfahren an, das als Klangbeeinflussung bezeichnet wird und mit Filtern arbeitet. Es gibt «aktive» und «passive» Filter.

Aktive Filter Diese Filter kann man dazu benutzen, einen Teil des Frequenzbereichs anzuheben oder abzusenken. Aktive Filter dienen auch zur Anhebung der mittleren Frequenzen, wodurch die «Präsenz» der Wiedergabe verbessert wird. Im kompliziertesten Fall kann man mit aktiven Filtern jede Oktave getrennt beeinflussen, womit sich die Tonwiedergabe sehr fein regulieren läßt.

Passive Filter Diese Filter beschneiden lediglich das Signal am einen oder anderen Ende des Frequenzbereichs. Am häufigsten werden sie als Rauschfilter (Unterdrückung der hohen Frequenzen) und Rumpelfilter (Unterdrückung der tiefen Frequenzen) bei der Schallplattenwiedergabe verwendet.

Equalizer
In einem professionellen Tonstudio hat jeder Eingang seinen eigenen Filter oder Equalizer, so daß die Frequenzen für jedes Instrument getrennt geregelt werden können. Dem Amateur steht dagegen in der Regel nur ein einziger Equalizer zur Verfügung, der zwischen Mischpult und Tonbandgerät geschaltet wird. Es ist jedoch meist günstiger, die Klangbeeinflussung erst bei der endgültigen Vertonung des Films durchzuführen. Einmal beeinflußte Frequenzbereiche lassen sich nie mehr richtig ersetzen, und wenn es sich nicht um starke Störgeräusche handelt (z. B. dröhnenden Verkehrslärm) sollten Sie den Ton so lassen, wie er ist.

Echo und Hall
Man kann jede Tonaufnahme nachträglich «verhallen», d. h. Echo oder Nachhall künstlich erzeugen. Man tut dies, um Aufnahmen zu beleben, die bei sehr gedämpfter Akustik entstanden sind, um einen nicht ganz gelungenen hohen Ton zu verbessern oder um ungeschickten Tonschnitt zu kaschieren. Man kann diesen Effekt auf dreierlei Art erzeugen. Eine *Echokammer* ist ein kleiner, schalldichter Raum mit harten Wänden, in dem ein Lautsprecher und ein Mikrofon aufgebaut sind. Die Tonaufnahme wird über den Lautsprecher wiedergegeben, durch die akustischen Eigenschaften des Raums verändert und in dieser «verhallten» Form vom Mikrofon aufgenommen. Die zweite Möglichkeit: Man verwendet eine Hallfeder oder -platte. Das ist eine große Stahlplatte, die mit zwei «Energieumwandlern» versehen ist, von denen einer die Platte in Vibration versetzt und der andere den nachhallenden Ton aufnimmt. Und schließlich kann man Hall auch mit einem Tonbandgerät erzeugen, das über Hinterbandkontrolle und Multiplay verfügt (s. S. 121). Diese Technik eignet sich nicht zur Erzeugung eines natürlich wirkenden Halleffekts. Man kann damit aber gute Science-fiction-Effekte erzielen.

Rauschunterdrückungsgerät
Ein Dolby-Rauschunterdrückungsgerät sollte bei jeder Tonaufnahme eingeschaltet werden, weil vor allem hierbei das Grundrauschen und andere hochfrequente Störgeräusche aufgenommen werden.

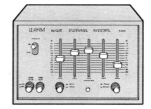

Equalizer
Ein Equalizer ist ein nützliches Gerät für die endgültige Tonmischung. Mit den Schiebereglern des Geräts (oben) werden bestimmte Frequenzbereiche angehoben bzw. abgesenkt. Man kann sich den Equalizer als ein Gerät vorstellen, das die hörbaren Frequenzen in sehr kleine Teilbereiche zerlegt, von denen dann jeder für sich geregelt werden kann.

Kompander
Kompander werden in großem Umfang zur Steigerung der scheinbaren Lautstärke verstärkter Rockmusik eingesetzt, wobei gleichzeitig eine Überlastung des Tonträgers ausgeschlossen ist.

Rauschunterdrückungssysteme
Jede Bandaufnahme enthält ein gewisses «Grundrauschen», das nicht zu hören ist, wenn das Band mit einem starken Signal bespielt ist. Ist das aufgezeichnete Signal jedoch schwach oder handelt es sich um ein nicht sehr gutes Gerät, kann dieses Rauschen sehr lästig werden. Alle Rauschunterdrückungssysteme zielen darauf ab, den «Signalrauschabstand» zu verbessern und damit das Grundrauschen zu unterdrücken. Das bekannteste ist das Dolby-System. Es arbeitet nach folgendem Prinzip: Leise hochfrequente Signale werden bei der Aufnahme verstärkt, damit sie nicht im Grundrauschen des Bandes «untergehen». Bei der Wiedergabe werden diese verstärkten Signale wieder auf ihre normale Stärke abgesenkt. Das (ebenfalls hochfrequente) Grundrauschen, das nicht angehoben wurde, wird dabei mit abgesenkt und weitgehend unhörbar gemacht. Das Dolby-System ist besonders bei Tonbandkassetten unentbehrlich. Dolbysierte Bänder müssen bei der Wiedergabe mit einer entsprechenden Elektronik decodiert werden.

Stereoaufnahmen
Tonaufnahmen in Stereo kommen dadurch zustande, daß man das Schallereignis mit zwei Mikrofonen aufnimmt und die beiden «Kanäle» völlig getrennt verstärkt und über zwei Lautsprecher wiedergibt. Der dabei auftretende räumliche Höreindruck kommt daher, daß unsere Ohren die notwendigen Informationen erhalten, um die Richtung des Schalls zu bestimmen. Stereoaufnahmen müssen unbedingt über Lautsprecher abgespielt werden, die korrekt in Phase sind. Während die Membran eines Lautsprechers sich vor und zurück bewegt, werden in der Luft entsprechende Druckwellen erzeugt. Werden nun Plus- und Minuspole der Projektor- bzw. Verstärkerausgänge nicht an die entsprechenden Pole der Lautsprecher angeschlossen, so bewegen der linke und der rechte Lautsprecher die Luft jeweils in entgegengesetzten Richtungen. In diesem Fall sind die Lautsprecher gegenphasig, was zur Zerstörung des Stereo-Klangbildes, einer schlechten Wiedergabe der Bässe und möglicherweise einer Beschädigung des Verstärkers führt.

Zweispur- und Mehrspurbetrieb
Ein Zweispur-Tonbandgerät muß nicht unbedingt für Stereoaufnahmen verwendet werden. Man kann auch auf jede Spur eine andere (Mono-)Aufnahme aufzeichnen und hinterher beide Aufnahmen zu einer einzigen monophonen Darbietung vereinigen.

Professionelle Tonstudios haben dieses System bis zum Acht- und Sechzehnspur-Betrieb mit 13 mm breitem Band ausgebaut. Diese professionellen Mehrspurgeräte nehmen jeden Kanal auf eine eigene Spur auf. Diese Spuren können hinterher beliebig gemischt werden.

Ein Film entsteht

«Die eigentliche Arbeit war Denken und nochmal Denken.» *Charles Chaplin*

EIN FILM ENTSTEHT

Die Grundausrüstung

Einbandverfahren Super-8

Gleichgültig, wie groß Ihr Budget ist, die Kamera, für die Sie sich entscheiden, muß zu Ihrem Projektor und Ihren übrigen Geräten passen. Es hat keinen Sinn, eine teure Kamera zu kaufen, wenn nicht auch der Projektor entsprechend hochwertig ist. Die wichtigen Entscheidungen beim Kamerakauf beziehen sich meistens mehr auf den Ton- als den Bildteil: Sie müssen sich darüber klarwerden, ob Sie Tonfilme drehen wollen und, wenn ja, nach welchem Verfahren – wovon dann auch die Art des Tonschnitts bzw. der Nachvertonung abhängt (s. S. 232). Die hier besprochene Ausrüstung berücksichtigt Ein- und Zweibandverfahren. Zubehör wie Stative, Drahtauslöser und Belichtungsmesser sind für erfolgreiche Filmaufnahmen unentbehrlich.

Eine Super-8-Tonkamera für Tonfilme nach dem Einbandverfahren ist gleichermaßen ideal für den Filmamateur, der bisher nur Stummfilme gemacht hat, und den Anfänger, der gleich mit Tonfilmen beginnen möchte. Der Grund: Beim Einbandverfahren nimmt man Bild und Ton gleich mit der Kamera auf. Man braucht kein Tonaufnahmegerät, weil der Ton über das auf der Kamera befestigte Mikrofon eingefangen und auf der Tonspur (Piste) des Films (s.S. 111) aufgezeichnet wird. Später kann man diesen Originalton durch Geräuscheffekte und Kommentare ergänzen. Tonkameras sind nicht wesentlich teurer als Stummkameras und können auch ohne Ton verwendet werden.

1 Mikrofon
2 Nieren-Mikrofon
3 Nahlinsen
4 Objektivreinigungstuch
5 Pneu-Pinsel
6 Schulterstütze
7 Filmkassetten
8 Aufnahmefilter
9 Filmleuchte
10 Akkubox
11 Akkuladegerät
12 Nickel-Cadmium-Akku
13 Handbelichtungsmesser
14 Drahtauslöser
15 Standard-Stativ
16 Kamera Nizo 4080
17 Schallschutztasche
18 Universaltasche

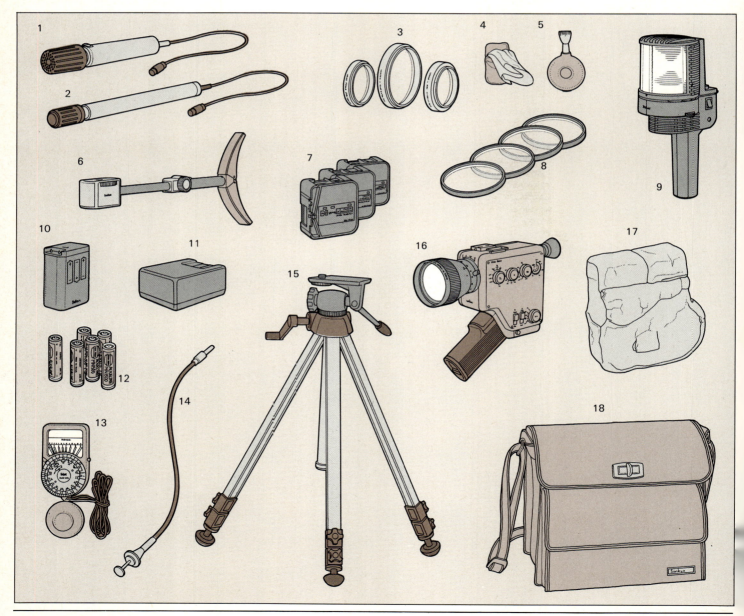

EIN FILM ENTSTEHT

Zweibandverfahren 16 mm

Die unten abgebildete Ausrüstung für 16-mm-Film und Vertonung nach dem Zweibandverfahren kommt eher für den erfahrenen Filmemacher in Frage.

Beim Zweibandverfahren wird der Ton nicht in der Kamera aufgenommen. Das ist vielmehr Aufgabe eines separaten Tonbandgeräts; dazu wird von der Kamera auf dem Band parallel zum Ton eine Impulsspur für die Synchronisation von Bild und Ton aufgezeichnet. Diese Impulse kann man als «elektronische Perforation» bezeichnen. Die Tonaufnahme wird anschließend für den Tonschnitt auf Magnetfilm oder Cord-/Perfoband überspielt. Der große Vorteil dieses Systems ist es, daß Ton und Bild getrennt geschnitten werden können.

Dadurch bekommt man mehr Spielraum – z. B. kann man eine Tonaufnahme einer Szene zuordnen, zu der sie ursprünglich nicht gehörte. Ein weiterer Vorteil: Man kann in beliebigem Umfang Tonaufnahmen (z. B. von Geräuschkulissen) machen, ohne gleichzeitig zu filmen, und dann einzelne Szenen mit diesem Ton unterlegen, um keine Lücken entstehen zu lassen.

16-mm-Kamera und Zweibandvertonung sind bei hochwertigen Fernsehaufnahmen der Normalfall. Kameras und Zubehör sind zwar größer und teurer als bei Super-8, aber noch wesentlich billiger und handlicher als beim 35-mm-Format. Es gibt 16-mm-Filmmaterial in großer Auswahl, als Negativ- und Umkehrfilme, und dank des größeren Formats ist die Bildqualität deutlich besser als bei Super-8.

1 Klappe
2 Aufnahmefilter
3 Pneu-Pinsel
4 Objektivreinigungstuch
5 Wechselsack
6–8 Zusatzobjektive
9 Filmkassette
10 Kamera Bolex H 16 EL
11 Schallschutztasche
12 Richtmikrofon
13 Kopfhörer
14 Tonbandgerät Nagra
15 Quarzgenerator
16 Stativ mit Spinne
17 Drahtauslöser
18 Spot-Belichtungsmesser
19 Schulter-Körper-Stativ
20 Ausrüstungskoffer

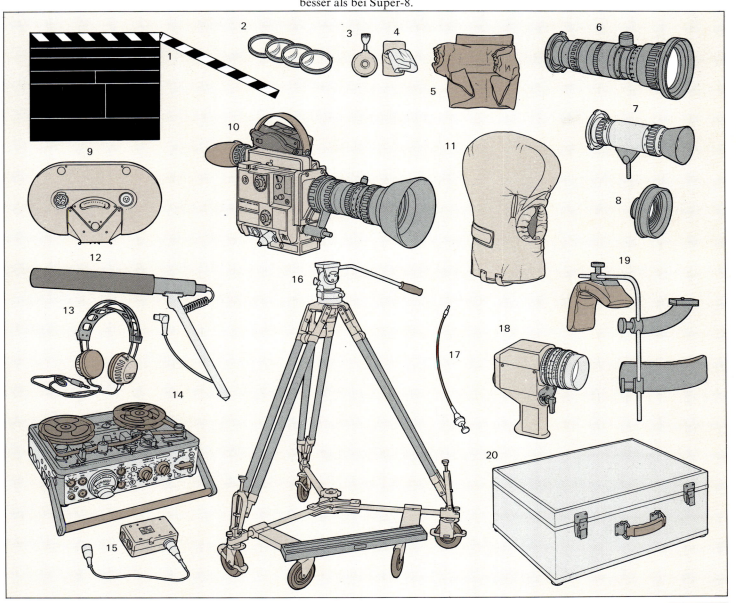

EIN FILM ENTSTEHT

Der Familienfilm

Der Amateur-Schmalfilm ist im Laufe der Jahre ein wenig in Verruf gekommen, und zwar hauptsächlich deshalb, weil viele Leute nicht zu unterscheiden vermögen, was nur für sie selbst und was auch für andere interessant ist. Eine zittrige lange Einstellung von Ihrem über den Rasen krabbelnden Baby kann Ihre Angehörigen zu Tränen rühren, aber andere Leute, denen Sie denselben Streifen vorführen, werden eher mit einem unterdrückten Gähnen reagieren. Natürlich ist nichts gegen simple Erinnerungsaufnahmen einzuwenden, aber aus demselben Material einen Film zu machen, der auch Außenstehende interessiert, ist eine viel anspruchsvollere Aufgabe. Arbeiten Sie darauf hin, daß jeder Streifen «eine Geschichte erzählt», auch wenn es sich dabei nur um eine Episode aus Ihrem Familienleben handelt.

Ein Kind wächst auf

An Filmaufnahmen von Kindern kann man auf dreierlei Weise herangehen. Die erste besteht darin, daß man bei jeder Gelegenheit dreht. Das ist bei weitem die einfachste Methode, aber die Ergebnisse sind bescheiden, weil die Einstellungen beziehungslos aneinandergereiht werden und keine Kontinuität entsteht.

Die zweite Methode besteht darin, daß man sich einen bestimmten Zeitpunkt oder ein bestimmtes Ereignis aussucht und dann das Geschehen im Detail filmt, und zwar mit der Absicht, die Zeit «einzufrieren», anstatt zu zeigen, wie sie vergeht. Das gibt Ihnen die Möglichkeit, das Kind genau zu beobachten, zu filmen und so eine Sequenz aufzubauen, die Sinn und Atmosphäre hat, trotzdem aber ihren erzählerischen Charakter bewahrt. Nehmen wir an, Sie entschließen sich, ein Picknick zu filmen: Damit der Film erzählerisch sinnvoll wird, müssen Sie bestimmte strukturelle Elemente erfassen – das Einpacken des Essens, die Abfahrt, das Essen, das anschließende Spiel und die Heimfahrt. Halten Sie aber auch nach Zwischenschnitten Ausschau, damit Sie genügend Überleitungen für eine zwanglose Zeitverkürzung bekommen.

Die dritte Methode besteht darin, den Zeitablauf selbst sichtbar zu machen. Dabei handelt es sich um einen Filmtyp, der fast mit Sicherheit mehr Schnittarbeit erfordert als ein Film über ein einzelnes Thema. So könnten Sie sich z. B. vornehmen, die verschiedenen Stufen beim Lesenlernen eines Kindes in einem Film zu zeigen. Die Aufnahmen können sich über ein ganzes Jahr erstrecken, und den endgültigen Film werden Sie wahrscheinlich durch Hinweise auf den jeweiligen Zeitpunkt akzentuieren wollen. Anstatt nun einfach Kalenderblätter abzufilmen, könnten Sie z. B. zwischen die Aufnahmen von dem lesenden Kind Einstellungen montieren, die den Garten im Wechsel der Jahreszeiten darstellen.

Die schwierigste, aber auch lohnendste Aufgabe besteht bei jedem Film von Kindern darin, die Kinder in Augenblicken zu filmen, wo sie ganz ungezwungen vor der Kamera agieren. Diese Aufgabe können Sie sich auf verschiedene Arten erleichtern. Um die Kinder an die Kamera zu gewöhnen, können Sie auch eine Zeitlang ohne Film drehen. Das Wichtigste ist jedoch, daß die Kinder etwas *zu tun* bekommen. Mit etwas Glück werden sie dann so in ihrer Beschäftigung aufgehen, daß sie Sie und Ihre Kamera vergessen.

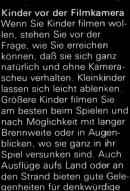

Kinder vor der Filmkamera
Wenn Sie Kinder filmen wollen, stehen Sie vor der Frage, wie Sie erreichen können, daß sie sich ganz natürlich und ohne Kamerascheu verhalten. Kleinkinder lassen sich leicht ablenken. Größere Kinder filmen Sie am besten beim Spielen und nach Möglichkeit mit langer Brennweite oder in Augenblicken, wo sie ganz in ihr Spiel versunken sind. Auch Ausflüge aufs Land oder an den Strand bieten gute Gelegenheiten für denkwürdige Filmaufnahmen.

EIN FILM ENTSTEHT

Wahl eines Themas

Wenn Sie einen Film von der Entwicklung eines Kindes im Laufe eines bestimmten Jahres machen wollen, können Sie sich auf einen Aspekt des Heranwachsens konzentrieren – vielleicht das Malen oder Lesen. Beispielsweise können Sie einen sehr attraktiven Film zusammenstellen aus Aufnahmen des Kindes beim Zeichnen, die Sie zunächst ohne Ton machen und dann mit separat entstandenen Aufnahmen von der Stimme des Kindes vertonen – in denen es über seine Bilder redet oder vielleicht Kinderlieder singt.

Ein Film von einem Kinderfest

Kinderfeste bieten ideale Voraussetzungen für Filmaufnahmen, weil die Kinder ganz bestimmt nicht auf die Kamera achten, wenn der Geburtstagskuchen auf den Tisch kommt oder wenn sie Spiele machen. Wenn irgend möglich sollten Sie dabei auf Filmleuchten verzichten. Ihr helles Licht würde z.B. die Kerzen auf dem Geburtstagskuchen überstrahlen. Arbeiten sie lieber mit einer XL-Kamera und hochempfindlichem Film. Sehr zu empfehlen sind Tonfilmaufnahmen – entweder im Einband- oder Zweibandverfahren, je nachdem, welche Geräte Ihnen zur Verfügung stehen.

EIN FILM ENTSTEHT

Ein Hochzeitsfilm

Wie alle Zeremonien enthält auch jede Hochzeit bestimmte Höhepunkte, die unbedingt eingefangen werden müssen: die Ankunft von Braut und Bräutigam, der Gang zum Altar, die Abfahrt. Es gibt auch immer Überraschungsmomente, z. B. den Onkel, der sich die Aufregung allzu deutlich anmerken läßt, oder den jähen Wolkenbruch, und für solche Ereignisse sollte in Ihrer Gesamtplanung Platz sein. Holen Sie vorher die Dreherlaubnis des Geistlichen ein. Gehen Sie dann am Vortag in die Kirche, möglichst zu der Tageszeit, auf die die Trauung festgesetzt ist. Nehmen Sie Ihre Kamera und ggf. einen Belichtungsmesser mit. Skizzieren Sie den Grundriß der Kirche und zeichnen Sie sich in diesen Plan die günstigsten Kamerapositionen ein. Legen Sie nie zuerst die Kamerapositionen und dann die Folge der Einstellungen fest; dies würde zu einer unzusammenhängenden Szenenfolge führen.

Kamerapositionen

Lassen Sie sich sagen, wie die Trauung ablaufen wird, wenn möglich mit ungefähren Zeitangaben, und überlegen Sie sich, wo Sie in den entscheidenden Augenblicken die Kamera am besten plazieren können. Die Hauptposition sollten Sie so wählen, daß Sie nahe genug sind, um Nahaufnahmen von Braut und Bräutigam zu machen, aber auch, mit dem Zoomobjektiv in der entgegengesetzten Stellung, die ganze Zeremonie in einer Weitwinkelaufnahme erfassen können. Je größer der Zoombereich des Objektivs ist, um so mehr Spielraum haben Sie bei der Wahl der Kamerapositionen. Suchen Sie sich einen möglichst attraktiven Hintergrund aus, denn während der Zeremonie können Sie nicht hin- und herlaufen. Und in den ruhigeren Augenblicken sollten Sie eine gute Ausgangsposition für Zwischenschnittaufnahmen haben. Diese brauchen Sie unbedingt, denn bei einer Sequenz wie einer Trauungszeremonie besteht das größte Schnittproblem darin, die Zeit zu verkürzen, ohne die Atmosphäre zu zerstören. Wenn Sie auch den Ton aufnehmen wollen, werden Sie wahrscheinlich sowohl Ton-Aufnahmen im Einbandverfahren als auch eine separate Gesamtaufnahme machen müssen (s. S. 111). Sie müssen sich also auch die Mikrofonpositionen überlegen.

Beleuchtung, Belichtung und Film

Nehmen Sie für die Innenaufnahmen in der Kirche höchstempfindlichen Film und schalten Sie das Konversionsfilter ein. Es wäre viel zu teuer, selbst eine Kirche durchschnittlicher Größe auszuleuchten. Belichtung und Filmtyp werden von der Größe der Fenster und der Farbe der Wände abhängen. Machen Sie eine Integralmessung, vorzugsweise nach der Methode der Lichtmessung. Denken Sie daran, daß das Licht am Hochzeitstag bis zu 4 Blendenstufen schwächer sein kann. Setzen Sie den Filmbedarf lieber zu hoch als zu niedrig an. Sie können ihn ungefähr aus der geplanten Länge des fertigen Films und den voraussichtlichen Schnittabfällen errechnen. Bei Super-8 und 18 B/s hat eine 15-m-Kassette eine Laufzeit von rund 3 Min. 20 Sek., und bei 16 mm und 24 B/s können Sie mit einer 30-m-Kassette etwa 2 Min. 47 Sek. drehen. Bei manchen Kameras können bei beiden Formaten größere Kassetten verwendet werden.

Die Ankunft
Das Eintreffen der Braut ist einer der Höhepunkte, die Sie unbedingt einfangen müssen. Wenn Sie in dem Moment zu drehen anfangen, wo der Hochzeitswagen auftaucht, können Sie die Ankunft in einer langen Schwenkaufnahme festhalten. Die Kameraposition muß unbedingt stimmen, wenn der Wagen anhält.

Einzug in die Kirche
Die Kamera, die jetzt in der Hand gehalten wird, «fährt» um die Säulen herum, während die Braut mit ihrem Vater die Kirche betritt. Achten Sie darauf, daß keine Stative oder andere Ausrüstungsgegenstände mit aufs Bild kommen.

EIN FILM ENTSTEHT

Die Trauung
Oft werden Sie sich nicht vor Braut und Bräutigam aufstellen können. In diesem Fall werden Sie sich wahrscheinlich für eine hochgelegene Kameraposition entscheiden, von der aus Sie auch Nahaufnahmen machen können. Dazu eignen sich die Treppen oder der Chor im rückwärtigen Teil der Kirche. Dort können Sie sich auch während der Zeremonie unauffällig bewegen.

Innenaufnahmen
Für die Aufnahmen in der Kirche sollten Sie einen möglichst hochempfindlichen Film nehmen. Mit einer XL-Kamera (s. S. 42) müßten Sie dann zu ausreichend belichteten Aufnahmen kommen. Machen Sie nach Möglichkeit eine Probe-Belichtungsmessung, bevor die Zeremonie beginnt.

Nahaufnahmen
Letzten Endes steht und fällt Ihr Film damit, ob es Ihnen gelingt, die Gesichter der Leute zu filmen. Bemühen Sie sich, aussagestarke, bildfüllende Nahaufnahmen zu machen. Es empfiehlt sich, die Angehörigen beider Familien vorher zu fragen, wer in dem Film zu sehen sein soll. Manche Leute sind beleidigt, wenn sie in so einem Film nicht vorkommen.

Die Abfahrt
Die Zwischenschnitte (oben) vom Brautstrauß und der Kirchturmuhr werden bei der Montage der Sequenz unschätzbare Dienste leisten. In der Praxis kann es mehrere Handlungsminuten geben, die Sie mit Zwischenschnitten überbrücken müssen. Die Abfahrt des Hochzeitsautos eignet sich gut als Schlußeinstellung für die Sequenz von der kirchlichen Trauung.

EIN FILM ENTSTEHT

Charakterstudien

Der Charakter der Leute äußert sich in ihrem Verhalten, ihrem Aussehen, ihren Äußerungen und ihrer Art zu sprechen und darin, was sie tun und nicht tun. Diese vielen Ausdrucksmöglichkeiten des menschlichen Charakters machen ihn zu so einem lohnenden Gegenstand für die Filmkamera. Wählen Sie eine Tätigkeit oder eine Szene aus, die typisch für die dargestellte Person ist und diese auch so in Anspruch nimmt, daß sie ihre Kamerascheu vergißt. Es sollte sich dabei nicht um eine übertriebene, gewaltsame Art der Tätigkeit handeln – man kann den Charakter einer Person mit einer stillen, subtilen Studie mindestens genauso gut darstellen wie mit Aufnahmen von lebhafteren Beschäftigungen. Geben sie möglichst wenig Regieanweisungen und bitten Sie nicht darum, daß bestimmte Handlungen wiederholt werden – das wirkt fast immer unnatürlich. Stellen Sie sich so auf, daß die Blickrichtung der Person der Kameraachse nahe ist, aber nicht mit ihr zusammenfällt. Die Leute geben sich um so natürlicher, je länger sie gefilmt werden. Das gilt besonders für Kinder. Es ist deshalb eine gute Idee, erst einmal eine Weile ohne eingelegten Film zu drehen. Wenn Sie dann wirklich filmen, hat man Ihre Anwesenheit schon vergessen. Oft arbeitet es sich mit diffusem oder indirektem Licht am besten – eine solche Beleuchtung wirkt natürlicher, und Sie haben mehr Bewegungsfreiheit. Verwenden Sie bei Naheinstellungen nur dann ein Stativ, wenn es notwendig ist, um die Kamera zu stabilisieren oder wenn Sie sicher sind, daß Ihr Modell sich nicht bewegt.

Strickende Frau
Die eindrucksvollsten Charakterstudien lassen sich oft bei älteren Leuten erzielen. Versuchen Sie, die Personen bei einer typischen Tätigkeit oder einer Lieblingsbeschäftigung zu filmen. Dabei geben sie sich am ehesten natürlich. Wählen Sie eine günstige, schmeichelhafte Beleuchtung. Hartes Kunstlicht wäre z. B. ganz ungeeignet für Aufnahmen von einer Frau, die am Kamin sitzt und strickt. Filmen Sie die Frau im Licht des Feuers und drehen Sie Zwischenschnitte von der schlafenden Katze, den züngelnden Flammen und den glitzernden Stricknadeln.

EIN FILM ENTSTEH

Der Motorradfahrer
Wenn Sie eine Charakterstudie von einem begeisterten Motorradfahrer machen wollen, sollten Sie versuchen, ihn zu zeigen, wie er die Maschine putzt und repariert, sie nach dem Anlassen auf Touren bringt und ins offene Land hinausfährt. Bitten Sie ihn, daß er Sie einmal als Sozius mitnimmt, damit Sie während der Fahrt über seine Schulter hinweg ein paar subjektive Aufnahmen machen können.

Die Tonaufnahme

Es gibt drei Möglichkeiten der Tonaufnahme, die Sie für Charakterstudien verwenden können: synchronen Dialog, asynchrone Aufnahmen und Kommentare, wovon die letzteren beiden beim Tonschnitt überspielt werden müssen. In diesem Stadium können Sie auch Musik unterlegen.

Als Originalton synchron aufgenommener Dialog ist die aufschlußreichste Art der Tonaufnahme, aber nur allzu oft fallen die interessantesten Äußerungen, wenn Sie gerade den Film wechseln. Bei jedem guten Dialog sind die besten Bemerkungen weit verstreut, und deshalb wird der Ton oft durch zusätzliche asynchrone Aufnahmen verbessert. Das Verfahren ist einfach und billig. Machen Sie eine längere Aufnahme von dem Gespräch auf Kassette oder Tonband, bearbeiten Sie die Aufnahme und benutzen Sie diese komprimierte Version für Schnitt und Überspielung. Sie kann entweder parallel mit dem Filmstreifen geschnitten werden, nachdem sie zuvor auf Cord-/Perfoband überspielt wurde (s. S. 240), oder nach dem Schnitt direkt vom Band auf die Tonpiste überspielt werden (s. S. 247).

Der «Off»-Kommentar ist ein ganz anderes Verfahren, das andere Ziele verfolgt. In diesem Fall wird die Aufnahme direkt von der Person oder den Personen gemacht, die auf der Leinwand zu sehen sind. Es kann sich dabei um ein Interview handeln, aus dem Sie nachträglich Ihre eigenen Fragen oder Bemerkungen herausschneiden. Beispielsweise könnten Sie sich entschließen, das geschnittene Tonband als kontinuierlichen Tonhintergrund für jemandes Erinnerungen zu verwenden – hörbar, aber nicht sichtbar. Eine andere Möglichkeit ist ein nachträglich überspielter Kommentar, aber dabei handelt es sich um die am wenigsten befriedigende Lösung.

EIN FILM ENTSTEHT

Der Film-Essay

Diese Genrebezeichnung mag auf den ersten Blick ein bißchen prätentiös anmuten, aber es handelt sich dabei in Wirklichkeit um eines der kreativsten Gebiete des Filmemachens und obendrein um eines, das auch dem relativen Neuling offensteht. Man darf den Film-Essay nicht mit dem Dokumentar- oder Reportagefilm verwechseln, der ein bestimmtes Thema auf sehr direkte, faktische Weise darstellt. Es muß gleich zu Beginn klargestellt werden, daß solche Filme großenteils erst durch die Montage entstehen. Die Gegenüberstellung von nicht zusammengehörigen Ton- und Bildaufnahmen ist grundlegend für diesen vielschichtigen Filmtyp und macht zu einem erheblichen Teil seinen Reiz aus.

Der abstrakte Film Hierbei handelt es sich um einen Film über eine Idee – eine Abstraktion. Die Konzentration auf eine bestimmte Idee gibt Ihnen ungeheuer viel Spielraum für die Arbeit auf einem eng umschriebenen Gebiet: Sie werden den Film von A bis Z planen und höchstwahrscheinlich ein Konzept oder sogar ein regelrechtes Drehbuch schreiben müssen. An Quellen für Ideen mangelt es nicht: tatsächliche Geschehnisse, Dichtung, Musik, Natur, Animation – beinahe alles, was Ihrem Zweck dienlich sein kann, kommt in Frage. Um dieses reiche und ungefüge Material in den Griff zu bekommen, sollten sie sich um ein strukturelles Prinzip bemühen, das dem Film Disziplin und Direktheit verleiht. Beispielsweise könnten Sie das Thema «Zeit» wählen. Obwohl die Zeit unser ganzes Leben beherrscht und ihm sogar ein Ende setzt, hat sie vom Standpunkt des Filmemachers aus den Schönheitsfehler, unsichtbar zu sein. Sie können sie also nur mittelbar darstellen: die Auswirkungen der Zeit, die Erinnerungen alter Menschen und die Unbekümmertheit der Jugend, die Jahreszeiten, die Uhren und die Mechanik der Zeitmessung, die Gezeiten und natürlich die Musik. Als Rahmen könnten Sie den Verlauf eines Kalenderjahres nehmen: vom Frühling (der Jugend) bis zum Winter (dem Alter). Wenn Sie sich einmal für einen Rahmen entschieden haben, wird Ihnen die Aufgabe, das Material zu sichten, schon viel leichter fallen.

Die hier erwähnten Ideen und Beispiele sind nur als Anhaltspunkte gedacht. Alle Formen menschlichen Tuns und Trachtens können ausgezeichnete Themen für Ihre Kamera abgeben, und Sie werden bald den richtigen Mittelweg zwischen Überdeutlichkeit einerseits und nichtssagender Willkür andererseits finden.

Ausrüstung Ein Film-Essay der hier gemeinten Art ist oft eine sehr persönliche Aussage, gibt also die Ansichten des Filmemachers wieder. Deshalb eignet er sich nicht als Aufgabe für ein Filmteam. Obwohl das 16-mm-Format die unbestritten besseren Resultate für großformatige Projektion und auch qualitativ hochwertige Originale für Kopien liefert, ist Super-8-Film für die meisten privaten Zwecke ausreichend. Das geringere Gewicht, die einfachere Handhabung der Geräte sowie die Möglichkeit, Bild und Ton direkt im Einmannbetrieb aufzunehmen, sprechen für die Verwendung des kleineren Formats.

Glasbläserei
Die Glasbläserei ist ein idealer Gegenstand für einen themenbezogenen Kurzfilm, weil sie ein Handwerk ist, das im wesentlichen von einer einzelnen Person ausgeübt werden kann. Die Arbeitsgänge spielen sich zudem überwiegend auf kleinem Raum ab, so daß sie leicht von einer einzigen Kamera zu erfassen sind.

Der themenbezogene Kurzfilm Kunst und Handwerk bieten eine Fülle möglicher Themen für Kurzfilme. Wenn Ihnen z. B. ein bestimmtes Musikstück besonders viel sagt, können Sie es mit den Bildern «illustrieren», die es in Ihnen wachruft. Die Noten können dabei zum Drehbuch werden, das Sie beim Drehen und bei der Montage konsultieren (s. S. 242).

Handwerkliche Verfahren eignen sich vorzüglich für instruktive Kurzfilme. Es ist immer wieder faszinierend, jemandem bei der Arbeit zuzusehen, vor allem wenn man dabei den Werdegang eines bestimmten Gegenstandes vom Anfang bis zum Ende verfolgen kann. Man muß jedoch den Prozeß sorgfältig von Stufe zu Stufe darstellen und ein gutes Auge für Details haben.

Das geschmolzene Glas
Diese Sequenz über Glasbläserei ist ein gutes Beispiel für einen Film, den Sie über ein ähnliches handwerkliches Verfahren drehen könnten. Die Glasbläserei bietet eine Vielfalt von optischem Material – die Glut des Ofens und des geschmolzenen Glases, das Glitzern des fertigen Gegenstandes – und gibt Ihnen auch Gelegenheit zu einer Charakterstudie des Glasbläsers. In diesem Fall würden Sie fast mit Sicherheit die Entstehung eines bestimmten Gegenstandes vom Ofen bis zum Schaukasten verfolgen.

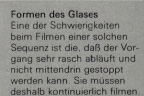

Formen des Glases
Eine der Schwierigkeiten beim Filmen einer solchen Sequenz ist die, daß der Vorgang sehr rasch abläuft und nicht mittendrin gestoppt werden kann. Sie müssen deshalb kontinuierlich filmen.

EIN FILM ENTSTEHT

Formen des Stiels
Wahrscheinlich werden Sie jedoch wichtige Teile des Vorgangs nicht erfassen können. Versuchen Sie es so einzurichten, daß es sich dabei um einen wiederholbaren Arbeitsgang handelt. Filmen Sie den Vorgang zweimal und montieren Sie Teile beider Aufnahmen ineinander. So werden Sie auch leichter mit den Anschlußproblemen fertig, die unweigerlich bei jedem detaillierten Sujet auftreten. Für die hier illustrierte Sequenz wurden z. B. Bilder aus zwei verschiedenen Einstellungen zu einer kontinuierlichen Sequenz zusammenmontiert. Förderlich für die Kontinuität ist es auch, wenn der Kamerastandpunkt oft gewechselt und Zwischenschnitte eingebaut werden.

Anbringen des Fußes
Die Konzentration auf ein Detail kann oft wirkungsvoller sein als eine Aufnahme der ganzen Figur. Machen Sie so viele Zwischenschnitte wie irgend möglich, damit sich keine unschönen Zeitsprünge ergeben. Machen Sie auch möglichst viele Tonaufnahmen, synchrone wie asynchrone. Beinahe unerläßlich ist ein Interview mit dem Handwerker über sein Metier. Es kann als Kommentar – eventuell mit Musik unterlegt – zur Vertonung verwendet werden.

Heranzoomen
Die Schlußsequenz dieses Film-Essays zeigt die fertigen Artikel – die Glaswaren. Die Lichtreflexe auf der bauchigen Flasche bildeten den Abschluß eines langsamen Zooms in die Telestellung.

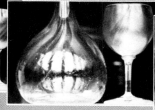

Zurückzoomen
Mit einem Schnitt auf ein Zoom in die Weitwinkelstellung wurde der Film-Essay beendet. Ausgehend von der Nahaufnahme von der Flasche, mit der die vorhergehende Einstellung endete, werden die Gegenstände in ihrer Umgebung gezeigt.

Dokumentarfilme

Die häufigste Form der filmischen Dokumentation ist wahrscheinlich der gesellschaftlich relevante Dokumentarfilm. Dieser weitgefaßte Begriff umschließt die verschiedensten Themenbereiche, von politischer Opposition über ein neues Straßenbauprogramm bis hin zu wohltätigen Organisationen, die für ihre Zwecke Spenden sammeln wollen. Viele betrachten den polemischen Kurzfilm als das ideale Medium zur Darstellung eines sozialen oder politischen Standpunktes. Wenn z. B. eine Fernsehgesellschaft einen Dokumentarfilm dreht, wird sie sich stets bemühen, eine möglichst abgerundete Darstellung des Themas zu liefern. Darüber, ob der Film dann wirklich «ausgewogen» ist, werden die Meinungen auseinandergehen. Wenn der Dokumentarfilm, den Sie planen, einer bestimmten Sache verpflichtet sein soll, brauchen Sie sich um Ausgewogenheit nur insoweit zu bemühen, als Sie Ihren eigenen Standpunkt glaubwürdiger machen wollen. Sie werden auch feststellen, daß Ihr Film mehr Überzeugungskraft hat, wenn sich die Botschaft aus dem Film selbst und nicht nur aus Ihrem Kommentar zu dem gezeigten Geschehen ergibt. Mit anderen Worten: Was Sie *zeigen* können, sollten Sie nicht *sagen*. Dies können Sie im wesentlichen auf zwei Arten erreichen: durch die Worte und Handlungen der im Film auftretenden Personen und durch die Aussagekraft der Bilder.

Die Ausrüstung für einen Dokumentarfilm ist der für einen Film-Essay (s. S. 136) recht ähnlich. Wegen der Möglichkeit, auch bei schlechten Lichtverhältnissen drehen zu müssen, werden Sie häufig dem Super-8-Format den Vorzug geben. Sie können dann auf Beleuchtungsgeräte verzichten.

Ergänzender Kommentar

Nach Möglichkeit sollten Sie beim Drehen eines Dokumentarfilms versuchen, andere das sagen zu lassen, was Sie ausdrücken möchten. Trotzdem werden noch einige Dinge zu klären, Argumente schärfer zu fassen und Schlußfolgerungen zu ziehen sein. Sie werden also nicht ohne Kommentar auskommen. Versuchen Sie, diesen so knapp wie möglich zu formulieren; unterlegen Sie nicht den ganzen Film mit Ton, sondern lassen Sie die Bilder auch für sich selbst sprechen.

Aufzeichnung eines Interviews

Interviews kann man auf zweierlei Art drehen: als Gespräch zwischen zwei Leuten, bei dem auch nach dem Filmschnitt die Fragen des Interviewers noch vorhanden sind, oder als zusammengeschnittene Fassung, bei der nach dem Schnitt die Fragen des Interviewers fehlen. Im letzteren Fall müssen Sie Ihre Fragen so formulieren, daß sie nicht mit «ja» oder «nein» beantwortet werden können. Unterbrechen Sie den Interviewten nicht mitten in einer Antwort, vor allem dann nicht, wenn Sie nicht im Bild sind. Ein freundliches Nicken oder ein ermunterndes Lächeln sind nützlich, und erwartungsvolles Schweigen ruft oft eine bessere Reaktion hervor als eine hastige Frage. Denken Sie daran, daß Ihre nächste Frage sich nicht auf die vorhergehende Antwort beziehen sollte, denn möglicherweise werden Sie die einzelnen Fragen und Antworten bei der Filmbearbeitung trennen wollen.

Einführende Einstellung
Ihr Film könnte mit einem Bild dieser Art beginnen. Als einführende Totale kann diese Aufnahme von einem schneebedeckten Kanalboot allmählich zu brisanteren Themen überleiten.

Ein Film über die Binnenschiffahrt

Die Aufnahmen auf diesen Seiten zeigen, wie Sie vorgehen könnten, um einen Dokumentarfilm zu drehen, der Ihre persönliche Ansicht zum Ausdruck bringt. Thema ist hier die Binnenschiffahrt – die Schiffe und die Menschen, die auf ihnen leben, die Wasserwege, die Landschaften, die Industriebauten und die Umweltfragen, die damit zusammenhängen. Suchen Sie sich Motive, die Ihren Standpunkt zeigen, und unterschätzen Sie nicht die Macht des Bildes. Auf keinen Fall sollten Sie Ihre Aussagen ausschließlich im Kommentar unterbringen.

Die Schleuse (oben)
Eine interessante Sequenz kann dadurch entstehen, daß Sie ein Boot beim Durchfahren einer Schleuse begleiten. In diesem Fall ist zwischen zwei Übersichtsaufnahmen eine Nahaufnahme vom Bug des Bootes eingefügt.

Industrielandschaft (rechts)
Vom Boot aus gedrehte Aufnahmen können die verschiedenartigen Landschaften zeigen, durch die der Kanal verläuft. Hier sind es Lagerhäuser und Gasometer.

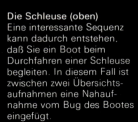

EIN FILM ENTSTEHT

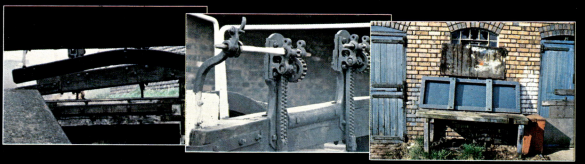

Zwischenschnitte (links)
Die Bauwerke an den Ufern der Wasserwege können attraktives Filmmaterial beisteuern. Die abstrakten Kompositionen, die durch die Schleusentore, die Maschinen und die Häuser am Ufer gebildet werden, geben gute Motive für Zwischenschnitte ab.

Menschen (rechts)
Diese Einstellungen zeigen einige der Menschen, die auf den Kanalbooten arbeiten, sowie Beschäftigte der an den Ufern gelegenen Fabriken. Wenn Sie asynchrone Aufnahmen von Gesprächen mit diesen Leuten gemacht haben, können Sie damit solche Einstellungen vertonen.

Details (unten rechts)
Nutzen Sie die leuchtenden, bunten Farben der in traditioneller Weise bemalten Boote aus. Wirkungsvoll gestaltete, farbenfrohe Aufnahmen wie diese sollten Sie für sich selbst sprechen lassen.

Schlußeinstellungen (unten)
Für den Schluß des Films können Sie sich einen Knalleffekt wie eine besonders kontroverse Aussage aufheben. Eine andere Möglichkeit sind ruhige Stimmungsbilder wie die beiden Einstellungen unten.

EIN FILM ENTSTEHT

Ein einfacher Drehbuchfilm

Wenn Sie den Sprung zum Spielfilm wagen, wird sich Ihre ganze Einstellung zum Filmemachen ändern. Jetzt suchen Sie nicht mehr nach interessanten Szenen, sondern inszenieren selbst. Und Sie sind nicht mehr alleine. Selbst wenn Sie selbst das Drehbuch schreiben, Regie führen und den Film schneiden und vorführen, müssen Sie bei den Dreharbeiten selbst die Hilfe anderer in Anspruch nehmen.

Als erstes brauchen Sie eine Idee. Dabei wird Ihre Entscheidung weitgehend davon abhängen, welche Gründe Sie überhaupt haben, einen Film zu drehen. Aber alle guten Ideen für einfache Spielfilme müssen bestimmte grundlegende Kriterien erfüllen. Es dürfen in dem Film nicht mehr Personen vorkommen, als Sie Darsteller zur Verfügung haben, und die Rollen sollten keine über den Rahmen eines Amateurfilms hinausgehenden Anforderungen an die «Schauspieler» stellen. Die Schauplätze sollten nicht unzugänglich oder unerschwinglich sein. Und alle vorgesehenen Stunts und Spezialeffekte müssen sich auch realisieren lassen – technisch und finanziell. Vor allem sollten aber die Personen und die Handlung so *interessant* wie irgend möglich sein.

Charakter Damit ein Darsteller oder eine Darstellerin die Illusion aufrechterhalten kann, er oder sie sei die «echte» im Film vorkommende Person, muß er bzw. sie Anhaltspunkte bekommen. Es ist Ihre Aufgabe als Drehbuchautor und/oder Regisseur, jede Person anhand ihrer typischen Gesten und Verhaltensweisen und ihrer Charakterzüge zu beschreiben, und für jeden Teil der Handlung, die der betreffende Darsteller auszuführen hat, eine klare, einleuchtende Motivation anzugeben. Die menschlichen Beweggründe müssen in jedem Stadium der Handlung absolut verständlich sein.

Die Handlung Eine alte Faustregel besagt, eine Handlung müsse einen Anfang, einen Höhepunkt und ein Ende haben. Aber eine gute Handlung kann ebensogut einen allmählichen Anfang, zwei oder drei Höhepunkte und ein offenes Ende haben. Sie muß nur in jedem Fall *einer* Anforderung genügen: Sie muß von Anfang bis Ende die Zuschauer fesseln – durch List, Mystifikation, Komik oder schiere Gewalt.

Das Treatment Wenn die Handlung in großen Zügen feststeht, sollten Sie ein Treatment für den ganzen Film schreiben. Dieses sollte schon viele detaillierte Szenenangaben aufweisen, die Dialoge jedoch nur andeuten. Es geht Ihnen in diesem Stadium noch nicht um bestimmte Einstellungen oder Kamerapositionen, sondern darum, die Story selbst in den Griff zu bekommen. Das ist der Punkt, an dem Sie Aufbau und Ausgewogenheit des Films beurteilen und alle Unterströmungen, Ablenkungsmanöver, irreführenden Hinweise und Charakterdetails einbauen sollten, die Sie brauchen. Fragen Sie sich bei jedem Abschnitt des Treatments, worin jeweils die «Dynamik» besteht – ist es Spannung, Neugier, Situationskomik oder das Aufeinanderprallen zweier Charaktere? Überlegen Sie sich gut, welchen Effekt Sie beabsichtigen.

Das Drehbuch

Ein Drehbuch ist für eine Spielfilmhandlung unerläßlich, selbst wenn später Änderungen nötig werden. Nehmen wir an, Sie haben eine Geschichte geschrieben, in der ein Junge entführt wird, um ein Lösegeld zu erpressen. Nach dieser Idee können Sie ein Treatment schreiben, dessen Schlußsequenz so aussehen könnte: Der gefesselte und geknebelte Junge windet sich auf dem Rücksitz eines Autos, das auf einen Bahnübergang zurast. Ein Zug naht, und der Kidnapper will unbedingt noch über die Gleise, bevor die Schranke geschlossen wird, weil der Vater des Jungen hinter ihm her ist. Aber die Schranke geht zu, der Wagen des Vaters hält mit quietschenden Reifen, der Junge macht sich los, und der Entführer rennt weg. Das folgende Treatment ist eine Möglichkeit zur Gestaltung dieser Sequenz.

Ein einfacher Drehbuchfilm

1	HT	Auto, tiefer Kamerastandpunkt. Wagen fährt rasch von rechts nach links. *Ton:* Je nach Situation in der ganzen Sequenz Reifenquietschen und Motorengeräusche.
2	HN	Mann, vom Beifahrersitz aus. Der Mann sieht sich um. Dabei Schwenk auf den Jungen auf dem Rücksitz. Sein Kopf ist auf der gegenüberliegenden Seite.
3	G	Gesicht des Jungen. Geknebelt. Verängstigt.
4	HT	Über die Schulter des Mannes. Straße vor dem Auto.
5	N	Die Augen des Mannes. Er sieht auf die Uhr.
6	G	Uhr aus der Sicht des Mannes. Sekundenzeiger rückt vor. Es ist 10.58 Uhr.
7	T	Zug fährt von links nach rechts.
8	N	Augen des Mannes. Schaut in den Rückspiegel.
9	G	Rückspiegel. Verfolgendes Auto zu sehen.
10	HN	Fahraufnahme. Kamera begleitet das verfolgende Auto von rechts nach links.
11	G	Gesicht des Jungen. Entschlossener. Schwenk auf seine Hände, die langsam die Fesseln lockern.
12	G	Mann schaltet. Weiße Knöchel.
13	G	Gesicht des Mannes. Er schaut auf die Uhr.
14	GG	Uhr: 10.59 und 30 Sek.
15	G	Vater, besorgt.
16	HT	Zug.
17	HT	Beide Autos.
18	G	Hände des Jungen endlich frei.
19	GG	Sekundenzeiger: 11.00 Uhr.
20	HT	Von der *anderen* Seite des Bahnübergangs. Schranke schließt sich unmittelbar vor dem herannahenden Auto. Während der Zug ganz nahe vorübersaust, Schnitt auf... *Ton:* Lautes Pfeifen.
21	HT	Auto hält. Vater dicht dahinter. (Kamera hat Achse übersprungen.)
22	N	Gesicht des Mannes. Er springt aus dem Auto und läuft weg.
23	HN	Der Junge springt heraus. Schwenk auf ihn und den Vater.

EIN FILM ENTSTEHT

Das Storyboard

Um die Gesamtwirkung der Geschichte, die Sie sich ausgedacht haben, besser beurteilen zu können, und sie anderen, die an der Produktion beteiligt sein werden, erläutern zu können, lohnt es sich oft, grobe Skizzen der aufeinanderfolgenden Bilder zu machen. Was dabei herauskommt, bezeichnet man als *Storyboard*. Bei dem Beispiel hier könnten die Einstellungen 1 bis 25, die Schlußsequenz des Films, wie unten dargestellt in einem Storyboard visualisiert werden. Wie unschwer zu erkennen ist, werden die weiteren Einstellungen zunehmend durch Nah- und Großaufnahmen unterbrochen, um die Spannung zu steigern.

1 HT Auto

2 HN Mann schaut zurück

3 G Gesicht des Jungen

4 HT Über die Schulter

5 N Augen des Mannes

6 G Uhr

7 T Zug

8 N Augen des Mannes

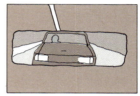
9 G Rückspiegel

10 HN Kamerafahrt

11a,b G Schwenk vom Gesicht des Jungen auf die Hände

12 G Gangwechsel

13 G Gesicht des Mannes

14 GG Uhr

15 G Gesicht des Vaters

16 HT Zug

17 HT Beide Autos

18 G Hände des Jungen

19 GG Sekundenzeiger

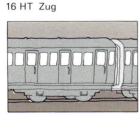
20a,b HT Schranke schließt sich, Zug fährt vorbei

21 HT Auto hält

22 N Gesicht des Mannes

23 HN Junge und Vater

Der Drehplan

Wenn Sie soweit sind, daß Sie mit den Dreharbeiten beginnen können, werden Sie feststellen, daß Sie nicht immer die Sequenzen in derselben Reihenfolge filmen können, wie sie auf der Leinwand erscheinen werden. Es könnte sein, daß Sie gleich am Anfang, irgendwo in der Mitte und dann nochmal am Schluß einen Mietwagen brauchen. Da Sie den Film wahrscheinlich in Ihrer Freizeit drehen, können zwischen diesen drei Szenen jeweils viele Monate liegen. Es ist deshalb vernünftiger, alle Szenen, in denen dieser Wagen vorkommt, am selben Tag hintereinander zu drehen. Dasselbe Prinzip gilt natürlich auch für den rationellen Einsatz aller anderen Mittel. Die Reihenfolge, in der die einzelnen Szenen gedreht werden, wird im *Drehplan* festgelegt.

IN FILM ENTSTEHT

Ein einfacher Drehbuchfilm

HT Auto des Entführers

2a HN Entführer

2b HN Er dreht den Kopf

2c HN Er sieht sich um

2d Schwenk auf Nahaufnahme von dem Jungen

Die Verfolgungssequenz
Die Sequenz beginnt mit einer Einstellung von dem dahinrasenden Auto des Entführers. Dann kommt ein Schnitt auf eine halbnahe Aufnahme des Entführers, vom Beifahrersitz aus gemacht. Während er den Kopf dreht, schwenkt die Kamera auf den Rücksitz, auf dem der gefesselte und geknebelte Junge liegt. Die ganze Szene ist mit asynchron aufgenommenen Reifen- und Motorengeräuschen unterlegt.

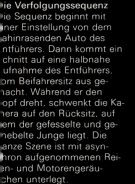
3 G Gesicht des Jungen

4 HT Blick über die Schulter des Entführers

5 N Entführer sieht auf die Uhr

G Die Uhr: 10:58

7 T Zug von links nach rechts

8 N Auto des Kidnappers. Er sieht in den Rückspiegel

Spannungsaufbau
Der Entführer weiß, daß er am Bahnübergang sein muß, bevor die Schranken zugehen, und daß der Zug genau um 11 Uhr durchfährt. Er schaut auf die Uhr, und wir schneiden auf eine «parallel montierte» Aufnahme des nahenden Zuges. Unterdessen zeigt eine subjektive Einstellung vom Rückspiegel des Entführers, daß der Vater ihm mit seinem Auto dicht auf den Fersen ist. Die Spannung wächst mit einem langsamen Schwenk auf den Jungen, der seine Hände freizubekommen versucht.

G Auto des Vaters im Rückspiegel

10 HN Fahraufnahme vom verfolgenden Wagen des Vaters

11a G Gesicht des Jungen

11b Schwenk auf die Hände

EIN FILM ENTSTEHT

Das Tempo der Verfolgungsjagd nimmt zu. In dieser Szenenfolge sind Nahaufnahmen von dem Entführer (Einstellung 13), dem Vater (Einstellung 15) und den Händen des Jungen (Einstellung 18) mit kurzen Halbtotalen von dem Zug und den beiden Autos ineinandermontiert. Der Zug nähert sich dem Bahnübergang; der Wagen des Vaters holt auf, und die Uhr zeigt 10:59,30.

12 G Entführer schaltet

13 G Entführer

14 GG Uhrzeit 10:59.30

15 N Vater im verfolgenden Wagen

16 HT Zug, jetzt näher als in Einstellung 7

17 HT Beide Autos fahren durchs Bild

18 G Hände des Jungen

19 GG Uhrzeit 11:00

Die Rettung
Von einer extremen Großaufnahme der Uhr, die genau 11 Uhr anzeigt, schneiden wir auf eine Einstellung von der anderen Seite des Bahnübergangs. Die Schranke geht dicht vor den Autos zu. Der Zug rast vorbei. Der Junge, dessen Hände jetzt frei sind, springt aus dem Wagen und läuft auf seinen Vater zu. Der Entführer sucht das Weite.

20a T Schranke geht zu, während sich die Autos nähern

20b HT Zug fährt vor der Kamera vorbei, von rechts nach links

21 HT Das Auto des Entführers hält, das des Vaters dicht dahinter

22 N Der Entführer läuft davon

23a HT Der Junge steigt aus

23b HT Er läuft auf seinen Vater zu

23c HT Sie umarmen sich

EIN FILM ENTSTEHT

Filmen ohne Drehbuch

Anstatt z. B. eine ganze Urlaubsreise vom Anfang bis zum Schluß zu filmen, werden Sie manchmal nur eine bestimmte Episode filmen, diese dafür aber um so ausführlicher. Das hat den Vorteil, daß der Gang der Erzählung durch das Ereignis selbst vorgegeben ist, so daß Ihnen viel Zeit bleibt, die Stimmung und das Drumherum einzufangen. Sie können aber nicht einfach am Schauplatz aufkreuzen und drauflosdrehen. Sie werden über die Erfordernisse einer logisch fortschreitenden Handlung, über die Szenenanschlüsse usw. nachdenken müssen. Auch sollten Sie versuchen, einen Zeitablauf darzustellen, der dem des tatsächlichen Geschehens entspricht – und dazu sind ein paar Einstellungen nötig, die den Zuschauer in die jeweilige Szene einführen und den Übergang zur nächsten Szene herstellen. Bei unserem Beispiel hier würden Sie sich bemühen, die Stimmung dieses Sommertages, die Aufregungen des Fischfangs und einige der beteiligten Personen darzustellen.

Einführung in den Schauplatz
Als Einführung in den Film könnten eine Totale oder Halbtotale von dem einsamen Bach und eine anschließende Makroaufnahme dienen.

1 Totale von dem Bach, die in die Szene einführt

2 Einstimmende Makroaufnahme von einer Libelle

3 Weitwinkel-Übersichtsaufnahme mit drei Personen im Bild

4 Halbtotale von einer der handelnden Personen

5 Schnitt auf Halbtotale von den zwei Jungen

6 Einer der beiden Jungen halbnah

7 Zwischenschnitt auf Großaufnahme

Dramatisierung des Fischfangs
Einstellungen 3 bis 10 entwickeln sich von der Totalen über Einzelaufnahmen von den Personen bis zu Nah- und Großaufnahmen gegen Ende der Szenenfolge.

8 Der jüngere der beiden Jungen in Nahaufnahme

9 Derselbe Junge Groß

10 Ein Fisch ist gefangen

EIN FILM ENTSTEHT

Abwechselndes Tempo
Durch Einsatz von vielen Zwischenschnitten können Sie leicht die Ereignisse eines ganzen Nachmittags zu einem Film von wenigen Minuten Dauer verdichten. Achten Sie aber darauf, daß die Schnitte in wechselndem Rhythmus aufeinanderfolgen, damit Sie die friedliche Atmosphäre dieses Nachmittags nicht zerstören. Da sich der Fang eines Fisches mehrmals wiederholen wird, können Sie auch verschiedene Versionen desselben Ereignisses ineinandermontieren.

11 Aufnahme von oben nach unten: Ein Fisch wird in den Beutel getan

12 Schnitt auf Nahaufnahme von Fisch und Beutel

13 Noch näher herangezoomt

14 Diese Großaufnahme beschließt die Fischfang-Sequenz

15 Zwischenschnitt auf Bach als Szenenübergang

16 Noch einmal von oben nach unten: Ein letzter Blick auf die Familie

Achsensprung und Blickwinkel
Bei einem solchen Film ist das Verbot des Achsensprungs nicht so streng zu befolgen wie sonst, aber wenn Sie einen Ereignisablauf sehr detailliert schildern wollen, sollten Sie während der ganzen Szenenfolge auf derselben Seite der Handlungsachse bleiben. Sie können aber auch einen dramatischen Zwischenschnitt oder Standortwechsel einsetzen, um mehr Spielraum für die Montage zu bekommen. Wenn Sie Großaufnahmen machen, sollte der Gegenstand auch wirklich das Bild ausfüllen. Wechseln Sie häufig Einstellung, Blickwinkel und Komposition, um den Film optisch interessant zu gestalten. Während Sie Nah- und Großaufnahmen ohne weiteres stellen können, sollten Aufnahmen von raschen Vorgängen und Großaufnahmen von Gesichtern unbedingt spontan gedreht werden, um natürlich zu wirken.

Tonaufnahmen
Bei einer solchen Sequenz kann sich die Frage nach der Vertonung stellen. Das Plätschern des Baches, der Gesang der Vögel, die Stimmen der Personen können viel zu der Stimmung beitragen, die Sie ja wiedergeben möchten. Selbst wenn Sie mit einer Stummfilmkamera drehen, sollten Sie an die Möglichkeit längerer asynchroner Aufnahmen – auf Kassettenrecorder oder Tonbandgerät – von dieser Geräuschkulisse denken. Diese Aufnahmen können dann als Geräuschhintergrund dienen, dem Sie noch Musik oder einen Kommentar zumischen können.

17 Stimmungsbild von Fels und Bach

18 Großaufnahme vom Fang

Zusammenfassung
Dieses kleine Beispiel endet, als die Fischer zur Heimfahrt aufbrechen, mit einem Blick auf einen zurückgelassenen Fisch und den Teller mit dem Fang. Als Übergang dienten vorher die Einstellungen von dem Fisch, der in den Beutel getan wurde, und dem über die Steine plätschernden Wasser. Oft sind es gerade solche anonymen Aufnahmen, die einem Kurzfilm dieser Art seinen besonderen Reiz verleihen.

EIN FILM ENTSTEHT

Verfilmung einer literarischen Vorlage

Um ein Drehbuch für Ihren ersten Spielfilm zu bekommen, werden Sie vielleicht lieber auf eine vorhandene literarische Vorlage zurückgreifen, als sich selbst eine Geschichte auszudenken. Ein Roman wird fast mit Sicherheit für Ihre Zwecke zu lang sein, aber eine Kurzgeschichte läßt sich meist ohne weiteres auf annehmbare Länge verdichten.

Wenn Sie eine Geschichte gefunden haben, von der Sie glauben, daß sie Ihnen liegen könnte, und wenn Sie den Film öffentlich vorführen wollen, dann müssen Sie sich mit der Frage des Urheberrechts (Copyrights) befassen. Wenn der Autor über 70 Jahre tot ist, gibt es keine Probleme, aber wenn es sich um ein jüngeres Werk handelt, müssen Sie die Genehmigung des Autors und des Verlages einholen. Neuere Übersetzungen sind ebenfalls urheberrechtlich geschützt, auch wenn das Originalwerk bereits «frei» ist. Die Verlage verlangen im allgemeinen nur dann ein Lizenzhonorar, wenn es so aussieht, als würden Sie mit Ihrem Film Geld verdienen.

Eignung der Vorlage Wenn Sie eine Geschichte gefunden haben, müssen Sie zunächst prüfen, ob sie sich auch für eine Verfilmung eignet. Man kann sich abstrakte Dinge wie z. B. Gewissensbisse oder Geldverlegenheit ohne Schwierigkeiten vorstellen, wenn man davon liest, aber es ist nicht immer leicht, sie auch in der Sprache des Films wiederzugeben. Man *kann* natürlich auch Gedanken und Konflikte im Film darstellen, aber man muß die Worte in die Sprache des Films – Bilder und Töne – umsetzen können. Ein Hobbyfilmer wird deshalb meistens gut daran tun, sich eine Geschichte mit einer starken Handlung, nur wenigen Personen, unkomplizierten Dialogen und nicht allzuviel «psychologischer» Handlung auszusuchen.

Wenn Sie sich endgültig für eine Geschichte entschieden haben, sollten Sie an die Abfassung eines Treatments gehen. Das *Treatment* ist eine Übersicht darüber, wie der Autor den Film «sieht». Auf dieser Grundlage werden dann *Storyboard* und *Drehbuch* erstellt. Wenn auch die Schauplätze feststehen, können sie den *Drehplan* entwerfen.

Die Vorlage

Henry James' Kurzgeschichte *Die mittleren Jahre* eignet sich gut als Beispiel dafür, weil man seelische Vorgänge im Film ausdrücken und sichtbar machen kann. Sie handelt von einem kränklichen Schriftsteller, der sich zur Erholung in dem englischen Seebad Bournemouth aufhält. Hier erhält er ein Exemplar seines letzten Buches, dem, wie er weiß, kein weiteres mehr folgen wird. Und so beginnt die Geschichte:

«Es war ein milder, heller Apriltag, und der arme Dencombe stand, glücklich über seine vermeintlich wiederkehrenden Kräfte, im Garten des Hotels und wog mit einer Versonnenheit, die noch etwas von Mattigkeit hatte, die Freuden geruhsamer Spaziergänge gegeneinander ab. Er liebte die beinahe südliche Atmosphäre, er liebte die schattigen Klippen und die Grüppchen der Kiefern. Er liebte sogar die farblose See. ‹Bournemouth als Kurort› hatte bloß nach Reklame geklungen, aber er war nun schon für die alltäglichsten Annehmlichkeiten dankbar. Der freundliche Landbriefträger war gerade durch den Garten gekommen und hatte ihm ein Päckchen ausgehändigt, das er jetzt mitnahm, als er, sich nach rechts wendend, das Hotel hinter sich ließ und bedächtigen Schritts den Weg zu einer Bank in einem geschützten Einschnitt zwischen den Klippen einschlug, auf der er sich schon manchesmal ausgeruht hatte. Er war ermattet, als er die Bank erreichte, und einen Moment lang war er enttäuscht. Es ging ihm besser, gewiß, aber wie würde es weitergehen?»

Dencombe starrt auf die See hinaus, beobachtet eine Gruppe von Spaziergängern und öffnet dann sein Päckchen.

Denken Sie bei der Wahl der Schauplätze immer an die Geschichte. Notieren Sie sich, zu welchen Tageszeiten die Beleuchtung stimmt, und erkundigen Sie sich, ob Sie für die ins Auge gefaßten Zeiten eine Drehgenehmigung bekommen würden.

Das Treatment

Aufgabe des Drehbuchautors ist es, die Geschichte chronologisch in der Weise neu zu ordnen, daß Rückblenden und Erinnerungen der Personen für den Zuschauer verständlich werden. Manchmal muß man kurze Handlungsteile dazu erfinden, um die Übergänge zu glätten, aber man sollte möglichst ohne zusätzliche Dialoge auskommen.

Bournemouth Anfang der neunziger Jahre des vorigen Jahrhunderts. Ein Vorfrühlingstag. Wir sehen die Sandsteinklippen an der See, über die der Briefträger dahergeritten kommt. Er bindet sein Pferd am Torpfosten des Hotels an und geht mit seiner Ledertasche durch den Garten auf den Eingang zu. Gleichzeitig kommt ein Herr aus dem Hotel und geht, auf einen Stock gestützt und mit unsicherem Gang, auf die Kiefern zu. Der Briefträger ruft ihn und sagt ihm, er habe ein Päckchen für ihn. Dencombe nimmt es in Empfang und entfernt sich zum rechten Flügel des Hotels hin, wo eine Bank mit Aussicht auf das Meer steht. Er ist Ende Fünfzig, hager und offenbar krank. Als er den Strand erreicht, ist er sichtlich erschöpft. Interessiert sieht er drei Spaziergängern – einem jungen Mann, einem jungen Mädchen und einer älteren Frau – nach, und nimmt dann sein Päckchen zur Hand. Wir lesen die Adresse (Bournemouth und seinen Namen). Er macht es auf, und wir sehen den Titel des druckfrischen Buches: *Die mittleren Jahre*, geschrieben von ihm selbst, Dencombe. Dies wird auch der Titel des Films sein. Er blättert in dem Buch und seufzt dann: «Ach, wenn mir nur Zeit bliebe, es noch einmal zu versuchen!»

In Wirklichkeit wäre Ihr Treatment für die einleitende Szene ausführlicher, aber die Methode wäre dieselbe. Die zeitliche Abfolge wurde begradigt, und der Briefträger kommt jetzt gleich zu Anfang.

Schauplätze
Es ist eine gute Idee, Sofortbilder von möglichen Schauplätzen zu machen, um Anhaltspunkte für Drehbuch und Storyboard zu bekommen.

EIN FILM ENTSTEHT

Das Storyboard

Die nächste Stufe bei der Verfilmung einer literarischen Vorlage ist der Ausbau des Treatments zu einem Drehbuch. Jetzt müssen Sie sich auch nach einem Schauplatz umsehen und ein «Storyboard» anfertigen. Im Falle einer komplizierten Einstellung, wie z. B. einer Fahraufnahme oder eines Schwenks, können je Einstellung mehrere Storyboard-Skizzen angefertigt werden. Die Skizzen können recht grob sein, denn sie sollen Ihnen nur helfen, sich die Einstellung vorzustellen und sie zu den anderen in Beziehung zu setzen.

1a,b Schwenk vom Meer zum Hotel   2 HT Über die Schulter

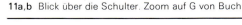

3 N Dencombe   4 G Dencombe   5 HT

6 HN Dencombe   7, 8 Überblendung auf T, dann HN

9a, b Subjektive T, auf HN herangezoomt   10 G Dencombe

11a,b Blick über die Schulter. Zoom auf G von Buch   12 Schwenk von Händen auf G

Das Drehbuch

Szene 1. Außen. Tag.: Morgen, Vorfrühling, 1893. Schauplatz: Hotel Splendide bei Bournemouth, England.

Einst.	Handlung und Dialog	Beschreibung
1a,b	Kamera schwenkt vom Meer aufs Land. Man sieht den Briefträger zu Pferd über die Klippen kommen. Beim Hotel steigt er ab und geht auf den Eingang zu.	T, v. rechts n. links
2	Über die Schulter des Briefträgers hinweg sehen wir zum Hoteleingang, auf den er zugeht und aus dem in diesem Moment Dencombe herauskommt. Er sieht sich um und geht nach rechts.	HT
3	Gegenschuß mit Dencombe im Vordergrund. Er kommt auf die Kamera zu und sieht den Briefträger nicht. Der Briefträger ruft: «Mr. Dencombe, Sir!» Dencombe dreht sich um.	
4	Dencombe sieht den Briefträger, ist offenbar erfreut und geht nach links ab.	G, Dencombe
5	Die beiden wechseln ein paar Worte. Der Briefträger übergibt Dencombe ein Päckchen und geht nach rechts ab.	HT, zum Tor hin
6	Dencombe blickt um sich, überlegt, wohin er gehen soll. Geht dann nach rechts ab.	HN, zum Hotel
7	Dencombe geht zum Strand. Überblendung auf:	T, zum Meer
8	Dencombe erreicht die Bank und setzt sich. Die paar Schritte haben ihn sichtlich angestrengt.	HT bis HN
9a,b	Gegenschuß über die Schulter zeigt Meer, Strand und drei Personen. Die Kamera zoomt die Spaziergänger heran.	Zoom von T auf HT
10	Über Dencombes Gesicht huscht ein Lächeln, und er blickt auf sein Buch hinab.	G, Dencombe
11a,b	Von oben über die Schulter, um das Buch zu zeigen, das Dencombe jetzt auspackt. Kamera zoomt das Päckchen heran, um die Adresse (Bournemouth) und dann Titel (*Die mittleren Jahre*) und Autor (Henry Dencombe) zu zeigen.	Zoom von N auf G von dem Buch
12	Als er das Buch aufschlägt, schwenkt die Kamera auf sein Gesicht. Leise und traurig sagt er: «Ach, wenn mir nur Zeit bliebe, es noch einmal zu versuchen!»	Buch G, von vorne, Schwenk auf G von D.s Gesicht

147

EIN FILM ENTSTEHT

Regie führen

Der Regisseur hat bei einem Spielfilm die Aufgaben, Schauplätze ausfindig zu machen, mit den Darstellern zu proben und sie anzuleiten und allen anderen Mitarbeitern zu sagen, was sie wann zu tun haben. Selbst bei einem kleinen Film, bei dem Darsteller – Ihre Freunde – und Assistenten dünn gesät sind, wird Ihnen Ihre Aufgabe als Regisseur viel leichter fallen, wenn Sie mit dem Auge nicht am Okular der Kamera kleben. Es werden jedoch auch oft Pistontonfilme im Einmannbetrieb gedreht, und in diesem Fall braucht der Regisseur nur den Darstellern Anweisungen zu geben (s. rechts). Bei jedem größeren Projekt mit Tonaufnahmen nach dem Zweibandverfahren empfiehlt es sich dagegen, den professionellen Gepflogenheiten zu folgen, zu denen das Aufstellen eines Drehplans, ggf. Klappenschlagen bei jeder Einstellung und die Kontrolle der filmischen Kontinuität gehören.

Der Drehplan

Bei keinem Film werden die Einstellungen in der Reihenfolge gedreht, wie sie das Drehbuch oder der fertig montierte Film aufweist. Das ist unvermeidlich wegen der Schwierigkeit, Darsteller, Wetter, Kamera und Beleuchtung mit der eigentlichen Handlungsfolge zu koordinieren. Es ist selbstverständlich, daß man die einzelnen Szenen in der Reihenfolge dreht, die durch Schauplätze, Requisiten und Wetter diktiert wird.

Aus diesem Grunde wird ein *Drehplan* aufgestellt. Das ist eine der wichtigsten Vorarbeiten für einen Film. Im Drehplan werden einfach die Einstellungen des Drehbuchs in eine für die Dreharbeiten günstige Reihenfolge gebracht. So werden alle Szenen zusammengefaßt, die an ein und demselben Schauplatz gedreht werden müssen, mit Angaben über die erforderlichen Darsteller, die geschätzte Drehzeit für jede Szene, die Kameraausrüstung und die benötigten Requisiten und Kostüme. Außerdem sollten darin die Drehtage, die Zeiten des Drehbeginns für die einzelnen Darsteller sowie Angaben über Parkplätze und gegebenenfalls Übernachtungsmöglichkeiten enthalten sein. Zeit- und ähnliche Angaben mögen entbehrlich sein, wenn Sie nur Ihre Familienmitglieder als Darsteller beschäftigen, sind aber unerläßlich, wenn Sie eine größere Anzahl von Leuten koordinieren müssen. Wenn auch nur einer sich verspätet, müssen Sie womöglich den Drehplan für einen ganzen Tag über den Haufen werfen. Sobald der Drehplan feststeht, sollten Sie ihn abtippen lassen und jedem Beteiligten ein Exemplar aushändigen, mit der Bitte, sich dazu zu äußern. Sie haben mit Sicherheit manches übersehen und sollten für jeden nützlichen Vorschlag vor Drehbeginn dankbar sein.

Das letzte Stadium der Vorarbeiten ist die Erstellung eines Drehplans der für jeden Tag geplanten Dreharbeiten. Bei der Henry-James-Verfilmung (s. S. 147) wäre es selbstverständlich einfacher, Einstellung 10 und anschließend Einstellung 12 zu drehen, anstatt die Kamera zwischendurch hinter den Darsteller zu bringen. Die Reihenfolge für die ganze Sequenz würde wahrscheinlich so aussehen: 1, 2, 4, 3, 5, 6, 7, 8, 10, 12, 9, 11. Bei dieser Reihenfolge würden Sie eine zweite Buchattrappe für Einstellung 12 brauchen, da das Päckchen in Einstellung 9 noch ungeöffnet sein muß.

Vom Drehbuch zum Drehplan

Das Drehbuch teilt die Handlung in Szenen und Einstellungen auf. Es wird jeweils Einstellungsart und eine kurze Beschreibung der Handlung notiert. Der Drehplan bringt diese Einstellungen in eine logische Reihenfolge. Es handelt sich dabei im wesentlichen um eine Arbeitsliste für Regisseur, Kameramann, Darsteller und technischen Stab.

Drehbuch
1a Schwenk beginnt beim Meer
1b Schwenk geht weiter
2 Über die Schulter, 2 Personen
3 Gegenschuß. Dencombe dreht sich um
4 G, Dencombe
5 HT, D. und Briefträger
6 Überbl. auf T
7 Überbl. auf T
8 Überbl. auf HN von Dencombe
9a Subj. T
9b Zoom auf HT
10 G. Dencombe schmunzelt
11a Zoom über die Schulter
11b Zoom endet auf Buch
12 Schwenk auf G von Dercombes Gesicht

Drehplan
1a, b Durch Schwenk verbunden
2, 4 Gleiche Aufnahmerichtung
5, 6, 3 Gleiche Aufnahmerichtung
7, 8 Gleicher Schauplatz
10, 12 Beides G, gleicher Schauplatz
9a, b, 11a, b Zoom, verbunden durch gleichen Schauplatz

Umgang mit Darstellern

Als Amateurfilmer werden Sie wahrscheinlich mit Darstellern arbeiten, die Sie schon seit längerer Zeit kennen. Wenn Sie für eine Rolle mehrere Bewerber haben, sollten Sie sie bitten, Ihnen vorzusprechen. Geben Sie jedem das Drehbuch in die Hand und lassen Sie ihn einen Abschnitt des Textes vorlesen. Auch wenn Sie damit zufrieden sind, sollten Sie den Betreffenden bitten, den Text noch einmal etwas anders vorzutragen. So können Sie feststellen, ob die Leute bereit sind, sich von Ihnen als Regisseur etwas sagen zu lassen. Ein weiterer Faktor ist das Äußere der Darsteller. Wenn das Aussehen eines Darstellers «stimmt», täuscht dies oft über mangelnde schauspielerische Begabung hinweg, aber noch so brillante schauspielerische Leistungen können ein ungeeignetes Gesicht nicht aufwiegen.

Sprechen Sie mit jedem Darsteller über die Rolle, die er übernehmen soll, ermuntern Sie ihn, sich in den Gemütszustand der dargestellten Figur zu versetzen, und halten Sie dann eine Lesung mit verteilten Rollen ab. Diskutieren sie anschließend über die Personen, den Dialog und die Handlung. Es werden fast mit Sicherheit Änderungen am Drehbuch notwendig werden, wenn die Darsteller sich erst einmal mit ihren Rollen vertraut gemacht haben. Auch werden sich vielleicht Umbesetzungen nicht vermeiden lassen.

Beginnen Sie mit den Proben, sobald Besetzung und Drehbuch fertig sind. Proben Sie nach Möglichkeit jeweils am vorgesehenen Drehort; ist dies nicht möglich, dann messen Sie den Schauplatz aus und proben Sie auf entsprechendem Raum zu Hause oder in einem anderen Gebäude. Ordnen Sie dafür entweder die Möbel so an, wie sie am endgültigen Schauplatz stehen werden, oder markieren Sie Wände und Einrichtung mit Klebstreifen auf dem Fußboden. Auf jeden Fall müssen Sie die Dialoge proben, bevor Sie mit den Dreharbeiten beginnen. Um sicherzugehen, daß die Kamera für den jeweiligen «Take» richtig scharfgestellt ist, markieren Sie den Standpunkt jedes Darstellers mit einem Stück Klebstreifen auf dem Fußboden. Bei der Aufnahme muß er sich dann genau auf diese Markierung stellen, ohne jedoch auf den Boden zu blicken (s. S. 71).

Regie führen bedeutet nicht, daß Sie den Darstellern autoritär Ihre Meinung aufzwingen sollten. Fragen Sie sie stets erst nach ihrer Auffassung, bevor Sie Ihre eigene darlegen. Oft wird ein Darsteller seine Auffassung am liebsten durch *Bewegungen* verdeutlichen – z. B. indem er eine Zigarette anzündet oder eine Katze streichelt. Erklären Sie den Darstellern durch Beschreibungen und Vergleiche, wie Sie sich die Szene vorstellen, und spielen Sie ihnen nur im äußersten Fall die Szene selbst vor. Äußern Sie Ihre Vorschläge so knapp und präzise wie irgend möglich, und ermuntern Sie die Darsteller immer wieder. Obwohl das Auswendiglernen der Rollen beim Film nicht so schwierig ist wie am Theater, sollten Sie darauf bestehen, daß die Darsteller die ganze Szene, die jeweils gedreht wird, auswendig können. Ist dies nicht der Fall, kann sich die Handlung unmöglich im richtigen Rhythmus entfalten. Das gilt vor allem dann, wenn Sie in eine Übersichts- oder Generalaufnahme Zwischenschnitte mit Naheinstellungen einfügen wollen (s. S. 80).

EIN FILM ENTSTEHT

Vorbereitung der Dreharbeiten

Aus Ihrem Drehplan geht hervor, welche Darsteller und welche Geräte Sie am jeweiligen Schauplatz brauchen. Bauen Sie die Kamera und, falls erforderlich, die Leuchten auf. Vergewissern Sie sich, daß Kamera und (bei Zweibandaufnahmen) Tonbandgerät einwandfrei laufen und richtig miteinander verbunden sind. Proben Sie jede Kamerabewegung gründlich, vor allem die komplizierteren Aufnahmen wie Fahrten und Schwenks. Überprüfen Sie zum Schluß auch die Klappe (siehe rechts). Die Klappe erfüllt zwei Funktionen: Sie garantiert die Synchronisierung und identifiziert jede Einstellung der Bild- und Tonaufnahme.

Lassen Sie die Darsteller mit und ohne Kamera proben und vergewissern Sie sich, daß der Toningenieur, der Kameramann und die Leute vom Licht aufnahmebereit sind. Rufen Sie «Achtung!» und «Ruhe, Aufnahme!» und lassen Sie Ton und Kamera abfahren. In Hollywood würde dieser dramatische Augenblick durch die Ausrufe «Licht!», «Kamera!» und «Action!» angekündigt, aber bei einem kleineren Filmteam wird man sich wahrscheinlich mit einer Anordnung wie «Ton und Kamera ab!» begnügen. Wenn Tonbandgerät und Kamera mit Nenngeschwindigkeit laufen und wenn (falls Sie mit einem Synchronkabel arbeiten) der Toningenieur bestätigt hat, daß die Impulsübermittlung funktioniert, kann der Klappenmann die Startmarkierung geben. Er hält dazu die Klappe so vor das Objektiv, daß die Schrift lesbar aufgenommen werden kann. Dazu muß im allgemeinen die Entfernungseinstellung verändert und manchmal auch eine Extraleuchte verwendet werden. Die Nummern von Szene, Szenenunterteilung und -wiederholung werden dann laut ausgesprochen, damit sie vom Bandgerät aufgezeichnet werden, und die Klappe wird «geschlagen». Die ganze Prozedur dauert ungefähr acht Sekunden. Man kann statt dessen auch eine Schlußmarkierung vornehmen. Der Klappenmann hält dabei die Klappe verkehrt herum und sagt «Schlußklappe», während er sie zuklappt.

Wenn die Klappe aus dem Blickfeld der Kamera entfernt ist und die Kamera drehbereit ist, rufen Sie «Action!», oder «Los!» damit die Handlung beginnt. Verfolgen Sie während der Aufnahme die Handlung aufmerksam, aber behalten Sie auch die Kamera im Auge. Stellen Sie sich möglichst nahe ans Kameraobjektiv und schauen Sie in dieselbe Richtung wie die Kamera. Durch Beobachtung des Zooms können Sie feststellen, ob die Zoomgeschwindigkeit stimmt, und bei einem Schwenk können Sie feststellen, ob die Kamerabewegung ruckfrei und gleichmäßig ausgeführt wird.

Wenn es sich um eine Aufnahme ohne Ton handelt, können Sie den Darstellern während der Aufnahme Regieanweisungen geben und auch mit dem Kameramann sprechen. Das ist einer der Gründe, weshalb viele italienische Filme grundsätzlich stumm gedreht und nachsynchronisiert werden. Wenn Sie mit Originalton drehen, können Sie einem Darsteller durch entsprechende Gesten andeuten, daß er zu sprechen anfangen oder eine bestimmte Bewegung ausführen soll. Sie können auch mit dem Kameramann vorher bestimmte Zeichen verabreden. Das ist bei Interviews besonders praktisch.

Die Klappe
Am Beginn jeder Szenenwiederholung sollte mit der Klappe eine Startmarkierung gegeben werden. Schreiben Sie mit Kreide den Titel des Films, die Nummer der Filmrolle und die Nummer der Szene/Szenenwiederholung auf die Klappe. Die gemeinsame Startmarkierung für Bild und Ton garantiert eine einwandfreie Synchronisation.

Die Szenenbeschreibung
Sie enthält eine knappe Charakterisierung der Handlung sowie alle notwendigen Angaben über Kostüme, Personen, Requisiten und Kontinuität.

Kontinuität bei den Dreharbeiten

Bei großen Produktionen werden eigene Assistentinnen oder Assistenten damit betraut, sich um das Script und die Kontinuität zu kümmern (man nannte sie ursprünglich Scriptgirls). Sie verfolgen die Handlung anhand des Drehbuchs und achten darauf, daß aufeinanderfolgende Einstellungen, die ja in großen zeitlichen Abständen gedreht werden können, fehlerlos aneinander anschließen (s. S. 86). Wenn Sie nicht in der endgültigen Reihenfolge drehen oder wenn Sie vorhaben, zwei komplizierte Handlungsstränge ineinanderzumontieren, müssen Sie ähnliche Vorkehrungen treffen, und das kann nur während des Abdrehens geschehen. Wenn Sie während des Abdrehens einer Szene an eine Stelle kommen, von der hinterher noch ein Zwischenschnitt gedreht werden soll, müssen Sie sich notieren, wo die einzelnen Darsteller stehen, welchen Ausdruck sie haben, was sie in der Hand halten und welche Kleider sie tragen. Eine ausgezeichnete Gedächtnisstütze ist in solchen Fällen eine Sofortbildkamera.

Beispielsweise enthält das Storyboard auf S. 147 zwei Stellen, bei denen es Anschlußprobleme geben könnte. Sie liegen zwischen den Einstellungen 2 und 3 und den Einstellungen 11 und 12. Im ersten Fall muß die Position des Briefträgers im Verhältnis zum Tor in beiden Einstellungen dieselbe sein. Im zweiten müssen Dencombes Hand und das Packpapier beide Male dieselbe Stellung zum Buch aufweisen. Wenn Sie von einer weiten Einstellung von einer gehenden Person auf eine Nahaufnahme von demselben Vorgang schneiden, sollten Sie darauf achten, daß der Gehrhythmus stimmt. Das wäre zwischen den Einstellungen 3 und 4 der Fall.

Auch eine Drehliste wird Ihnen helfen, die Übersicht zu behalten (s. S. 214). Sie enthält Angaben über die Nummer der Filmrolle, die Dauer jeder Einstellung und ihren Inhalt, die beim Drehen zu jeder Szenenwiederholung gemachten Bemerkungen und eventuelle Notizen zur Kontinuität. Diese Notizen können das Wetter, die Tageszeit, die Kleidung, die Handlung, das Make-up und die Blickrichtung der Darsteller betreffen.

Die Szenenbeschreibung

Titel: Die mittleren Jahre

Schauplatz: Bournemouth, England. Das Hotel Splendide

Tageszeit: Früher Vormittag

Geschätzte Drehzeit: 2 Stunden

Sequenz Nr.: 5

Rollen: Dencombe, Briefträger

Kleidung: Anfang 20. Jahrhundert

Handlung: Die beiden Männer sprechen miteinander (HT)

Requisiten: Spazierstock, Posttasche, Päckchen

Sonstiges: Achsensprung. Dencombe sollte von rechts ins Bild kommen, weil er bei der vorhergehenden Einstellung nach links abgegangen ist.

EIN FILM ENTSTEHT

Atmosphäre und Charakter

Anstatt von der Totalen oder Halbtotalen auf eine Nah- oder Großaufnahme zu schneiden, kann man oft auch mit einer einzigen längeren Fahraufnahme den Abstand zwischen Kamera und Darsteller während einer Einstellung variieren. Wenn sich auch die Darsteller bewegen, ergibt sich eine sehr komplizierte Kamerabewegung. Die Ergebnisse können faszinierend sein.
Einer der größten Meister dieser Technik ist Bernardo Bertolucci. Er hat vor kurzem einmal geäußert, er lasse seinen Darstellern gern Spielraum für Improvisation. Aber angenommen, einer der Darsteller würde von sich aus plötzlich aus dem Bild gehen? Dies, so Bertolucci, sei eine Frage für einen intelligenten Kompromiß. Gerade die Notwendigkeit, die Erfordernisse der Kamerabewegung mit der Bewegungsfreiheit der Darsteller unter einen Hut zu bringen, kann eine Spannung erzeugen, die der Einstellung ihren spezifischen Charakter gibt.

Ein Beispiel dafür, wie das in der Praxis aussehen kann, ist unten wiedergegeben. Es handelt sich um Einzelbilder aus dem *letzten Drittel* einer sehr langen Fahraufnahme (Gesamtdauer 3 Min. 4 Sek.) aus dem Film *Die Strategie der Spinne* (1970). Athos ist in seine Heimatstadt zurückgekehrt, um die Wahrheit über die Ermordung seines Vaters herauszubekommen. Er läßt sich von der Geliebten seines Vaters verwirren und verführen, die im Mittelpunkt eines Netzes aus Lügen und Täuschungen sitzt.

Schöpferische Kamerabewegung
Im Verlauf dieser Einstellung benutzt Bertolucci die Kamerabewegung zur Steigerung der dramatischen Spannung. Die Frau nimmt Athos die Jacke ab – es ist eine Großaufnahme – und wiederholt: «Du darfst nicht mehr fortgehen!» Dann führt sie ihn durch die Tür. Die Kamera folgt den beiden.

1a ⏱ 1 Min. 30 Sek. Er tritt von links auf

1b Sie nimmt ihm die Jacke ab

1c Er wendet sich ihr zu

1d Sie gehen weg

Fahrt durch den Gang
Während eines Teils der Fahrt durch den Gang verschwindet das Paar völlig aus dem Bild – vielleicht hat Bertolucci das gemeint, als er von einem intelligenten Kompromiß zwischen Spontaneität und formaler Kamerabewegung sprach. Es ist, als würden wir – in Gestalt der Kamera – buchstäblich hinter den beiden herlaufen. Der harte Schnitt auf Halbnah (1h) sorgt für visuelle Abwechslung.

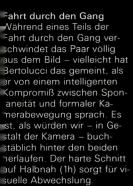
1e Sie verschwinden durch die Tür

1f Kamera verweilt auf dem Fenster

1g Kamera folgt

Scharfeinstellung bei einer Kamerafahrt
Eine der größten Schwierigkeiten bei Fahraufnahmen ist die Tatsache, daß sich die Scharfeinstellung laufend ändern muß. Üblicherweise wird die Fahrt sehr langsam geprobt, wobei an jedem Punkt die Scharfeinstellung überprüft und die betreffenden Stellungen des Einstellrings markiert werden. Der Kameraassistent stellt dann die Schärfe jeweils nach.

1h Kamera zeigt, daß sie sitzt

1i Sie geht um ihn herum

1j Sie umkreist ihn abermals

EIN FILM ENTSTEHT

1k Sie umkreist ihn immer noch

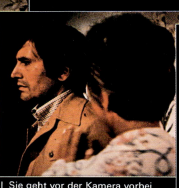
1l Sie geht vor der Kamera vorbei

1m Sie geht hinter ihn

Die Spinne
Während die Frau versucht, Athos zu überreden, bei ihr zu bleiben, umkreist sie ihn ständig, so als wollte sie ihn buchstäblich umgarnen. Die Kamera ist jetzt wieder zur Großaufnahme zurückgekehrt, um die neuerliche Intensität der Handlung zu betonen.

1n Er geht weg, sie bleibt aber im Bild

1o Sie spricht aus dem Off

1p Sie folgt ihm

1q Blick durch die Tür

1r Blick durch die Tür

1s Sie dreht sich um

1t Sie geht vor der Kamera durch die Tür

1u Die Kamera begleitet sie

1v Sie sieht aus dem Fenster

Halbtotale bis Großaufnahme
In 1p flieht Athos erneut vor der Kamera, und die nächste Szene (im Schlafzimmer) sieht und hört man in einer Halbtotalen durch die Tür. Von 1p bis 1t ist die Kamera unbeweglich geblieben. Während die Frau sich nun umdreht und in 1t wieder in Nahaufnahme kommt, fährt die Kamera hinter ihr her, um den langen, sonnendurchfluteten Gang zu zeigen. Sie ist jetzt allein.

Zusammenfassung
In diesem kurzen Ausschnitt aus einer einzigen Einstellung haben wir drei klar erkennbare Gruppen von Nahaufnahmen zwischen Halbnah- und Halbtotal-Einstellungen gesehen. Auch ist die wegen des Fensters in 1w auf Tageslicht abgestimmte Beleuchtung gleichgeblieben, und die Kamerafahrten und Zooms waren perfekt auf die Handlung abgestimmt. Das Ganze ist ein hervorragendes Beispiel für unaufdringliche Technik.

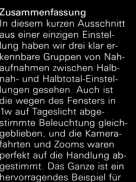

1w Sie geht durch die Tür

1x Sie tritt auf den sonnendurchfluteten Gang hinaus

1y Die Kamera folgt ihr

EIN FILM ENTSTEHT

Spannung aufbauen

Die Sequenz auf diesen beiden Seiten stammt aus Carol Reeds *Der dritte Mann* (1949). Drei verschiedene Gruppen von Leuten haben Harry Lime eine Falle gestellt. Reed führt in die Szenerie ein, indem er Zwischenschnitte von den wartenden Soldaten und den verlassenen Wiener Straßen einschiebt, und baut dann sorgsam eine Atmosphäre der Spannung auf. Der Schnittrhythmus der Sequenz ist meisterhaft. Eine Folge von Schnitten auf immer nähere Nah- und Großaufnahmen erreicht ihren – die Spannung lösenden – Höhepunkt, als sich herausstellt, daß der Schatten nicht der Harry Limes, sondern der eines Ballonverkäufers ist.

1 ⏱ 3 Sek. Martins schaut nach links

2 ⏱ 8,5 Sek. Die Straße

3 ⏱ 2,5 Sek. Martins sieht nach rechts

4 ⏱ 3,5 Sek. Die Straße

Martins im Café
Die Sequenz beginnt damit, daß Martins (Joseph Cotten) im Café Marc Aurel sitzt und wartet. Im Hintergrund hört man die langsame Zithermelodie, die sich als Leitmotiv durch den Film zieht. Die Einstellung ist mit verkippter Kamera gedreht. Die Kamera zeigt zuerst Martins' Aussicht aus dem Fenster zu seiner Linken (2), dann die zu seiner Rechten (4).

5 ⏱ 3,5 Sek. Wartender russischer Soldat

6 ⏱ 1,5 Sek. Die verlassene Straße

7 ⏱ 1,5 Sek. Russischer Offizier

8 ⏱ 2 Sek. Die verlassene Straße

9 ⏱ 2 Sek. Wartender russischer Soldat

10 ⏱ 2 Sek. Gasse

11 ⏱ 2 Sek. Wartender russischer Soldat von unten

12 ⏱ 2 Sek. Menschenleere Gasse

13 ⏱ 2 Sek. Großaufnahme von russischem Militärpolizisten

14 ⏱ 2 Sek. Erneut die leere Straße

Der Hinterhalt
Zunehmend größer werdende statische Einstellungen von den auf Harry Lime wartenden Soldaten wechseln ab mit perspektivisch ausgeprägten Aufnahmen von den leeren Straßen. Damit wird eine Atmosphäre unnatürlicher Spannung aufgebaut.

15 ⏱ 2 Sek. Martins wartet immer noch in dem Café

Das Café (links)
Die Kamera kehrt noch einmal zu einer Einstellung durch das Caféfenster zurück, vom selben Standpunkt aus aufgenommen wie Einstellung 1. Martins wartet.

Der Schatten taucht auf (rechts)
Die Kamera zeigt den Soldaten, wie in Einstellung 5, aber aus größerer Entfernung. Er bewegt sich plötzlich, so als hätte er etwas bemerkt. Ein riesiger Schatten taucht an einer Fassade auf.

16 ⏱ 2 Sek. Der Soldat bewegt sich

17 ⏱ 2 Sek. Der Schatten taucht auf

EIN FILM ENTSTEHT

18a ⏱15,5 Sek. Aufmerksam gewordener Soldat

18b Kamera schwenkt langsam nach unten

18c Schwenk geht weiter

18d Kamera schwenkt und fährt vorwärts

18e Ein britischer Offizier wird sichtbar

18f Zwei wartende britische Offiziere

Schwenk und Fahrt (oben)
Mit dieser 15,5 Sek. dauernden Einstellung wird der 2-Sek.-Schnittrhythmus unterbrochen. Eine lange Kamerafahrt zeigt zwei im Schatten wartende britische Offiziere.

Die Spannung wächst
Die Spannung konzentriert sich jetzt auf den wachsenden Schatten. Vom selben Standpunkt aus gedreht wie Einstellung 17 kommt er jetzt näher und breitet sich bedrohlich über die Fassade aus. Der russische Soldat dreht sich um, als er ihn erblickt, desgleichen Martins an seinem Tisch im Café. Im Hintergrund hört man immer noch dieselbe Musik.

19 ⏱2 Sek. Der Schatten in der Straße wird größer

20 ⏱1,5 Sek. Der Soldat schaut herum

21 ⏱2 Sek. Martins schaut herum

Der Höhepunkt (rechts)
Wir kehren zur selben Kameraposition wie bei Einstellung 19 zurück und blicken wieder über den leeren Platz. Die Spannung erreicht ihren Höhepunkt, als die Gestalt an der Wand noch größer wird.

22a ⏱9 Sek. Der Schatten kommt näher

22b Der Ballonverkäufer taucht auf

Die Enthüllung (links)
Die aufgestaute Spannung löst sich, als der Schatten die Hausecke erreicht, verschwindet und sich als der eines harmlosen Ballonverkäufers entpuppt. Im selben Moment, in dem er auftaucht, ändern sich Charakter und Tempo der Musik – es wird fast ein Walzer daraus.

23 ⏱3,5 Sek. Britische Offiziere

24 ⏱1,5 Sek. Russischer Soldat

25 ⏱2 Sek. Martins wendet sich ab

Das Tempo läßt nach (links)
Die britischen Offiziere sehen sich mit ratlosem Ausdruck an und treten wieder in den Schatten zurück. Auch der russische Soldat zieht sich wieder zurück. Martins wendet den Kopf vom Fenster ab, die Musik wird langsamer und die ganze Hektik der Szene läßt nach, in Vorbereitung auf einen weiteren Höhepunkt.

EIN FILM ENTSTEHT

Komik im Film

Frühe Filmkomödien bestanden fast ausschließlich aus optischen Gags, aber nach der Einführung des Tonfilms verlagerte sich bei den Filmkomödien der dreißiger Jahre der Schwerpunkt weitgehend auf den verbalen Humor; man erinnert sich eher daran, was W. C. Fields oder die Marx Brothers *sagten*, als daran, was sie taten. Man kann für Komödien keine allgemeingültigen Regeln aufstellen, aber in dem folgenden Ausschnitt aus *Ladykillers* (1955) werden bestimmte Kunstgriffe sichtbar: der Aufbau des Gags durch die Umkehrung unserer Erwartungen, rasche Schnittfolgen, gute Toneffekte, eindrucksvolle Bilder und vor allem klarer Aufbau und richtiges Timing.

1 ⏱ 6 Sek. Professor Marcus und Louis auf der Eisenbahnbrücke

2 ⏱ 2 Sek. Groß: Professor hebelt Leiter ab

3 ⏱ 2,5 Sek. Schnitt auf Halbnah

Louis: «Was tun Sie?»
Marcus: «Ich will dich nicht halten, Louis.»

4 ⏱ 1,5 Sek. Groß: Wieder die Hand des Professors

5 ⏱ 2 Sek. Schnitt zurück auf Halbnah

6 ⏱ 1 Sek. Zug nähert sich

7 ⏱ 2,5 Sek. Wie Einstellung 4

8 ⏱ 1 Sek. Schnitt auf Halbtotale

Aufbau der Stimmung
In dieser Sequenz klammert sich Louis (Herbert Lom) an eine Leiter einer Eisenbahnbrücke. Professor Marcus (Alec Guinness) will ihn umbringen, genauso wie er schon seine beiden anderen hoffnungslos unfähigen Komplizen beiseite geschafft hat – indem er ihn von der Brücke in einen leeren Waggon eines durchfahrenden Güterzugs wirft. In einer Folge rasch wechselnder, präziser Aufnahmen sehen wir die Leiter, den herannahenden Zug und den Kampf um die Pistole. Dem Pfeifen des Zuges folgt unmittelbar das laute metallische Geräusch, als die Leiter endlich nachgibt.

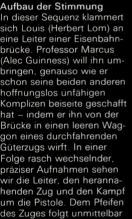

9 ⏱ 1 Sek. Groß: Louis greift nach der Pistole

10 ⏱ 3 Sek. Die Leiter geht ab. Louis entschwebt ins Leere

11 ⏱ 3 Sek. Gegenschuß von Louis auf der schwankenden Leiter

12 ⏱ 1 Sek. Der Professor freut sich

13 ⏱ 4,5 Sek. Die Leiter kommt zurück

14 ⏱ 1 Sek. Der Professor holt zum Tritt aus

Rasanter Schnittrhythmus
Die Einstellungen 10 bis 14 zeigen die erste einer Reihe klassischer «Umkehrungen». Gerade als wir annehmen, daß Louis verloren ist (11), während der Zug herannaht und der Professor schon triumphiert (12), schwingt Louis auf der Leiter zurück. Aber der Professor versetzt ihm noch einen Tritt (14). Zwischen den Einstellungen 2 und 17 ist nur eine Einstellung länger als 3 Sek., und die meisten sind noch kürzer.

EIN FILM ENTSTEH

Louis' makabres Ende

Aber es erwarten uns noch mehr komische Überraschungen. Louis ist verloren (15), aber er hat noch die Pistole. Er schießt (16), und wir sehen, wie der Professor erschrickt (17). Louis verschwindet im Dampf, und man hört den dumpfen Aufprall, als er in dem Waggon landet. Professor Marcus, offenbar unverletzt, steht siegessicher unter einem Signal (19) und schaut in die Tiefe, in die Louis gestürzt ist (20). Aber er freut sich zu früh.

15 ⏱ 2,5 Sek. Professor Marcus versetzt der Leiter einen Tritt

16 ⏱ 1 Sek. Louis drückt im Fallen ab

17a ⏱ 1 Sek. Die Reaktion des Professors

17b ⏱ Der Professor erschrickt

18 ⏱ 4 Sek. Louis fällt

19 ⏱ 4 Sek. Der Professor steht auf der Brücke

20 ⏱ 5 Sek. Der Güterzug

21 ⏱ 4 Sek. Wie Einstellung 19

Die gerechte Strafe

Mit diesen Einstellungen endet die Serie rasch aufeinanderfolgender Überraschungen und der ganze Film. Während die Musik weitergeht, fährt der Zug plötzlich wieder an, und am Ende von Einstellung 23 bricht die Musik ab. Das Signal geht herunter (24) und trifft Professor Marcus am Kopf (26). Er folgt dem armen Louis in den Tod, und der Zug fährt davon.

22 ⏱ 8 Sek. Der Zug fährt

23 ⏱ 3,5 Sek. Der Professor

24 ⏱ 1,5 Sek. Das Signal geht herunter

25 ⏱ 0,5 Sek. Das Signal trifft Professor Marcus

26 ⏱ 1 Sek. Er fällt

27 ⏱ 2 Sek. Er fällt in den Wagon

28 ⏱ 5 Sek. Der Zug fährt weiter

EIN FILM ENTSTEHT

Kampfszenen

«Stunts» sind prinzipiell gefährlich; falls irgendwelche Umstände falsch eingeschätzt werden, können sie sogar tödlich ausgehen. Planen Sie jeden Stunt gründlich und proben Sie ihn so lange, bis alle beteiligten Darsteller ihre Rolle perfekt beherrschen.

Inszenierung eines Faustkampfes

Eine Prügelei gehört zu den Stunts, die auch der Amateurfilmer ohne große Schwierigkeiten in Szene setzen kann. Filmen Sie jede Phase des Kampfes für sich. Das ermöglicht den rasanten Schnittrhythmus, der für eindrucksvolle, aktionsgeladene Kampfszenen notwendig ist (durch leichtes Unterdrehen wird das scheinbare Tempo des Geschehens erhöht). Drehen Sie die Szene ohne Ton, damit Sie während des Kampfes Anweisungen geben können. Alle Ächz-, Stöhn- und sonstigen Geräusche können Sie nach der Montage durch Nachvertonung einfügen. Bei einem Faustkampf müssen die Kontrahenten einander knapp verfehlen, und das Kinn, auf dem ein Schwinger gelandet wird, dreht sich immer rechtzeitig vorher weg. Durch die später hinzugefügten Geräuscheffekte wird die Illusion perfekt.

Bestimmte Requisiten kann man so anfertigen, daß sie ohne Gefahr für die Darsteller zerbrechen; Ihre Darsteller können sich dann gegenseitig Stühle auf den Kopf hauen, Tische umstürzen und durch geschlossene Fenster springen. Fenster werden zu diesem Zweck aus Balsaholz gebastelt, und zwar dürfen die Teile nur ineinander gesteckt und verklebt sein, niemals jedoch genagelt werden. Die Scheiben können entweder aus «weichem Glas» oder bereits zerbrochenem Kunststoff bestehen. Wenn Sie das Fenster in einem schrägen Winkel oder nur in dem Augenblick filmen, wo der Darsteller hindurchspringt, ist in der fertigen Aufnahme nicht zu sehen, daß das Glas schon zerbrochen war.

Inszenierung eines Schwertkampfes

Für Planung und Aufnahme eines Schwertkampfes gelten dieselben Regeln wie beim Faustkampf. Wegen der spitzen Schwerter oder Dolche sollten solche Kämpfe jedoch noch sorgfältiger geplant und eingeübt werden. Es gibt Spezialmesser mit versenkbaren Klingen. Wenn die Klinge in der Mitte eine Röhre hat, kann man den Griff mit «Blut» füllen, das dann herausspritzt, sobald die Klinge versenkt wird. Schwieriger ist es, eine Szene zu filmen, bei der jemand mit einem Schwert oder Degen durchbohrt wird, denn bei diesen Waffen gibt es keine versenkbaren Klingen. Filmen Sie die Szene aus einem geeigneten Blickwinkel und schneiden Sie in dem Moment auf den Unterlegenen, in dem er den Todesstoß erhält. Um darzustellen, daß er durchbohrt ist, können Sie auf jeder Körperseite eine halbe Waffe befestigen.

Durch die Luft fliegende und ihr Ziel treffende Pfeile und Messer sind mit Hilfe eines Reißschwenks relativ einfach zu filmen. Befestigen Sie zunächst ein Duplikat des Pfeils oder Messers am Opfer. Bauen Sie die Kamera so auf, daß Sie den Abflug der richtigen Waffe (in eine ungefährliche Richtung) filmen können. Schwenken Sie dann sehr schnell von der abfliegenden echten Waffe auf das Opfer und zeigen Sie die «eingedrungene» Ersatzwaffe.

Inszenierung eines Faustkampfes

1 Der Angreifer packt das Opfer, holt aus und ballt die Faust.

2 Während er zuschlägt, versucht der andere Darsteller auszuweichen. Er lehnt sich etwas zurück.

3 Der Angreifer führt seinen Schlag knapp am Kinn des anderen vorbei. Dieser reißt Kopf und Oberkörper herum.

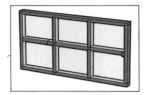

Requisiten

Leicht zerbrechliche Requisiten sind manchmal zum Schutz der Darsteller bei Kampfszenen erforderlich. Wie wertvoll sie sind, kann man aus dem Szenenfoto aus *Shane* sehen (unten links).

Fechtkämpfe

Die beiden Bilder unten stammen aus Ridley Scotts Film *The Duellists*. Abgesehen von den Fechtkünsten der Darsteller hängt der Erfolg einer solchen Szene hauptsächlich von den Geräuscheffekten ab. Die allgemeine Geräuschkulisse, das Klingen der Schwerter und die stimmungsvolle Beleuchtung ergeben zusammen einen erschreckend realistischen Kampf.

Pfeiltrick

Dieser Trick ist einfach zu drehen und kann ohne jede Gefahr für den Darsteller ausgeführt werden, dem vorher ein zweiter Pfeil angeklebt wird. Die Kamera führt einen Reißschwenk von dem abfliegenden Pfeil auf das Opfer aus und hält an, um dieses mit dem in der Brust steckenden zweiten Pfeil zu zeigen.

EIN FILM ENTSTEHT

Explosionen

Die Bestimmungen über den Erwerb und Gebrauch von Sprengstoffen variieren von Land zu Land; Sie *müssen* sich deshalb genau informieren, bevor Sie irgend etwas unternehmen. Die Sprengstoffe, mit denen auch der Amateurfilmer umgehen kann, gehören zur «deflagierenden» Sorte (z. B. Schießpulver). Wenn sie gezündet werden, verpuffen sie mit lautem Knall. Das Pulver sollte entweder in eine Papphülse eingefüllt werden, die man dann dicht verschließt, womit man einen «Donnerschlag» erhält, oder in einem offenen Gefäß entzündet werden, so daß die Explosion nach oben losgeht. Schießpulver wird mittels einer pyrotechnischen Zeit-Zündschnur gezündet, also ohne daß eine Sprengkapsel verwendet wird. Die Zündung kann auch auf elektrischem Wege unter Verwendung eines Heizwedels einer Niedervolt-Glühbirne mit Batterien oder einem Zündmagneten erfolgen. Die richtige Menge Sprengstoff müssen Sie vor der Aufnahme ermitteln. Fangen Sie mit einer sehr kleinen Menge an und erhöhen Sie diese schrittweise, bis sich der gewünschte Effekt einstellt. Lagern Sie niemals Sprengstoff in der Nähe des Schauplatzes Ihrer Explosionsversuche, und falls Sie auch nur die geringsten Zweifel haben, müssen Sie unbedingt einen Fachmann zu Rate ziehen.

Um Kugeleinschläge zu simulieren, können Sie kleine Sprengladungen in Plastikumhüllungen in der Erde vergraben oder dicht unter dem Boden des jeweiligen Schauplatzes anbringen. Eine Reihe solcher Ladungen die nacheinander gezündet werden, ergeben einen Maschinengewehreffekt. Am Körper eines Darstellers sollten solche Ladungen nur angebracht werden, wenn es unbedingt notwendig ist. In diesen Fällen muß der Darsteller einen Schutz tragen, der ihn vor Verletzungen bewahrt. Befestigen Sie die Sprengladung zwischen den Kleidern des Darstellers und einem Blutbeutel aus Plastik, und bringen Sie beides über der Schutzplatte des Darstellers an.

Kugeleinschläge simulieren

Falls Sie lieber nicht mit Sprengstoffen hantieren möchten, können Sie zumindest die Folgen bestimmter Explosionen recht leicht imitieren. Nehmen wir z. B. an, Sie möchten zeigen, wie eine Flasche von einer Kugel getroffen wird. Beschaffen Sie sich eine Mausefalle und befestigen Sie an deren Bügel mit Klebeband einen Nagel in der Weise, daß er etwa 4 cm über das Grundbrett übersteht. Befestigen Sie an dem Auslösehebel der Falle einen Draht und stellen Sie die Falle vorsichtig hinter eine Flasche. Ziehen Sie auf ein verabredetes Zeichen hin an dem Draht; der Nagel schnellt nach oben und zertrümmert die Flasche.

Ein ebenso einfacher Trick wird oft bei Schießereien in Western-Filmen angewandt – das Faß, das von Kugeln durchlöchert wird. Bohren Sie zwei Löcher in Ihr Faß, eins vorne (für den Korken) und eins hinten und etwa 30 cm höher (das Zugloch). Schneiden Sie sich für das vordere Loch einen Korken zurecht, der außen bündig mit der Oberfläche abschließen muß. Schrauben Sie einen Haken in den Korken und befestigen Sie daran einen Draht. Führen Sie diesen durch eine Schraubösse gegenüber dem Korken. Von dort wird der Draht zum Zugloch geführt. Füllen Sie das Faß etwa bis zur Mitte zwischen den beiden Löchern mit Wasser.

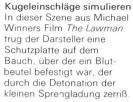

Kugeleinschläge simulieren
In dieser Szene aus Michael Winners Film *The Lawman* trug der Darsteller eine Schutzplatte auf dem Bauch, über der ein Blutbeutel befestigt war, der durch die Detonation der kleinen Sprengladung zerriß.

Echte Explosionen
Die außerordentlich effektvollen Explosionen unten wurden beide mit Stuntmen inszeniert. Falls Ihnen kein Fachberater zur Verfügung steht, sollten Sie lieber nicht mit solchen größeren Explosionen experimentieren.

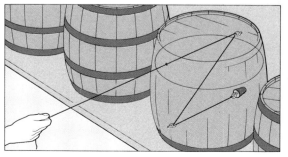

Simulierte Explosionen
Kugeleinschläge lassen sich auch ohne Gebrauch von Sprengstoffen recht einfach simulieren. Mit einem Nagel an einer Mausefalle kann man Flaschen zertrümmern (links). Ebenso kann man einen Kugeleinschlag in ein vorher präpariertes Faß vortäuschen, indem man im rechten Augenblick an dem Draht zieht. Wenn das Faß voll Wasser ist, spritzt dieses heraus, sobald der Korken herausgezogen wird.

EIN FILM ENTSTEHT

Stunts

Die Sequenz auf diesen Seiten stammt aus William Friedkins Film *Brennpunkt Brooklyn* (1971). Obwohl sie nur 13,5 Sek. lang ist, gilt sie als eine der besten Auto-Verfolgungsszenen der letzten Jahre. Gene Hackman spielt den Drogenfahnder Popeye, der einen Mann verfolgt, von dem er glaubt, er könne ihn ins Zentrum eines Rings von Rauschgiftschmugglern führen. Popeye fährt Slalom durch die Pfeiler der U-Bahn, während der Verdächtige sich mit einer Pistole durch den entführten Zug vorarbeitet.

Bei solch einer Sequenz muß jede Sekunde sorgsam geplant und geprobt werden. Die subjektive Aufnahme aus dem Wageninneren muß in Geschwindigkeit und Richtung mit den Außenaufnahmen übereinstimmen, und die immer größer werdenden Nah- und Großaufnahmen vom Gesicht des Kriminalbeamten müssen in Ausdruck und Intensität mit den eigentlichen Action-Aufnahmen zusammenpassen. Die Schwierigkeiten, die selbst bei einer so kurzen Szene auftreten können, sind so groß, daß man oft einen zweiten Regisseur damit betraut. Er muß dann die erforderliche Genehmigung der Polizei einholen, die Stunt-Fahrer mit ihren verschiedenen Autos instruieren, die verschiedenen Regieassistenten über Funksprechgeräte koordinieren und zahllose verschiedene Takes von derselben Sequenz drehen.

Was kann der Amateur daraus lernen? Erstens: Planen Sie alle Stunts sorgfältig, am besten anhand eines ausführlichen Storyboards (s. S. 147). Zweitens: Nehmen Sie sich Zeit für gründliche Proben vor den eigentlichen Dreharbeiten. Drittens: Arbeiten Sie mit schnellen Schnitten und anderen Montagetricks.

Zwischenschnitte einfügen
Diese Sequenz beginnt mit Popeyes subjektiver Sicht durch die Windschutzscheibe. Ein Zwischenschnitt zeigt seinen Fuß auf dem Gaspedal, dann der Bremse. (Solche Aufnahmen werden natürlich im Studio gedreht.) Einstellung 3 mit der Spiegelung auf der Windschutzscheibe entstand aber wahrscheinlich am Originalschauplatz mit der Kamera auf der Kühlerhaube.

1 ⏱ 0,5 Sek. Popeyes Gesichtsfeld

2 ⏱ 1 Sek. Fuß auf Gaspedal

3 ⏱ 1,5 Sek. Popeye durch die Windschutzscheibe

Das Auto schert aus
Nach dem Blick von vorne in Popeyes Gesicht werden wir wieder an seine Stelle versetzt. Ein orangefarbener VW schert aus, um ihm auszuweichen; anschließend reißt Popeye sein eigenes Steuer herum, um nicht mit einem anderen Wagen zusammenzustoßen. Diese Stunts müssen natürlich von bestens ausgebildeten Fahrern ausgeführt werden. Um die Geschwindigkeit der Vorgänge zu erhöhen, kann man unterdrehen.

4a ⏱ 6 Sek. Er sieht den Wagen

4b Er weicht ihm aus

5 ⏱ 2 Sek. Popeye durch die Windschutzscheibe

Der Ton zum Film
Während der ganzen Sequenz hört man unaufhörlich quietschende Reifen und lautes Gehupe. Eine solche Stunt-Sequenz kann und sollte durch entsprechende Geräuscheffekte in ihrer Wirkung noch erheblich gesteigert werden. Ein ganz harmloser Zusammenstoß kann sich wie der Weltuntergang anhören, wenn er die richtige Geräuschuntermalung bekommt. Gute Synchronisation ist dabei unerläßlich.

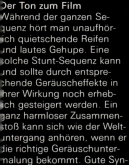
6 ⏱ 1 Sek. Er sieht die Mutter

7 ⏱ 0,5 Sek. Groß: Popeyes Gesicht

Die Mutter mit dem Kinderwagen
Der entsetzliche Anblick einer Mutter, die mit ihrem Kinderwagen Popeye direkt vors Auto läuft, kommt als harter Schnitt nach einem Gegenschuß auf Popeyes Gesicht (5), der viel näher ist als bei 3. Natürlich war in dem Kinderwagen kein Kind, und die beiden Einstellungen wurden unabhängig voneinander gedreht.

EIN FILM ENTSTEHT

«Reiß-Zoom»
Das Zoomobjektiv der Kamera holt in atemberaubender Geschwindigkeit das entsetzte Gesicht der Mutter heran, bis dieses das ganze Format ausfüllt. Für diese neun Einzelbilder – weniger als eine halbe Sek. – ist das Zoom genauso wirkungsvoll wie eine echte Kamerafahrt, aber längst nicht so gefährlich. Ein so schnelles Zoom wird manchmal als «Reiß-Zoom» bezeichnet.

8 ⏱ 0,5 Sek. Die Mutter schreit auf

9 ⏱ 0,5 Sek. Popeye reißt das Steuer herum

Er rammt einen Abfallhaufen
Popeye reißt gewaltsam das Steuer herum, um der Mutter mit dem Kinderwagen auszuweichen, und in 11 sehen wir, daß er auf einen Abfallhaufen zuschleudert. Diese subjektive Aufnahme wird von einem Gegenschuß gefolgt, in dem das Auto direkt auf die Kamera zurast. Hier arbeitet man am besten mit einer ferngesteuerten Kamera.

10 ⏱ 0,5 Sek. Popeyes Blickfeld

11a ⏱ 1 Sek. Der Wagen rammt den Abfallhaufen

11b Wagen in Nahaufnahme

12 ⏱ 0,15 Sek. Der Wagen rast vorbei

13a ⏱ 1 Sek. Der Wagen rast vorbei

13b Die Straße

Das Tempo steigert sich
Einstellung 12 besteht nur aus 3 Einzelbildern. An dieser Stelle der Sequenz kann man ohne weiteres eine unscharfe Aufnahme wie diese einschieben, die für sich genommen bedeutungslos wäre. Sie soll den chaotischen Eindruck verstärken.

Darstellung der Geschwindigkeit
In den Einstellungen 13 und 14 rast das Auto schließlich ganz nah vor der Kamera vorbei, und Friedkin schneidet zurück auf Popeye. Popeye schaut noch einmal zurück und setzt sich dann verbissen wieder am Steuer zurecht.

14a ⏱ 3 Sek. Er sieht sich um

Zusammenfassung
Diese 13,5 Sekunden Film enthalten nur vier Grundelemente, aber aus diesen einfachen, im Timing genau berechneten, sorgfältig geplanten Details erzielt der Stunt seine Wirkung. Wirklich gefährlich wird es in der ganzen Sequenz nur einmal, in den Einstellungen 11 bis 13, und hier kann man annehmen, daß die Kamera, die der Wagen nur knapp verfehlt, ferngesteuert wurde.

EIN FILM ENTSTEHT
Sportfilme

Sportfilme können sehr aufregend und spannend sein, sind aber auch schwer zu drehen. Eines der größten Probleme ist die Aufrechterhaltung der Kontinuität des Geschehens. Obwohl man zur Überbrückung Zwischenschnitte auf Details außerhalb der Handlung einmontieren kann, ist man durch den Zwang zum Drehen von einer einzigen Kameraposition aus doch sehr eingeengt. Es gibt jedoch bestimmte Techniken, die man für Filmaufnahmen von einzelnen Sportarten generell empfehlen kann.

Mannschaftsspiele

Um ein Spiel optimal auf den Film zu bekommen, sollten Sie bestimmte Ausrüstungsgegenstände besitzen. Die Kamera sollte einen ausreichenden Zoombereich haben (etwa achtfach), um die Nachteile des stets gleichen Blickwinkels auszugleichen. Da Sie (vor allem bei Fußball) viel mit den langen Brennweiten arbeiten werden, brauchen Sie auch ein Stativ und einen guten Schwenkkopf. Verwenden Sie nach Möglichkeit ein großes Magazin (60 m bei Super-8 und 120 oder 360 m für 16 mm), damit Ihnen nicht im entscheidenden Moment der Film ausgeht. Eine Tonfilmkamera vereinfacht die Tonaufnahme.

Verschaffen Sie sich rechtzeitig die Genehmigung, das Spiel zu filmen, und fahren Sie so frühzeitig hin, daß Sie in Ruhe die Kamera aufbauen können. Als nächstes müssen Sie sich entscheiden, von wo aus Sie das Spiel aufnehmen wollen. Um beide Mannschaften gleich gut zur Geltung zu bringen, sollten Sie sich etwa in der Mitte des Spielfelds aufstellen. Vergewissern Sie sich, daß Sie von dem gewählten Standort aus ungehinderte Sicht haben und daß Sie niemandem hinter Ihnen die Sicht versperren. Einen dynamischen Blickwinkel, den Sie allerdings durch eine etwas unausgewogenere Darstellung erkaufen müssen, bekommen Sie, wenn Sie sich ganz in der Nähe des gegnerischen Tors aufstellen – von dort aus können Sie besonders eindrucksvolle Aufnahmen von den Glanzleistungen Ihrer Mannschaft machen.

Bei Hallensportarten sollten Sie auch die Art der Beleuchtung vorher prüfen. Falls Leuchtstofflampen installiert sind, nehmen Sie entweder Type-G-Film, oder Sie verwenden hochempfindlichen Kunstlichtfilm mit eingeschaltetem Konversionsfilter für Tageslicht. Die Belichtungsautomatik wird durch die unvermeidlichen häufigen Schwenks über helle und dunkle Partien leicht überfordert, zumal wenn Sie von oben auf einen glänzenden Hallenboden oder eine Eisfläche hinunterfilmen. Nehmen Sie deshalb lieber im vorhinein eine Integralmessung vor und stellen Sie die Blende auf den gemessenen Wert ein, falls sich die Belichtungsautomatik Ihrer Kamera abschalten läßt.

Wenn Sie die Möglichkeit haben, mit zwei Kameras zu arbeiten, sollten Sie die eine gegenüber der Spielfeldmitte und die andere an einem Tor aufbauen. Beide Kameras *müssen* jedoch auf derselben Seite des Tors stehen, weil bei einem Mannschaftsspiel die Kamerapositionen sich nach der «Handlungsachse» richten müssen, die in diesem Fall von Tormitte zu Tormitte verläuft. So können Sie von jedem Punkt auf dieser Seite der Achse aus filmen, ohne die Rechts-Links-Orientierung zu gefährden.

Fußball
Gleichgültig, wieviele Kameras Sie verwenden, die Spielhandlung muß jeweils kontinuierlich und ohne «Sprünge» dargestellt sein. Versuchen Sie, möglichst lange Einstellungen zu machen, damit sich umfangreiche Schnitte erübrigen. Verwenden Sie das Zoom zum Variieren der Einstellungsgröße, aber verstellen Sie nicht in einem fort die Brennweite. Machen Sie möglichst viele Zwischenschnitte.

Amerikanisches Football
Sie können auch jede Einstellung mit einem Schwenk vom Publikum oder einem anderen Teil des Stadions auf die Spielhandlung beginnen lassen. Dadurch bekommen Sie gewissermaßen einen eingebauten Zwischenschnitt am Beginn jeder Einstellung und müssen vielleicht bei der Montage keine Übergänge mehr herstellen. Zu oft angewandt, kann diese Technik jedoch monoton wirken.

EIN FILM ENTSTEHT

Tennis

Beim Tennis gibt es zwei Positionen, von denen aus Sie das gesamte Spielgeschehen filmen können, und diese liegen natürlich auf der «Achse», also an einem der beiden Enden des Platzes (in der Mitte, also in Höhe des Netzes, können Sie sich nicht aufstellen, weil Sie dann dem Ball nur mit einer Folge von Reißschwenks folgen könnten). Die Tatsache, daß Sie stets vom selben Standpunkt aus filmen, ist beim Tennis nicht so schwerwiegend, weil die Spieler jeweils nach zwei Spielen die Seite wechseln. Die Höhe wird dadurch bestimmt, daß die Kamera so hoch über der Netzkante sein muß, daß man die Aufschlaglinie auf der anderen Seite sieht. Die Aufnahmeentfernung wird durch den Zoombereich des Objektivs festgelegt. Versuchen Sie es so einzurichten, daß Sie mit der Weitwinkeleinstellung den ganzen Platz ohne Bewegung der Kamera erfassen können. Falls Sie noch weiter weggehen, können Sie den gegenseitigen Spieler womöglich nicht nahe genug heranzoomen. Gehen Sie jedoch näher heran, dann können Sie den Spielverlauf nur verfolgen, indem Sie die Kamera leicht kippen. Eine andere Möglichkeit wäre ein «Sportporträt» von einem Spieler, wobei Sie dann keinen Versuch machen würden, das Spielgeschehen zu verfolgen. In diesem Fall würden Sie näher herangehen und möglichst eindrucksvolle Aufnahmen anstreben, ohne sich um die Kontinuität zu kümmern.

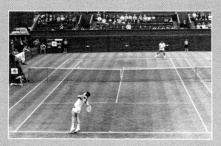
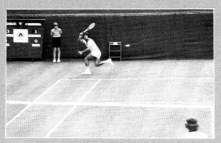

Kameraposition
Von der zentralen Position an einem Ende des Platzes aus können Sie nicht nur mit dem Weitwinkel das ganze Feld erfassen, sondern auch den Spieler auf der gegenüberliegenden Seite heranzoomen.

Der Aufschlag
Lassen Sie beim Aufschlag das Objektiv in Weitwinkelstellung, denn sonst kann es Ihnen passieren, daß Ihnen der Ball aus dem Bild gerät. Dynamische Aufnahmen von einem der beiden Spieler können Sie vom Spielfeldrand aus machen.

Zwischenschnitte
Zwischenschnitte sind bei Tennisfilmen wichtig – wie bei jedem Film. Die Anzeigetafel und das Publikum eignen sich immer als Akzente. Zur Überbrückung können Sie auch vom Publikum auf das Spielfeld schwenken oder umgekehrt.

EIN FILM ENTSTEHT

Filme von Autorennen

Wenn Sie nur eine Kamera haben, ist es schwierig, einen halbwegs vollständigen Film von einem Autorennen zu drehen, weil dann ja ein bestimmter Wagen die meiste Zeit über nicht zu sehen ist. In diesem Fall sollten Sie deshalb lieber einen Film drehen, der die Atmosphäre des Rennens einfängt und sich vielleicht auf zwei oder drei der Rennfahrer konzentriert. Das bedeutet, daß Sie während des Rennens herumgehen müssen, also planen Sie Ihre Kamerapositionen vorher und denken Sie dabei an die «Handlungsachse» (s. S. 74). Das ist bei einem Rennen besonders wichtig, weil die Wagen in derselben Richtung fahren müssen, wenn Sie von einer Einstellung auf die nächste schneiden. Suchen Sie sich mindestens eine Position, wo die Autos direkt auf Sie zukommen. Das ist nicht nur optisch aufregend, sondern erlaubt Ihnen auch, die «Achse» zu überspringen, weil der Achsensprung sichtbar gemacht wird (siehe ganz rechts). Wechseln Sie möglichst viel ab, sowohl im Inhalt als auch in der Einstellungsart. Filmen Sie die Boxen, den Start, eine Beschleunigungsstrecke und eine Serie von Haarnadel- oder S-Kurven, wo die Wagen so langsam fahren müssen, daß man Details erkennt. Mischen Sie Weitwinkel- und Teleaufnahmen und experimentieren Sie mit der Schärfe – füllen Sie beispielsweise das Format mit einem Ausschnitt, der Ihnen zusagt, und stellen Sie dann die Schärfe entsprechend dem Renngeschehen nach. Denken Sie daran, daß es nicht auf die absolute «reale» Geschwindigkeit ankommt, sondern auf die Geschwindigkeit des Bildes auf der Leinwand. Eine Aufnahme aus relativ geringem Abstand mit kurzer Brennweite ruft bei einem auf die Kamera zukommenden Wagen einen viel stärkeren Eindruck von Geschwindigkeit hervor als eine Teleaufnahme aus derselben Richtung.

Das Zoom (unten)
Um die Spannung beim Start zum Rennen wiederzugeben, holte die Kamera mit einem schnellen Zoom das Gesicht eines Fahrers heran. Bei solchen schnellen Zooms sind vorherige Scharfeinstellung und ein Stativ unerläßlich.

Der Start (oben)
Um möglichst viel Abwechslung zu bieten, sollten Sie wenigstens eine Position ausfindig machen, wo die Wagen direkt auf Sie zukommen, wie bei den Aufnahmen oben.

Zwischenschnitte
Die Weitwinkelaufnahme links und die Aufnahme von den Zuschauern rechts wurden im fertigen Film als Zwischenschnitte verwendet. Sie wurden so eingebaut, daß die Kontinuität des Films erhalten blieb.

EIN FILM ENTSTEHT

Zwischenschnitte
Von jeder Hochgeschwindigkeitssequenz sollten Sie viele Zwischenschnitte machen. Diese variieren nicht nur den Rhythmus des Geschehens, sondern erleichtern es Ihnen auch, bei der Montage einen geschlossen wirkenden Film herzustellen.

Achsensprung
Wenn Sie von Position A aus in einer engen S-Kurve zu drehen anfangen, fährt der Wagen von links nach rechts. Wenn Sie nun auf Position 3 schwenken, ist jede Richtungsänderung sichtbar. Wenn Sie jedoch die Achse überspringen müssen, dann machen Sie einen Schnitt, wenn der Wagen Position 2 erreicht hat, und drehen dann mit Kamera B weiter. Beginnen Sie mit einer Aufnahme von vorne und schließen Sie einen Schwenk an.

Die Boxen (links)
Bei dieser Einstellung wird der Rhythmus des Geschehens dadurch variiert, daß der Wagen nacheinander von vorne, von der Seite und von hinten gezeigt wird.

Die Siegerehrung (unten)
Die Überreichung von Siegespokal, Lorbeerkranz und Champagnerflasche an den Sieger ist eine klassische Schlußszene für einen Film über «Das Rennen».

EIN FILM ENTSTEHT

Spezialeffekte

Gelegentlich werden Sie nicht darauf verzichten können, das Wetter selber zu machen. Für größere Szenen mit *Wind* brauchen Sie einen großen Ventilator. Bei Nahaufnahmen genügt ein Haartrockner. *Regen* können Sie herstellen, indem Sie Wasser aus einem Schlauch in die Luft sprühen, entweder über die Szene oder zwischen Kamera und Szene. Um Regen an Fensterscheiben zu simulieren, bringen sie entweder einen Schlauch über dem Fenster an oder befestigen am oberen Fensterrand ein durchlöchertes Wasserrohr. Um einen *Blitz* künstlich herzustellen, malen Sie sich einen auf schwarzen Karton. Belichten Sie dann einen hellen bewölkten Himmel um zwei bis drei Blenden zu knapp, wickeln Sie den Film bis zur Mitte der Szene zurück und belichten Sie dann zwei Einzelbilder mit dem gemalten Blitz. Als Ersatz für *Schnee* nimmt man meistens Papierschnitzel, Styroporflocken oder Salz. Um *Rauch* zu erzeugen, können Sie entweder eine Rauchkanone mieten, ein schwelendes Lagerfeuer entfachen oder Öl auf glühende Holzkohle träufeln. Um niedrigen *Nebel* künstlich herzustellen, geben Sie Trockeneis in einen Eimer Wasser; der weiße Qualm kann entweder mit einem Ventilator in die Szene geblasen werden, oder man läßt ihn sich in Schwaden ausbreiten. *Feuer* können Sie durch rote und gelbe Gelatinestreifen vortäuschen, die Sie vor Ihrem Hauptlicht aufhängen und bewegen.

Wind
Blasen Sie mit einem auf kalt eingestellten Haartrockner Luft auf Gesicht und Haar der Darstellerin.

Schnee
Streuen Sie die Papierschnitzel oder Styroporkugeln aus einer Wanne über die Darsteller.

Nebel
Tragen Sie dicke Gummihandschuhe und geben Sie eine Handvoll Trockeneis in einen Eimer Wasser.

Regen
Halten Sie einen Wasserschlauch in die Luft direkt über die Köpfe der Darsteller.

Regentropfen
Sprühen Sie Wasser aus einem Schlauch von oben an die Fensterscheiben, so daß es an diesen herabrinnt.

Feuer
Schneiden Sie Streifen aus roter und gelber Gelatine und hängen Sie sie vor Ihrem Hauptlicht auf.

Blitz
Blenden Sie mittels Doppelbelichtung einen gemalten Blitz in einen vorher gefilmten dunklen Himmel ein.

Rauch
Träufeln Sie Öl auf ein glühendes Holzkohlebrikett.

EIN FILM ENTSTEHT

Kostüme und Dekorationen

Bei jedem Film, für den Sie bereits vorhandene Schauplätze und Dekorationen nicht verwenden können, müssen Sie sich neue Dekorationen und Requisiten herstellen oder herstellen lassen. Der Erfolg von Filmen wie *Bonnie und Clyde* oder *Barry Lyndon* beruhte zu einem großen Teil auf ihrer stilechten und in sich geschlossenen Atmosphäre – die alten Dekorationen und Kostüme waren absolut authentisch. Der Dekorateur sollte entscheiden, welche Requisiten und Kostüme für jede Szene gebraucht werden und dafür sorgen, daß sie entliehen oder angefertigt werden. Requisiten, die nicht leicht aufzutreiben sind, kann man aus Gips, Styropor oder Latex herstellen. Nahaufnahmen im Film zeigen unbarmherzig jedes Detail, und falls Sie sich nicht in der Lage fühlen, alte Kostüme selbst zu entwerfen, sollten Sie sich welche von einem Kostümverleiher für Theater leihen.

Historische Kostüme
In dieser üppig ausgestatteten Szene aus *Nikolaus und Alexandra* herrschen die Farben Rot und Blau vor und bringen die glitzernden Juwelen und das Tafelsilber erst richtig zur Geltung.

Künstliche Beleuchtung
In dieser Szene aus *Butch Cassidy und Sundance Kid* wurde die Beleuchtung zur Erzeugung der richtigen Stimmung – ein Abend in Bolivien – eingesetzt.

Make-up

Für einen Film müssen die Darsteller sehr realistisch geschminkt werden. Make-up ist unerläßlich, wenn Sie zeigen wollen, wie ein Darsteller älter wird oder wenn Sie sein Aussehen verändern möchten. Falls Sie solche Effekte in größerem Umfang ausführen möchten, sollten Sie einen professionellen Maskenbildner zu Rate ziehen. Die Grundtechniken zum Altern und Verfremden eines Gesichts sind unten erläutert.

Altern

1 Reinigen und tönen Sie das Gesicht der Darstellerin. Sättigen Sie einen Schwamm mit Creme-Make-up und tragen Sie eine dünne Schicht auf Gesicht und Hals auf.

2 Tragen Sie braune Schatten beiderseits der Nase, um Augen und Mund sowie auf die Halsmuskeln auf. Bitten Sie die Darstellerin, die Stirn zu runzeln, und zeichnen Sie die Falten nach.

3 Nehmen Sie eine hellere Farbe als die Grundierung und tragen Sie damit Lichter über den Schatten auf. Tragen Sie auf Wimpern und auch auf die geschürzten Lippen der Darstellerin weiße Schminke auf.

Monster

1 Reinigen und tönen Sie das Gesicht des Darstellers. Tragen Sie auf Gesicht, Hals und Ohren eine graue oder weiße Grundierung auf. Schattieren Sie Nase, Mund und Stirn.

2 Tragen Sie mit einem dünnen Pinsel rosa Lichter auf die vorher schattierten Partien auf. Dadurch treten die Schatten noch plastischer hervor.

3 Malen Sie die Lippen grün an und färben Sie die Haare mit einem unschädlichen Mittel schwarz. Zeichnen Sie mit einem schwarzen Augenbrauenstift den Haaransatz nach.

EIN FILM ENTSTEHT

Der Urlaubsfilm

Vergewissern Sie sich vor der Abfahrt, daß Ihre Kamera einwandfrei funktioniert, und kontrollieren Sie, ob alle erforderlichen Zubehörteile eingepackt sind (s. S. 128). Decken Sie sich mit genügend Filmmaterial ein, aber erkundigen Sie sich vorher, ob Sie in Ihr Urlaubsland nur eine begrenzte Menge Filme einführen dürfen. Behandeln Sie die Filme vor und nach der Belichtung pfleglich (s. S. 259).

Denken Sie daran, daß die Filmemulsion bei hohen Temperaturen empfindlicher ist und deshalb leichter verkratzt wird; reinigen Sie deshalb die Filmführung bei jedem Filmwechsel. Wenn Ihre Kamera aufladbare Nickel-Cadmium-Batterien hat und Sie ins Ausland fahren, sollten Sie sich erkundigen, ob Sie in Ihrem Urlaubsland die Stromspannung und die Steckdosen vorfinden, die für Ihre Geräte vorgesehen sind. Wenn nicht, dann brauchen Sie einen Transformator bzw. einen Adapter. Wenn Sie eine Flugreise machen, wird Ihr Gepäck geröntgt. Die Geräte arbeiten angeblich mit so geringen Dosen, daß Filme auch bei mehrmaligem Durchleuchten keinen Schaden nehmen, aber es ist für alle Fälle besser, die Ausrüstung und die Filme als Handgepäck mitzunehmen und normal kontrollieren zu lassen.

Es gibt zwei Hauptarten von Urlaubsfilmen, den Reisebericht und den themenbezogenen Kurzfilm. Bei der ersten Art versucht man, alle Phasen des Urlaubs im Bild festzuhalten, bei der zweiten beschränkt man sich auf eine bestimmte Episode oder ein einzelnes Thema.

Der Reisebericht

Ein solcher umfassender Urlaubsfilm will im voraus geplant sein und erfordert deshalb einen höheren Zeitaufwand. Weil der Film den Zeitablauf darstellen soll, sollten Sie viele Fahrt- und Überbrückungsaufnahmen machen. Um jeweils den geographischen Ort anzudeuten, sollten Sie möglichst oft Wegweiser, Landkarten, Reiseprospekte und Gepäckaufkleber filmen. Versuchen Sie, innerhalb des dadurch hergestellten Rahmens drei oder vier Episoden aus Ihrem Urlaub zu zeigen, die Sie für erinnerunswürdig halten.

Der Reisebericht
In einem Film, der den ganzen Verlauf einer Urlaubsreise zeigen soll, werden Sie viele Überbrückungsaufnahmen brauchen, z. B. Ihr Auto von links nach rechts und von rechts nach links fahrend, landende und startende Flugzeuge, Luftaufnahmen, Aufnahmen vom Ein- und Auspacken, am Auto vorüberziehende Wegweiser usw. Diese Hilfsmittel geben Ihrem Film eine Struktur, weil sie die Reise zum und vom Urlaubsort sinnfällig machen.

EIN FILM ENTSTEHT

Der themenbezogene Kurzfilm

Ein Film, der nur einen bestimmten Urlaubstag oder eine Episode schildert, erlaubt es Ihnen, eine Szene ausführlicher zu filmen. Beispielsweise könnten Sie sich vornehmen, einen Film mit dem Titel «Ein Tag am Meer» zu drehen und dabei die Reihenfolge der Ereignisse zu bewahren: das Packen des Autos, die Fahrt, das Schwimmen, der Sonnenuntergang, die Heimfahrt. Sie könnten aber auch einen Stimmungsfilm über Meer, Sand und Sonne daraus machen. Bei dieser Art von Film ist es wichtig, daß Sie ein interessantes, sich selbst tragendes Thema finden. Beispielsweise könnten Sie zwei Kinder beim Ballspielen am Meer filmen. Drehen Sie eine Einstellung, in der beide zu sehen sind, und verwenden Sie diese als Einleitungsszene. Machen Sie dann von beiden Nahaufnahmen beim Ballspielen und bleiben Sie dabei auf derselben Seite der Achse (s.S. 74). Als Schluß für den Film könnten Sie sich nach einem «Naturtitel» umsehen. Sie könnten die Kinder «Ein Tag am Meer» in den Sand schreiben lassen und dies als Anfangstitel verwenden. Der Schlußtitel würde dann zeigen, wie die Schrift vom Wasser ausgelöscht wird.

Ein themenbezogener Kurzfilm
Ein ideales Thema für einen solchen Film wäre ein Tag auf der Skipiste. Treffen Sie die notwendigen Vorkehrungen, d.h. machen Sie Ihre Kamera winterfest und nehmen Sie Ersatzbatterien mit. Machen Sie möglichst viele Einzelaufnahmen und auch solche, die die Stimmung vermitteln. Diese Elemente können Sie dann entweder ineinandermontieren oder zu einem fortschreitenden Bericht von Ihrem Skitag aneinanderreihen. Achten Sie stets darauf, daß Sie Schneeaufnahmen nicht unterbelichten.

Stimmung vermitteln
Bei einem Film dieser Art geht es Ihnen darum, einen allgemeinen Eindruck von einem Tag in einem Skigebiet zu vermitteln. Sie können deshalb Weitwinkelaufnahmen von der Landschaft oder dem Skiort mit Aufnahmen von den Warteschlangen an den Liften und Einzeleinstellungen von Personen beim Skilaufen kombinieren. Versuchen Sie möglichst prägnante Aufnahmen zu machen.

167

EIN FILM ENTSTEHT

Der Reisefilm

Strenggenommen versteht man unter einem «Reisefilm» einen Dokumentarfilm, dessen Thema das Reiseziel und nicht Ihre Reise ist. Ein solcher Film ist deshalb weniger persönlich als ein Urlaubsfilm und sollte viel gründlicher geplant werden. Sammeln Sie vor der Abreise Informationen. Unterrichten Sie sich über Geschichte, berühmte Persönlichkeiten und bekannte Bauwerke Ihres Reiseziels und überlegen Sie sich, wie Sie diese Elemente am besten zu einem Film zusammenstellen können. Beispielsweise könnten Sie sich eine Gegend aussuchen, die für ihren Wein und ihre Kochkunst berühmt ist, und sich dann weniger auf die Geschichte als auf die Landschaft, die Restaurants, die Meisterköche und ihre Kundschaft konzentrieren. Der fertige Film weicht dann vielleicht von Ihrem ursprünglichen Plan ab, aber das gehört zur Faszination des Dokumentarfilms. Vergessen Sie nicht die erforderliche Ausrüstung, wenn Sie Ihren Plan aufstellen. Nehmen Sie genügend Aufnahmematerial mit, denn am Zielort bekommen Sie womöglich nicht denselben Film, und falls Sie voraussichtlich sehr viel herumgehen müssen, sollten Sie an die Möglichkeit denken, anstelle eines Stativs eine Schulterstütze zu verwenden.

Mogulspalast (oben)
Bei diesen Einstellungen ging es darum, zu zeigen, wie die Sonnenstrahlen durch das steinerne Filigran einfallen und die Marmorreliefs im Inneren beleuchten.

Motivbezogene Komposition
Versuchen Sie bei Architekturaufnahmen die Gebäude durch Elemente zu umrahmen, die selbst zur Szene gehören. Halten Sie bei Weitwinkeleinstellungen die Kamera waagrecht, um stürzende Linien zu vermeiden.

EIN FILM ENTSTEHT

Land und Leute
Das Reiseerlebnis ist nicht auf die im Reiseführer angegebenen Sehenswürdigkeiten beschränkt. Die Menschen mit ihren Sitten und Gebräuchen und der Charakter der Landschaft geben bessere Filmmotive ab als jedes noch so berühmte Bauwerk. Sie müssen sich aber in die fremde Kultur einfühlen können – im Nahen und Mittleren Osten werden viele Mohammedaner, zumal Frauen, sich aus religiösen Gründen nicht fotografieren lassen wollen. Sie dürfen diese Menschen weder einschüchtern noch bestechen. Versuchen Sie, sich mit ihnen anzufreunden, und bitten Sie sie um ihre Mitarbeit. Oder filmen Sie mit extremer Teleeinstellung und machen Sie sich darauf gefaßt, notfalls in aller Eile das Feld zu räumen. Je mehr Sie über die Eigenart des fremden Landes wissen, um so interessanter und aufschlußreicher wird Ihr Film ausfallen.

EIN FILM ENTSTEHT

Filmaufnahmen von Bauwerken

Eine Filmkamera ist das ideale Instrument für die Darstellung von Bauwerken. Wichtig für das Aussehen eines Gebäudes ist die Tageszeit, zumal wenn es eine plastisch gestaltete Fassade besitzt. Wählen Sie deshalb die Zeit für Ihre Aufnahme mit Bedacht. Beginnen Sie damit, daß Sie das Gebäude in seiner Umgebung zeigen, vielleicht in einer Fahraufnahme, und gehen Sie dann dazu über, das Gebäude im einzelnen zu erkunden. Filmen Sie vom Stativ aus und vergewissern Sie sich, daß die Kamera vor Drehbeginn genau senkrecht ausgerichtet ist, da wegen der vollkommen senkrechten Linien des Bauwerks jede Abweichung deutlich sichtbar wäre. Schalten Sie zwischen die Schwenks, Zooms und Kamerafahrten immer wieder statische Aufnahmen ein. Wenn Sie Einzelheiten in Großaufnahme zeigen, sollten Sie klarmachen, wo sich diese Details im Gesamtzusammenhang des Bauwerks befinden. Das läßt sich durch Zoomen am leichtesten erreichen, doch zu viele Zooms wirken monoton.

Übersichtsaufnahme
Um die St.-Pauls-Kathedrale in ihrer Umgebung in London zu zeigen, könnten Sie eine Totalaufnahme vom anderen Ufer der Themse machen und eine nähere Einstellung anschließen, die einen atmosphärischen Eindruck von der Fleet Street vermittelt.

Fahrt und Schwenk
Diese lange Kamerafahrt war nur dank der um die Kathedrale laufenden Straße möglich. Die Kamera wurde aus dem Fenster eines gleichmäßig dahinfahrenden Autos gehalten, wodurch eine dynamische, plastische Wiedergabe des Bauwerks erzielt wurde.

Fahrt
Sie können Fahraufnahmen durch Schnitte unterbrechen, nur muß die Bewegung nachher jeweils in derselben Richtung weitergehen.

Zwischenschnitte
Nachdem die Kamera die Außenseiten des Bauwerks gezeigt hat, beginnt sie nun, die Details herauszuarbeiten, deren Lage aus den vorangegangenen Übersichtsaufnahmen ersichtlich wurde.

EIN FILM ENTSTEHT

Aufnahmen von Innenräumen

Die schwierige Aufgabe bei Filmaufnahmen von Innenräumen besteht darin, die Details zu zeigen, auf die es ankommt, ohne daß der Zuschauer den Überblick verliert. Es ist ein großer Vorteil, wenn Sie einer anderen Person mit der Kamera folgen können. In diesem Fall werden begleitende Kamerafahrten von Raum zu Raum glaubhaft, und Schwenks oder Zooms werden plausibler, wenn sie jeweils der Blickrichtung dieser Person entsprechen. Überlegen Sie sich vorher, wo der Film enden soll; beispielsweise könnten Sie in einer Kirche eine langsame Fahrt durch das Schiff nach vorne machen und dann zu einer längeren statischen Einstellung von der Kuppel nach oben schwenken.

Schwenk
Nach einer Fahrt durch das Kirchenschiff folgte hier ein langsamer Schwenk zur Kuppel. Die Kamera mit einem Weitwinkelobjektiv befand sich auf einem Stativ.

Zwischenschnitte
Wenn Sie den Grundriß und den allgemeinen Charakter des Gebäudes gezeigt haben, können Sie anfangen, die Details zu erkunden. Die Orgel könnte als Überleitung zu einer Sequenz mit Musik unterlegter Detailaufnahmen dienen.

Schlußeinstellungen
Wenn die Kamera die Kuppel gezeigt hat, kann nun im Gegenschuß der Blick von oben angeschlossen werden. Die letzte Aufnahme ist wiederum aus einem entgegengesetzten Blickwinkel gemacht.

Zoom
Ein musikalischer Höhepunkt könnte so gelegt werden, daß er mit einem Zoom zur Kuppel zusammenfällt.

EIN FILM ENTSTEHT

Landschaft

Planen Sie Ihre Landschaftsaufnahmen so, als würden Sie eine Spielhandlung drehen: Geben Sie ihnen Struktur und Aufbau. Sie müssen mit einem Schwenk andeuten, wo Sie sich selbst innerhalb der Landschaft befinden, und dann mit dem Zoom die Einzelheiten der Szenerie heranholen. Bauen Sie den Film abwechslungsreich auf, indem Sie viele Nahaufnahmen machen und Groß und Klein, Hell und Dunkel gegenüberstellen.

Selbst wenn Ihre Landschaft auf den ersten Blick nicht besonders aufregend wirkt, gibt es immer eine Möglichkeit, Motive für abwechslungsreiche und interessante Einstellungen zu finden. Als Faustregel kann gelten, daß die am wenigsten bildwirksame Lage für den Horizont die Bildmitte ist; halten Sie sich also an die auf S. 62 erläuterte Regel für die Aufteilung des Bildformats. Eine flache Landschaft erhält ihre Dramatik oft nur durch den Himmel, weshalb Sie in diesem Fall den Horizont niedrig legen und mit Weitwinkel drehen sollten. Filmen Sie am Morgen oder Abend, wenn das schräge Licht die Oberflächenstruktur der Landschaft plastisch herausmodelliert. Nutzen Sie jeden Wetterwechsel aus und halten Sie Ausschau nach interessanten Wolkenbildungen; um die Wolken besser herauszuholen, können Sie ein Polarisationsfilter verwenden.

Landschaft (links)
Die schräg einfallenden Strahlen der Abendsonne lassen diese türkische Landschaft plastisch erscheinen und bewirken einen hohen Sättigungsgrad der Farben. Um die Mittagszeit hätte dasselbe Motiv keine interessante Aufnahme hergegeben.

Schneelandschaft (rechts)
Auch hier halten die gewundenen Linien der Landschaft die Komposition zusammen. Bei Schneeaufnahmen müssen Sie besonders sorgfältig die Belichtung messen.

Nahöstliche Festung
Mit einem Zoomobjektiv kann man den Zusammenhang zwischen einem Detail und der landschaftlichen Umgebung herstellen. In diesem Fall wurde die Festung aus ihrer Umgebung herausgelöst.

Aufteilung des Bildfeldes
Dies ist ein Beispiel für die auf S. 62 bereits besprochene Regel, die eine Aufteilung des Bildfeldes nach Dritteln empfiehlt. Bilder, bei denen der Horizont in der Mitte liegt, wirken fast nie visuell interessant. Hier wurde er einmal hoch (links) und einmal tief (rechts) gelegt, um Erde und Himmel zu betonen.

EIN FILM ENTSTEHT

Abendstimmung
Achten Sie darauf, daß bei aufeinanderfolgenden Einstellungen von einer Landschaft der Zeitablauf plausibel bleibt. Hier wurden alle drei Aufnahmen im selben goldenen Licht der Abendsonne gemacht.

Grand Canyon (links)
Eine der besten Arten, einen Landschaftsfilm zu artikulieren, besteht darin, daß man einen Reisebericht daraus macht – z.B. von einem Maultierritt auf den Grund des Grand Canyon.

Wolken und Pferde (rechts)
Die natürliche Leuchtkraft der Komplementärfarben Gelb und Blau verleiht dieser Landschaftsaufnahme aus Arizona eine fast überirdische Schönheit.

Landwirtschaftliche Maschinen
Eine Kamerafahrt durch die Landschaft ist nur wirkungsvoll, wenn ein auffälliger Vordergrund dazu eingesetzt wird, die Größenverhältnisse zu schildern und die Bewegung zu verdeutlichen. In diesem Fall dienten die landwirtschaftlichen Geräte diesem Zweck.

Zwischenschnitte
Die Weitwinkeleinstellung links und die Nahaufnahme rechts wurden nacheinander in den Film eingebaut.

EIN FILM ENTSTEHT

Tiere in freier Wildbahn

Ein Film von Tieren in ihrer natürlichen Umwelt, ob es sich dabei um Ihren Garten oder ein Naturschutzgebiet in Afrika handelt, oder von Tieren in Gefangenschaft, etwa in einem Wildpark, verlangt viel Geduld und Einfallsreichtum. Versuchen Sie, typische Szenen aus dem Leben der Tiere einzufangen. Beispielsweise könnte ein Film über einen Vogel den Flug, Nahrungssuche, Rivalitätskämpfe, Paarung, Nestbau und das Füttern der Jungen zeigen. In jedem Fall müssen Sie mit den Lebensgewohnheiten der betreffenden Tierart gründlich vertraut sein. Lesen Sie deshalb alles, was Sie an einschlägiger Literatur auftreiben können, und beobachten Sie die Tiere oft und gründlich. Finden Sie heraus, wo und zu welchen Zeiten die Tiere sich ihre Nahrung suchen, wo sie sich ihre Nester oder sonstigen Behausungen bauen und wie empfindlich sie auf die Anwesenheit von Menschen reagieren.

Ausrüstung für Tierfilme

Das wichtigste Zubehör ist ein starkes Teleobjektiv. Verwenden Sie bei Super-8-Kameras das stärkste Zoomobjektiv, das Sie kriegen können (ein 60-mm-Zoomobjektiv an einer Super-8-Kamera entspricht einem 250-mm-Tele an einer Kleinbildkamera). In manchen Fällen können Sie (mit Adapter) auch ein Foto-Objektiv direkt an Ihrer Filmkamera verwenden, wenn diese für Wechseloptik eingerichtet ist. Bei 16 mm sollten Sie ein Zoomobjektiv verwenden, dessen längste Brennweite mindestens 120 mm beträgt. Da bei starken Teleaufnahmen jede Erschütterung der Kamera auffällt, brauchen Sie auch ein robustes Stativ. Eine weitere Möglichkeit, Kameraerschütterungen möglichst gering zu halten, besteht darin, daß Sie in Zeitlupe drehen (s. S. 188), wodurch sich gleichzeitig die Bildschärfe verbessert. Die Kamera muß möglichst leise laufen, damit die Tiere nicht gestört oder aufmerksam gemacht werden. Sie brauchen also irgendeine Form von Schallschutz, wie z.B. eine Schallschutztasche oder einen «Blimp». Verwenden Sie die größte Filmkassette, die bei Ihrer Kamera möglich ist, denn Tiere haben oft die unfeine Angewohnheit, erst dann ihr interessantes Verhalten zu zeigen, wenn Ihnen der Film ausgegangen ist. Das Auslösen der Kamera sollte über eine Fernsteuerung erfolgen. Noch besser ist die Auslösung durch das Tier selbst, was durch einen Stolperdraht oder eine Lichtschranke geschehen kann.

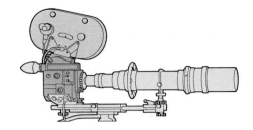

Ein Fernobjektiv
Ein starkes Teleobjektiv ist nicht nur unerläßlich, es kann Ihnen auch das Leben retten. Auch die scheinbar gutmütigsten Wildtiere können aggressiv werden, wenn sie ihre Jungen bei sich haben. Lassen Sie stets den Motor Ihres Wagens laufen.

Nahaufnahmen
Auf dem Bild unten hat das Teleobjektiv noch den zusätzlichen Vorteil eingebracht, daß sich die Schnurrhaare der Löwin scharf vom dunkel-unscharfen Hintergrund abheben. Solche Aufnahmen erfordern viel Geduld und viel Film.

Filmaufnahmen von Tierherden
Für eine sehr lange Sequenz, z.B. den Jagdausflug einer Löwin oder eine ernsthafte Studie einer Antilopenherde, müssen Sie sich vorher eingehend mit den Lebensgewohnheiten der betreffenden Tierart befassen. Wenn Sie so ein Projekt verwirklichen wollen, sollten Sie sich nach Möglichkeit die Mitarbeit der Wildhüter sichern und sich auf lange Wartezeiten gefaßt machen.

EIN FILM ENTSTEHT

Vorbereitungen für die Aufnahmen

Um die Tiere nicht zu verscheuchen, werden Sie möglicherweise aus einem Tarnzelt heraus drehen müssen. In vielen Tier-Reservaten gibt es feste Unterstände. Einer der besten und am leichtesten verfügbaren Unterstände ist übrigens ein Auto. Erstaunlicherweise finden sich viele Tiere mit der Anwesenheit eines Autos ab, selbst wenn die Menschen im Innern zu sehen sind, während sie auf Menschen im Freien sofort mit Flucht oder Angriff reagieren würden. Sie sollten die Anschaffung eines Autostativs erwägen, das am Auto angeklemmt oder mit Saugnäpfen an einer Scheibe befestigt wird und den für Teleaufnahmen unbedingt notwendigen festen Halt für die Kamera garantiert. Oft werden Sie die Tiere mit Ködern in Kameranähe locken müssen. Legen Sie den Köder stets an derselben Stelle aus, bis die Tiere sich daran gewöhnt haben. Auch mit dreidimensionalen Modellen oder Tonbandaufnahmen von Tierstimmen können Sie Tiere anlocken.

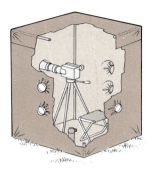

Tarnzelte
Tarnzelte sind leicht aufzubauen, aber der Aufbau sollte schnell gehen, damit die Tiere so wenig wie möglich gestört werden.

Filmen aus dem Tarnzelt
Tarnzelte sind unentbehrlich für Filmaufnahmen von Vögeln, vor allem wenn Sie das Nest in Nahaufnahme zeigen möchten. Sie dürfen einen nistenden Vogel jedoch nie stören, denn sonst läßt er womöglich seine Jungen im Stich. Das gilt besonders für seltene Arten wie Stein- und Fischadler.

Bau eines Tarnzelts

In unzugänglichem Gelände werden Sie sich das Tarnzelt selbst bauen müssen. Die gebräuchlichste Form besteht aus vier Pfählen, die in die Erde geschlagen und oben durch waagrecht Streben verbunden werden. Dieses Gerüst wird dann mit grüner oder blauer Zeltplane verkleidet, so daß es sich nur wenig von der Umgebung abhebt. An einer Seite sollte das Zelt ein Loch oder einen Reißverschluß für die Kamera haben. Meist wird auch das vordere Bein des Stativs aus dem Tarnzelt herausragen müssen, damit man mit der Kamera nahe genug an das Guckloch herankommt. Bauen Sie Ihr Zelt so rasch und so leise auf wie irgend möglich, und zwar mindestens 24 Stunden vor dem geplanten Beginn der Dreharbeiten. Wenn Sie dann zu drehen anfangen wollen, können Sie mit einem Trick arbeiten. Nehmen Sie einen «Assistenten» mit in das Zelt. Wenn dieser dann das Zelt wieder verläßt, glauben die Tiere, das Zelt sei leer, und verhalten sich wieder normal.

Tiere im Zoo
Oft ist es möglich, interessante Sequenzen von tierischen Verhaltensweisen in einem Zoo zu drehen. Die Fütterung stellt immer einen vorhersehbaren Ablauf dar. Damit sich die Käfigstangen nicht mit abbilden, sollten Sie zwischen zwei Stangen hindurch und mit einem Teleobjektiv filmen, das den Vordergrund in Unschärfe auflöst.

EIN FILM ENTSTEHT

Filmen unter Wasser

Unterwasserszenen sind ideal für Filmaufnahmen. Die fließenden Bewegungen von Meerespflanzen und -tieren harmonieren vollkommen mit den gleichmäßigen Fahraufnahmen, die Sie dank Ihres eigenen Auftriebs ohne weiteres herstellen können.

Um sich mit den Besonderheiten des Filmens unter Wasser vertraut zu machen, sollten Sie erst einmal eine Zeitlang schnorcheln. Dafür brauchen Sie nur ein Unterwassergehäuse für die Kamera, Taucherbrille und Schnorchel sowie Schwimmflossen. Zum Filmen lassen Sie sich einfach auf dem Bauch liegend treiben und richten die Kamera nach unten. Falls Ihnen das Schnorcheln Spaß macht und Sie sich dem richtigen Tauchen mit Atemgerät zuwenden wollen, müssen Sie erst einen entsprechenden Kurs absolvieren.

Schildkröte
Bei dem Unterwassergehäuse, das für diese Aufnahme verwendet wurde, konnte das Zoomobjektiv normal bedient werden.

Barsch (oben links)
Für solche Nahaufnahmen verwenden Sie am besten ein Weitwinkelobjektiv.

Bindensüßlippe (oben rechts)
Die Farben dieser Fische konnten dank heller Beleuchtung wiedergegeben werden.

Herzogsfisch (Mitte links)
Die leuchtenden Farben dieses Fisches wurden durch die helle Beleuchtung zum Vorschein gebracht.

Taucher (Mitte rechts)
Weil diese Aufnahme in einer Tiefe von 30 m entstand, ist Blau die vorherrschende Farbe.

Taucher (unten links)
Die Filmleuchten wurden von der Kamera ferngehalten, um Schleierbildung durch Reflexe zu verhüten.

Samtschwarzer Kaiserfisch (unten rechts)
Diese Aufnahme wurde mittags ohne künstliche Lichtquelle gemacht.

EIN FILM ENTSTEHT

Ausrüstung für Unterwasser-Filmen

Für Unterwasseraufnahmen muß Ihre Kamera mit einem wasserdichten Gehäuse versehen sein. Solche Gehäuse gibt es in verschiedenen Ausführungen, von durchsichtigen Plastiktaschen bis hin zu speziellen Gehäusen aus Kunststoff oder Aluminium, die der jeweiligen Kamera angepaßt sind. Bei allen Typen läßt sich der Verschluß von außen betätigen, bei manchen sogar das Zoomobjektiv verstellen. Das Gehäuse ist mit beschwerten Griffen versehen, so daß die ganze Apparatur im Wasser schwebt, also weder Auftrieb hat noch sinkt. Gegen Beschlagen in kaltem Wasser hilft ein Beutel mit Silikagel-Trockenmittel, der in das Gehäuse gelegt wird.

Das beste Licht für Unterwasseraufnahmen ist das Tageslicht zwischen zehn und vierzehn Uhr, wenn die Sonne hoch am Himmel steht. Die Helligkeit nimmt jedoch rapide ab, je tiefer Sie tauchen, und ab etwa 6 m kommen Sie nicht ohne künstliche Beleuchtung aus. Batteriegespeiste Leuchten sind am besten dafür geeignet. Beleuchten Sie Ihr Motiv stets von der Seite, damit Sie keine Reflexe bekommen. Die Leuchten können entweder an einem langen Arm in einem Winkel zur Kamera angebracht oder von einem Assistenten gehalten werden. Bei Kunstlicht kommen alle die Rot- und Gelbtöne zum Vorschein, die sonst in Tiefen ab etwa 9 m nicht wahrnehmbar sind. Ab 30 m sieht man auch keine Grüntöne mehr, so daß Blau zur vorherrschenden Farbe wird.

Wahl des Aufnahmematerials

Die gebräuchlichsten Filmsorten für Unterwasseraufnahmen sind der Kodachrome 40 und der Ektachrome 160. K 40 liefert wärmere, rötere Töne, was in großen Tiefen, wo kein Rot mehr sichtbar ist, von Vorteil ist. Er eignet sich auch gut für Nahaufnahmen mit Kunstlicht. Wenn Sie jedoch in sehr schwach erhellten seichten Gewässern oder in Tiefen unter 6 m filmen wollen, sind Sie mit dem E 160 besser bedient. Seine relativ hohe Empfindlichkeit ermöglicht einwandfrei belichtete Aufnahmen in Tiefen bis zu knapp 30 m ohne zusätzliche Lichtquelle. Auch für Nachtaufnahmen mit Kunstlicht sollten Sie diesen Film nehmen. Lassen Sie die Belichtungsautomatik Ihrer Kamera eingeschaltet, selbst wenn das gelegentlich zu einer Überbelichtung eines hellen Vordergrundobjekts führt.

Das Filmen unter Wasser

Prüfen Sie beim ersten Einsatz sorgfältig, ob das Unterwassergehäuse Ihrer Kamera auch hundertprozentig dicht ist. Stellen Sie als nächstes fest, ob die Kamera mit Gehäuse im Wasser schwebt, wenn Sie sie loslassen. Für Unterwasser-Fahraufnahmen halten Sie die Kamera gleichmäßig vor sich hin, während Sie sich mit den Flossen fortbewegen. Lassen Sie das Objektiv in Weitwinkelstellung, machen Sie viele Nahaufnahmen und mittlere Einstellungen und nähern Sie sich Ihren Motiven stets langsam und mit gleichbleibender Geschwindigkeit. Die beste Farbwiedergabe erzielen Sie, wenn möglichst wenig Wasser zwischen der Kamera und dem Motiv ist.

Scharfeinstellung unter Wasser

Unter Wasser sehen alle Objekte etwa um ein Viertel größer aus als sonst. Das ist auf die Brechung der Lichtstrahlen im Wasser zurückzuführen. Die Brennweite der Kamera verlängert sich dadurch, so daß ein Weitwinkelobjektiv wie ein Normalobjektiv wirkt, ein Normalobjektiv Telewirkung hat und Teleobjektive unbrauchbar sind. Verwenden Sie deshalb immer ein möglichst starkes Weitwinkelobjektiv. Wegen der veränderten scheinbaren Abstände stellen Sie die Schärfe besser auf der Mattscheibe des Suchers als anhand der Entfernungsskala ein. Wenn Sie jedoch die Skala verwenden müssen, dann müssen Sie den Ring auf rund zwei Drittel der tatsächlichen Entfernung einstellen. Ist der Gegenstand z. B. 9 m entfernt, müssen Sie das Objektiv auf 6,40 m einstellen.

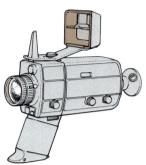

Eumig Nautica
Diese Kamera wird ohne zusätzliches Unterwassergehäuse verwendet.

Canon Underwater
Diese Super-8-Kamera ist in einem Kunststoffgehäuse untergebracht.

Rotfeuerfisch (rechts)
Dieser hochgiftige Fisch wurde in ostafrikanischen Gewässern aufgenommen. In einem solchen Fall ist eine etwas längere Brennweite dringend anzuraten.

Taucher (links)
Diese Taucher, die ein Wrack in den Bahamas untersuchen wollen, wurden von unten direkt gegen die Sonne aufgenommen. Deshalb bildeten sie sich als Silhouetten ab.

Haarstern (rechts)
Für diese Aufnahme wurde hochempfindlicher Schwarzweißfilm verwendet. Durch das Gegenlicht werden die Strukturen hervorgehoben.

EIN FILM ENTSTEHT

Extremer Nahbereich

Makroaufnahmen

Unter Makroaufnahmen versteht man Aufnahmen im extremen Nahbereich, die ein vergrößertes Abbild des Gegenstandes liefern. Viele Super-8-Kameras haben eine «Makro»-Einstellung an ihrem Zoomobjektiv, die Filmaufnahmen aus sehr geringem Abstand und mit sehr großem Abbildungsmaßstab ermöglicht. Die Technik ist bei jeder Kamera ein bißchen anders, aber stets wird die hintere Linsengruppe des Objektivs, das sogenannte Grundobjektiv, weiter von der Filmebene entfernt. Je größer dieser Abstand wird, um so größer wird der Abbildungsmaßstab. Bei Makroeinstellung ist Zoomen nicht möglich. Der Zoomhebel dient dann zur Scharfeinstellung.

Wenn Sie kein Objektiv mit Makroeinstellung haben, können Sie statt dessen *Nahlinsen* verwenden. Diese haben den Vorteil, daß Zoomen weiterhin möglich ist. Die Vorsatzlinsen werden ins Filtergewinde des Objektivs eingeschraubt und sind in verschiedenen Stärken erhältlich (von +1 bis +5 Dioptrien). Wenn Ihre Kamera für Wechseloptik eingerichtet ist, können Sie auch *Zwischenringe* oder ein *Balgengerät* verwenden. Diese Geräte werden zwischen Kameragehäuse und Objektiv gesetzt. Bei großen Abbildungsmaßstäben ist die Schärfentiefe sehr gering. Sie müssen deshalb möglichst stark abblenden und sehr genau scharfstellen.

Balgengerät

Nahlinsen

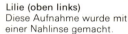

Makro-einstellung

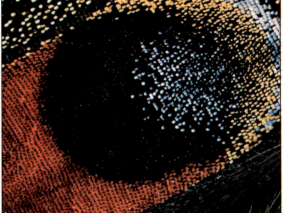

Lilie (oben links)
Diese Aufnahme wurde mit einer Nahlinse gemacht.

Schmetterling (oben rechts)
Zwei Nahlinsen wurden für diese Aufnahme vors Objektiv geschraubt.

Honigsuchende Biene (unten links)
Um das Schwanken der Blüte zu reduzieren, wurde leicht unterdreht.

Tautropfen (unten rechts)
Das Blatt wurde vor Wind geschützt und mit Makro-einstellung aufgenommen.

Mikroskopaufnahmen

Manche Super-8- und fast alle 16-mm-Kameras können mit einem speziellen Adapter am Okular eines Mikroskops angesetzt werden. Bei Kameras mit Wechseloptik kann auch das Gehäuse allein mit einem ähnlichen Adapter am Mikroskop angesetzt werden. Die Kamera sollte für Mikroskopaufnahmen mit Blickrichtung nach unten an einem Reprogestell oder Stativ befestigt werden.

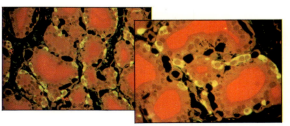

Mikroskopie
Diese Schilddrüsenpräparate wurden mit Leuchtfarbe eingefärbt. Die Kamera wurde für die Aufnahme auf ein Reprostativ montiert. Das Objektiv, das mit Nahlinsen ausgerüstet war, wurde mit einem Adapter am Okular des Mikroskops angesetzt.

EIN FILM ENTSTEHT

Anordnung für eine Makroaufnahme

Bei großen Abbildungsmaßstäben erscheint die Bewegung einer schwankenden Blume oder eines laufenden Käfers übertrieben schnell. Um dem entgegenzuwirken, müssen Sie entweder den Gegenstand ruhigstellen oder mit Zeitlupe drehen (s. S. 188). Eine Blume können Sie an einem außer Sicht in die Erde gesteckten Stock anbinden oder mit einem Windschutz aus Stöcken und Plastikfolie umgeben. Eine andere Möglichkeit ist das «Überdrehen» um 8 B/s. Denken Sie aber daran, daß durch das dabei erforderliche stärkere Aufblenden die Schärfentiefe noch weiter reduziert wird. Montieren Sie die Kamera aufs Stativ und benutzen Sie einen Drahtauslöser.

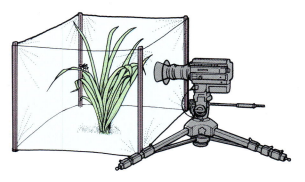

Makro-Aufnahmeanordnung
Die Kamera wurde auf ein Stativ gesetzt und auf die Pflanze gerichtet, die mit einem Windschutz aus klarer Kunststoffolie umgeben wurde.

Heuschrecke (links)
Zwei Nahlinsen wurden übereinander vor das Objektiv gesetzt, um diese Aufnahme von dem Insekt zu machen. Dank der Verwendung der Nahlinsen ließ sich die Brennweite des Objektivs noch verstellen, so daß der Kopf des Insekts näher herangeholt werden konnte. Bei Aufnahmen mit Nahlinsen muß stark abgeblendet werden, weil sich dadurch Schärfe und Schärfentiefe verbessern.

Flügel eines Nachtfalters (links)
Dieser Nachtfalter wurde mit einer Nahlinse mit +5 Dioptrien aufgenommen. Durch den großen Abbildungsmaßstab wurden Zeichnung und Äderung des Flügels deutlich wiedergegeben.

Chamäleon (rechts)
Hier wurde die auf Makro eingestellte Kamera auf ein Stativ montiert. Um das Tier nicht zu erschrecken, wurde die Kamera mit einem Drahtauslöser ausgelöst.

Auge (links)
Dieses menschliche Auge wurde mit einem Balgengerät aufgenommen. Gefilmt wurde im Freien bei Tageslicht.

Libelle (rechts)
Diese Libelle wurde mit Makroeinstellung gefilmt. Kunstlicht war dazu nicht notwendig.

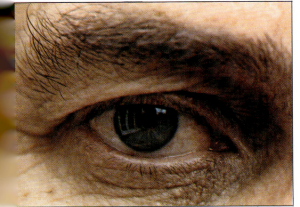

EIN FILM ENTSTEHT
Luftaufnahmen

Luftaufnahmen sind ideal, wenn es Ihnen darauf ankommt, Struktur oder Grundriß einer Stadt, einer Landschaft oder eines Bauwerks zu zeigen. Gut geeignet sind sie auch für Verfolgungsfahrten bewegter Objekte – z. B. einer in Panik geratenen Tierherde oder bestimmter Wagen bei einem Autorennen.

Das größte Problem für den Amateurfilmer sind die hohen Charterkosten für Flugzeuge. Für welche Maschine Sie sich entscheiden, hängt deshalb von Ihrem Budget ab. Berufsfilmer chartern grundsätzlich Hubschrauber, weil diese viel wendiger sind als normale Sportflugzeuge – die für den Amateur zwar erschwinglich sind, ihn aber vor zwei Probleme stellen: Sie fliegen zu schnell, und sie können nicht in der Luft stillstehen. Wohl aber können sie einen Kreis von 360° beschreiben, so daß man ein bestimmtes Objekt von allen Seiten filmen kann. Suchen Sie sich für Ihre Luftaufnahmen einen schönen, klaren Tag aus, und drehen Sie am frühen Vormittag. Filmen Sie gegen das Licht, damit die Schatten die Strukturen herausmodellieren; außerdem ist nur so garantiert, daß der Schatten der Maschine nicht mit aufs Bild kommt.

Filmen Sie aus der offenen Flugzeugtür, damit Sie unbehinderte Sicht nach unten haben, und sichern Sie sich und die Kamera. Eine Schwierigkeit bei Filmaufnahmen aus Flugzeugen sind die durch die Maschine hervorgerufenen Vibrationen. Das beste Gegenmittel ist eine erschütterungsfreie Befestigung für die Kamera, die dadurch vom Flugzeug und vom Kameramann unabhängig wird. Die zweitbeste Möglichkeit ist die Aufnahme aus der Hand. Dabei müssen Sie allerdings auf Teleaufnahmen verzichten, weil sich durch die lange Brennweite jede Erschütterung viel stärker auswirkt. Lassen Sie die Maschine deshalb lieber näher heranfliegen und filmen Sie mit dem Weitwinkelobjektiv.

Erschütterungsfreie Befestigung
Diese Befestigung isoliert die Kamera sowohl gegen die Vibrationen als auch gegen die oft unvorhersehbaren Unregelmäßigkeiten der Flugbewegung.

Schloß Hatfield
Für ein solches Zoom muß man die Kamera sicher montieren und überdrehen. Sie werden das Objekt heranzoomen und warten müssen, bis der Hubschrauber sich in ruhiger Luft befindet, und dann motorisch kontinuierlich die Brennweite verstellen. Wirkungsvoller ist es, wenn das Flugzeug selbst sich von dem Objekt entfernt.

Wase-Felsen (links)
Luftaufnahmen zeigen auf unvergleichliche Art Größenverhältnisse, doch sollten Sie nicht mehrere Einstellungen aus dem Flugzeug mit gleichbleibender Richtung aneinanderhängen; das wirkt monoton.

Mount Kenya (rechts)
Manche Landschaften sind von der Erde aus entweder nicht zu sehen oder unzugänglich. Der Pilot muß vor dem Abflug genau instruiert werden.

Palmanova (links)
Der regelmäßige Grundriß dieser Stadt wird erst aus der Luft erkennbar, weshalb sie ein ideales Motiv für Luftaufnahmen abgibt.

Burg (rechts)
Die Vorschriften für den Luftverkehr variieren von Land zu Land, und für das nahe Heranfliegen an bestimmte Gebäude brauchen Sie fast immer eine Sondergenehmigung.

Spezialtechniken

«Die einzige Technik, die etwas taugt, ist die, die man selber erfindet.»
Jean Cocteau

SPEZIALTECHNIKEN
Filter für Spezialeffekte

Mit Hilfe von Gelatine- oder Glasfiltern lassen sich viele verschiedene Spezialeffekte erzielen. Gelatinefilter werden im allgemeinen in einen Filterhalter gesteckt, der vor dem Objektiv angebracht ist. Glasfilter werden meist eingeschraubt, können aber genau wie Gelatinefilter mit Hilfe von Adaptern an Objektive mit verschiedenen Durchmessern angepaßt werden. Filter schlucken einen Teil des hindurchgehenden Lichts. Um dies auszugleichen, muß die Belichtung verlängert werden. Dafür wird der *Filterfaktor* angegeben (s. S. 94).

Anbringen des Filters
Das Glasfilter (ganz links) wird ins Filtergewinde des Objektivs geschraubt. Das Gelatinefilter wird in einen Filterhalter gesteckt.

Polarisationsfilter
Diese Filter löschen Spiegelungen von nichtmetallischen Oberflächen wie Glas, Kunststoff oder Wasser aus, weil sie Licht nur in einem bestimmten Winkel durchlassen. Außerdem verringern sie Dunst und können einen blauen Himmel dunkler machen. Setzen Sie das Filter vors Objektiv und drehen Sie es, bevor Sie die Belichtung messen.

Weichzeichner
Diese Filter ergeben eine sanfte, romantische Stimmung, ohne jedoch die Bildschärfe zu reduzieren. Die reizvollste Wirkung erzielt man mit solchen Filtern bei Gegenlichtmotiven. Statt eines Weichzeichner-Filters können Sie auch ein UV-Filter vors Objektiv setzen, das Sie vorher mit Vaseline eingefettet haben.

Nebelfilter
Diese Filter erzeugen eine Nebelstimmung, ohne die Detailwiedergabe zu beeinträchtigen. Der Effekt ist ähnlich wie bei Weichzeichnern, aber ausgeprägter. Die Filter sind in verschiedenen Stärken erhältlich, und die Wirkung läßt sich durch Beleuchtung und Belichtung steuern.

Verlauffilter
Mit solchen Filtern kann man den Himmel einfärben und verdüstern, während die untere Bildhälfte unbeeinflußt bleibt. Sie sind in der oberen Hälfte eingefärbt, mit einem allmählichen Übergang zu klarem Glas in der Mitte. Normalerweise bringt man die Übergangslinie mit dem Horizont zur Deckung, aber man kann das Filter auch drehen. Es gibt auch Grau-Verlauffilter.

182

SPEZIALTECHNIKEN

Farbfilter

Bei Farbfilm kann man diese Filter dazu verwenden, die Farbgebung des Motivs zu verändern. Kräftige Farbfilter ergeben sehr interessante Resultate bei kontrastreichen oder Gegenlicht-Motiven. Die beherrschende Farbe des Bildes entspricht dann der des Filters, nur die dunkelsten Schatten kommen fast schwarz. Hellere Farbfilter tönen die Szene in zarten Farben ein und können so dazu dienen, die Farbwiedergabe insgesamt «wärmer» oder «kälter» zu gestalten.

Für Schwarzweißaufnahmen verwendet man oft ein Gelbfilter, um blauen Himmel dunkler wiederzugeben (so daß sich die Wolken besser abheben), und Grünfilter, um grünes Laub heller erscheinen zu lassen. Grundregel: Ein Filter läßt seine eigene Farbe heller und die Komplementärfarbe dunkler erscheinen.

Filter für «Nachtaufnahmen bei Tage»

Wenn man ein Blaufilter vors Objektiv setzt und um zwei Blendenwerte unterbelichtet, erscheinen Aufnahmen bei heller Sonne wie Nachtaufnahmen. Filmen Sie direkt gegen die Sonne, um die Lichtsäume an den Konturen der Objekte entstehen zu lassen, die den Eindruck von Mondlicht hervorrufen.

Color-Spot-Filter

Diese Filter färben das Bild außenherum in ihrer Farbe ein, während sie in der Mitte einen klaren Kreis lassen. Die besten Ergebnisse erzielt man mit solchen Filtern bei großer Blendenöffnung. Durch die geringe Schärfentiefe wird dann der harte Übergang verwischt, so daß die Färbung unscharf verläuft.

Dual-Color-Filter

Diese Filter ermöglichen die Einfärbung des Bildes in zwei verschiedenen Farben. Das Filter läßt sich drehen, so daß die Grenze zwischen den beiden Farben verlegt werden kann. Der Übergang ist um so weicher, je größer die Blendenöffnung und je länger die Brennweite ist.

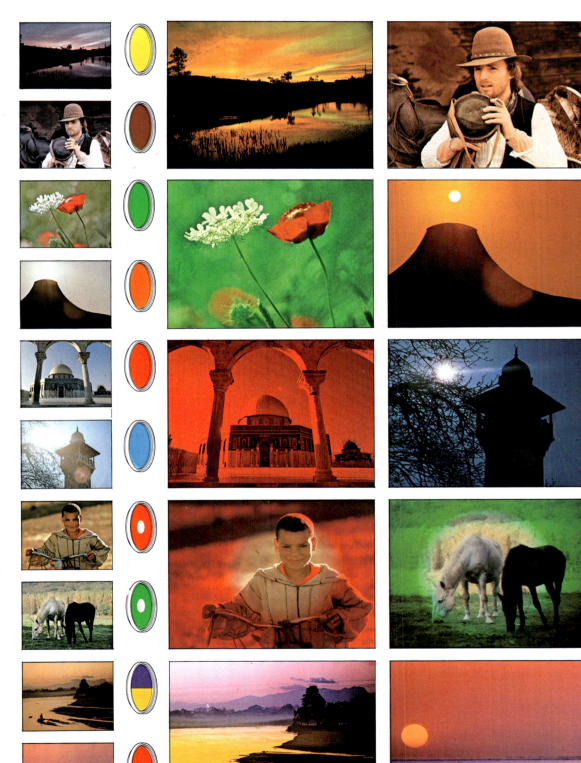

183

SPEZIALTECHNIKEN

Trickfilter und Objektivvorsätze

Es sind verschiedene «Trickfilter» erhältlich, mit denen man das Bild auf dem Film verändern und manipulieren kann. Die *Prismenlinse* hat eine vielfach facettierte Oberfläche und kann zwei verschiedene Muster erzeugen – radiale oder lineare (d. h. solche, die sich kreisförmig um das zentrale Motiv oder parallel zu ihm gruppieren). Ein Spektraleffektfilter wirkt ähnlich, doch sind hier die Spitzlichter in den Spektralfarben eingefärbt.

Teilbildlinsen ermöglichen die gleichzeitige Scharfeinstellung auf zwei verschiedenen Motivebenen, damit können Schärfentiefenprobleme bei tiefgestaffelten Motiven bewältigt werden. Auch mit *Ultraweitwinkel-* und *Tele-Vorsätzen* lassen sich dramatische Effekte erzielen. Ultraweitwinkel-Vorsätze sind besonders nützlich, wenn man auf engem Raum filmen muß.

Verstellen der Linse
Drehen Sie die vors Objektiv gesetzte Linse, bis sich der gewünschte Effekt einstellt.

Befestigen und Einstellen der Spezialvorsätze Prismen-, Sterneffekt- und Teilbildlinsen sowie ähnliche Effektvorsätze werden entweder direkt in das Filtergewinde des Objektivs geschraubt oder mit einem geeigneten Adapter vors Objektiv gesetzt. Man kann sie entweder alleine oder, falls sie auf der Vorderseite ebenfalls ein Gewinde aufweisen, zusammen mit anderen Effektlinsen verwenden. Bei einer Kamera mit Reflexsucher können Sie den Effekt, der auf den Film kommen wird, im Sucher beurteilen. Sterneffekt- und Spektraleffektfilter sollten Sie drehen, während Sie durch den Sucher blicken, bis die gewünschte Wiedergabe der Spitzlichter erreicht ist. Ultra-Weitwinkel- und extreme Teleobjektive werden normalerweise gegen das Normalobjektiv ausgewechselt. Bei Kameras ohne Wechseloptik kann man mit entsprechenden Objektivvorsätzen dieselben Wirkungen erzielen.

Prismenlinse radial Eine radiale Prismenlinse vervielfacht das Hauptmotiv in einem kreisförmigen Muster. Die Linse kann drei bis sechs schräge Oberflächen haben, von denen jede ein eigenes Bild erzeugt. Wenn zusammen mit der Prismenlinse ein Farbfilter verwendet wird, erscheint das Bild in der entsprechenden Farbe getönt. Wollen Sie während der Aufnahme den Effekt verändern, dann drehen Sie die Linse während der Aufnahme in ihrer Fassung.

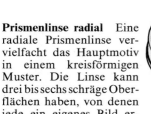

Radial-Prismenlinse
Diese Linse erzeugt drei Teilbilder, die sich kreisförmig gruppieren. Das zentrale Bild bleibt unbeeinflußt, aber die Stellung der anderen Bilder läßt sich durch Drehen der Linse verändern.

Prismenlinse parallel
Solche parallelen Prismenlinsen erzeugen fünf nebeneinanderstehende Mehrfachbilder. Die eine Hälfte der Linse ist facettiert, die andere klar. Die Linse ist drehbar, so daß die Vervielfachung des Bildes waagrecht, senkrecht oder diagonal verlaufen kann. Um eine scharfe Wiedergabe zu erzielen, arbeiten Sie mit kurzer Brennweite und kleiner Blendenöffnung; ein Weichzeichnereffekt ergibt sich bei größerer Blendenöffnung.

Parallel-Prismenlinse
Die facettierte Oberfläche dieser Linse erzeugt drei nebeneinanderstehende Teilbilder. Bei dem Beispiel rechts wurde die Linse in waagrechter Stellung verwendet.

Teilbildlinse (Bifo) Eine Teilbildlinse erlaubt es Ihnen, Ihr Objektiv gleichzeitig auf zwei verschiedenen Motivebenen scharfzustellen, von denen die eine sehr nahe an der Kamera, die andere sehr weit weg sein kann. Die Linse hat zwei Hälften. Bei der einen handelt es sich um eine normale Nahlinse, bei der anderen um einfaches Klarglas. Bauen Sie die Kamera so auf, daß die Kante der Nahlinse mit einer entsprechenden Linie im Motiv zusammenfällt und der Übergang vom einen in den anderen Bereich nicht auffällt.

Teilbildlinse
Die eine Hälfte dieser Linse wirkt als Nahlinse, die andere ist aus Klarglas. Um Tulpen und Häuser scharf wiederzugeben, wurde die Grenze zwischen beiden Hälften diagonal eingestellt.

SPEZIALTECHNIKEN

Sterneffektfilter

Ein Sterneffektfilter (Gitterfilter) erzeugt sternförmige Strahlen, die von allen Spitzlichtern ausgehen. In die Oberfläche der Glaslinse sind gitterförmige Linien eingraviert. Von der Form der Gitterlinien hängt es ab, wieviele Strahlen die Sterne haben. Besonders wirkungsvoll ist ein solches Gitterfilter bei Wasser- und Gegenlichtmotiven sowie für Aufnahmen bei Kerzenlicht. Die Lage der Sternstrahlen ändert sich, wenn man das Filter in seiner Fassung dreht, und ihre Stärke verändert sich mit der Blendenöffnung. Kleine, sehr helle Lichtpunkte rufen besonders interessante Effekte hervor, wobei sich die Wirkung mit der eingestellten Blende verändert.

Sterneffektfilter
Ein Fünffach-Gitterfilter wurde bei dieser Aufnahme verwendet, um die hellsten Stellen der Wasserspiegelung sternförmig ausstrahlen zu lassen. Durch das Gegenlicht wurde die Wirkung noch gesteigert.

Sterneffektfilter
Bei dieser Nachtaufnahme wurde ein einfaches Gitterfilter dazu verwendet, die Spitzlichter von Straßenlampen und Scheinwerfern in vierstrahlige Sterne zu verwandeln.

Ultra-Weitwinkelobjektive und extreme Teleobjektive

Ein Ultra-Weitwinkelobjektiv hat eine sehr kurze Brennweite und deshalb einen großen Bildwinkel, so daß bei gleichem Aufnahmeabstand ein wesentlich größerer Motivausschnitt auf den Film kommt. Man kann solche Objektive an jeder Kamera mit Wechseloptik verwenden. Für 16 mm gibt es 5,7-mm- und 5,9-mm-Objektive (von Angénieux und Kinoptic), die einen horizontalen Bildwinkel von 90° aufweisen. Für Super-8 gibt es ein 1,9-mm-«Fischaugen»-Objektiv von Karl Heitz, das einen Bildwinkel von 197° hat. Für Kameras ohne Wechseloptik gibt es Vorsätze, mit denen sich die Brennweite eines Makro-Zoomobjektvs bis auf 4 mm verkürzen läßt.

Extreme Tele- oder Fernobjektive haben eine sehr lange Brennweite und deshalb einen kleinen Bildwinkel, was zu einem großen Abbildungsmaßstab führt. Obwohl für Filmkameras auch spezielle Super-Teles hergestellt werden, können Sie auch Objektive von Kleinbildkameras verwenden, wenn Ihre 16-mm- oder Super-8-Kamera für Wechseloptik eingerichtet und mit einem entsprechenden Adapter versehen ist. Diese Objektive führen an Super-8-Kameras zu riesigen Abbildungsgrößen. Für Kameras ohne Wechseloptik gibt es Tele-Konverter zur Verlängerung der Brennweite.

Weitwinkelvorsatz
Die Kamele rechts wurden mit einem Ultra-Weitwinkelvorsatz wie dem oben abgebildeten aufgenommen. Die Perspektive ist verzerrt, und das vordere Kamel scheint viel näher an der Kamera zu sein als die hinteren.

Tele-Konverter
Diese Aufnahme entstand mit einem extremen Tele-Vorsatz vor dem Objektiv.

SPEZIALTECHNIKEN

Filmtricks mit der Kamera

Auf- und Abblendungen

Bei *Aufblendungen* und *Abblendungen (Ausblendungen)* handelt es sich um einen in der Kamera erzeugten Trick, durch den das Bild entweder langsam aus dem Nichts auftaucht oder allmählich im Dunkeln verschwindet. Auf- und Abblendungen lassen sich entweder automatisch oder manuell ausführen.

Bei vielen Kameras kann die verstellbare Sektorenblende durch einen meist mit «Fade» gekennzeichneten Schalter auf automatische Auf- bzw. Abblendung eingestellt werden; bei Tonfilmkameras wird oft gleichzeitig der Ton ein- bzw. ausgeblendet. In diesen Fällen ist die Auf- und Abblendung besonders nützlich als Mittel zur Überbrückung von Lücken in der Tonfilmaufnahme. Wenn die Kamera nicht mit dieser automatischen Funktion ausgestattet ist, aber eine verstellbare Sektorenblende hat, kann die auf den Film gelangende Lichtmenge dadurch dosiert werden, daß man die Sektorenblende durch einen Hebel oder einen Antriebsmechanismus öffnet und schließt (s. S. 44).

Auf- und Abblendungen
Die Ab- oder Ausblendung wird oft als Szenenschluß angewandt. Die Einstellung beginnt mit normaler Belichtung. Am Schluß wird das Licht allmählich reduziert, bis das Bild verschwindet. Die Aufblendung wird oft angewandt, um den Übergang von einer Szene zur nächsten weicher zu gestalten. Das Bild erscheint nach und nach, so wie sich die auf den Film gelangende Lichtmenge vergrößert.

Auf- und Abblendungen mit der Objektivblende Wenn Sie bei Ihrer Kamera die Objektivblende manuell verstellen können, dann können Sie damit ebenfalls Auf- und Abblendungen ausführen. Für eine Abblendung wird die Blende allmählich geschlossen, so daß immer weniger Licht durch das Objektiv fällt. Für eine Aufblendung wird sie allmählich geöffnet. Die Wirkung einer Auf- oder Abblendung hängt von der Anzahl der Blendenstufen ab, die dabei durchlaufen werden. Es sollten immer mindestens 4 Blendenstufen sein, und bei einer Abblendung sollten Sie mit der größtmöglichen Blendenöffnung beginnen. Wenn sich die Blende nur auf 22 schließen läßt und die Arbeitsblende 8 ist, dann verdunkelt das Bild zu rasch, weil der Unterschied nur 3 Blendenstufen beträgt. Halten Sie in diesem Fall die Beleuchtung schwach und verwenden Sie einen geringempfindlichen Film. Sie können auch ein Graufilter vors Objektiv setzen, um eine größere Blendenöffnung als Arbeitsblende zu bekommen. Das gilt besonders für Aufnahmen bei heller Sonne.

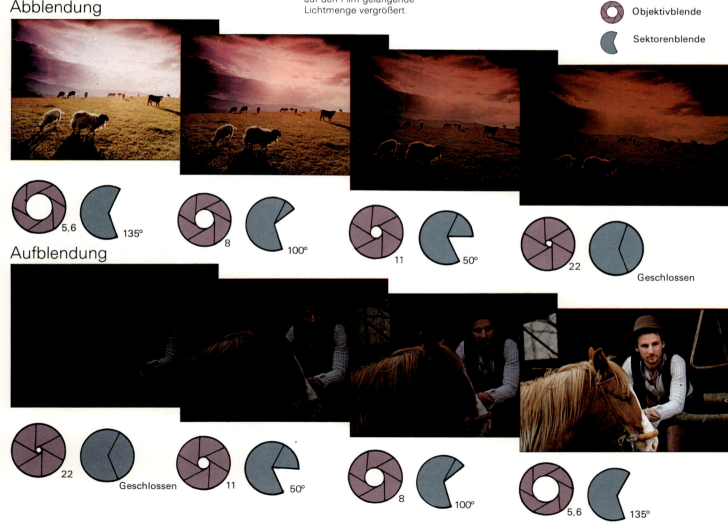

Abblendung

Aufblendung

SPEZIALTECHNIKEN

Überblendungen

Eine *Überblendung* ist eine Doppelbelichtung, bei der ein Bild fast unmerklich in ein anderes übergeht. Sie wird dadurch ausgeführt, daß man nacheinander auf demselben Filmstück zuerst eine Abblendung und dann eine Aufblendung ausführt. Überblendungen sind nur bei Kameras möglich, die eine Einrichtung für das Rückwickeln des Films vor der Zweitbelichtung haben. Bei manchen Kameras kann das automatisch geschehen.

Super-8-Rückwickler

Um eine Überblendung manuell auszuführen, machen Sie zunächst die Abblendung und lassen die Kamera am Ende noch drei Sek. weiterlaufen. Notieren Sie sich die Anzahl der Einzelbilder, die dabei belichtet werden (bei manchen Kameras geschieht dies automatisch). Wickeln Sie dann den Film um die Länge der Abblendung einschließlich der drei zusätzlichen Sek. mit Hilfe eines Rückwicklers (s. Abb. links) zurück. Die Aufblendung für die neue Szene wird dann innerhalb der korrekten Zeit auf demselben Filmstück ausgeführt.

Wischblenden

Eine Wischblende, die horizontal oder vertikal ausgeführt werden kann, dient dazu, das bisherige Bild zu verdecken und das nächste erscheinen zu lassen. Beenden Sie die erste Szene, indem Sie eine schwarze Karte langsam vor das Objektiv schieben und beginnen Sie die nächste mit der Karte vor dem Objektiv. Die neue Szene erscheint, wenn Sie die Karte wieder langsam vom Objektiv wegziehen.

Sie müssen darauf achten, daß Sie die Karte in gleichmäßigem Tempo vor dem Objektiv vorbeischieben, und zwar sowohl beim Verdecken der ersten als auch beim Erscheinenlassen der folgenden Szene. Außerdem muß vor der Aufnahme die Objektivblende fixiert bzw. manuell eingestellt werden. Für 16-mm-Filme können Wischblenden (und Überblendungen) im Labor angefertigt werden. Viele Labors bieten diese Möglichkeit heute auch für Super-8. Wischblenden werden in solchen Labors in vielen verschiedenen Varianten ausgeführt; die gebräuchlichsten sind vertikale, horizontale und kreisförmige Wischblenden (s. S. 83).

Vertikale Wischblende
Während der Aufnahme wird schwarzer Karton langsam am Objektiv vorbeigeführt.

Auftauchen des neuen Bildes
Das erste Bild wird von links nach rechts verdeckt. Der Karton gibt den Blick auf das neue Motiv in derselben Richtung frei.

Doppelbelichtung

Die *Doppelbelichtung* ist ein Effekt, bei dem ein Bild einem anderen überlagert wird. Man kann diese Technik zur Einblendung weißer Titelbuchstaben auf dunklem Hintergrund und für eine Vielzahl anderer Tricks verwenden. So kann man eine geisterhafte Gestalt einen Gang entlang wandeln und durch eine Wand gehen lassen.

Um eine solche Doppelbelichtung schon bei der Aufnahme auszuführen, muß der Film zurückgespult werden, was bei den meisten Super-8-Kameras nur mit Hilfe eines Rückwicklers möglich ist. Drehen Sie die erste Szene und beobachten Sie dabei das Bildzählwerk, damit Sie genau wissen, wo die eben gedrehte Szene beginnt. Spulen Sie den Film entsprechend zurück und belichten Sie dann die zweite Szene auf dasselbe Filmstück. Die beiden Belichtungen auf dem Film addieren sich. Sollen beide Hintergründe sichtbar sein, dann müssen Sie bei beiden Aufnahmen wenigstens um eine Blendenstufe unterbelichten, um eine Überbelichtung zu vermeiden.

Überlagerung
Die Straße (links) wurde zuerst aufgenommen, der Film zurückgespult und der Sonnenuntergang darauf belichtet.

187

SPEZIALTECHNIKEN

Zeitlupe und Zeitraffer

Zeitlupe

Zeitlupenaufnahmen werden dadurch ausgeführt, daß man die Kamera mit einer höheren Gangzahl laufen läßt, als sie bei der Projektion des Films verwendet wird. Das nennt man *Überdrehen*. Wie stark Sie überdrehen, hängt vom Motiv und von dem beabsichtigten Effekt ab. Eine Erhöhung der Bildfrequenz um 50% (von 18 auf 27 B/s) führt zu guten Ergebnissen, wenn ein schnell ablaufender Vorgang wie ein Verkehrsunfall verlangsamt wiedergegeben werden soll. Um einen noch stärkeren Zeitlupeneffekt zu erzielen, sollten Sie mit 54 B/s oder mehr drehen.

Zeitlupe
Um diesen Zeitdehnungseffekt eines laufenden Mädchens zu erzielen, wird «überdreht» und der Film hinterher mit normaler Bildfrequenz vorgeführt.

Belichtungskorrektur bei Zeitlupenaufnahmen Jede Veränderung der Bildfrequenz wirkt sich auf die Belichtung aus. Beispielsweise erhält der Film bei 36 B/s nur halb soviel Licht wie bei 18 B/s, weshalb die Objektivblende weiter geöffnet werden muß, um die kürzere Belichtungszeit auszugleichen. Bei Super-8-Kameras geschieht dies automatisch, bei anderen Formaten muß es manuell ausgeführt werden. Ermitteln Sie die annähernde Belichtung, indem Sie die gewählte Bildfrequenz verdoppeln und als Kehrwert einer Sek. ansetzen – 50 B/s entsprechen also 1/100 Sek., 80 B/s 1/160 Sek. (Bei XL-Kameras muß die Belichtungszeit um 1/3 niedriger angesetzt werden.)

Zeitraffung

Einen leichten Zeitraffereffekt erzielen Sie dadurch, daß Sie den Film bei der Aufnahme mit einer niedrigeren Bildfrequenz laufen lassen als bei der Projektion. Das nennt man *Unterdrehen*. Leichtes Unterdrehen beschleunigt Action-Sequenzen wie Verfolgungs- und Kampfszenen sehr wirkungsvoll, aber bei Unterdrehen um mehr als 10% ergibt sich eine unrealistische schnelle Bewegung (das eklatanteste Beispiel dafür sind die Pferde in Western-Filmen, die mit 150 km/h über die Prärie galoppieren). Unterdrehen können Sie auch, wenn das Licht so schwach ist, daß Sie sonst nicht mehr filmen könnten (s. *Filmen bei «Minilicht»*, S. 95).

Zeitraffung
Um einen komischen Effekt zu erzielen, wurde bei der Szene unten durch Unterdrehen das Geschehen von fünf Minuten auf fünf Sek. verkürzt. So entsteht der Eindruck, daß das Mädchen den Ball blitzschnell aufbläst.

Ruhige Kameraführung bei Zeitrafferaufnahmen Je niedriger die Gangzahl der Kamera ist, um so wichtiger ist es, daß sie auf ein Stativ montiert wird, um Unschärfen durch Erschütterungen zu vermeiden. Unterhalb etwa 12 B/s kann man überhaupt nicht mehr ohne Stativ arbeiten, weil dann jede Bewegung der Kamera auf der Leinwand als Zittern oder Unschärfe zu sehen wäre. In manche Kameras sind komplizierte «Zeitrafferautomaten» eingebaut, die per Funk ausgelöst werden können (diese Einrichtungen sind besonders wertvoll, wenn man Tiere in freier Wildbahn filmt, weil man dann die Kamera auch aus größerer Entfernung auslösen kann).

Rücklaufverfahren

Mit manchen Kameras kann man Trickszenen, die den Handlungsverlauf umkehren (z. B. ein Turmspringer, der wieder aus dem Wasser auftaucht und aufs Sprungbrett zurückkehrt), automatisch ausführen. Wenn Ihre Kamera diese Möglichkeit nicht bietet, drehen Sie die Aufnahme mit kopfstehender Kamera. Schneiden Sie dann diese Szene aus dem Film heraus und kleben Sie sie verkehrt herum wieder ein, aber so, daß die Perforation auf der richtigen Seite bleibt. Da die Schicht dadurch auf die andere Seite kommt, kann sich bei der Projektion ein leichter Schärfesprung ergeben.

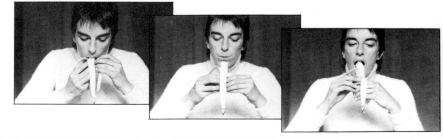

SPEZIALTECHNIKEN

Zeitrafferaufnahmen mit Einzelbildschaltung

Mit extremen Zeitrafferaufnahmen können Sie Vorgänge sichtbar machen, die in Wirklichkeit so langsam ablaufen, daß man sie nicht beobachten kann – z. B. das Aufblühen einer Blume. Die Technik besteht darin, daß in regelmäßigen Abständen jeweils nur ein Einzelbild belichtet wird; dafür sind die meisten Kameras mit einer Einzelbildschaltung ausgestattet. Sie können die einzelnen Belichtungen manuell auslösen oder die Kamera automatisch mit Hilfe eines *Intervalltimers* steuern. Dabei handelt es sich um eine Schaltuhr, die in vorher festgelegten Abständen die Einzelbildschaltung der Kamera auslöst. Ermitteln Sie die notwendigen Abstände zwischen den Einzelaufnahmen, indem Sie die voraussichtliche Dauer des Ablaufs zu der vorgesehenen Vorführdauer der Szene in Beziehung setzen. Wenn z. B. das ganze Geschehen 7 Stunden dauern wird und auf der Leinwand innerhalb von 30 Sekunden ablaufen soll, ergibt sich folgende Berechnung: Bei 24 B/s besteht eine 30 Sek. dauernde Einstellung aus 720 Einzelbildern. Sollen diese gleichmäßig über 7 Stunden (25 200 Sek.) verteilt werden, dann muß alle 35 Sek. ein Bild ausgelöst werden. Sie würden deshalb den Intervalltimer so einstellen, daß er die Kamera alle 35 Sek. auslöst. Bei einer Projektionsgeschwindigkeit von 18 B/s müßten Sie alle 47 Sek. ein Einzelbild belichten.

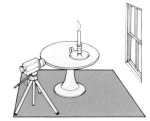

Anordnung für Zeitrafferaufnahmen

Zeitraffer
Ein Zimmer, das bei Sonnenaufgang langsam heller wurde, während die Kerze heruntergebrannte, war ein ideales Motiv für die Zeitraffer-Sequenz unten. Die Kamera wurde auf ein Stativ geschraubt und an einen Intervalltimer angeschlossen. Dieser wurde auf Einzelbildauslösung alle 10 Minuten eingestellt. Zusätzliche Beleuchtung war für diese Aufnahme nicht nötig.

Aufnahmeanordnung für Zeitrafferaufnahmen Montieren Sie die Kamera auf ein absolut feststehendes Stativ. Berühren Sie diese Einheit während der ganzen Aufnahmefolge nicht, weil jede Verrückung sich bei der Projektion als Ruck des Bildes auf der Leinwand bemerkbar machen würde. Da die Kamera für die Gesamtdauer der Aufnahme eingeschaltet bleiben muß, sollten Sie ab und zu zwischen zwei Belichtungen die Batterien prüfen. Sollten sie irgendwann nicht mehr genug Strom liefern, müssen Sie sie so vorsichtig wie möglich zwischen zwei Belichtungen auswechseln oder prüfen, ob sich an die Kamera eine externe Batterie anschließen läßt.

Beleuchtung für Zeitrafferaufnahmen Zeitrafferaufnahmen, die bei gleichbleibendem Tageslicht gemacht werden, bieten keine Probleme, und die Belichtungseinstellung kann man der Belichtungsautomatik der Kamera überlassen. In manchen Fällen wird jedoch eine zusätzliche Beleuchtung mit Kunstlicht erforderlich sein. Dafür eignet sich am besten ein Elektronenblitzgerät, denn die meisten Kameras sind mit einem Blitzanschluß versehen; die Blende muß allerdings manuell eingestellt werden. Entnehmen Sie die «Leitzahl» des Blitzgerätes für die verwendete Filmempfindlichkeit der Bedienungsanleitung für das Blitzgerät und dividieren Sie diese Zahl durch den Abstand zwischen Blitzgerät und Gegenstand in Meter.

Der Stopptrick
Dieser einfache komische Effekt kann in der Kamera ausgeführt werden, also ohne daß der Film geschnitten werden muß. Er besteht darin, daß die Kamera an einer bestimmten Stelle angehalten wird. Damit kann man z. B. Gegenstände verschwinden lassen. Setzen Sie die Kamera aufs Stativ und verwenden Sie einen Drahtauslöser. Halten Sie die Kamera nach dem ersten Teil der Handlung an, bereiten Sie die Fortsetzung vor und lassen Sie die Kamera dann weiterlaufen.

SPEZIALTECHNIKEN

Miniaturmodelle

Miniaturmodelle geben Ihnen die Möglichkeit, komplizierte und ungewöhnliche Szenen zu filmen, ohne mit der Kamera einen entsprechenden echten Schauplatz aufzusuchen oder große Geldbeträge auszugeben.

Statische Modelle

Statische Modelle kann man zusammen mit einer normal dimensionierten Dekoration aufnehmen, wenn man sie zwischen der Kamera und der übrigen Szene anordnet. Man kann sie entweder über der Kamera aufhängen (z. B. ein Extrateil eines Deckengewölbes) oder mit Holzpfosten stützen, die weit genug nach außen versetzt sein müssen, um nicht mit aufs Bild zu kommen (z. B. ein Teil einer Wand). Der Vorteil gegenüber der Aufnahme eines auf eine Glasscheibe gemalten Modells, die im übrigen ganz ähnlich angewandt wird (s. S. 194), besteht darin, daß es leichter (wenn auch langwieriger) ist, ein überzeugendes Modell zu basteln, als ein naturgetreues Bild auf eine Glasscheibe zu malen. Auch erhält das Modell automatisch dieselbe Beleuchtung wie die übrige Szene. Die Kamera kann Schwenks und Zooms ausführen, sie muß nur so montiert sein, daß das Zentrum des Stativs sich unmittelbar unter der Brennebene befindet.

Man kann auch Modelle für sich filmen, so daß sie die ganze Szene bilden. Dies ist die Variante, die die meisten Amateurfilmer anwenden werden. Mit Modellen kann man so gut wie alles darstellen, ohne daß hohe Kosten entstehen.

Bau einer Modelldekoration

1 Fertigen Sie aus Holzlatten ein Gerüst an und verkleiden Sie dieses mit Maschendraht.

2 Verkleiden Sie das Ganze mit Rupfen, den Sie anschließend mit Gips verstärken.

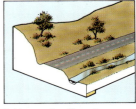
3 Verwenden Sie grünes Sägemehl für Gras, Cellophan oder Glas für Wasser und Karton für Gebäude.

Raumstation
Diese Miniaturdekoration wurde von einer Seite beleuchtet und mit tiefem Kamerastandpunkt aufgenommen, damit sie realistischer wirkte.

Mondstation
Bei diesem Modell (links) wurden die Hügel aus Styropor, die Gebäude aus Teilen von Blechdosen und Karton und der Mondstaub aus Sägemehl und Weizenmehl hergestellt. Das Modell wurde von der Special-Effects-Abteilung der BBC angefertigt und vor schwarzem Hintergrund gefilmt.

Raumstation
Die Tiefe des Modellgerüsts sieht man auf diesem Bild, das auch seine Dimensionen im Verhältnis zu dem Mann erkennen läßt. Es wurde vor einem dunklen Hintergrund aufgenommen, der den Nachthimmel darstellte; Glasperlen dienten als Sterne.

SPEZIALTECHNIKEN

Bewegte Modelle

Wenn sich ein Modell bewegt, muß irgendein Ausgleich für sein geringes Gewicht oder seine mangelnde Masse gefunden werden. Dieser Mangel an Masse beeinflußt sowohl die Geschwindigkeit als auch die Bewegungsart des Modells – beispielsweise prallen richtige Autos nicht zurück, wenn sie auf eine Mauer krachen, und richtige Schiffe tanzen nicht wie Nußschalen auf dem Wasser auf und ab. Die Lösung liegt in der Konstruktion des Modells und in der Art der Aufnahme. Legen Sie alle Modelle so groß wie möglich an. Je größer das Modell ist, um so naturgetreuer bewegt es sich und um so überzeugender wirkt es, weil es dann viele Details aufweisen kann. Außerdem können sie die Bewegung durch Überdrehen (s. S. 188) verlangsamen. Das Ausmaß der Erhöhung der Ganggeschwindigkeit richtet sich nach dem Maßstab des Modells und läßt sich anhand der graphischen Darstellung rechts oben errechnen. Für ein Schiff, das im Maßstab 1:16 gebaut ist, muß z. B. die Bildfrequenz vervierfacht werden. Wenn Sie sonst mit 18 B/s drehen, heißt das, daß Sie jetzt auf 72 B/s gehen müssen; statt 24 B/s müssen Sie sogar 96 B/s nehmen.

Die andere Schwierigkeit beim Filmen von beweglichen Modellen ist die geringe Schärfentiefe. Versuchen Sie, die Aufnahmen bei der Sonne zu machen, damit Sie auch bei hoher Bildfrequenz möglichst stark abblenden können. Für Innenaufnahmen verwenden Sie am besten Halogenleuchten (s. S. 100).

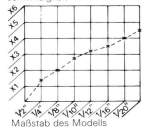

Erhöhung der Ganggeschwindigkeit

Maßstab des Modells

Anpassung der Ganggeschwindigkeiten
Die Ganggeschwindigkeit wird um die Quadratwurzel aus dem Maßstab des Modells erhöht. Ein 16fach verkleinertes Modell wird also mit vierfacher Ganggeschwindigkeit gefilmt.

Raumschiff (rechts und unten)
Das Bild rechts zeigt das aufgehängte Modell, das Bild unten rechts die Aufnahme, wie sie auf der Leinwand erscheint.

Fremdes Raumschiff (links)
Dieses Modell aus dem Film *Krieg der Welten* wurde bei starker Beleuchtung von unten gefilmt.

Landendes Raumschiff (unten links)
Diese Raumschiffmodelle wurden über der Miniaturdekoration aufgehängt und gleichmäßig von zwei Seiten beleuchtet.

SPEZIALTECHNIKEN
Maskeneffekte

Als *Masken* oder *Blenden* bezeichnet man Schablonen, die vor das Kameraobjektiv gesetzt werden, um einen Teil des erfaßten Motivausschnitts zu verdecken. Solche Blenden werden aus schwarzem Karton oder Blech hergestellt und sind in vielerlei Ausführungen erhältlich. Die bekanntesten sind die Schlüsselloch- und die Feldstechermaske. Natürlich können Sie sich auch selbst aus schwarzem Karton oder schwarz gespritztem Blech Masken anderer Formen herstellen.

Die Masken werden im allgemeinen mit Hilfe eines *Balgenkompendiums* vor das Objektiv gesetzt. Diese ausziehbare Vorrichtung wird meist mit einer Stangenführung an der Kamera befestigt und hat eine Halterung, in die man die Masken oder Filter einschiebt.

Um die Form der Maske scharf abzubilden, müssen Sie möglichst stark abblenden.

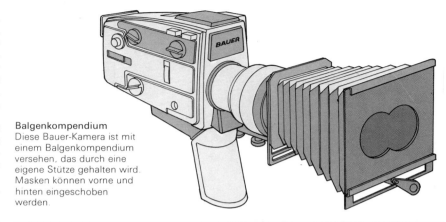

Balgenkompendium
Diese Bauer-Kamera ist mit einem Balgenkompendium versehen, das durch eine eigene Stütze gehalten wird. Masken können vorne und hinten eingeschoben werden.

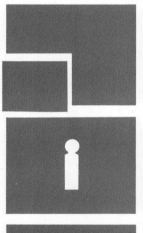
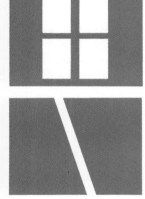

Maskenformen
Masken gibt es in vielen verschiedenen Formen. Die selbstgemachte Feldstechermaske rechts vorne wurde in das Balgenkompendium gesteckt, um den Blick durch ein Fernglas zu simulieren.

Bewegliche Maske
Hierbei handelt es sich um eine Labortechnik zur Herstellung von Überlagerungen. Zuerst wird der Hintergrund normal aufgenommen. Dann wird die zu überlagernde Szene vor blauem Hintergrund gefilmt. Im Labor werden alle Teile der zweiten Szene, die blau eingefärbt sind, durch den ersten Hintergrund ersetzt. Es handelt sich um ein Verfahren, das für die kleinen Schmalfilmformate nicht geeignet ist, in der Spielfilmindustrie jedoch häufig angewandt wird.

Fertige Trickaufnahme
Hintergrund und Vordergrund wurden kombiniert.

Hintergrund
Der vorgesehene Hintergrund, hier der Buckingham-Palast, wird normal aufgenommen.

Die Vordergrundszene
Die Szene, die den Vordergrund bilden soll, wird vor einem blauen Hintergrund gefilmt.

SPEZIALTECHNIKEN

Geteilte Leinwand

Für diesen Effekt werden die beiden Hälften des Bildes getrennt belichtet, so daß bei der Vorführung nebeneinander zwei verschiedene Szenen ablaufen («geteilte Leinwand»). Man wendet diese Technik häufig an, um einen Darsteller in Doppelgängeraufnahmen zu zeigen oder die beiden Partner eines Telefongesprächs gleichzeitig auf die Leinwand zu bringen.

Montieren Sie die Kamera mit Balgenkompendium auf ein robustes Stativ. Legen Sie eine Maske ein, die eine Hälfte des Ausschnitts verdeckt, und filmen Sie den ersten Darsteller in der freien Hälfte. Notieren Sie sich die Anzahl der belichteten Einzelbilder und spulen Sie den Film in dieser Länge zurück. Maskieren Sie nun die andere Hälfte des Bildes und filmen Sie die zweite Szene, die genauso lang sein muß wie die erste.

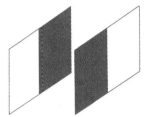

Geteilte Leinwand
Dies ist die ideale Technik, um zwei Szenen auf einer Leinwand zu zeigen. Eine der häufigsten Anwendungen ist ein Telefongespräch. Die Darsteller sollten einander zugewandt sein.

Mosaik-Szenen

Diese Technik ist eine Erweiterung der oben beschriebenen Technik: Durch fortschreitende Maskierung verschiedener Teile des Bildausschnitts und wiederholtes Zurückspulen des Films können Sie ein Vielfachbild erzeugen, das eine ganze Reihe von Szenen gleichzeitig beinhaltet. Wieviel Platz die einzelnen Bilder einnehmen, hängt davon ab, wie die Maske geformt ist und wie Sie die Aufnahmen kombinieren möchten. Sie können den Überblick behalten, indem Sie eine Klarglasscheibe in das Balgenkompendium einlegen. Schauen Sie durch den Sucher und zeichnen Sie auf der Scheibe die Lage der Maskenausschnitte an.

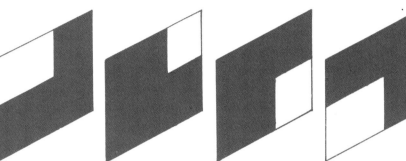

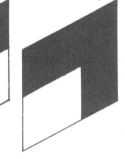

Mosaiktrick
Hierbei handelt es sich um eine kompliziertere Form der geteilten Leinwand. Man kann diese Technik dazu verwenden, mit einem einzigen Bild «eine Geschichte zu erzählen». Die einzelnen Formatausschnitte werden sorgfältig maskiert (s. oben). Nach jeder Teilaufnahme wird der Film zurückgespult. In dem Beispiel links dienen zwei Totalaufnahmen der Stadt dazu, den Schauplatz zu identifizieren und einen Überblick zu geben. In der rechten Hälfte sind diesen Übersichtsaufnahmen zwei Naheinstellungen gegenübergestellt: eine Aufnahme von einem kleinen Mädchen, das über eine Mauer blickt, und eine Einstellung von zwei Frauen, die sich, ohne die Kamera zu bemerken, vor einem Hauseingang unterhalten.

SPEZIALTECHNIKEN

Spiegel- und Vordergrundtrick

Spiegeltrick

Diese Technik wird zur Überlagerung von «Geisterbildern», Titeln, Kleinbilddias oder dreidimensionalen Modellen angewandt und ist ideal für Super-8-Filmer, weil kein Rückwickeln des Films erforderlich ist. Die Hauptszene sollte sich vor der Kamera befinden, und das Objekt, das eingeblendet werden soll, seitlich von der Kamera. Bauen Sie einen teildurchlässigen Spiegel im Winkel von 45° vor der Kamera auf. Ein solcher Spiegel läßt ungefähr die Hälfte des auffallenden Lichts durch und reflektiert die andere Hälfte. Deshalb erfaßt die Kamera sowohl die Szene vor der Kamera als auch die reflektierte Seitenszene. Plazieren Sie das seitliche Objekt vor einem schwarzen Hintergrund und beleuchten Sie es genauso wie die Hauptszene.

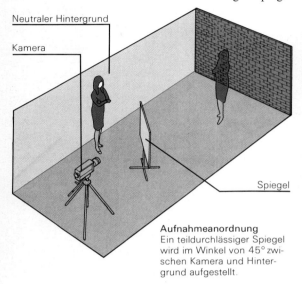

Aufnahmeanordnung
Ein teildurchlässiger Spiegel wird im Winkel von 45° zwischen Kamera und Hintergrund aufgestellt.

Spiegeltrick
Das Mädchen posierte für diese Trickaufnahme vor einem dunklen Hintergrund und wurde der Ziegelwand mit Hilfe eines teildurchlässigen Spiegels überlagert.

Vordergrundtrick

Eine billige, doch recht komplizierte Möglichkeit, Vorder- und ggf. auch Hintergrund einer Szene zu verändern oder zu ergänzen, ohne eine eigene Dekoration aufbauen zu müssen, ist dieser Filmtrick mit einem «Vorsatzmodell». Die zusätzlichen Teile der Dekoration werden auf eine Glasscheibe gemalt, die dann zwischen Hauptszene und Kamera aufgestellt wird. Eine andere Möglichkeit sind ausgeschnittene Fotos, vorausgesetzt, sie sind groß genug. Auf jeden Fall muß die Kamera auf ein standfestes Stativ montiert werden und in einer dunklen Ecke stehen, damit sie sich nicht in der Glasscheibe spiegelt, und die Schärfentiefe muß so groß sein, daß das Bild auf der Glasscheibe und die eigentliche Szene gleichermaßen scharf wiedergegeben werden.

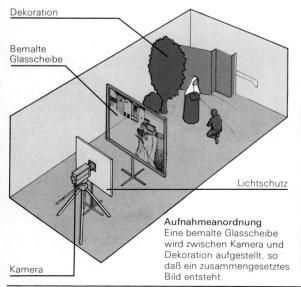

Aufnahmeanordnung
Eine bemalte Glasscheibe wird zwischen Kamera und Dekoration aufgestellt, so daß ein zusammengesetztes Bild entsteht.

Vorsatzmodell
In dieser Szene aus *Die schwarze Narzisse* wurde die gesamte Szenerie in der dargestellten Weise auf eine Glasplatte gemalt.

SPEZIALTECHNIKEN

Front- und Rückprojektion

Frontprojektion

Für diese Spielart der Projektion wird eine Perlwand mit einem sehr hohen Reflexionsgrad verwendet. Bauen Sie den Projektor im Winkel von 90° zur Kamera auf und stellen Sie einen teildurchlässigen Spiegel im Winkel von 45° vor die Kamera. Das Lichtbündel des Projektors wird durch den Spiegel auf die Leinwand umgelenkt, und die Kamera nimmt das kombinierte Bild durch den Spiegel hindurch auf. Wenn man Teile der Dekoration mit demselben Material bezieht, aus dem die Leinwand besteht, kann man es so einrichten, daß die Darsteller scheinbar hinter Teilen des projizierten Hintergrunds verschwinden.

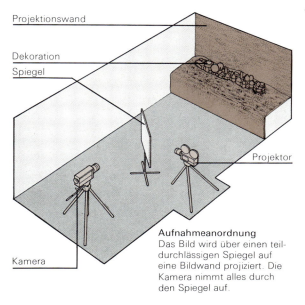

Aufnahmeanordnung
Das Bild wird über einen teildurchlässigen Spiegel auf eine Bildwand projiziert. Die Kamera nimmt alles durch den Spiegel auf.

Frontprojektion
Dieses Modell wurde vor einem mittels Frontprojektion erzeugten Himmel gefilmt.

Rückprojektion

Bei dieser Art der Projektion wird der Projektor hinter einer «Rückprowand» aufgebaut, die wiederum hinter den Darstellern aufgestellt ist. Für den Amateur ist es einfacher, für Rückproaufnahmen Dias und einen Kleinbildprojektor zu verwenden. Das Projektionsbild muß von hoher Qualität sein, und die Beleuchtung muß in Richtung und Stärke genau dem projizierten Hintergrund angepaßt werden. Wenn Sie eine Filmaufnahme auf die Rückprowand projizieren möchten, müssen Projektor und Kamera genau synchron laufen.

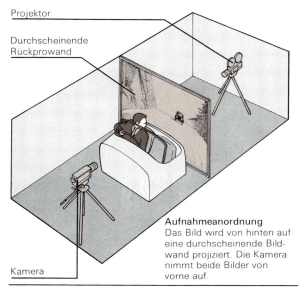

Aufnahmeanordnung
Das Bild wird von hinten auf eine durchscheinende Bildwand projiziert. Die Kamera nimmt beide Bilder von vorne auf.

Rückprojektion
In dieser Einstellung aus *James Bond – 007 jagt Dr. No* wurde der Wagen, der James Bond verfolgt, auf eine Rückprowand projiziert.

SPEZIALTECHNIKEN

Grundlagen der Animationstechnik

Bei Animationsfilmen ersetzen simulierte Bewegungen von Modellen, Zeichnungen oder anderen unbelebten Objekten die Aktion lebendiger Darsteller. Die Aufnahmen werden mit einer Kamera gemacht, die für Einzelbildschaltungen eingerichtet ist. Die jeweilige Szene wird Bild für Bild aufgenommen, und die Lage des Objekts, das sich bewegen soll, wird jeweils zwischen zwei Aufnahmen minimal verändert. Bei der Vorführung werden diese Verschiebungen in den Einzelbildern dank der «Trägheit des Auges» als kontinuierliche Bewegungen wahrgenommen. Um sich mit der Funktionsweise der Animation vertraut zu machen, werden Sie eine ganz neue Einstellung zu Bewegungen und Handlungsabläufen finden müssen. Versuchen Sie, Kinofilme Bild für Bild zu betrachten, um zu sehen, wie die Bewegungen ineinander übergehen und wie sich der Rhythmus des Geschehens ständig ändert. Dann können Sie versuchen, selbst einen Animationsfilm herzustellen.

Grundausrüstung Für Animationsaufnahmen muß die Kamera unbedingt fest montiert werden, damit ein Verrücken zwischen den einzelnen Belichtungen ausgeschlossen ist, das sonst zu einem «zittrigen» Bild auf der Leinwand führen würde. Die billigste Möglichkeit besteht darin, daß Sie die Kamera auf ein Stativ setzen und sie mit einem Drahtauslöser auslösen. Sie können auch das Reprogestell einer Fotokamera verwenden. Spezielle Tricktische (s. S. 198) sind teuer.

Animation mit einfachen Formen

Die einfachste Art der Animation besteht darin, daß man dreidimensionale Gegenstände auf einer ebenen Fläche anordnet und sie zwischen den Einzelbelichtungen leicht verschiebt. Wenn der Film dann vorgeführt wird, hat man den Eindruck, daß sie sich von alleine bewegen. Beschränken Sie sich auf Gegenstände von einfacher Form und vermeiden Sie komplizierte Bewegungen. Denken Sie daran, daß die Bewegung um so ruckartiger erscheint, je stärker Sie die Gegenstände zwischen den Einzelbelichtungen bewegen. An geeigneten Gegenständen herrscht kein Mangel: Perlen, Knöpfe, Steinchen, Lebensmittel wie Bohnen oder Nudeln, sogar Metallgegenstände wie Büroklammern und Eisenfeilspäne lassen sich verwenden. Die letzteren kann man mit einem Magneten in Bewegung versetzen.

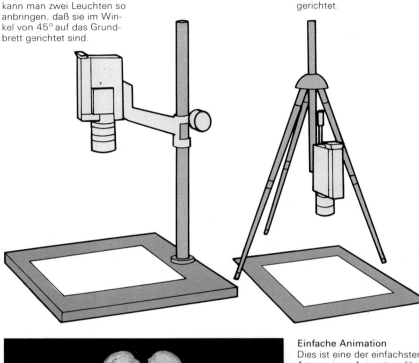

Reprogestell
Ein Reprogestell für Fotokameras ist ideal für Animationszwecke. An der Säule kann man zwei Leuchten so anbringen, daß sie im Winkel von 45° auf das Grundbrett gerichtet sind.

Stativ
Die Kamera wird an der umgesteckten Mittelsäule angeschraubt und nach unten gerichtet.

Einfache Animation
Dies ist eine der einfachsten Arten, einen Animationsfilm herzustellen. Bei diesem Beispiel hier wurden verschiedene Nüsse in Form eines Gesichts angeordnet. Der Mund wurde ganz allmählich verschoben, bis die Mundwinkel nach unten gekrümmt waren. Nach jeder Verschiebung wurden zwei Einzelbilder belichtet.

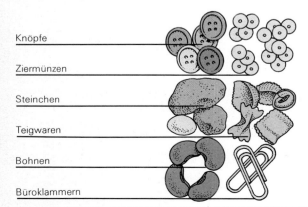

Knöpfe
Ziermünzen
Steinchen
Teigwaren
Bohnen
Büroklammern

Einfache Animation
Dieses Animationsmotiv wurde aus verschiedenen Küchenzutaten zusammengestellt. Die Mehlwolke wurde langsam über den Himmel bewegt. Jede Stufe wurde auf zwei Einzelbildern aufgenommen.

SPEZIALTECHNIKEN

Flachmodell-Animation

Diese Art der Animation ist dem Zeichentrickfilm am ähnlichsten. Die Figuren werden aus Karton oder Papier ausgeschnitten, und die Bewegungen dadurch simuliert, daß man den Figuren «Gelenke» aus Fäden einbaut und die Gliedmaßen bewegt. Wenn Sie kein guter Zeichner sind, können Sie auch auf Karton aufgezogene, aus Fotos ausgeschnittene Figuren verwenden.

Schneiden Sie die Figur aus und befestigen Sie die beweglichen Teile, indem Sie auf die Unterseite Fäden mit Tesafilm kleben. Befestigen Sie den Hauptteil der Figur mit Montagekleber («Fixogum» o. ä.) am Hintergrund, damit er sich während der Aufnahmen nicht verschiebt, und legen Sie ihn auf eine flache Unterlage. Bauen Sie die Kamera so auf, daß sie genau über der Vorlage ist, und beleuchten Sie die Szene gleichmäßig von zwei Seiten.

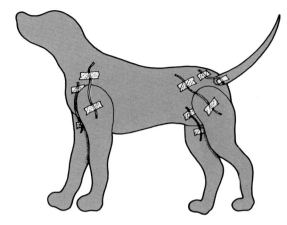

Flachmodell-Animation
Der mit Gelenken versehene Papierhund wurde mit einem Stativ mit umgesteckter Mittelsäule aufgenommen.

Modell-Animation

Bei dieser Form der Animation arbeitet man mit dreidimensionalen Figuren, deren Gliedmaßen beweglich sind. Man kann selbstgebastelte Ton- oder Pfeifenreiniger-Figuren nehmen oder aber richtige Puppen. Diese dreidimensionalen Figuren werden auf dieselbe Art angeordnet und bewegt wie die Gegenstände bei der einfachen Animation. Der Unterschied ist, daß sie freistehend gefilmt werden; man muß deshalb die Gliedmaßen versteifen, damit man sie für die Aufnahmen hinstellen kann.

Ordnen Sie die Figuren auf einer ebenen Unterlage an und nehmen Sie einen neutralen Karton oder ein Foto als Hintergrund. Bauen Sie Stativ und Kamera wie beschrieben auf und beleuchten Sie die Szene wie bei Miniaturmodellen (s. S. 190).

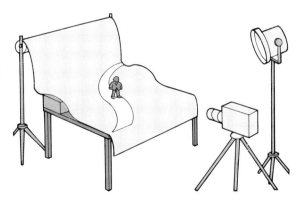

Modell-Animation
Diese Tonfigur wurde vor einem einfachen grauen Hintergrund aufgestellt. Ein weißer Weg wurde aufgeklebt, und die Figur wurde auf den Weg gestellt. Die Szene wurde nur von einer Seite beleuchtet, so daß die Figur einen deutlichen Schatten warf. Die Figur wurde jeweils in einer «Gehstellung» aufgestellt, und von jeder Position wurden zwei Einzelbilder gemacht. Dadurch wirkte der Gang gleichmäßig.

SPEZIALTECHNIKEN

Zeichentrickfilm

Bei dieser Form der Animation werden die Bilder auf einzelne durchsichtige Azetatfolien gezeichnet, die man auch *Zellen* nennt (sie waren früher aus Cellophan). Durch die Verwendung solcher Folien erspart man es sich, den Hinter- und Vordergrund jedesmal neu zu zeichnen, wenn die Figur eine Bewegung ausführt. Wenn sich nur ein kleiner Teil des Geschehens zwischen den Belichtungen verändert, können Sie einfach den betreffenden Teil auf eine eigene Folie zeichnen und alles übrige unverändert lassen. Verwenden Sie aber nicht mehr als vier Folien gleichzeitig, weil sonst der Hintergrund nicht mehr richtig belichtet wird.

Die Zeichnungen werden zunächst auf Animations- oder Layoutpapier angelegt, das durch zwei oder drei *Passerstifte* festgehalten wird, die in entsprechende Löcher in Papier und Folien greifen. Dadurch ist gewährleistet, daß die verschiedenen Zeichnungen stets in derselben Relation zueinander stehen. Jede Folie wird über die Zeichnung gelegt, und die jeweils benötigten Elemente werden mit einem Spezialstift durchgepaust. Wenn die Zeichnung in der beschriebenen Weise auf die verschiedenen Folien übertragen ist, werden diese auf der Rückseite mit Zeichentrickfarben bemalt und in der richtigen Reihenfolge über den Hintergrund gelegt, der ebenfalls von den Passerstiften gehalten wird. Der Hintergrund wird im allgemeinen auf Zeichenpapier angelegt und mit Aquarellfarben ausgemalt. Das ganze Ensemble wird zum Schluß mit einer Spezialglasscheibe beschwert, die dafür sorgt, daß Unebenheiten der Folien nicht zu Schattenbildung oder Spiegelungen der Lampen führen.

Tricktisch
Dieser Oxberry-Tricktisch ist mit allen Einrichtungen für fortgeschrittene Animation und mit fest montierten Leuchten ausgestattet.

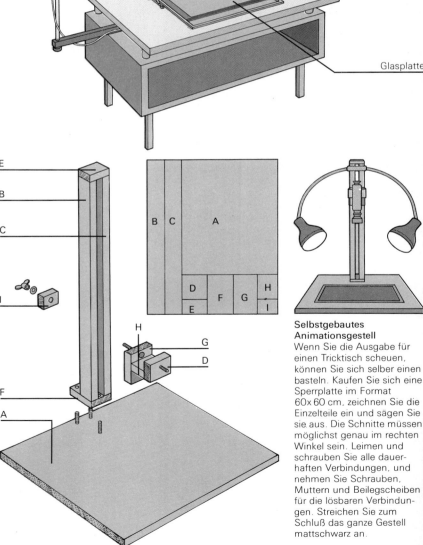

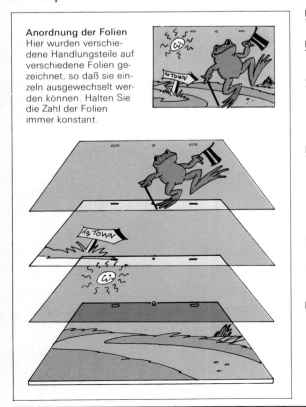

Anordnung der Folien
Hier wurden verschiedene Handlungsteile auf verschiedene Folien gezeichnet, so daß sie einzeln ausgewechselt werden können. Halten Sie die Zahl der Folien immer konstant.

Selbstgebautes Animationsgestell
Wenn Sie die Ausgabe für einen Tricktisch scheuen, können Sie sich selber einen basteln. Kaufen Sie sich eine Sperrplatte im Format 60x60 cm, zeichnen Sie die Einzelteile ein und sägen Sie sie aus. Die Schnitte müssen möglichst genau im rechten Winkel sein. Leimen und schrauben Sie alle dauerhaften Verbindungen, und nehmen Sie Schrauben, Muttern und Beilegscheiben für die lösbaren Verbindungen. Streichen Sie zum Schluß das ganze Gestell mattschwarz an.

SPEZIALTECHNIKEN

Bewegung im Zeichentrickfilm

Um die Bewegungen in einem Zeichentrickfilm überzeugend erscheinen zu lassen, müssen Sie drei Dinge wissen, bevor Sie mit der Arbeit beginnen: wie lange der Vorgang dauert, welches die wichtigsten Stellungen sind und wie Sie die Zwischenstellungen verteilen wollen.

Stellen Sie fest, wie lange der Vorgang dauert, indem Sie selbst die entsprechenden Bewegungen ausführen. Nehmen wir an, er dauert eine halbe Sek. Bei 18 B/s heißt das, daß Sie die Bewegung in 9 Einzelbilder zerlegen müssen. Stellen Sie sich jede Bewegung in Hauptstellungen unterteilt vor. Sobald diese Stellungen festgelegt sind, können Sie die Zwischenstellungen einzeichnen. Jeder Handlungsabschnitt, von einer Hauptstellung zur nächsten, wird als *Phase* bezeichnet. Wenn die Phase von einer Hauptstellung zur nächsten gleichbleibt, wird sie als *Zyklus* bezeichnet (z. B. die Füße einer gehenden Figur, die in regelmäßigen Abständen dieselbe Stellung einnehmen). Halten Sie immer Ausschau nach möglichen identischen Zyklen innerhalb des Bewegungsablaufs, denn diese reduzieren die Anzahl der erforderlichen Zeichnungen.

Zeichnen Sie die erste Hauptstellung auf durchscheinendes Animations- oder Layoutpapier, das Sie jeweils mit Hilfe der Passerstifte befestigen. Legen Sie dann ein neues Blatt darüber und zeichnen Sie paßgenau die nächste Hauptstellung ein. Fahren Sie fort, bis Sie alle Hauptstellungen gezeichnet haben. Wenn der ganze Bewegungsablauf skizziert ist, übertragen Sie die Zeichnungen auf Folien und malen sie aus (s.S. 202).

Beschleunigung

In der Wirklichkeit bewegt sich kein Objekt mit konstanter Geschwindigkeit. Immer ist auch ein Element der Beschleunigung und Verzögerung vorhanden. In der Animation wird dies dadurch dargestellt, daß man nicht nur die Zwischenzeichnungen verändert, sondern sie auch auf eine wechselnde Anzahl von Einzelbelichtungen verteilt. Je langsamer die Bewegung, um so weniger wird sich die Zeichnung von einem Bild zum nächsten verändern und um so größer wird die Anzahl der Einzelbilder für den betreffenden Bewegungsablauf sein.

Wenn der Flug eines Balles insgesamt eine halbe Sek. dauert, dann müssen Sie die Flugbahn des Balles bei 18 B/s auf 9 Einzelbilder verteilen. Die Bilder 1 und 9 zeigen Hauptstellungen.

Hauptstellungen
Bei dieser Animation sind die Nummern 1, 3, 6 und 7 die Hauptstellungen. Die Bewegung wirkt natürlich, weil der Junge vor dem Absprung in die Knie geht. Auch beim Aufspringen (6) geht er wieder in die Knie. Bei 7 richtet er sich auf, bewegt sich aber immer noch leicht vorwärts.

Zwischenstellungen
Die Nummern 2, 4 und 5 sind die Zwischen- oder Füllstellungen, die dafür sorgen, daß der gesamte Bewegungsablauf gleichmäßig und nicht ruckartig erscheint.

Zyklen
Dieser Zyklus von Zeichnungen kann mehrmals verwendet werden, um die Katze beim Laufen zu zeigen.

Beschleunigung
Der Flug der Kanonenkugel wurde mit 9 Zeichnungen dargestellt, aber Sie könnten auch noch mehr verwenden, um die Verlangsamung sichtbar zu machen. Beachten Sie, daß die Kugel länglich gezeichnet ist, um den Eindruck von Geschwindigkeit zu vermitteln; beim Aufprall flacht sie sich ab.

SPEZIALTECHNIKEN

Animationstechniken

Bewegung und Geschwindigkeit

Außer mit der Anzahl der Einzelbilder je Bewegungsablauf kann man Bewegung auch noch mit anderen Mitteln darstellen. Eines davon besteht darin, die Zeichnung zu verzerren, um den Eindruck von Geschwindigkeit hervorzurufen. Dies geschieht am häufigsten dadurch, daß man den gezeichneten Gegenstand in der Bewegungsrichtung verlängert. Noch stärker kann man die Geschwindigkeit einer Figur betonen, indem man sie mit nach hinten weisenden Strichen versieht und hinter ihr Staubwolken oder Spritzwasser einzeichnet. Eine Verlangsamung wird dementsprechend durch Komprimieren des Objekts dargestellt.

Darstellung von Geschwindigkeit

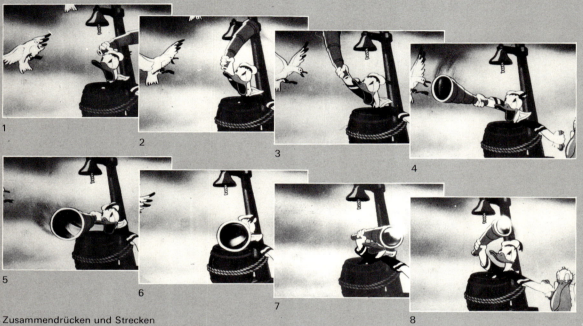

Geschwindigkeit
Diese Sequenz stammt aus dem frühen Walt-Disney-Film *The Whalers* (1938). Sie ist ein vorzügliches Beispiel dafür, wie man Geschwindigkeit durch die Art der Zeichnung darstellen kann. Das Fernrohr hat der Zeichner gebogen dargestellt, um den Schwung anzudeuten, mit dem Donald Duck es durch die Luft sausen läßt. Striche verstärken den Eindruck von Geschwindigkeit im Moment der größten Beschleunigung. Die hier gezeigten Einzelbilder folgten im Film unmittelbar aufeinander.

Zusammendrücken und Strecken

Zusammendrücken und Strecken
Auch diese Sequenz stammt aus *The Whalers*. Auf dem zweiten Bild fällt Goofy nach hinten, und seine verlängerten Arme betonen diese Bewegung. Die Kanone wird immer kürzer und dicker, während der Druck in ihrem Inneren zunimmt. Als sie dann losgeht, wird sie auf einmal ganz schmal und lang, wodurch die Geschwindigkeit, mit der der Anker ausgestoßen wird, sehr augenfällig gemacht wird.

SPEZIALTECHNIKEN

Verwandlungen

Wenn Sie sich erst einmal mit den Grundtechniken der Animation vertraut gemacht haben, können Sie anfangen, mit Ihren Zeichnungen zu experimentieren. Durch Ihre Zeichnungen können Sie im Film ein Bild in ein anderes verwandeln. Dieser Effekt läßt sich leicht dadurch erzielen, daß Sie die Zeichnung alle paar Einzelbilder allmählich verändern. Bei der Projektion mit normaler Geschwindigkeit taucht das Bild dann scheinbar aus dem Nichts auf. Wichtig ist, daß Sie immer mit den Passerstiften arbeiten, damit jede Aufnahme im Verhältnis zu den vorhergehenden genau an der richtigen Stelle steht (Einzelheiten s. S. 197).

Metamorphose

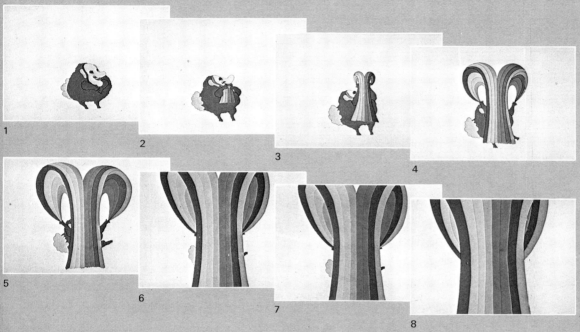

Metamorphose
Mit speziellen Animationstechniken lassen sich die bizarrsten Effekte erzielen, wie aus dieser Szene aus dem Beatles-Film *Yellow Submarine* (1968) hervorgeht. In dieser einen Einstellung verwandelt sich die Zeichentrickfigur in eine Fontäne bunter Bänder. Das ist Animation in ihrer abstraktesten, freiesten und phantasievollsten Form.

Schnitt und Montage bei Animationsfilmen

Realfilme werden nach der Entwicklung geschnitten (s. S. 210). Dadurch bekommt der Filmemacher einen viel größeren Spielraum, weil die einzelnen Einstellungen unabhängig von der Reihenfolge, in der sie gedreht wurden, geschnitten und aneinandergefügt werden können. Diese Form der Montage ist bei Animationsfilmen jedoch nicht zu empfehlen. Da die Animation soviel Arbeit macht und so zeitraubend ist, müssen alle Handlungsabläufe im voraus geplant und nach diesem Plan gezeichnet werden. Die Montage wird also schon bei der Herstellung des Films berücksichtigt.

Zwischenschnitt auf Groß
Diese beiden Einstellungen stammen aus Bob Godfreys Film *Great* (1976). Die erste Folie zeigt die Szene in Halbnah-, die zweite in Großeinstellung.

Handlungsschnitt
Der Schnitt von der Großaufnahme zur Halbnaheinstellung wurde auf einen Augenblick starker visueller Dramatik gelegt. Die Bilder sind aus einer Szene in *Heavy Traffic* (1973).

SPEZIALTECHNIKEN

Zeichentrickfilme aufnehmen

Legen Sie eine saubere, fettfreie Folie über die fertige Zeichnung. Beide Blätter werden mit Hilfe der Passerstifte zur Deckung gebracht. Fahren Sie die Konturen der Zeichnung mit einem geeigneten Spezialstift sorgfältig nach. Drehen Sie die Folie um und malen Sie die Konturen mit Zeichentrickfarbe aus. Die bemalten Stellen sollten flach und undurchsichtig sein. Sprühen Sie die fertige Zeichnung mit Fixativ ein. Behandeln Sie alle Folien mit größtmöglicher Vorsicht, fassen Sie sie immer nur an den Rändern an und berühren Sie nie die Zeichnung.

Bevor Sie mit den Aufnahmen beginnen, müssen Sie sich ein *Nummernblatt* anfertigen. Das ist der Drehplan des Animators; er zerlegt die Handlung in die einzelnen Schritte. Er enthält die Nummern der aufzunehmenden Einzelbilder, den jeweiligen Hintergrund, die Reihenfolge der Folien sowie Angaben über Zooms, Schwenks und Geräuscheffekte.

Der Aufnahmevorgang

Die eigentlichen Aufnahmen dürften keine Schwierigkeiten mehr machen, wenn Sie alle Vorarbeiten richtig erledigt haben. Gehen Sie Ihre Nummernliste durch und stellen Sie fest, ob alle Folien in der richtigen Reihenfolge für die Aufnahmen bereitliegen. Am besten stapeln Sie sie in Reichweite in der richtigen Reihenfolge übereinander. Legen Sie die ersten Folien unter die Kamera auf den Tricktisch und obenauf eine Graukarte mit einem Reflexionsgrad von 18%. Messen Sie die Belichtung mit dem eingebauten Belichtungsmesser der Kamera und stellen Sie die Belichtung auf den gemessenen Wert fest. Sie können diese Belichtung beibehalten, solange die Beleuchtung während der Aufnahmen nicht verändert wird. Stellen Sie das Bildzählwerk – falls vorhanden – auf Null und haken Sie jedes Bild, das Sie aufgenommen haben, auf dem Nummernblatt ab.

Zoomen

Bei Zeichentrickaufnahmen werden Zooms manuell vorgenommen. Kleben Sie einen weißen Papierstreifen um das Objektiv und markieren Sie darauf die Stellung des Hebels oder Einstellrings beim Beginn eines Zooms. Blicken Sie dann durch den Sucher, verstellen Sie die Brennweite, bis der gewünschte Ausschnitt erreicht ist, und markieren Sie auch diese Endstellung. Der Abstand zwischen den beiden Markierungen ist der Zoombereich. Um ein gleichmäßiges Zoom zu erzielen, teilen Sie diesen Abstand in gleiche Teile ein und belichten dann jeweils ein, zwei oder drei Einzelbilder, bevor Sie den Hebel auf die nächste Markierung bringen.

Schwenks

Um den Eindruck zu erwecken, als schwenke die Kamera von links nach rechts, wird der Hintergrund von rechts nach links geschoben. Der Hintergrund muß so breit sein, daß sich diese Bewegung ausführen läßt, ohne daß die Ränder ins Bild kommen. Bringen Sie an einem Längsrand eine Skala an und kleben Sie in der Mitte der normalen Aufnahmestellung einen Pfeil auf die Unterlagen (s. rechts). Jetzt können Sie den Hintergrund jeweils um denselben Abstand verschieben; je größer dieser ist, um so schneller erscheint der Schwenk.

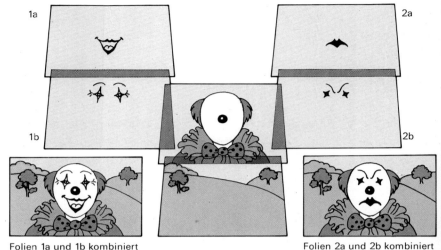

Folien 1a und 1b kombiniert | Folien 2a und 2b kombiniert

Die Folie
Der Gesichtsausdruck wurde auf den Folien oben mit sehr geringem Aufwand verändert, da Hintergrund und Grundform des Gesichts beibehalten wurden.

Das Nummernblatt
Diese Liste ist für die Planung der Zeichentrickaufnahmen unerläßlich, weil aus ihr hervorgeht, in welcher Reihenfolge die Zellen über den Hintergrund gelegt und aufgenommen werden. Auch Geräuscheffekte und Kamerabewegungen sind aufgeführt.

Legende
- B Bild
- F Folie
- HG Hintergrund

Schwenk
Dieser Effekt wird dadurch ausgeführt, daß man den Hintergrund zwischen den Aufnahmen verschiebt, während die Folien durch die Passerstifte festgehalten werden. Als Führungen für den Hintergrund dienen Reißzwecken.

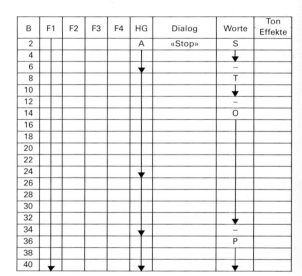

B	F1	F2	F3	F4	HG	Dialog	Worte	Ton Effekte
2					A	«Stop»	S	
4							↓	
6					↓			
8							T	
10							↓	
12							–	
14							O	
16							↓	
18								
20								
22								
24							↓	
26								
28					↓			
30							↓	
32							–	
34					↓			
36							P	
38							↓	
40	↓			↓			↓	

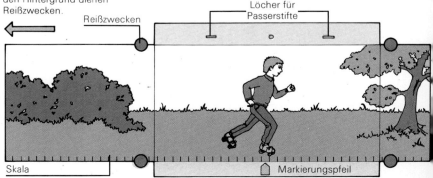

SPEZIALTECHNIKEN

Vertonung von Zeichentrickfilmen

Geräusche und Musik

Zeichentrickfilme lassen sich ohne Schwierigkeiten mit Musik, Sprache oder Geräuscheffekten vertonen. Damit die Zeichnungen mit dem Ton synchronisiert werden können, nimmt man ihn am besten auf normalem Tonband auf, bevor man die Zeichnungen anfertigt. Im Idealfall sollte dies mit einem synchronisierten Gerät (s. S. 245) erfolgen, bei dem gewährleistet ist, daß das Tonaufnahmegerät mit derselben Geschwindigkeit läuft wie der Projektor. Bevor Sie mit den Zeichnungen beginnen, müssen Sie den Ton «zerlegen». Wenn es sich um eine Musikaufnahme handelt, sollten Sie vor allem auf die Tempoänderung achten. Ist es Sprache, dann stellen Sie fest, wie lange jeder Satz/jedes Wort dauert und aus welchen Silben sie bestehen. Dazu spielen Sie am besten das Band ab und stoppen die Länge der einzelnen Geräusch- oder Sprachelemente mit einer Stoppuhr.

Eine andere Möglichkeit: Wenn der Ton auf Cord-/Perfoband überspielt wird (s. S. 116), kann die Aufnahme «Bild für Bild» analysiert werden. Man kann in diesem Fall auf der blanken Seite des Bandes mit einem Filzschreiber oder Fettstift genaue Markierungen für alle Geräusche anbringen und diese dann Bild für Bild bei der Anfertigung des Nummernblattes berücksichtigen.

Animation von Stimmen

Hören Sie zuerst den Ton ab und «zerlegen» Sie ihn nach einem der oben beschriebenen Verfahren. Es ist nicht nötig, jeden Konsonanten und Vokal zu berücksichtigen; oft ist der Eindruck um so besser, je einfacher die Mundbewegungen sind. Bei Verschlußlauten wie z. B. *b*, *m* und *p* sollten jedoch die Lippen in der Zeichnung genau mit dem Ton synchron sein, weil dies die Lippenbewegungen sind, auf die der Zuschauer besonders achtet. Skizzieren Sie mit Bleistift die «Hauptstellungen» für die Mundbewegungen, die Ihnen als die wichtigsten erscheinen, und fügen Sie dann die «Zwischenstellungen» (s. S. 199) ein.

Mundstellungen
Für jeden Vokal und Konsonanten gibt es bestimmte Mundstellungen. Diese kann man auf neun Grundformen reduzieren – s. unten. Sie werden jedoch feststellen, daß es unnötig ist, jeden einzelnen Buchstaben in der Zeichnung wiederzugeben. Etwas Zeit können Sie sich auch sparen, wenn Sie nicht den ganzen Kiefer, sondern nur den Mund selbst anders zeichnen. (In diesem Fall Mund und Kopf auf getrennte Folien zeichnen.)

Zeichnen direkt auf den Film

Trickfilme ohne Kamera kann man herstellen, indem man direkt auf den unbelichteten Film zeichnet. Diese Technik ist für Super-8 nicht geeignet, aber ein auf 16- oder 35-mm-Material gezeichneter Film kann anschließend durch optisches Kopieren auf das 8-mm-Format verkleinert werden. Ritzen Sie das Bild mit einem spitzen Instrument in die Schicht, oder, falls Sie unbeschichteten Film verwenden, zeichnen Sie es mit geeigneter Tinte auf den Film.

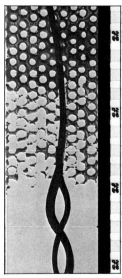
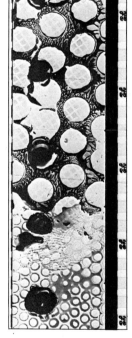

Auf den Film zeichnen
Die Formen rechts und oben wurden mit Spezialtinte direkt auf den Film gezeichnet.

A, EI

E, I

O

U

Ü

M, B, P

C, D, G, J, K, N, R, S, T, Z

L

F, V

SPEZIALTECHNIKEN

Titel

Jeder Film profitiert von gut gemachten Anfangs-, Zwischen- und Endtiteln. Gut gestaltete Anfangstitel, die kurz und knapp formuliert sind, verleihen jedem Film einen professionellen Charakter. Der Stil des Titels sollte dem Thema des Films angepaßt sein – z. B. sollten Sie für einen Action-Film kräftige Farben und ausgeprägte Formen nehmen. Halten Sie die Titel einfach und unprätentiös: *Südtirol* ist ein besserer Titel als *Wunderland der Dolomiten*. Lassen Sie den Titel lange genug stehen, daß man ihn bequem lesen kann, aber nicht so lange, daß die Zuschauer ungeduldig werden.

Wenn Sie Ihre Kommentare während des Films auf ein Mindestmaß beschränken wollen oder wenn es sich um einen Stummfilm handelt, sind Zwischentitel oder Untertitel ein ideales Mittel, dem Zuschauer zu sagen, wer jeweils auf der Leinwand agiert oder um was für einen Schauplatz es sich handelt.

Ende ist ein unmißverständlicher Schlußtitel, wenn Sie darauf verzichten wollen, die Mitwirkenden am Schluß des Films aufzuführen. Bei jedem Film, der über den üblichen Familienfilm hinausgeht, sollten Sie jedoch am Schluß alle Beteiligten nennen. Wenn es sich um einen Einmann-Film handelt, wird der Name oft am Anfang gezeigt («Ein Film von...»), aber normalerweise bringt man die Liste der Mitwirkenden am Schluß.

Titelbuchstaben

Die einfachste Art, Titel zu gestalten, ist die Verwendung von Titelbuchstaben, die in den verschiedensten Formen und Ausführungen im Handel sind. Schablonen und dreidimensionale Buchstaben können immer wieder verwendet werden, Abreibebuchstaben nur einmal. Bei Schablonen werden die Buchstaben einfach mit einem geeigneten Stift auf die Unterlage gemalt. Es gibt Schablonen für verschiedene Buchstabengrößen und für gerade oder Kursivschrift. Dreidimensionale Buchstaben sind im allgemeinen aus weißem Kunststoff und entweder als selbstklebende oder magnetische Haftbuchstaben erhältlich oder zum Einstecken in Schlitze vorgesehen. Eine andere Möglichkeit sind Abreibebuchstaben, die durch Reiben mit einem stumpfen Gegenstand von Folien auf fast jede Oberfläche übertragen werden können.

Schriftplazierung

Welche Art von Titelbuchstaben Sie auch verwenden, stets müssen Sie zunächst die Plazierung des Titels festlegen, bevor Sie mit der Beschriftung beginnen. Lassen Sie stets einen ausreichend breiten Rand um die Titelschrift stehen. Dazu müssen Sie ausmessen, wie hoch der Hintergrund ist, den die Kamera in Aufnahmeposition erfaßt. Der Rand sollte mindestens ein Achtel dieses Werts betragen. Richten Sie die Buchstaben mit einem Lineal aus. Lassen Sie höchstens Abstände in der Breite des Buchstaben N in der jeweiligen Schrift. Bei größeren Abständen wird die Schrift schlecht leserlich.

Anfangstitel
Der richtige Hintergrund für den Titel eines Films über New York ist natürlich die berühmte Skyline von Manhattan. Hier wurde ein Kleinbilddia dieses Motivs mit der auf S. 206 beschriebenen Einrichtung projiziert. Titel sollten immer einfach sein. Für diesen Film wurden fette weiße Buchstaben verwendet.

Zwischentitel
Solche Titel sind manchmal notwendig, um mitten im Film Menschen, Orte oder Zeiten zu identifizieren. Um der einheitlichen Wirkung willen sollte für alle Titel in einem Film dieselbe Schriftart verwendet werden.

Endtitel
Wenn Sie mit einem Anfangstitel begonnen haben, sollten Sie den Film mit dem Wort «Ende» ausklingen lassen. Falls an dem Film mehrere Leute mitgewirkt haben, sollten sie am Ende alle genannt werden.

Abreibebuchstaben
Die Buchstaben werden durch Reiben mit einem stumpfen Gegenstand übertragen.

Schriftschablonen
Schablonen gibt es für viele verschiedene Schriftarten und -größen.

Haftbuchstaben
Richten Sie solche dreidimensionalen Buchstaben immer mit Hilfe eines Lineals auf der Titeltafel aus.

Ränder
Planen Sie die Plazierung der Schrift stets mit einem angemessen breiten Rand, bevor Sie die Buchstaben auf die Unterlage übertragen.

Richtig / Falsch

Abstände
Enge Abstände zwischen den einzelnen Buchstaben ergeben meist ein gefälligeres Schriftbild als weite. Bemessen Sie die Abstände nach dem optischen Eindruck – genaues Abmessen ist nicht sinnvoll.

Richtig / Falsch

SPEZIALTECHNIKEN

Hintergründe

Der einfachste und beste Hintergrund für einen Titel ist schwarzer Karton. Er sorgt für guten Kontrast zu den hellen Titelbuchstaben und lenkt die Aufmerksamkeit auf diese anstatt auf sich selbst. Sie können aber auch andere Farben für den Hintergrund nehmen, sollten aber darauf achten, daß sie mit der Schrift kontrastieren. Dunkle, satte Töne, vor allem Rot und Braun, wirken besser als helle; Pastellfarben wirken auf der Leinwand leicht «schmutzig». Wenn Sie einen farbigen Hintergrund mit Abreibebuchstaben beschriften, können Sie die Schrift attraktiver gestalten, indem Sie die Buchstaben schattieren. Legen Sie den Titel mit weißen Buchstaben auf Azetatfolie an und machen Sie dann auf einer zweiten Folie ein Duplikat davon in schwarzen Buchstaben. Wenn Sie die weißen Buchstaben leicht verschoben über die schwarzen legen, bekommen Sie eine schattierte, wie dreidimensional wirkende Schrift.

Der Hintergrund kann strukturiert oder gemustert sein. Wählen Sie eine Struktur, die zum Filmthema paßt. Wenn Sie ein Foto als Hintergrund verwenden, müssen Sie darauf achten, daß die Schrift auf einem Bildteil steht, von dem sie sich gut abhebt (s. rechts).

Aufnehmen statischer Titel

Statische Titel sind solche, bei denen die Titelschrift unbeweglich vor dem Hintergrund steht. Die Kamera filmt die Titeltafel dann einfach ab. Am einfachsten lassen sich solche Aufnahmen mit einem Titelgerät (rechts) oder auf einem Tricktisch machen. Wenn Sie sich kein Titelgerät kaufen wollen, können Sie sich auch nach der Anweisung auf S. 198 ein geeignetes Gestell selbst basteln. Wenn Sie dazu keine Lust haben, gibt es noch zwei Möglichkeiten, stehende Titel aufzunehmen.

Bei einer horizontalen Titelaufnahme können Sie die Titeltafel einfach an die Wand hängen und sie mit Stativ und Drahtauslöser abfilmen. Die Tafel können Sie auch auf ein Gerüst ähnlich einer Staffelei stellen. Für eine vertikale Aufnahme des Titels legen Sie die Titeltafel auf den Boden und filmen sie von oben.

Die Beleuchtung muß bei allen Titeln gleichmäßig sein. Arbeiten Sie deshalb mit zwei einander gegenüber und im Winkel von 45° zur Titeltafel angeordneten Leuchten. Die Belichtungsautomatik der Kamera ist auf mittlere Grautöne eingestellt; nehmen Sie deshalb lieber eine Ersatzmessung an einer Graukarte mit einem Reflexionsgrad von 18% vor (s. S. 90) und stellen Sie den gemessenen Wert fest an der Kamera ein.

Hintergründe
Welche Farbe und Struktur der Hintergrund auch hat, auf jeden Fall muß sich die Schrift gut von ihm abheben. Hier wurde eine einfache, kräftige Schrift dunkel in den hellen Himmel eingebaut.

Kontrast
Setzen Sie nie helle Schrift auf hellen Hintergrund, denn dann läßt sie sich nur schwer lesen. Wie das Beispiel rechts zeigt, wirkt in so einem Fall dunkle Schrift viel besser.

Richtig   Falsch

Muster und Relief
Eine Ziegelmauer diente hier als strukturierter Hintergrund. Schwarze Buchstaben mit weißen Konturen gaben der Schrift des Endtitels ganz rechts Relief.

Statische Titel
Dieses universelle Titelgerät ist für alle Kameras bis 16 mm geeignet. Man kann es horizontal und vertikal einsetzen, und der Abstand der Kamera von der Titeltafel ist variabel.

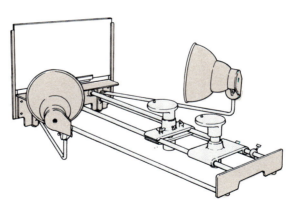

Aufnehmen von Rolltiteln

Bei *Rolltiteln* tauchen die Buchstaben von unten auf, steigen über die Leinwand hoch und verschwinden wieder am oberen Rand. Die dafür nötigen Trommeln gibt es als Zubehör für Titelgeräte; man kann sich aber auch selbst eine bauen. Beziehen Sie eine große Blechdose mit schwarzem Stoff und lagern Sie sie so, daß sie sich mit einer Kurbel drehen läßt. Befestigen Sie die Buchstaben direkt auf dem Stoff.

Rolltitel
Befestigen Sie die Buchstaben am Bezug der Trommel und stellen Sie die Kamera so ein, daß der Titel das Format ausfüllt. Drehen Sie die Trommel während der Aufnahme langsam. Die letzte Zeile kann entweder wie die anderen Buchstaben verschwinden oder ausgeblendet werden (s. S. 186).

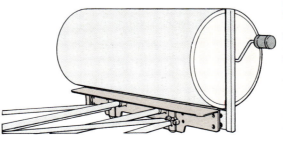

SPEZIALTECHNIKEN

Tricktitel

Optische Echoeffekte erzielt man dadurch, daß man eine Titelschrift heranzoomt («Schwelltitel»), den Film zurückspult und das Zoom wiederholt, jedoch diesmal ein paar Bilder später anfängt. Plazieren Sie die Schrift leicht über oder unter der Mitte des Sucherbildes. Umkleben Sie das Objektiv mit Klebeband und markieren Sie darauf etwa 40 Striche in gleichbleibenden Abständen (s. S. 202). Nehmen Sie bei jeder Markierung ein Einzelbild auf. Am Ende der ersten Belichtungsreihe filmen Sie den Titel noch für ein paar Sekunden zusätzlich, verdunkeln dann das Objektiv und spulen den Film an den Anfang der Aufnahme zurück. Machen Sie nun zwei Einzelbildschaltungen bei noch verdunkeltem Objektiv. Färben Sie die Titelbuchstaben für die zweite Belichtungsreihe mit einem farbigen Gel ein. Machen Sie nun die zweite Belichtungsreihe genau wie die erste. Vor der dritten Belichtungsreihe machen Sie erneut zwei Blindaufnahmen (so daß das Zoom jetzt vier Einzelbilder später beginnt als bei der ersten Reihe); färben Sie die Buchstaben wieder anders und belichten Sie wie vorher.

Eingeblendete Titel

Für die Einblendung von Titeln gibt es Spezialgeräte wie z. B. das «Cinegraphica» von Hama. Dabei handelt es sich um einen Kasten, in den ein Dia projiziert wird. Das Projektionsbild wird von einem in dem Kasten im Winkel von 45° angebrachten teildurchlässigen Spiegel in die Kamera reflektiert, die außerdem durch den Spiegel hindurch die Titelbuchstaben aufnimmt. Denselben Effekt kann man ohne dieses Gerät durch einen Glas- oder den Spiegeltrick erzielen (s. S. 194).

Wenn Ihre Kamera die Rückwicklung des Films gestattet oder wenn Sie einen Rückwickler besitzen, können Sie ohne weiteres an jeder beliebigen Filmstelle einen Einblendtitel mit einer Aufblendung aufnehmen. Filmen Sie zuerst zehn Sekunden lang einen dunklen Hintergrund und blenden Sie dann einen weißen Titel auf. Filmen Sie fünf Sekunden weiter und blenden Sie dann den Titel wieder aus. Spulen Sie nun den Film zurück, drehen Sie den realen Hintergrund wie eine normale Aufnahme und belichten Sie den Rest des Films wie gewohnt.

Animationstitel

Eine weitere Möglichkeit für Tricktitel sind Animationen mit Hilfe von Zeichnungen oder Modellen bzw. anderen Objekten. Eine einzige Animationszeichnung ist oft wirkungsvoller als ein langer schriftlicher Titel. Um einen «fliegenden Titel» zu produzieren, bei dem sich die Schrift scheinbar selber aus einzelnen Buchstaben zusammensetzt, befestigen Sie jeweils einen Buchstaben auf der Titeltafel und nehmen das so entstehende Wort in Einzelbildern auf.

Realtitel

Für diese Titel brauchen Sie keinerlei Spezialausrüstung, und trotzdem gehören viele der originellsten Filmtitel zu dieser Kategorie. Beispielsweise können Sie ein Kind den Titel in den Sand schreiben lassen und dann als Endtitel zeigen, wie das Meer die Schrift wieder auslöscht.

Echotitel
Bei diesen vielfarbigen, zusammengesetzten «Schwelltiteln» wird die Titelschrift mehrmals von der Kamera herangezoomt. Dieser Tricktitel ist recht einfach auszuführen, wenn Ihre Kamera die Rückwicklung des Films erlaubt. Solche Titel wirken faszinierend und professionell und bieten keine größeren technischen Schwierigkeiten.

Titeleinblendungen
Mit Spezialgeräten für Titeleinblendungen können Sie Kleinbilddias und Filmaufnahmen als Hintergründe für Ihre Titel verwenden. Solche Geräte umfassen meist auch eine Einrichtung zur Anfertigung von Rolltiteln.

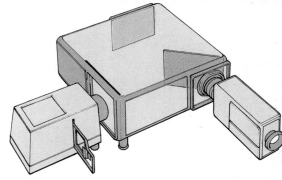

Animationstitel
Die Ringe wurden durcheinander auf die Titeltafel gelegt. Nach und nach wurden daraus die Worte geformt, wobei die einzelnen Stufen mit Einzelbildschaltung aufgenommen wurden.

Naturtitel
Mit solchen Titeln können Sie Ihren Filmen eine ganz persönliche Note verleihen. Wie alle Titel sollten sie einen inhaltlichen Bezug zum Thema des Films haben.

Filmentwicklung und -bearbeitung

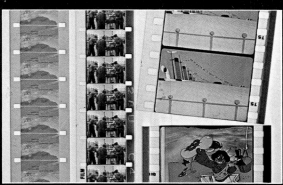

«Es war und ist bis zum heutigen Tage eine Grundwahrheit geblieben, daß das Aneinanderfügen zweier Einstellungen bei der Montage weniger ein einfaches Addieren von zwei Einstellungen, als vielmehr ein *Schöpfungsakt* ist.»

Sergej Eisenstein

FILMENTWICKLUNG UND -BEARBEITUNG

Filmentwicklung

Schicken Sie Ihren belichteten Film immer so bald wie möglich zur Entwicklung. Bei belichteten Filmen kann sich recht bald eine Farbverschiebung einstellen, vor allem bei sehr warmem Wetter. Bei Negativfilm läßt sich die Farbwiedergabe in gewissen Grenzen während des Kopiervorgangs beeinflussen (da alle Kopiermaschinen einstellbare Filterkombinationen enthalten, mit denen sich Farbstiche in bestimmten Partien des Films ausfiltern lassen, s. S. 229). Bei Umkehrfilm gibt es jedoch keine Abhilfe gegen Farbverschiebungen.

Bei Super-8-Film ist im allgemeinen die Entwicklung im Kaufpreis eingeschlossen. Sie stecken einfach die belichtete Kassette in einen Versandbeutel und schicken ihn an den Hersteller ein. Wenn die Entwicklung nicht inbegriffen ist, können Sie den Film zur Entwicklung auch an ein Großlabor einsenden. Die Labors unterscheiden sich in den Preisen, die sie verlangen, und in der Qualität ihrer Arbeit. Testen Sie deshalb mehrere Labors und gehen Sie künftig nur noch zum besten – bei dem es sich durchaus um den Hersteller selbst handeln kann.

Ein Filmfabrikat, der Ektachrome SM 7244 (in verschiedenen Ländern in 60-m-Super-8-Kassetten erhältlich), kann in einem speziellen Kodak Supermatic (SM) Processor verarbeitet werden. Diese Maschinen sind für kleine gewerbliche Labors, Fernsehanstalten und Filmschulen gedacht – mit anderen Worten, für Firmen oder Institute, in denen so viele Filme anfallen, daß sich die Investition lohnt. Die gesamte Verarbeitung läuft bei dem Supermatic automatisch ab, und man braucht keine Spezialkenntnisse, um die Maschine zu bedienen. Der fertig entwickelte und getrocknete Film kann nach rund zehn Minuten entnommen werden.

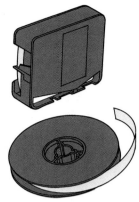

Super-8-Entwicklung
Die meisten 15-m-Super-8-Kassetten werden von den Herstellern entwickelt. Im Labor wird der Film aus der Kassette genommen, und viele Einzelfilme werden zu einer einzigen großen Rolle zusammengeklebt, die dann in einem Durchgang maschinell verarbeitet wird. Anschließend werden die einzelnen Filme wieder getrennt und auf 15-m-Kunststoffspulen zurückgeschickt.

Was bei der Verarbeitung geschieht

Verschiedene Filmtypen werden nach verschiedenen Verfahren verarbeitet. Der Prozeß für die Verarbeitung von Farbfilm ähnelt dem für Schwarzweißfilm, ist aber erheblich komplizierter. Ein grundlegender Unterschied besteht auch zwischen Farbumkehr- und Farbnegativfilm: während Umkehrfilm nach der Verarbeitung bereits vorführfertig ist, muß vom Negativfilm, der nach der Verarbeitung Komplementärfarben zeigt, zuerst noch eine Positivkopie gezogen werden (s. S. 52).

Auf welche Weise die lichtempfindlichen Silberhalogenide in den Filmschichten in Farbstoffe verwandelt werden, ist auf S. 51 erklärt. Welche Farben dabei produziert werden, hängt davon ab, ob es sich um Umkehr- oder Negativfilm handelt. In beiden Fällen verwandelt der chemische Entwickler das durch die Belichtung auf dem Film entstandene unsichtbare, «latente» Bild in ein sichtbares. Bei der Farbverarbeitung sind Faktoren wie die Temperatur der Verarbeitungsbäder und die Dauer ihrer Einwirkung auf den Film von entscheidender Bedeutung. Die Verarbeitungsmaschinen sind groß und teuer und arbeiten weitgehend automatisch.

Empfindlichkeitssteigerung Bei manchen Filmen kann man «Sonderentwicklung», also eine Verlängerung der Entwicklungszeit, verlangen. Diese Behandlung wird auch als «forcierte Entwicklung» bezeichnet. Das Ergebnis ist eine Steigerung der effektiven Empfindlichkeit des Films um eine oder zwei Blendenstufen. Das bedeutet, daß man einen Film, den man bei nicht ausreichenden Lichtverhältnissen belichten mußte, durch diese Behandlung so entwickeln kann, als wäre er korrekt belichtet worden. Sonderentwicklung führt jedoch auch zu einer starken Zunahme von Körnigkeit und Kontrast. Bei manchen Filmen ist eine Verlängerung der Entwicklungszeit überhaupt nicht möglich, z. B. bei Kodachrome, und bei Negativfilmen nimmt man die Anpassung besser beim Kopieren vor.

Selbstverarbeitung

In einigen Ländern sind Verarbeitungsgeräte für die Selbstverarbeitung von Schmalfilmen im Handel. Sie bestehen meist aus einer Kunststoffdose mit einem Spiraleneinsatz. Der belichtete Film wird der Kassette entnommen und sorgfältig in den Spiraleneinsatz eingespult. *Dies muß bei völliger Dunkelheit geschehen, sonst wird der Film durch Lichteinfall verdorben.* Dann werden die Verarbeitungschemikalien – die in genau abgemessenen Mengen angesetzt werden – in die Dose eingefüllt. Sie müssen genau die richtige Temperatur haben und genau die vorgeschriebene Zeit in der Dose bleiben, vor allem bei der Farbfilmentwicklung.

Die Selbstverarbeitung hat folgende Vorteile: Wenn die Entwicklung nicht im Preis inbegriffen ist, kommt Selbstverarbeitung billiger, es geht schneller und Sie können Sonderbehandlungen wie forcierte Entwicklung, «Solarisation» und – bei Schwarzweißfilm – Tonung vornehmen. In den meisten Fällen ist es jedoch vernünftiger, den Film von einem Fachlabor verarbeiten zu lassen.

Entwicklungsdose für die Selbstverarbeitung
Diese Entwicklungsdose ist für die Verarbeitung von 8-mm-, 16-mm- und 35-mm-Filmen in verschiedenen Kombinationen geeignet. Sie wird mit einer Serie von Spiraleneinsätzen geliefert. Der Film muß bei völliger Dunkelheit in den Spiraleneinsatz eingespult werden. Die Verarbeitungsbäder werden durch die trichterförmige Einfüllöffnung im Deckel der lichtdicht verschlossenen Dose eingegossen.

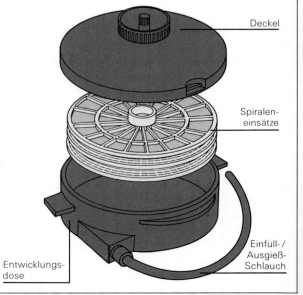

Deckel

Spiraleneinsätze

Entwicklungsdose

Einfüll-/Ausgieß-Schlauch

FILMENTWICKLUNG UND -BEARBEITUNG

Original oder Arbeitskopie?

Wenn Sie Ihren Film zum Entwickeln in die Umkehranstalt einschicken, müssen Sie sich entscheiden, ob Sie für den Schnitt eine Kopie ziehen lassen oder es riskieren wollen, die Bearbeitung am Original vorzunehmen. Bei Negativfilm brauchen Sie immer eine Kopie.

Bearbeitung des Originals

Die allermeisten Super-8-Filmer nehmen den Filmschnitt direkt am Original vor. Das bedeutet, daß der in der Kamera belichtete, von der Entwicklungsanstalt zurückgeschickte Film zerschnitten und geklebt wird. Der große Vorteil dieser Methode gegenüber der Bearbeitung einer Arbeitskopie besteht darin, daß der Film eigentlich nie ganz «fertig» ist. Sie können solange Sie wollen die Schnittstellen ändern, neues Material einkleben oder Szenenfolgen neu montieren. Der große Nachteil dieses Verfahrens ist es, daß Sie peinlich genau darauf achten müssen, daß der Film nicht verschmutzt oder beschädigt wird.

Checkliste für die Filmpflege Reinlichkeit ist oberstes Gebot beim Filmschnitt – vor allem bei Super-8, wo die Einzelbilder sehr stark vergrößert werden.
● Halten Sie den Schneideraum sauber. Keine Teppiche.
● Lassen Sie den Film nicht auf den Boden fallen.
● Fassen Sie den Film nur mit Baumwollhandschuhen an, und halten Sie ihn immer nur an den Kanten.
● Ziehen Sie den Film niemals auf der Spule straff.
● Führen Sie den Film vor dem Schnitt nicht zu oft vor. Benutzen Sie für die Montage den Betrachter, aber spulen Sie den Film nicht mehr vor und zurück, als unbedingt notwendig. Versehen Sie den Filmanfang stets mit einem vorschriftsmäßig angeschnittenen Vorspann.
● Wenn der Film verstaubt ist, reinigen Sie ihn mit einer Spezialflüssigkeit oder schicken ihn zur Reinigung in ein Labor.

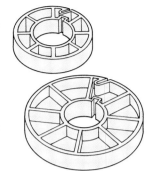

16-mm-Entwicklung
Beim 16-mm-Film kommt das Original oder die Kopie auf einem Kunststoffkern aus dem Kopierwerk. Die Kerne können beim Schnitt zusammen mit «teilbaren Spulen» verwendet werden.

Filmreinigung
Film kann gereinigt werden, indem man ihn sehr vorsichtig durch ein weiches, nicht fusselndes, mit Reinigungsflüssigkeit angefeuchtetes Tuch zieht.

Schnitt und Montage einer Arbeitskopie

Arbeitskopien läßt man von seinen Originalfilmen ziehen, um für Schnitt- und Montagezwecke ein Material zu haben, das im Notfall auch verdorben werden kann. Eine Arbeitskopie ist ein Duplikat des in der Kamera belichteten Films und kann gleich bei der Entwicklungsanstalt mitbestellt werden, wenn man den Film zur Entwicklung einschickt. Es handelt sich um eine direkte Kopie des Originals, die ausschließlich für Schnittzwecke verwendet wird. Da es sich nur um eine Kopie handelt, kann man die Arbeitskopie intensiver schneiden und kleben, ohne sich allzuviel Sorgen um den physischen Zustand des Materials zu machen. Wenn die Montage endgültig fertig ist, schneidet man das Original entsprechend der Arbeitskopie. Dieser Arbeitsgang wird als «Negativ-Schnitt» bezeichnet, auch wenn es sich um Umkehrfilm handelt (s. S. 228). Diese Arbeit können Sie auch von einem Fachlabor ausführen lassen. Der Negativ-Schnitt ist viel einfacher, wenn sowohl Original als auch Arbeitskopie mit Randnummern versehen sind (s. unten). Sobald das Original entsprechend der Arbeitskopie geschnitten ist, kann es, falls es sich um Umkehrfilm handelt, vorgeführt werden, oder man stellt, falls es sich um einen Negativfilm handelt, eine Positivkopie davon her (S. 229). Beide sollten in einwandfreiem Zustand sein.

Arbeitskopien sind vor allem notwendig, wenn Sie vom Original (das dafür in einwandfreiem Zustand sein muß) Kopien ziehen lassen oder den Film stark bearbeiten wollen. Wenn Sie eine Szene im Original erst einmal geschnitten haben, wird die Schnittstelle sichtbar sein, falls Sie sie wieder durch Kleben auf die ursprüngliche Länge bringen. Wenn Sie naß kleben, geht in diesem Fall ein Bild an der Schnittstelle verloren. Eine Arbeitskopie läßt Ihnen dagegen die Möglichkeit, es sich später anders zu überlegen, da das Original nicht angerührt wird.

Randnummern

Bei 16-mm- und 35-mm-Film werden bei der Herstellung «latente» Randnummern einbelichtet. Diese Nummern, die bei jedem 20. oder 40. Bild am Rand stehen, werden durch die Entwicklung sichtbar gemacht. Dadurch wird der Negativ-Schnitt sehr vereinfacht, weil man nur die Randnummern der Arbeitskopie mit denen des Originals zu vergleichen braucht (s. S. 228).

Bei Super-8-Film gibt es keine einbelichteten Randnummern. Man kann aber in manchen Labors vor dem Schnitt einander entsprechende Randnummern auf Arbeitskopie und Original aufbringen lassen. Die Randnummern werden mit weißer Tinte aufgedruckt. Randnumerierung von Super-8-Filmen ist nur bei professioneller Anwendung notwendig. Aus diesem Grund werden diese Arbeiten bislang auch nur in den USA angeboten, wo Super-8 vielfach für professionelle Aufnahmen eingesetzt wird.

Randnummern auf Super-8-Film
Randnummern werden stets nach der Entwicklung aufgebracht; sie ragen manchmal in die Bilder hinein.

Randnummern auf 16-mm-Film
Bei 16-mm-Film sind die Randnummern im allgemeinen einbelichtet. Man kann aber auch nachträglich Randnummern anbringen lassen.

Randnummern auf 35-mm-Film
Fast alle Typen von 35-mm-Negativ- und Kopierfilmen haben in Abständen von 39 cm einbelichtete Randnummern.

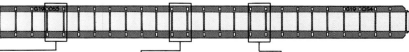

G 19 055
Sie können bestimmte Einzelbilder auffinden, indem Sie die Randnummer anzeichnen, die dem Bild gegenübersteht.

G 19 055 -8
Um ein Zwischenbild zu markieren, zeichnen Sie die nächste Randnummer an und zählen zum *Filmanfang* hin. Setzen Sie ein *Minuszeichen* vor die Zahl.

G 19 054 +7
Statt dessen können Sie auch von der Randnummer aus zum *Filmende* hin die Einzelbilder zählen. Setzen Sie dann ein *Pluszeichen* vor die Zahl.

FILMENTWICKLUNG UND -BEARBEITUNG

Wozu Schnitt und Montage?

Warum sollten Sie sich die Mühe machen, Ihre Filme zu schneiden? Welchen Sinn hat es, Szenen ineinanderzumontieren, die vielleicht zu ganz verschiedenen Zeitpunkten gedreht wurden? Warum nicht einfach den Film vorführen, so wie er gedreht wurde? Immerhin haben viele berühmte Regisseure lange, kontinuierliche Einstellungen einem unruhigen Schnitt vorgezogen, und Hitchcocks Film *Cocktail für eine Leiche* enthält sogar überhaupt keine Schnitte. Die Antwort lautet, daß diese Regisseure enorme finanzielle Mittel und einen hochentwickelten technischen Apparat zur Verfügung hatten. Eine wirkungsvolle lange Einstellung ist sehr schwer zu drehen, denn schließlich muß jede Phase davon interessant sein.

Beim Schnitt haben Sie die Möglichkeit, die unvermeidlichen Aufnahmefehler zu korrigieren und das Rohmaterial in eine neue und logische Ordnung zu bringen. In der ruhigen Umgebung Ihres Schneideraums haben Sie beim Betrachten Ihres Films im Filmbetrachter zum erstenmal Gelegenheit, bestimmte Aspekte des aufgenommenen Materials im Zusammenhang mit allen anderen Einstellungen zu prüfen. Sie können jetzt Szenen ineinander verschränken, aus verschiedenen Blickwinkeln entstandene Aufnahmen derselben Szene kombinieren, komplexe Szenenfolgen aufbauen und den Rhythmus und die Stimmung erzeugen, die Ihnen angemessen erscheinen.

Andererseits sollten Sie jedoch den Filmschnitt nie als Selbstzweck betreiben. Hüten Sie sich davor, gleich am Anfang zuviel von bestimmten Szenen wegzuschneiden. Vertrauen Sie darauf, daß viele Szenen auch so, wie sie gedreht wurden, auf der Leinwand wirken können.

Arbeitsablauf beim Filmschnitt
Dem Schema unten können Sie entnehmen, wie Sie den Arbeitsablauf beim Schnitt Ihrer Filme planen sollten. Es enthält die einzelnen Arbeitsgänge, die auf den folgenden Seiten näher erläutert werden. Es gilt nur für Stummfilme.
Um das Schema nutzbringend anzuwenden, fangen Sie oben an, beantworten die jeweiligen Fragen mit «Ja» oder «Nein» und gehen zu dem entsprechenden Kästchen weiter.

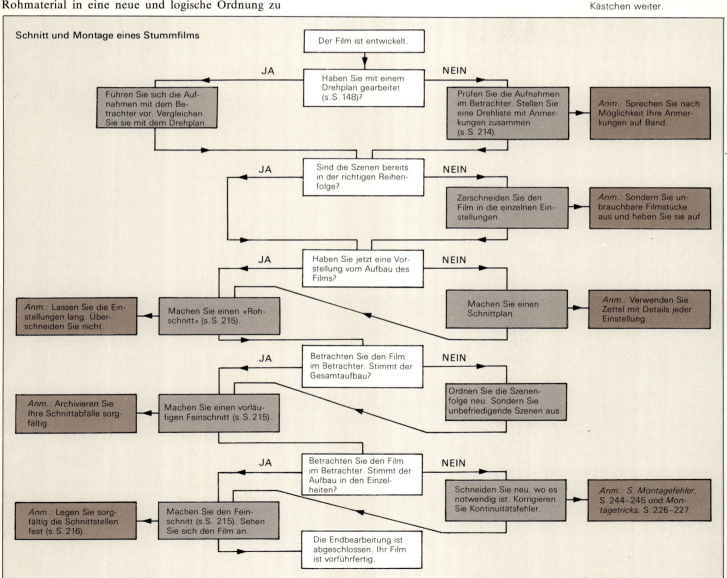

Ausrüstung für Schnitt und Montage

Die auf dieser Seite beschriebene Ausrüstung brauchen Sie für Schnitt und Montage eines Stummfilms. Die Geräte, die Sie für den Tonschnitt zusätzlich brauchen, werden im nächsten Kapitel (s. S. 232) besprochen.

Das wichtigste Gerät ist der *Laufbildbetrachter* (Umlaufbetrachter, Filmbetrachter), der zur Betrachtung des Films während der Bearbeitung dient. Der Betrachter enthält eine kleine Glühlampe, die den Film durchleuchtet und die Bilder auf einen kleinen Schirm projiziert. Der Film befindet sich dabei beiderseits des Bildschirms auf Spulen und kann vorwärts und rückwärts transportiert werden, was meistens durch eine Handkurbel, zum Teil aber auch mit Motorantrieb geschieht.

Um den Film zu zerschneiden und die einzelnen Filmstücke sauber zusammenzukleben, brauchen Sie eine *Klebepresse*. Naßklebepressen dienen zum Kleben des Films mit Klebstoff, bei Trockenpressen wird er mit Klebeband geklebt (s. S. 212–213).

Tragen Sie bei der Arbeit stets Cutter-Handschuhe, damit keine Fingerabdrücke auf den Film kommen. Griffbereit sollten ein Pneu-Pinsel, ein weiches, fusselfreies Tuch und etwas Filmreiniger stehen, damit Sie den Film nach der Montage und vor dem Vorführen reinigen können.

Weiteres Zubehör: Filmmarkierungsstift zum Markieren der Schnittstellen, Lupe, Schere, leere Spulen mit einer Kapazität von 15, 60 und 120 m Film sowie Dosen dazu, Szenenordner zum Aufhängen der Filmstücke, Filmsortiergerät, genügend Vorspannfilm, schwarzer Filmschreiber zum Beschreiben des Vorspanns, Notizblock für die Schnittliste, Stoppuhr und Tabellen für die Umrechnung von Filmlängen in Vorführzeiten.

1 Filmspulen
2 Vorspann
3 Stummfilmbetrachter
4 Filmreiniger
5 Tonkopf
6 Bildzählwerk
7 Sound Fader
8 Trockenklebepresse
9 Naßklebepresse
10 Notizblock
11 Stifte
12 Schere
13 Lupe
14 Stoppuhr
15 Cutter-Handschuhe
16 Weiches Tuch
17 Reinigungsflüssigkeit
18 Pneu-Pinsel

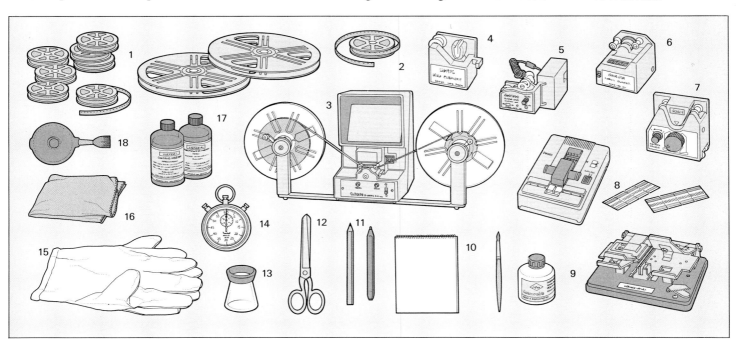

Wahl eines Filmbetrachters

Bei Laufbildbetrachtern für Super-8 gibt es große Qualitäts- und Preisunterschiede. Wenn Sie daran denken, sich einen zu kaufen, sollten Sie auf folgende Dinge achten: Ist das Gerät robust und sinnvoll konstruiert? Beträgt die Kapazität der Spulen mindestens 120 m Super-8-Film? Ist das Bild scharf und hell genug für Tageslichtbetrachtung? Lassen sich Bildstand und Schärfe einstellen? Falls motorisiert, ist die Geschwindigkeit einstellbar? Läßt sich der Film in Einzelbildschaltung vor- und zurücktransportieren? Wie werden Schnittstellen markiert? Kann das Gerät mit einem Tonkopf für den Schnitt von Pistentonfilm ausgerüstet werden?

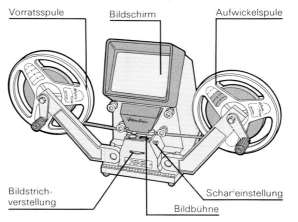

Funktionsweise des Filmbetrachters

Bei den meisten dieser Geräte wird das Bild von einer kleinen Halogenlampe durchleuchtet. Das Bild wird von einem Glasprisma aufgefangen, das es über mehrere Spiegel auf den Bildschirm projiziert. Manche Super-8-Betrachter sind jetzt mit motorischem Antrieb ausgestattet und haben Aufnahme- und Wiedergabeköpfe für die Tonmischung.

FILMENTWICKLUNG UND -BEARBEITUNG

Filmklebeverfahren

Zwei Filmenden, die verbunden werden sollen, müssen geklebt werden. Es gibt dazu zwei Hauptverfahren – von denen jedes allerdings viele Varianten aufweist: die *Trockenklebung* und die *Naßklebung*. Trockenklebung ist für Schnittzwecke praktischer, weil man den Klebestreifen oder die Klebefolie wieder abziehen und ein ursprünglich weggeschnittenes Filmstück ohne Verlust eines Bildes wieder anfügen kann. Naßklebung wird grundsätzlich immer dann angewandt, wenn von dem Film Kopien gezogen werden sollen oder optisches Kopieren in Frage kommt, da in diesen Fällen die Klebeverbindungen meist als weiße Striche erscheinen. Naßklebung mit Filmkitt ist ungeeignet für Filme auf Polyesterunterlage wie die Single-8-Filme von Fuji.

Trockenklebung

Trockenklebeverfahren

Bei der Trockenklebung werden die Filmenden auf Stoß miteinander verbunden, überlappen sich also nicht. Sie müssen deshalb präzise geschnitten und verbunden werden, damit sie einwandfrei durch den Projektor laufen. Die zwei Hauptarten von Trockenklebepressen sind die Folien-Klebepresse und die Rollenklebepresse.

Folien-Klebepressen Diese Klebepressen gibt es nur für das 8-mm-Format. Die Klebestreifen sparen die Tonspur und manchmal auch die Ausgleichsspur aus, so daß auch Tonfilme geklebt werden können.

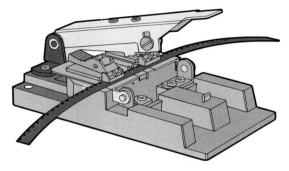

Folien-Klebepresse
Die Würker S 8 Trockenklebepresse war das erste Gerät dieser Art, das an den Klebestellen sowohl die Tonspur als auch die Ausgleichsspur freiließ. Der Klebestreifen bedeckt auf der Glanzseite den Film in der ganzen Breite, läßt jedoch auf der Schichtseite die beiden Tonspuren frei. Das bedeutet, daß man den Film für Duoplay- und Stereovertonung verwenden kann (s. S. 237).

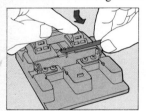 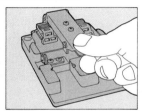 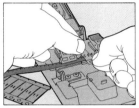  

1 Film mit der Glanzseite nach unten auf Stifte legen. Das Filmende sollte um ein Einzelbild überstehen. Niederdrücken und rechte Klemme nach vorne schieben.

2 Das Messer rasch, aber ohne starken Druck herunterdrücken. Den Abfall entfernen und Vorgang auf der linken Seite wiederholen.

3 Klebestreifen mit rotem Ende nach oben auf Kunststoffstifte legen. Hintere Hälfte festhalten und vordere vom Gerät wegziehen. Klebestreifen andrücken.

4 Die Platte, in der der Film noch festgehalten wird, nach vorne klappen. Die Klebestelle gut andrücken.

5 Das vordere Ende des Klebestreifens umlegen. Andrücken. Die Platte zurückklappen, den Film herausnehmen und die Klebestellen andrücken.

Rollenklebepressen Diese Trockenklebepressen arbeiten nicht mit einzelnen Klebestreifen, sondern mit Rollenklebeband. Die Presse hält die Filmenden präzise fest, während Sie die Klebefolie fest andrücken. Dann beschneidet sie die Enden automatisch. Die Klebefolie bedeckt beide Filmseiten, spart aber meist die Tonspur aus. Die Folie überklebt im allgemeinen zwei Filmbilder, und wenn die Klebestelle bei der Projektion unsichtbar sein soll, dürfen unter der Folie kein Schmutz und keine Luftbläschen eingeschlossen sein. Rollenklebepressen sind beim Kleben von Perfoband vorzuziehen.

Rollenklebepresse
Bei dieser Klebepresse wird der Film mit spezieller transparenter Klebefolie geklebt. Die Maschine stanzt automatisch Perforationen in die Folie, die denen des Films genau entsprechen. Die Tonspur bleibt frei, die Ausgleichsspur wird beim gezeigten Gerät jedoch leider überklebt.

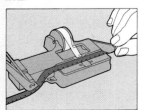 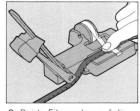  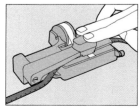 

1 Vor dem Kleben die Filmenden beschneiden. Den Film auf die Stifte stecken und mit dem eingebauten Messer abschneiden.

2 Beide Filmenden auf die Paßstifte stecken, so daß die Enden aneinanderstoßen. Die Klebefolie über die Verbindungsstelle legen.

3 Die Andruckplatte herunterklappen und mit einem Finger auf dem Film festhalten. Der Film darf nicht von den Stiften rutschen.

4 Den Hebel herunterdrücken, so daß er die Folie perforiert. Gleichzeitig wird die Klebefolie beschnitten.

5 Den Hebel hochklappen und die überstehende Folie umschlagen, so daß sie auf der Filmrückseite anklebt und die unsichtbare Klebeverbindung vervollständigt.

FILMENTWICKLUNG UND -BEARBEITUNG

Naßklebeverfahren

Bei der Naßklebung wird mit flüssigem Filmkitt die Unterlage des einen Filmendes soweit angelöst, daß sie sich mit der Unterlage des anderen Endes verbindet. Der Filmkitt kann nicht auf der Schichtseite wirken. Diese muß vielmehr an einem Ende abgeschliffen werden.

Naßklebung

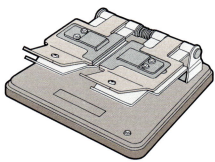

Naßklebepresse
Die links abgebildete Naßklebepresse ist für 8-mm- und 16-mm-Film geeignet. Sie hat Stanzmesser zum Beschneiden der Filmenden und einen eingebauten Schleifkopf, mit dem ein schmaler Streifen der Schichtseite angeschliffen wird. Um eine gute Klebeverbindung zu erzielen, müssen Sie frischen Filmkitt nach den Angaben des Herstellers auftragen.

Keilschliff-Verbindungen

Die meisten billigen Naßklebepressen produzieren Klebeverbindungen mit einer «Stolperstufe», bei denen also ein Filmende über dem anderen liegt. Keilschliff-Klebepressen schleifen beide Filmenden im Winkel von 45° ab.

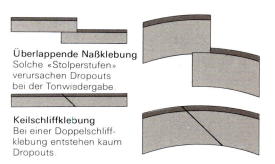

Überlappende Naßklebung
Solche «Stolperstufen» verursachen Dropouts bei der Tonwiedergabe.

Keilschliffklebung
Bei einer Doppelschliffklebung entstehen kaum Dropouts.

Hochentwickelte Naßklebepressen

Gute Naßklebepressen sind Präzisionsinstrumente und deshalb meistens teurer als Trockenklebepressen. (Allerdings ist Filmkitt erheblich billiger als Rollenklebeband oder Klebestreifen.) Manche Pressen haben eine motorisch angetriebene Schleifscheibe zum Abschleifen der Filmenden. Andere sind beheizbar, um die Trocknung des Filmkitts zu beschleunigen.

1 Platten anheben und trennen, die rechte untere jedoch unten lassen. Den Film mit der Schichtseite nach oben auf die Stifte legen.

2 Die rechte obere Platte fest herunterdrücken, um den Film festzuhalten. Zum Schneiden des Filmendes die linke untere Platte herunterdrücken.

3 Die beiden rechten Platten mit dem Film hochheben. Den Abfall entfernen. Schnitt des linken Filmendes vorbereiten.

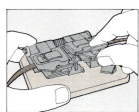 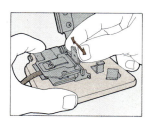

4 Das andere Filmende mit der Schichtseite nach oben auf die linke untere Platte legen und mit der oberen Platte festklemmen.

5 Den Film durch Herunterdrücken der fest zusammengehaltenen beiden rechten Platten abschneiden. Nachher Platten wieder anheben.

6 Den eingebauten Filmschaber herausziehen und damit die Schicht von dem Filmende abreiben. Staub mit einem Pinsel entfernen.

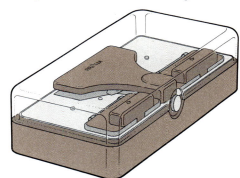

Motorklebepresse (oben)
Die Braun FK 1 hat einen motorisch angetriebenen Schleifkopf zur Herstellung eines Doppelkeilschliffs.

Heizbare Klebepresse (unten)
Diese Klebepresse von Maier-Hancock wird elektrisch beheizt, um das Trocknen des Filmkitts zu beschleunigen.

  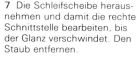

7 Die Schleifscheibe herausnehmen und damit die rechte Schnittstelle bearbeiten, bis der Glanz verschwindet. Den Staub entfernen.

8 Zum Verbinden der Filmenden Filmkitt auf die linke Schnittstelle auftragen, bis die Oberfläche feucht ist. Nicht zuviel Kitt auftragen.

9 Rechte Platten mit Film herunterdrücken. Die Verbindung trocknet in 30 Sek. Die oberen Platten anheben und den Film entnehmen.

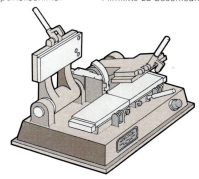

FILMENTWICKLUNG UND -BEARBEITUNG

Schnitt- und Montagetechnik

Wenn die entwickelten, ungeschnittenen Filme aus der Entwicklungsanstalt kommen, müssen Sie sich mit Hilfe eines Filmbetrachters erst einmal einen Überblick darüber verschaffen, was Sie alles an brauchbaren Szenen zur Verfügung haben. Wenn Sie mit einem Drehplan gearbeitet und jede Einstellung und jede Szenenwiederholung ordnungsgemäß numeriert haben (s. S. 148), haben Sie jetzt weniger Arbeit. Wenn nicht, nutzen Sie die Gelegenheit der ersten Betrachtung, um nachträglich eine Drehliste (Schnittliste) zu erstellen.

Betrachtung der Klatschkopien

Wenn Sie von Ihrem Original eine Arbeitskopie herstellen ließen, arbeiten Sie mit dieser. Bewahren Sie das Original an einem sicheren Ort auf, bis der Schnitt fertig ist. Wenn Ihre Filme sich auf mehreren 15-m-Spulen befinden, sollten Sie sie zusammenkleben und auf eine gemeinsame 120-m-Spule aufspulen. Dann können Sie den ganzen Film in Ihrem Filmbetrachter betrachten. Geben Sie jeder Einstellung oder Szene eine fortlaufende Nummer und notieren Sie daneben, was sie enthält, wie lang und von welcher Qualität sie ist. Diese Angaben kommen Ihnen mit Sicherheit später zustatten, wenn Sie eine bestimmte Einstellung suchen oder feststellen wollen, wie eine bestimmte Aufnahme ausgefallen ist.

Zur kritischen Betrachtung und damit Sie Zeit haben, sich Notizen zu machen, werden Sie den Film wahrscheinlich oft anhalten müssen. Sie können aber Ihre Bemerkungen auch während der Projektion laufend auf Band sprechen. Achten Sie auf Bildschärfe, Ausschnitt, Belichtung, Bildstand und Rhythmus. Vergewissern Sie sich, daß der Film völlig frei von Fabrikationsfehlern, Haaren, Überstrahlungen, Schmutz und zittrigen Einstellungen ist. Auf einem kleinen Bildschirm läßt sich das alles jedoch nur schwer feststellen.

Szenenordnen

Wenn Sie den ganzen Film projiziert und eine mit Bemerkungen versehene Schnittliste zusammengestellt haben, spulen Sie den Film wieder zurück. Jetzt können Sie den Film in einzelne Szenen oder Szenenkomplexe zerschneiden. Dazu transportieren Sie den Film durch den Betrachter und zerschneiden ihn an den geeigneten Stellen. Dies ist der richtige Zeitpunkt, um die schlechtesten Aufnahmen auszusondern. Diese Filmstücke können Sie entweder zu einer einzigen Rolle zusammenkleben oder in einer Dose aufbewahren. Widerstehen Sie aber der Versuchung, sie wegzuwerfen, solange der Film noch nicht endgültig geschnitten ist.

Die als brauchbar ausgewählten Aufnahmen können auf verschiedene Weise geordnet und aufbewahrt werden, z. B. auf Spulen, in Dosen, auf einem Filmgalgen oder Szenenordner oder in einer Schachtel mit vielen kleinen numerierten Fächern. Sie, müssen aber unbedingt jede Szene wiederfinden können, wenn Sie sie brauchen. Ordnen Sie deshalb die Streifen nach den Nummern, die sie auf der Schnittliste bekommen haben.

Wenn der Film «Randnummern» hat (s. S. 209), sollten diese neben die Szenennummern geschrieben werden.

Szene 1 Schwenk über den Strand. Am Schluß zittrig (vielleicht für Titel geeignet) 15 Sek. Take 2: Dito, besser

Szene 2 Krabbe. Groß. Gut. 5 Sek.

Szene 3 Zoom auf Großbildaufnahme von kleinem Mädchen. Unscharf. Haar im Bildfenster. Unbrauchbar.

Szene 4 Totale. Brandung. Gut. 10 Sek.

Szene 5 Halbnah. Reaktion des Vaters. 4 Sek. (Zwischen 4 und 5 kein Schnitt?)

Szene 6 Dasselbe wie 4, aber schräger Horizont. Unbrauchbar.

Szenerliste (links)
Wenn Sie sich Ihren Film zum erstenmal ansehen, notieren Sie sich nebenher die wichtigsten Angaben zu jeder Einstellung bzw. Szene. Am besten, Sie nehmen dafür Karteikarten, die Sie dann als Schnittplan verwenden können.

Schnittkontrolle (unten)
Auf einem «Negativ-Bericht» können Sie die Angaben zu den einzelnen Szenen auflisten. Er enthält Szener- und Take-Nummern, Randnummern und nach Möglichkeit eine kurze Szenerbeschreibung.

Rolle Nr.	Szene Nr.	Take Nr.	Randnummern	«Rubber Numbers»	Handlung	Dialog	Bemerkungen
6	41	1	J-34765-99	BB 5826-43	HN Robert	–	Unbr. (Haar)
	41	2	J-34801-25	BB 5844-58	HN Robert	–	Unbr. (Übb)
	41	3	J-34829-64	BB 5859-76	HN Robert	–	O.K.
	42	1	J-34868-83	BB 5877-84	N Anne	Synch.	O.K.
	43	1	J-34884-906	BB 5885-96	Zwischenschnitt	–	O.K.
	44	1	J-34906-15	BB 5897-904	N Robert	Synch.	Unbr. (Fehlstart)
	44	2	J-34917-28	BB 5905-11	N Robert	–	O.K.
7	45	1	X-61972-94	BB 5912-23	Haus außen	–	O.K.
	46	1	X-61995-204	BB 5924-33	Bäume	–	O.K.

Betrachten des Films
Den Film von links nach rechts durch den Betrachter laufen lassen und die erste Szene laut Schnittliste suchen.

Schnittstellen markieren
Mit einem Markierungsstift die erste Schnittstelle markieren. Nicht zu knapp schneiden.

Film schneiden
Den Film ein paar Bilder weiterdrehen und mit Schere oder Klebepresse den Schnitt ausführen.

Szenen numerieren
Mit einem Markierungsstift die Szenennummer auf die Blankseite des Films schreiben.

Aufbewahrung der Filmstreifen
Es gibt Plastikschalen mit numerierten Fächern zur Aufbewahrung der Filmstreifen.

Filmgalgen
Die Filmstreifen können auch auf einem Filmgalgen aufgehängt werden. Die Stifte sind numeriert.

FILMENTWICKLUNG UND -BEARBEITUNG

Wenn Sie schon während der Dreharbeiten ein Drehbuch benutzt haben, können Sie jetzt die Szenen nach diesem Plan zusammenstellen, obwohl natürlich die tatsächlichen Aufnahmen nicht genau dem Drehbuch entsprechen werden. Lassen Sie die Szenen bzw. Szenenkomplexe noch möglichst lang.

Wenn Ihr Film nicht nach einem bestimmten Plan entstanden ist, stehen Ihnen jetzt viele Möglichkeiten offen. Um eine Rohschnittfassung zu erstellen, schreiben Sie am besten Angaben über jedes Element (eine Szene, einen Szenenkomplex oder auch nur eine Idee für eine mögliche Szenenfolge) auf ein eigenes Blatt Papier. Jeder dieser Zettel wird mit der Nummer der Szene oder den Nummern der Szenen gekennzeichnet, auf die er sich bezieht. Wenn Sie für die Schnittliste schon Karteikarten verwendet haben, können Sie diese auch für die Rohschnittfassung heranziehen. Legen Sie die Zettel oder Karten auf einem Tisch oder dem Fußboden aus und arrangieren Sie sie so lange, bis Sie den Eindruck haben, daß sich ein möglicher Aufbau für Ihren Film abzeichnet. Dann können Sie die Szenen in dieser Reihenfolge montieren.

Man beginnt mit der Montage im allgemeinen am Filmanfang und arbeitet am Betrachter von links nach rechts. Setzen Sie zunächst eine 120-m-Spule auf den rechten Spulenarm. Befestigen Sie daran ein längeres Stück Vorspannfilm. Nehmen Sie jetzt den ersten Filmstreifen vom Filmgalgen oder aus der Schale und kleben Sie den Anfang dieser Szene an das Ende des Vorspanns. Fahren Sie auf diese Weise fort, bis alle Szenen montiert sind und sich auf der einen Spule befinden.

Verfallen Sie nicht in den nur allzu häufig gemachten Fehler, in diesem Stadium bereits zuviel wegzuschneiden. Es kommt tatsächlich recht selten vor, daß der Aufbau des Rohschnitts für die endgültige Fassung beibehalten wird, und Sie sollten deshalb nicht verzagen, wenn Ihr Film bei der ersten Vorführung noch nicht Ihren Vorstellungen entspricht. Jetzt sind Sie soweit, daß Sie sich der eigentlichen Montage widmen können – die manchen als der aufregendste und interessanteste Teil des Filmemachens gilt.

Der vorläufige Feinschnitt

Wenn Sie sich die Rohfassung Ihres Films auf der Leinwand ansehen, werden Sie nach und nach erkennen, wie Sie bei der endgültigen Montage vorgehen könnten.

Der Film wird anschließend vom Projektor genommen und wieder auf den Betrachter gebracht. Hier schließt sich nun die Herstellung einer vorläufigen Rohfassung aufgrund des Rohschnitts an. Das ist die eigentliche Schnitt- und Montagearbeit: Sequenzen werden aufgebaut, Kontinuität wird hergestellt und Zwischenschnitte und Parallelmontagen werden ausgeführt.

Widerstehen Sie auch jetzt noch der Versuchung, zuviel wegzuschneiden, vor allem wenn Sie mit dem Original arbeiten. Verzichten Sie auch darauf, kurze Szenen immer wieder durch den Betrachter laufen zu lassen. Abgesehen von dem Zeitaufwand und dem unnötigen Verschleiß würde das auch nicht viel nützen, weil Sie jede Szene nur im Zusammenhang mit dem übrigen Film wirklich beurteilen können.

Der Feinschnitt

Der *Feinschnitt* ist die letzte Stufe der Endbearbeitung des Films. Beim Rohschnitt haben Sie sich bewußt noch Spielraum für die Änderung der Schnitte gelassen. Mit dem Feinschnitt wird nun jedoch die endgültige, vorführfertige Fassung des Films festgelegt.

Schnittabfälle

Die Filmstücke, die Sie am Anfang oder Ende bestimmter Einstellungen wegschneiden, müssen Sie sorgfältig aufbewahren. Ein scheinbar «unbrauchbares» Stück Film kann bei einer anderen Gelegenheit einen unschätzbaren Zwischenschnitt abgeben. Wenn sie keine Randnummern tragen, sollten Sie die Abfälle durch Beschreiben mit einem Markierstift oder durch ein bestimmtes Archivsystem ordnen, und bei Zweibandvertonung sollten sie mit den dazugehörigen Tonbändern und vorschriftsmäßigen Synchronmarkierungen aufbewahrt werden.

Markieren der Schnittstellen

Die Stelle, an der ein Schnitt gemacht werden soll, wird im allgemeinen auf der Rückseite (Blankseite) des Films markiert. Bringen Sie nie eine Markierung auf der (matten) Schichtseite an, und markieren Sie kein Einzelbild, das als letztes Bild einer Szene am Streifen daranbleiben soll. Die Markierungen lassen sich zwar abwischen, hinterlassen aber doch leichte Spuren auf dem Film. Um sicherzugehen, daß kein Bild auf diese Weise verdorben wird, sollten Sie beispielsweise immer drei Einzelbilder nach der Schnittstelle die Markierung anbringen.

Bei den meisten Filmbetrachtern ist der Film für die Markierung mit einem Stift zugänglich, aber viele haben auch eine eingebaute Markiervorrichtung. Diese stanzt auf der perforierten Seite eine kleine Kerbe in den Film.

Schnittstellen markieren (rechts)
Bei den meisten Betrachtern läßt sich der Film mit einem Stift markieren.

Anzeichnen der Schnittstellen (unten)
Die senkrechte Linie bezeichnet die Schnittstelle. Die waagrechte Linie kennzeichnet das Ende, das weggeschnitten werden soll.

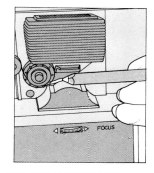

Automatische Schnittstellenmarkierung (oben)
Bei manchen Filmbetrachtern kann die Schnittstelle durch Stanzen einer kleinen Kerbe in den Filmrand markiert werden.

FILMENTWICKLUNG UND -BEARBEITUNG

Wann und wo geschnitten wird

Bei Schnitt und Montage muß man in erster Linie experimentieren und herumprobieren. Es gibt keine festen Vorschriften, aber einige Grundregeln, die Ihnen helfen können, überzeugende Sequenzen zusammenzustellen. Die beiden wichtigsten dieser Regeln – Schnitt zur Wahrung der Kontinuität und Schnitt zur Belebung des visuellen Geschehens – sind unten dargestellt.

Filme werden nicht nur aus visuellen Gründen geschnitten. Manchmal ist der Ton wichtiger als das Bild, z. B. bei Musik- oder Gesprächsaufnahmen. Und manchmal liegen die günstigsten Schnittstellen für Bild und Ton nicht an derselben Stelle. Im allgemeinen ist jedoch das Bild das Wichtigste. Sie werden feststellen, daß ein gutes Bild immer wirkungsvoller ist als ein noch so ausgefeilter Kommentar.

Wozu dienen Schnitt und Montage?

Wenn Sie Ihren ungeschnittenen Film betrachten, sollten Sie sich zu allererst die Frage stellen, ob überhaupt ein Schnitt notwendig ist. Selbst wenn Sie ein Geschehen von verschiedenen Standpunkten aus gefilmt oder Zwischenschnitte aufgenommen haben, müssen Sie sich jetzt darüber klarwerden, ob diese Aufnahmen die Haupthandlung unterstützen oder nicht vielmehr schwächen. Sind die Blickwinkel und Informationen der anderen Aufnahmen wirklich soviel anders, daß sie die Szene verstärken, oder würden sie die Haupthandlung nur komplizieren, ohne selber einen Beitrag zu leisten? Schneiden Sie nie nur um des Schneidens willen oder weil Sie eine Szene zufällig auch noch von einer anderen Kameraposition aus gedreht haben.

Wahl der Schnittstelle

Nehmen wir an, Sie haben einen Mann gefilmt, der zu einem Auto geht, die Tür aufmacht und einsteigt. Um möglichst viel Spielraum für die Montage zu haben, haben Sie die Szene von drei verschiedenen Standpunkten aus gedreht. Sie haben vor, von der Halbtotalen auf die Halbnaheinstellung zu schneiden, sobald der Mann das Auto erreicht, und auf die Großaufnahme, wenn er den Griff anfaßt. Einige der dabei auftretenden Probleme und Variationsmöglichkeiten werden auf der rechten Seite besprochen.

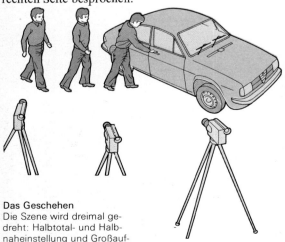

Das Geschehen
Die Szene wird dreimal gedreht: Halbtotal- und Halbnaheinstellung und Großaufnahme von dem Türgriff.

HT 1

HN 1

G 1

HT 2

HN 2

G 2

HT 3

HN 3

G 3

HT 4

HN 4

G 4

HT 5

HN 5

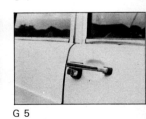

G 5

HT 6

HN 6

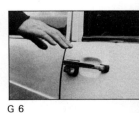

G 6

HT 7

HN 7

G 7

FILMENTWICKLUNG UND -BEARBEITUNG

Auf Kontinuität schneiden

Bei der Wahl einer Schnittstelle für den Übergang von der Halbtotal- auf die Halbnaheinstellung *müssen* Sie die Kontinuität bewahren. Mit anderen Worten, der Mann muß in beiden Einstellungen dasselbe Bein vorne haben, und seine Stellung zum Auto muß stimmen. Sie müssen die Bewegung sehr genau beobachten und den Ablauf so legen, daß die beiden Handlungsphasen nach dem Schnitt ohne Stolpereffekt ineinander übergehen. Die beiden Fehler, die Sie dabei vermeiden müssen, sind *Bewegungssprung* und *Bewegungswiederholung*.

Wenn Sie einen Schnitt so legen, daß ein Teil der Handlung herausfällt, entsteht ein Bewegungssprung. In diesem Fall wird der Mann ruckartig von der einen Stellung in die andere versetzt. Wenn ein Schnitt so gelegt wird, daß ein Teil der Handlung zweimal zu sehen ist, spricht man von einer Bewegungswiederholung.

Richtiger Anschluß
Ein Schnitt von HT 4 auf HN 4 ergibt einen korrekten, kontinuierlichen Anschluß. Der Mann ist in der zweiten Einstellung in derselben Stellung zu sehen wie in der ersten. Der Übergang ist ruckfrei und glatt.

HT 4   HN 4

Bewegungssprung
Ein Schnitt von HT 2 auf HN 4 ergibt einen Bewegungssprung. Man hat den Eindruck, daß der Mann vom Wagenheck zur Tür «springt».

HT 2   HN 4

Bewegungswiederholung
Ein Schnitt von HT 3 auf HN 1 führt zu einer Bewegungswiederholung. Ein Teil des Bewegungsablaufs wiederholt sich, und es sieht so aus, als komme der Mann zweimal auf das Auto zu. Dadurch wird die Illusion des kontinuierlichen Handlungsablaufs zerstört.

HT 3   HN 1   HN 2   HN 3

Schnitt auf das visuelle Geschehen

Versuchen Sie die Schnittstelle zwischen Halbnah- und Großeinstellung auf den Augenblick zu legen, in dem man zum erstenmal merkt, daß der Mann nach einem Türgriff greifen will, also wenn er den Arm ausstreckt. Eine Grundregel besagt, daß *ein Action-Schnitt am besten einen Sekundenbruchteil vor dem Einsetzen einer Bewegung* plaziert wird. Der Schnitt ist dann motiviert, und die Handlung führt den Zuschauer mühelos über kleinere Anschlußfehler hinweg. Wenn der Schnitt erst mitten in der Bewegung kommt (z. B. unmittelbar *nachdem* die Hand des Mannes den Türgriff erreicht hat), wirkt er schwach. Um die Szene zu straffen, könnten Sie auch direkt von der Halbtotalen auf die Großaufnahme schneiden und den Türgriff erst für etwa 1 Sek. allein zeigen, ehe die Hand des Mannes ins Bild kommt.

Action-Schnitt
Wenn Sie unmittelbar nachdem der Mann sich zu bewegen begonnen hat von HN 6 auf G 6 schneiden, führt die Handlung der Großaufnahme die der Halbnaheinstellung weiter.

HN 6   G 6

Schnitt mitten in die Bewegung hinein
Wenn Sie erst schneiden, nachdem die Bewegung schon begonnen hat, z. B. von HN 7 auf G 7, fehlt das starke visuelle Überbrückungselement für den Wechsel der Kameraeinstellung.

HN 7   G 7

Zeitverkürzung
Man kann die Handlung so darstellen, daß sie auf der Leinwand plausibel wirkt, und trotzdem die reale Zeit verkürzen. HT 1 zeigt, daß der Mann auf das Auto zugeht. Sie können dann auf den Türgriff (als «Puffer») schneiden, unmittelbar bevor die Hand des Mannes danach greift.

HT 1   G 4   G 5   G 6

217

FILMENTWICKLUNG UND -BEARBEITUNG

Szenenlänge

Bis jetzt haben wir uns nur mit Schnitten zwischen verschiedenen Einstellungen derselben Szene befaßt. Aber nicht alle Action-Schnitte betreffen den Wechselschnitt zwischen verschiedenen Aufnahmen desselben Vorgangs. Bei jeder Art von Dokumentarfilm – angefangen beim einfachen Familienfilm – werden Sie oft Szenen zusammenmontieren, die zu verschiedenen Zeiten und an verschiedenen Orten aufgenommen wurden. Jede Einzelstellung wird ihren eigenen Rhythmus haben und wahrscheinlich aus einer Folge einzelner Handlungsabläufe bestehen. Die Kunst besteht deshalb darin, die richtigen Schnittstellen für Szenenbeginn und Szenenende zu finden.

Im allgemeinen gibt es eine ganze Reihe möglicher Stellen, an denen man eine Szene beginnen und enden lassen kann. Schauen Sie sich die Szene mehrmals im Betrachter an und achten Sie auf prägnante Handlungselemente, die aus der alten Einstellung hinaus oder in die neue hineinführen könnten. Markieren Sie die Schnittstelle für den Szenenbeginn (s. S. 215) und lassen Sie dann die Szene – mit der richtigen Geschwindigkeit – im Betrachter ablaufen, bis Sie glauben, den Punkt gefunden zu haben, an dem die Szene enden soll. Markieren Sie diese Stelle und überlegen Sie sich vor dem Schnitt noch, wie der Anschluß zur nächsten Szene aussehen wird. Häufig wird eine Bewegung, die für sich genommen richtig wirkt, nicht mehr so gut aussehen, wenn die darauffolgende Einstellung die umgekehrte Bewegungsrichtung aufweist. Sind Sie jedoch zufrieden, dann machen Sie den Schnitt und kleben die nächste Szene an.

Szenenbeginn und -ende
Bei diesem Beispiel bestimmt sich die Länge der Szene nach der Bewegung des Mädchens.

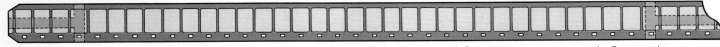

1a Szenenbeginn
Die Einstellung beginnt.
1b Fortsetzung
1c Fortsetzung
1d Fortsetzung
1e Szenenende
Die Szene endet, wenn das Mädchen aus dem Bild geht.

Schneiden von statischen Einstellungen

Prägnante Handlungselemente sind nicht die einzigen Kriterien für die Festsetzung der Szenenlänge. Noch wichtiger ist die Frage, wie lange eine Szene auf der Leinwand «stehen» darf, ohne langweilig zu werden. Das hängt zum Teil von Tempo und Rhythmus der ganzen Sequenz ab (s. S. 220–221). Die Bestimmung der richtigen Szenenlänge ist besonders schwierig, wenn Sie eine Reihe statischer Einstellungen oder Zwischenschnitte schneiden müssen. Da erstens in solchen ruhigen Einstellungen nichts passiert, finden Sie auch keine bewegungsbezogenen Anhaltspunkte für die richtige Schnittstelle. Zweitens werden Sie – außer Sie haben einen motorisch angetriebenen Betrachter – dazu neigen, den Film mit der Geschwindigkeit, die Ihnen gerade paßt, zu transportieren anstatt mit der vorgeschriebenen Geschwindigkeit. Das können Sie bis zu einem gewissen Grad vermeiden, indem Sie eine Laufzeitentabelle (s. S. 274) zu Rate ziehen, mit der Sie die Filmlängen in Laufzeiten umrechnen können. Am besten lassen Sie die Szene aber im Rohschnitt erst einmal lang und schneiden Sie erst dann endgültig, wenn Sie die ganze Sequenz in der richtigen Geschwindigkeit auf der Leinwand gesehen haben. Beachten Sie, daß Sie eine Szene um so länger auf der Leinwand stehen lassen müssen, je mehr Informationen sie enthält.

Einstellungsdauer
Mit diesen zwei Aufnahmen von einer Parkanlage läßt sich der Unterschied zwischen verschiedenen statischen Einstellungen demonstrieren. Die Großaufnahme einer einzelnen Blüte (links) ist ein viel «einfacheres» Bild als die Weitwinkelaufnahme (rechts). Sie muß deshalb nicht so lange auf der Leinwand stehen, damit die Zuschauer die darin enthaltenen Informationen verarbeiten können.

Montage der Szenen

Räumliche Orientierung

Es gibt im Kinofilm eine Konvention, derzufolge jeder neue Schauplatz oder jede neue Zeit in einem Film durch eine *Übersichtsaufnahme* vorgestellt werden muß. Dabei handelt es sich meist um eine mit recht weitem Bildwinkel gemachte Totale bis Halbtotale, die dem Zuschauer die Positionen der Darsteller oder Gegenstände zeigt, die in den nachfolgenden Einstellungen wiederkehren. Diese Konvention hat also sehr praktische Gründe – Sie geben eine Übersicht über die Szenerie und können dann mit näheren Einstellungen arbeiten, obwohl Sie bei langen Sequenzen wahrscheinlich ab und zu einmal zur Übersicht zurückkehren müssen. Die Regel darf aber durchbrochen werden, wenn es um Spezialeffekte geht. Beispielsweise ist es eine klassische Technik zur Erzeugung von Spannung, daß man mit einer Reihe mysteriöser Nahaufnahmen beginnt, deren Bedeutung erst am Schluß durch eine Weitwinkel-Übersichtsaufnahme klargemacht wird.

Die Probleme des «Achsensprungs» wurden bereits in einem früheren Kapitel erläutert (s. S. 74), und dieselben Regeln, die Sie beim Drehen beachtet haben, gelten jetzt auch für die Montage. Die Kontinuität der Bewegungsrichtung muß erhalten bleiben, wenn Sie verschiedene Einstellungen zusammenmontieren, weil sonst die Zuschauer nicht mehr wissen, was wo passiert.

Zusammenpassende und kontrastierende Szenen

Bei der Montage der Szenen werden Sie feststellen, daß der Charakter einer Szene weitgehend durch die von Ihnen festgelegte Abfolge der Bilder bestimmt wird. Beispielsweise kann man durch eine Ähnlichkeit zwischen benachbarten Einstellungen eine Szene flüssiger gestalten und Zusammenhänge zwischen ganz unterschiedlichen Objekten herstellen. Andererseits kann man dramatische Gegensätze dadurch schaffen, daß man Szenen mit stark unterschiedlicher Gestaltung unmittelbar aneinander anschließen kann.

Achten Sie aber nicht nur auf das Aussehen der aufeinanderfolgenden Szenen, sondern auch darauf, daß Sie nicht zu viele aktionsgeladene oder aber ruhige Einstellungen hintereinandermontieren. Die Beziehung zwischen Ruhe und Bewegung im Film ist sehr wichtig und wirkt sich stark auf den Gesamteindruck des fertigen Films aus. Das eine Extrem sind Aufnahmen, die mit stillstehender Kamera gemacht werden, das andere ist ein unaufhörlicher Wirbel von rasanten Zooms, Schwenks und Fahrten. In den meisten Fällen werden Sie sich für einen Mittelweg entscheiden. Wenn die Unruhe nicht zu Ihrem dramaturgischen Konzept gehört, sollten Sie nicht ein Zoom auf das andere oder einen Schwenk auf den anderen folgen lassen.

Denken Sie schließlich auch an die verschiedenen Effekte, die sich durch den Wechsel von Kameraeinstellung und -position erreichen lassen (s. *Wahl der richtigen Einstellung*, S. 60, und *Montagefehler*, S. 224). Ein starker Wechsel der Einstellung, z. B. von einer Halbtotalen auf eine Großaufnahme, wirkt auf der Leinwand sehr dramatisch. Geschieht dies aus Versehen, kann der Wechsel unbeholfen wirken und den Ablauf einer Szene stören.

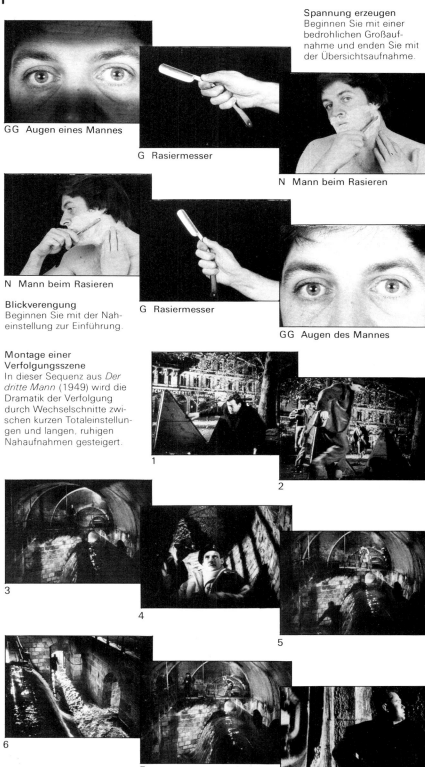

Spannung erzeugen
Beginnen Sie mit einer bedrohlichen Großaufnahme und enden Sie mit der Übersichtsaufnahme.

GG Augen eines Mannes
G Rasiermesser
N Mann beim Rasieren
N Mann beim Rasieren

Blickverengung
Beginnen Sie mit der Naheinstellung zur Einführung.

G Rasiermesser
GG Augen des Mannes

Montage einer Verfolgungsszene
In dieser Sequenz aus *Der dritte Mann* (1949) wird die Dramatik der Verfolgung durch Wechselschnitte zwischen kurzen Totaleinstellungen und langen, ruhigen Nahaufnahmen gesteigert.

FILMENTWICKLUNG UND -BEARBEITUNG
Aufbau einer Sequenz

Wenn Sie anfangen, die Szenen für eine Sequenz zusammenzustellen, sollten Sie daran denken, daß der *Rhythmus* einer Sequenz von der Dauer und der Häufigkeit der Einstellungen und außerdem von der Bewegung innerhalb jeder Einstellung abhängt. Gewöhnen Sie sich an, Ihre Sequenzen auch auf Tempo und Rhythmus hin anzusehen. Schnelle Schnittwechsel allein vermitteln weder Spannung noch Aufregung. Was zählt, ist die Variation des Schnittempos, nicht die absolute Geschwindigkeit, mit der eine Einstellung die andere ablöst. Wenn eine Sequenz schnell sein muß, kann man die Szenenlänge immer noch variieren, indem man eine längere Einstellung mit hereinnimmt, deren Tempo nicht durch ihre Kürze, sondern durch die Geschwindigkeit der gezeigten Handlung bestimmt wird.

Im Gegensatz dazu werden Sie manchmal auch eine ruhige, verträumte Stimmung erzeugen wollen, und in diesem Fall werden Sie eher dazu neigen, die Einstellungen alle ungefähr in der gleichen Länge zu schneiden, oder jedenfalls gerade soviel Abwechslung in Komposition, Szenenlänge und Häufigkeit der Szenenwechsel anstreben, daß das Interesse des Zuschauers wachgehalten wird.

Um Spannung aufzubauen, können Sie einen Kompromiß zwischen diesen beiden Montagerhythmen anstreben, beispielsweise eine Serie langsamer, langer Einstellungen, gefolgt von einem oder zwei schnellen, kurzen Zwischenschnitten, dann wieder ein paar ruhige Einstellungen, denen schließlich ein paar wirklich schockierende Aufnahmen folgen.

Montage von Action-Sequenzen

In dieser Sequenz, die aus Joseph Loseys Film *Der Diener* (1963) stammt, werden die Schnittstellen überwiegend durch den Handlungsverlauf bestimmt. Tony (James Fox) und Barratt (Dirk Bogarde) haben ein bizarres und unheimliches Spiel mit einem Tennisball angefangen. Aus dem Spiel wird jedoch Ernst, und die latente Aggression zwischen den beiden Männern entlädt sich. In einer Folge kurzer, rascher Schnitte von zunehmendem Tempo erreicht die Sequenz ihren Höhepunkt.

Einführende Aufnahmen
Der Schnitt von 1 auf 2 ist von einer Halbtotalen auf eine Halbnaheinstellung. Barratt bückt sich, um den Ball aufzuheben. Der Schnitt zur Nahaufnahme (3) ist auf das visuelle Geschehen abgestimmt – er kommt genau in dem Moment, wo der Kopf sich zu drehen *beginnt*.

Barratt: «Nimm deinen Ball»

1 ⏱ 47 Sek. Halbtotale

2 ⏱ 24,5 Sek. Halbnah

3a ⏱ 1,5 Sek. Nah, Barratt

3b ⏱ Barratt wirft mit dem Ball nach Tony

Tony: «Nimm ihn doch selbst»

Subjektive Einstellung von Tony
Der Schnitt von 3 auf 4 kommt genau in dem Moment, wo Barratt den Ball auf ihn zurückwirft. Die Bewegung des Balles selbst diktiert den Schnittrhythmus. In Einstellung 4 hebt Tony den Ball auf und wirft ihn mit aller Kraft auf Barratt zurück.

4a ⏱ 2 Sek. Tony hebt den Ball auf

4b Tony wirft den Ball auf Barratt

4c Der Ball kommt

4d Der Ball trifft die Kamera

Barratt wird getroffen
Weil Einstellung 4 eine subjektive Einstellung von Barratts Blickwinkel aus ist, kommt der Ball direkt auf die Kamera zugeflogen. Der Schnitt auf Einstellung 5 erfolgt einen Sekundenbruchteil bevor der Ball, der jetzt fast das Format ausfüllt, tatsächlich das Kameraobjektiv trifft. Den Aufprall sehen wir in einem Gegenschuß aus derselben Kameraposition wie bei Einstellung 3.

5a ⏱ 1,5 Sek. Großaufnahme vom Ball, der Barratt trifft

5b Der Ball prallt ab

5c Barratt zuckt zusammen

5d Er wendet sich ab

FILMENTWICKLUNG UND -BEARBEITUNG

Schnitt nach Thema

Die einzelnen Einstellungen für eine Sequenz können auch aus Gründen ausgewählt werden, die auf einen rein symbolischen Effekt abzielen, wie in der berühmten Einführungssequenz von *Citizen Kane* (1941). Nach einer langen Kamerafahrt zu seinem Schloß hinauf finden wir uns in seinem Sterbezimmer wieder. In einer Folge von Überblendungen wird Schnee über das Interieur eingeblendet, dann taucht eine verschneite Hütte auf, die sich als «Schneesturm» im Glas entpuppt. Kane flüstert «Rosebud», läßt die Glaskugel fallen und stirbt. Am Ende des Films erfahren wir, daß «Rosebud» der Name des Rodelschlittens war, den Kane als Junge besessen hatte, und daß es sich bei der verschneiten Hütte um eine Kindheitserinnerung handelte.

1 ⏱ 8 Sek. Kane im Bett am Fenster

1a Schneeflocken tanzen über die Leinwand. Überblendung.

Kanes Totenbett

Die Sequenz beginnt mit einer Einstellung von einem riesigen Fenster, hinter dem der Morgen graut. Vor dem Fenster liegt in einem riesigen Bett der sterbende Kane. Aber gerade als wir das Bild enträtseln, wird es unscharf, und die Leinwand füllt sich mit Schneeflocken. Das ist natürlich ein optischer Effekt. Schließlich löst sich die Szene per Überblendung in Einstellung 2 auf:

Schneebedecktes Haus

Die Überblendung von dem sterbenden Kane mündet in eine merkwürdige Aufnahme von einem verschneiten Häuschen, vor dem man schattenhafte Gestalten gewahrt. Der Schnee treibt immer noch über die Leinwand, und zunächst hat man keine Vorstellung von den Dimensionen. Eine sachte Überblendung führt zu Einstellung 3 weiter.

2 ⏱ 6 Sek. Ganzgroßaufnahme von dem «Schneesturm»

Die Glaskugel

Die Überblendung von Einstellung 2 auf Einstellung 3 läßt erkennen, daß das winzige Haus und die Gestalten sich im Innern einer wassergefüllten Glaskugel mit einem «Schneesturm» befinden. Die Kamera fährt rückwärts, und wir sehen, daß die Kugel auf Kanes ausgestreckter Hand liegt – obwohl wir Kane selbst noch nicht gesehen haben. Seine Augen bekommen wir überhaupt nicht zu sehen.

Kane: «Rosebud»

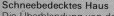

4 ⏱ 2 Sek. Kanes Mund

5 ⏱ 3,5 Sek. Die Kugel fällt herab

Die Kugel zerbricht

Es kommt ein harter, schockierender Schnitt auf eine Ganzgroßaufnahme von Kanes Mund. Die Lippen bewegen sich, und er flüstert heiser «Rosebud». In der nächsten Aufnahme fällt ihm die Kugel aus der Hand. Sie wird in einer Einstellung von 1 Sek. Länge gezeigt, wie sie auf die Kamera zurollt. Sie rollt die Treppenstufen hinab und zerschellt auf dem Boden.

3 ⏱ 2 Sek. Kanes Hand hält eine Glaskugel

6 ⏱ 1 Sek. Die Kugel rollt die Treppe hinunter

6a Die Kugel zerbricht

Die Schwester

Nach dem Zerschellen der Glaskugel auf dem Boden kommt ein Schnitt auf eine verzerrte Ansicht von der Tür des Schlafzimmers. Sie geht auf, und eine Schwester tritt ins Zimmer. Es folgt ein Schnitt auf dieselbe Szene in Halbtotale, durch die gebogenen Scherben der Kugel gesehen. Sie geht zu dem Bett hinüber und bedeckt das Gesicht. Kane ist tot. Ausblendung.

7 ⏱ 1 Sek. Schlafzimmertür geht auf

7a Schwester kommt herein

8 ⏱ 6,5 Sek. Schwester kommt näher

FILMENTWICKLUNG UND -BEARBEITUNG

Symbolische Montage

Alle auf den vorangegangenen Seiten erläuterten Regeln betreffen lediglich Möglichkeiten, eine folgerichtige Erzählhandlung aufzubauen. Sie können sich aber auch dafür entscheiden, einen Film zu drehen, der sich ausschließlich auf symbolischer Ebene abspielt, so daß die logischen Erfordernisse der Erzählung außer Kraft gesetzt werden. In extremster Form kann man diese Technik bei einer Reihe moderner Experimentalfilme beobachten, die überhaupt keine Erzählhandlung, kein Zeitsystem und keine Kontinuität mehr haben. Ironischerweise ist das die logische Vollendung der großen russischen Stummfilmtradition: «Montage ist die schöpferische Kraft der filmerischen Realität... die Natur liefert nur das Rohmaterial, mit dem sie arbeitet.» (W. I. Pudowkin, 1929). Symbolische Montage ist eine Technik des rein visuellen Spiels mit Bildern und kommt deshalb dem Amateurfilmer entgegen, der mit seinen Stummfilmen die experimentellen Möglichkeiten des Films in seiner freiesten und ausdrucksstärksten Form erkunden möchte.

Es gibt bis heute keine besseren Beispiele für die Technik der symbolischen Montage als das frühe russische Kino, da diese Tradition mit dem Aufkommen des Tonfilms in den dreißiger Jahren ihr Ende fand. Bei Pudowkin herrschte die dramatische Situation noch vor. In der auf dieser Seite illustrierten Sequenz aus seinem Film *Mutter* (1926) stellt er nach rein filmerischen Gesichtspunkten verschiedene Bilder zusammen, um auf poetische Weise die Freude eines Gefangenen über seine bevorstehende Entlassung auszudrücken. «Ich habe mich bemüht, die Zuschauer nicht durch die psychologische Darstellungsweise eines Schauspielers zu beeinflussen, sondern durch plastische Synthese mit den Mitteln der Montage... Das Problem war, seine Freude zum Ausdruck zu bringen.»

«Mutter» (1926)
Von der ersten subjektiven Einstellung an, in der der Häftling von seiner bevorstehenden Freilassung liest, beginnt Pudowkin, Freude in symbolischen Bildern darzustellen. Wir wissen bereits, daß «draußen Frühling ist», und durch den ganzen Film zieht sich das Bild eines auftauenden vereisten Flusses als Sinnbild für politische Liberalisierung. Einstellung 4 besteht sogar aus nicht weniger als fünf verschiedenen Aufnahmen fließenden Wassers, die auf 64 Bildern zusammengeschnitten sind.

1 ⏱ 14,5 Sek. Der Brief

2 ⏱ 1,5 Sek. GG Die Augen des Helden

3 ⏱ 1,5 Sek. Der Held in seiner Zelle

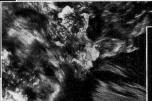
4 ⏱ 2,5 Sek. Wasser

5 ⏱ 1 Sek. Hand des Helden

Die Macht der Bilder
Im Aufbau der Sequenz wechseln Aufnahmen von strömendem Wasser und einem lachenden Kind in rascher Folge ab mit Schnitten auf den in seiner Zelle sitzenden Helden und Nahaufnahmen von seinen Händen und seinem schlagenden Herzen. Dieses Crescendo erreicht seinen Höhepunkt in Einstellung 12, die jetzt auch den Helden lachend zeigt. Die Sequenz endet mit einer Abblendung.

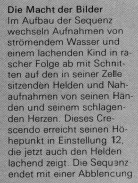
6 ⏱ 2 Sek. Schlagendes Herz

7 ⏱ 2,5 Sek. Sonne auf Wasser

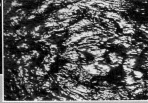
8 ⏱ 2 Sek. Lachendes Kind

9 ⏱ 1,5 Sek. Wasser

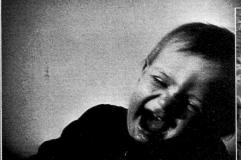
10 ⏱ 1,5 Sek. Lachendes Kind

11 ⏱ 2 Sek. Wasser

12 ⏱ 4 Sek. Held lachend. Ausblende

FILMENTWICKLUNG UND -BEARBEITUNG

Schockeffekte durch Montage

Eisenstein entwickelte schon in seinem ersten Film *Panzerkreuzer Potemkin* (1925) Theorien des intellektuellen Symbolismus bis zu einem Punkt, wo er bisweilen fast gänzlich auf eine Erzählhandlung verzichtete. Die Mannschaft des Panzerkreuzers «Potemkin» hat gegen das zaristische Regime gemeutert. Das Schiff ist ausgelaufen, um auf das Gros der russischen Flotte zu treffen. Die Angst der Seeleute steigert sich während der ganzen Sequenz, bis zum Schluß klar wird, daß sich die übrige Flotte dem Aufstand angeschlossen hat. Eisenstein glaubte wie Pudowkin, daß ein Film sich aus einer Folge von *Schocks* aufbauen sollte. Bei Eisenstein bezog jede Komposition ihre Wirkung aus dem Kontrast mit der vorangegangenen und nachfolgenden Einstellung.

1 ⏱ 3,5 Sek. «Potemkin»

«Panzerkreuzer Potemkin» (1925)
Die Sequenz beginnt mit einem Schnitt auf die «Potemkin», wie sie zur Flotte hinaussegelt.

2 ⏱ 0,5 Sek. G Geschützmündung

Wirbelschnitt
Eine Sequenz von sieben Aufnahmen von Geschützen, Geschützmündungen und Vorbereitungen zum Abfeuern gipfelt in der Großaufnahme einer Geschützmündung.

3 ⏱ 1,5 Sek. Besorgter Matrose

«Werden sie das Feuer eröffnen?»
Vier dramatische Einstellungen führen zu einer weiteren Großaufnahme von dem Geschützrohr hin. Die Einstellungen 8 bis 12 steigern die Spannung durch kontrastierende Aufnahmen von dem Schlachtschiff, den Geschützbedienungen, den Granaten und schließlich dem Gesicht eines Marinesoldaten, der dann in ein erleichtertes Grinsen ausbricht.

4 ⏱ 1 Sek. GG Matrose

5 ⏱ 1 Sek. Hand des Matrosen an der Abzugsleine der Kanone

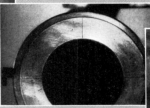

6 ⏱ 1,5 Sek. G Geschützmündung

7 ⏱ 1 Sek. Matrose

8 ⏱ 2,5 Sek. Der Panzerkreuzer «Potemkin»

9 ⏱ 1 Sek. Geschützbedienung mit Granaten

10 ⏱ 1 Sek. Bereitliegende Granaten

11 ⏱ 1,5 Sek. Matrosen richten ein Geschütz aus

12 ⏱ 2 Sek. Ein Matrose beginnt zu lächeln

13 ⏱ 0,5 Sek. Ein anderer bricht in Hurrarufe aus

14 ⏱ 2 Sek. «Potemkin»

Der Höhepunkt
Nach der Lawine rasanter Naheinstellungen löst sich die Spannung, und wir sehen den Bug des Schiffes aus der Vogelschau, während die begeisterten Seeleute an die Reling stürmen. Die Wirkung der ganzen Sequenz beruht auf Kontrasten verschiedenster Art.

FILMENTWICKLUNG UND -BEARBEITUNG

Fehler beim Filmschnitt

Die Aufnahmen auf diesen beiden Seiten zeigen einige der häufigsten Schnittfehler. Zusammengenommen stellen sie eine Art «Panoptikum» von Fehlern dar, die Sie beim Schnitt Ihrer eigenen Filme unbedingt vermeiden sollten. Einige davon werden beinahe jedem Zuschauer sofort ins Auge springen, andere werden nur Filmemachern auffallen. Sie sollten aber Ihre Filme so sorgfältig wie möglich schneiden, die einzelnen Szenen nahtlos aneinanderreihen und auf einen folgerichtigen Aufbau der Sequenzen achten.

Achsensprung
Zwischen diesen beiden Aufnahmen hat die Kamera die Handlungsachse übersprungen. In der ersten Einstellung fährt das Mädchen von links nach rechts, in der zweiten fährt es aus unerfindlichen Gründen von rechts nach links. (Siehe auch S. 74.)

Bildsprung
Ein Bildsprung kann auftreten, wenn man mitten in einem Bewegungsvorgang eine Drehpause macht. Hier wurde die Kamera angehalten und wieder in Gang gesetzt, nachdem der Mann eine andere Stellung eingenommen hatte.

Bewegungswiederholung
Wenn Sie Aufnahmen vom gleichen Vorgang zusammenschneiden, die von verschiedenen Standpunkten aus gemacht wurden, müssen Sie auf die richtigen Schnittstellen achten (s. S. 216–217). Bei diesem Beispiel wurde die Schnittstelle zu früh angesetzt. In Bild 4 wiederholt sich deshalb der Vorgang aus Bild 2.

4 Bildsprung

4 Bewegungswiederholung

Wechsel der Kameraposition

Jeder Wechsel des Blickwinkels der Kamera sollte so deutlich sein, daß die Änderung wahrgenommen wird, aber nicht so kraß, daß die Zuschauer ihn als Schock erleben.

Totale

Totale

Halbtotale

Totale

Zu geringe Änderung des Blickwinkels (links)
Diese beiden Aufnahmen sind sich zu ähnlich. Kein gelungener Schnitt.

Zu geringe Änderung der Bildgröße (rechts)
Der Unterschied zwischen diesen beiden Einstellungen ist zu gering für einen guten Schnitt.

Zu starke Änderung des Blickwinkels (links)
Diese beiden Aufnahmen sind so verschieden, daß der Zuschauer die Orientierung verliert.

Zu starke Änderung der Bildgröße (rechts)
Die Statue ist in der Totalaufnahme so klein, daß man nicht merkt, daß die Großaufnahme einen Ausschnitt aus demselben Motiv zeigt.

Wechsel der Einstellung

Jede Änderung der Abbildungsgröße sollte deutlich, aber nicht so stark sein, daß Stimmung oder Handlungsablauf gestört werden.

Halbnah

Nah

Totale

Großaufnahme

FILMENTWICKLUNG UND -BEARBEITUNG

Divergierende Blickrichtungen

Wenn Sie eine Szene mit mehreren Personen aufnehmen, müssen Sie darauf achten, daß die räumliche Orientierung stets erhalten bleibt. Die Zuschauer sind sich nur dann genau darüber im klaren, wo sich jede handelnde Person im Verhältnis zu allen anderen befindet, solange alle gleichzeitig im Bild sind. Sobald Sie auf Nahaufnahmen schneiden, sollten Sie deshalb darauf achten, daß Ihre Personen dorthin schauen und sprechen, wo man sich die anderen Darsteller denkt.

Nicht aufeinander abgestimmte Blickrichtungen
Wenn Sie ein Gespräch so filmen, daß jeweils nur einer der Partner in Nahaufnahme zu sehen ist, müssen Sie darauf achten, daß die Blickrichtungen stimmen. Das ist bei den beiden Aufnahmen hier nicht der Fall.

Ungeeignete Zwischenschnitte

Zwischenschnitte sind in eine Sequenz eingeschobene Aufnahmen, die etwas anderes zeigen als die Haupthandlung. Sie werden oft verwendet, um Anschlußfehler zu kaschieren oder einen anderen Aspekt des Geschehens zu zeigen. Natürlich muß der Zwischenschnitt irgendeinen Bezug zur Handlung haben. Auch sollte er im allgemeinen zur Stimmung der Sequenz passen. Es hat wenig Sinn zu versuchen, eine Sequenz durch Zwischenschnitte zu bereichern, die Verwirrung schaffen oder schlicht unpassend sind. Beurteilen Sie jede Aufnahme im Zusammenhang mit den vorhergehenden und nachfolgenden.

1 Hauptaufnahme

2 Hauptaufnahme

3 Zwischenschnitt

4 Hauptaufnahme

Unpassende Zwischenschnitte
Wenn Sie einen Zwischenschnitt in die Haupthandlung einfügen möchten, sollten Sie darauf bedacht sein, daß er zur Gesamtstimmung der Sequenz paßt. Die Atmosphäre des Picknicks in den Einstellungen links wird durch den Zwischenschnitt auf das mürrisch dreinblickende Mädchen zerstört.

Kontinuität

Kontinuitätsbrüche sind wahrscheinlich die häufigsten Schnittfehler. Da der Filmschnitt nun einmal im Zusammenfügen von verschiedenen Aufnahmen besteht, die oft zu verschiedenen Zeiten und an verschiedenen Orten gedreht wurden, wird der Filmemacher immer Anschlußprobleme haben. Viele Fehler lassen sich nur im Stadium der Dreharbeiten vermeiden (s. S. 86); machen Sie sich deshalb Notizen über alle Einzelheiten jeder Einstellung, schriftlich oder mit einer Sofortbildkamera. Denken Sie aber daran, daß bei jeder Aneinanderfügung von zwei Einstellungen die Kontinuität gewahrt bleiben muß, nicht nur im Hinblick auf Äußerlichkeiten (Kleidung, Farbe, Wetter usw.), sondern auch auf Handlung, Rhythmus und Ton.

Handtasche   Andere Handtasche

Kontinuitätsfehler
Diese Standfotos illustrieren einige der häufigsten Kontinuitätsfehler. Wenn Sie von einer Szene oder zwei aufeinanderfolgenden Szenen mehrere Takes drehen, in denen dieselben Personen auftreten, passiert es nur allzu leicht, daß Kleinigkeiten wie Kleidung, Beleuchtung, Zimmereinrichtung oder Tageszeit übersehen werden. In unseren Beispielen erscheint das Mädchen mit verschiedenen Handtaschen, vor der verschiedene Zeiten anzeigenden Uhr, mit einer neuen und einer heruntergebrannten Kerze und mit und ohne Ohrringe.

Heruntergebrannte Kerze

Neue Kerze

11.45 Uhr   12.10 Uhr

Ohrring

Kein Ohrring

FILMENTWICKLUNG UND -BEARBEITUNG

Tricks beim Filmschnitt

Zwischenschnitte

Der Zwischenschnitt, also der Schnitt auf eine Einstellung, die ein Detail außerhalb der Haupthandlung zeigt, ist eines der wichtigsten Instrumente jeder Filmmontage (s. S. 81). Man kann ihn dazu verwenden, Abwechslung in eine Sequenz zu bringen, von Anschlußfehlern abzulenken, Handlungs- und Bewegungssprünge zu kaschieren oder die Zeitverkürzung zu verschleiern. So kann man zwei Einstellungen, die sich nicht unmittelbar aneinanderfügen lassen, durch einen Zwischenschnitt verbinden, der zu anderer Zeit gedreht wurde.

1a

1b

2c

1c 1d

2a

2b

2d 2e

Einschub eines Zwischenschnitts
In diese Sequenz wurde ein Zwischenschnitt auf das Publikum eingeschoben.

Harter Schnitt / Zeitsprung

Beim Zwischenschnitt wird der Zeitablauf auf der Leinwand durch *Einfügen* zusätzlichen Materials manipuliert. Man kann das aber auch dadurch erreichen, daß man ein Stück aus einer Sequenz *herausschneidet*. Wenn z. B. ein Interview eine Zoomfahrt von einer Halbnah- auf eine Naheinstellung enthält, kann man das Zoom herausschneiden, so daß sich ein harter Schnitt von Halbnah auf Nah ergibt.

Zeitsprünge bzw. harte Schnitte zur Beeinflussung des Handlungsablaufs dürfen nicht mit versehentlichen Bildsprüngen verwechselt werden. Wenn Sie darauf achten, daß die Kontinuität gewahrt bleibt, wirkt ein solcher Schnitt natürlich; andernfalls ergibt sich ein häßlicher Bildsprung auf der Leinwand.

1a

1e

Verkürzen der Handlung
Diese Sequenz von einer Schafschur wurde mit einem langen, langsamen Zoom in den Telebereich aufgenommen. Durch Herausschneiden eines Teils der Aufnahme in der Mitte des Zooms kann man die Szene verkürzen.

1b

1c

1d

Der harte Schnitt
Bei dem hier gezeigten Beispiel wurden die mittleren drei Aufnahmen (1b bis 1d) herausgeschnitten. Dadurch ergibt sich ein Schnitt direkt von der Halbnaheinstellung (1a) auf die Großaufnahme (1e).

FILMENTWICKLUNG UND -BEARBEITUNG

Überblendungen

Wenn es sich als unmöglich erweist, einen Bildsprung oder einen Schnitt mit schlechter Kontinuität zu vermeiden, können Sie sich mit einer schnellen Überblendung (s. S. 83) behelfen. Diese mildert den Schnitt so weit ab, daß der Anschlußfehler unbemerkt bleibt. Der Effekt kann nur im Kopierwerk ausgeführt werden.

Ein durch eine Überblendung in vier Einzelbildern kaschierter Schnitt
Dieser ziemlich abrupte Schnitt von einer Halbnaheinstellung eines lachenden Clowns auf eine Großaufnahme von ihm, in der er ein trauriges Gesicht macht, wurde durch eine schnelle Überblendung gemildert. Mit den meisten Kameras kann man Überblendungen schon bei der Aufnahme ausführen, aber eine solche Überblendung in vier Einzelbildern muß normalerweise im Kopierwerk ausgeführt werden.

Harte Action-Schnitte

Wenn Sie eine Szene von zwei Kamerapositionen auf entgegengesetzten Seiten der «Achse» (s. S. 74) gefilmt haben, können Sie vielleicht die beiden Aufnahmen aneinander anschließen, obwohl es sich eigentlich um einen «verbotenen» Achsensprung handelt. Wenn Sie die Schnittstelle so wählen, daß sie mit einem dramatischen Höhepunkt der Handlung zusammenfällt, fällt den Zuschauern der Achsensprung wahrscheinlich kaum auf.

Der Achsensprung
Hier wurde ein Mann, der sich anschickt, einen Karateschlag auszuführen, von der einen Seite der «Handlungsachse» aufgenommen. Die Nahaufnahme von seiner Hand wurde dagegen von der anderen Seite der Achse gemacht.

Schnitt auf dem Höhepunkt der Handlung
Um die zweite Aufnahme ohne offensichtlichen Kontinuitätsbruch an die erste anzuschließen, wurde der Schnitt an der Stelle gemacht, wo die Hand des Mannes den Ziegelstein erreicht. Die rasante Bewegung kaschiert den Achsensprung.

«Puffer»-Szenen

Eine andere Möglichkeit, einen störenden Achsensprung zu kaschieren, ist die Einfügung eines Zwischenschnitts als «Puffer» (s. S. 75). Wenn Sie mit einer Aufnahme beginnen, in der Ihr Darsteller in der einen Richtung geht, und Sie möchten daran eine Einstellung anschließen, in der er in die entgegengesetzte Richtung geht, können Sie einen geeigneten Zwischenschnitt als «Puffer» einschieben. Die zweite Aufnahme würde mit einem Szenendetail beginnen, das keinen Hinweis auf die Haupthandlung enthält. Dann könnte die Kamera in die Weitwinkelstellung zoomen oder schwenken, um die Haupthandlung zu zeigen. Wenn die Handlung erkennbar dieselbe ist wie in der ersten Einstellung, wird die Puffer-Szene den störenden Einfluß des Achsensprungs aufheben. Man spricht in diesem Zusammenhang auch von «Neutralschwenk».

Die Puffer-Szene
In der ersten Einstellung geht der Junge von links nach rechts durchs Bild, in der zweiten von rechts nach links. Der Richtungswechsel wurde durch einen Zwischenschnitt auf den Wegweiser und anschließendes Zoomen in die Weitwinkelstellung – kurz bevor der Junge von rechts ins Bild kam – kaschiert.

FILMENTWICKLUNG UND -BEARBEITUNG

Negativschnitt

Wenn Sie für den Schnitt den in der Kamera belichteten Originalfilm verwendet haben, ist der Film jetzt vorführfertig. Wenn Sie aber eine «Arbeitskopie» (s. S. 209) geschnitten haben, muß das Original dementsprechend geschnitten werden. Dieser Vorgang wird im allgemeinen als *Negativschnitt* bezeichnet. Es handelt sich dabei um eine schwierige und knifflige Arbeit, und wenn Sie nicht ganz sicher sind, daß Sie sich das zutrauen können, sollten Sie den Film lieber einer versierten Cutterin anvertrauen.

Bei 16-mm-Film wird der Negativschnitt dadurch ausgeführt, daß man die «Randnummern» (s. S. 209) auf Original und Arbeitskopie zur Deckung bringt. Negativschnitt ohne Randnummern ist so gut wie unmöglich.

Es gibt zwei Arten des Negativschnitts. Das erste Verfahren besteht darin, daß man am Schluß das fertig geschnittene Original auf einer einzigen Rolle hat, das Bild für Bild der Arbeitskopie entspricht. Dieses Verfahren ist für Umkehr- und Negativ-Originale gleichermaßen geeignet. Wenn jedoch von einem Original-Negativfilm, der sich auf einer einzigen Rolle befindet, eine Kopie gezogen wird, «blitzen» die Schnittstellen gerne, d. h. sie sind als helle Linien zu sehen. Deshalb wird im professionellen Bereich das Original meist auf zwei Rollen verteilt – hier spricht man von *A/B-Schnitt*. Beide Verfahren zielen darauf ab, daß Original und Arbeitskopie Bild für Bild übereinstimmen.

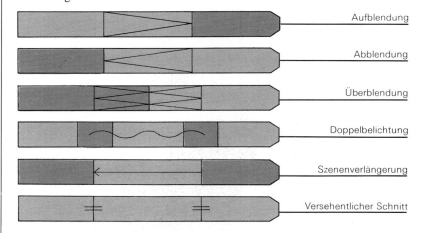

Kennzeichnung der Arbeitskopie
Wenn Sie Ihr Original von einer Cutterin schneiden lassen wollen, müssen Sie wissen, wie man die Arbeitskopie markiert. Es haben sich für diese Angaben (die mit einem Markierungsstift auf der Blankseite des Films angebracht werden) bestimmte Symbole eingebürgert; die gebräuchlichsten davon sind unten dargestellt.

Aufblendung
Abblendung
Überblendung
Doppelbelichtung
Szenenverlängerung
Versehentlicher Schnitt

Einfacher Negativschnitt
Für dieses Verfahren brauchen Sie eine Synchronachse für zwei Filme (s. S. 239) mit Spulenarmen auf beiden Seiten, eine Naßklebepresse, Cutter-Handschuhe und einen absolut sauberen Schneidetisch.

Beginnen Sie damit, daß Sie die Arbeitskopie in die Synchronachse einlegen, den Film von Anfang bis Ende durchlaufen lassen und dabei jeweils die Randnummern am Beginn und Ende jeder Szene notieren, und zwar *auf das Einzelbild genau*, so daß sie zum Schluß einen bildgenauen Schnittplan des ganzen Streifens haben. Numerieren Sie die Szenenfolge der Drehliste nun so um, wie die Abfolge der Szenen (und Randnummern) auf der Arbeitskopie ist. Lassen Sie jetzt den Originalfilm durchlaufen, schneiden Sie jedes benötigte Filmstück gemäß Ihrer Schnittliste heraus und hängen Sie die Filmstücke an die entsprechenden numerierten Stifte Ihres Filmgalgens (s. S. 214). Wenn die Szene, die Sie herausschneiden, nicht unmittelbar an eine andere Szene anstößt, die Sie ebenfalls brauchen, sollten Sie an beiden Enden mehrere Einzelbilder zugeben. Wenn alle benötigten Szenen aus dem Original herausgeschnitten sind, rollen Sie die Arbeitskopie an den Anfang zurück, legen sie in die hintere Filmbahn der Synchronachse ein und fangen an, das Original in der vorderen Bahn zu schneiden. Nehmen Sie dazu die einzelnen Filmstücke der Reihe nach von den Stiften des Filmgalgens und kleben Sie sie naß aneinander. Original und Arbeitskopie müssen Bild für Bild übereinstimmen, während sie gemeinsam durch die Synchronachse laufen.

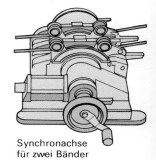

Synchronachse für zwei Bänder

A/B-Schnitt
Bei Kopien von einem auf einer Rolle befindlichen Original sind meist die Schnittstellen zu sehen. Um das zu vermeiden, kann man das Original auf zwei getrennte, parallel aufgebaute Rollen schneiden – das bezeichnet man als *A/B-Schnitt*. Dabei befinden sich die durch einen Schnitt getrennten Szenen abwechselnd auf den Rollen A und B, und die Lücken werden durch «Schwarzfilm» in der entsprechenden Länge überbrückt. Beim Kopieren laufen die beiden Rollen nacheinander durch die Kopiermaschine, die Kopie wird also zweimal belichtet. Die schwarzen Filmstreifen auf Rolle A hinterlassen unbelichtete Lücken, die dann belichtet werden, wenn im zweiten Durchgang Rolle B durch die Kopiermaschine läuft.

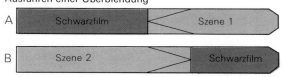

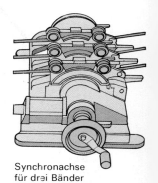

Synchronachse für drei Bänder

FILMENTWICKLUNG UND -BEARBEITUNG

Filmkopierung

Es kann immer wieder der Fall eintreten, daß Sie eine Kopie von einem Ihrer Filme brauchen. Vielleicht möchten Sie sich für Schnittzwecke eine Arbeitskopie ziehen lassen, oder Sie möchten anschließend eine Kopie für Vorführzwecke haben, um das kostbare Original nicht zu beschädigen; es kann auch sein, daß Sie den Film «aufblasen» oder zur leichteren Projektion verkleinern lassen möchten. In all diesen Fällen kann Ihnen ein Kopierwerk Kopien nach Ihren Angaben anfertigen. Es gibt zwei Haupttypen von Kopiermaschinen, die Kontaktkopiermaschine und die optische Kopiermaschine.

Kontaktkopiermaschinen

In der Kontaktkopiermaschine laufen der Originalfilm und der für die Kopie bestimmte Rohfilm Schicht an Schicht an einem Lichtschlitz vorbei. Das Licht durchleuchtet das Original und belichtet den Kopierfilm entsprechend. Die meisten modernen Kontaktkopiermaschinen laufen kontinuierlich und mit hoher Geschwindigkeit – und die Intensität und (manchmal) die Farbtemperatur der Beleuchtung können von Szene zu Szene verändert werden, um die Kopie zu korrigieren. Das bezeichnet man als Licht- und Farbkorrektur (s. rechts). Alle in einer Kontaktkopiermaschine angefertigten Kopien müssen mit der Schichtseite *vom Objektiv weg* projiziert werden, während bei der Projektion eines Originalfilms die Schichtseite *dem Objektiv zugewandt* ist.

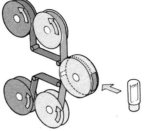

Kontaktkopieren
Licht durchleuchtet das Original und belichtet die Kopie. Die beiden Filme sind dabei Schicht an Schicht.

Optische Kopiermaschinen

In einer optischen Kopiermaschine wird das Original über eine Optik Bild für Bild auf den Rohfilm projiziert und aufbelichtet. Bei diesem Verfahren sind die verschiedensten Veränderungen möglich. Im Gegensatz zum Kontaktkopieren brauchen hierbei die Filmformate nicht gleich zu sein, es können also vergrößerte und verkleinerte Kopien gezogen werden. Beim optischen Kopieren können auch viele verschiedene optische Effekte ausgeführt werden – z. B. Wischblenden (s. S. 83), Überlagerungen (s. S. 187), bewegliche Masken (s. S. 192), Standbild, Titel oder Zooms, die im Originalfilm nicht enthalten sind. Optisches Kopieren ist viel teurer als Kontaktkopieren.

Optisches Kopieren
Licht durchleuchtet das Original und belichtet Kopierfilm durch ein optisches System.

Naßkopierung Bei vielen optischen Kopiermaschinen ist heute das sogenannte Naß- oder «wet gate»-Kopierverfahren möglich, mit dem sich Kratzer und Verunreinigungen auf dem Film unsichtbar machen lassen. Bei beiden Methoden wird während des Kopiervorgangs eine transparente Flüssigkeit aufgebracht. Diese bildet eine Schicht auf der Filmoberfläche und füllt Kratzer u. ä. aus. Da die Flüssigkeit denselben Brechungsindex hat wie die Filmunterlage, geht das Licht beim Kopieren durch den Film, als ob überhaupt keine Kratzer vorhanden wären. Beim «wet gate»-Verfahren verdunstet die Flüssigkeit, nachdem sie das Bildfenster passiert hat; beim Naßkopierverfahren fließt die Flüssigkeit in größeren Mengen ständig über die Filmoberfläche und wird in einem Überlaufgefäß aufgefangen. Beide Verfahren stehen jetzt für alle Filmformate zur Verfügung, doch kommt eine solche Behandlung natürlich teurer als normales Kopieren.

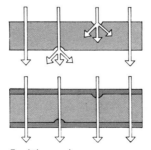

Funktionsweise der Naßkopierung
Flüssigkeit füllt die Kratzer des Films aus, die deshalb bei der Projektion nicht mehr auffallen.

Qualitätskontrolle bei Kopien

Es sollte für jeden ernsthaften Filmer selbstverständlich sein, daß er für die Vorführung stets nur Kopien des Originals verwendet und dieses an einem sicheren Ort aufbewahrt. Leider bringt jeder Kopiervorgang eine Verschlechterung der Qualität mit sich. Je kleiner das Format, um so stärker fällt sie ins Gewicht.

Wenn Sie Kopien von Ihrem Originalfilm ziehen lassen wollen, können Ihnen die folgenden Ratschläge helfen, den Qualitätsverlust möglichst gering zu halten. Achten Sie bei der Aufnahme peinlich genau auf richtige Belichtung. Verwenden Sie möglichst geringempfindlichen, feinkörnigen Film. Vermeiden Sie Motive mit starken Kontrasten, denn diese werden beim Kopieren zum Teil noch verstärkt. Lassen Sie keine Kopien von Kopien herstellen. Achten Sie darauf, daß für die Kopien Material verwendet wird, das optimal auf den Originalfilm und auf die Art Ihrer Motive abgestimmt ist.

Licht- und Farbkorrektur (Licht- und Farbausgleich)

Arbeitskopien sind «unkorrigiert», d. h. sie werden mit gleichbleibender Belichtung hergestellt, und es wird nicht versucht, Mängel des Originals auszugleichen. Eine solche unkorrigierte Kopie ist relativ billig.

Wenn sie dann jedoch die Vorführkopie anfertigen lassen, werden Sie vielleicht eine individuelle Beeinflussung der Kopie für wünschenswert halten, also eine «*Korrekturkopie*» anfertigen lassen. Das Original wird zu diesem Zweck in einen elektronischen Analyzer eingelegt, der die Dichte jedes Einzelbildes ermittelt und einen Lochstreifen mit Anweisungen für die geschätzte Idealbelichtung jedes Einzelbildes stanzt. Bei vielen Kopiermaschinen läßt sich auf diese Weise auch schon für jedes Einzelbild eine andere Farbfilterung eingeben.

Kombination von Bild und Ton

Es gibt zwei Arten, Bild und Ton auf der Kopie zu vereinen: Magnetspur (Tonpiste) und Lichttonspur (s. S. 110).

Magnetton ist bei Super-8-Film die Regel. Lichtton ist beim 8-mm-Film von geringer Qualität. Das Kopierwerk wird im allgemeinen Ihre Tonmischung auf Magnetspur überspielen. Beim optischen Kopieren macht das keine Schwierigkeiten; bei Kontaktkopien ist jedoch die Schicht auf der Seite des Films, die über die Tonköpfe des Projektors läuft – und leider läßt sich die Tonpiste nicht direkt auf die Schicht aufbringen. Deshalb muß das Kopierwerk auf Material kopieren, das bereits auf der Schichtseite «vorbespurt» ist. Bei den größeren Formaten ist der Lichtton für Kopien gebräuchlicher. Der Ton wird während des Kopierens am Rand des Films einbelichtet.

FILMENTWICKLUNG UND -BEARBEITUNG

Das Kopierwerk

Kopierwerke bieten heute dem Super-8- und 16-mm-Filmer einen umfassenden Service an. Wenn Sie Ihren Film an ein Kopierwerk zum Entwickeln einsenden, haben Sie bei bestimmten Filmsorten den Vorteil, daß sie «Sonderentwicklung» zur Erhöhung der Empfindlichkeit verlangen können (s. S. 208). Außerdem bekommen Sie dort, falls gewünscht, eine Arbeitskopie (s. S. 209). Viele Filmemacher, die ihre Filme im Zweibandverfahren vertonen, lassen sich vom Kopierwerk ihre Tonaufnahmen von Band auf Magnetfilm oder Cordband überspielen und auch den Originalfilm bespuren (s. S. 233). Die meisten Kopierwerke bieten einen Kopierdienst an, der es Ihnen ermöglicht, Duplikate von Ihren Filmen herstellen zu lassen. Es lohnt sich nachzufragen, ob die Kopiermaschinen der betreffenden Firma Naßkopierung ermöglichen (s. S. 229). In diesem Stadium können Sie auch spezielle optische Effekte wie Überblendungen, Standbild oder Masken bestellen (s. S. 228). Zunehmend bieten die Kopierwerke heute auch die Überspielung von Super-8-Filmen auf Videokassetten an (s. S. 264) – für Video-Schnitt, die Hinzufügung spezieller Video-Effekte oder einfach die Vorführung über einen Videorecorder.

Das Problem, unter dem alle Filmemacher leiden, die mit den kleineren Filmformaten arbeiten, ist die Frage, ob der Film sauber und unbeschädigt bleibt. Wegen der starken Vergrößerung sind auch die kleinsten Staubkörnchen und Kratzer immer auf der Leinwand zu sehen. Es gibt verschiedene Verfahren, den Film gegen Verschmutzung und Beschädigung zu schützen. Unter anderem kann die Filmschicht schutzbeschichtet, eingewachst oder gehärtet werden, um einen gleichmäßigen, glatten Durchlauf im Projektor zu gewährleisten und Kratzern («Telegrafendrähten») vorzubeugen. Lassen Sie sich von Ihrem Kopierwerk beraten. Außerdem können viele Kopierwerke Ihre Filme auch reinigen und beschädigtes oder verkratztes Material instandsetzen oder regenerieren.

Tips für den Umgang mit Kopierwerken

Sie werden kaum Ärger mit Ihrem Kopierwerk bekommen, wenn Sie die folgenden Ratschläge beherzigen. Denken Sie daran, daß das Kopierwerk auch keine Wunder vollbringen kann: Alle Kopierverfahren bringen einen gewissen Qualitätsverlust mit sich.
- Geben Sie klare Anweisungen.
- Erkundigen Sie sich, ob das Kopierwerk trockengeklebte Filme annimmt, und mixen Sie möglichst nicht Filme verschiedener Fabrikate auf einer Spule.
- Halten Sie den Originalfilm absolut sauber und bestellen Sie keine Kopien von einem technisch nicht einwandfreien Original.
- Schneiden Sie niemals Originalmaterial und Kontaktkopien zusammen, denn dann sind die Schichten auf verschiedenen Seiten, was zu Schärfeverlusten bei der Projektion führt.

Formatänderungen

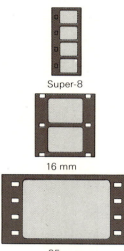

Super-8

16 mm

35 mm

Vergrößerungen und Verkleinerungen

Mit Hilfe einer optischen Kopiermaschine (s. S. 229) lassen sich ohne weiteres auch Kopien in anderen Formaten herstellen. Deshalb kann man heute 70-mm-Schinken als Super-8-Versionen im Flugzeug betrachten, und Super-8 läßt sich für die Vorführung in Kinos «aufblasen». Auch kommt es vor, daß man Szenen aus einem Film in einen anderen hineinschneiden möchte, der auf einem anderen Format gedreht wurde.

In all diesen Fällen können Sie zwischen drei Wegen wählen: Sie können im Direktverfahren eine Kopie auf Umkehrfilm ziehen lassen, oder Sie können sich bei der Gelegenheit ein Internegativ oder -positiv («Intermediate») auf speziellem Kopierfilm anfertigen lassen, von dem dann alle künftigen Kopien gezogen werden können, so daß das Original geschont wird.

Die schematischen Darstellungen unten geben Ihnen einen Überblick darüber, welche Qualität Sie jeweils erwarten können. Denken Sie daran, daß es für Super-8 kein Negativmaterial gibt und daß das 35-mm-«Breitwand»- oder -Cinemascope-Format ein anderes Seitenverhältnis hat als 16-mm- und Super-8-Film.

Optische Vergrößerung von Super-8 auf 16 mm   Optische Vergrößerung von 16 auf 35 mm

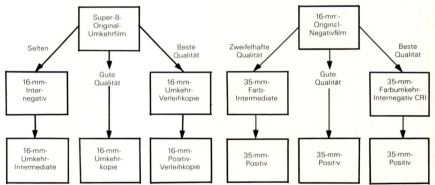

Herstellung von Massenkopien

Einzelne Super-8-Kopie

Zwei Super-8-Kopien

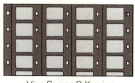

Vier Super-8-Kopien

Massenkopien

Es gibt verschiedene Möglichkeiten, mehrere Kopien von einem Film herzustellen. Vielfach wird mit einem «Internegativ» des Originals gearbeitet, von dem dann alle künftigen Kopien gezogen werden. Der Qualitätsverlust bleibt gering, wenn das Internegativ ein größeres Format hat als das Original. Bei Super-8-Originalen geht man am besten über ein 16-mm-Internegativ. Der Vorteil dabei ist, daß das in der Kamera belichtete Original nicht mehr gebraucht wird, gleichgültig, wie viele Kopien benötigt werden. Der Nachteil sind die Kosten, die durch den zusätzlichen Arbeitsgang entstehen.

Eine andere Möglichkeit ist das Kopieren mehrerer paralleler Filmstreifen auf einen Film von größerem Format. Das größere Format – das natürlich mit Perforationen für das kleinere Format versehen sein muß – wird anschließend in zwei bzw. vier Streifen zerschnitten. Beispielsweise kann man zwei Super-8-Kopien nebeneinander auf einer Rolle Doppel-Super-8-Film unterbringen. Ebenso passen auf eine Rolle speziell perforierten 35-mm-Film vier Super-8-Kopien.

Tonfilmschnitt

«Gekonnte Vertonung bedeutet nicht nur, daß man einen vorhandenen Film mit der wirkungsvollsten Tonmischung versieht. Vielmehr muß der Film nicht für sich, sondern im Hinblick auf mögliche Ton-Assoziationen gestaltet werden.» *Karel Reisz*

Tonfilmschnitt

Der Ton zum Film kann auf zwei Arten gewonnen werden: durch *bildsynchrone Tonaufnahmen* oder durch *Nachvertonung*. Synchronaufnahmen finden gleichzeitig mit den Bildaufnahmen statt. Der Ton kann in der Kamera auf dem Film direkt aufgezeichnet (Einbandsystem, Pistentonverfahren) oder mit einem separaten Tonaufnahmegerät aufgenommen werden (Zweibandsystem). Einband-Tonfilm wird im allgemeinen im Einbandverfahren geschnitten, d. h. Bild und Ton können nicht unabhängig voneinander geschnitten werden. Der Film wird mitsamt der Tonpiste geschnitten und montiert, so wie er aus dem Entwicklungslabor kommt. Beim Zweibandverfahren werden zwei «Bänder», nämlich der Film und das Tonband, unabhängig voneinander geschnitten. Bei diesem System hat man am Schneidetisch viel mehr Spielraum, da Bild und Ton nicht fest zueinander fixiert sind und überlappt werden können.

Unter Nachvertonung versteht man das «Anlegen» jeder Art von nicht synchron aufgenommenem Ton an den Film. Dabei kann es sich um Musik, Kommentare, nicht synchron aufgenommenen Zusatzton oder um Geräuscheffekte handeln. Die Nachvertonung wird auf den Seiten 244–248 behandelt.

Die Endbearbeitung ist beim Tonfilm ganz anders als beim Stummfilm. Wenn Sie einen Livetonfilm haben, stellt jede Szene eine festgelegte Reihenfolge von Einzelbildern dar, die man nur schwer ändern kann. Der bildsynchrone Ton muß genau parallel zum Bild geschnitten werden und gibt deshalb häufig den Ausschlag für den Bildschnitt. Der Preis, den Sie für mehr Realismus durch synchronen Originalton bezahlen müssen, sind Einschränkungen beim Schnitt. Ein Vorteil: Wenn der Originalton informativ genug ist, können Sie auf Zwischentitel und Kommentar verzichten.

Arbeitsweise beim Schnitt
Das Schema unten zeigt Ihnen, wie Sie beim Schnitt Ihres Tonfilms vorgehen müssen. Die einzelnen Arbeitsgänge werden auf den folgenden Seiten ausführlicher beschrieben, und zwar für Einband- und Zweibandaufnahmen ebenso wie für Nachvertonung. Beginnen Sie oben und beantworten Sie der Reihe nach die Fragen.

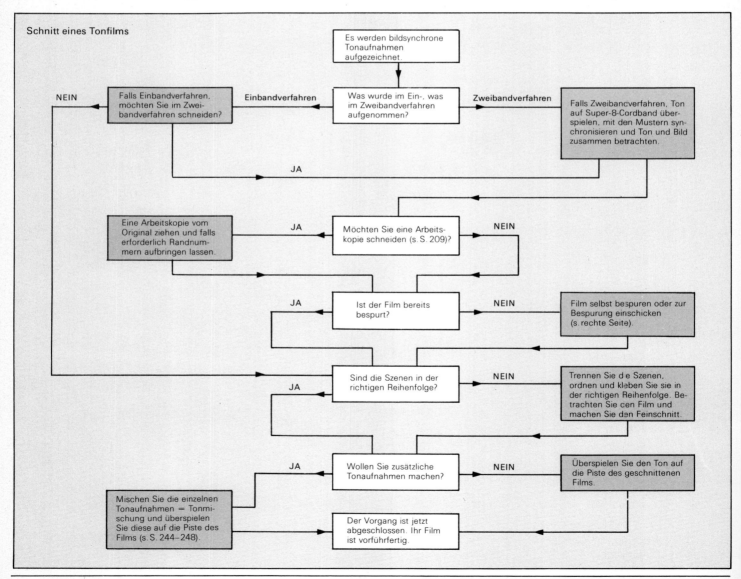

TONFILMSCHNITT

Filmbespurung

Unter Bespurung versteht man das Aufbringen einer unbespielten Magnettonspur (Tonpiste) auf einen Stummfilm. Sie haben die Wahl zwischen zwei Möglichkeiten: Entweder Sie schicken den Film an ein Labor/Kopierwerk ein, oder Sie kaufen sich ein Bespurungsgerät und bespuren den Film selbst.

Die Piste wird als Filmbespurungsband aufgetragen; das Material ist im Fachhandel erhältlich. Alle Geräte für die Selbstbespurung arbeiten mit diesem Bespurungsband, aber nicht bei allen ist auch das Auftragen einer Ausgleichsspur möglich. Das Fehlen der Ausgleichsspur erweist sich als Nachteil für Besitzer von Zweispur- oder Stereotonprojektoren (s. S. 247), da die zweite Spur für Aufnahme und Wiedergabe in Stereo bzw. Duoplay unerläßlich ist. Außerdem verhindert sie, daß der Film sich ungleichmäßig aufwickelt.

Manche Filmhersteller bieten jetzt vorbespurten Film in Super-8-Stummfilmkassetten an. Damit können Sie nach der Entwicklung Ihren Film vertonen, ohne ihn vorher bespuren zu müssen. Diese Filme gibt es von Agfa und Fuji, jedoch noch nicht von Kodak.

Die Bespurung sollte am geschnittenen Film vorgenommen werden, doch treten an den Klebestellen «Tonaussetzer» auf, wenn nicht mit Keilschnitt gearbeitet wurde (s. S. 213). Sie können zudem bei der Arbeitskopie Geld sparen, wenn Sie vorher einen Rohschnitt ausführen. Durch das Herausschneiden der offensichtlich unbrauchbaren Szenen werden weder das Original noch der spätere Feinschnitt beeinträchtigt.

Ausführung der Selbstbespurung

Wenn Sie Ihre Stummfilme selbst bespuren wollen, sollten Sie nach Möglichkeit nicht das billigste Bespurungsgerät kaufen. Das Gerät wird stark beansprucht und sollte deshalb von guter Qualität sein; es muß in der Lage sein, einen nur 0,8 mm breiten Streifen Tonbandmaterial am Rande des Filmstreifens aufzutragen. Bespurungsgeräte, die auch für das Auftragen einer Ausgleichsspur eingerichtet sind, müssen in der Lage sein, einen zweiten, nur 0,45 mm breiten Streifen aus dem gleichen Material am anderen Filmrand aufzutragen. Bei manchen Geräten werden beide Spuren gleichzeitig aufgetragen. Dazu muß die Menge des Klebstoffes, der entweder auf den Film oder das Filmbespurungsband aufgetragen wird, genau kontrolliert werden: wenn es zuviel ist, bilden sich Rückstände, ist es zuwenig, löst sich die Spur womöglich ab. Das Gerät muß auch so konstruiert sein, daß der Film gleichmäßig durch die Führungen und Rollen gezogen wird, ohne daß die Perforationslöcher übermäßig belastet werden. Und schließlich muß auch der Klebstoff genügend Zeit zum Trocknen haben, bevor der Film auf die Fangspule aufgewickelt wird.

Bei manchen Bespurungsgeräten wird zunächst eine Nut in den Filmrand gefräst, in die dann die Piste gelegt wird. Damit entfällt die Ausgleichsspur, die ja dazu da ist, den Filmwickel auf beiden Seiten gleich stark zu halten. Besitzer von Zweispur- oder Stereotonprojektoren werden trotzdem nicht auf die Ausgleichsspur verzichten wollen. Bespurungsgeräte sind entweder motorisiert oder müssen zusammen mit einem handelsüblichen Projektor betrieben werden. Im letzteren Fall wird der Film erst durch das Bespurungsgerät und dann durch den Projektor geführt. Wenn der Film und das Bespurungsband richtig eingelegt sind, wird der Projektor eingeschaltet, und die Bespurung erfolgt automatisch. Projektor und Bespurungsgerät müssen unbedingt richtig zueinander angeordnet sein; vor allem muß der Abstand zwischen den beiden Geräten während des ganzen Vorgangs gleichbleiben, damit der Klebstoff trocknen kann, bevor der Film auf die Spule gewickelt wird. Wenn die Tonspur nicht richtig plaziert ist, läuft sie nicht richtig über den Tonkopf des Projektors, was Tonausfälle zur Folge hat. Ist der Klebstoff nicht richtig getrocknet, löst sich die Spur ab.

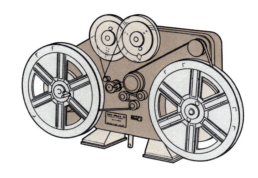

Bolex 52S
Dieses Selbstbespurungsgerät basiert auf den professionellen Bespurungsmaschinen. Es handelt sich um ein technisch ausgereiftes, zuverlässiges Gerät, bei dem Haupt- und Ausgleichsspur in einem Durchgang aufgeklebt werden. Es können Spulen bis 240 m Fassungsvermögen verwendet werden. Geeignet für Normal-8- und Super-8-Film.

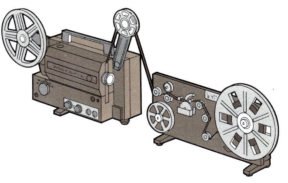

Projektor/Bespurungsgerät
Manche Amateur-Bespurungsgeräte müssen mit einem Projektor zusammen betrieben werden. Der Abstand zwischen beiden Geräten und ihre Anordnung zueinander sind entscheidend für das korrekte Auftragen der Tonspur.

Die bespurte Arbeitskopie

Die Arbeitskopie ist meist eine Kontaktkopie, die sich dadurch vom Originalfilm unterscheidet, daß die Schichtseite bei der Projektion zur Projektionslampe statt zum Objektiv zeigt. Die Tonspur (fast immer auf der Trägerseite) würde deshalb nicht in Kontakt mit dem Tonkopf kommen. Lösung: Die Kopie wird auf vorbespurtem Material angefertigt, das mit der *Trägerseite* des Originals in Kontakt ist. Dadurch verringert sich die Bildschärfe, aber wenigstens sind die Seiten bei Arbeitskopie und Original nicht vertauscht. Die bessere Lösung ist es jedoch wahrscheinlich, das Original zu bespuren.

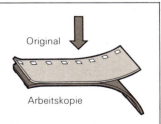

Vorbespurte Arbeitskopien
Eine bespurte Arbeitskopie entsteht durch Aufbelichten des mit der Trägerseite auf dem Kopierfilm liegenden Originals.

Tonfilmschnitt im Einbandverfahren

Der Tonfilmschnitt im Einbandverfahren hat viel für sich – Sie arbeiten mit einer Original-Tonaufnahme von hoher Qualität, und es können keine Synchronisationsfehler auftreten. Vor allem aber ist das Einbandverfahren zeitsparend und relativ billig.

Einziges, aber wesentliches Handikap beim Tonfilmschnitt im Einbandverfahren ist der Bild-Ton-Versatz. Da Bild und Ton an verschiedener Stelle in Kamera und Projektor aufgezeichnet bzw. wiedergegeben werden (bei Super-8 sind Bildfenster und Tonkopf um 18 Bilder versetzt, bei 16 mm um 28 Bilder), sind Bild und Ton auf dem *ganzen* Film um diesen Betrag gegeneinander verschoben.

In der Praxis bedeutet dies, daß der Ton zu den ersten 18 Bildern einer Szene bereits neben den letzten 18 Bildern der vorausgehenden Szene liegt. Dies ist allerdings nur dann von Bedeutung, wenn der Film geschnitten werden soll, wenn also Filmteile herausgenommen werden oder die einzelnen Szenen in eine andere Reihenfolge gebracht werden sollen.

Den Schnitt bei der Aufnahme einplanen

Der Schlüssel zum gelungenen Tonfilmschnitt im Einbandverfahren liegt in der richtigen Aufnahmetechnik. Wenn Sie Tonfilmaufnahmen machen, die voraussichtlich geschnitten werden, sollte in der ersten Aufnahmesekunde noch kein wichtiges Geräusch oder Wort aufgenommen werden. Am Ende der Tonfilmaufnahme sollten Sie darauf achten, daß in der letzten Sekunde kein für den Ton wichtiges Bildereignis aufgenommen wird. Auf diese Weise bekommen Sie keine Schnittprobleme.

Beispiel 1 Die um 18 Einzelbilder versetzte Anordnung des Tonkopfes bedeutet, daß der Ton für die ersten 18 Bilder einer Szene neben den letzten 18 Bildern der vorhergehenden Szene liegt. Entsprechend liegt neben den letzten 18 Bildern einer Szene bereits der Ton für die ersten 18 Bilder der nachfolgenden Szene. Wenn der Film nicht geschnitten wird, ist das kein Problem, weil dann bei Beginn der Projektion von Szene 2 der um 18 Bilder versetzte Tonkopf die entsprechende Tonaufnahme synchron wiedergibt.

Beispiel 2 Wenn man bereits in der ersten Aufnahmesekunde ein wichtiges Tonereignis aufnimmt, kommt man in Schwierigkeiten: Wenn man *Szene 1* dort schneidet, wo der *Ton 1* beginnt, erhält man 18 Bilder im Film, die dort keinen Bezug haben; schneidet man *Szene 1* dort, wo *Szene 1* beginnt, fehlt in der ersten Sekunde der wichtige Start von *Ton 1*.

Beispiel 3 Der beste Weg zu einem gelungenen Ergebnis: Nehmen Sie in der letzten Sekunde kein wichtiges Bild- und in der ersten Sekunde kein wichtiges Tonereignis auf! Beim Schnitt können Sie dann alle Szenen am Beginn der Bildaufnahme trennen. Gleichzeitig schneiden Sie die letzten 18 Bilder jeder Szene weg. Nun können Sie die Reihenfolge beim Montieren beliebig ändern. Sie erhalten jedoch bei der Projektion eine Tonüberlappung von 18 Bildern am Szenenanfang (Bild von Szene 2 sichtbar, aber erst nach 18 Bildern der zugehörige Ton), die jedoch nicht auffällt, solange Sie nicht wesentlich unterschiedliche Aufnahmen zusammenstellen (z. B. Wald und Straßenverkehr).

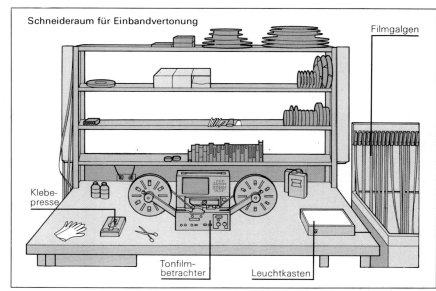

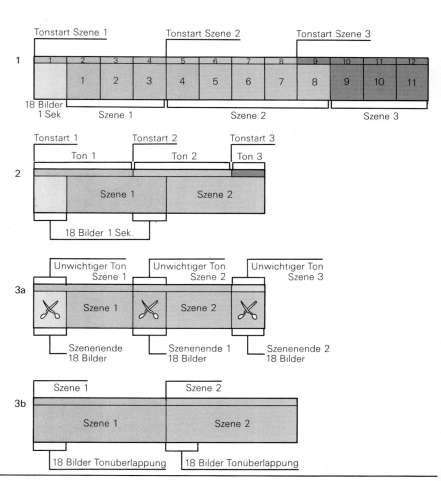

TONFILMSCHNITT

Geräte für das Einbandverfahren

Bevor Sie den ersten Schnitt machen können, müssen Sie sich ein Gerät beschaffen, das es Ihnen erlaubt, den Film so zu betrachten, wie er auf der Leinwand erscheinen wird, und gleichzeitig den Ton abzuhören. Für wirklich präzisen Einband-Tonschnitt brauchen Sie einen *Betrachter,* und zwar entweder ein Gerät mit integriertem *Tonkopf (Tonfilmbetrachter)* oder eines, an das sich ein Tonkopf anstecken läßt, sowie irgendeine Vorrichtung zum Verstärken und Abhören des vom Tonkopf übermittelten Signals.

Der Tonfilmbetrachter Es gibt eine ganze Reihe von Tonfilmbetrachtern mit eingebautem Tonkopf. Ein Standardgerät besteht aus Spiegel, Bildschirm, Objektiv mit kurzer Brennweite, Lampe, Glasprisma, Filmführung und Zahnrollen. Wenn der Film in die Filmführung eingelegt wird, greifen die Zähne der Zahnrolle in die Perforationslöcher des Films. Beim Transport des Films durch die Filmführung dreht ein Zahnrad das Glasprisma. Der Film wird von einer Halogenlampe durchleuchtet, und das Bild wird von dem Objektiv auf einen Spiegel projiziert. Der Spiegel wirft das Bild dann auf die Rückseite des Bildschirms.

Falls Sie bereits einen Stummfilmbetrachter besitzen, sollten Sie sich zunächst erkundigen, ob es dafür einen ansteckbaren Tonkopf gibt, denn dann könnten Sie sich die Ausgabe für einen neuen Tonfilmbetrachter sparen. Der Tonkopf wird auf der rechten Seite des Geräts aufgesteckt, 18 Bilder vom Bildfenster entfernt, und der Ton wird entweder über Kopfhörer abgehört oder einem Lautsprecher mit Verstärker zugeführt. Wenn Sie erst einmal begonnen haben, Pistentonfilm zu schneiden, werden Sie den Bild–Ton-Versatz, der am Anfang recht verwirrend ist, bald in den Griff bekommen. Sie sehen zwar den Abstand zwischen Bild und zugehörigem Ton, aber während der Film durch den Betracher läuft, ist alles synchron.

Abhören des Tons

Funktionsbereite Abhörlautsprecher oder «Aktivboxen» können Sie in den meisten großen Fotofachgeschäften kaufen; diese Geräte bestehen aus einem Verstärker, dem das Signal vom Tonkopf zugeführt wird, und einem Lautsprecher, der das Signal in hörbare Töne umwandelt. Ein guter Abhörlautsprecher macht die Tonkontrolle wesentlich angenehmer und einfacher.

Man braucht aber nicht unbedingt einen Kontrolllautsprecher, sondern kann ihn auch durch ein normales Tonbandgerät mit eingebautem Verstärker und Lautsprecher ersetzen. Diese Möglichkeit ist bei vielen Cord-/Perfobandgeräten serienmäßig vorgesehen, man kann aber auch jedes Tonbandgerät entsprechend umrüsten. Sie können auch Ihren Hi-Fi-Verstärker dafür verwenden; Sie brauchen dazu nur das Kabel vom Tonkopf an die entsprechende Eingangsbuchse anzuschließen. Falls Sie im Zweifel sind, welcher Eingang der richtige ist, fragen Sie einen Hi-Fi-Spezialisten um Rat. Nehmen Sie dafür den Schaltplan Ihres Verstärkers mit.

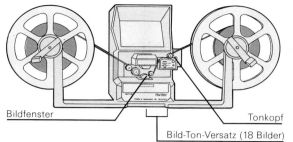

Bildfenster · Tonkopf · Bild-Ton-Versatz (18 Bilder)

Stummfilmbetrachter
An den meisten Stummfilmbetrachtern lassen sich Tonköpfe zum Abhören des Tons ansetzen. Der Tonkopf wird auf der rechten Seite des Geräts aufgesteckt, 18 Einzelbilder vom Bildfenster entfernt. So bleibt der Bild-Ton-Versatz gewahrt.

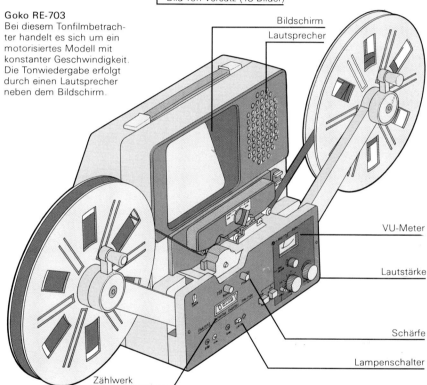

Goko RE-703
Bei diesem Tonfilmbetrachter handelt es sich um ein motorisiertes Modell mit konstanter Geschwindigkeit. Die Tonwiedergabe erfolgt durch einen Lautsprecher neben dem Bildschirm.

Bildschirm · Lautsprecher · VU-Meter · Lautstärke · Schärfe · Lampenschalter · Zählwerk

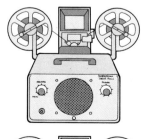

Abhörlautsprecher (links)
Mit einem Abhörlautsprecher kann man das vom Tonkopf kommende Signal abhören.

Tonbandgerät (rechts)
Wahlweise können Sie auch den eingebauten Verstärker und Lautsprecher Ihres Tonbandgeräts benutzen.

Hi-Fi-Anlage (links)
Das vom Tonkopf kommende Signal kann auch über eine normale Hi-Fi-Anlage abgehört werden.

Kopfhörer (rechts)
Statt über einen Lautsprecher können Sie den Ton auch mit einem Kopfhörer abhören.

TONFILMSCHNITT

Tonschnitt im Einbandverfahren

Beim Schnitt von Pistentonfilmen müssen Sie sich wohl oder übel weitgehend nach dem Ton richten. Wegen des Bild-Ton-Versatzes schneiden Sie mit jedem Schnitt auch den Ton, dessen zugehöriges Bild 18 Bilder weiter hinten liegt.

Wenn Sie den Film aufgespult und die Spulen auf die Achsen gesteckt haben, müssen Sie den Film transportieren, bis der erste Ton, den Sie in der Szene haben wollen, den Tonkopf erreicht. Fahren Sie den Film hin und her, bis Sie sicher sind, daß Sie den genauen Tonanfang haben; drehen Sie ihn dann ein paar Einzelbilder zurück (damit Sie nicht die erste Silbe wegschneiden) und markieren Sie das Einzelbild, *das sich am Tonkopf befindet*, mit einem Markierungsstift. Drehen Sie den Film nun *18 Bilder zurück* und stellen Sie fest, ob das markierte Bild verwendbar ist. Problematisch wird es, wenn dieses Bild zur vorhergehenden Szene gehört oder wenn Ihr Darsteller den Kopf dreht, bevor er spricht. Wenn alles in Ordnung ist, führen Sie den Schnitt aus.

Am Ende der Szene transportieren Sie den Film bis zum letzten Wort oder Ton, markieren diesmal aber das Einzelbild, das sich *am Bildfenster befindet*. Vergewissern Sie sich diesmal *durch Weiterdrehen um 18 Bilder*, daß die Tonspur auf diesen 18 Bildern keine unerwünschten Informationen enthält. Wenn Sie Pech haben, könnte dort bereits der Tonanfang der nächsten Szene aufgezeichnet sein. Dann müssen Sie die letzten 18 Bilder entfernen oder den störenden Ton löschen.

Dadurch wird der Schnitt leider nicht eben interessanter, und deshalb sollten Sie sich beim Einbandverfahren möglichst keine umfangreichen oder ehrgeizigen Schnitte vornehmen. Drehen Sie längere Einstellungen und führen Sie den Filmschnitt möglichst weitgehend schon in der Kamera aus (s. S. 115). Am besten lassen sich noch ganze Szenen trennen. Schnitte mitten in einer Einstellung sollten dem Stummfilm oder Zweiband-Tonfilm vorbehalten bleiben.

Auszählen des Bild-Ton-Versatzes

Um sich das mühsame Abzählen der 18 Bilder zwischen Bild und Ton zu sparen, können Sie sich ein Stück Vorspann auf die Länge von 18 Bildern zurechtschneiden und auf Ihren Schneidetisch kleben. Zur Ermittlung des Bild-Ton-Versatzes brauchen Sie dann nur den Film an diesem Stück Vorspannband abzumessen.

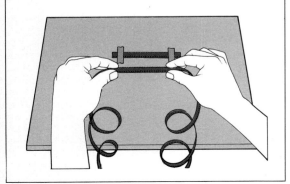

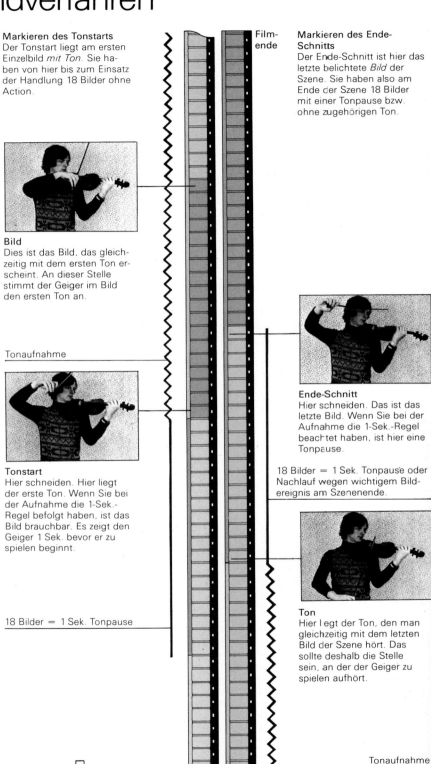

Markieren des Tonstarts
Der Tonstart liegt am ersten Einzelbild *mit Ton*. Sie haben von hier bis zum Einsatz der Handlung 18 Bilder ohne Action.

Bild
Dies ist das Bild, das gleichzeitig mit dem ersten Ton erscheint. An dieser Stelle stimmt der Geiger im Bild den ersten Ton an.

Tonaufnahme

Tonstart
Hier schneiden. Hier liegt der erste Ton. Wenn Sie bei der Aufnahme die 1-Sek.-Regel befolgt haben, ist das Bild brauchbar. Es zeigt den Geiger 1 Sek. bevor er zu spielen beginnt.

18 Bilder = 1 Sek. Tonpause

Richtung des Filmtransports

Filmanfang

Filmende

Markieren des Ende-Schnitts
Der Ende-Schnitt ist hier das letzte belichtete *Bild* der Szene. Sie haben also am Ende der Szene 18 Bilder mit einer Tonpause bzw. ohne zugehörigen Ton.

Ende-Schnitt
Hier schneiden. Das ist das letzte Bild. Wenn Sie bei der Aufnahme die 1-Sek.-Regel beachtet haben, ist hier eine Tonpause.

18 Bilder = 1 Sek. Tonpause oder Nachlauf wegen wichtigem Bildereignis am Szenenende.

Ton
Hier liegt der Ton, den man gleichzeitig mit dem letzten Bild der Szene hört. Das sollte deshalb die Stelle sein, an der der Geiger zu spielen aufhört.

Tonaufnahme

TONFILMSCHNITT

Vermeidung von Tonaussetzern

Um beim Schnitt von Pistentonfilmen Tonaussetzer («Dropouts») zu vermeiden, sollten Sie eine Doppelkeilschliff-Klebepresse oder – noch besser – eine Trockenklebepresse verwenden (s. S. 212–213). Letztere muß eine Klebepresse sein, die die Hauptspur freiläßt, und falls Sie einen Zweispur- oder Stereoprojektor verwenden wollen, muß die Klebepresse *beide* Tonspuren freilassen. Wenn Sie Stumm- und Tonfilm ineinander schneiden, müssen Sie den Stummfilm *vor* dem Schnitt bespuren lassen. Noch besser ist es, die stummen Szenen mit einer Tonfilmkassette in einer Tonfilmkamera oder mit vorbespurtem Film in einer Stummfilmkamera aufzunehmen.

Hintergrundgeräusche als Füller

Im Urlaub haben Sie vielleicht Tonfilmaufnahmen von der Band im Hotel gemacht. Damit nun die Tonfilmaufnahmen von zwei verschiedenen Musikstücken nicht unmittelbar aneinanderstoßen, entscheiden Sie beim Schnitt, zwischen diesen beiden Hauptszenen ein paar Zwischenschnitte von der Restaurantszenerie einzuschneiden. In weiser Voraussicht haben Sie deshalb mit einem Tonbandgerät das Besteckklappern und die Rufe der Kellner aufgenommen. Diese Tonaufnahmen können Sie nach dem Filmschnitt als «Füller» unter die Zwischenschnitte legen.

Ähnliches gilt auch, wenn Sie Sprachszenen mit Zwischenschnitten z. B. vom Verkehr auflockern müssen oder wollen, weil Sie die Kamera öfters abgesetzt haben. In diesem Fall können Sie separat aufgenommene Hintergrundgeräusche nach dem Filmschnitt entweder der ganzen Sequenz oder jeweils den Zwischenschnitten unterlegen. Dazu bedienen Sie sich des Einblendreglers Ihres Filmprojektors, der bei einigen Modellen auch als «Trickregler» bezeichnet wird.

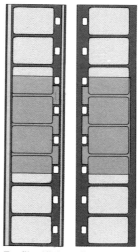

Tonfilm-Klebestellen
Besitzer von Zwei-Kanal-Projektoren verwenden am besten eine Klebepresse, die sowohl die Hauptspur als auch die Ausgleichsspur freiläßt (s. Abb. oben). So können beide Tonspuren störungsfrei genutzt werden.

Aufhebung des Bild-Ton-Versatzes

Um das Problem des Bild-Ton-Versatzes von 18 Bildern zu umgehen, kann man mit einem speziellen Tonaufnahmegerät die Originalaufnahme um 18 Bilder nach hinten, genau neben die dazugehörigen Bilder versetzen. Bei einem Pistentonfilm, der so bearbeitet wurde, ist natürlich Bildschnitt gleich Tonschnitt und Tonschnitt gleich Bildschnitt. Nach dem Schnitt durchläuft der Film nochmals das Gerät, das jetzt den Ton wieder in die normgerechte, versetzte Lage bringt.

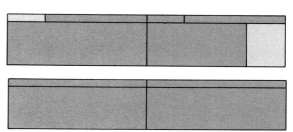

Schnitt bei Parallelton
Die erste Abbildung oben zeigt den normalen Bild-Ton-Versatz. Die zweite zeigt den Ton neben das zugehörige Filmbild versetzt.

Synchronsteuergerät

Wenn Ihnen kein Gerät zur Aufhebung des Bild-Ton-Versatzes zur Verfügung steht, können Sie auch mit einem steuerbaren Tonbandgerät bzw. Kassettenrecorder und einem Synchronsteuergerät arbeiten. Der Ton von der Tonpiste wird synchron auf Super-8-Cord- oder Perfoband überspielt und von dort mit einer Verzögerung von 18 Filmbildern auf die Piste überspielt, so daß der Bild-Ton-Versatz aufgehoben ist und ungehindert geschnitten werden kann. Nach dem Schnitt wird der Ton nochmals auf Super-8-Cord- oder Perfoband und dann endgültig in der richtigen Synchronposition auf die Piste überspielt. Durch das viermalige Überspielen verringert sich allerdings die Tonqualität erheblich.

Aufnahme im Einband-, Schnitt im Zweibandverfahren

Mit Abstand die beste Lösung für die Probleme des Schnitts von Pistentonfilm ist das Überspielen der Tonaufzeichnung von der Piste auf Perfo- bzw. Super-8-Cordband. Sobald dies geschehen ist, können Ton und Bild im *Zweibandverfahren* geschnitten werden, womit man einen wesentlich größeren Spielraum erreicht (s. S. 238–241). Mit einem Perfoband oder Super-8-Cordband kann man Schnitte ohne Rücksicht auf den Bild-Ton-Versatz ausführen. Nach dem Schnitt wird der Ton beim Mischen synchron wieder auf die Piste zurück überspielt, und der Film ist vorführfertig. Wie bei jeder Überspielung von Originalton verschlechtert sich die Tonqualität dabei ein wenig, aber das ist ein geringfügiger Nachteil. Korrekturen auf dieser Stufe haben den Vorteil, daß nachfolgende Mischvorgänge vereinfacht werden. Während des zweiten Überspielens (vom Perfo-/Cordband zurück auf die Tonspur des Films) kann man dem Originalton Musik und Geräusche hinzufügen.

Schnitt einer Dialogszene

Bei diesem Beispiel gehen wir davon aus, daß Sie eine Dialogszene gedreht haben, die aus einzelnen Nahaufnahmen von zwei Gesprächspartnern besteht. Sie möchten nun Einstellungen, in denen A spricht, mit solchen kombinieren, in denen B antwortet. Da Sie natürlich wissen, daß die erste Sekunde jeder Einstellung wegen des Bild-Ton-Abstands keinen Ton hat, müssen Sie es so einrichten, daß B wenigstens eine volle Sekunde über das nachdenkt, was A gesagt hat, bevor B selbst zu sprechen anfängt. B darf man auf keinen Fall ansehen, daß während der ersten Sekunde seiner (stummen) Reaktion in Wirklichkeit gar nichts gesagt wird. Damit erreichen Sie folgendes: Wenn die Einstellung, in der A spricht, am letzten Wort geschnitten und daran anschließend der Bildanfang der nächsten Einstellung von B geklebt wird, hört man noch eine Sekunde A sprechen, während man die ersten 18 Bilder von B sieht. Das ist besser, als wenn zwischen dem letzten Wort von A und dem ersten von B's Antwort eine Pause von einer Sek. liegt. Die Abbildung rechts zeigt, wie der montierte Film aussehen sollte.

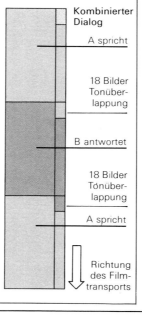

Kombinierter Dialog
A spricht
18 Bilder Tonüberlappung
B antwortet
18 Bilder Tonüberlappung
A spricht
Richtung des Filmtransports

TONFILMSCHNITT

Tonfilmschnitt im Zweibandverfahren

Unter Zweiband-Tonschnitt versteht man jedes Verfahren, bei dem Bild und Ton unabhängig voneinander geschnitten werden und nicht gemeinsam wie beim Einbandverfahren (s. S. 230–233). In der Praxis werden Ton und Bild parallel geschnitten, so daß die Synchronisation von Anfang bis Ende einer Sequenz erhalten bleibt. Mit andern Worten, wo das Bild geschnitten wird, da wird auch der Ton genau an derselben Stelle und zum selben Zeitpunkt geschnitten. Darauf (auf der physischen Trennung von Ton und Bild) beruht die große Flexibilität des Zweibandverfahrens. Obwohl dieses System teurer ist und mehr Geräte erfordert als das Einbandverfahren, erfreut sich das Zweibandverfahren zunehmender Beliebtheit bei Enthusiasten.

Das gebräuchlichste Verfahren für die Aufrechterhaltung der Synchronität von Bild und Ton beim Zweibandschnitt besteht darin, daß man den Ton auf Super-8-Cordband aufnimmt, das genauso breit wie der Film ist und dieselbe Perforation aufweist. Ton- und Bildaufnahme stimmen deshalb in den Abmessungen des Aufnahmematerials und der Laufzeit absolut überein und können uneingeschränkt geschnitten und verschoben werden. Falls der Ton nicht gleich mit einem Super-8-Cordband-Gerät aufgenommen wurde, muß er vor dem Schnitt vom normalen Tonband (Kassettentonband) auf Super-8-Cordband überspielt werden.

Ein anderes Verfahren zur Aufrechterhaltung der Synchronität beim Zweibandsystem ist die Verwendung von *Perfoband*, also perforiertem Tonband (Magnetband). Die Beliebtheit des Perfobands beruht darauf, daß man es mit jedem (vorher entsprechend adaptierten) Spulentonbandgerät verwenden kann. Auch hier gibt es tragbare Geräte, die bei Außenaufnahmen eingesetzt werden können; oder man bedient sich dort eines leichten Kassettenrecorders, der Ton und parallel dazu die Kameraimpulse aufzeichnet, und überspielt zu Hause den Ton synchron auf Perfoband. Perfoband gibt es in zwei verschiedenen Versionen; je nach der gewünschten Bandgeschwindigkeit (9,5 oder 19 cm/s) weist das Band entsprechend der gewählten Filmfrequenz 18 oder 24 Perforationslöcher auf. Durchgesetzt hat sich Perfoband mit «Langlöchern», die so liegen, daß es gleichermaßen für Halb- und Viertelspurtonbandgeräte verwendet werden kann. In allen Fällen ist das Perfoband jedoch 6 mm breit und kann deshalb in der Synchronachse nicht gegen Film ausgewechselt werden.

Die Arbeitskopie

Um zu vermeiden, daß Ihr Originalfilm durch Kratzer oder falsches Schneiden verdorben wird, können Sie sich eine Arbeitskopie davon anfertigen lassen. Dabei handelt es sich um eine preiswerte Kopie für Schnittzwecke, die Sie immer wieder vorführen und schneiden können, bis Sie sicher sind, daß alle Schnitte an den richtigen Stellen sind. Es ist dabei gleichgültig, wie stark Sie die Kopie verkratzen oder sonstwie malträtieren. Sobald die Arbeitskopie fertig geschnitten ist, wird das Original so geschnitten, daß es Bild für Bild der Arbeitskopie entspricht (s. S. 209).

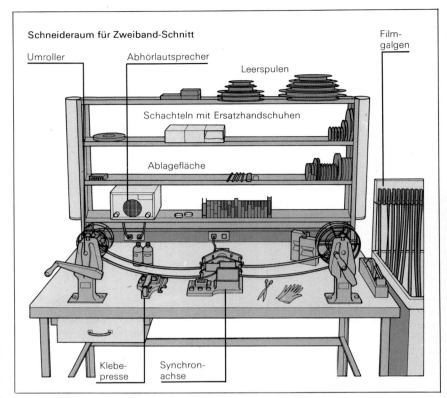

Schneideraum für Zweiband-Schnitt: Umroller, Abhörlautsprecher, Leerspulen, Filmgalgen, Schachteln mit Ersatzhandschuhen, Ablagefläche, Klebepresse, Synchronachse

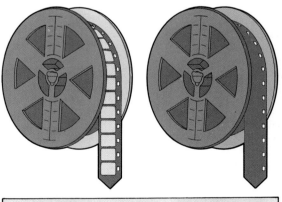

Film und Super-8-Cordband
Die Tatsache, daß Ton- und Bildträger völlig getrennt sind, ist der große Vorteil des Zweibandverfahrens. Wenn der Ton auf Perfo- oder Super-8-Cordband überspielt ist, besteht eine bildgenaue Übereinstimmung zwischen Ton und Bild. Werden beide in eine Synchronachse eingelegt, bleibt die Synchronität während des ganzen Schnitts erhalten.

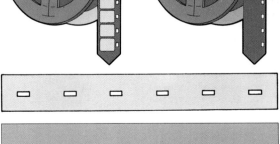

Perfoband
Perfobänder haben eine andere Perforation und eine andere Breite als Super-8-Film.

Super-8-Cordband
Super-8-Cordband hat die gleiche Breite und die gleichen Perforationen wie Super-8-Film.

Super-8-Film
Die verschiedenen Abmessungen von Super-8-Film und Perfoband machen eine Synchronachse (Schneidetisch) erforderlich.

6-mm-Tonband
Dieses Material hat dieselben Abmessungen wie Perfoband.

TONFILMSCHNITT

Ausrüstung für das Zweibandverfahren

Der Schneidetisch für das Zweibandverfahren sollte folgende Geräte umfassen: einen Betrachter, eine Synchronachse, Umroller, einen Abhörtonkopf und einen Abhörlautsprecher. In manchen Fällen können Film und Tonträger mit regelbarer Geschwindigkeit motorisch transportiert werden.

Synchronachse/Betrachter Das einzige wirklich unentbehrliche Gerät für den Zweiband-Tonschnitt ist eine Synchronachse mit einem Filmbetrachter. Diese Gerätekombination erlaubt das Abhören der Tonaufnahme und zeigt das Bild auf einem eingebauten Bildschirm. Die Synchronachse kann zwei, drei oder vier Zahntrommeln haben, die Film und Super-8-Cordband synchron verkoppeln. Bei den meisten Synchronachsen laufen der Film vorne und die Tonbänder hinten. Die Schnapper über den einzelnen Filmbahnen können gelöst werden, so daß sich die Lage des Films und der Tonbänder zueinander verändern läßt, bevor man sie wieder in der neuen Anordnung fixiert. So kann man einen Film mit bis zu drei Tonbändern parallel laufen lassen. Die Tonaufnahmen können getrennt oder gemeinsam abgehört werden. Im allgemeinen arbeitet man jedoch beim Schnitt nur mit einem Film- und einem Tonträger, auf dem die Originaltonaufnahme, Musik oder ein vorher aufgenommener Kommentar aufgezeichnet sein kann. Wenn der Schnitt beendet ist, werden die Tonaufnahmen auf einzelne Spulen verteilt, gemischt und auf das endgültige Mischband überspielt (s. S. 248).

Schneidetische Man kann auch mit einem Schneidetisch arbeiten. Hier sind die Spulen waagrecht und nicht senkrecht angeordnet. Für den Schnitt von 16- und 35-mm-Film benutzt man überwiegend solche Geräte; es gibt sie auch für Super-8, doch sind sie hier noch relativ teuer. Auf dem Schneidetisch werden Super-8-Cordband und Film motorisch transportiert, und zwar in beiden Richtungen mit regelbarer Geschwindigkeit. Der Film kann synchron mit nur 1 B/s oder mit bis zu 180 B/s gefahren werden, man kann aber auch bei jedem Band ein- und auskuppeln und den Ton versetzen oder «verziehen».

Seit kurzem gibt es für Super-8 auch «elektronische Schneidetische». Dort steuert eine Synchronelektronik einen motorisch betriebenen Super-8-Filmbetrachter bildgenau vor- und rückwärts zu den Bewegungen eines Perfobandes.

Umroller Senkrecht arbeitende Schneidegeräte für das Zweibandverfahren sind nicht mit eingebauten Umrollern ausgerüstet. Statt dessen werden die Spulenarme rechts und links auf dem Tisch montiert. Die Umroller müssen groß genug sein, um die beim Zweibandverfahren notwendigen zusätzlichen Spulen aufzunehmen, und haben manchmal eine Bremsvorrichtung, die es ermöglicht, die Spannung der Spulen zu verändern und damit die Gefahr zu verringern, daß der Film oder das Band von der Spule abrutscht.

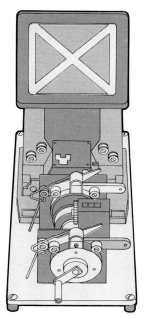

Synchronachse/Betrachter
Synchronachsen können mit einem Betrachter gekuppelt werden, so daß man Bild und Ton in einem Arbeitsgang schneiden kann.

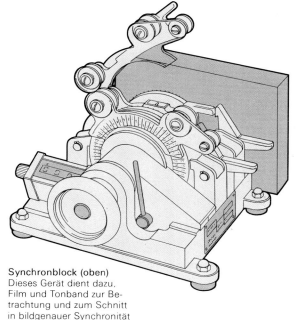

Synchronblock (oben)
Dieses Gerät dient dazu, Film und Tonband zur Betrachtung und zum Schnitt in bildgenauer Synchronität zu halten.

Super-8-Schneidetisch (oben)
Diese Schneidetische gibt es für Super-8 erst seit relativ kurzer Zeit.

16-mm-Schneidetisch (rechts)
Größere Modelle haben bis zu acht Teller.

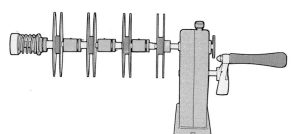

Umroller
Umroller für das Zweibandsystem müssen größer sein als ihre Gegenstücke für das Einbandsystem, weil sie die Filmspule und bis zu drei Tonbandspulen gleichzeitig tragen müssen.

TONFILMSCHNITT

Tonschnitt im Zweibandverfahren

Beim Zweibandschnitt sind Ton und Bild physisch völlig getrennt, laufen jedoch parallel. Ob Sie nun einen parallelen Schnitt in Bild und Ton vornehmen oder einer Filmszene einen asynchron aufgenommenen Ton unterlegen, stets brauchen Sie Orientierungspunkte auf dem Tonträger und dem Film, um die Synchronität nicht zu verlieren, wenn die beiden Streifen durch die Synchronachse laufen. Vor dem Schnitt müssen Sie jedoch die Tonaufnahme auf Perfo- oder Super-8-Cordband überspielen.

Synchronüberspielung

Alle Synchronüberspielungs-Verfahren haben ein Merkmal gemeinsam: es muß auf dem Original-Band ein Impuls sein, der die Geschwindigkeit des Aufnahmegeräts so steuert, daß bildgenaue Synchronität gewährleistet ist. Die Synchronüberspielung kann man in einem professionellen Tonstudio vornehmen lassen oder, bei Super-8, selbst ausführen. Bei Super-8 wird dazu der auf Kassette oder Tonband aufgenommene Ton auf ein Super-8-Perfo- oder -Cordband-Gerät überspielt. Das Gerät hört den Synchronimpuls ab, der parallel zum Originalton aufgezeichnet ist, und paßt seine Geschwindigkeit jeweils so an, daß eine bildgenau synchrone Überspielung erfolgt. Man kann aber auch mit einem umgerüsteten Tonfilmprojektor arbeiten, in den Super-8-Cordband eingelegt wird und der synchron zum Tonbandgerät oder Kassettenrecorder läuft. Wenn die Aufnahme im Einbandverfahren gemacht wurde, der Schnitt aber im Zweibandverfahren erfolgen soll, kann der Pistenton entweder auf Perfo- oder auf Super-8-Cordband überspielt werden.

Synchrones Anlegen von Bild und Ton

Wenn der Ton auf Perfo- oder Super-8-Cordband überspielt ist, müssen Bild und Ton für die Betrachtung und den Schnitt synchron angelegt werden. Die Synchronität läßt sich relativ leicht herstellen, wenn Sie bei der Aufnahme eine *Startmarke* gesetzt haben (s. S. 118). Legen Sie Film- und Tonträger in die entsprechenden Bahnen der Synchronachse ein. Wenn Sie die Startmarke mit einer Klappe gesetzt haben, lassen Sie das Tonband über den Tonkopf der Synchronachse laufen, bis Sie die gesprochene Ankündigung und den Knall der Klappe hören. Bringen Sie auf dem allerersten Bild, auf dem das Knallen zu hören ist, mit einem Markierungsstift eine Synchronmarke an (im allgemeinen drei senkrechte Striche). Spulen Sie als nächstes nur den Film durch die Synchronachse, bis Sie das Einzelbild finden, auf dem die Klappe für diese Einstellung sich gerade geschlossen hat, und bringen sie genau auf diesem Einzelbild eine Synchronmarke an (ein X zwischen zwei senkrechten Strichen). Jetzt können Sie Bild und Ton in der Synchronachse verkoppeln. Auf diese Weise lassen sich alle Synchronaufnahmen auf dem Magnetband an die dazugehörigen Szenen auf dem Film anlegen. Als nächstes zerschneiden Sie dann Film und Tonband in die einzelnen Szenen (von denen jede am Anfang eine Startmarkierung trägt) und bewahren sie sorgfältig für die Montage auf.

Synchronüberspielung
Als Synchronüberspielung bezeichnet man das Überspielen eines auf Tonpiste oder Tonband aufgezeichneten Tons auf Perfo- oder Super-8-Cordband. Die Abbildung oben zeigt ein mögliches Verfahren: das Cordband-Gerät nimmt den Ton von dem Kassettenrecorder auf; gleichzeitig überspielte Synchronimpulse sorgen für Synchronisation.

Startmarken
Startmarken erleichtern die Herstellung bildgenauer Synchronität erheblich. Die Stelle, an der die beiden Teile der Klappe zusammenkommen, und das entsprechende Geräusch auf der Tonaufnahme, markieren den gemeinsamen Anfang von Bildaufnahme und Tonaufzeichnung. Ohne dieses Hilfsmittel müssen Sie in jeder Szene nach punktgenauen Schallereignissen suchen.

Synchronmarken
Üblicherweise dient ein X zwischen zwei senkrechten Strichen (rechts) dazu, die Stelle zu markieren, an der im Bild die Klappe gerade geschlossen ist. Drei senkrechte Striche (rechts) markieren die Stelle, wo sich auf der Tonaufnahme das entsprechende Geräusch befindet. Lange waagrechte Striche beiderseits dieser Marken erleichtern deren Auffinden, wenn der Film rasch durch die Synchronachse läuft.

Filmschnitt

Der Film wird an der Synchronachse von links nach rechts geschnitten, so daß die schon bearbeiteten Filmteile auf der rechten Spule aufgewickelt werden. Sie sollten die Schnitte jeweils links von der Synchronachse ausführen, so daß der Schnitt, den Sie gerade gemacht haben, noch durch die Synchronachse laufen muß und Sie die Synchronität prüfen können, bevor der Streifen auf die Aufwickelspule gewickelt wird.

Perfo- und Cordband kleben
Für die Klebestellen bei Perfo- und Super-8-Cordband sollten Sie den Schnitt jeweils diagonal anbringen, um Tonaussetzer zu vermeiden. Es gibt dafür spezielle Klebepressen und vorperforiertes Klebeband.

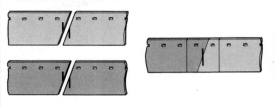

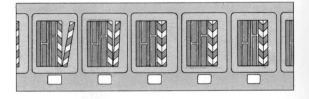

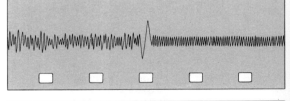

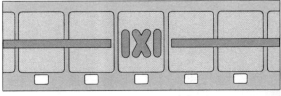

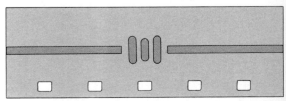

TONFILMSCHNITT

Einmontieren von Stummszenen

Wenn Ihr Film nur aus Synchronaufnahmen besteht, werden Sie keine Schwierigkeiten mit dem Anlegen von Ton und Bild haben. Wenn Sie jedoch auch Stummszenen einmontieren möchten, die Sie nicht mit Synchronton unterlegen wollen, sollten Sie die den stummen Szenen entsprechenden Stellen mit einem andersfarbigen Perfo- oder Cordband ausfüllen. Damit erreichen Sie, daß die Gesamtlänge von Tonträger und Film gleichbleibt und daß beiderseits der stummen Filmszenen die Synchronität erhalten bleibt. Beim Mischen (s. S. 244–248) kann die so entstandene Lücke durch Musik oder Geräusche geschlossen werden, die dann von einem zweiten oder dritten Tonträger kommen.

Den Ton «bebildern»

Den Ton «bebildern» ist eines der typischen Probleme, die beim Zweibandschnitt auftreten. Das Beispiel hier zeigt, wie man einen stummen Zwischenschnitt in eine synchrone Tonfilmsequenz einschneidet. Zuerst lassen Sie Ton und Bild der Synchronszene durch die Synchronachse laufen, bis Sie die Stelle gefunden haben, an der Sie den Zwischenschnitt einbauen möchten. Markieren Sie die Stelle auf Band und Film.

Spulen Sie Band und Film durch die Synchronachse zurück und schneiden Sie den Ausstieg aus der Hauptszene im Film an der markierten Stelle (dadurch bleibt der Rest der Szene auf der linken Spule).

Nehmen Sie den Filmstreifen mit der Hauptszene aus der Synchronachse. Fädeln Sie den Zwischenschnitt ein, suchen Sie einen geeigneten Einstieg und markieren Sie diesen auf dem Zwischenschnitt.

Schneiden Sie den Zwischenschnitt ein, indem Sie ihn an den Ausstieg aus der Hauptszene kleben. Die Klebestelle muß der Markierung für den Ausstieg gegenüberliegen, die auf dem Tonband angebracht wurde, wenn beide Streifen in der Synchronachse fixiert werden.

Lassen sie jetzt den mit der Hauptszene verbundenen Zwischenschnitt bis zu seinem Ausstieg durch die Synchronachse laufen und markieren Sie diese Stelle auf Film und Band. Fahren Sie nun an den Anfang des Zwischenschnitts zurück und legen Sie den Rest der Hauptszene so in die dritte Bahn der Synchronachse ein, daß sein Anfang der ersten Markierung (= Ausstieg Hauptszene) gegenüberliegt. Fahren Sie bis an den gewählten Ausstieg aus dem Zwischenschnitt (der auf Band und Zwischenschnitt markiert ist), markieren Sie die entsprechende Stelle auf der Hauptszene, spulen Sie diese ein Stück zurück und schneiden Sie sie. Damit haben Sie ein dem Zwischenschnitt entsprechendes Stück aus der Hauptszene herausgeschnitten.

Kleben Sie nun den Rest der Hauptszene an den Ausstieg aus dem Zwischenschnitt. Der Film befindet sich nun wieder in der vorderen Bahn der Synchronachse und läuft synchron mit dem Tonband. Sie haben also jetzt ein Stück Film aus der Hauptszene herausgeschnitten und es durch ein anderes Stück Film (den Zwischenschnitt) ersetzt. Damit auf beiden Seiten des eingeschnittenen Zwischenschnitts die Synchronität erhalten bleibt, muß das aus der Hauptszene herausgeschnittene Filmstück genauso lang sein wie der dafür eingeschnittene Zwischenschnitt. Auf diese Weise wird die Synchronität von Film und Band nicht verändert.

Weißes Vorspannband
Synchrone Tonfilmwiedergabe setzt eine bildgenaue Übereinstimmung zwischen Tonaufzeichnung und Bildfilm voraus. Bei dem Beispiel rechts wurde eine stumme Szene in einen vertonten Film einmontiert. Um die Synchronität zu erhalten, muß in das Tonband ein gleichlanges Stück andersfarbiges Band ohne Ton eingeklebt werden.

Einschneiden eines stummen Zwischenschnitts in einen synchronisierten Film

1 Ton und Bild durchlaufen lassen, bis die richtige Stelle für den Beginn des Zwischenschnitts gefunden ist. Film und Ton parallel markieren.

2 Etwas zurückspulen und den Film an der markierten Stelle der Hauptszene schneiden. Die Hauptszene aus der Synchronachse nehmen.

3 Den Zwischenschnitt einlegen, einen geeigneten Einstieg suchen und den Film an dieser Stelle markieren.

4 Den Zwischenschnitt durch Ankleben an die Hauptszene einfügen. Der Einstieg des Zwischenschnitts muß gegenüber der ersten Markierung auf dem Tonband liegen.

5 Zwischenschnitt bis Ausstieg durchlaufen lassen, Band und Film markieren. Rest der Hauptszene in dritte Filmbahn einlegen, so daß der Anfang der ersten Markierung gegenüberliegt. Bis zum Ausstieg des Zwischenschnitts fahren, Hauptszene parallel markieren, etwas zurückspulen und schneiden.

6 Zum Schluß den Rest der Hauptszene mit dem Ausstieg des Zwischenschnitts, der in der vordersten Filmbahn der Synchronachse liegt, verbinden. Dies geschieht links von der Synchronachse.

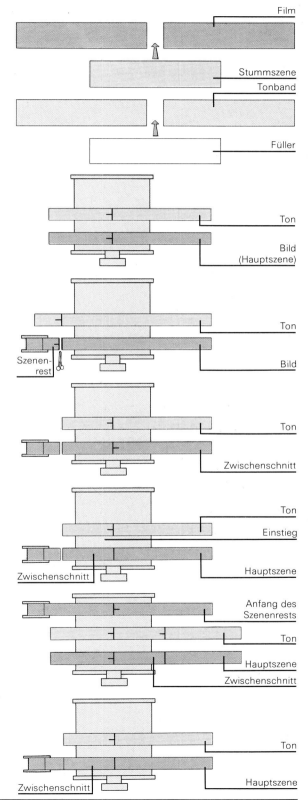

TONFILMSCHNITT
Schnitt nach Musik

Schnitt und Montage eines Films im Takt oder Charakter von Musik erfordern eine ganz andere Arbeitsweise als die Nachvertonung eines bereits geschnittenen Films mit Musik. Damit ein möglichst vollkommener Einklang zwischen Musik und Handlung erreicht wird, sollten Sie sich dafür entscheiden, den Film unter parallelem Abspielen der Musikuntermalung zu schneiden. Mit andern Worten, *die Musik sollte noch mehr als die Bilder den Ausschlag dafür geben, wie der Film geschnitten wird.* Das Zweibandverfahren ist dafür das einzig praktikable Schneideverfahren, denn Ton und Bild müssen hier voneinander getrennt sein.

Zunächst müssen Sie ein Musikstück aussuchen. Fast alle Musikaufnahmen sind urheberrechtlich geschützt, aber wenn Sie den Film nicht in der Öffentlichkeit oder gar gegen Bezahlung vorführen möchten, werden Sie keine urheberrechtlichen Schwierigkeiten bekommen.

Die Wahl der Schnittstelle

Nehmen wir einmal an, Sie haben ein zwei Minuten langes Musikstück, mit dem Sie eine bestimmte Atmosphäre wachrufen möchten. Beispielsweise könnten Sie auf den Gedanken kommen, eine Stierkampfsequenz mit spanischer Musik zu unterlegen. Wenn Sie das Musikstück ausgewählt haben, müssen Sie die Musik aufnehmen und auf Perfo- oder Cordband überspielen; das Band wird dann in die Synchronachse eingelegt. Transportieren Sie es über den Tonkopf und markieren Sie (mit einem Fettstift auf der Blankseite des Bandes) die Musikstellen, an denen Ihrer Meinung nach ein Schnitt im Film kommen müßte. Diese Stellen sollten aber nicht etwa durchweg den rhythmischen Betonungen der Musik entsprechen; es wirkt langweilig, wenn der Film genau nach dem rhythmischen Ablauf der Musik geschnitten wird. Vielmehr sollten Sie durch kumulatives Variieren des Tempos zum Höhepunkt hinführen. Suchen Sie als nächstes die Einstellungen aus, die voraussichtlich zu dem Musikstück passen, und montieren Sie sie in ungefährer Übereinstimmung mit den bereits auf dem Magnetband markierten Schnittstellen. Führen Sie sich dann den Film zusammen mit der Tonaufnahme vor und passen Sie beides so lange einander an, bis Sie mit dem Gesamteindruck zufrieden sind.

Schneller Schnittrhythmus

Wenn Sie Ihre Sequenz mit harter Rockmusik oder einer sehr schnellen Folge von Geräuschen unterlegen, können Sie den Schnittrhythmus bis auf 4 Einzelbilder je Schnitt beschleunigen. Bei Schnitt nach schneller Musik empfiehlt es sich nicht, immer genau auf der betonten Note eines Taktes zu schneiden. Ein exakter Schnitt, bei dem also Bilder und Musik oder Geräuscheffekte genau an derselben Stelle geschnitten werden, wirkt manchmal langsam. Um den Eindruck rasanter Action hervorzurufen, können Sie versuchen, die ganze montierte musikalische Sequenz gegenüber einer parallelen Synchronität leicht zu verschieben, so daß das Bild dem Ton um ein bis zwei Einzelbilder vorauseilt. Man hat bei einer schnellen Sequenz, die so geschnitten ist, eher den Eindruck von Synchronität, als wenn Bild und Ton parallel geschnitten sind, so daß einem hier die Montage rasanter vorkommt.

Ton auf Zeit fahren

Oft muß man den Ton nach irgendeinem synchronen Ereignis am Ende statt am Beginn einer Einstellung schneiden. Das gilt besonders für Musik, weil das Ende eines Musikstücks oft einen Höhepunkt darstellt. Diese Schnittechnik wird mit einem englischen Ausdruck als «Backlaying» bezeichnet.

In unserem Beispiel von dem Stierkampf würden Sie vielleicht die Aufnahme, die den Tod des Stiers zeigt, mit einem Fortissimo am Ende des ausgewählten Musikstücks zusammenfallen lassen wollen. Nehmen wir einmal an, daß das Ende der vorausgehenden Szene (in der der Stierkampf noch andauert) bereits festliegt und Sie deshalb jetzt vor dem Problem stehen, wie Sie die nächste Szene in der Weise anschließen können, daß das Fortissimo und das Ende des Stiers zusammenfallen. Sie werden feststellen, daß die Ausführung eines solchen Schnitts einfacher ist, als sich die folgende Beschreibung anhört. Wenn Sie sich genau an das geschilderte Verfahren halten, werden Musik und Bilder synchron sein.

Ausführung des Backlaying
1 Legen Sie den Film mit dem noch andauernden Stierkampf und das Tonband in die Synchronachse ein und markieren Sie auf dem Tonband, wo die Einstellung auf dem Film endet.

2 Transportieren Sie als nächstes das Tonband weiter, bis der Höhepunkt der Musik am Tonkopf anliegt. Der Filmstreifen läuft aus der Synchronachse heraus, aber das macht nichts, weil Sie ja den Synchronpunkt markiert haben. Legen Sie nun die neue Szene, die den Tod des Stiers enthält, in die Synchronachse ein und verschieben Sie die Bilder, bis die beiden Höhepunkte zusammenfallen.

3 Wenn Film und Band richtig ausgerichtet sind, fixieren Sie sie und spulen sie gemeinsam zurück, bis der Ausstieg aus der vorangegangenen Einstellung (Markierung auf dem Tonband) die Mitte der Synchronachse erreicht hat. Markieren Sie die neue Einstellung genau gegenüber dieser Stelle. Das ist jetzt der Einstieg für die neue Szene. Schneiden Sie die neue Szene rechts der Synchronachse und kleben Sie die beiden Filmstreifen zusammen.

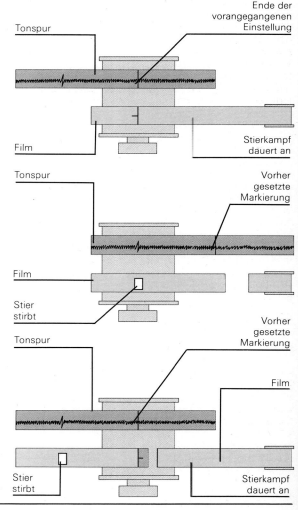

TONFILMSCHNITT

Schnitt nach Sprache

Ein großes Problem stellt sich Ihnen, wenn Sie einen Film parallel zu einem vorher aufgenommenen Kommentar schneiden wollen: Wann sollen Sie auf das Objekt oder Ereignis schneiden, das im Kommentar erwähnt wird? Die erste Regel dafür lautet, daß Sie den Schnitt im allgemeinen nicht am Ende des betreffenden Wortes ausführen sollten und sicherlich auch nicht am Ende des ganzen Satzes. Besser ist es, auf eine bildliche Darstellung des Inhalts des Kommentars zu schneiden, wenn das betreffende Wort beginnt oder *unmittelbar vorher*. Das Timing ist ähnlich wie bei dem Verfahren, das man zum Unterlegen einer bereits geschnittenen Szene mit einem Kommentar anwendet, obwohl hier die Prioritäten umgekehrt sind: Der Ton gibt hier den Ausschlag dafür, wie der Film geschnitten wird. Schwierigkeiten können nur bei bewegten Einstellungen auftreten, bei denen Anfang und Ende festgelegt sind. Widerstehen Sie der Versuchung, mit dem Kommentar des Guten zuviel zu tun. Lassen Sie nach Möglichkeit die Bilder für sich selbst sprechen.

Überlappender Dialog

Wenn Sie mit Gegenschnitten von zwei oder mehr Darstellern arbeiten, die miteinander sprechen, liegt es nahe, jeweils auf die Person zu schneiden, die gerade spricht. Sie werden jedoch bald feststellen, daß die eindrucksvollsten Aufnahmen oft nicht den Sprecher, sondern vielmehr die Reaktion des Zuhörers zeigen. Wenn Sie im Zweibandverfahren aufnehmen und schneiden, können Sie ohne weiteres einem Gegenschnitt auf den Zuhörer die Stimme des Sprechers unterlegen, und das können Sie bis auf die ganze Antwort oder einen Teil davon ausdehnen. Mit dieser Technik erzielen Sie einen interessanteren Wechsel von einem Darsteller zum anderen, wie er bei einfacher Montage Einstellung für Einstellung nicht möglich wäre.

Bei dem hier gezeigten Beispiel spricht ein Mann mit einer Frau. Er hat den Verdacht, daß Sie mit einem anderen ausgegangen ist, und ist offensichtlich eifersüchtig. Im weiteren Verlauf des Dialogs erhärtet sich sein Verdacht zur Gewißheit, während das ausweichende Taktieren der Frau in offene Feindseligkeit umschlägt. Man könnte sich beim Schnitt dieser Szene ohne weiteres nach dem Verlauf des Dialogs richten, aber damit würde man dem Zuschauer die Reaktionen vorenthalten. Deshalb sollte man eine wirkungsvollere Schnitttechnik, etwa die rechts vorgeschlagene, anwenden. Wir beginnen damit, daß jeder der beiden Partner einen ganzen Satz sagt und dabei auch im Bild ist. Dann, nach dem «Ist dein Telefon denn kaputt?», schneiden wir auf die Frau, um das erste Aufglimmen von Angst in ihrem Gesicht zu zeigen, bevor der Mann fortfährt: «Ich habe zweimal angerufen.» Ebenso schneiden wir auf den Mann zurück, nachdem sie gesagt hat «Ja, wahrscheinlich», um seine Ungläubigkeit zu zeigen, und dann wieder auf sie, als sie sich durch ihre Reaktion auf das Wort «Ritz» endgültig verrät. Das ist natürlich nur eine von vielen Möglichkeiten, diese Sequenz zu schneiden, und es würde viel von der Handlung abhängen. Beispielsweise könnte eine lebhafte Handbewegung eine bessere Gelegenheit für einen Schnitt darstellen als der Dialog.

Die richtige Schnittstelle Wenn Sie einen Film entsprechend einem vorher aufgenommenen Kommentar schneiden, sollten Sie sich den Text genau anhören, *bevor* Sie den Schnitt ausführen. Das Beispiel rechts zeigt, wie man es richtig und wie man es falsch machen kann. Es erscheint Ihnen vielleicht banal, aber solche Schnittfehler kommen vor und können die ganze Stimmung zerstören, weil die Zuschauer womöglich an der falschen Stelle zu lachen anfangen.

Richtig

Die Kinder gingen in den Zoo und bewunderten die Kamele

Falsch

Mann:	«Hast du dich gut amüsiert heute abend?»	
Frau:	«Wieso, ich war allein zu Hause.»	
Mann:	«Ist dein Telefon denn kaputt?»	«Ich hab zweimal angerufen.»
Frau:	«Ja, wahrscheinlich.»	«Ich muß mal die Störungsstelle anrufen.»
Mann:	«Und ich hätte schwören können, daß ich dich aus dem Ritz kommen sah.»	«Aber ich hab mich wohl getäuscht.»
Frau:	«Allerdings.»	

Mann: «Hast du dich gut amüsiert heute abend?»

Frau: «Wieso, ich war allein zu Hause.»

Mann: «Ist dein Telefon denn kaputt?»

Mann: «Ich hab zweimal angerufen.»

Frau: «Ja, wahrscheinlich.»

Frau: «Ich muß mal die Störungsstelle anrufen.» Mann: «Und ich hätte schwören können...»

Mann: «Aber ich hab mich wohl getäuscht.» Frau: «Allerdings.»

TONFILMSCHNITT
Nachvertonung und Tonmischung

Auch wenn Sie mit einer Stummfilmkamera arbeiten, werden Sie wahrscheinlich nicht auf eine Vertonung Ihrer Filme verzichten wollen. Die einfachste Möglichkeit dafür ist das Aufnehmen von Hintergrundmusik. Sie können aber Ihren Film auch durch Geräusche, einen Kommentar und, falls aufgenommen, synchronisierten Originalton bereichern. Es gibt viele verschiedene Verfahren zur Nachvertonung und Tonmischung; wir können deshalb auf den folgenden Seiten nur einige davon besprechen. Die beiden einfachsten und am häufigsten angewandten Formen der Vertonung sind Musik und Kommentar.

Vertonung mit einem Kommentar

Einen Kommentar – mit oder ohne Hintergrundmusik – können Sie jedem Film unterlegen, bei dem Sie den Eindruck haben, daß die visuellen Informationen nicht ausreichen oder der synchrone Originalton zusätzlicher Erläuterungen bedarf. Die einfachste Möglichkeit, die jedoch nur bei sehr kurzen Filmen angebracht ist, besteht darin, daß der Kommentar aufgenommen und asynchron abgespielt wird (s. rechte Seite), während der Film vorgeführt wird. Um eine genauere Übereinstimmung von Bild und Ton zu erzielen, können Sie aber auch das Tonbandgerät oder den Projektor an ein Synchrongerät anschließen.

In einem Kommentar ist es Ihre Aufgabe, die Zuschauer in Ihren Film einzuführen. Sie stellen sich unaufdringlich zwischen den Film und die Zuschauer, und das ist der Grund, warum so viele Filmemacher ihre Kommentare am liebsten selbst schreiben und auf Band sprechen.

Abfassen eines Kommentars

Das Hauptproblem beim Schreiben eines Kommentars zu einem Film ist, daß Sie mit den Informationen, die der Kommentar enthält, den Film ergänzen und bereichern sollen, ohne wiederzukäuen, was ohnehin auf der Leinwand zu sehen ist. Der Text sollte weder zu salopp noch zu feierlich sein. Es ist nicht zu empfehlen, die informativsten Passagen des Kommentars mit den eindrucksvollsten Bildern zusammenfallen zu lassen, denn dann konkurrieren Bild und Ton um die Aufmerksamkeit der Zuschauer. Sie sollten schon beim Schreiben des Kommentars daran denken, daß die entscheidenden Worte jeweils dann fallen sollten, *wenn die neue Einstellung beginnt.* Das läßt sich an einem einfachen Beispiel erläutern. Vielleicht haben Sie Ihren Film an zwei verschiedenen Schauplätzen gedreht – in einer bewaldeten Gegend und irgendwo am Meer. Wenn Sie nun den Kommentar für den Übergang von dem einen Schauplatz zum anderen schreiben, sollten Sie es nach Möglichkeit so einrichten, daß das Wort «Meer» genau in dem Augenblick kommt, in dem von dem einen Schauplatz zum anderen geschnitten wird (s. rechts).

Der Kommentar sollte so geschrieben und aufgenommen werden, daß die entscheidenden Worte jedes Satzes bei der Vorführung des Films jeweils mit entsprechenden Schnitten oder Handlungshöhepunkten zusammenfallen. Dadurch entsteht der Eindruck, daß der *Ton den Schnitt motiviert* und nicht umgekehrt.

Auswahl der Musik

Musik wird mit Abstand am häufigsten für die Nachvertonung von Filmen verwendet. Für einen privaten Film können Sie die freie Wahl aus dem riesigen Angebot von Platten oder Kassetten mit klassischer oder Unterhaltungsmusik treffen. Es gibt auch eigens für die Filmvertonung zusammengestellte Platten.

Die beste Lösung für die Musikvertonung besteht darin, daß Sie Musik verwenden, die eigens für Ihren Film komponiert wurde. Wenn Sie beispielsweise einen Bekannten haben, der auf der Gitarre oder dem Klavier improvisieren kann, dann führen Sie ihm Ihren Film mehrmals vor. Nehmen Sie dann die Improvisationen synchron auf Tonband oder direkt auf die Tonpiste des Films auf.

Aufnahme eines Kommentars

Der Tonfall einer Stimme läßt sich nicht ohne weiteres verändern. Sie sollten sich deshalb fragen, ob Ihre eigene Stimme wirklich am besten für den Vortrag des Kommentars geeignet ist. Bauen Sie das Mikrofon etwa einen Meter entfernt auf, kontrollieren Sie die Aussteuerung, nehmen Sie den Kommentar auf und hören Sie ihn dann ab, um das Ergebnis zu beurteilen. Sie sollten sich um einen sachlichen, lebendigen Umgangston bemühen, also weder affektiert noch eintönig sprechen. Welches Verfahren Sie zur gegenseitigen Anpassung von Bild und Ton wählen, wird davon abhängen, welche Geräte Ihnen für die Tonmischung zur Verfügung stehen.

Richtig

«...nach so vielen Tagen im Wald sehnten wir uns richtig nach dem Meer (Schnitt)...»

Falsch

«...ständig dachten wir ans Meer, als wir so durch die Wälder wanderten (Schnitt)...»

Stummfilmprojektor und Tonbandgerät

Nichtsynchronisierter Ton

Bei diesem Verfahren spielen Sie einfach während der Projektion des Films (ohne Synchronisation) eine Tonbandaufnahme ab. Für eine allgemeine Geräuschkulisse oder Hintergrundmusik reicht das völlig aus. Allerdings können Sie nicht erwarten, daß sich dabei der Ton bei langen Filmen genau mit den Szenenübergängen koordinieren läßt. Das liegt daran, daß wegen der unterschiedlichen Laufgeschwindigkeiten von Projektor und Tonbandgerät praktisch von Anfang an eine Verschiebung von Musik und Bild auftritt.

Auch wenn es Ihnen nicht so sehr auf eine genaue Synchronität von Bild und Ton ankommt, sollten Sie jedoch gemeinsame Startmarkierungen auf dem Vorspann von Film und Tonband anbringen, damit wenigstens beide Geräte gleichzeitig anlaufen. Bei den Startmarkierungen kann es sich um ein durch Kratzen weiß gemachtes Einzelbild auf schwarzem Filmvorspann und um einen entsprechenden weißen Punkt auf der Glanzseite des Tonbands handeln; Sie können aber auch einfach die Verbindungsstelle zwischen Vorspann und Band bzw. Film als Startmarkierung verwenden. In beiden Fällen müssen die Startmarkierungen mit dem Tonkopf und dem Bildfenster des Projektors zur Deckung gebracht werden, bevor beide Geräte gleichzeitig eingeschaltet werden. *Irgendeine Form der Startmarkierung wird bei allen Vertonungs- und Mischtechniken angewandt.* Teilweise wird das Tonaufnahmegerät automatisch gestartet, sobald das erste Bild das Bildfenster des Projektors passiert.

Festlegen des Toneinsatzes Die Musik wird nicht immer gleich am Filmanfang einsetzen. Um eine geeignete Stelle für den Einsatz der Musik zu finden, notieren Sie sich die Zeit zwischen der Startmarkierung und dem ersten Bild, das Ton bekommen soll. Sie können die Zeit mit der Stoppuhr messen oder das Zählwerk des Tonbandgeräts auf Null stellen und dann die Bandlänge bis zu der gewählten Stelle notieren. Stoppen Sie das Band an dieser Stelle und schalten Sie den Projektor aus. Das ist jetzt die Stelle, an der die Musik einsetzen soll. Schalten Sie das Tonbandgerät auf Aufnahme und spielen Sie die Musik ab, um die Aussteuerung zu kontrollieren. Wenn Sie die Musik von einer Schallplatte überspielen wollen, setzen Sie den Tonabnehmer unmittelbar vor der Stelle auf, an der die Musik beginnt, und schalten anschließend Tonbandgerät und Projektor gleichzeitig ein. Außer am Anfang des Films können Sie die Musik auch weich *einblenden.*

Festlegen des Tonendes Wenn die Musik an einer bestimmten Stelle ausgeblendet werden (oder abrupt aufhören) soll, legen Sie das Ende des Tons am besten gleichzeitig mit dem Toneinsatz fest. Wenn die Musik an der vorgesehenen Stelle angelangt ist, drehen Sie einfach die Aussteuerung langsam auf Null zurück. Wenn es sich nicht um einen sehr kurzen Film handelt, ist bei einer unsynchronisierten Musikvertonung ein «hartes» Ende der Musik nicht möglich. Für ein solches bildgenaues Ausblenden des Tons brauchen Sie einen *Tonkoppler* oder ein *Synchronsteuergerät.*

Synchroner Ton

Bei diesem Verfahren werden Projektor und Tonbandgerät durch einen *Tonkoppler* verbunden, der die Geschwindigkeiten der beiden Motoren einander angleicht. Anstelle der älteren, mechanisch arbeitenden Tonkoppler verwendet man heute meist elektronische *Synchronsteuergeräte (Synchrongeräte).* Meist wird heute die Geschwindigkeit des Tonbandgeräts der des Projektors angeglichen, während man früher bei den mechanischen Kopplern die Geschwindigkeit des Projektors der des Tonbandgeräts anpaßte. Manche mechanische Tonkoppler arbeiten mit Riemen, andere mit Kabeln, bei den Synchrongeräten übernehmen elektrische Signale (1 Impuls je Filmbild) die Aufgabe der Kopplung von Bild und Ton. Vergessen Sie aber nicht, daß absolut bildgenaue Synchronität nur zu erreichen ist, wenn Sie mit irgendeiner Art von Impulsband oder Perfoband bzw. Cordband (s. S. 238) arbeiten.

Einsatz des Tonkopplers oder Synchrongeräts Bei der Arbeit mit einem Tonkoppler oder Synchrongerät müssen in allen Fällen Band und Film durch Startmarkierungen gleichgeschaltet werden, bevor man etwas aufnimmt, überspielt oder abspielt, und die beiden Geräte sollten warmgelaufen sein, bevor man sie gleichzeitig in Gang setzt. Von diesem Augenblick an laufen sie dann gemeinsam und synchron, und man kann auf dem Tonband eine komplizierte Tonmischung aufbauen. Der Tonkoppler oder das Synchrongerät kann auch zum Überspielen des Bandtons auf die Tonpiste des Films verwendet werden.

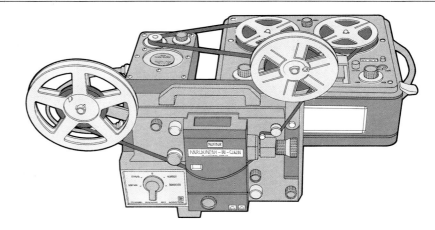

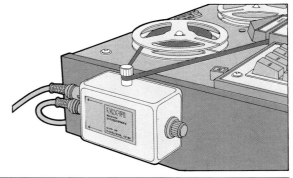

Tonkoppler
Da der Motor des Tonbandgeräts und der Motor des Projektors nicht immer mit gleicher Geschwindigkeit laufen, bleiben Ton und Bild nicht synchron, wenn man nicht mit einem Tonkoppler oder Synchrongerät arbeitet.

TONFILMSCHNITT

Vertonung durch Mischen mehrerer Tonquellen

Bei diesem Verfahren werden mehrere Tonaufnahmen – z. B. eine Musikaufnahme, ein Kommentar und eine Aufnahme mit Geräuscheffekten – in einer einzigen «Mischung» kombiniert. In der endgültigen Form besteht diese Mischung aus diesen verschiedenen Tonaufnahmen, deren relative Lautstärke so geregelt ist, daß z. B. die Musik ausblendet oder leiser wird, wenn der Kommentar einsetzt, und wieder einblendet, wenn der Kommentar zu Ende ist.

Um solche Überspielungen und Tonmischungen vornehmen zu können, brauchen Sie im Grunde nur ein Stereo- oder Vierspur-Tonbandgerät, bei dem mindestens zwei Spuren gleichzeitig in einer Richtung laufen und jede Spur für sich bespielt und wiedergegeben werden kann. Im Idealfall sollte das Tonbandgerät drei Tonköpfe haben: Aufnahme-, Wiedergabe- und Löschkopf. Das ist die Voraussetzung für die «Hinterbandkontrolle».

Ein Gerät mit den obengenannten Möglichkeiten erlaubt es Ihnen, Musik auf der einen und einen Kommentar auf der anderen Spur aufzunehmen (s. S. 244). Das Tonbandgerät kann dann über ein Synchrongerät mit einem Stummfilmprojektor synchronisiert werden, so daß bei der Filmprojektion die beiden Spuren gleichzeitig wiedergegeben werden. Die Lautstärke sollte man dann nicht mehr nachzuregeln brauchen, und auch die Lautstärke-Balance zwischen den beiden Spuren sollte zufriedenstellend sein.

Die Leittextmethode

Der Sinn der Leittextmethode ist es, mit Hilfe eines Synchronsteuergeräts auf einer der Spuren des Tonbandes eine «verbale Leitlinie» zu schaffen, die dann dazu benutzt wird, den gewünschten Ton an den richtigen Stellen einzuspielen und ihn mit dem Film zu synchronisieren.

Um einen Leittext aufzuzeichnen, legen Sie den Film in den Projektor und das Band in das Tonbandgerät ein und richten beide auf ihre Startmarken aus. Verbinden Sie die beiden Geräte über das Synchronsteuergerät. Bauen Sie ein Mikrofon auf, um damit eine der zur Verfügung stehenden Spuren auf dem Bandgerät zu besprechen, und starten Sie beide Geräte gleichzeitig. Durch Klopfen mit einem harten Gegenstand z. B. auf eine Tischplatte, setzen Sie nun «Klopfmarken», die jeweils das erste Einzelbild und dann den Anfang jedes neuen Toneinsatzes markieren. Sprechen Sie nach jeder Klopfmarke eine kurze Szenenbeschreibung aufs Band. In Sequenzen, die komplizierte Effekte oder Musikänderungen verlangen, wird der Leittext ausführlicher sein als an anderen Stellen des Films. Fahren Sie auf diese Weise fort bis zum Ende und trennen Sie dann Synchronsteuergerät und Projektor vom Tonbandgerät.

Spulen Sie das Band zurück und stellen Sie das Zählwerk dort auf Null, wo Sie die erste Klopfmarke hören. Das entspricht dem ersten Filmbild. Markieren Sie das Band an dieser Stelle. Arbeiten Sie dann das ganze Band durch und stellen Sie dabei einen Vertonungsplan (s. S. 248) auf, der alle wichtigen Einsatzstellen mit der entsprechenden Zahl des Zählwerks enthält. Dieser Liste können Sie dann entnehmen, wo jeweils Musik, Kommentar oder Geräusche eingespielt werden müssen.

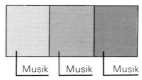
Harte Tonblenden
So könnten Sie drei Musikpassagen mit harten Übergängen dazwischen anordnen.

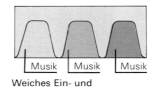
Weiches Ein- und Ausblenden
Diese Darstellung zeigt, wie weiche Ein- und Ausblendungen zwischen Musikpassagen vorgenommen werden.

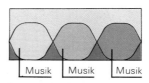
Tonüberblendung
Sehr wirkungsvolle Überblendungen ergeben sich, wenn sich Ein- und Ausblendung überlappen.

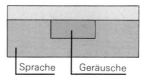
Harte Toneinblendung
Diese Abbildung zeigt, wie man in eine Kommentaraufnahme Geräusche hart einblenden kann.

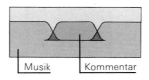
Weiche Toneinblendung
So kann ein Kommentar weich eingeblendet werden.

Richtiges Lautstärkeverhältnis

Der Aufnahmepegel muß bei jeder Tonbandaufzeichnung so geregelt werden, daß sich für die ganze Laufzeit des Films das richtige Lautstärkeverhältnis zwischen den einzelnen Aufzeichnungen ergibt. Sie können jetzt z. B. Musik auf der einen und einen Kommentar auf der anderen Spur aufzeichnen. Bei richtiger Regelung des Lautstärkeverhältnisses sind dann bei der Wiedergabe beide Aufzeichnungen gemischt zu hören. Eine der einfachsten Möglichkeiten, das Lautstärkeverhältnis zu regeln, besteht darin, daß Sie das Band während der Filmvorführung abspielen und manuell den Balanceregler Ihres Verstärkers so verstellen, daß der Pegel des einen Kanals angehoben und der des anderen gleichzeitig abgesenkt wird. Dieses Verfahren muß natürlich bei jeder Vorführung wiederholt werden.

Eine andere Möglichkeit: Sie regeln jeweils den Aufnahmepegel bei der Aufzeichnung der Musik, des Kommentars oder der Geräusche. Beispielsweise könnten Sie den Kommentar zuerst aufnehmen, und dabei mit Hilfe der Klopfmarken und des Vertonungsplans die richtigen Stellen ansteuern. Spulen Sie dann das Band zurück und stellen Sie das Zählwerk wieder auf Null. Gehen Sie nun die erste Musikpassage durch und notieren Sie sich, wann jeweils ein Abschnitt des Kommentars beginnt und endet. Das sind die Stellen, an denen nachher bei der Musikeinspielung auf der zweiten Bandspur der Aufnahmepegel abgesenkt werden muß. Lassen Sie die erste Musikpassage anlaufen und drehen Sie den Aussteuerungsregler (falls Sie eine allmähliche Einblendung wünschen) langsam auf den vorher ermittelten, für eine einwandfreie Aufnahme erforderlichen Wert auf. Wenn Sie an die Stelle kommen, wo der Kommentar einsetzt, senken Sie den Aufnahmepegel für die Musik deutlich ab. Wenn das Ende des Kommentars erreicht ist, heben Sie ihn wieder auf den vorherigen Stand an usw. Wahlweise können Sie auch mit einem ähnlichen Verfahren arbeiten, bei dem die Kommentarpassagen vorher auf Kassettenrecorder oder ein zweites Tonbandgerät aufgenommen wurden. Dann können sie den Kommentar jeweils auf die zweite Spur des (ebenfalls vorher bespielten) Musikbandes überspielen, sobald die Musik leiser wird.

Ein weiteres Verfahren für die Regelung des Lautstärkeverhältnisses der zwei Tonaufzeichnungen ist eine «Trickmischung» («Multiplay»). Dazu wird eine auf einer Bandspur aufgezeichnete Musik auf die zweite, freie Bandspur überspielt, während man gleichzeitig den Kommentar über ein Mikrofon einspricht und dem Überspielton hinzumischt oder von einem zweiten Bandgerät einspielt. Nach Beendigung dieses Vorgangs trägt die zweite Bandspur Musik *und* Kommentar im richtigen Abstimmungsverhältnis, die andere Bandspur ist freigeworden. Man kann jetzt mit einer erneuten Multiplay-Überspielung die Geräusche hinzufügen. Dieses Verfahren erspart ein zusätzliches Tonbandgerät für Überspielungen und Mischungen. Bei den meisten Projektoren ist es dagegen üblich, den Ton in eine schon vorhandene Tonaufnahme einzublenden. Moderne Zweispurprojektoren tragen z. B. auf Spur 1 Musik und auf Spur 2 Kommentar, die bei der Wiedergabe automatisch gemischt werden.

TONFILMSCHNITT

Vertonung mit einem Tonprojektor

Darunter versteht man die Tonaufzeichnung auf die Tonpiste des Films direkt im Projektor. Sie können entweder Stummfilm vertonen, der zuvor bespurt wurde (s. S. 233), oder auch Tonfilm, dessen Piste bereits eine Tonaufzeichnung trägt. Sie brauchen dafür einen Projektor mit Mikrofon- und Diodeneingängen, mit manueller und/oder automatischer Aussteuerung, einem Zählwerk zum genauen Markieren der Toneinsätze und einem Einblend- oder Trickregler. Einige Projektoren erlauben es außerdem, vorher zu programmieren, bei welcher bildgenauen Stelle der Ton hart einsetzen oder weich eingeblendet werden soll. Man kann auch erst auf Tonband eine Tonmischung anlegen (s. links) und diese dann bereits mit dem richtigen Lautstärkeverhältnis auf die Piste überspielen.

Musik auf Zeit fahren

Vielleicht möchten Sie, daß das Ende Ihres Films mit dem Ende der Musik zusammenfällt, mit der Sie ihn vertonen wollen; da aber Tonbandgeräte nicht mit Wiedergabegeschwindigkeit rückwärts laufen, müssen Sie zu einem Trick greifen: Spielen Sie den Film bis zum gewünschten *Einsatzpunkt* ab und halten Sie den Projektor an. Spielen Sie die Bandaufnahme bis zum *letzten Takt* ab und stoppen Sie auch das Band. Setzen Sie nun die Tonbandspulen um. Starten Sie nun Tonbandgerät und Projektor gleichzeitig. Das Tonband mit der Musikaufnahme läuft nun eigentlich rückwärts. Sobald der Film am Ende angelangt ist, halten Sie das Tonbandgerät an und spulen den Film zum Einsatzpunkt zurück. Nun wechseln Sie wieder die Tonbandspulen und können anschließend die Musik normal auf die Tonpiste überspielen: Die Musik endet mit dem Film.

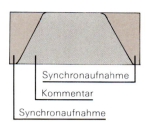

Einblenden eines Kommentars
In eine bereits auf der Piste befindliche Aufzeichnung kann ein zusätzlicher Ton ein- und ausgeblendet werden. Hier hat ein Kommentar einen Teil des synchron aufgenommenen Originaltons ersetzt.

Mischen und Überspielen im Projektor

Falls Sie den Film mit einem Tonprojektor vertonen wollen, dienen nicht Leittext oder Klopfzeichen als Startmarken, sondern das Zählwerk des Projektors übernimmt diese Funktion. Jeder Toneinsatz wird während der Vorführung des Films notiert, und die verschiedenen Zuspielgeräte werden vorbereitet. Normalerweise nimmt man die Musik mit den erforderlichen Ein- und Ausblendungen zuerst auf, von Band/Kassette oder von einer Schallplatte. Der Kommentar wird dann mit Hilfe des Einblendreglers in die Musikaufzeichnung eingeblendet. Dieses Verfahren hat jedoch gravierende Nachteile.

Erstens: Wenn Sie den zusätzlichen Ton in eine synchrone Originalaufnahme einblenden, und es unterläuft Ihnen ein Fehler, dann ist der Originalton verdorben. Um sich dagegen zu schützen, überspielen Sie am besten vor der Trickmischung den ganzen Synchronton auf Tonband oder besser noch auf Perfo-/Cordband.

Zweitens: Falls Sie den Kommentar live aufnehmen, kann es leicht passieren, daß Sie sich versprechen, und auch in diesem Fall ist die vorher angefertigte Vertonung umsonst gewesen. Abhilfe ist hier dadurch möglich, daß Sie den Kommentar vorher auf Tonband oder Kassette aufnehmen und ihn dann abschnittsweise auf die Tonpiste überspielen.

Genaue Angaben über die Ausführung der verschiedenen Verfahren entnehmen Sie bitte der Bedienungsanleitung Ihrer Geräte. Die hier erwähnten Schwierigkeiten können Sie alle umgehen, wenn Sie mit einem Zweispur- oder Stereoprojektor arbeiten.

Zweispur- und Stereoprojektoren

Diese Projektortypen gibt es nur für Super-8. Sie erweitern die Vertonungsmöglichkeiten des Filmemachers erheblich. Für die Aufzeichnung des zweiten Kanals dient die schmale Ausgleichsspur (s. S. 112) neben der Perforation des Films.

Mit Zweispurprojektoren kann man die beiden Tonspuren getrennt bespielen und im sogenannten «Duoplay»-Verfahren wiedergeben.

Stereogeräte verfügen über zwei getrennte Verstärker, so daß sich beide Tonspuren mit vollkommener Kanaltrennung bespielen und wiedergeben lassen. Bei einem Dialog über die Leinwand hinweg kann man z. B. die Stimmen der jeweiligen Sprecher durchaus auf der Stereobasis verteilen, denn sie werden separat verstärkt und über zwei getrennte Lautsprecher wiedergegeben.

Bei beiden Projektortypen ist Spur-zu-Spur-Überspielung möglich, die mit Hilfe des Tontrickreglers sehr komplexe Trickmischungen erlaubt. Wenn dann noch Ein- und/oder Ausblendautomatik und Aussteuerungsautomat hinzukommen, bleibt kaum noch etwas zu wünschen übrig. Außerdem ist die Tonqualität der Stereowiedergabe erstaunlich gut, obwohl die Ausgleichsspur nur 0,45 mm breit ist.

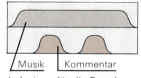

Aufnahme für die Duoplay-Automatik
Bei Duoplay werden Musik und Kommentar mit Aussteuerung aufgenommen.

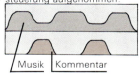

Wiedergabe mit Duoplay-Automatik
Bei Duoplay-Automatik wird die Musik jedesmal leiser geregelt, wenn ein Kommentar beginnt.

Die Ausnutzung beider Spuren

Die Probleme der direkten Vertonung auf der Magnetspur können u. a. auf folgende Weise gelöst werden: Um den synchronen Originalton auf der Hauptspur nicht zu gefährden, können Sie alle Tonmischungen auf der Ausgleichsspur vornehmen und beide Spuren im Duoplay-Verfahren wiedergeben.

Sie können aber auch erst die Musik und dann den Kommentar auf der Ausgleichsspur aufzeichnen und sie beide dann auf die Hauptspur überspielen, wenn Sie sich überzeugt haben, daß alles in Ordnung ist. Damit bliebe die Ausgleichsspur für weitere Vertonungen frei. Es liegt in Ihrem eigenen Interesse, beide Spuren möglichst voll auszunutzen, wenn Sie komplexe Tonmischungen erreichen wollen.

Denken Sie daran, daß bei mehrmaligem Einblenden mit Hilfe des Tontrickreglers die Qualität des zuerst aufgenommenen Tons immer schlechter wird. Um den synchronen Originalton zu schützen, sollten Sie diesen daher unverändert auf die Ausgleichsspur überspielen und ihn am Schluß *über* die inzwischen auf der Hauptspur vorgenommenen Aufzeichnungen legen. Anschließend kann die Ausgleichsspur noch mit eventuell erforderlichen weiteren Aufnahmen bespielt werden.

TONFILMSCHNITT
Mischen und Überspielen im Zweibandverfahren

Wenn Sie den Ton zu Ihrem Film auf Super-8-Cordband oder Perfoband geschnitten haben, stehen Ihnen jetzt mehrere Bänder zur Verfügung, die Sie am besten zu einem einzigen Mischband mit exakter Tonmischung vereinigen. Diese kann dann auf die Tonpiste des Films überspielt oder mit einem entsprechenden Bandgerät synchron zum Film wiedergegeben werden. Wenn Sie drei Bänder haben – z. B. Synchronton, Musik und Kommentar –, sollte jedes einen Startfilm, den aufgezeichneten Vorspann haben, der den Filmtitel, den aufgezeichneten Ton und einen Piepton von einem Einzelbild Dauer in einem festgelegten Abstand vor dem ersten Filmbild oder Ton enthält. Der Zweck dieses Pieptons ist der, daß beim Mischen der drei Spuren die drei Töne absolut gleichzeitig ertönen sollen. Wen ein Band asynchron läuft, läßt sich das sofort anhand des aus der Reihe tanzenden Tons feststellen. Um einen solchen Piepton zu bekommen, nehmen sie einfach einen langen Pfeifton auf Super-8-Cordband oder Perfoband auf, zerschneiden dieses in Einzelbildlängen und kleben diese Bandstücke jeweils genau an derselben Stelle in den Vorspann von Band und Film ein. Nun arbeiten Sie die Bänder von Anfang bis Ende durch, um sich zu überzeugen, ob sich jeweils an beiden Enden der Einsatzstellen die verschiedenen Aufzeichnungen ausreichend überlappen, um Mischungen und Übergänge zu ermöglichen. Außerdem werden Sie sich einen Vertonungsplan (s. rechts) als Hilfsmittel für das Mischen anlegen.

Der Vertonungsplan
Aus dem Vertonungsplan sollte hervorgehen, an welcher Stelle des Films welcher Ton zum Einsatz kommt; dabei sollten die meisten Tonsegmente auf den Bändern etwas über die jeweiligen Einsatzpunkte hinausreichen. Die Zählwerkstellungen werden auf dem für die Überspielung verwendeten Synchronsteuergerät oder Tonbandgerät festgelegt. Hier sind wir davon ausgegangen, daß drei Bänder gemischt werden, aber die Synchronpassagen könnten auch auf zwei Bänder aufgeteilt und einzeln ausgesteuert werden. Aus dieser Liste kann man die genauen Einsatz- und Endpunkte für jede Szene und die letzten Worte jedes Kommentarabschnitts entnehmen.

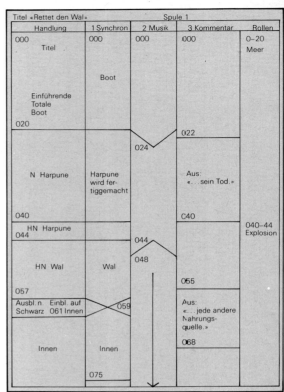

Mischen mit vier Perfo-/ Cordbandgeräten
Für dieses Verfahren sind vier miteinander verbundene Perfo- oder Cordbandgeräte erforderlich – drei für das Abspielen von drei Bändern und eines für die Aufzeichnung der Mischung. Wenn Sie den Ton mischen wollen, während Sie den Film betrachten, können sie auch einen Projektor mitlaufen lassen; dieser muß bei jedem Bild einen Impuls abgeben, um die Bandgeräte synchronisieren und mit dem ersten projizierten Filmbild starten zu können. Eine solche Anlage wird sich kaum ein Hobbyfilmer anschaffen wollen, Mieten ist also die einzige Möglichkeit. Es handelt sich um ein zeitsparendes und zweckmäßiges Mischverfahren, bei dem nur Tonaufzeichnungen der ersten Generation verwendet werden, aber die Bänder lassen sich nicht synchron rückwärts spulen. Sie müssen deshalb den ganzen Mischvorgang in einem Durchgang erledigen – wenn Sie etwas falsch machen, müssen Sie wieder von vorne anfangen.

Einsatz eines Vierspur-Tonbandgeräts
Bei diesem Verfahren kommen Sie mit einem einzigen Cordbandgerät aus, brauchen aber außerdem ein normales Vierspur-Tonbandgerät. Vom Cordbandgerät wird die erste Tonaufzeichnung auf Spur 1 des Tonbandgeräts überspielt, wobei gleichzeitig auf Spur 2 eine Impulsfolge aufgezeichnet wird. Anschließend werden die beiden anderen Tonaufzeichnungen auf Spuren 3 und 4 des Tonbandgeräts überspielt, wobei die aufgezeichneten Impulse für Synchronität sorgen. Nun können alle drei Spuren gemeinsam im richtigen Lautstärkeverhältnis und synchron auf die eine Spur des Cordbandgeräts überspielt werden.

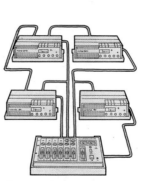

Synchronmischung mit vier Cordbandgeräten
Mit der oben gezeigten Anordnung von Cordbandgeräten und Mischpult lassen sich hervorragende Ergebnisse erzielen. Alle vier Cordbandgeräte laufen synchron. Auf einem könnte der synchrone Originalton, auf dem zweiten Musik, auf dem dritten ein Kommentar aufgezeichnet sein. Alle drei Bänder können über das Mischpult auf das vierte Cordband zusammengemischt werden.

Rock-and-Roll-Mischung
Bei dieser Art der Synchronmischung können die verschiedenen Cordbänder synchron vorwärts und rückwärts gefahren werden, und die Aufnahme kann an jeder beliebigen Stelle unterbrochen und wiederaufgenommen werden. Das bedeutet, daß Sie nicht die ganze Mischung in einem Durchgang fertigstellen müssen. Der Film wird während des ganzen Vorgangs über einen synchron zugeschalteten Projektor vorgeführt, und jedes Band befindet sich auf einem eigenen, auf Wiedergabe geschalteten Gerät. Die jeweilige Stelle im Film wird durch eine große Anzeige unter der Leinwand angezeigt.

Normalerweise mischt man bei dieser Technik die Musik und die Geräusche zuerst, wozu auch ein etwaiger Synchronton gehört, und nimmt den Kommentar anschließend auf. Bei der endgültigen Mischung werden Musik und Geräusche sowie der Kommentar im richtigen Lautstärkeverhältnis gemischt. Jeder Kanal der Eingänge hat seinen eigenen Equalizer, und man kann auch selektiv mit Echoeffekten arbeiten, um Stimmen und Musik an einen vorher aufgenommenen Ton anzupassen (s. S. 126). Sie können ein sehr kurzes Stück fertigstellen, alle Bänder zurückspulen, dann zum nächsten Abschnitt weitergehen und die Aufzeichnungen aufnehmen, sobald die Bänder mit Nenngeschwindigkeit laufen.

Projektion

«Tiefe und Bewegung gleichermaßen kommen uns in der Welt des Films nicht als harte Tatsachen entgegen, sondern als Mischung von Tatsache und Symbol.» *Hugo Munsterberg*

PROJEKTION

Projektoren

Super-8-Stummfilmprojektoren

Super-8- und Single-8-Film haben dieselben Abmessungen und Perforationen und können darum auf denselben Projektoren vorgeführt werden; das gilt jedoch nicht für Normal-8-Filme. Deshalb werden auch Mehrformatprojektoren hergestellt, mit denen Super-8-, Single-8- und Normal-8-Filme projiziert werden können. Die normale Bildfrequenz für Aufnahme und Projektion beträgt bei Super-8-Film 18 B/s. Bei manchen Stummfilmprojektoren sind auch niedrigere Vorführgeschwindigkeiten möglich. Außerdem gibt es Stillstandsprojektion von Einzelbildern. Die Lichtstärke des Objektivs wirkt sich bei gleichem Lampentyp unmittelbar auf die Helligkeit des Projektionsbildes aus: je höher sie ist, um so heller ist das Bild.

In den meisten Fällen wird der angeschnittene Filmanfang in die Einfädelöffnung geschoben und dann automatisch bis zur Fangspule eingefädelt (Einfädelautomatik). Praktisch ist es, wenn sich die Seitenverkleidung des Projektors abnehmen läßt, so daß man den halbprojizierten Film aus dem Filmkanal nehmen kann und ihn nicht ganz durchlaufen lassen muß. Wählen Sie einen Projektor mit einem gut zugänglichen Bildfenster. Sie kommen dann nicht nur leichter an den Film heran, falls er sich einmal verheddert, sondern können das Bildfenster auch leichter reinigen.

Super-8-Tonfilmprojektoren

Fast alle Super-8-Tonfilmprojektoren sind für Magnetton und nur einzelne Modelle zusätzlich für Lichtton eingerichtet (s. S. 110). Bei Pistentonfilm wird der Ton entweder nur auf die Hauptspur oder zusätzlich auch auf die Ausgleichsspur aufgezeichnet; im letzteren Fall ist Duoplay- und oft auch Stereobetrieb möglich (s. S. 112). Die gleichmäßige Bewegung des Films über den Tonkopf muß vom ruckartigen Transport am Bildfenster getrennt werden. Zu diesem Zweck wird im Projektor dieselbe, 18 Einzelbilder umfassende Entlastungsschlaufe gebildet wie in der Kamera. Eine Tonwelle, die zur Verbesserung des Gleichlaufs mit einem Schwungrad verbunden ist, zieht den Film gleichmäßig über die Tonköpfe und steuert manchmal auch die Geschwindigkeit des Filmgreifers. Alle Super-8-Tonfilmprojektoren arbeiten mit 24 und 18 B/s, und bei vielen ist auch Einzelbildtransport möglich.

Die meisten Tonfilmprojektoren sind auch für Tonmischung mit einem Einblend- oder Trickregler eingerichtet. Die vorhandene Aufzeichnung wird dabei durch die neue Aufnahme je nach Wunsch mehr oder weniger gelöscht und überlagert. Weiterhin werden jetzt immer mehr Projektoren mit Programmsteuerung für Ein- und Ausblendungen, Tonüberblendungen und Trickmischungen ausgerüstet. Bei manchen Modellen kann man auch zwischen einer harten Blende und einer weichen Einblendung wählen. Alle Projektoren haben einen Phono- und einen Mikrofoneingang, und viele haben auch Ausgänge für Phono, Verstärker, Tonbandgerät und Zusatzlautsprecher; darauf sollten Sie achten, wenn Sie mit einem externen Lautsprecher arbeiten oder komplizierte Überspielungen von Band auf die Tonpiste vornehmen wollen.

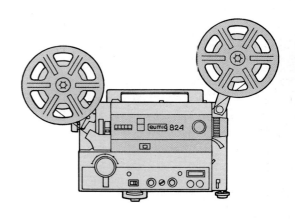

Eumig 824 Sonomatic
Dies ist ein Mehrformattonprojektor, der für Super-8-, Single-8- und Normal-8-Filme geeignet ist. Er hat eine Vorführgeschwindigkeit von 18 bis 24 B/s. Außerdem sind Rückwärtsprojektion und stereophone Filmvertonungen möglich.

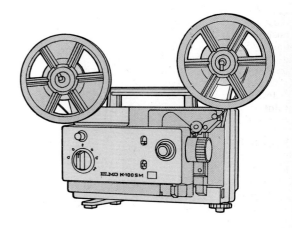

ELMO K 100 SM
Dieser Projektor für Single-8-, Super-8- und Normal-8-Filme hat vollautomatische Einfädelung, variable Vorführgeschwindigkeiten von 14 bis 24 B/s, einen dreifachen Zeitdehner und die Möglichkeit der Stillstandprojektion; Simultanstart zum Starten und Stoppen von Kassettenrecordern ist vorhanden.

Bauer T 610
Ein Tonfilmprojektor der Spitzenklasse mit Mikrocomputer für programmierbare Vertonung, Stereo-Aufnahme und -Wiedergabe, Duoplay-Automatik, bildgenauer, automatischer harter oder weicher Ein- und Ausblendung, Einfädelautomatik und vielen weiteren technischen Besonderheiten.

PROJEKTION

16-mm-Projektoren

Stummfilmprojektoren für 16 mm werden nicht angeboten, und die meisten 16-mm-Tonfilmprojektoren sind nur für Lichttonwiedergabe eingerichtet. Bei einigen ist jedoch auch die Magnetton-Wiedergabe möglich (mit oder ohne Aufnahmemöglichkeit). Bei einem weiteren Projektortyp ist auf der Geräterückseite ein synchron verkoppeltes Tonlaufwerk für Tonaufnahme und -wiedergabe auf 16-mm-Magnetfilm zu finden. Dieser Typ wird als «Sepmag»- oder Zweibandprojektor bezeichnet.

Im Prinzip arbeiten die Geräte genauso wie Super-8-Projektoren. Eine Einfädelautomatik ist bei manchen Geräten vorhanden, wurde aber offenbar nicht zur selben technischen Perfektion entwickelt wie bei Super-8. Überhaupt sind die 16-mm-Projektoren noch mehr auf manuellen als auf automatischen Betrieb eingerichtet, und die raffinierteren Möglichkeiten der Magnetton-Trickmischung, die es bei Super-8 gibt, fehlen hier. Alle Geräte können Filme mit 24 oder 25 B/s projizieren. Stummfilme werden am besten auf jenen 16-mm-Projektoren vorgeführt, die auch Projektion mit 18 oder 16 B/s erlauben. Wenn der Projektor in diesem Fall jedoch mit der normalen Zweiflügelblende anstelle einer Dreiflügelblende ausgerüstet ist, flimmert das Bild bei diesen Geschwindigkeiten. Die meisten modernen 16-mm-Projektoren können mit langsameren Geschwindigkeiten laufen, ohne daß Überhitzungsgefahr auftritt.

Jedes einzelne 16-mm-Filmbild hat die vierfache Bildfläche eines Super-8-Filmbildes. Das Projektionsbild ist dementsprechend ruhiger, schärfer und heller.

Kassettenprojektoren

Bei manchen (professionellen) Projektionsgeräten kommt der Film in eine Kassette und braucht von da an nicht mehr berührt zu werden. Die Hauptvorteile sind, daß der Film nicht durch unvorsichtiges Anfassen beschädigt werden kann und die Kassetten leicht aufzubewahren sind. Die Kassette wird ganz ähnlich wie eine Tonbandkassette in den Projektor eingelegt. Die Projektoren haben Einfädelautomatik und erlauben oft auch verschiedene Vorführgeschwindigkeiten. Bei manchen läßt sich ein Bildmonitor herausziehen, auf dem man den Film bei Tageslicht betrachten kann. Die Kassetten sind leider nicht standardisiert.

Bildschirmprojektoren

Diese Projektoren stellen eine weitere Alternative zur konventionellen Projektion von Super-8- und Single-8-Filmen dar. Sie sind etwa so groß wie ein tragbares Fernsehgerät und haben einen ins Gehäuse eingebauten Bildschirm. Da es sich dabei um ein Rückprojektionsverfahren handelt, ist das Bild sehr hell, so daß man den Film bei Tageslicht betrachten kann. Neben der Bildschirmprojektion besteht aber auch die Möglichkeit der Leinwandprojektion. Der Film, der sich auf Standardspulen befindet, wird automatisch eingefädelt und kann wie bei den meisten Projektoren auch im Schnellauf vorwärts und rückwärts umgespult werden. Außerdem sind mehrere Vorführgeschwindigkeiten sowie Einzelbildprojektion möglich.

Bolex 521
Mit diesem Projektor lassen sich alle ein- und beidseitig perforierten 16-mm-Filme vorführen, gleichgültig ob sie stumm sind oder Magnet- oder Lichtton haben. Vorführgeschwindigkeiten von 18 und 24 B/s sind möglich, ebenso Einzelbildprojektion. Außerdem hat man die Wahl zwischen Zweiflügel- und Dreiflügelblende. Neben der Möglichkeit der Magnettonaufnahme erlaubt das Gerät auch Tonmischungen mit einem Trickregler.

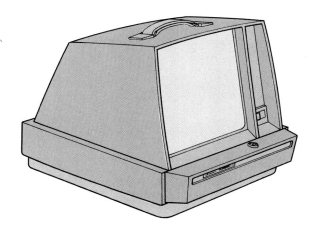

Technicolor Showmate
Hier handelt es sich, wie beim unten gezeigten Gerät, um einen Bildschirmprojektor. Doch ist der Film bei dieser Ausführung in einer speziellen Kassette, die ihn in Form einer Endlosschlaufe enthält. Dadurch entfallen das Einfädeln, das Zurückspulen des Films und die Aufwickelspule.

Bauer TR 200 Retro-sound
Bei diesem Tonfilmprojektor für Super-8- und Single-8-Filme wird der Film normalerweise auf den Bildschirm projiziert; man kann ihn aber auch auf einem Bildmonitor betrachten oder auf eine Leinwand projizieren. Vorführgeschwindigkeiten: 18 und 24 B/s. Der Projektor ist für Schnellrückspulung sowie für Magnettonaufnahme und -wiedergabe eingerichtet.

PROJEKTION
Funktionsweise des Projektors

Ein *Projektor* durchleuchtet, vergrößert und projiziert Ihren Film. Ihr Projektor sollte von derselben Qualität sein wie Ihre übrigen Filmgeräte. Man sollte Filme, die mit einer teuren Kamera gedreht wurden, nicht mit einem billigen Projektor vorführen (und umgekehrt). Die minderwertige Optik des billigen Projektors kann die Bildschärfe, die das Objektiv der teuren Kamera liefert, wieder zunichte machen.

Das Angebot an Filmprojektoren ist sehr groß, und bevor Sie sich ein bestimmtes Modell anschaffen, müssen Sie einige grundsätzliche Entscheidungen treffen, z. B. ob Sie einen Stumm- oder einen Tonfilmprojektor haben möchten. Mit einem Tonfilmprojektor können Sie auch Ihre Stummfilme vorführen. Auch wenn Sie zur Zeit mit einer Stummfilmkamera arbeiten, sollten Sie deshalb an die Möglichkeit denken, daß Sie später vielleicht Ihre Filme vertonen wollen. Die meisten Projektoren haben mehrere Vorführgeschwindigkeiten, so daß man den Film entweder mit 18 oder mit 24 B/s projizieren kann. Bei vielen Projektoren ist auch Einzelbildprojektion möglich. Dabei muß man jedoch achtgeben, daß der Film nicht durch zu starke Hitzeentwicklung im Bildfenster beschädigt wird. Manche Projektoren haben keine Vorwickel-Zahntrommeln. Der Film wird bei diesen Geräten außer vom Greifer durch Gummiwalzen transportiert, wodurch die Möglichkeit der Rückspulung im Filmkanal gegeben ist, so daß der Film schnell vor- und zurückgespult werden kann, ohne daß man einen Filmriß zu befürchten braucht. Der Projektor muß regelmäßig gereinigt werden. Nehmen Sie die Verkleidung ab und reinigen Sie alle Teile, die mit dem Film in Berührung kommen, mit Wattestäbchen und Spiritus. Berühren Sie kein Metallteil im Innern des Geräts, vor allem nicht die Film-Andruckplatte, weder mit einem Gegenstand aus Metall noch einem aus Holz. Jeder Kratzer auf der Platte beschädigt den Film.

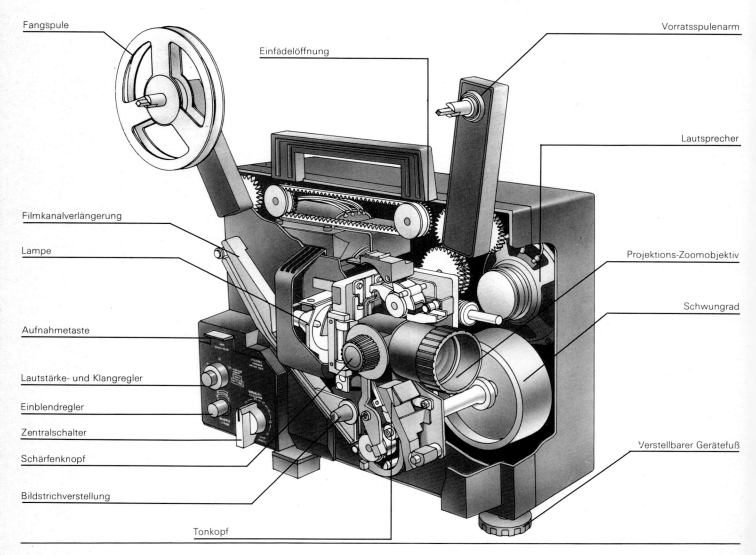

Super-8-Projektor
Die Zeichnung unten zeigt einen Super-8-Projektor von Elmo. Es handelt sich um einen Stereotonprojektor, bei dem Trickmischungen möglich sind. Das Gerät ist hier mit einem Objektiv 1,3/15–25 mm abgebildet.

PROJEKTION

Wie der Projektor funktioniert

Die volle Filmspule oder *Vorratsspule* steckt auf der Achse eines Spulenarms. Der Filmanfang wird durch die Einfädelöffnung in den Filmkanal, vorbei am *Bildfenster* bis zur leeren *Fangspule* eingefädelt. Zur Filmtransportvorrichtung gehören im allgemeinen Vor- und Nachwickel-Zahntrommeln ober- und unterhalb des Bildfensters. Ein *Greifer* faßt in die Perforationslöcher des Films und zieht diesen Bild für Bild vor das Bildfenster. Wenn das Bild im Bildfenster steht, wird der Filmlauf kurz angehalten, und die Umlaufblende gibt den Strahlengang frei. Anschließend wird der Film weitertransportiert. Mit anderen Worten, die Umlaufblende des Projektors arbeitet genauso wie die der Kamera, nur daß sie drei Hellsektoren hat. Wenn ein Bild im Bildfenster steht, beschreibt die Blende eine volle Umdrehung, so daß das Bild dreimal durchleuchtet wird. Diese drei «Bildblitze» sind wichtig, damit das Auge die Einzelbilder zu einer kontinuierlichen Bewegung verschmelzen kann. Andernfalls wird ein störendes Flimmern wahrgenommen. Der Film wird durch eine *intermittierende Bewegung*, also ruckartig transportiert. Damit das Bild auf der Leinwand nicht zittert, muß jedes Einzelbild genau in derselben Position im Bildfenster stehen wie das vorangegangene.

Umlaufblenden
Der Projektor hat meist eine Dreiflügelblende (ganz rechts), im Gegensatz zur Einflügelblende der Kamera (rechts), die einen Hellsektor von normalerweise 165° hat. Das bedeutet, daß jedes Einzelbild nicht nur einmal, sondern dreimal projiziert wird. Deshalb werden aus 18 B/s hier 54 Bildeindrücke je Sekunde. Das garantiert ein flimmerfreies Bild auf der Leinwand.

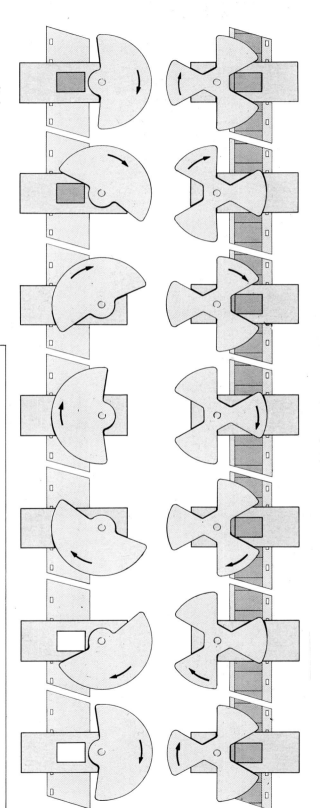

Das optische System

Die Projektionslampe, die sich hinter dem Film befindet, durchleuchtet jeweils ein Bild des Films, der durch eine Film-Andruckplatte gegen das Bildfenster gedrückt wird, und das Lichtbündel wird durch das Objektiv auf die Projektionsfläche fokussiert. Es gibt drei Grundtypen von Projektionslampen: Glühlampen, Niedervolt-Halogenlampen und Bogenlampen. Glühlampen werden heute kaum noch verwendet. Sie sind groß und entwickeln starke Wärme und zwischen Lampe und Filmführung muß sich ein Kondensor befinden. Deshalb sind sie weitgehend von den kleineren, mit niedriger Spannung betriebenen Halogenlampen abgelöst worden. Diese Lampen werden über die interne Stromversorgung je nach Lampentyp mit 8, 12, 15 oder 24 V betrieben. Die Leistung kann 50 bis 150 W (bei 16 mm sogar 250 W)) betragen; die Lampen werden mit einem eingebauten dichroitischen Reflektor geliefert. Dadurch entfällt der Kondensor, und außerdem wird die entstehende Wärme nicht vollständig an den Film geführt. Bei den größeren Formaten ist die Xenonlampe der gebräuchlichste Typ; in Kinos wird mit starken Bogenlampen gearbeitet.

Die Helligkeit des Projektionsbildes auf der Leinwand hängt nicht nur von der Leistung der Lampe, sondern noch von drei weiteren Faktoren ab: der Lichtstärke des Objektivs, der Größe des projizierten Bildes und dem Reflexionsgrad der Leinwand. Manche Super-8-Projektoren haben heute Objektive mit der Lichtstärke 1,0. Zoomobjektive sind jetzt qualitativ vielfach besser als die früher verwendeten Optiken mit fester Brennweite. Man kann mit ihnen die Größe des Projektionsbildes verändern, ohne den Projektionsabstand zu ändern.

Niedervolt-Halogenlampe
Diese 250-W-Halogenlampe mit integriertem Reflektor ist typisch für die in modernen Projektoren verwendeten Projektionslampen.

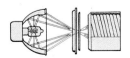

Moderne Lampe
Der Reflektorspiegel macht einen Kondensor überflüssig.

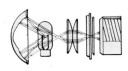

Veraltete Lampe
Für diese Lampe sind ein Kondensor und ein Reflektor erforderlich.

PROJEKTION
Lichtbildwände und Projektion

Beim Kauf einer Leinwand müssen Sie vor allem auf zwei Dinge achten: auf die Größe im Verhältnis zu der Ihres Vorführraumes und auf die Oberfläche. Was die Größe angeht, so können Sie sich nach der Faustregel richten, daß die Entfernung zwischen der Leinwand und der letzten Zuschauerreihe nicht größer sein sollte als das Sechsfache der Breite des Projektionsbildes.

Lichtbildwände haben die Aufgabe, das vom Projektor ausgestrahlte Licht zu den Zuschauern zu reflektieren. Sie tun dies auf verschiedene Weise, je nach der Beschaffenheit ihrer Oberfläche. Manche reflektieren den größten Teil des Lichts in einem engen Kegel, andere streuen es in einem großen Winkel. Der Bereich, in dem das Projektionsbild in voller Helligkeit sichtbar ist, wird als Reflexionswinkel bezeichnet. Je enger dieser Winkel ist, um so heller ist das Bild.

Diffusbildwände

Eine Diffusbildwand hat eine unbeschichtete weiße Oberfläche und kann aus Leinwand oder z. B. weiß gestrichener Hartfaserplatte bestehen; notfalls kann man auch ein Bettuch oder eine weiße Wand verwenden. Der Reflexionswinkel ist groß, so daß das Bild auch von schräg seitlich betrachtet werden kann. Die Bildhelligkeit ist geringer als bei anderen Lichtbildwänden, bleibt jedoch bei allen Betrachtungswinkeln gleich.

Lentikulare Lichtbildwände / Silberleinwände

Lentikulare Bildwände haben eine strukturierte Textiloberfläche, die das Licht wie ein Spiegel oder eine Linse reflektiert. Bei manchen lentikularen Bildwänden ist die Oberfläche, die in einem bestimmten Muster geprägt ist, mit Aluminiumfarbe beschichtet. Silberleinwände bündeln das reflektierte Licht, wodurch die Bildhelligkeit sich gegenüber Diffusbildwänden verdoppelt. Einige Silberleinwände haben wegen ihres kleinen Reflexionswinkels eine viermal so große Bildhelligkeit wie Diffusbildwände.

Kristallperlwände

Bei Kristallperlwänden sind winzige Glasperlen in die weiße Textiloberfläche eingebettet. Sie erzeugen ein außerordentlich helles Bild. Der Reflexionswinkel ist klein, aber die Bildhelligkeit ist viermal so groß wie bei einer Diffusbildwand. Sie fällt jedoch bei einem um mehr als 5° von der Projektionsachse abweichenden Betrachtungswinkel sehr schnell ab und ist schon ab 25° unzumutbar schwach. Diese Lichtbildwände sind ideal für lange, schmale Räume.

Tageslichtbildschirme

Diese starren Lichtbildwände, wie z. B. die Ektalite von Kodak, haben eine konkave Oberfläche aus spezialbehandelter Aluminiumfolie, die aus mehreren Schichten gepreßt ist. Diese Bildwände haben ein sehr hohes Reflexionsvermögen; das Projektionsbild ist 12mal so hell wie das auf einer Diffusbildwand. Der Reflexionswinkel beträgt 30°; außerhalb dieses Bereichs sieht man nichts. Das projizierte Bild ist so hell, daß es ohne weiteres bei Tageslicht betrachtet werden kann.

Einkaufsratgeber für Lichtbildwände

Oberfläche der Lichtbildwand					
Oberfläche	Diff.-leinw.	Kristallperltuch	Silberbesch.	Lent. o Besch.	Tageslicht
Bester Betrachtungsbereich	Unbegrenzt	10°	25°	35°	30°
Helligkeit vergl. mit Diffus-BW	–	Bis zu 4 x	2–4 x	2 x	12 x
Wand- oder Deckenmontage?	Ja	Ja	Mit zusätzlicher Spannung	Mit zusätzlicher Spannung	Auf starrer Unterl.
Raumbeleuchtung	Sehr dunkel	Völlig dunkel	Halbdunkel	Halbdunkel	Hell

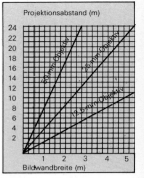

Projektionsabstand
Mit einem 25-mm-Objektiv erreicht man bei 4,20 m Abstand ein 90 cm breites Projektionsbild (bei Super-8).

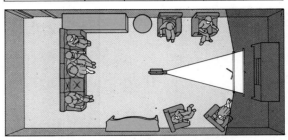

Diffusbildwände
Diese Bildwände sind ideal für breite Räume und viele Zuschauer. Das Projektionsbild ist zwar nicht so brillant wie bei den anderen Typen, aber es ist aus jedem Betrachtungswinkel gleich hell. Der Vorführraum muß verdunkelt werden.

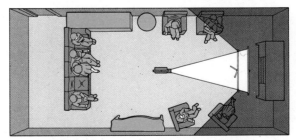

Lentikulare Lichtbildwände / Silberleinwände
Diese Bildwände sind am besten geeignet für breite, teilweise verdunkelte Räume und viele Zuschauer. Silberleinwände haben jedoch den Nachteil, daß das Bild nicht über die ganze Projektionsfläche gleichmäßig hell ist, egal wo man sitzt.

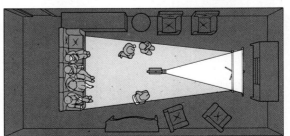

Kristallperlwände
Diese Bildwände eignen sich am besten für schmale Räume und wenig Zuschauer oder für Projektoren mit schlechter Lichtleistung. Das Zimmer muß vollständig verdunkelt werden. Es tritt ein leichter Kontrastverlust auf.

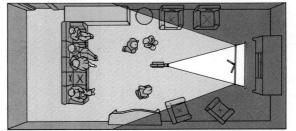

Tageslichtbildschirme
Diese Bildwände eignen sich am besten für schmale Räume mit kleinem Zuschauerkreis. Auf ihnen kann man Filme auch in hellen Räumen vorführen, denn das Bild ist rund 12mal so hell wie bei einer Diffusbildwand.

PROJEKTION

Aufstellen der Lichtbildwand

Zunächst müssen Sie sich überlegen, wie Ihre Zuschauer sitzen sollen. Am besten bauen Sie dazu erst einmal die Bildwand und den Projektor in dem für die gewünschte Bildgröße erforderlichen Abstand auf (s. linke Seite). Projizieren Sie dann den Film und gehen Sie im Zimmer umher, um das Projektionsbild zu prüfen. Wie nahe an der Bildwand können Sie sitzen, um den Film noch bequem betrachten zu können? Wie nahe können Sie am Projektor sitzen, ohne daß dessen Laufgeräusch Sie stört? Wie weit können Sie sich von der Projektionsachse entfernen, bis das Bild zu dunkel wird? Das kommt Ihnen vielleicht ein bißchen mühsam vor, aber trösten Sie sich damit, daß Sie diese «Vermessung» ja nur einmal vorzunehmen brauchen. Wenn Sie die besten Sitzpositionen einmal ermittelt haben, können Sie künftig vor jeder Filmvorführung die Sitzgelegenheiten entsprechend anordnen.

Wenn der Zeitpunkt einer Vorführung im voraus feststeht, sollten Sie Ihre Geräte aufbauen, ehe die Zuschauer eintreffen. Der Projektor sollte einigermaßen hoch stehen (Projektionstisch, Unterlage). Stellen Sie dann die Bildwand auf. Abgesehen von den starren Tageslichtbildschirmen, die nicht rollbar sind, lassen sich die Lichtbildwände in zwei Gruppen einteilen – Stativbildwände und solche, die man an der Wand aufhängt («Landkartentyp»). Ihre Bildwand sollte einen schwarzen Rand haben, um das projizierte Bild schärfer wirken zu lassen.

Lautsprecher

Wenn Sie einen Tonfilmprojektor mit Anschluß für einen Zusatzlautsprecher haben, sollten Sie den Lautsprecher so nahe wie möglich an der Bildwand aufbauen. Wenn Sie Ihren Film stereophon vertont haben, brauchen Sie zwei Lautsprecher; diese sollten dann beiderseits der Bildwand in einem Abstand von höchstens 1,80 bis 2,75 m stehen. Wenn Sie den Ton nicht über Ihre Stereoanlage wiedergeben, sollten Sie mit niederohmigen Hochleistungslautsprechern (je nach Verstärkerausgang 4 bzw. 8 Ohm) arbeiten. Außerdem sollte der Lautsprecher auf die Ausgangsleistung des angeschlossenen Verstärkers abgestimmt sein, die bei den meisten Projektoren 10–20 Watt nominal beträgt.

Einfädeln des Films in den Projektor

Die meisten 8-mm-Projektoren sind mit Einfädelautomatik ausgestattet. Damit der Film einwandfrei eingefädelt wird, müssen Sie den Anfang des Vorspanns anschneiden, bevor Sie ihn in die Einfädelöffnung schieben. Viele Projektoren haben eine eingebaute Filmstanze. Schieben Sie etwa 3 cm Vorspann in die Öffnung, so daß bei Super-8 und Single-8 die Kante des Schlitzes zwischen zwei Perforationslöchern liegt. Der Vorspann darf nicht geknickt oder zerknittert werden und sollte leicht im Uhrzeigersinn gekrümmt sein. Eine Einfädelautomatik spart zwar Zeit und Mühe, beschädigt aber bei nicht ordnungsgemäßem Vorspann den Film. Aus diesem Grunde sollten Sie mindestens anderthalb Meter Vorspann ankleben – dann wird ggf. nur der Vorspann und nicht der Film selbst beschädigt.

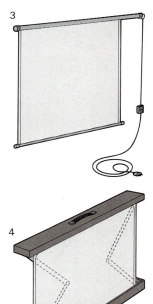

Arten von Lichtbildwänden
Abgesehen von den verschiedenen Bildwandoberflächen gibt es auch verschiedene Arten der Aufstellung bzw. Befestigung der Bildwand. Überlegen Sie sich, ob Sie eine transportable oder fest montierte Bildwand möchten, eine mit Elektromotor zum Auf- und Abrollen oder eine mit eingebauten Lautsprechern. Viele Tageslichtbildschirme haben nur einen schmalen schwarzen Rand, den man jedoch mit matter schwarzer Farbe verbreitern kann.

1 Stativbildwand mit eingebauten Lautsprechern

2 Stativbildwand

3 Wandmontierte Bildwand mit Elektromotor

4 Rollbare Lichtbildwand mit Schutzkasten

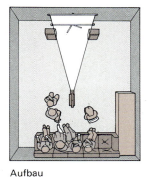

Aufbau
Die Lautsprecher werden am besten beiderseits der Leinwand aufgestellt. Vor dem Einfädeln des Films den Vorspann mit einer Filmstanze zuschneiden.

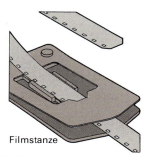

Filmstanze

Checkliste für die Projektion

Damit Ihre Filmvorführung reibungslos über die Bühne geht, sollten Sie die folgenden Punkte beachten:

- Planen Sie die Vorführung und bauen Sie Ihre Geräte vor dem Eintreffen der Zuschauer auf.
- Überzeugen Sie sich vor dem Einfädeln des Films, daß das Bildfenster des Projektors sauber ist.
- Reinigen Sie Ihre Filme regelmäßig (s. S. 209).
- Kleben Sie einen langen Vorspann an den Filmanfang.
- Fädeln Sie den Film ein und lassen Sie ihn durchlaufen, um die Lautstärke der Tonwiedergabe zu kontrollieren.
- Stellen Sie sich eine Lampe in Griffweite, damit Sie in Notfällen nicht zum Schalter für die Raumbeleuchtung gehen müssen.
- Legen Sie sich eine Ersatz-Projektionslampe bereit.
- Wenn während der Projektion ein Haar im Bildfenster des Projektors auftaucht, lassen Sie es drin, bis die nächste Klebestelle es entfernt, oder verwenden Sie einen Pneu-Pinsel.
- Spulen Sie den Film niemals während der Vorführung zurück. Verwenden Sie die Vorratsspule des einen Films als Fangspule für den nächsten.

PROJEKTION

Breitwandverfahren

Als Breitwandverfahren bezeichnet man eine Reihe verschiedener Techniken zur Veränderung des Seitenverhältnisses des Standard-Filmformats. Im Jahre 1927 stellte Henri Chrétien einen «anamorphotischen» Objektivvorsatz («Hypergonar») vor, der das Normalformat von 1,33:1 auf 2,66:1 veränderte, indem er die Breite des Projektionsbildes vergrößerte, nicht jedoch die Höhe. In den fünfziger Jahren wurde die Filmindustrie durch die Konkurrenz des Fernsehens veranlaßt, den Breitwandgedanken wieder aufzunehmen und weiterzuentwickeln. Auf Cinerama folgten mehrere andere anamorphotische Verfahren, darunter CinemaScope, Todd-AO und Panavision.

Anamorphoten

Die gebräuchlichsten Breitwandverfahren arbeiten mit einem *anamorphotischen Objektiv* an der Kamera und am Projektor. Bei einem solchen Objektiv befinden sich vor dem normalen Objektiv mit Kugellinsen Gruppen zylindrischer Linsen; diese wirken wie ein Weitwinkelvorsatz, aber – da ihre Zylinderachse vertikal verläuft – nur in der Horizontalen. Mit anderen Worten, die Kamera sieht in der Horizontalen jetzt mehr, während die vertikale Achse unbeeinflußt bleibt. Dadurch erscheint das Motiv auf dem Film «zusammengedrückt». Bei der Projektion dient dann ein anamorphotisches Objektiv am Projektor dazu, diese Verzerrung wieder rückgängig zu machen und ein breiteres Bild zu projizieren. Bei den kleineren Filmformaten haben sich anamorphotische Vorsätze bewährt, die man vor fast jede Optik setzen kann. Je nachdem, wieviel dieser Vorsatz in der Horizontalen sieht, spricht man von verschiedenen «Faktoren». Eingebürgert haben sich die Faktoren 1,5 x, 1,75 x und 2 x.

CinemaScope CinemaScope ist der Markenname des im kommerziellen Kino verbreitetsten Breitwandverfahrens. Es hatte ursprünglich bei einem Anamorphot-Faktor 2 x ein Seitenverhältnis von 2,55:1, aber durch die Hinzunahme von vier Magnettonspuren wurde es inzwischen auf 2,35:1 reduziert. Man kann auch bei Super-8 mit Anamorphot-Vorsätzen (mit Faktor 2 x) drehen, aber mit Vorsätzen mit Faktor 1,5 x erzielt man bessere Ergebnisse. Die Breitwandtechnik erfordert auch ein Umdenken im Hinblick auf Bildgestaltung und Filmschnitt. Erstens kann man mehr Elemente als sonst in eine Einstellung einbeziehen, so daß man mit weniger Zwischenschnitten auskommt. Zweitens herrschen beim Breitwandverfahren die horizontalen und vertikalen Bildelemente vor, und die Bedeutung der Diagonale tritt zurück.

Masken

Einen Breitwandeffekt kann man auch ohne anamorphotische Aufnahme und Wiedergabe erzielen. Man deckt einfach das Bildfenster des Projektors mit einer *Maske* so ab, daß das Normalformat um je einen schmalen Streifen am oberen und unteren Rand beschnitten wird. Dadurch bekommt man ein Seitenverhältnis von 1,65:1 bis 1,85:1. Es gibt hierfür spezielle Sucher, in denen der tatsächlich auf die Leinwand kommende Ausschnitt markiert ist.

Breitwandtechniken
Es gibt eine ganze Reihe von Verfahren zur Änderung des Normalformats, das ein Seitenverhältnis von 1,33:1 hat. Man kann das Bild maskieren, wodurch man ein Seitenverhältnis von bis zu 1,85:1 erreicht, oder man arbeitet mit anamorphotischen Objektiven / Vorsätzen wie die CinemaScope-Technik, bei der das Seitenverhältnis 2,35:1 beträgt.

Normalformat 1,33:1
Breitwand 1,85:1
CinemaScope 2,35:1

Anamorphotische Aufnahme
Vor der Aufnahme wird die Kamera mit einem anamorphotischen Objektiv oder einem Anamorphot-Vorsatz versehen. Der Anamorphot drückt einen in der Horizontalen sehr großen Bildwinkel auf das Normalformat zusammen. Mit einem Anamorphoten am Projektor wird das Bild wieder entzerrt, so daß es je nach Anamorphotfaktor und Seitenverhältnis des Filmbildes ein Seitenverhältnis von 2,0:1 bis 2,66:1 hat, gewöhnlich 2,35:1.

Entzerrtes Bild

Zusammengedrücktes Bild

CinemaScope (unten)
Die Abbildung zeigt das Projektionsbild einer mit einem Anamorphoten aufgenommenen Filmszene.

Masken
Bei dieser Breitwandtechnik, die in der Spielfilmindustrie häufig angewandt wird, ändert man das Seitenverhältnis von 1,33:1 auf 1,85:1, indem man am oberen und unteren Rand des erfaßten Motivausschnitts je einen Streifen abdeckt. Dafür braucht man kein besonderes Objektiv. Diese Aufnahme stammt aus Claude Chabrols *Der Schlächter*.

Technischer Anhang

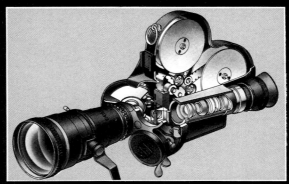

«Mehr als jedes andere Medium setzt der Film einerseits Phantasie, andererseits aber auch praktische Begabung voraus.» *Eric Elliott*

TECHNISCHER ANHANG

Pflege der Ausrüstung

Damit Ihre Filmgeräte einwandfrei arbeiten und nicht mitten in den Dreharbeiten oder der Vorführung streiken, müssen Sie sie regelmäßig pflegen. Dazu gehört, daß Sie Kamera, Tonaufnahmegerät und Projektor regelmäßig auf technische Defekte überprüfen und reinigen. Manche Einzelteile der Geräte können Sie ohne weiteres selbst in Ordnung halten. Dazu gehören diejenigen Teile, die nur abgestaubt oder geputzt zu werden brauchen, wie z. B. die Filmbühne oder die Tonköpfe. Die Geräte sollten unbedingt staubfrei gehalten werden, weil das Super-8-Format so klein ist, daß schon das kleinste Fusselchen die Zuschauer ablenkt. Die Ausrüstung sollte zudem in bestimmten Abständen von einem Techniker gründlich überholt werden.

Setzen Sie den Objektivdeckel auf, bevor Sie die Kamera in ihre Tasche stecken, und seien Sie besonders vorsichtig, wenn Sie an einem sandigen oder staubigen Schauplatz drehen. Wenn Sie am Strand filmen, dürfen Sie die Kamera nie in den Sand legen, ohne sie vorher gut einzuhüllen. Bei sehr staubiger Luft sollten Sie die Kamera in einen Plastikbeutel tun, bei hoher Luftfeuchtigkeit mit einem Handtuch umwickeln. Setzen Sie sie nie extremen Temperaturen aus – lassen Sie die Kamera beispielsweise nie auf einem Fensterbrett oder unter dem Heckfenster Ihres Autos liegen. Wenn Sie bei sehr kaltem Wetter filmen, können Sie die Kamera mit Hilfe einer Schallschutzhaube (s.S. 113) warmhalten.

Das Kameraobjektiv

Das Objektiv ist der teuerste Bestandteil Ihrer Kamera, und Sie sollten es immer staubfrei halten, indem Sie es vor jeder Aufnahme reinigen. Falls es möglich ist, nehmen Sie das Objektiv von der Kamera ab und entfernen mit einem Pneu-Pinsel oder mit Druckluft anhaftenden Staub. Läßt sich der Schmutz nicht wegblasen, dann nehmen Sie ein Wattestäbchen zu Hilfe. Flecken auf der Linsenoberfläche entfernen Sie mit «Linsenpapier». Auf keinen Fall dürfen Sie ein Brillenputztuch verwenden, denn damit würden Sie den Antireflexbelag des Objektivs abreiben. Reinigen Sie den Sucher und ggf. die Spiegelblende auf dieselbe Weise. Nach der Aufnahme sollten Sie grundsätzlich den Objektivdeckel vors Objektiv setzen.

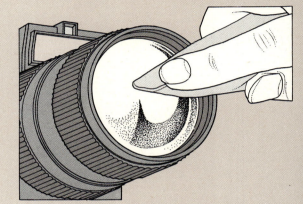

Reinigen des Objektivs
Entfernen Sie zunächst mit einem Pneu-Pinsel, einem normalen weichen Pinsel oder mit Druckluft den Staub von der Linsenoberfläche. Nehmen Sie dann spezielles Linsenpapier und entfernen Sie alle Flecken von der Oberfläche der Frontlinse. Reinigen Sie das Objektiv nur, wenn es unbedingt nötig ist, und geben Sie acht, daß Sie keinen Schmutz in die Oberfläche hineinreiben.

Das Innere der Kamera

Das Kamerainnere sollte genauso regelmäßig gesäubert werden wie das Objektiv. Abgesehen vom Staub kann sich die Mechanik auch durch verhärztes Schmiermittel oder Abrieb von der Filmschicht verkleben. Sie brauchen einen Pinsel mit langen Haaren, einen Pneu-Pinsel und ein weiches Tuch. Öffnen Sie die Kamera und entfernen Sie mit Pinsel oder Pneu-Pinsel allen Staub aus der *Filmführung*.

In manchen Kameras lassen sich das *Bildfenster* und die *Andruckplatte* zum Reinigen herausnehmen oder aufklappen. Wenn Sie diese herausnehmen, müssen Sie darauf achten, daß Greifer und ggf. Sperrgreifer ganz zurückgezogen sind, weil sie sonst Schaden anrichten könnten. Bei dem Schmutz, der sich in dieser Gegend ansetzt, handelt es sich um Emulsionsreste; damit sie den Film nicht verkratzen, müssen sie regelmäßig entfernt werden. Wenn der Pneu-Pinsel nichts ausrichtet, versuchen Sie es am besten mit einem mit Spezial-Lösungsmittel getränkten Wattestäbchen. Berühren Sie das Bildfenster nie mit einem Gegenstand aus Metall oder Holz.

Die *Vor- und Nachwickelzahntrommeln* sollten ebenfalls von anhaftenden Schichtresten gesäubert werden. Bestimmte Teile sind möglicherweise nicht direkt zugänglich, lassen sich aber vielleicht trotzdem mit einem Wattestäbchen oder Pneu-Pinsel reinigen. Reiben Sie die gesäuberten Teile mit einem weichen Tuch ab, aber achten Sie darauf, daß keine Fusseln zurückbleiben.

Als Schutz und Transportbehälter für die Kamera sind weiche, mit einem Schulterriemen versehene Taschen aus Kunststoff oder Leder am praktischsten.

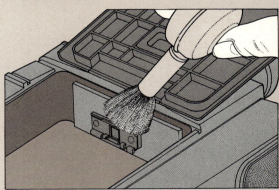

Reinigen des Kassettenraums
Überzeugen Sie sich vor dem Einlegen der Kassette, ob der Kassettenraum staub- und fusselfrei ist. Legen Sie die Kamera auf die Seite, damit herausgewischter Schmutz nicht hinter das Objektiv fällt. Entfernen Sie Staub mit einem weichen Pinsel oder Pneu-Pinsel und Emulsionsreste mit einem Wattestäbchen.

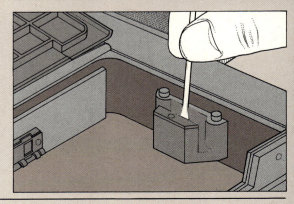

Reinigen des Tonkopfes
Auch der Aufnahmekopf in Tonfilmkameras sollte hin und wieder gereinigt werden. Hier entstehen Probleme im allgemeinen nicht durch Schmutz, sondern durch abgeriebene Teile der Magnettonspur. Verwenden Sie ein in Alkohol getauchtes Wattestäbchen, aber geben Sie acht, daß Sie die Metalloberfläche des Tonkopfes nicht zu unsanft berühren.

TECHNISCHER ANHANG

Projektoren

Um Ihre Filme ohne Verkratzen vorführen zu können und um technische Pannen zu vermeiden, sollten Sie Ihren Projektor genauso sorgfältig pflegen wie die Kamera. Machen Sie es sich zur Gewohnheit, den Projektor vor jeder Filmvorführung zu reinigen. Reinigen Sie alle beweglichen Teile, die mit dem Film in Berührung kommen, mit einem Pneu-Pinsel, und behandeln Sie vor allem das Bildfenster mit äußerster Vorsicht. Festgeklebte Schichtreste sollten sachte mit einem Wattestäbchen entfernt werden.

Filmmaterial

Film ist leicht verderbliche Ware, und deshalb müssen Sie ihn immer ordnungsgemäß lagern, vor und nach der Belichtung. Alle Filme werden vom Hersteller so verpackt, daß eine größtmögliche Haltbarkeit gegeben ist – nämlich in Plastik- und Alufolie –, und sind mit einem Garantiedatum versehen, nach dessen Überschreitung man mit Farbverschiebungen rechnen muß. Bewahren Sie Farbnegativfilm bis zu einem halben Jahr bei höchstens 10° C auf. Wenn Sie den Film länger als sechs Monate lagern wollen, sollten Sie ihn in einen Kühlschrank legen, der auf 0° C oder niedriger eingestellt ist. Dann müssen Sie dem Film allerdings ein paar Stunden Zeit lassen, sich der Umgebungstemperatur anzugleichen, ehe Sie ihn in die Kamera einlegen.

Sobald der Film aus seiner verschweißten Folienpackung herausgenommen ist, verdirbt er sehr rasch. Aus diesem Grunde sollten Sie unbelichteten Film nicht länger als unbedingt nötig in der Kamera lassen.

Belichteter, unentwickelter Film verdirbt viel schneller als unbelichteter. Deshalb sollten Sie den belichteten Film unverzüglich entwickeln lassen. Wenn Sie viele Filme hintereinander belichten, sollten Sie jede belichtete Kassette oder Spule in ihre Folien-Verpackung zurückstecken und diese mit Klebeband verschließen. Legen Sie die Päckchen in einen Plastikbeutel, der sich luftdicht verschließen läßt. Bei sehr hoher Luftfeuchtigkeit absorbiert ein Trockenmittel wie Silikagel, das mit in den Beutel gelegt wird, die darin vorhandene Feuchtigkeit.

Tonaufnahmegeräte

Bei Pistentonkameras muß der Tonkopf regelmäßig vom Abrieb der Magnetrandspur des Films gereinigt werden. Das weiche Oxid hängt sich an Transportwelle und Andruckrolle, und wenn man es nicht entfernt, verschlechtert sich die Aufnahmequalität. Nehmen Sie zum Reinigen des Tonkopfes die Filmkassette heraus und lassen Sie den Kassettenraum offen. Schalten Sie die Kamera ein und arretieren Sie den Schalter, so daß sie weiterläuft. Tränken Sie die Spitze eines Wattestäbchens in reinem Alkohol und reinigen Sie damit die laufende Transportwelle und Andruckrolle. Auch das beim Zweibandverfahren verwendete Bandgerät sollte regelmäßig gereinigt werden; halten Sie sich an die Hinweise in der Betriebsanleitung. Reinigen Sie den Tonkopf mit Spiritus oder lassen Sie ein Reinigungsband durch das Gerät laufen. Entmagnetisieren Sie den Tonkopf von Zeit zu Zeit mit einer Entmagnetisierungsdrossel (s.S. 115).

Reinigen des Bildfensters
Die meisten Projektionsobjektive lassen sich entweder zur Seite klappen oder ganz vom Projektorgehäuse abnehmen. Säubern Sie das Bildfenster und seine Umgebung vorsichtig mit einem Pinsel und das Objektiv mit Druckluft oder einem Pneu-Pinsel. Wenn Front- und Hinterlinse des Objektivs stark verschmutzt sind, säubern Sie sie mit Linsenpapier. Säubern Sie alle Teile, die mit dem Film in Berührung kommen, von anhaftenden Schichtresten.

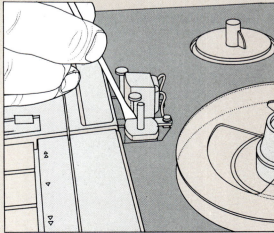

Reinigen des Films (oben)
Zum Reinigen des Films gibt es spezielle Reinigungstücher. Der Film wird langsam umgespult und dabei durch das zusammengelegte Tuch gezogen. Lassen Sie stets die Flüssigkeit trocknen, ehe Sie den Film weiterdrehen.

Reinigen des Tonkopfes
Verwenden Sie entweder ein handelsübliches Tonkopf-Reinigungsmittel oder ein mit Alkohol getränktes Wattestäbchen zum Reinigen des Tonkopfes. Reinigen Sie auch das Band, die Transportwellen und Andruckrollen.

TECHNISCHER ANHANG
Fehler und Störungen

Ursachen von Fehlern und Störungen an der Kamera

Symptom	Fehler/Störung	Abhilfe
Kameramotor läuft nicht.	Batterien nicht richtig eingelegt oder leer. Stromversorgungskabel oder Stecker defekt. Motor defekt. Federwerksmotor nicht richtig aufgezogen. Temperatur zu niedrig.	● Batterien regelmäßig kontrollieren und auswechseln, falls erforderlich. Falls aufladbar, aufladen. ● Kabel auf Unterbrechungen und Steckerkontakte auf Beschädigungen prüfen, gegebenenfalls instandsetzen oder auswechseln. ● Kamera zur Reparatur einschicken. ● Federwerk richtig aufziehen oder gegebenenfalls defekten Aufzugsmechanismus oder Feder auswechseln. ● Prüfen, ob Kamera bei höherer Temperatur läuft.
Film wird nicht transportiert.	Film zu Ende. Transportmechanismus defekt. Der Filmanfang wurde nicht richtig im Aufwickelkern befestigt.	● Prüfen, ob Kassette (Super-8) zu Ende ist, Filmspule umdrehen (Doppel-8), neue Filmspule einlegen (16 mm). ● Transportmechanismus auf einwandfreie Funktion prüfen. ● Magazin im Dunkeln oder in einem Wechselsack öffnen und Filmanfang in den Spulenkern stecken.
Kamera läuft zu langsam.	Batterien zu schwach. Schmiermittel wegen niedriger Temperatur zu steif.	● Batterien prüfen. ● Dünnflüssigeres Schmiermittel verwenden und Kamera nicht der Kälte aussetzen.
Kamera läuft zu schnell.	Die Spannung der Stromversorgung ist zu hoch. Rheostat defekt.	● Für richtige Spannung sorgen. ● Kamera zur Reparatur einschicken.
Zu leiser oder gar kein Ton.	Kamera enthält Stummfilmkassette. Mikrofon nicht richtig angeschlossen. Mikrofon nicht nahe genug an Schallquelle.	● Tonfilmkassette einlegen. ● Mikrofon auf einwandfreie Funktion prüfen. ● Mikrofon anders aufstellen.
Laufgeräusch der Kamera zu laut.	Andruckplatte nicht richtig eingestellt. Kamera ist nicht richtig geschmiert. Die Umlaufblende läuft nicht rund.	● Prüfen, ob Sperrgreifer und Greifer Spuren auf Film hinterlassen. ● In der Bedienungsanleitung unter «Pflege und Wartung» nachsehen. ● Kamera zur Reparatur einsenden.

Ursachen von Fehlern und Störungen am Projektor

Symptom	Fehler/Störung	Abhilfe
Film läßt sich nicht einfädeln.	Filmanfang zerknittert. Nicht genügend Vorspann ohne Klebestelle vorhanden. Hindernis im Filmkanal.	● Zerknitterten Anfang abschneiden und Film neu einfädeln. ● Etwa 1,5 m Vorspann ankleben. ● Verkleidung des Projektors oben oder seitlich abnehmen. Filmkanal prüfen und reinigen.
Kein Bild auf der Leinwand, obwohl Film läuft.	Projektionslampe brennt nicht.	● Prüfen, ob Projektionslampe richtig eingesetzt ist. ● Falls Lampe trotzdem nicht brennt, neue Lampe einsetzen.
Schlechtes Projektionsbild.	Objektiv und/oder Bildfenster verschmutzt.	● Wenn möglich, Objektiv abnehmen und säubern. ● Bildfenster von Staub, Filmstücken oder Klebebandresten säubern.
Film läuft nicht gleichmäßig.	Film schlecht geklebt. Perforation eingerissen.	● Klebestelle erneuern. Falls erforderlich, Filmenden zurechtschneiden und naß oder trocken kleben. ● Den Filmteil mit der eingerissenen Perforation herausschneiden; neu kleben.
Film hält plötzlich an; in das Bild im Bildfenster wird ein Loch gebrannt.	Der Film wurde nicht ordnungsgemäß geklebt, oder die Perforation ist beschädigt.	● Projektor ausschalten und Hindernis im Filmkanal suchen. ● Film herausnehmen, beschädigtes Bild herausschneiden und Film neu kleben. ● Auf eingerissene Perforation prüfen – neu kleben. ● Sicherung des Projektors kontrollieren.
Tonaufnahme stellenweise unterbrochen.	Tonspur beschädigt, abgenutzt oder verdeckt.	● Magnetrandspur überprüfen. Falls sie irgendwo mit Klebeband überklebt ist, kann der Tonkopf dort keinen Ton aufnehmen und wiedergeben. Das Klebeband abziehen und korrekt kleben – mit richtigem Klebeband oder Naßklebung. (S. *Filmklebeverfahren*, S. 212). ● Den Film neu bespuren (s. S. 233).

TECHNISCHER ANHANG

Ursachen von Fehlern und Störungen im Film

Symptom	Fehler / Störung	Abhilfe
Film völlig schwarz.	Film wurde überhaupt nicht belichtet.	● Vor der Aufnahme Objektivdeckel abnehmen. ● Dafür sorgen, daß die Kamera richtig läuft und der Film durch die Filmführung transportiert wird. ● Bei Filmspulen (Normal-8 und 16 mm) darauf achten, daß der Film richtig eingelegt wird.
Film völlig blank.	Film wurde mit hellem diffusem Licht belichtet und ist deshalb durchweg total überbelichtet.	● Film bei gedämpftem Licht oder in einem Wechselsack einlegen und herausnehmen. ● Filmspulen so halten, daß der Film sich nicht abrollen kann. ● Falls Kamera möglicherweise nicht mehr lichtdicht, zur Reparatur einsenden.
Bilder zu dunkel.	Film unterbelichtet. Es war zur Aufnahmezeit nicht hell genug, oder die Blendenöffnung war zu klein.	● Blende weiter öffnen. ● Prüfen, ob richtige Filmempfindlichkeit an der Kamera eingestellt wurde. ● Eingebauten Belichtungsmesser auf einwandfreie Funktion prüfen. ● Mit Kunstlicht arbeiten.
Bilder zu hell.	Film überbelichtet. Bei der Aufnahme gelangte zuviel Licht auf den Film.	● Blende weiter schließen. ● Prüfen, ob richtige Filmempfindlichkeit an der Kamera eingestellt wurde. ● Eingebauten Belichtungsmesser auf einwandfreie Funktion prüfen.
Bilder unscharf.	Objektiv war nicht richtig scharfgestellt.	● Mit Hilfe des genau justierten Suchers (s. Bedienungsanleitung) sorgfältiger scharfstellen oder den Objektabstand messen.
Bildstrich verschmutzt.	Schmutz oder Staub im Bildfenster des Projektors.	● Wenn sich ein Schmutzfleck, ein Haar oder dergl. im Bild befindet und sich nicht bewegt, wenn der Bildstrich verstellt wird, dann ist der Schmutz im Projektor. In diesem Fall Bildfenster und Filmführung sorgfältig reinigen.
Schwarze Flecken im Bild.	Staubteilchen auf dem Film erscheinen auf der Leinwand als schwarze, über das Bild tanzende Flecken.	● Film mit Filmreiniger und weichem, fusselfreiem Tuch reinigen.
Senkrechte Linien im Bild.	Schrammen auf dem Film machen sich bei der Projektion als durchlaufende senkrechte Linien bemerkbar. Sie sind auf Schmutz im Bildfenster von Kamera oder Projektor oder auf einen Fehler bei der Filmentwicklung zurückzuführen. Bei Negativfilm sind weiße Linien auf dem Original, schwarze auf der Kopie.	● Kamera und Projektor regelmäßig säubern. ● Falls trotzdem noch Schrammen auftreten, Kamera überprüfen lassen. ● Schrammen können im Kopierwerk durch eine Spezialbehandlung beseitigt werden.
Wackliges, schwankendes Bild.	Unruhige Kamerahaltung bei der Aufnahme.	● Die Kamera so ruhig wie möglich halten (s. S. 56). ● Nach Möglichkeit vom Stativ arbeiten. ● Nicht vergessen: die geringste Erschütterung der Kamera ist auf der Leinwand als störender Ruck sichtbar.
Bilder «springen» und sind in vertikaler Richtung «verzogen».	Mangelnde Synchronisation zwischen Greifer und Umlaufblende, also Filmtransport vor dem Abdunkeln des Bildfensters durch Umlaufblende. Film nicht richtig in Projektor-Filmbühne.	● Kamera/Projektor überprüfen lassen. ● Film richtig einlegen. ● Schlaufenformer drücken. ● Wenn der Film im Projektor rattert: Film zu ausgetrocknet, geschrumpft. Regenerieren lassen.
Bilder haben einen durchgehenden Baustich.	Es wurde Kunstlichtfilm ohne Konversionsfilter bei Tageslicht verwendet. Bei Landschaftsaufnahmen: Baustich ist auf Dunst zurückzuführen.	● Für Tageslichtaufnahmen Konversionsfilter «85» verwenden (s. S. 92). ● Ein UV-Filter vors Kameraobjektiv setzen (s. S. 93).
Bilder haben einen durchgehenden Orangestich.	Tageslicht wurde ohne Konversionsfilter für Kunstlichtaufnahmen verwendet.	● Für Tageslichtaufnahmen Konversionsfilter «80B» verwenden (s. S. 92).
Bilder haben einen blassen grünlichen oder rötlichen Farbstich.	Überalterter Film, nach Verfallsdatum belichtet und/oder entwickelt. Film wurde unsachgemäß (zu warm oder zu feucht) gelagert.	● Filme immer so bald wie möglich belichten und entwickeln lassen. ● Filme grundsätzlich kühl und trocken lagern, am besten bei weniger als 10°C. Ein normaler Kühlschrank eignet sich sehr gut dafür. Film nie auf der Hutablage eines Autos liegenlassen.

TECHNISCHER ANHANG

Polavision

Polavision

Das Polavision-Verfahren, das Polaroid 1977 auf den Markt brachte, ist das erste Sofortfilmverfahren der Welt. Das System besteht aus einer Kamera, einer Filmkassette, die als «*Phototape*»-*Kassette* bezeichnet wird, und einem «*Player*» zum Entwickeln und Vorführen des Films. Die mit der Kassette geladene Kamera wird wie eine normale Filmkamera bedient. Die belichtete Kassette wird in einen Schlitz des Players eingeschoben und innerhalb von 90 Sekunden entwickelt. Der Film wird zu keinem Zeitpunkt aus der Kassette genommen und kann zur Vorführung gleich im Player bleiben. Wenn der Film durchgelaufen ist, wird er automatisch rückgewickelt, und die Kassette springt heraus.

Da der Film jedoch nicht geschnitten werden kann, eignet sich das System wahrscheinlich am besten für Aufnahmen von in sich abgeschlossenen Szenenfolgen. Nach Aussage des Herstellers wird künftig auch der Schnitt von Polavisionsfilmen möglich sein.

Die Kamera

Das kompakte und leichte Gehäuse der Polavision-Kamera ähnelt äußerlich der Single-8-Kamera von Fuji (s.S. 35). Der Verschluß der Kamera öffnet und schließt sich 18 mal je Sekunde und belichtet jedes Einzelbild für sich mit einer Belichtungszeit von 1/40 Sek., so daß wie bei jedem Film eine Folge von Stehbildern aufgenommen wird (das verwendete Format entspricht Super-8). Den Strom für die Kamera liefern vier im Handgriff untergebrachte Alkali-Batterien.

Die Kamera hat ein achtlinsiges Zweifach-Zoomobjektiv 1,8/12,5–25 mm; die Brennweite kann jedoch nur manuell verstellt werden. Das Objektiv hat zwei Scharfeinstellbereiche, «Nah» (2–5 m) und «Weit» (5 m bis Unendlich). Der Sucher arbeitet nach dem Reflexsystem, also durchs Objektiv, so daß keine Sucherparallaxe auftritt (s.S. 48). Das Sucherokular läßt sich zur Anpassung an Fehlsichtigkeit um ± 3 Dioptrien verstellen (s.S. 44). Im Sucher blinkt ein rotes Warnlicht, wenn eine neue Kassette belichtet wird und sechs Sek. vor dem Filmende. Dieses Licht wird aktiviert, wenn eine kleine Einkerbung im «Phototape» einen Schalter am Bildfenster passiert, während der Film von der Vorrats- auf die Aufwickelspule transportiert wird. Am Filmende wird aus dem Blinklicht Dauerlicht. Die Belichtung wird durch ein Meßauge gesteuert, das über dem Objektiv angeordnet ist. Das einfallende Licht aktiviert einen CdS-Fotowiderstand (s.S. 49), der wiederum die scherenartige Bewegung der Blendenlamellen steuert. Die Blende wird durch die Belichtungsautomatik im Bereich von Bl. 1,8 bis Bl. 22 stufenlos verändert. Die größte und kleinste Blendenöffnung wird im Sucher angezeigt. Das Filmmaterial ist auf 3400 K, also auf Kunstlicht, abgestimmt. Die Kamera hat deshalb ein Konversionsfilter «85» für Aufnahmen bei Tageslicht eingebaut. Auf der Kameraoberseite befindet sich eine Buchse zur Befestigung einer Filmleuchte.

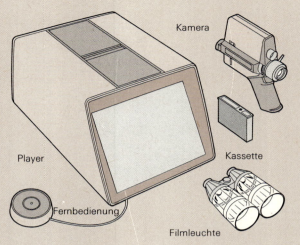

Polavision-Verfahren
Dieses System besteht aus einer handlichen Kamera, in die eine spezielle «Phototape»-Kassette eingelegt wird. Die Kamera funktioniert wie eine normale Super-8-Kamera. Der Film wird in einem «Player» entwickelt und projiziert. Die belichtete Kassette wird in einen Schlitz an der Oberseite des Geräts gesteckt, wodurch der Entwicklungsprozeß ausgelöst wird. Die dafür notwendigen Chemikalien befinden sich in einem Behälter in der Kassette, der beim Einlegen der Kassette automatisch geöffnet wird.

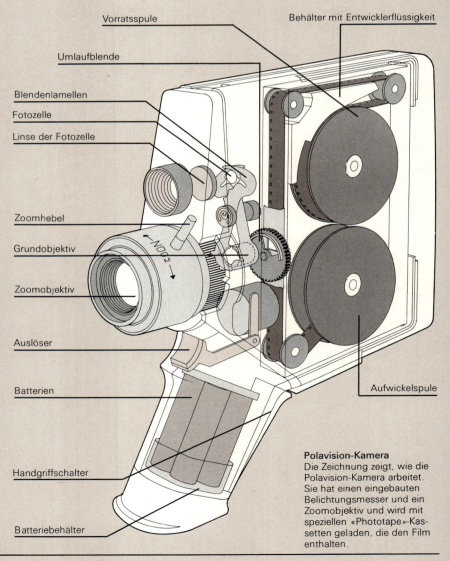

Polavision-Kamera
Die Zeichnung zeigt, wie die Polavision-Kamera arbeitet. Sie hat einen eingebauten Belichtungsmesser und ein Zoomobjektiv und wird mit speziellen «Phototape»-Kassetten geladen, die den Film enthalten.

TECHNISCHER ANHANG

Aufnahme

Mit einer Polavision-Phototape-Kassette kann man 2 Min. 35 Sek. lang filmen. Wie die Single-8-Kassette von Fuji ist sie nicht koaxial konstruiert, sondern enthält zwei getrennte Spulen. Sie wird einfach seitlich in die Kamera eingelegt. Die Kamera ist nicht für Pistonaufnahme eingerichtet, aber das Filmmaterial ist mit einer Magnetrandspur versehen, so daß man den Film mit einem Kommentar oder Musik vertonen kann, ohne ihn zur «Bespurung» einschicken zu müssen. Ein herkömmlicher Filmschnitt ist zur Zeit noch nicht möglich, der Film muß also «in der Kamera montiert» werden. Daher müssen Sie sich genau überlegen, was Sie aufnehmen wollen, bevor Sie mit dem Drehen beginnen. Sie werden deshalb möglicherweise nicht ohne einen Drehplan auskommen, der die Reihenfolge der Szenen und die Aufnahmezeiten enthält. Wählen Sie einen der beiden Entfernungsbereiche des Objektivs, legen sie den Ausschnitt fest und drücken Sie die Taste auf der Rückseite des Handgriffs. Dadurch wird automatisch die richtige Blende eingestellt. In den ersten vier Sek. läuft der Vorspann durch, und dann leuchtet das rote Licht auf, das Ihnen den Beginn der Aufnahme anzeigt.

Die Filmleuchte

Wenn Sie Aufnahmen bei schlechten Lichtverhältnissen machen wollen, sollten Sie die spezielle «Polavision»-Filmleuchte aufstecken. Es handelt sich um eine Leuchte mit zwei Lampen; sie ist batteriegespeist; das Stromkabel wird auf der Unterseite der Kamera angeschlossen, so daß es nicht vors Objektiv geraten kann. Die Leuchte ist sehr leicht, kann aber auch nur bei Aufnahmeabständen bis zu 2,75 m eingesetzt werden.

Entwicklung und Projektion

Im Polavision-Player wird die belichtete Kassette automatisch innerhalb von 90 Sek. entwickelt. Dann beginnt sofort die Projektion. Nach der Vorführung wird der Film automatisch zurückgespult, und die Kassette springt heraus.

Stecken Sie die belichtete Kassette in den Schlitz auf der Oberseite des Players und drücken Sie sie nach unten. Der Player beginnt sofort, den Film zurückzuspulen. Dabei wird der Film mit geringen Mengen Entwicklerflüssigkeit benetzt, die durch einen Schlitz aus dem Behälter austritt. Die Flüssigkeit durchdringt die verschiedenen Schichten des Films und entwickelt sie. Wenn der ganze Film umgespult ist, ist der Filmanfang schon vorführbereit.

Bei dem Player handelt es sich um einen Bildschirmprojektor, das Projektionsbild kann deshalb bei relativ hellem Licht betrachtet werden. Das Licht einer 100-W-Lampe wird von einer Fresnellinse auf ein Prisma projiziert, das sich hinter dem Film in der Kassette befindet. Dort wird es umgelenkt, fällt durch den Film (der zu einem Farbpositiv entwickelt wurde) und gelangt so ins Projektionsobjektiv. Ein schräggestellter Spiegel lenkt dann das Bild auf den Bildschirm. Der Player läuft mit 18 B/s. Das Bild ist scharf und hell und weist gesättigte Farben auf, ist aber doch ziemlich körnig und kontrastreich. Mit einer Fernbedienung kann der Benutzer jeden beliebigen Teil der Kassette auswählen und vorführen.

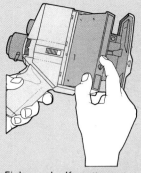

Einlegen der Kassette
Kamera so halten, daß das Objektiv Ihnen zugewandt ist, und Kassette unter Beachtung der Pfeile und Farben einlegen.

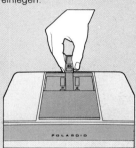

Projektion
Die belichtete Kassette in den Player einschieben.

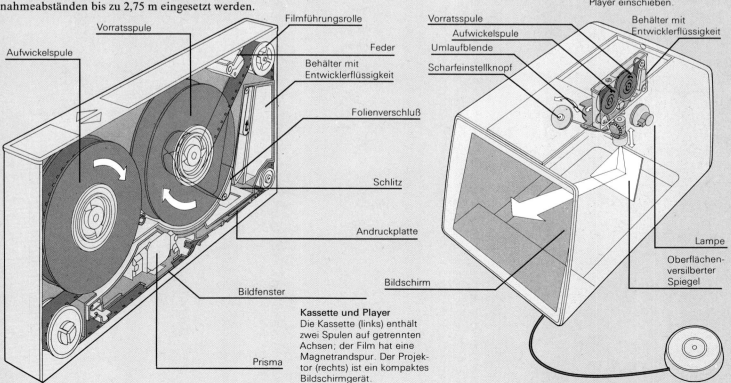

Kassette und Player
Die Kassette (links) enthält zwei Spulen auf getrennten Achsen; der Film hat eine Magnetrandspur. Der Projektor (rechts) ist ein kompaktes Bildschirmgerät.

TECHNISCHER ANHANG

Video

Video ist der Oberbegriff für alle Arten magnetischer Bildaufzeichnung, also für die speziell auf das Fernsehen zugeschnittenen Verfahren. Die Fernsehindustrie hat von Anfang an die Notwendigkeit eines Verfahrens zur Aufzeichnung von Fernsehsendungen erkannt, das die sofortige Wiedergabe ermöglicht, und schon im Jahre 1927 benutzte der Schotte John Logie Baird eine Plattenschneidemaschine zur Aufzeichnung von Bildern, die sein 30-Zeilen-Fernseh-Abtaster erzeugte. Später wurde Bairds «Schellack»-Platte durch Magnetband ersetzt, und damit war die Videotechnik in ihrer heutigen Form erfunden. Die neuen Kameras sowie Aufzeichnungs- und Wiedergabegeräte für Videoaufnahmen haben diese ursprünglich hochspezialisierte Technik auch dem Amateur zugänglich gemacht. Da die Geräte immer preiswerter werden, sind die Zukunftsaussichten für diese Technik positiv zu beurteilen.

Wie Video funktioniert

Ein Fernsehbild setzt sich aus einer großen Zahl horizontaler Linien zusammen, von denen wiederum jede aus vielen Punkten besteht. Je mehr solcher Zeilen die Mattscheibe enthält, um so besser ist die Bildschärfe. Die Elektronik der Kamera tastet das scharfgestellte Bild auf ganz ähnliche Weise ab, wie man ein Buch liest, also von links nach rechts und von oben nach unten, und diese Abtastung findet viele Male während einer Sekunde statt. Jeder Punkt der Abtastung wird zu einem Signal codiert, das die Helligkeit der betreffenden Bildstelle angibt. Beim Farbfernsehen hat die Kamera drei Röhren für die drei Grundfarben – Rot, Grün und Blau.

Der Filmabtaster

Der Filmabtaster ist ein für den Amateurfilmer besonders interessantes Gerät, denn es ist für die Wiedergabe von Super-8-Filmen über ein normales Fernsehgerät konstruiert. Man kann es in Verbindung mit einem Videorecorder auch zur Überspielung eines Films auf Videoband einsetzen. Diese Kombination erschließt vielfältige Möglichkeiten. Abgesehen von dem Vorteil, Super-8-Filme über das Fernsehgerät vorzuführen, lassen sich auch beliebig viele Bandkopien von einem Originalfilm herstellen. Die dadurch entstehenden Kosten sind sehr niedrig, und die Qualität der Kopien ist durchaus akzeptabel. Die Einsparungen sind besonders bei langen Filmen beträchtlich. Bei einigen Filmabtastern können wahlweise Filmspulen oder Kassetten verwendet werden. Der Film braucht nicht eingefädelt zu werden und läuft nicht über Zahntrommeln. Statt dessen läuft er kontinuierlich an einem «Flying-spot»-Abtastsystem vorbei. Bei diesem System «fliegt» ein von einer Kathodenstrahlröhre erzeugter Lichtpunkt zeilenförmig über jedem Einzelbild des vorüberlaufenden Films hin und her, und das auf diese Weise erzeugte Signal wird als Ausgangssignal codiert. Die Einzelbilder werden nicht mechanisch, sondern elektronisch abgetastet. Der Filmabtaster verarbeitet Originalfilme, die mit unterschiedlichen Bildfrequenzen aufgenommen wurden – entweder mit 16⅔ B/s (etwas langsamer als die Normalfrequenz für Super-8-Stummfilme) oder mit 24 B/s, der Normalfrequenz für Super-8-Tonfilmkassetten.

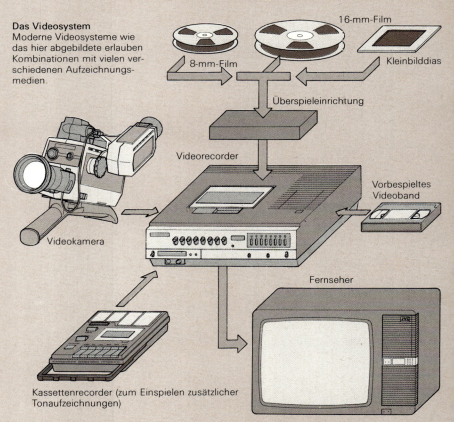

Das Videosystem
Moderne Videosysteme wie das hier abgebildete erlauben Kombinationen mit vielen verschiedenen Aufzeichnungsmedien.

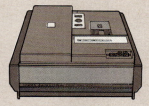

Das Videosystem
Moderne Videosysteme wie das hier abgebildete erlauben Kombinationen mit vielen verschiedenen Aufzeichnungsmedien, sind jedoch in der Bundesrepublik Deutschland und der Schweiz noch nicht erhältlich.

Bildplatte

Die Bildplatte hat gegenüber dem Videoband einige Vorzüge. So kann man jeden Teil der Aufzeichnung in kürzester Zeit auffinden, ohne das ganze Band durchlaufen lassen zu müssen. Außerdem kann man die Platte in Zeitlupe fahren. Diese Funktion der Bildplatte ist uns allen von den Zeitlupen-Wiederholungen bei Direktübertragungen sportlicher Ereignisse im Fernsehen vertraut. Der Bildplattenspieler kann neben der normalen Wiedergabe auf variable Zeitlupengänge vor- und rückwärts eingestellt werden; auch Einzelbildprojektion ist möglich.

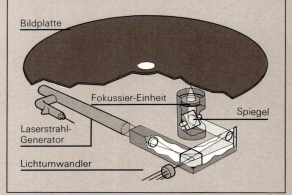

TECHNISCHER ANHANG

Videorecorder und Videoaufnahme

Alle Videoaufnahmen werden auf Band aufgezeichnet, obwohl die Bildplatte große Chancen als bespieltes Medium hat. Die Schwierigkeit beim Videoverfahren liegt darin, daß in jeder Sekunde der Aufnahme ungeheure Mengen an Informationen auf dem entsprechenden kurzen Bandstück aufgezeichnet werden müssen; normales Viertelzollband (6 mm breit) könnte bei 19 cm/s auch nicht annähernd all die notwendigen Informationen aufnehmen. Im professionellen Bereich verwendet man 2-Zoll-Band (5 cm breit), das mit einer Geschwindigkeit von 19 oder 39 cm/s an den Videoköpfen entlangläuft. Die notwendige noch höhere Geschwindigkeit wird durch einen Trick erreicht: Der Recorder hat vier Aufnahmeköpfe, die auf einer rotierenden Trommel angeordnet sind. Die Kopftrommel rotiert mit sehr hoher Geschwindigkeit in einem genau definierten Winkel zur Bewegungsrichtung des Bandes. So werden die Nutzsignale streifenweise in «Schrägschrift» auf das vorüberlaufende Band aufgezeichnet.

Es gibt für diese Aufzeichnungsart und das vom privaten Anwender bevorzugte Halbzollband mehrere Systeme, die jedoch leider allesamt nicht kompatibel sind. Dazu gehören Betamax von Sony, Video 2000 von Philips/Grundig und das VHS-System von JVC.

Mit einem Videorecorder und einer tragbaren Kamera kann man preiswerte elektronische Filmaufzeichnungen machen. Die tragbaren Farbkameras sind schon recht preiswert, und vor allem die Materialkosten sind niedrig. Ein weiterer Vorteil des Videobandes ist, daß es wie Tonband immer wieder bespielt werden kann.

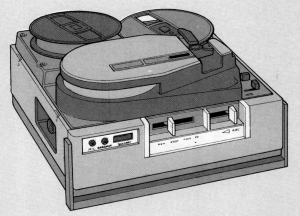

Videorecorder
Der Sony-Videorecorder (links) ist ein Gerät mit zwei Köpfen und Schrägspur-Aufzeichnung. Der Recorder zeichnet die von der Kamera kommenden Signale und den Ton auf das Band auf. Das Band kann auf einem Monitor (Fernsehgerät) oder zur sofortigen Kontrolle über den elektronischen Sucher der Kamera abgespielt werden. Die schematische Darstellung unten links zeigt den typischen Aufbau eines Schrägspur-Geräts.

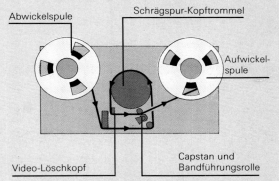

Spurlage
Bei einem Schrägspur-Recorder für 2-Zoll-Band werden die Signale in der gezeigten Anordnung aufgezeichnet (Schrägspuraufzeichnung).

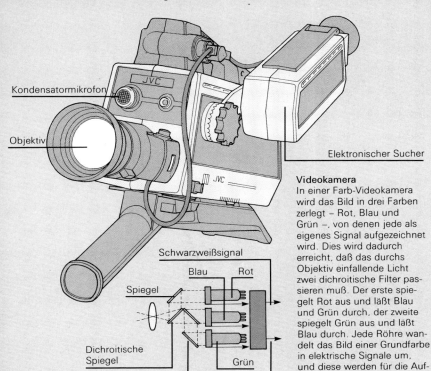

Videokamera
In einer Farb-Videokamera wird das Bild in drei Farben zerlegt – Rot, Blau und Grün –, von denen jede als eigenes Signal aufgezeichnet wird. Dies wird dadurch erreicht, daß das durchs Objektiv einfallende Licht zwei dichroitische Filter passieren muß. Der erste spiegelt Rot aus und läßt Blau und Grün durch, der zweite spiegelt Grün aus und läßt Blau durch. Jede Röhre wandelt das Bild einer Grundfarbe in elektrische Signale um, und diese werden für die Aufzeichnung durch den Recorder codiert.

Grenzen des Videoverfahrens

Zu schön, um wahr zu sein, werden Sie jetzt vielleicht denken, und Sie haben recht. Abgesehen von den noch hohen Anschaffungskosten für die Geräte und der Inkompatibilität der verschiedenen Systeme haben Amateur-Videofilme noch einen weiteren gravierenden Nachteil – man kann sie noch nicht schneiden, ohne einen zweiten Recorder zu verwenden. Videofilme sind deshalb nur für lange Einstellungen oder für die «Montage in der Kamera» (s.S. 115) zu empfehlen. Angesichts der Beschränkungen, die einem dadurch auferlegt werden, sind die niedrigen Bandkosten ein schwacher Trost.

Im professionellen Bereich ist es mit Mikroprozessoren und hochentwickelten Schaltungen heute schon möglich, auf das Einzelbild genau zu schneiden. Es ist sogar denkbar, daß die sehr teuren Videoköpfe eines Tages überflüssig sein werden. Wenn es einmal soweit ist, wird Video so billig werden, daß es eine ernste Bedrohung für den Super-8-Film darstellen wird. Einstweilen muß man Video jedoch noch als ein Aufzeichnungsverfahren ansehen, das die fotografische Emulsion in bestimmten Aufnahmesituationen ergänzen, aber nicht ersetzen kann.

TECHNISCHER ANHANG

Technische Daten – Kameras

Technische Daten – Kameras

Die Tabellen auf dieser und den folgenden drei Seiten bringen eine repräsentative Auswahl aus dem derzeitigen Angebot an Super-8-Kameras. Sämtliche aufgeführten Modelle sind mit motorischer Brennweitenverstellung ausgestattet, und Lichtstärke sowie Zoombereich des Objektivs sind jeweils neben der Modellbezeichnung angegeben. Das Motor-Zoom arbeitet meist nur mit zwei Geschwindigkeiten (langsam und schnell), bei einigen Modellen aber auch kontinuierlich.

Viele Zoomobjektive erlauben Makroaufnahmen ohne Zubehör, was für extreme Nahaufnahmen oder für das Diakopieren (s.S. 178) praktisch ist. Superlichtstarke Objektive und Sektorenblenden mit großem Hellsektor finden sich bei XL-Kameras, mit denen man auch noch bei sehr schlechten Lichtverhältnissen filmen kann. Das Zoomobjektiv ist in den meisten Fällen fest eingebaut; nur wenige Super-8-Kameras verfügen über Wechseloptik.

Die meisten der aufgeführten Kameras haben einen Reflexsucher. Wo dies nicht der Fall ist, wie bei einigen XL-Kameras, wird die Scharfeinstellung mit Hilfe eines separaten Entfernungsmessers vorgenommen.

Die aufgeführten Kameras haben durchweg eingebaute Belichtungsmeßsysteme, die vollautomatisch und im allgemeinen durchs Objektiv arbeiten. Bei vielen läßt sich die Automatik zugunsten manueller Einstellung, z. B. zur Gegenlichtkorrektur, abschalten. In allen Fällen ist die Belichtungsautomatik mit den verschiedenen Ganggeschwindigkeiten gekuppelt, so daß die Anpassung automatisch vorgenommen wird. Die Ganggeschwindigkeiten reichen von 1 Bild je Minute für Zeitrafferaufnahmen über 18 und 24 B/s, die Normalfrequenzen, bis zu 80 B/s für Zeitlupenaufnahmen.

An Trickmöglichkeiten sind Vorrichtungen für Auf- und Abblendung sowie Überblendung am häufigsten vertreten. Die Einzelbildschaltung muß durch einen Intervalltimer ergänzt werden, wenn für Zeitrafferaufnahmen größere Aufnahmeabstände als 1 Bild je Minute erforderlich sind.

Super-8-Tonfilmkameras

Alle für Zweibandvertonung eingerichteten Kameras müssen über eine Vorrichtung zum Setzen von Synchronsignalen verfügen. Dabei handelt es sich meist um eine Blitzbuchse. Außerdem sollten eigentlich alle die Ganggeschwindigkeiten 18 und 24 B/s haben, doch sind tatsächlich viele nur für 18 B/s eingerichtet.

Single-8-System

Single-8-Kameras werden nur von Fuji hergestellt und müssen mit den Single-8-Kassetten dieses Herstellers geladen werden. Abgesehen von der Beschränkung auf Single-8-Film weisen die Fuji-Kameras dieselben technischen Merkmale auf wie die Super-8-Kameras. Die Spitzenmodelle sind sogar technisch außerordentlich hochentwickelt.

Marktübersicht Super-8- und Single-8-Kameras

Fabrikat/Modell	Bildfrequenzen	Objektiv: Mot. Brennweitenverstellung	Mehrere Zoomgeschwindigkeiten	Makroeinstellung	Automatische Scharfeinstellung	Belichtungsmessung: Automatisch TTL	Manuelle Blendeneinstellung	Gegenlichtkorrektur	Sucher: Reflexsucher	Dioptrieneinstellung	Schnittbildentfernungsmesser	XL-Einrichtung	Verschluß: Auf- und Abblendvorrichtung	Intervalltimer	Einzelbildschaltung	Tontechnik: Mikrofonanschluß	Tonaussteuerung automatisch	Tonaussteuerung manuell	Tonkontrolle
BAUER																			
C 104 XL 1,7/9–36 mm	18/36	●		△		●	□	△	○	●			△		□				
C 107 XL 1,2/7–45 mm	9/18/36	●		△		●	□	△	○	●	□	△	△	○	□				
C 108 1,8/7,5–60 mm	9/18/36	●		△		●	□	△	○	●	□	△	△	○	□				
S 204 XL 1,7/9–36 mm	18/24	●		△		●			○	●			△		□	△	○		□
S 207 XL 1,2/7–45 mm	18/24/40	●		△		●			○	●		△	△		□	△	○		□
S 209 XL 1,2/6–51 mm	18/24/40	●		△		●			○	●		△	△		□	△	○		□
S 715 XL microcomp. 1,4/6–90 mm	9/18/24/40	●	□	△		●			○	●		△	△		□	△	○	●	□
BEAULIEU																			
4008 ZM 4 1,4/6–70 mm	1–80	●	□	△		●	□	△	○	●		△				□			
1008 XL 1,2/7–45 mm	9/18/24/36	●		△		●			○	●						△		●	
5008 MS 1,4/6–70 mm	8/18/24/45	●	□	△		●	□	△	○	●		△						●	
6008 S* 1,4/6–70 mm	4–56	●	□	△		●	□	△	○	●		△				□			
1028 XL-60* 1,2/6,8–44 mm	9/18/24/36	●		△		●		□	○	●		△	△	○		△			□

* 60-m-Filmkassette ansetzbar

TECHNISCHER ANHANG

Marktübersicht Super-8- und Single-8-Kameras

Fabrikat/Modell	Bildfrequenzen	Mot. Brennweitenverstellung	Mehrere Zoomgeschwindigkeiten	Makroeinstellung	Automatische Scharfeinstellung	Automatisch	Manuelle Blendeneinstellung TTL	Gegenlichtkorrektur	Reflexsucher	Dioptrieneinstellung	Schnittbildentfernungsmesser	XL-Einrichtung	Auf- und Abblendvorrichtung	Intervalltimer	Einzelbildschaltung	Mikrofonanschluß	Tonaussteuerung automatisch	Tonaussteuerung manuell	Tonkontrolle
BOLEX																			
625 XL 1,1/9–22,5 mm	9/18	●						△	○	●			○						
660 Macro-Zoom 1,8/7–42 mm	9/18/45	●		△		●	□	△	○	●		△			□		●		
680 Macro-Zoom	9/18/54	●	□	△		●	□	△	○	●	□		○	●	□				
563 XL Sound Macro-Z. 1,2/8–48 mm	18/24/36	●	□	△		●	□	△	○	●	□	△	○	●	□	△	○	●	□
583 Sound Macro-Z. 1,7/7,5–60 mm	18/24/36	●	□	△		●	□	△	○	●	□		○	●	□	△	○	●	□
5122 Sound Macro-Z. 1,8/6–72 mm	18/24/36	●	□	△		●	□	△	○	●	□		○	●	□	△	○	●	□
564 XL AF Sound	18/24/36	●	□		○	●	□	△	○	●		△	○	●	□	△	○	●	□
CARL BRAUN CAMERAWERK																			
Macro MZ 1005 1,8/8–40 mm	18/24/36	●		△		●	□	△	○	●	□				□				
Macro MZ 1006 1,2/8–48 mm	9/18/36	●		△		●		△	○	●		△	○						
Macro MZ 1008 1,8/8–64 mm	18/24/36	●		△		●	□	△	○	●			○		□				
BRAUN NIZO																			
156 macro 1,8/7–56 mm	9/18/24/36	●		△		●	□	△	○	●	□	△	○	●					
561 macro 1,8/7–56 mm	18/24/56	●	□	△		●	□	△	○	●	□		○	●					
801 macro 1,8/7–80 mm	18/24/56	●	□	△		●	□	△	○	●	□		○	●					
3048 1,8/8–48 mm	18/24	●	□	△		●	□	△	○	●	□	△	○	●	□	△	○		□
3056 1,4/7–56 mm	*	●	□	△		●	□	△	○	●	□	△	○	●	□	△	○	●	□
4056 1,4/7–56 mm	*	●	□	△		●	□	△	○	●	□	△	○	●	□	△	○	●	□
4080 1,4/7–80 mm	*	●	□	△		●	□	△	○	●	□	△	○	●	□	△	○	●	□
Nizo integral 5 1,2/8–40 mm	18/24	●	□	△		●	□	△	○	●	□	△	○	●		△	○	●	□
Nizo integral 6 1,2/7,5–45 mm	18/24	●	□	△		●	□	△	○	●	□	△	○	●		△	○	●	□
Nizo integral 7 1,2/7–50 mm	18/24	●	□	△		●	□	△	○	●	□	△	○	●		△	○	●	□
* = 9/16⅔/18/24/25/54																			
CANON																			
AZ 318 M 1,8/10–30 mm	18	●		△		●			○	●					□				
310 XL 1,0/8,5–25,5 mm	18	●		△				△	○	●			△		□				
514 XL 1,4/9–45 mm	9/18	●		△		●	□		○	●	□		△		□				
AZ 512 XL 1,2/9,5–47,5 mm	9/18/36	●		△		●	□		○	●		△	○	●	□				
312 XL-S 1,2/8,5–25,5 mm	18	●		△				△	○	●			△			△	○		□
514 XL-S 1,4/9–45 mm	18/24	●		△		●	□		○	●	□		△		□	△	○	●	□
814 XL-S 1,4/7–56 mm	9/18/24/36	●	□	△		●	□	△	○	●	□	△	○	●	□	△	○	●	□
1014 XL-S 1,4/6,5–65 mm	9/18/24/36	●	□	△		●	□	△	○	●	□	△	○	●	□	△	○	●	□
CHINON																			
735 XL 1,7/8,5–25,5 mm	18	●		△			□	△	○	●		△	○						
555 XL 1,2/8–40 mm	9/18/36	●		△		●	□	△	○	●		△	○	●	□				

267

TECHNISCHER ANHANG

Marktübersicht Super-8- und Single-8-Kameras

Fabrikat/Modell	Bildfrequenzen	Objektiv — Mot. Brennweitenverstellung	Mehrere Zoomgeschwindigkeiten	Makroeinstellung	Automatische Scharfeinstellung	Belichtungsmessung — Automatisch TTL	Manuelle Blendeneinstellung	Gegenlichtkorrektur	Sucher — Reflexsucher	Dioptrieneinstellung	Schnittbildentfernungsmesser	XL-Einrichtung	Verschluß — Auf- und Abblendvorrichtung	Intervalltimer	Einzelbildschaltung	Tontechnik — Mikrofonanschluß	Tonaussteuerung automatisch	Tonaussteuerung manuell	Tonkontrolle
CHINON																			
60 AFXL 1,2/8–48 mm	18	●		△	○		□	△	●	□		△	○			△	○		
60 SMXL 1,2/8–48 mm	18	●		△		●		△	●	□		△	○	●		△	○	●	□
60 SMRXL 1,2/8–48 mm	18/24/36	●		△		●	□	△	○	●		△	○		□	△	○	●	□
80 SMR 1,2/7,5–60 mm	18/24/36	●		△		●	□	△	○	●		△	○		□	△	○	●	□
200/8 XL 1,4/7–56 mm*	18/24/25/36	●		△		●	□	△	○	●		△	○		□	△	○	●	□
Pacific 200/12 XL 1,8/6–72 mm	18/24/36	●	□			●	□	△	○	●			○		□	△	○	●	□
*60-m-Filmkassette ansetzbar																			
ELMO																			
350 SL 1,2/9–27 mm	18	●		△		●		△	○	●	□	△				△	○	●	□
600 SD 1,8/8–50 mm	18	●				●	□	△	○	●						△	○		□
650 S 1,8/8–50 mm	18	●				●	□	△	○	●		□	△			△	○		□
3000 AF Macro 1,2/9–27 mm	18	●		△	○	●	□	△	○	●			△			△	○		□
6000 AF 1,8/8–50 mm	18/24	●			○	●	□	△	○	●			△			△	○		□
612 S-XL Macro 1,2/8,5–51 mm	18/24	●	□	△		●		△	○	●	□	△	○		□	△	○		□
1012 S-XL Macro 1,2/7,5–75 mm	6/18/24/54	●	□	△		●		△	○	●	□	△	○		□	△	○		□
612 R Macro 1,2/7–42 mm	6/18/24/54	●	□	△		●	□	△	○	●	□	△	○	●	□				
1018 R Macro 1,8/7–70 mm	18/24	●	□	△		●	□	△	○	●	□	△	○	●	□				
EUMIG																			
Mini 3 PMA 1,9/9–30 mm	18					●		△	○	●					□				
881 PMA 1,8/7–56 mm	9/18/24/45	●	□	△		●		△	○	●	□				□				
125 XL 1,2/8–40 mm	9/18	●		△		●		△	○	●	□	△			□				
128 XL 1,2/7–56 mm	9/18/36	●		△		●		△	○	●	□	△		●	□				
Sound 33 XL 1,3/8,5–24 mm	18	●						△		●			△			△	○		□
Makro Sound 44 XL 1,3/8,5–34 mm	18/24	●		△		●	□	△		●			△	○		△	○		□
Makro Sound 66 XL 1,2/7–45 mm	18/24	●		△		●	□	△		●			△	○		□	△	○	□
Nautica 1,9/9–30 mm	18							△		●					□				
FUJICA																			
P 2-Zoom 1,6/10,5–27,5 mm	18							○	●				△						
P 2 1,8/11,5 mm	18							○	●				△						
ZC 1000 1,8/7,5–75 mm	12/18/24/36/72			△		●	□	△	●						□				
300 AF 1,2/9,7–26 mm	18				○			○	●				△						
ZXM 300 1,2/9,7–26 mm	18			△				△		○	●		△			△	○		□
ZXM 500 1,3/7,5–36	18	●	□	△		●	□	△		○	●		△	○		△	○	●	□
ZM 800 1,8/8–64	18	●	□			●		△		○	●		△	○		△	○	●	□
MINOLTA																			
XL 601 1,7/7,5–45 mm	18	●		△		●	□	△	○	●	□	△		●	□				

Marktübersicht Super-8- und Single-8-Kameras

Fabrikat/Modell	Bildfrequenzen	Mot. Brennweitenverstellung	Mehrere Zoomgeschwindigkeiten	Makroeinstellung	Automatische Scharfeinstellung	Automatisch TTL	Manuelle Blendeneinstellung	Gegenlichtkorrektur	Reflexsucher	Dioptrieneinstellung	Schnittbildentfernungsmesser	XL-Einrichtung	Auf und Abblendvorrichtung	Intervalltimer	Einzelbildschaltung	Mikrofonanschluß	Tonaussteuerung automatisch	Tonaussteuerung manuell	Tonkontrolle
MINOLTA																			
XL 401 1,2/8,5–34 mm	18	●	△		●	□	△	○	●	□		△	●	□					
XL 660 Sound 1,7/7,5–45 mm	18	●	△		●		△	○	●	□	△	○				△	○		□
XL 440 Sound 1,2/8,5–34 mm	18	●	△		●			△	○	●	□	△				△	○		□
XL 225 Sound 1,2/10,5–26 mm	18	●			●			△		●	△					△			□
SANKYO																			
EM-30 1,8/10–30 mm	18	●						○	●				□						
EM-30 XL 1,2/10–30 mm	18	●						○	●			△	□						
EM-40 XL 1,2/9,2–37 mm	18/24/36	●	△		●	□	△	○	●	□		○	●						
EM-60 XL 1,2/7,5–45 mm	18/24/36	●	△		●	□	△	○	●	□		○	●						
Sound-XL 320 1,2/10–30 mm	18	●	△		●			△	○	●		△				□	△		□
Sound-XL 420 1,2/9,2–37 mm	18/24	●	△		●	□	△	○	●	□	△	○				□	△		□
Sound-XL 620 1,2/7,5–45 mm	18/24/36	●	△		●	□	△	○	●	□	△	○	●		□	△			□

Wahl einer 16-mm-Kamera

16-mm-Kameras sind größer, schwerer und teurer als Super-8-Modelle. Wenn Sie daran denken, sich eine solche Kamera zu kaufen, sollten Sie sich vorher vielleicht überlegen, ob es nicht günstiger wäre, ein gebrauchtes Gerät zu kaufen oder die benötigte Ausrüstung zu mieten. Es gibt eine ganze Reihe von Firmen, die jeweils die neuesten Modelle sowie jede Art von Zubehör vermieten.

Bei der Wahl einer 16-mm-Kamera sollten Sie die folgenden Punkte beachten. Wie «tragbar» ist die Kamera? Werden Sie zugunsten einfacher Bedienung Abstriche bei der Qualität machen müssen? Für welche Filmlängen ist die Kamera ausgelegt? Lassen sich 60-m- oder 120-m-Kassetten ansetzen? Hat die Kamera einen eingebauten Federwerks- oder Elektromotor? Welche Art von Energieversorgung benötigt sie? Hat sie das Objektiv oder die Objektive, die Sie brauchen werden? Hat sie Wechseloptik? Und wenn ja, welche der vier gebräuchlichsten Objektivfassungen hat die Kamera – Bajonett-, C-mount-, normale Arri- oder Arri-Bajonettfassung?

Die kleinsten und leichtesten Kameras sind natürlich am einfachsten zu bedienen, haben aber auch die wenigsten technischen Raffinessen aufzuweisen. Die Bolex H 16 (s.S. 38) oder die Bell & Howell DR 70 haben z.B. keinen Reflexsucher und nur Federwerksmotoren.

Technisch aufwendigere 16-mm-Kameras haben einen Reflexsucher, einen Elektromotor, aufladbare Batterien und automatische Belichtungsregelung – so z.B. die Beaulieu R 16 (s.S. 38), die Bolex H 16 EL (s.S. 129) oder die Canon Scoopic MS (s.S. 35). Die teuersten Kameras, wie z.B. die Modelle von Arri, Eclair oder Aaton, sind für hochwertige Tonfilmaufnahmen geblimpt. Sie sind hervorragend robust konstruiert und für jedes erdenkliche Zubehör eingerichtet, etwa 360-m-Kassetten und Video-Sucher.

Tonfilme im 16-mm-Format können entweder im Einband- oder im Zweibandverfahren gedreht werden. Für das Einbandverfahren gibt es bespurten 16-mm-Film, und einige Kameras sind auch für Pistontonaufnahmen eingerichtet. Dazu gehören eine Version der Arriflex 16 BL, die Beaulieu News 16 und die Paillard Bolex 16 Pro. Diese Kameras werden hauptsächlich für Reportage- und Dokumentarfilme verwendet, wo es auf rasche Entwicklung und Endbearbeitung ankommt.

Wenn Sie mit dem Zweibandverfahren arbeiten wollen, sollten Sie darauf achten, ob die Kamera für Quarzsteuerung eingerichtet ist oder ob Sie sie per Pilotton-Kabel mit dem Tonaufnahmegerät verbinden müssen (s.S. 117). Außerdem sollten Sie feststellen, ob die Kamera bei Synchronaufnahmen aus geringer Entfernung leise genug läuft. Bei vielen Modellen ist das nicht der Fall, und dann brauchen Sie wahrscheinlich eine Schallschutzhaube oder einen Blimp, um das Laufgeräusch der Kamera zu dämpfen. Einige der besten – und teuersten – 16-mm-Kameras sind die geblimpten, für Zweibandvertonung eingerichteten Modelle wie z.B. die Arriflex 16 BL und 16 SR (s.S. 38), die Eclair ACL und 16 NPR und die Aaton 7.

Technische Daten – Projektoren

Fast alle Filmamateure arbeiten heute entweder mit Super-8 oder mit Single-8, und alle Super-8-Projektoren sind für diese beiden Formate verwendbar. Außerdem gibt es Mehrformatprojektoren, mit denen man auch Normal-8-Filme vorführen kann.

Ein helles, scharfes Projektionsbild ist die wichtigste Anforderung an einen Projektor, und je höher die Lichtstärke des Objektivs ist, um so brillanter ist das Bild auf der Leinwand. Viele Projektoren haben Zoomobjektive, so daß man die Größe des Projektionsbildes verändern kann, ohne den Projektor zu verrücken.

Die unten aufgeführten Projektoren sind alle mit Einfädelungsautomatik ausgestattet, und bei den meisten ist auch Bildstrichverstellung möglich. Viele Geräte sind auch für Rückwärts- und Einzelbildprojektion eingerichtet.

Die normale Projektionsgeschwindigkeit für Super-8-Stummfilme ist 18 B/s. Tonfilmprojektoren können auch mit 24 B/s laufen, wobei sich die Tonqualität wegen der höheren Geschwindigkeit der Tonspur am Tonkopf verbessert.

8-mm-Tonfilmprojektoren

Die meisten 8-mm-Projektoren, die heute auf den Markt kommen, sind für die Tonfilmprojektion eingerichtet. Die Tonaufzeichnung und -wiedergabe erfolgt mit Hilfe der schmalen Magnetrandspur des Films.

Immer mehr Projektoren erlauben auch die Trickmischung, d. h. das Einblenden z. B. eines Kommentars in eine schon vorhandene Aufzeichnung, z. B. Musik. Bei Zweispurvertonung oder Duoplay können sowohl die Haupttonspur als auch die Ausgleichsspur bespielt werden. Dadurch sind bei manchen Geräten auch Stereoaufnahme und -wiedergabe möglich.

16-mm-Projektoren

Hier sind die meisten Tonfilmprojektoren für Lichtton-Wiedergabe eingerichtet, doch kommen immer mehr Modelle für Magnetton auf den Markt. Die Spulenkapazität beträgt in den meisten Fällen 600 m. Viele Geräte können mit verschiedenen Objektiven und mit Anamorphoten für Breitwandfilme versehen werden.

Marktübersicht Super-8- und Single-8-Projektoren

Fabrikat/Modell	Spulenkapaz. (m)	Projektionsgeschwindigkeiten	Einfädelungsautomatik	Einzelbildprojektion	Rückwärtsprojektion	Zeitlupengang	Mehrformatproj. Super-8-Normal-8	Bildschirmprojektion	Lampe	Zweispurvertonung	Trickregler	Aussteuerungsautomatik	Magnettonaufnahme/-wiedergabe	Einspurvertonung	Spur-zu-Spur-Überspielung	Anschluß für Zusatzverstärker	Eingebauter Lautsprecher
BAUER																	
TR 100	180	18/24	●		△			□	100 W		○	●				△	□
TR 300	180	18/24	●		△			□	100 W	△							□
T 82	120	6/8/18/24	●	□	△	○	●		75 W								
T 171 Sound	180	18/24	●						100 W		○		□	△			□
T 192 automatic duoplay	180	18/24	●		△				100 W	△						●	
T 502 automatic duoplay	240	18/24	●	□	△				150 W	△						●	
T 525 microcomputer duoplay	240	18/24	●		△				150 W	△		□				△	□
T 610 microcomputer stereo	240	18/24	●		△				150 W	△		□			○	△	□
BEAULIEU																	
708 EL capstan drive	700	18/24	●	□	△				150 W	△			□	△	○		□
BOLEX																	
18-6 Multispeed	120	3/6/9/12/18	●	□	△	○	●		100 W								
18-3 TC Multispeed	120	3/6/9/12/18	●	□	△	○	●		100 W								
102 MTC	120	3/6/9/12/18	●	□	△	○	●	□	100 W		○	●				●	
SP 8 E	180	18–24	●		△				100 W		○				○		
Sound 714	180	18–24	●		△				100 W		○						
Sound 715	180	18–24	●		△				100 W	△	○						
SM 80 MS	240	18–24	●		△				100 W								□
SM 80 Programmatic	240	18–24	●		△				100 W								□
Sound 815	180	18–24	●		△			□	100 W								
BRAUN AG																	
Visacustic 100 multiplay	180	18/24	●		△				100 W	△		●	□		○	●	
Visacustic 1000 stereo	180	16⅔/18/24/25	●	□	△				150 W	△		●			○		
TCM 888 electronic sound	180	18/24	●		△		●		150 W			△				●	

Marktübersicht Super-8- und Single-8-Projektoren

Fabrikat/Modell	Spulenkapaz. (m)	Projektionsgeschwindigkeiten	Bild: Einfädelungsautomatik	Einzelbildprojektion	Rückwärtsprojektion	Zeitlupengang	Mehrformatproj. Super-8/Normal-8	Bildschirmprojektion	Lampe	Ton: Zweispurvertonung	Trickregler	Aussteuerungsautomatik	Magnettonaufnahme/-wiedergabe	Einspurvertonung	Spur-zu-Spur-Überspielung	Anschluß für Zusatzverstärker	Eingebauter Lautsprecher
CARL BRAUN CAMERAWERK																	
Paximat S 8	120	16–24	●		△				100 W								
CHINON																	
Sound SP-330	180	18/24	●		△				100 W		○	●	□	△		●	□
Sound 7800 H	180	18/24	●		△				100 W	△	○	●	□	△		●	□
Sound DS-300	180	18/24	●		△				100 W		○	●	□	△		●	□
Sound SS 1200	360	18/24	●		△				150 W	△	○	●	□	△	○	●	□
ELMO																	
K 100 SM	120	14–24/4–8	●	□	△	○	●		100 W								
SP-F	120	14–24	●	□	△		●		150 W								
SP-FSM	120	14–24/4–8	●	□	△	○	●		150 W								
SP-Deluxe	120	14–24/4–8	●	□	△	○	●		150 W								
SP-Hideluxe	120	18–24/4–8	●	□	△	○	●		150 W								
ST 600 D M 2-Track	180	18/24	●		△				100 W	△	○	●	□	△	○	●	□
ST 1200 D	360	18/24	●	□	△				150 W		○	●	□	△		●	□
ST 1200 HD 2-Track	360	18/24	●	□	△				150 W	△	○	●	□	△	○	●	□
GS 800 Stereo	240	18/24	●		△				100 W	△	○	●	□	△	○	●	□
GS 1200 Stereo	360	18/24	●	□	△				200 W	△	○	●	□	△	○	●	□
EUMIG																	
Mark 600 D	120	18	●		△		●		100 W								
614 D	120	6/9/18	●	□	△				100 W								
624 D	120	3/6/9/12/18	●	□	△	○	●		100 W								
R 2000 Instaprojektion	120	3/6/9/12/18	●	□	△	○	●	□	100 W								
RS 3000	180	18–24	●		△			□	100 W		○	●	□	△		●	□
S 905 GL	180	18–24	●		△				100 W								
S 910 GL	180	18–24	●		△				100 W	△	○	●	□	△		●	□
S 912 GL	180	18–24	●		△				100 W	△	○	●	□	△		●	□
S 926 GL	180	18–24	●		△				100 W	△	○	●	□	△		●	□
HEURTIER																	
Stereo 942	250	18/24	●	□	△				100 W	△	○	●	□	△	○		
Stereovox	250	18/24	●		△				100 W	△	○	●	□	△	○		
Duo 942	250	18/24	●	□	△				100 W	△	○	●	□	△			
Duovox	250	18/24	●		△				100 W	△	○	●	□	△			
Mono 942	250	18/24	●	□	△				100 W		○	●	□	△			
Mono-Play	250	18/24	●		△				100 W		○	●	□	△			□
NORIS																	
Norisound 410	240	18/24	●		△				100 W		○	●	□	△		●	□
Norisound 412 SM	240	6/8/18/24	●		△				100 W	△	○	●	□	△		●	□
Norisound 422 P	240	18/24	●		△				100 W	△	○	●	□	△		●	□
Norisound 4100 Stereo	240	18/24	●		△				100 W	△	○	●	□	△		●	□
Norimat el. Studio 2000	180	18/24	●		△				100 W	△	○	●	□			●	□
Norimat Special D	180	18/24	●		△		●		100 W	△	○	●	□			●	□

TECHNISCHER ANHANG

Technische Daten – Filme

Der Filmamateur hat die Wahl unter einer Vielfalt von Rohfilmen; die gebräuchlichsten davon stellen wir auf diesen beiden Seiten vor. Die Liste ist also keineswegs vollständig, bringt aber eine repräsentative Übersicht. Viele Super-8-Filmsorten sind auch in 16-mm zu haben. Super-8-Film gibt es nur als Umkehrfilm.

Bei der Wahl der Filmsorte sollten Sie vor allem die voraussichtlichen Aufnahmebedingungen berücksichtigen. Faktoren wie Schärfe, Körnigkeit, Kontrast und Auflösungsvermögen (s.S. 52) sollten Sie berücksichtigen. Alle Super-8-Kameras haben ein eingebautes Konversionsfilter «85», das für Außenaufnahmen in den Strahlengang eingeschwenkt werden muß (s.S. 92). Wenn das Filter eingeschaltet ist, reduziert es die auf den Film gelangende Lichtmenge. Mit anderen Worten, es setzt die effektive Filmempfindlichkeit herab. Deshalb werden für alle Super-8-Filme zwei Filmempfindlichkeiten angegeben, eine für Tageslicht und eine für Kunstlicht (ohne Konversionsfilter).

Bei schwierigen Lichtverhältnissen brauchen Sie wahrscheinlich einen hoch- oder höchstempfindlichen Film. Super-8-Farbfilm gibt es heute mit einer Empfindlichkeit bis zu 23 DIN, und Fuji bietet einen Super-8-Farbfilm mit 24 DIN an. Mit modernen XL-Kameras ermöglichen diese Filme Aufnahmen bei fast allen Lichtverhältnissen.

Wenn Sie Tonfilmaufnahmen im Einbandverfahren machen wollen, werden Sie sich für «bespurten» Tonfilm entscheiden (s.S. 112). Wenn Sie nur eine Stummfilmkamera haben, jedoch Ihre Filme nachvertonen möchten, können Sie den Film entweder nach der Entwicklung bespuren lassen (s.S. 233) oder Tonfilm in einer Stummfilmkassette verwenden (solchen Film bieten zur Zeit Agfa und Fuji an. Kodak bespurt den K 40 PS nach dem Entwickeln.)

In vielen Ländern gibt es auch noch Schwarzweiß-Super-8-Film, doch ist es manchmal ziemlich schwierig, ihn aufzutreiben. Neben der Freude, die das Filmen in Schwarzweiß macht, hat man auch den zusätzlichen Vorteil, daß man den Film selbst entwickeln kann (s.S. 208). Für die Formate 16-mm und Doppel-Super-8 ist Schwarzweißfilm noch überall erhältlich.

Einer der großen Vorteile des Super-8-Formats gegenüber Normal-8 und 16 mm liegt darin, daß man dank der Kassetten den Film mittendrin wechseln kann. Es werden nur ein paar Einzelbilder durch Lichteinfall verdorben, wenn man die Kamera aufmacht, und die kann man später leicht herausschneiden. Das bedeutet, daß Sie notfalls auch mitten in einer Szene die Filmsorte wechseln können. Um absolut sicherzugehen, daß Sie immer die richtige Filmsorte zur Verfügung haben, sollten Sie jeweils drei verschiedene Sorten mitnehmen – etwa einen feinkörnigen Film, einen hochempfindlichen Film und einen Film für Mischlicht (Type G). Zwei weitere Faktoren, die berücksichtigt sein wollen, sind die Filmkosten und die Entwicklungsmöglichkeiten. Wenn Sie in einem Versandhaus oder einem Discountladen größere Mengen kaufen, können Sie viel Geld sparen, und wenn Sie nicht mit Kodak-Filmen arbeiten, haben Sie im allgemeinen die Wahl zwischen mehreren Entwicklungsanstalten.

Super-8 und Single-8

Kodachrome 40
Dies ist ein feinkörniger, scharfzeichnender Farbfilm relativ niedriger Empfindlichkeit, der einen großen Belichtungsspielraum und eine gute Farbwiedergabe aufweist. Er liefert schöne Haut- und leuchtende Rottöne. Er ist auf 3400 K abgestimmt (Type A) und hat eine Empfindlichkeit von 17 DIN ohne Filter und von 15 DIN bei Tageslichtaufnahmen mit Konversionsfilter. Er ist als Stumm- und Tonfilm erhältlich. Den Tonfilm gibt es auch in 60-m-Kassetten.

Ektachrome 40
Dieser scharfzeichnende Film, der dem Kodachrome 40 ähnelt, ist auf 3400 K abgestimmt (Type A) und wird bei Kunstlicht wie 17 DIN und bei Tageslicht mit Konversionsfilter wie 15 DIN belichtet. Als Tonfilm ist er noch nicht verfügbar.

Ektachrome 160
Ein hochempfindlicher Farbfilm, der körniger ist, nicht so scharf und kontrastreicher arbeitet wie der Kodachrome 40. Er ist für Aufnahmen bei schlechten Lichtverhältnissen bestimmt, z.B. Innenaufnahmen und Nachtaufnahmen im Freien. Er ist auf eine Farbtemperatur von 3400 K abgestimmt (Type A) und ist ohne Konversionsfilter wie 23 DIN und mit wie 21 DIN zu belichten. Die Empfindlichkeitsausnutzung läßt sich durch Sonderentwicklung auf 26 oder sogar 29 DIN steigern. Der Film ist als Stumm- und Tonfilm erhältlich.

Ektachrome 160 (Type G)
Ein hochempfindlicher Farbfilm, der für Aufnahmen ohne das eingebaute Konversionsfilter der Kamera bei verschiedenen Lichtverhältnissen bestimmt ist, so bei Tageslicht, Kunstlicht, Neonlicht und Kerzenlicht. Er eignet sich besonders für Mischlicht. Er hat bei allen Lichtverhältnissen eine Empfindlichkeit von 23 DIN und ist bislang nicht als Tonfilm erhältlich.

Ektachrome SM
Ein hochempfindlicher Farbfilm mit feinem Korn und annehmbarer Farbwiedergabe, der für Aufnahmen bei schlechten Lichtverhältnissen ohne zusätzliche Beleuchtung geeignet ist. Er ist auf 3200 K abgestimmt (Type B) und wird bei Kunstlicht wie 23 DIN und bei Tageslicht wie 21 DIN belichtet.

3M Color Movie Film
Dieser Film ähnelt insofern dem Fuji-Film, als er ebenfalls auf Polyesterunterlage hergestellt wird. Er ist zwar dünner als Super-8-Film auf Azetatunterlage, wird aber in der normalen 15-m-Kassette geliefert. Der Film wird von einer italienischen Firma hergestellt und auch unter den Markenbezeichnungen *Ferrania* oder *Dynachrome* angeboten. Er ist nicht so feinkörnig wie der Kodachrome und wird bei Kunstlicht wie 17 DIN und bei Tageslicht wie 15 DIN belichtet.

Agfachrome Super 8
Ein feinkörniger Allround-Film mit hohem Auflösungsvermögen. Die Empfindlichkeit beträgt für Kunstlicht 17 DIN und für Tageslicht bei eingeschwenktem Filter 15 DIN.

Agfachrome Super 8 Plus
Dieser Film weist dieselben Eigenschaften auf wie der Agfachrome Super 8, ist jedoch vorbespurt, d.h. er wird in Stummfilmkassetten geliefert, hat jedoch eine Magnetrandspur für die Nachvertonung.

Agfachrome Super 8 Sound
Dieser Film hat dieselben Eigenschaften wie die beiden Filme oben, wird jedoch in einer Tonfilmkassette geliefert.

Fujichrome R 25
Dies ist ein Single-8-Film für die Single-8-Kameras von Fuji. Es handelt sich um einen niedrigempfindlichen Farbfilm, der auf Tageslicht abgestimmt ist und daher ohne Konversionsfilter verwendet wird. Er zeichnet sich durch gute Farbtreue, feines Korn und hohes Auflösungsvermögen aus. Die Empfindlichkeit liegt bei 15 DIN. Der Film ist in Stumm- und Tonfilmkassetten erhältlich.

Fujichrome RT 200
Auch dies ist ein Single-8-Film. Der Film ist der höchstempfindliche 8-mm-Farbfilm, ist aber trotzdem relativ feinkörnig und hat ein annehmbares Auflösungsvermögen. Er ist auf 3400 K abgestimmt (Type A), und die Empfindlichkeit liegt bei 24 DIN für Kunstlichtaufnahmen und bei 22 DIN für Tageslichtaufnahmen mit Konversionsfilter.

Kodak Plus-X
Ein geringempfindlicher, feinkörniger Schwarzweiß-Umkehrfilm, der als Allround-Film bei guten Lichtverhältnissen verwendet wird. Die mittlere Empfindlichkeit liegt bei 18 DIN ohne und bei 17 DIN mit Filter.

Kodak Tri-X
Ein hochempfindlicher Schwarzweiß-Umkehrfilm mit relativ geringer Körnigkeit. Der etwas kontrastreicher als der Plus-X arbeitende Film ist für Aufnahmen bei schlechten Lichtverhältnissen bestimmt. Er wird bei Kunstlicht wie 22 DIN und bei Tageslicht wie 24 DIN belichtet.

16 mm und Normal-8

Kodachrome 25
Dieser auf Tageslicht abgestimmte Farbfilm zeichnet sich durch hervorragende Schärfe und Farbwiedergabe aus und ist sehr feinkörnig. Er hat 15 DIN bei Tageslicht und 13 DIN bei Kunstlicht mit Konversionsfilter und ist in 16 mm und Normal-8 erhältlich.

Eastman Color Negative 7247
Dies ist ein Standard-Negativfilm für 16 mm. Auflösungsvermögen und Belichtungsspielraum sind sehr hoch. Der Film ist auf Kunstlicht abgestimmt, und die Empfindlichkeit liegt bei 21 DIN für Kunstlicht- und bei 19 DIN für Tageslichtaufnahmen mit Konversionsfilter.

Ektachrome Commercial ECO 7252
Ein Farbumkehrfilm mit 13 DIN bei Tageslicht (mit Filter) und 15 DIN bei Kunstlicht. Dieser kontrastarm arbeitende Film wird für hochwertige Umkehrkopien verwendet.

TECHNISCHER ANHANG

Gevachrome 700
Dieser Film von Agfa-Gevaert ist ein Standard-Farbumkehrfilm mit einer Empfindlichkeit von 20 DIN für Kunstlicht und von 17 DIN für Tageslicht mit Konversionsfilter. Er ist in verschiedenen Ausführungen, z.B. auch vorbespurt, erhältlich.

Gevachrome 710
Ein Allround-Farbumkehrfilm mit einer Empfindlichkeit von 22 DIN bei Kunstlicht und 19 DIN bei Tageslicht. Auch dieser Film ist vorbespurt erhältlich; außerdem kann die Empfindlichkeit durch Sonderentwicklung um 9 DIN gesteigert werden.

Gevachrome 720
Ähnliche Eigenschaften wie der Gevachrome 710, jedoch auf Tageslicht abgestimmt, Empfindlichkeit 22 DIN. Wird für Aufnahmen bei Kunstlicht nicht empfohlen.

Gevacolor 682
Dieser neue Farbnegativfilm von Agfa ist mit dem von Kodak kompatibel und kann mit ihm auf eine Spule geschnitten werden. Die Empfindlichkeit beträgt 21 DIN bei Kunstlicht und 19 DIN bei Tageslicht.

Eastman Double-X
Ein hochempfindlicher Schwarzweiß-Negativfilm mit einer Empfindlichkeit von 24 DIN bei Kunstlicht und 25 DIN bei Tageslicht.

Eastman 4-X
Dieser Film hat eine noch höhere Empfindlichkeit, nämlich 27 DIN (Kunstlicht) bzw. 28 DIN (Tageslicht). Er wird für Aufnahmen jeder Art bei schlechtem Licht empfohlen.

Gevapan 166
Ein Schwarzweiß-Negativfilm mit einer Empfindlichkeit von 19 DIN bei Kunst- und 20 DIN bei Tageslicht.

Gevapan 195
Hochempfindlicher Schwarzweiß-Negativfilm. Empfindlichkeit 24 DIN (Kunstlicht) bzw. 25 DIN (Tageslicht).

Anmerkungen zu den Tabellen
1 Bei den Empfindlichkeitsangaben für Tageslichtaufnahmen auf Kunstlichtfilm wurde – soweit zutreffend – der Lichtverlust durch das in die Kamera eingebaute Konversionsfilter berücksichtigt.
2 Dieser und ähnliche Filme werden unter verschiedenen Markennamen von unabhängigen Lieferanten angeboten.
3 Bei den Empfindlichkeitsangaben wurde – soweit zutreffend – der Lichtverlust durch ein Konversionsfilter berücksichtigt.
4 Hochkontrastfilm für Titelaufnahmen.

Super-8- und Single-8-Filme

Farbfilme	DIN-Empfindlichkeit[1]		15 m			60 m	
	Tageslicht	Kunstlicht	stumm	vorbespurt	Ton	stumm	Ton
Kodachrome 40	15	17	●		●		●
Ektachrome 40	15	17	●				
Ektachrome 160	21	23	●		●		
Ektachrome 160 (Type G)	23	23	●				
Ektachrome SM	21	23	●		●	●	●
3 M[2]	15	17	●				
3 M (Type G)	23	23	●				
Agfachrome Super 8	15	17	●				
Agfachrome Super 8 Plus	15	17		●			
Agfachrome Super 8 Sound	15	17			●		
Fujichrome R 25	15	–	●	●	●		
Fujichrome RT 200	22	24	●	●	●		
Schwarzweißfilme							
Kodak Plus X	18	17	●				
Kodak Tri-X	24	23	●				

16-mm- und Normal-8-Filme

Farbfilme	Farbabstimmung		DIN-Empfindlichkeit[3]		16 mm	Normal-8
	Tageslicht	Kunstlicht	Tageslicht	Kunstlicht		
Kodachrome 25	●		15	10	●	●
Kodachrome 40		A	15	17	●	●
Eastman Color Neg. 7247		B	19	21	●	
Ektachrome Commercial ECO		B	13	15	●	●
Gevachrome 700		●	17	20	●	
Gevachrome 710		●	19	22	●	
Gevachrome 720	●		22	–	●	
Gevacolor 682		●	19	21	●	
Schwarzweißfilme	Umkehr	Negativ				
Kodak Plus-X	●		18	17	●	●
Kodak Tri-X	●		24	23	●	●
Eastman Double-X		●	25	24	●	
Eastman Plus-X		●	20	19	●	
Eastman 4-X		●	28	27	●	
Gevapan 166		●	20	19	●	
Gevapan 195		●	25	24	●	

TECHNISCHER ANHANG

Tabellen

Filmlaufzeiten

Mit Hilfe der untenstehenden Tabellen können Sie die Länge Ihrer Super-8-, Normal-8- und 16-mm-Filme in die Projektionszeit umrechnen. Die erste Tabelle dient der Umrechnung von Filmlängen in Laufzeiten, die zweite der Umrechnung von Laufzeiten in Filmlängen.

Die Tabellen sind besonders für den Schnitt praktisch zur Abschätzung der Länge, wenn Sie mit einem Synchrongerät oder einem Betrachter mit Zählwerk arbeiten. Außerdem erleichtern sie den Vergleich der verschiedenen Filmformate.

Filmformat		Super-8		Normal-8		16 mm	
Projektionsgeschwindigkeit (B/s)		18	24	18	24	18	24
cm je Sek.		7,5	10	6,7	9	13,7	18,2
Filmlänge und Laufzeit		Min. Sek.	Min. Sek.	Min. Sek.	Min. Sek.	Min. Sek.	Min. Sek.
Meter	15	3 20	2 30	3 42	2 47	1 51	1 23
	30	6 40	5 0	7 24	5 33	3 42	2 47
	45	10 0	7 30	11 7	8 20	5 33	4 10
	60	13 20	10 20	14 49	11 7	7 24	5 33
	90	20 0	15 0	22 13	16 40	11 7	8 20
	120	26 40	20 0	29 38	22 13	14 49	11 7
	150	33 20	25 0	37 2	27 47	18 31	13 53
	180	40 0	30 0	44 27	33 20	22 13	16 40
	210	46 40	35 0	51 51	38 53	25 56	19 27
	240	53 20	40 0	59 16	44 27	29 38	22 13
	270	60 0	45 0	66 40	50 0	33 20	25 0
	300	66 40	50 0	74 4	55 33	37 2	27 47
	330	73 20	55 0	81 29	61 7	40 44	30 33
	360	80 0	60 0	88 53	66 40	44 27	33 20

Filmformat		Super-8 (236 Bilder je m)		Normal-8 (262 Bilder je m)		16 mm (131 Bilder je m)	
Projektionsgeschwindigkeit (B/s)		18	24	18	24	18	24
Laufzeit und Filmlänge (m + Einzelbilder)		m + EB	m + EB	m + EB	m + EB	m + EB	m + EB
Sekunden	1	0 18	0 24	0 18	0 24	0 18	0 24
	2	0 36	0 48	0 36	0 48	0 36	0 48
	3	0 54	0 72	0 54	0 72	0 54	0 72
	4	0 72	0 96	0 72	0 96	0 72	0 96
	5	0 90	0 120	0 90	0 120	0 90	0 120
	6	0 108	0 144	0 108	0 144	0 108	1 13
	7	0 126	0 168	0 126	0 168	0 126	1 37
	8	0 144	0 192	0 144	0 192	1 13	1 61
	9	0 162	0 216	0 162	0 216	1 31	1 85
	10	0 180	1 4	0 180	0 240	1 49	1 109
	20	1 124	2 8	1 98	1 218	2 98	3 87
	30	2 68	3 12	2 16	2 196	4 16	5 65
	40	3 12	4 16	2 196	3 174	5 65	7 43
	50	3 192	5 20	3 114	4 152	6 114	9 21
Minuten	1	4 136	6 24	4 32	5 130	8 32	10 130
	2	9 36	12 48	8 64	10 260	16 64	21 129
	3	13 172	18 72	12 96	16 128	24 96	32 128
	4	18 72	24 96	16 128	21 258	32 128	43 127
	5	22 208	30 120	20 160	27 126	41 29	54 126
	6	27 108	36 144	24 192	32 256	49 61	65 125
	7	32 8	42 168	28 224	38 124	57 93	76 124
	8	36 144	48 192	32 256	43 254	65 125	87 123
	9	41 44	54 216	37 26	49 122	74 26	98 122
	10	45 180	61 4	41 58	54 252	82 58	109 120

TECHNISCHER ANHANG

Bildwinkel

Der Bildwinkel eines Objektivs hängt von der Brennweite und vom Bildformat ab. Je länger die Brennweite ist, um so kleiner ist der Bildwinkel. Aus der Tabelle rechts lassen sich die Zahlen für die gängigsten Objektivtypen ablesen.

Schärfentiefe

Die Schärfentiefe ist von vier Variablen abhängig: der Brennweite des Objektivs, der Blende, der eingestellten Entfernung und dem Filmformat. In Durchsichts- und Strahlenteilersuchern läßt sich die Schärfentiefe nicht beobachten. Ziehen Sie in diesem Fall die untenstehenden Tabellen zu Rate.

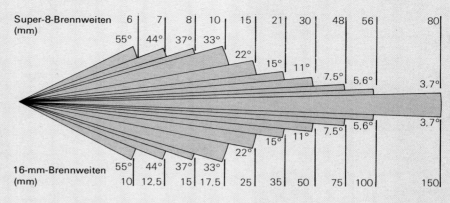

Schärfentiefentabellen für Super-8

Brennweite des Objektivs	Entf.-Einst. (m)	Blende 1,8 Von	Bis	Blende 5,6 Von	Bis	Blende 11 Von	Bis	Blende 22 Von	Bis
6 mm	∞	1,19 m	∞	0,43 m	∞	0,27 m	∞	0,17 m	∞
	3	0,91 m	∞	0,40 m	∞	0,25 m	∞	0,17 m	∞
	1,5	0,73 m	∞	0,38 m	∞	0,25 m	∞	0,17 m	∞
12 mm	∞	4,06 m	∞	1,34 m	∞	0,71 m	∞	0,38 m	∞
	3	1,82 m	∞	0,99 m	∞	0,60 m	∞	0,35 m	∞
	1,5	1,16 m	2,20 m	0,78 m	∞	0,55 m	∞	0,35 m	∞
34 mm	∞	32,00 m	∞	10,23 m	∞	5,15 m	∞	2,54 m	∞
	3	2,79 m	3,35 m	2,36 m	4,26 m	1,93 m	6,85 m	1,39 m	∞
	1,5	1,44 m	1,60 m	1,32 m	1,77 m	1,19 m	2,10 m	0,99 m	3,27 m
48 mm	∞	63,70 m	∞	20,39 m	∞	10,31 m	∞	5,08 m	∞
	3	2,89 m	3,20 m	2,64 m	3,58 m	2,33 m	4,52 m	1,90 m	7,01 m
	1,5	1,49 m	1,57 m	1,42 m	1,65 m	1,32 m	1,77 m	1,14 m	2,13 m
66 mm	∞	113,38 m	∞	36,27 m	∞	18,36 m	∞	9,04 m	∞
	3	2,97 m	3,12 m	2,79 m	3,32 m	2,59 m	3,65 m	2,26 m	1,49 m
	1,5	1,49 m	1,54 m	1,44 m	1,60 m	1,39 m	1,67 m	1,27 m	1,85 m

Schärfentiefentabellen für 16 mm

Brennweite des Objektivs	Entf.-Einst. (m)	Blende 1,8 Von	Bis	Blende 5,6 Von	Bis	Blende 11 Von	Bis	Blende 22 Von	Bis
10 mm	∞	1,57 m	∞	0,66 m	∞	0,35 m	∞	0,17 m	∞
	3	1,19 m	∞	0,58 m	∞	0,33 m	∞	0,17 m	∞
	1,5	0,63 m	1,67 m	0,40 m	∞	0,25 m	∞	0,15 m	∞
25 mm	∞	9,14 m	∞	4,57 m	∞	2,36 m	∞	1,21 m	∞
	3	2,43 m	4,03 m	1,82 m	8,83 m	1,29 m	∞	0,83 m	∞
	1,5	1,34 m	1,72 m	1,14 m	2,31 m	0,91 m	4,52 m	0,67 m	∞
50 mm	∞	36,57 m	∞	18,28 m	∞	9,14 m	∞	4,57 m	∞
	3	2,74 m	3,25 m	2,59 m	3,65 m	2,28 m	4,57 m	1,82 m	9,14 m
	1,5	1,47 m	1,57 m	1,39 m	1,65 m	1,32 m	1,82 m	1,14 m	2,26 m
75 mm	∞	91,44 m	∞	19,81 m	∞	10,66 m	∞	7,62 m	∞
	3	2,97 m	3,12 m	2,74 m	3,40 m	2,66 m	3,58 m	2,36 m	4,31 m
	1,5	1,49 m	1,54 m	1,44 m	1,60 m	1,42 m	1,65 m	1,32 m	1,77 m
100 mm	∞	152,40 m	∞	60,96 m	∞	36,57 m	∞	25,90 m	∞
	3	2,99 m	3,09 m	2,99 m	3,09 m	2,81 m	3,32 m	1,47 m	1,57 m
	1,5	1,52 m	1,52 m	1,49 m	1,54 m	1,47 m	1,57 m	1,42 m	1,65 m

Verzeichnis der Fachausdrücke

A

Abbildungsmaßstab Verhältnis zwischen Bildgröße und Gegenstandsgröße. Wird als Verhältniszahl oder Dezimalbruch angegeben, wobei z.B. 1:2 (0,5) bedeutet, daß die Abbildung halb so groß wie der Gegenstand ist.

Abblenden, Abblendung a) Verkleinern der Öffnung der Objektivblende zur Reduzierung der auf den Film gelangenden Lichtmenge. Durch Abblenden vergrößert sich die Schärfentiefe. b) Allmähliches Schließen der Objektiv- oder Sektorenblende am Szenenende, so daß sich das Bild nach und nach verdunkelt. Wird auch als Ausblendung (Ausblende) bezeichnet.

A/B-Schnitt Sonderform des Negativschnitts. Das Original wird auf zwei Rollen verteilt, und zwar in der Weise, daß aufeinanderfolgende, durch einen Schnitt getrennte Szenen sich abwechselnd auf Rolle A und Rolle B befinden. Die Lücken werden jeweils durch lichtdichten «Schwarzfilm» in gleicher Länge überbrückt, d.h. einem belichteten Filmstück auf Rolle A entspricht ein gleichlanges Stück Schwarzfilm auf Rolle B und umgekehrt. Beim Kopieren laufen beide Rollen nacheinander durch die Kopiermaschine. Nach dem ersten Durchgang (Rolle A) werden die Szenen von Rolle B auf die noch unbelichteten Stellen der Kopie aufbelichtet. Durch A/B-Schnitt erreicht man, daß die Schnittstellen nicht «blitzen». Außerdem lassen sich beim Kopieren exakte Überblendungen ausführen.

Abwickelspule Spule (Kamera, Projektor), von welcher der durchs Gerät laufende Film abgewickelt wird.

Achsensprung Liegt vor, wenn die Kamera zwischen zwei Einstellungen derselben Szene die Handlungsachse überquert. Der versehentliche Achsensprung ist ein Aufnahmefehler.

Additives Farbverfahren Verfahren der Farbmischung, bei dem die Motivfarben durch Kombination der additiven Grundfarben Blau, Grün und Rot erzeugt werden.

Akustik Die in einem Raum herrschenden Schallverhältnisse, die sich auf die Qualität von Tonaufnahmen auswirken.

Amerikanische Siehe Kameraeinstellungen.

Amerikanische Nacht Siehe Tag-für-Nacht.

Anamorphot Objektiv oder Objektivvorsatz, der in horizontaler Richtung einen Weitwinkel-Ausschnitt erfaßt und auf das Normalformat komprimiert. Ein entsprechendes optisches System am Projektor dehnt das Bild auf Breitwandformat.

Arbeitskopie Ausschließlich für Schnittzwecke gezogene, nicht zur Vorführung bestimmte Kopie von einem Film. Wird auch als Schnittkopie bezeichnet.

ASA Siehe Filmempfindlichkeit.

Aufblendung Allmähliches Öffnen der Objektiv- oder Sektorenblende am Szenenbeginn, so daß die gefilmte Szene langsam aus dem Dunkel erscheint.

Aufhellschirm Fläche mit hohem Reflexionsgrad, z.B. ein weißer Karton oder ein mit Metallfolie beklebter Pappdeckel, die bei der Aufnahme zur Aufhellung der Schatten verwendet wird.

Aufhellung Zur Verringerung des Beleuchtungskontrastes ist es oft notwendig, die Schatten des Motivs mit einer zusätzlichen Lichtquelle (Filmleuchte) oder einem Aufhellschirm aufzuhellen.

Auflösungsvermögen Fähigkeit einer lichtempfindlichen Emulsion oder eines Objektivs, feinste Details wiederzugeben. Das Auflösungsvermögen wird in der Anzahl der abgebildeten Linien pro Millimeter angegeben, die gerade noch getrennt werden.

Aufnahmekopf Siehe Tonkopf.

Aufprojektion Projektion von vorne (von der Seite der Projektionsfläche aus, auf der sich der Betrachter befindet).

Aufwickelspule Spule (Kamera, Projektor), auf die der durchs Gerät laufende Film aufgewickelt wird.

Ausblendung Siehe Abblenden.

Außenmessung Belichtungsmessung durch ein außen am Kameragehäuse angebrachtes Meßauge, also nicht durchs Objektiv.

Ausgleichsspur Bei Schmalfilmen mit Magnetrandspur (Tonpiste) am gegenüberliegenden Filmrand (Perforationsseite) aufgetragene zweite Spur, die verhindert, daß der Film sich schief aufwickelt. Die Ausgleichsspur kann auch als zweite Tonspur benutzt werden.

Automatische Aussteuerung Bei Tonaufnahmegeräten Einrichtung zur automatischen Regelung des Eingangspegels. Verhindert Tonverzerrungen durch Übersteuern.

B

B/s, B/sec Bilder je Sekunde. Angabe der Ganggeschwindigkeit (Kamera) bzw. Projektionsgeschwindigkeit.

Balgenkompendium Siehe Kompendium.

Bandgeschwindigkeit Geschwindigkeit, mit der das Tonband am Tonkopf vorbeiläuft. Wird in cm/s (Zentimeter je Sekunde) angegeben.

Belichtung a) Vorgang der Lichteinwirkung auf den Film. b) Produkt aus Lichtintensität und Dauer der Lichteinwirkung. Die Lichtintensität wird durch die Objektivblende, die Belichtungsdauer durch die Umlaufblende (Sektorenblende, Schwingspiegelverschluß) gesteuert.

Belichtungsautomatik Automatische Regelung der Belichtung bei Filmkameras. Meist wird durch eine CdS-Zelle die Objektivblende entsprechend der Filmempfindlichkeit so gesteuert, daß sich eine korrekte Belichtung ergibt.

Belichtungsmesser Gerät zum Messen der Intensität von Licht, das auf einen Gegenstand fällt oder von ihm reflektiert wird.

Belichtungsspielraum Der Belichtungsspielraum gibt an, in welchem Maße die Belichtungszeit variiert werden kann, ohne daß die Qualität der Wiedergabe spürbar abnimmt. Der Belichtungsspielraum hängt von der Art der Emulsion ab und ist bei hochempfindlichen Filmen meist größer als bei geringempfindlichen.

Bespurung Auftragen einer Magnetrandspur auf Stummfilmmaterial.

Beugung Lichtstrahlen werden gebeugt, d.h. in eine andere Richtung abgelenkt, wenn sie auf die Kante eines undurchlässigen Körpers auftreffen, also auch beim Durchgang durch die Blende eines Objektivs. Wird ein Objektiv sehr stark abgeblendet, können Beugungserscheinungen zu einer merklichen Minderung der Abbildungsqualität führen. Optimale Bildqualität erzielt man im allgemeinen bei mittlerer Blende.

Bewegungswiederholung Schnittfehler, der darin besteht, daß zwei aufeinanderfolgende, von verschiedenen Positionen aus gedrehte Einstellungen desselben Bewegungsvorgangs so geschnitten werden, daß sich eine Phase des Vorgangs in der zweiten Einstellung wiederholt.

Bikonkave Linse Linse, deren beide Oberflächen nach innen gekrümmt sind. Wirkt als Zerstreuungslinse.

Bikonvexe Linse Linse, deren beide Oberflächen nach außen gekrümmt sind. Wirkt als Sammellinse und entwirft ein reelles Bild.

Bildebene Normalerweise senkrecht zur optischen Achse liegende Ebene, in der ein scharfes, reelles Bild des Gegenstands entsteht. Durch Scharfstellen des Objektivs fällt die Bildebene mit der Filmebene zusammen.

Bildfenster Der Teil der Kamera bzw. des Projektors, in dem sich das Einzelbild während der Belichtung bzw. Projektion befindet.

Bildfrequenz Siehe Ganggeschwindigkeit, Projektionsgeschwindigkeit.

Bildkreisdurchmesser, nutzbarer Durchmesser des von einem Objektiv entworfenen Bildkreises von ausreichender Schärfe. Der nutzbare Bildkreisdurchmesser muß mindestens der Formatdiagonale entsprechen.

Bildmuster Siehe Klatschkopien.

Bildschritt(höhe) Der Betrag, um den ein Film bei jedem Einzelbild weitertransportiert wird. Entspricht bei Schmalfilm (1 Perforationsloch je Filmbild) dem Perforationsabstand.

Bildsprung Ruckartiges Springen des Projektionsbildes auf der Leinwand. Tritt z.B. auf, wenn ein Filmstück mitten aus einer Szene herausgeschnitten wurde.

Bildstand Konstanz der Stellung der aufeinanderfolgenden Einzelbilder eines Films im Bildfenster der Kamera bzw. des Projektors.

Bildstrich Unbelichtete Trennlinie zwischen zwei Einzelbildern eines Films.

Bildstrichverstellung Vorrichtung am Projektor zur Korrektur eines schlechten Bildstands.

Bildweite Abstand der Bildebene von der bildseitigen Hauptebene. Entspricht bei Einstellung auf Unendlich der Objektivbrennweite und verlängert sich bei Naheinstellung sowie bei Verwendung von Zwischenringen oder einem Balgengerät und dem Auszug.

Bildwinkel Maximaler Öffnungswinkel der Bildstrahlen, bei dem ein Objektiv noch ein Bild von annehmbarer Güte auf die Filmebene entwirft. Je größer der Bildwinkel ist, um so größer ist (bei gleichem Aufnahmestandort) der erfaßte Bildausschnitt. Der Bildwinkel ist von der Brennweite des Objektivs und dem Aufnahmeformat abhängig. Bei gleichem Aufnahmeformat gilt: Je länger die Brennweite, um so kleiner der Bildwinkel. Bei gleicher Brennweite gilt: Je größer das Format, um so größer der Bildwinkel.

Blankseite Siehe Trägerseite.

Blende a) Objektivblende/Irisblende, b) Blendenwert (der Objektivblende), c) Umlauf-/Sektorenblende, d) Maske.

Blendenfeststeller Bei Filmkameras mit Belichtungsautomatik Vorrichtung zum Arretieren der Blende bei einem eingeregelten Wert (z.B. bei Vorausmessung).

Blendenwerte Zahlen am Objektiv, die die Größe der Öffnung im Verhältnis zur Brennweite des Objektivs bezeichnen. Der Blendenwert wird errechnet, indem man die Brennweite durch den Öffnungsdurchmesser des Objektivs teilt, z.B. Brennweite 33 mm, Öffnungsdurch-

VERZEICHNIS DER FACHAUSDRÜCKE

messer 3 mm, ergibt Blende 11. Theoretisch müssen alle Objektive bei demselben Blendenwert dieselbe Lichtmenge durchlassen. Der nächsthöhere Blendenwert steht jeweils für eine Halbierung, der nächstniedrigere für eine Verdoppelung der Lichtmenge; der niedrigste Blendenwert (= größte Öffnung = Lichtstärke) eines Objektivs bildet hier manchmal eine Ausnahme. Die international genormte Blendenreihe lautet: 1,4; 2; 2,8; 4; 5,6; 8; 11; 16; 22.
Blimp Schweres Schallschutzgehäuse aus Metall zur Dämpfung des Laufgeräusches der Kamera.
Blitzgerät Künstliche Lichtquelle, die Licht von kurzer Dauer, aber hoher Intensität abgibt. Blitzgeräte werden auf dem Filmsektor für Einzelbildbelichtungen (z. B. Zeitrafferaufnahmen) verwendet.
Breitwandverfahren Aufnahmeverfahren, das ein gegenüber dem normalen Seitenverhältnis stark verbreitertes Filmbild erzeugt.
Brennebene Senkrecht zur optischen Achse und parallel zur Linsenebene durch den Brennpunkt verlaufende Ebene. Sie ist bei Einstellung des Objektivs auf Unendlich mit der Bild- und Tonfilmebene identisch.
Brennpunkt Der Punkt, in dem sich alle parallel zur optischen Achse einer Linse oder eines Objektivs einfallenden Lichtstrahlen schneiden.
Brennweite Abstand zwischen der bildseitigen Hauptebene eines Objektivs und dem Brennpunkt. Objektive werden in erster Linie nach ihrer Brennweite unterschieden. Eine längere Brennweite liefert bei gleichem Aufnahmeabstand ein größeres Abbild des Gegenstands auf dem Film.

C

CdS-Zelle Moderne Belichtungsmesser arbeiten vorwiegend mit CdS-(Cadmiumsulfid-) Fotowiderständen. Diese Widerstände erzeugen nicht wie andere Fotoelemente selbst Strom, sondern ändern in Abhängigkeit von der Lichtintensität ihre elektrische Leitfähigkeit. CdS-Belichtungsmesser müssen daher aus einer Batterie mit Strom versorgt werden.
Chromatische Aberration Abbildungsfehler, der darauf beruht, daß Lichtstrahlen verschiedener Wellenlängen (= Farbe) in unterschiedlichen Brennweiten fokussieren, wenn das Objektiv nicht entsprechend korrigiert ist. Unschärfen bzw. Farbsäume sind die Folge.
CinemaScope Markenname eines von der 20th-Century Fox eingeführten Breitwandverfahrens mit einem Seitenverhältnis von 2,35:1.
C-mount-Fassung Schraubfassung für Kameraobjektive.
Color-Burst-Filter Effektfilter, das das Licht mehrfach in seine spektralen Bestandteile zerlegt, so daß sich Regenbogeneffekte ergeben.
Cordband Siehe Super-8-Cordband.

D

Dichte Optische Durchlässigkeit einer entwickelten lichtempfindlichen Schicht, ausgedrückt im Verhältnis der durchgelassenen zu der auffallenden Lichtmenge.
Diffusleinwand Lichtbildwand ohne spezielle Struktur oder Beschichtung
Diffusor (Streuscheibe) Vorrichtung zur Streuung des Lichts und Verminderung des Kontrasts. Je näher sich der Diffusor an der Lichtquelle befindet, um so geringer ist seine Streuwirkung.
DIN Siehe Filmempfindlichkeit.
Dioptrie Maßeinheit für die Brechkraft von Linsen oder Linsensystemen. Sie ist der Kehrwert der Brennweite in Metern. Die Brechkraft einer Sammellinse ist positiv, die einer Zerstreuungslinse negativ.
Dolby-Rauschunterdrückungssystem Elektronik zur Unterdrückung des Grundrauschens bei Tonaufnahmen auf Band. Dolbyisierte Aufnahmen müssen auch mit Dolby wiedergegeben werden.
Dolly Spezialfahrzeug für Fahraufnahmen mit der Filmkamera. Hobbyfilmer können z. B. einen Rollstuhl oder ein Auto als behelfsmäßigen Dolly verwenden.
Doppel-8-Film Siehe Normal-8-Film.
Doppelbelichtung Zweimalige Belichtung desselben Filmstücks. Wird zur Überlagerung eines Bildes mit einem anderen bzw. Einblendung eines Bildes in ein anderes angewandt.
Doppelkeilschliff-Klebepresse Naßklebepresse, in der die zu verbindenden Filmenden von einem Schleifkopf keilförmig zugeschliffen werden. Die zugeschliffenen Filmenden greifen übereinander, so daß die Klebestelle dieselbe Dicke aufweist wie der ungeklebte Film.
Doppel-Super-8-Film 16 mm breiter Film, der beidseitig Super-8-Perforationslöcher hat. Der Film läuft zweimal durch die Kamera und wird dabei jeweils auf der halben Breite belichtet.
Drahtauslöser Flexibles Kabel zur Fernauslösung der Kamera.
Drehbuch Drehvorlage mit Dialogtexten sowie genauen Angaben über Bild und Ton. Die einzelnen Szenen sind im Drehbuch in der Reihenfolge angeordnet, in der sie später auf der Leinwand erscheinen sollen.
Drehplan Zeitplan für die Dreharbeiten, der die Szenen so zusammenfaßt, wie sie an den einzelnen Drehtagen und Schauplätzen gedreht werden sollen. Enthält Angaben über Schauplatz, Darsteller, Requisiten usw.
Dropout Kurzzeitiger Tonaussetzer bei Bandaufnahmen. Ursache: Verunreinigung, Beschädigung oder Fabrikationsfehler des Bandmaterials.
Dunkelsektor Siehe Umlaufblende.
Durchsichtssucher, optischer Vom Objektiv unabhängiges Suchersystem. In Durchsichtssuchern erscheint stets das ganze Motiv scharf, man kann also die Entfernungseinstellung/Schärfentiefe nicht im Sucher beurteilen.

E

Effektlicht Bei Kunstlichtbeleuchtung zusätzliche Leuchte (meist ein Spotlight), die das Objekt mehr oder weniger von hinten beleuchtet und Glanzlichter hervorruft und das Objekt optisch vom Hintergrund löst.
Einbandverfahren Bei Tonfilmaufnahmen auf den Film aufgebrachte Magnettonspur (Tonpiste). Bild und Ton werden hier also auf ein und denselben Träger aufgezeichnet.
Einstellscheibe Glasscheibe (Mattscheibe) im Sucher, auf der das Motiv erscheint und scharfgestellt werden kann.
Einstellung a) Ohne Unterbrechung gedrehte Aufnahme. b) Kameraeinstellung.
Einzelbildprojektion Projektion eines einzelnen Filmbildes bei angehaltenem Filmlauf durch den Projektor.
Einzelbildschaltung Vorrichtung in Filmkameras, die das Belichten von Einzelbildern in größeren zeitlichen Abständen ermöglicht (z. B. für Zeitrafferaufnahmen).
Empfindlichkeitssteigernde Entwicklung Durch empfindlichkeitssteigernde Entwicklung kann man bei unterbelichteten Filmen (vor allem Umkehrfilmen) noch eine ausreichende Deckung erzielen.
Emulsion Lichtempfindliche Schicht, die bei der Herstellung von Filmen auf den Schichtträger aufgegossen wird. Sie besteht aus einer Suspension von Silberhalogenidkristallen in Gelatine.
Entfernungsmesser Vorrichtung zum Messen des Aufnahmeabstands. Die meisten Entfernungsmesser arbeiten nach trigonometrischen Prinzipien, d. h. zwei seitlich verschobene, aber identische Bilder oder Teilbilder müssen zur Deckung gebracht werden. Andere Typen sind z. B. Schnittbildindikator und Mikroprismenraster.
Entwicklung Vorgang der Umwandlung belichteter Silberhalogenide in ein sichtbares Bild.

F

Fahraufnahme Aufnahme, bei der die Kamera horizontal bewegt wird.
Fahrstativ Siehe Dolly.
Fangspule Aufwickelspule beim Projektor.
Farbempfindlichkeit Empfindlichkeit lichtempfindlichen Materials für Licht verschiedener Wellenlängen.
Farbfilter für Schwarzweißaufnahmen Filter, das die fotografische Umsetzung der Farben in Grautöne so beeinflußt, daß sie dem Auge natürlich erscheint. Die meisten Schwarzweißfilme sind zwar panchromatisch, d. h. für alle Farben sensibilisiert, geben aber nicht alle Farben in Helligkeitswerten wieder, die dem Augeneindruck entsprechen. Dies wird durch Korrekturfilter behoben, die meist gelb bis gelbgrün eingefärbt sind. Daneben gibt es Filter für Spezialeffekte, z. B. Kontraststeigerung.
Farbkorrekturfilter Farbfilter, mit denen sich leichte Abweichungen der Farbtemperatur des Aufnahmelichts kompensieren lassen.
Farbkreis Kreisförmige Darstellung der Spektralfarben, oft in der Weise unterteilt, daß Grundfarben und Komplementärfarben einander gegenüberstehen.
Farbsättigung Grad der Buntheit oder Intensität eines Farbtons. Ist um so geringer, je mehr Weiß, Grau oder Schwarz dem Farbton beigemengt ist.
Farbstich Im gesamten Bild herrschende Abweichung der Farbwiedergabe von einem als natürlich empfundenen Eindruck. Farbstiche können bei der Aufnahme durch Farbreflexe (blauer Himmel, dem Motiv benachbarte Farbfläche) oder nicht passende Farbtemperatur des Aufnahmelichts entstehen.
Farbtemperatur Farbqualität einer Lichtquelle, wird in Kelvin (K) oder Mired (M) angegeben. Bläuliches Licht hat eine hohe, rötliches eine niedrige Farbtemperatur.
Feinschnitt Endgültiger Filmschnitt.
Film Aufnahmematerial. Die transparente Kunststoff-Unterlage dient als Träger für die (bei Farbfilmen mehrschichtige) lichtempfindliche Emulsion.
Filmebene Ebene, in der der Film liegt und auf die das Objektiv bei richtiger Entfernungseinstellung fokussiert ist.

VERZEICHNIS DER FACHAUSDRÜCKE

Filmempfindlichkeit Lichtempfindlichkeit des Aufnahmematerials. Geringempfindliche Filme erfordern bei gleichen Lichtverhältnissen eine längere Verschlußzeit bzw. eine größere Blendenöffnung als hochempfindliche. Die Filmempfindlichkeit wird in DIN oder ASA angegeben. Bei der DIN-Reihe entspricht ein Anstieg der Zahl um 3 einer Verdoppelung der Empfindlichkeit, bei der ASA-Reihe verdoppelt sich mit der Empfindlichkeit auch die Zahl. Die Beziehungen zwischen DIN und ASA zeigt die folgende Tabelle:

DIN	ASA
9	6
12	12
15	25
18	50
21	100
24	200
27	400
30	800
33	1600
36	3200

Filmschnitt Endbearbeitung des Films: Der Film wird in die einzelnen Szenen zerschnitten, die Szenen werden neu geordnet, ggf. auf die endgültige Länge zugeschnitten und schließlich wieder aneinandergeklebt. Der Filmschnitt wird auch als «Cutten» bezeichnet.
Filter Eingefärbte Scheiben aus Glas, Gelatine oder Acetat, die das durch sie hindurchgehende Licht verändern, vor allem im Hinblick auf die Farbzusammensetzung. Filter werden bei der Aufnahme zur Beeinflussung des endgültigen Bildeindrucks verwendet.
Filterfaktor Verlängerungsfaktor, mit dem die ohne Filter gemessene Belichtungszeit bei Verwendung eines Filters multipliziert werden muß. Ist meist in die Filterfassung eingraviert.
Fisheye–Objektive Ultraweitwinkel-Objektive mit einem Bildwinkel von mehr als 100°, teilweise sogar mehr als 180°. Die Schärfentiefe ist praktisch unbegrenzt, so daß sich das Scharfeinstellen erübrigt. Das von solchen Objektiven entworfene Bild ist kreisförmig und stark verzeichnet.
Flimmern Bei der Filmprojektion auftretender störender Effekt, wenn die Zahl der Bildeindrücke je Sekunde zu niedrig ist. Bei modernen Projektoren wird jedes Einzelbild dreimal hintereinander auf die Leinwand projiziert. Damit wird die nötige «Verschmelzungsfrequenz» für das Auge (40 Bildeindrücke je Sekunde) erreicht, bei der das Flimmern verschwindet.
Flügelblende Umlaufblende in Projektoren. Es gibt Zwei- und Dreiflügelblenden.
Fotoelement Lichtempfindliche Zelle, die vor allem in Belichtungsmessern verwendet wird. Man unterscheidet Fotoelemente, die die Lichtenergie unmittelbar in elektrischen Strom umwandeln (z. B. Selenzellen), und Fotowiderstände, die keinen Strom erzeugen, sondern unter Lichteinwirkung ihre elektrische Leitfähigkeit ändern (z. B. CdS-Fotowiderstand).
Frequenzgang Art der Aufzeichnung und Wiedergabe unterschiedlicher Tonfrequenzen durch ein Tonaufnahmegerät.
Frontprojektion Aufprojektion eines (statischen oder bewegten) Hintergrunds für eine Filmszene. Das Projektionslicht wird durch einen im Winkel von 45° vor der Kamera stehenden teildurchlässigen Spiegel in die optische Achse der Kamera umgelenkt; dadurch sind für die Kamera die Schatten von Darstellern und Requisiten nicht sichtbar. Die Kamera nimmt die Szene mitsamt dem projizierten Hintergrund durch den Spiegel hindurch auf.
35-mm-Film Das Standard-Filmmaterial der Frühzeit des Films. Wird heute wegen der hohen Kosten nur noch für Spielfilme verwendet, bei denen es auf beste Bildqualität ankommt.

G

Galgenmikrofon Siehe Mikrofongalgen.
Gamma Siehe Gradation.
Ganggeschwindigkeit Geschwindigkeit, mit der der Film am Bildfenster der Kamera vorbei transportiert wird. Wird in Einzelbilder je Sekunde (B/s) angegeben.
Ganzgroßaufnahme Siehe Kameraeinstellungen.
Garantiedatum Auf die meisten Filmpackungen aufgedrucktes Datum, bis zu dem der Hersteller für die Konstanz der Filmempfindlichkeit und, bei Farbfilmen, für die Qualität der Farbwiedergabe garantiert.
Gegenlichtaufnahme Mehr oder weniger genau in Richtung auf eine helle Lichtquelle (Sonne, Filmleuchte) gemachte Aufnahme.
Gegenlichtblende Trichterförmige, undurchsichtige Blende aus schwarzem Metall oder Kunststoff, die vor das Objektiv der Kamera gesetzt wird und es gegen Streulicht abschirmt.
Gegenlichtkorrektur Vorrichtung an vielen Filmkameras («Gegenlichttaste»), die Fehlmessungen der Belichtungsautomatik bei Gegenlichtaufnahmen verhütet.
Gegenstandsweite Abstand des Gegenstands von der vorderen (gegenstandseitigen) Hauptebene des Objektivs.
Gradation Die Gradation gibt an, ob ein Film (oder sonstiges lichtempfindliches Material) «hart» (kontrastbetonend) oder «weich» (kontrastausgleichend) arbeitet. Das Material arbeitet um so härter, je «steiler» seine Gradation (d. h. der Anstieg seiner Schwärzungskurve) ist. Die Meßzahl für die Gradation ist das «Gamma».
Graufilter Aufnahmefilter, das nicht die Farbzusammensetzung des Lichts, sondern nur seine Intensität verändert. Graufilter werden bei Schwarzweiß- und Farbaufnahmen zur Verringerung des auf den Film einwirkenden Lichts verwendet, etwa wenn die Empfindlichkeit des eingelegten Films für ein bestimmtes Motiv zu hoch ist.
Greifer Vom Kamera- bzw. Projektormotor gleichlaufend mit der Umlaufblende angetrieben, befördert der Greifer jeweils das nächste Einzelbild ins Bildfenster und sorgt dafür, daß es absolut stillsteht, während der Hellsektor vor dem Bildfenster vorbeiläuft.
Großaufnahme, Einstellung «Groß» Siehe Kameraeinstellungen.
Grundfarben Die drei Grundfarben für die additive Farbmischung, die übereinander projiziert Weiß ergeben, sind Blau, Grün und Rot. Als subtraktive Grundfarben bezeichnet man die zu den additiven Grundfarben komplementären Farben Gelb, Purpur (Magenta) und Blaugrün (Cyan); sie ergeben übereinander gedruckt oder als Folien übereinander gelegt Schwarz.

H

Halbnahaufnahme Siehe Kameraeinstellungen.
Halbtotale Siehe Kameraeinstellungen.
Halogenlampe Verbesserte Version der normalen Glühlampe. Sie ist viel kleiner und hat eine längere Lebensdauer, höhere Leuchtkraft und konstantere Farbtemperatur.
Handlungsachse Gedachte Linie, die bei verschiedenen Einstellungen von ein und derselben Szene als Leitlinie dient. Es kann sich um die Bewegungsrichtung, die gedachte Verbindungslinie zwischen zwei in der Szene befindlichen Darstellern oder um die Blickrichtung eines Darstellers handeln. Im allgemeinen sollten alle Einstellungen von derselben Seite der Handlungsachse aus gemacht werden, weil der Zuschauer sonst die räumliche Orientierung verliert.
Hauptebenen Angenommene Orte der Brechung in einem mehrlinsigen optischen System (Objektiv). Jedes Objektiv hat zwei Hautebenen, die vordere (gegenstandseitige) und die hintere (bildseitige).
Helligkeitsumfang Verhältnis zwischen der dunkelsten und der hellsten Stelle eines Motivs oder eines Filmbildes.
Hellsektor Siehe Umlaufblende.
Hintergrund Bereich hinter dem Haupt-Aufnahmegegenstand. Ein Objekt hebt sich im allgemeinen vom Hintergrund ab, wenn dieser heller oder dunkler ist, verschmilzt jedoch mit ihm, wenn er denselben Tonwert aufweist.

I

Impedanz Gesamtwiderstand eines elektrischen Systems, gemessen in Ohm (Ω). Die Impedanzen von Geräten wie Mikrofon, Tonbandgerät und Lautsprecher müssen aufeinander abgestimmt sein, damit die Geräte einwandfrei funktionieren.
Impulsverfahren Verfahren zur Erzielung bildgenauer Synchronisation bei Tonfilmaufnahmen im Zweibandverfahren. Von der Kamera wird bei jedem Einzelbild ein Impuls an das Tonaufnahmegerät abgegeben. Die Impulse werden auf dem Band parallel zum Ton aufgezeichnet. Die aufgezeichneten Impulse dienen später zur bildgenauen Synchronisierung von Film und Band.
Indirekte Beleuchtung Beleuchtungsart, bei der das Licht nicht direkt auf das Aufnahmeobjekt, sondern an einen Aufhellschirm, eine weiße Wand o. ä. gerichtet und von dort zum Aufnahmeobjekt reflektiert wird.
Infrarotlicht Strahlen jenseits des roten Endes des elektromagnetischen Spektrums, die für das menschliche Auge unsichtbar sind. Infrarotlicht kann jedoch auf speziell sensibilisiertem Infrarotfilm Schwarzweiß- oder Farbaufnahmen erzeugen, die einen Bildeindruck erwecken, wie er mit dem bloßen Auge nicht wahrnehmbar ist.
Insert Zwischentitel, Schnitt auf eine Nahaufnahme von einer geschriebenen oder gedruckten Mitteilung.
Integralmessung Art der Belichtungsmessung (durchs Objektiv), bei der – mit oder ohne Schwerpunktmessung in der Mitte (mittenbetonte Messung) – das ganze Bildfeld ausgemessen wird. Der Meßwert stellt einen Durchschnitt aus allen Helligkeitswerten des Bildfeldes dar und kann deshalb bei stark kontrastreichen Motiven zu Fehlbelichtungen führen. Siehe Punktmessung, TTL-Messung.
Internegativ Zwischenkopie auf Negativfilm, die für die Anfertigung

VERZEICHNIS DER FACHAUSDRÜCKE

aller weiteren Kopien herangezogen wird.
Intervalltimer Schaltgerät, das in einstellbaren Zeitabständen selbsttätig Einzelbildbelichtungen auslöst.
Irisblende Kontinuierlich verstellbare Objektivblende aus vielen Metallamellen. Wird durch den Blenden-Einstellring am Objektiv betätigt. Die meisten Irisblenden rasten bei den Blendenzahlen ein (Rastblende).

K

Kameraeinstellungen Nach der Größe des von der Kamera erfaßten Bildausschnitts unterscheidet man im allgemeinen folgende Einstellungen: Totale (zeigt den Ort der Handlung in Übersicht), Halbtotale (zeigt das Hauptmotiv in einem etwas engeren Ausschnitt, Personen sind vollständig zu sehen), Halbnah (zeigt eine Szenerie oder Gruppe angeschnitten), Amerikanische (Personen sind etwa von Kopf bis Knie zu sehen), Nah (zeigt bei Personen Kopf und Oberkörper), Groß (zeigt z.B. ein Gesicht formatfüllend), Ganzgroß (zeigt kleine Details aus der Nähe).
Kamerafahrt Horizontale Bewegung der Kamera während der Aufnahme.
Kamerawagen Siehe Dolly.
Kassette Behälter mit zwei Spulen (Aufwickel- und Abwickelspule) für Film oder Tonband (Kassettentonband). Kassetten erleichtern das Einlegen des Films bzw. des Tonbands in die Kamera bzw. das Tonaufnahmegerät. Außerdem können durch Aussparungen im Kassettengehäuse bestimmte Gerätefunktionen gesteuert werden.
Kelvin (K) Temperaturskala, die beim absoluten Nullpunkt (-273 Grad C) beginnt. Dient in Fotografie und Filmwesen zur Angabe der Farbtemperatur von Lichtquellen, die zwischen 2000 und 10000 K liegen kann.
Klappe Brettchen mit einem beweglichen Arm an einer Längsseite. Die Klappe wird zu Beginn jeder Einstellung «geschlagen» (die beiden Teile werden zusammengeklappt), um eine gemeinsame Markierung für Bild- und Toneinsatz zu schaffen.
Klatschkopien Entwickelte, noch ungeschnittene Filmrollen.
Kompendium Zubehörteil, das vors Objektiv gesetzt wird und als Sonnenblende sowie als Behälter für Filter und Masken dient.
Komplementärfarben Als Komplementärfarbe wird eine Farbe bezeichnet, die sich bei Mischung im richtigen Verhältnis mit der Grundfarbe zu Weiß ergänzt. Solche komplementären Farbpaare sind: Gelb und Blau, Purpur (Magenta) und Grün, Blaugrün (Cyan) und Rot.
Kondensor Optisches System, das die von einer diffusen Lichtquelle ausgehenden Strahlen scharf bündelt. Kondensoren werden in manchen Filmprojektoren verwendet.
Konkavlinse Siehe Linsen.
Kontaktkopieren Die gebräuchlichste Art, Kopien von einem Film zu ziehen. Original und Kopierfilm laufen Schicht an Schicht an einem Lichtschlitz vorbei, der den Kopierfilm durch das Original belichtet.
Kontinuität, filmische Übereinstimmung von Einzelheiten wie Requisiten, Kostüme, Beleuchtung, Ton und Bewegungsrichtung zwischen mehreren Einstellungen von ein und demselben Handlungskomplex.
Kontrast Ausmaß der Unterschiede zwischen hellen und dunklen Partien eines Motivs oder eines Filmbildes und ihrer Trennung. Die Kontrastwiedergabe ist ein wichtiger Faktor in der Filmfotografie und hängt u.a. ab von: Motivkontrast (Objektkontrast), Beleuchtungskontrast, Grad der Kontrastübertragung durch das Objektiv, Art des Filmmaterials und Entwicklung.
Konturenschärfe Objektiver Maßstab zur Bestimmung der Bildschärfe eines Filmbildes.
Konversionsfilter Farbfilter, das die Farbtemperatur des Aufnahmelichts der Farbabstimmung des verwendeten Farbfilms angleicht, so daß Tageslichtaufnahmen auf Kunstlichtfilm und umgekehrt möglich werden. In den meisten modernen Schmalfilmkameras ist ein Konversionsfilter für Tageslichtaufnahmen auf Kunstlichtfilm bereits eingebaut.
Konvexlinse Einfache Linse mit nach außen gewölbten Oberflächen. Sammelt die auftreffenden Lichtstrahlen und entwirft ein reelles Bild.
Körnigkeit Ausdruck für die nach der Entwicklung eines Films sichtbaren Zusammenballungen der das Bild aufbauenden Silberkörner. Diese Kornanhäufungen entstehen bei der Belichtung und Entwicklung und sind in gleichmäßig gedeckten Flächen am deutlichsten zu sehen.
Korrekturkopie Kopie, die auf dem Wege des optischen Kopierens mit Licht- und Farbkorrektur angefertigt wurde.
Kranaufnahme Aufnahme, bei der die Kamera vertikal bewegt wird.
Kristallperlwand Lichtbildwand, in deren Oberfläche zahllose winzige Glasperlen eingebettet sind.
Kunstlichtfilm Farbumkehrfilm, der auf die Farbtemperatur künstlicher Lichtquellen abgestimmt ist. (Filmaufnahmen, die bei Kunstlicht auf Tageslicht-Farbfilm gemacht werden, bekommen einen starken Orangestich. Bei Farbnegativfilm kann der Farbstich beim Kopieren ausgefiltert werden; deshalb ist hier eine Farbabstimmung auf Kunstlicht nicht notwendig.) Manche Kunstlicht-Farbfilme sind in zwei verschiedenen Typen erhältlich: Type A für eine Farbtemperatur von 3400 K, Type B für eine Farbtemperatur von 3200 K. Außerdem gibt es noch die Type G für Mischlicht.

L

Lentikulare Lichtbildwand Lichtbildwand mit strukturierter Textiloberfläche und z.T. Metallbeschichtung.
Leuchtrahmensucher Durchsichtssucher in Kameras, bei dem ein eingespiegelter Rahmen die Bildfeldbegrenzung anzeigt.
Licht- und Farbkorrektur Ausgleich von Farbverschiebungen und Belichtungsfehlern beim optischen Kopieren.
Lichtbrechung Richtungsänderung von Lichtwellen beim Eintritt in ein anderes Medium. Gebrochen werden nur schräg, nicht senkrecht auftreffende Lichtstrahlen. Die Lichtbrechung an den Grenzflächen zwischen Luft und Glas ist Grundbedingung für die Wirkung von Linsen und Objektiven.
Lichter Die hellen Stellen eines Motivs oder Filmbildes.
Lichtmessung Methode der Belichtungsmessung, bei der im Gegensatz zur Objektmessung das auf den Gegenstand auftreffende, nicht das von ihm reflektierte Licht gemessen wird. Der mit einer Streuscheibe (Diffusorkalotte) versehene Belichtungsmesser wird dabei vom Gegenstand in Richtung Kamera gehalten.
Lichtstärke a) Leuchtkraft einer Lichtquelle, gemessen in Candela. b) Das maximale Öffnungsverhältnis (größte einstellbare Blendenöffnung / kleinster einstellbarer Blendenwert) eines Objektivs.
Linsen Lichtdurchlässige Körper aus Glas oder Kunststoff, meist mit sphärisch geschliffenen Oberflächen, die zur optischen Abbildung eines Gegenstands dienen. Dazu werden meist mehrere Linsen zu einem Linsensystem (Objektiv) zusammengefaßt. Bei einfachen Linsen unterscheidet man zwei Grundformen, Sammellinsen und Zerstreuungslinsen. Sammel- oder Konvexlinsen (in der Mitte dicker als am Rand) bewirken das Zusammenlaufen der auftreffenden Lichtstrahlen (machen sie konvergent), Zerstreuungs- oder Konkavlinsen (in der Mitte dünner als am Rand) lassen die Lichtstrahlen auseinanderlaufen (machen sie divergent). In Linsensystemen werden beide Formen verwendet, doch insgesamt ergibt sich stets eine sammelnde Eigenschaft des Objektivs.
Luftbild Sucherbild, das nicht auf einer Einstellscheibe, sondern frei in der Luft entsteht. Ein Fadenkreuz erleichtert die Adaptierung des Auges auf die richtige Einstellebene.
Luftperspektive Bei atmosphärischem Dunst auftretender, verstärkter Eindruck räumlicher Tiefe, der durch die allmähliche Aufhellung der Tonwerte und die Verflachung der Kontraste dem Hintergrund zu hervorgerufen wird, vor allem bei Motiven, die eine deutliche Tiefenstaffelung aufweisen.

M

Magnetton Tonaufzeichnung auf Tonträger mit Magnetbeschichtung (Tonband, Cordband, Perfoband).
Makroaufnahmen Unter Makroaufnahmen versteht man im allgemeinen Nahaufnahmen im Bereich von 1:1 (natürliche Größe) bis 10:1 (zehnfache natürliche Größe). Oft wird auch der Bereich von 1:10 bis 10:1 mit dem Sammelbegriff «Nah- und Makroaufnahmen» bezeichnet.
Makroobjektiv Speziell für Nah- und Makroaufnahmen korrigiertes Objektiv.
Maske Schablone, die bei der Aufnahme oder beim Kopieren einen Teil des Bildausschnitts abdeckt, z.B. Feldstecher- und Schlüssellochmaske. Wird auch als «Blende» bezeichnet.
Mehrschichten-Material Film, bei dem die Unterlage mit mehreren lichtempfindlichen Schichten übereinander begossen ist. Diesen Schichtaufbau haben alle modernen Farbfilme.
Mikrofon Gerät zur Umwandlung der mechanischen Energie von Schallwellen in elektrische Energie.
Mikrofongalgen Mikrofonstativ mit einem am oberen Ende angebrachten, beweglichen Querarm. Dient zur Plazierung eines Mikrofons über der Schallquelle, jedoch außerhalb des Blickfelds der Kamera.
Mikroprismenraster Kleine, kreisförmige Einstellhilfe in der Mitte mancher Sucherscheiben. Bei unscharfer Einstellung flimmert das Mikroprismenraster; bei korrekter Entfernungseinstellung verschwindet das Flimmern.
Mired Abkürzung von «Micro reciprocal degree». Maßeinheit für

VERZEICHNIS DER FACHAUSDRUCKE

die Farbtemperatur. Man erhält den Miredwert einer Lichtquelle, wenn man 1 000 000 durch die ihrer Farbtemperatur entsprechenden Klevingrade dividiert.

Mischbildentfernungsmesser Entfernungsmesser, bei dem im Sucher zur richtigen Entfernungseinstellung zwei identische, aber gegeneinander verschobene Bilder zur Deckung gebracht werden müssen.

Mittenbetonte Messung Unterart der Integralmessung bei Belichtungsmessung durchs Objektiv: Es wird das ganze Bildfeld ausgemessen, die Mitte des Sucherbildes jedoch stärker berücksichtigt als die übrigen Partien.

Montage Art der Zusammenfügung der beim Schnitt getrennten Szenen eines Films. In der Praxis wird «Montage» oft gleichbedeutend mit «Filmschnitt» verwendet, wobei jedoch das Gewicht mehr auf den künstlerisch-dramaturgischen Aspekten als auf dem handwerklichen Vorgang des Schneidens liegt.

Motor-Zoom Motorische Brennweitenverstellung bei Zoomobjektiven.

Muster Siehe Klatschkopien.

N

Naheinstellung auf Unendlich Ist ein Objektiv auf Unendlich eingestellt, erstreckt sich die Schärfentiefe von Unendlich bis zu einem bestimmten Punkt vor der Kamera. Dieser Punkt ist der Nah-Unendlich-Punkt; sein Abstand von der Kamera wird auch als «Hyperfokalentfernung» bezeichnet. Wird das Objektiv auf diesen Punkt eingestellt, dann reicht die Schärfentiefe von der halben hyperfokalen Entfernung bis Unendlich. Fixfokus-Objektive sind auf den Nah-Unendlich-Punkt ihrer größten Öffnung eingestellt.

Nahlinsen Vorsatzlinsen für Nahaufnahmen. Werden in das Filtergewinde des Objektivs eingeschraubt und verkürzen die Brennweite.

Naßklebung Filmklebeverfahren, bei dem die beiden Filmenden schräg zugeschliffen, überlappend mit flüssigem Kleber verbunden werden.

Negativfilm Filmmaterial, das nach der Verarbeitung Negativbild zeigt: Bei Schwarzweiß-Umkehrfilm sind die Tonwerte umgekehrt (Hell und Dunkel sind vertauscht), bei Farbnegativfilm sind außerdem die Farben durch ihre Komplementärfarben vertreten. Zur Projektion muß von einem Negativfilm eine Positivkopie gezogen werden.

Neutralschwenk Schwenk auf einen «neutralen» Gegenstand am Ende einer Szene. Erleichtert den Anschluß der nachfolgenden Szene.

Normal-8-Film Älteres, heute nur noch wenig gebrauchtes Schmalfilmmaterial. Es handelt sich um 16-mm-Film mit der doppelten Anzahl Perforationslöcher. Der Film läuft zweimal durch die Kamera und wird dabei jeweils auf der halben Breite belichtet. Der belichtete und entwickelte Film wird im Labor in der Mitte zerschnitten, und die beiden Hälften werden zusammengeklebt.

O

Objektiv Optisches System, in der Regel aus mehreren Linsen bestehend. Die Konstruktion leistungsfähiger Objektive ist sehr kompliziert und zielt u.a. auf eine Erhöhung der Lichtstärke, eine Verbesserung des Auflösungsvermögens und die Behebung von Abbildungsfehlern ab.

Objektivblende Annähernd kreisrunde Öffnung in einem Objektiv, die die Menge des einfallenden Lichts regelt. Die Objektivblende ist in der Regel verstellbar, und zwar in Stufen, die durch die Blendenzahlen (Blendenwerte) bezeichnet werden.

Objektivrevolver Siehe Revolverkopf.

Objektmessung Methode der Belichtungsmessung, bei der das vom Gegenstand reflektierte Licht gemessen wird. Der Belichtungsmesser wird dabei auf den Gegenstand gerichtet. Da der Reflexionsgrad verschiedener Stoffe sehr unterschiedlich ist, erhält man bei der Objektmessung einen genauen Meßwert jeweils nur für die angemessene Fläche.

Optische Achse Die Gerade, die sich durch die Mittelpunkte aller Linsen eines Objektivs legen läßt. Ein auf dieser Achse einfallender Lichtstrahl wird nicht gebrochen.

Optisches Kopieren Verfahren zur Herstellung von Filmkopien, bei dem Original und Kopierfilm nicht in Kontakt sind, sondern das Original durch eine Optik auf den Kopierfilm aufbelichtet wird. Gestattet die Ausführung von Formatänderungen und zahlreichen Spezialeffekten.

Orthochromatischer Film Für den Spektralbereich von Ultraviolett bis Gelb empfindlicher, für den Rotbereich jedoch unempfindlicher Schwarzweißfilm.

P

Panchromatischer Film Schwarzweißfilm, der für alle Farben des sichtbaren Spektrums und bis zu einem gewissen Grad auch für ultraviolettes Licht empfindlich ist. Die Umsetzung der Farben in Grautöne entspricht annähernd der Helligkeitsempfindung des menschlichen Auges.

Parallelmontage Ineinandermontieren von Szenen, die zwei inhaltlich zusammengehörigen, aber an verschiedenen Schauplätzen ablaufenden Handlungssträngen angehören.

Perforation Lochung des Filmmaterials, die für den präzisen Transport durch Kamera und Projektor notwendig ist.

Perspektive Vom Aufnahmestandpunkt abhängige Art der Umsetzung der dreidimensionalen Wirklichkeit in die zweidimensionale Fläche des Filmbildes. Die perspektivische Darstellung der Räumlichkeit (Tiefenwirkung) beruht auf dem Zusammenlaufen der Fluchtlinien (Linearperspektive) und der zum Hintergrund hin abnehmenden Abbildungsgröße der Gegenstände.

Pilottonverfahren Verfahren zur bildgenauen Synchronisierung von Tonaufnahmen im Zweibandverfahren. Beruht auf einem von der Kamera ausgesandten Pilotton von 60 Hz.

Pistenton Siehe Einbandverfahren.

Playbackverfahren Tonfilm-Aufnahmeverfahren, bei dem ein vorher aufgezeichneter Ton während der Filmaufnahme von einem mit der Kamera parallel laufenden Tonaufnahmegerät abgespielt wird. Ermöglicht die Aufnahme längerer Musikszenen in mehreren kürzeren Einstellungen.

Polarisationsfilter (Polfilter) Licht schwingt normalerweise in allen Richtungen. Von spiegelnden Oberflächen (Wasser, Glas) unter flachem Winkel reflektiertes Licht ist jedoch weitgehend polarisiert, d.h. die Lichtwellen schwingen in einer Ebene. Polarisationsfilter sind Aufnahmefilter, die einerseits hindurchfallendes unpolarisiertes Licht polarisieren, andererseits bereits polarisiertes Licht nur dann durchlassen, wenn dessen Schwingungsebene mit ihrer Gitterebene übereinstimmt. Man kann sie deshalb zum Auslöschen oder Reduzieren von Spiegelungen, z.B. auf Schaufensterscheiben, verwenden. Außerdem lassen sich mit einem Polfilter bestimmte Farben (z.B. Himmelsblau) intensivieren.

Polavision Von Polaroid entwickeltes Sofortfilmsystem.

Power-Zoom Siehe Motor-Zoom.

Pseudosolarisation Partielle Umkehrung der Tonwerte unter Bildung heller «Solarisationssäume», die durch diffuses Nachbelichten eines bereits anentwickelten Negativs oder Positivs und anschließendes Ausentwickeln entsteht. Wird in der Praxis oft als Solarisation bezeichnet.

Pufferszene Szene, die zwischen zwei andere eingeschoben wird, um einen Kontinuitäts- bzw. Anschlußfehler zu kaschieren.

Punktmessung (Selektivmessung) Art der Belichtungsmessung, die ein selektives Anmessen wichtiger Bilddetails erlaubt. Bei eingebauten Belichtungsmessern wird dabei nur im Zentrum des Bildfeldes gemessen. Noch präzisere Punktmessung gestattet ein Spot-Belichtungsmesser, ein Handbelichtungsmesser mit sehr kleinem Meßwinkel.

Q

Quarzsteuerung Kabelloses Verfahren zur synchronen Steuerung von Kamera und Tonaufnahmegerät. Beruht auf der Verwendung von zwei Schwingquarzen, die gleichlaufende Steuerfrequenzen erzeugen.

R

Randnummern Bei größeren Filmformaten als Super-8 während der Herstellung in den Filmrand einbelichtete Nummern, die nach der Entwicklung sichtbar sind und das Auffinden bestimmter Filmstellen erleichtern.

Reflektoren Vorrichtungen an künstlichen Lichtquellen (Leuchten, Scheinwerfern, Blitzgeräten), die das Licht in eine bestimmte Richtung lenken und ihm, je nach ihrer Oberflächenstruktur, eine harte, gerichtete oder weiche, diffuse Qualität verleihen.

Reflexion Der von einer Substanz nicht absorbierte Lichtanteil wird reflektiert, d.h. zurückgeworfen. Vom Ausmaß der Reflexion, dem Reflexionsgrad, hängt ab, wie hell ein Gegenstand bei gegebener Beleuchtungsstärke erscheint.

Reflexionswinkel Der Winkel, innerhalb dessen man das von einer Leinwand reflektierte Projektionsbild ohne Helligkeitsabfall wahrnimmt.

Reflexsucher Suchersystem, bei dem ein Teil des durchs Objektiv einfallenden Lichts in den Sucher umgelenkt (bzw. bei Schwingspiegelverschlüssen das gesamte Licht intermittierend in den Sucher eingespiegelt) wird. Reflexsucher gestatten die Beurteilung der Schärfe.

Reißschwenk Sehr schneller Schwenk, der das Motiv völlig in Bewegungsunschärfe verschwimmen läßt.

Revolverkopf Vorrichtung zur Befestigung mehrerer Objektive an der Kamera. Der Wechsel von einem zu einem anderen Objektiv erfolgt durch Drehen des Revolverkopfes.

Rohfilm Unbelichtetes Filmmaterial.
Rohschnitt Vorläufiger Filmschnitt: Die einzelnen Szenen werden ungefähr in die Reihenfolge gebracht, die sie im fertig montierten Film haben werden.
Rückprojektion («Rückpro») Projektionsverfahren, das oft zur Vortäuschung von Außenaufnahmen im Atelier angewandt wird. Eine als Hintergrund geeignete Filmaufnahme (oder für einen statischen Hintergrund ein Dia) wird von hinten auf eine durchscheinende Bildwand projiziert, und das Projektionsbild wird zusammen mit dem Gegenstand aufgenommen. Dabei ist zu beachten, daß die Richtung der Beleuchtung für den Gegenstand der auf dem Projektionsbild entspricht und daß Gegenstand und Projektionsbild in Farbe und Helligkeit aufeinander abgestimmt werden müssen.

S

Sammellinse Siehe Konvexlinse.
Schallschutztasche Leichte Umhüllung zur Dämpfung des Laufgeräusches der Kamera. **Siehe auch** Blimp.
Schärfe Bezeichnung für den subjektiven Eindruck der Schärfe oder Klarheit, den ein Filmbild hervorruft. Man spricht auch von der Schärfeleistung eines Objektivs oder lichtempfindlichen Materials. Gemeint ist eigentlich die Wiedergabequalität bei der Abbildung kleinster Details.
Scharfeinstellung Bewegung des Objektivs in der optischen Achse zur Erzielung größtmöglicher Bildschärfe.
Schärfentiefe Bereich vor und hinter der Einstellebene des Objektivs, der noch ausreichend scharf abgebildet wird. Dieser Bereich liegt im allgemeinen zu einem Drittel vor und zu zwei Dritteln hinter der Einstellebene. Die Schärfentiefe nimmt zu, wenn das Objektiv abgeblendet (die Objektivblende weiter geschlossen) wird, und ist um so größer, je kürzer die Brennweite und je größer der Aufnahmeabstand ist.
Schatten Die dunklen Partien eines Motivs oder Filmbildes.
Schichtseite Die Filmseite, auf der die Emulsion aufgebracht ist.
Schichtträger Unterlage, auf die die lichtempfindliche Emulsion gegossen wird. Besteht bei den heutigen Filmen meist aus Acetylcellulose oder Polyester. Der Schichtträger dient nur als Unterlage für die Emulsion und spielt keine Rolle bei der Entstehung des Filmbildes.
Schleier Gleichmäßige, mehr oder weniger starke Schwärzung einer lichtempfindlichen Schicht. Eine geringe Schleierbildung tritt bei allen hochempfindlichen Filmen auch bei ordnungsgemäßer Verarbeitung auf.
Schnitt a) Filmschnitt,
b) Einstellungswechsel, z.B. «Schnitt von Halbnah auf Groß».
Schwenk Bewegung der Kamera um Vertikalachse (Horizontal-/Panoramaschwenk) oder ihre Horizontalachse (Vertikalschwenk) während der Aufnahme.
Schwingspiegelverschluß In manchen Kameras anstelle der Umlaufblende eingebaute Vorrichtung, die das durchs Objektiv einfallende Licht abwechselnd auf den Film und ins Sucherokular fallen läßt.
16-mm-Film Filmmaterial von 16 mm Breite, das gegenüber dem 35-mm-Film eine Kostenersparnis (bei gleichzeitigen Einbußen in der Bildqualität) bringt und von vielen Fernsehgesellschaften sowie Berufs- und Hobbyfilmern verwendet wird.
Sektorenblende, verstellbare Aus zwei halbkreisförmigen, gegeneinander verstellbaren Scheiben bestehende Umlaufblende, deren Hellsektor sich vergrößern oder verkleinern läßt. Erlaubt die Veränderung der Belichtungszeit ohne Verstellung der Objektivblende oder Einstellung einer anderen Ganggeschwindigkeit.
Selenzelle Fotoelement, das in vielen Belichtungsmessern verwendet wird. Erzeugt elektrischen Strom proportional zur einfallenden Lichtmenge. Selenzellen sind für Messungen bei schwachem Licht wenig geeignet.
Sensibilisierung Alle in Schwarzweißemulsionen enthaltenen Silberhalogenide sind für blaues Licht empfindlich. Die ersten fotografischen Materialien besaßen nur diese begrenzte Farbempfindlichkeit. Im Jahre 1880 entwickelte H.W. Vogel ein Verfahren zur Sensibilisierung von Silberhalogeniden für andere Farben und schuf damit die Grundlage für die Herstellung orthochromatischer und panchromatischer Schichten.
Sequenz Folge inhaltlich zusammengehöriger Szenen.
Silberhalogenide Lichtempfindliche Kristalle in fotografischen Schichten; Silberbromid, Silberchlorid und Silberjodid. Unter Lichteinwirkung werden sie in metallisches Silber und freie Halogenide zerlegt.
Single-8-Film Dem Super-8-Film ähnliches Filmmaterial, das jedoch in einer anderen Kassette geliefert wird. Der Film hat eine Polyesterunterlage, die fester und dünner ist als die bei Super-8-Film verwendete Acetatunterlage. Single-8-Filme und -Kameras werden nur von Fuji hergestellt. Die Kassette ist nicht koaxial.
Skylightfilter Hellrosa eingefärbtes Aufnahmefilter, das bei Farbaufnahmen einen Blaustich verhindert, z.B. in der Mittagssonne, im Hochgebirge und an der See.
Sofortbildkamera Fotokamera, die innerhalb weniger Sekunden oder Minuten nach der Belichtung ein fertiges positives Farb- oder Schwarzweißbild liefert. Sofortbilder werden bei Filmaufnahmen häufig für «fotografische Notizen» über Requisiten, Kostüme und andere für die Kontinuität wichtige Details verwendet.
Solarisation Vollständige oder partielle Tonwertumkehrung infolge extremer Überbelichtung.
Spektrum Farbskala, die entsteht, wenn weißes Licht durch ein Prisma in verschiedene Spektralfarben zerlegt wird.
Spiegelblende Spezielle Form der Umlaufblende. Sie steht im Winkel von 45° im Strahlengang, und während sie rotiert, reflektiert sie abwechselnd das Licht in den Sucher oder läßt es auf den Film fallen.
Spinne Spreizvorrichtung für Stative.
Spot-Belichtungsmesser Siehe Punktmessung.
Spotlight Künstliche Lichtquelle, die durch Verwendung eines paraboloiden Reflektors und von Sammellinsen stark gebündeltes, «hartes» Licht abstrahlt. Ein einfaches Einstellsystem erlaubt es, die Größe des Lichtkegels zu verstellen.
Sprechkopf Siehe Tonkopf.
Standbildkopierung Beim optischen Kopieren ausgeführter Trick: Dasselbe Einzelbild wird mehrmals hintereinander auf den Kopierfilm belichtet. Bei der Projektion ergibt sich dadurch ein Stillstandseffekt.
Stativ Meist dreibeiniges Gestell zum erschütterungsfreien Aufstellen der Kamera.
Stillstandsprojektion Siehe Einzelbildprojektion.
Stopptrick Aufnahmetrick, mit dem man z.B. Gegenstände «wegzaubern» kann: Man stoppt die aufs Stativ montierte Kamera nach dem ersten Teil der Aufnahme, nimmt den Gegenstand weg und dreht anschließend weiter.
Storyboard Zusammenstellung von Faustskizzen geplanter Filmszenen als visuelles Hilfsmittel bei der Planung eines Films.
Strahlenteiler Glaskörper, der einen Teil des Lichts in den Sucher oder den Belichtungsmesser der Kamera umlenkt und den Rest auf den Film gelangen läßt.
Stroboskopischer Effekt Scheinbewegung bei Filmaufnahmen regelmäßig strukturierter bewegter Objekte. Beispiel: Speichenräder, die sich mit falscher Geschwindigkeit oder in der falschen Richtung zu drehen scheinen.
Subjektive Kamera Aufnahmetechnik, bei der die Kamera sich an die Stelle einer der handelnden Personen des Films begibt.
Subtraktive Farbmischung Prinzip der Farbmischung, nach dem die modernen Farbfilme arbeiten. Dabei werden die Farben des Motivs durch Mischung der subtraktiven Grundfarben Gelb, Purpur (Magenta) und Blaugrün (Cyan) rekonstruiert.
Sucher Einrichtung zum Betrachten (bei Reflexsystem auch zum Scharfstellen) des Bildausschnitts.
Super-8-Cordband Perforiertes Magnetband für die Zweibandvertonung, das die gleiche Breite und die gleiche Perforation aufweist wie Super-8-Film.
Super-8-Film In Kassetten geliefertes, 8 mm breites Filmmaterial, das gegenüber dem Normal-8-Format kleinere Perforationslöcher hat, wodurch sich die Bildfläche vergrößert. Super-8-Tonfilmkassetten enthalten Film mit Magnettonspur.
Super-16-Film Filmmaterial, bei dem eine größere Bildfläche als beim normalen 16-mm-Format dadurch erzielt wird, daß man den sonst der Tonspur vorbehaltenen Rand mit ausnutzt.
Synchronachse Gerät zum parallelen Transport von Film und Cord-/Perfoband beim Tonschnitt im Zweibandverfahren.
Szene Teil eines Films, der eine ununterbrochene, an ein und demselben Schauplatz stattfindende Handlungsphase zeigt.

T

Tag-für-Nacht Vortäuschen einer Nachtaufnahme durch Unterbelichten einer bei Tageslicht gedrehten Szene. Wird auch als «Amerikanische Nacht» bezeichnet.
Tageslichtfilm Farbfilm (Umkehrfilm), der auf die Farbtemperatur von Tageslicht abgestimmt ist.
Tageslichtbildschirm Starre Projektionswand, deren extrem hoher Reflexionsgrad die Projektion bei Tageslicht gestattet.
Teleobjektiv Allgemeine Bezeichnung für Objektive, deren Brennweite wesentlich länger als die Formatdiagonale ist. Unter Teleobjektiven im engeren Sinn («echten Teleobjektiven») versteht man solche Konstruktionen, bei denen die Schnittweite kürzer als die Brennweite ist, wodurch sich eine kompaktere Baulänge ergibt.
Tonkopf Der Aufnahmekopf (Sprechkopf) eines Tonbandgerätes erzeugt entsprechend den vom Mikrofon

VERZEICHNIS DER FACHAUSDRUCKE

kommenden elektrischen Signalen in der Schicht des Tonbandes eine magnetische Aufzeichnung. Beim Abspielen des Bandes wandelt der Wiedergabekopf (Hörkopf) die magnetische Aufzeichnung wieder in elektrische Signale um. Mit dem Löschkopf läßt sich eine auf dem Band befindliche Aufzeichnung durch Entmagnetisierung der Spur wieder beseitigen.
Totale Siehe Kameraeinstellungen.
Trägerseite Die unbeschichtete, blanke Seite des Films.
Treatment Drehbuch-Entwurf, in dem die Handlung schon nach Sequenzen gegliedert ist.
TTL-Messung Belichtungsmessung durchs Objektiv (TTL = engl. «through-the-lens»). Gemessen wird das Licht, das durch das Objektiv auf den Film gelangt.

U

Überbelichtung Belichtung, die zu einer zu starken Schwärzung des Filmmaterials führt.
Überblendung Kombination von Ab- und Aufblendung: Das Ende einer Szene wird abgeblendet (durch Schließen der Objektivblende verdunkelt), der Film wird entsprechend zurückgespult, und der Anfang der nächsten Szene wird (durch allmähliches Öffnen der Objektivblende) aufgeblendet. Bei der Projektion geht dann die erste Szene allmählich in die zweite über. Viele Filmkameras verfügen über eine automatisch arbeitende Überblendvorrichtung (Überblendautomatik).
Überdrehen Filmen mit einer höheren Bildfrequenz, als sie für die Projektion vorgesehen ist. Ergibt einen Zeitlupeneffekt. Die Belichtungszeit je Einzelbild wird verkürzt.
Überspannungslampen Glühlampen, die zur Steigerung der Lichtleistung und Stabilisierung der Farbtemperatur mit erhöhter Stromspannung betrieben werden. Da sich durch die Überspannung die Lebensdauer der Lampen erheblich verkürzt, werden sie zu Einstellzwecken mit normaler Spannung betrieben.
Ultraviolettes Licht Für das menschliche Auge unsichtbarer Bereich des elektromagnetischen Spektrums zwischen etwa 400 und 10 nm. Die meisten lichtempfindlichen Schichten sind für ultraviolettes Licht empfindlich. Die natürliche UV-Strahlung im Freien ist an trüben Tagen und bei Fernsichten stärker als sonst. Sie kann sich bei Schwarzweißaufnahmen durch Unschärfe und bei Farbaufnahmen durch einen Blaustich bemerkbar machen. Um dem entgegenzuwirken, kann man ein UV-Filter vors Objektiv setzen, das die UV-Strahlung absorbiert bzw. dämpft.
Umkehrfilm Umkehrfilm liefert im Gegensatz zum Negativfilm positive Durchsichtbilder. Von Bedeutung sind vor allem die Farbumkehrfilme.
Umlaufblende Mehr oder weniger halbkreisförmige Scheibe, die vor dem Bildfenster der Kamera rotiert und dieses abwechselnd freigibt («Hellsektor» = Belichtung) und abdeckt («Dunkelsektor» = Filmtransport). Eine Sonderform der Umlaufblende ist die verstellbare Sektorenblende. In Projektoren sind Zwei- oder Dreiflügelblenden eingebaut.
Unendlich Objekte, die etwa um das 1000- bis 1500fache der Brennweite des verwendeten Objektivs von der Kamera entfernt sind, liegen im Unendlichen. Die Einstellung auf Unendlich wird auf Objektiven meist durch das Zeichen ∞ markiert.
Unschärfe Partielle Unschärfe kann durch falsche Scharfeinstellung oder Bewegung des Aufnahmegegenstands entstehen. Wenn die Kamera während der Aufnahme «verrissen» wird, kann das ganze Bild unscharf werden.
Unterbelichtung Belichtung, die zu einer nicht ausreichenden Schwärzung des Filmmaterials führt.
Unterdrehen Filmen mit einer niedrigeren Bildfrequenz, als sie für die Projektion vorgesehen ist. Ergibt einen Zeitraffereffekt. Die Belichtungszeit je Einzelbild wird verlängert.
UV-Filter Siehe Ultraviolettes Licht.

V

Varioobjektiv Siehe Zoomobjektiv.
Vergütung Zur Verminderung von Lichtreflexionen an Glas-Luft-Flächen werden die Linsen von Objektiven mit – heute meist mehrschichtigen – Antireflexbelägen versehen.
Verstärker Elektrische Schaltung, die ein Signal verstärkt, ohne seine Charakteristik zu verändern.
Vertonungsplan Liste für die Herstellung der endgültigen Tonmischung. Man erstellt den Vertonungsplan, indem man sich die endgültig geschnittene Fassung des Films ansieht und anmerkt, an welchen Filmstellen jeweils ein neuer Ton einsetzen soll.
Vierklappenvorsatz Vorsatz für Spotlights und Filmleuchten zur Begrenzung des Lichtkegels.
Vignettierung Abfall der Bildhelligkeit zu den Bildrändern hin, vor allem an den Ecken. Auch die Verschattung der Randzonen des Bildes, beispielsweise durch eine zu enge Gegenlichtblende, bezeichnet man so.
Vorratsspule Siehe Abwickelspule.
Vorsatztubus Konischer Vorsatz für Spotlights, mit dem der Lichtkegel eingeengt werden kann.
Vorspann Band am Anfang und Ende von Tonbändern und vorführfertigen Filmen, das zum Einfädeln dient und eine Beschädigung des Film- bzw. Bandmaterials verhütet.

W

Wechselobjektive Auswechselbare Objektive verschiedener Brennweiten für eine Kamera. Haupttypen sind Normalobjektiv, Weitwinkelobjektiv und Teleobjektiv. Wechselobjektive für spezielle Aufgabengebiete sind z. B. Makroobjektiv und Fernobjektiv.
Wechselsack Sack aus lichtundurchlässigem Stoff, in den man die Hände lichtdicht einführen kann, um Arbeiten mit lichtempfindlichem Material auszuführen, für die man sonst eine Dunkelkammer benötigen würde.
Weichzeichner Objektiv oder Objektivvorsatz, der durch Lichtstreuung eine leicht diffuse Bildwiedergabe erzeugt. Eignet sich vor allem für Porträtaufnahmen.
Weitwinkelobjektiv Objektiv mit großem Bildwinkel. Die Brennweite ist kürzer als die Formatdiagonale.
Wellenlänge Als Wellenlänge des Lichts bezeichnet man den Abstand zwischen zwei gleichen Phasen einer Lichtwelle. Die unterschiedlichen Wellenlängen des Lichts äußern sich in unterschiedlichen Farben.
Wicklung A und Wicklung B Verschiedene Arten der Wicklung von einseitig perforiertem 16-mm-Film. Wicklung A: Wenn die Schicht nach innen zeigt und der Film im Uhrzeigersinn abgewickelt wird, zeigt die Perforation zum Betrachter. Wicklung B (gebräuchlichere Art der Wicklung): Wenn die Schicht nach innen zeigt und der Film im Uhrzeigersinn abgewickelt wird, liegt die Perforation auf der dem Betrachter abgewandten Seite.
Wiedergabekopf Siehe Tonkopf.
Wirbelmontage Aneinanderfügen von sehr kurzen, turbulenten Einstellungen.
Wischblende Trick, der darin besteht, daß eine Szene vom Anfang der nächsten scheinbar von der Leinwand «gewischt» wird. Wischblenden können entweder mit Hilfe von Masken mit der Kamera oder beim optischen Kopieren ausgeführt werden und können horizontal oder vertikal verlaufen.

X

XL-Kamera Kameras, die Aufnahmen bei schlechten Lichtverhältnissen erlauben. Sie verfügen über ein sehr lichtstarkes Objektiv und eine Umlaufblende mit vergrößertem Hellsektor, der eine längere Belichtung des Einzelbildes gestattet.

Z

Zeitlupe Zeitliche Dehnung einer Bewegung durch Überdrehen.
Zeitraffer Zeitliche Verkürzung einer Bewegung durch Unterdrehen bzw. Aufnahmen in Einzelbildschaltung.
Zelle Ältere Bezeichnung für Zeichentrickfolie.
Zerstreuungskreise Objektpunkte, die nicht in der Schärfenebene eines Objektivs liegen, werden nicht als Bildpunkte, sondern als Zerstreuungskreise (Zerstreuungsscheiben, Unschärfekreise) abgebildet. Je kleiner die Zerstreuungskreise sind, um so schärfer erscheint das Bild. Sobald man sie nicht mehr als Punkte, sondern als Kreisscheiben wahrnimmt, spricht man von Unschärfe.
Zerstreuungslinse Bikonkave oder konvexkonkave Linsen, die die Eigenschaft haben, einfallende Lichtstrahlen divergent zu machen, d. h. auseinanderlaufen zu lassen.
Zoomfahrt Aufnahme, bei der durch Verstellen der Brennweite des Zoomobjektivs ein ähnlicher Effekt wie bei einer Fahraufnahme erzielt wird.
Zoomobjektiv Objektiv mit veränderlicher Brennweite. Gestattet innerhalb des Brennweitenbereichs die kontinuierliche Veränderung des Abbildungsmaßstabs ohne Standortwechsel.
Zweibandprojektor Projektor, der die gleichzeitige synchrone Wiedergabe einer Tonaufnahme auf Cord-/Perforband erlaubt.
Zweibandverfahren Vertonung mit einem von der Kamera getrennten Tonaufnahmegerät (Tonbandgerät, Kassettenrecorder, Cord-/Perforbandgerät). Der Ton wird also nicht auf die Magnetrandspur (Tonpiste) des Films, sondern auf einem separaten Tonträger aufgezeichnet.
Zweiformatprojektor Projektor für Super-8- und Normal-8-Filme.
Zweispurvertonung Einrichtung bei vielen Tonfilmprojektoren, die eine zweite Tonaufzeichnung auf der Ausgleichsspur erlaubt.
Zwischenringe Ringe oder Röhren aus Metall zur Auszugsverlängerung für Nahaufnahmen.
Zwischenschnitt Schnitt auf Details oder Vorgänge, die innerhalb oder außerhalb der Haupthandlung liegen oder auch nur in einem losen Zusammenhang mit der Handlung stehen.

Register

A Bout de Souffle 12
A/B-Schnitt 228
Abbildungsgröße 60, 72, 73
Abbildungsmaßstab 43
Abblenden 36, 46
Abblendung 52, 186
Abendstimmung 173
Abhörlautsprecher 235, 239
abstrakter Film 136
Achse siehe Handlungsachse
Achsensprung 74–76, 78–79, 81, 86, 145, 162–163, 224, 227
8-mm-Film 27
Action-Schnitt 217, 227
Action-Sequenz 220
additive Farbmischung 50
Akustik 123
Allen, Woody 16
Altman, Robert 30
amerikanische Nacht 108
Anamorphoten 33, 40, 256
Andruckplatte 258
Anfangstitel 204
Animationsfilm 196–203, siehe auch Zeichentrickfilm
Animationsgestell 198
Animationstitel 206
Anschluß 217
Anschlußfehler 225
Anschlußprobleme 137
Anschnittgrenzen 58
Antonioni, Michelangelo 10, 28, 53, 105
Arbeitskopie 209, 228, 229, 233, 238
ASA 52
Atmosphäre 232, 237
Audran, Stephane 84
Auf der Straße 8
Aufblasen 229, 230
Aufblendung 52, 83, 186
Aufheller 102
Aufhellicht 102, 103, 106
Aufhellschirm 108
Auflösungsvermögen 52
Aufnahmegeschwindigkeit (Ton) 111
Aufnahmekopf 120
Aufnahmepegel 246
Aufwickelspule 37
Ausblendung 83
Ausbruch des Mt. Pelée 22
Außenmessung 49, 94
Außer Atem 12, 83
Ausgang (Schwenk) 68
Ausgewogenheit (Bildaufbau) 62
Ausgleichsspur 112, 233
Ausland 169
Ausrüstung 128
 Pflege 258–259
Ausstattungsfilm 24
Aussteuerung 86, 114
Aussteuerungsanzeige 114
Aussteuerungsautomatik 114, 247
Automatische Scharfeinstellung 45
Autorennen 162, 163

Baird, John Logie 264
Balcon, Michael 28
Balgengerät 178
Balgenkompendium 39, 40, 192
Bändchenmikrofon 122
Bandgeschwindigkeit 111, 121
Barry Lyndon 95, 165
Batteriegürtel 39
Baudelaire 18
Bauten 165
Bauwerke 170
Bazin, André 28
Beatles 201
Begleitfahrt 70
Begleitschwenk 68
Beleuchter 148
Beleuchtung 82, 87–89, 103–108, 132

natürliche 89, 96
und Kamerafahrt 106
und Kamerschwenk 106
und Objektbewegung 106
für Porträts 102
Beleuchtungsanordnung 102, 106
Beleuchtungsqualität 102
Beleuchtungsrichtung 102
Beleuchtungsstärke 98
Beleuchtungstechniken, spezielle 108
Beleuchtungsverhältnisse, natürliche 96
Belichtung 66, 86, 90, 91, 94, 95, 96, 107, 132
Belichtungsautomatik 49, 90, 94
Belichtungskorrektur bei Zeitlupenaufnahmen 188
Belichtungsmesser 36, 37, 90, 91, 106
Belichtungsmessung 49, 103
 Außenmessung 49
 Detailmessung 91
 Innenmessung 49
 Integralmessung 49
 Lichtmessung 90
 Meßsysteme 49
 mittenbetonte Messung 49
 bei Objektbewegung 68
 Objektmessung 90
 Punktmessung 90
Belichtungsspielraum 52
Belichtungszeit 42
Belmondo, Jean-Paul 12
Berkeley, Busby 26
Bernhardt, Sarah 22
Bertolucci, Bernardo 6, 28, 150
Besetzung 148
Bespurung 119, 233
Bespurungsband 233
Bespurungsgerät 233
Betrachter 211, 235
bewegliche Maske 229
Bewegung, schnelle 95
Bewegungssprung 217, 226
Bewegungsschärfe 68
Bewegungswiederholung 217, 224
Bifo-Linse 184
Bild-Ton-Überschneidungen 115
Bild-Ton-Versatz 112–113, 115, 234–237
Bildaufbau 62, 145
Bildfeldaufteilung 62, 172
Bildfenster 36, 42, 113, 253, 258
Bildfrequenz 42, 25, 188
Bildgröße 33, 224
Bildplatte 264
Bildpunkt 43
Bildschärfe 44, 52
Bildschirmprojektor 251
Bildsprung 73, 83, 224
Bildstand 42
Bildwandbreite 254
Bildweite 43
Bildwinkel 43, 64, 67, 275
Blaue Engel, Der 24, 104
Blaufilter 108
Blaugrün 50
Blaustich 260
Blechbläser 125
Blende 46, 47
Blenden (Masken) 192
Blendenfeststeller 49, 91, 94
Blendenstufen 46
Blickrichtung 72, 77
Blickrichtungen, divergierende 225
Blickwinkel 61, 145, 224
Blimp 40, 113, 174
Blitz (Trickaufnahme) 164
Blitzbuchse 117
Blitzen 228
Bogdanovich, Peter 16
Bonnie und Clyde 165
Breitwand 39, 40, 230, 256
Brennpunkt 44

Brennpunkt Brooklyn 158
Brennweite 43, 47, 66, 77
 und Bildwinkel 43, 64, 275
 und Bildbewegung 67, 162
 und Perspektive 67
 und Schärfentiefe 46–47, 66
 Wahl 66–67
 Zoomobjektiv 44
Brennweitenverstellung, motorische 43
Bühnenlicht 95
Buñuel 24
Butch Cassidy und Sundance Kid 165

Cahiers du Cinéma 28
Capra, Frank 26
CdS-Zelle 49
Chabrol, Claude 16, 28, 84, 256
Chandler, Raymond 28
Chaplin, Charlie 22, 24, 25, 26, 127
Charakterstudien 134
Chien Andalou 24
China Syndrom, Das 30
Chrétien, Henri 24
Chronophotographie 20
Cimino, Michael 16
Cinéclair-Projektor 22
Cinéma-vérité 28
CinemaScope 28, 33, 256
Cinématographe 21
Cinerama 28
Citizen Kane 8, 26, 104, 221
Clair, René 24, 27
Cocktail für eine Leiche 210
Cocteau, Jean 181
Color-Spot-Filter 183
Cord-/Perfoband 111, 116–118, 124, 129, 135, 230, 242, 247
Cord-/Perfobandgerät 116–117, 119, 120
Covered Wagon, The 24
Crosby, Bing 22
Crown Film Unit 27
Cukaloris 103
Cutterin 228

Daguerre, Louis 18
Daguerreotypie 18
Dali, Salvador 24
Darsteller 148, 149
Deer Hunter, The 16
Defekte, technische 258, 260
Dekorationen 165
Delluc, Louis 24
Der Schlächter 256
Detailmessung 91
Dezibel 110
Diagonalen, gegenläufige 62
Dialog 61, 76, 77, 135, 140, 237, 243
Dialogaufnahmen 76–77
Dialogszene 237, 243
Dickson, W.K.L. 20
Dietrich, Marlene 26, 27, 104
Diffusbildwand 254
DIN 52
Dingpunkt 43
Dioptrienverstellung 44
Diorama 18
Disney, Walt 26, 200
Doktor Schiwago 6
Dokumentarfilm 27, 67, 138
Dolby-Rauschunterdrückungssystem 121, 126
Dolly 70, 71
Don't Look Now 14
Doppel-8-Film 33, 41
Doppel-8-Kameras 41
Doppelbelichtung 187
Doppelgänger-Aufnahmen 193
Doppelkeilschliff-Klebepresse 237
Doppel-Super-8 35
Douglas, Michael 30

Dowshenko, Alexander 24
Dr. Mabuse, der Spieler 24
Dreharbeiten 141, 149
Drehbuch 140, 146, 147, 148
Drehbuchautor 146
Drehbuchfilm 140, 142
Drehliste 149, 228
Drehort 148
Drehplan 141, 146, 148, 149, 210
3-D-Verfahren 28
Dreiflügelblende 251, 253
Dreischichten-Farbfilm 26
30-m-Kassette 132
Dreyer, Carl 24
Dritte Mann, Der 152
Dropouts 237
Dual-Color-Filter 183
Duellists, The 16, 105, 156
Duoplay-Automatik 112, 233, 247, 250
Durchsichtsucher, optischer 48
Dynamik, filmische 140

Ealing Studios 28
Eastman, George 20, 33
Easy Rider 30
Echo 19
Echoeffekt (Titel) 206
Echokammer 126
Echotitel 206
Edison, Thomas 20, 33, 40
Effektbeleuchtung 104
Effektfilter 182–184
Effektlicht 102–105
Einbandverfahren 34, 111–112, 115–116, 128, 232, 234–237
Einbandverfahren, Projektion beim 112
Einbeinstativ 57
Einblendregler 237, 247, 250
Einblendtitel 206
Einblendung, weiche (Ton) 245
Einfädelautomatik 250, 255
Einfädelöffnung 252, 253
Einführung in den Schauplatz 144
Einschubszenen 79, 83
Einstellscheibe 45
Einstellungen, Einstellungsarten 58, 59, 60, 72–85
Einstellungsdauer 218
Einstellungswechsel 60, 61
1:1-Kontakt 119
Einwachsen des Films 230
Einzelbildautomatik 189
Einzelbildprojektion 250, 252
Einzelbildschaltung 189, 206
Eisenstein, Sergej 24, 26, 207, 223
elektronische Perforation 129
elektronische Startmarkierung 118
elektronischer Schneidetisch 239
Elliot, Eric 257
empfindlichkeitssteigernde Entwicklung 95, 208, 230
Emulsion 51
Endbearbeitung 207–230
Endtitel 204
Entfernungsautomatik 45
Entfernungseinstellring 43, 44
Entlastungsschlaufe 113
Entmagnetisierungsdrossel 115
Equalizer 126
Erde 24
Erinnerungsfilm 130
Erschütterungen der Kamera 56
europäischer Film 24
Explosionen 157

Fahraufnahme 70, 71, 150
Fairbanks, Douglas 22, 24, 26
Familienfilm 130
Fangspule 252, 253
Faradaysches Rad 18
Farbe 10, 50, 63

REGISTER

Farbfilm 52, 272–273
Farbfilter 183
Farbgestaltung 63
Farbharmonie 50, 63
Farbkontrast 50
Farbkreis 50
Farbspektrum 63
Farbstich 92
Farbstoffbild 51
Farbtemperatur 92, 107
Farbtemperaturmesser 92
Farbtöne 50
Farbverschiebungen 208
Federwerkskamera 38
Fehler und Störungen 260
Fehlmessungen 91
Feinschnitt 215
Fernauslöser 174
Ferner Donner 29
Fernobjektiv 174
Fernsehaufnahmen 129
Fernsehen 28
Fernsehfilme 38
Fernsteuerung 159, 174
festbrennweitiges Objektiv 43
Feuer (Trickaufnahme) 164
Feuer, offenes 95
Feyder, Jacques 24
Fields, W.C. 22, 154
Film (Gattungen):
 abstrakter 136
 Animations- 196–203
 Ausstattungs- 24
 Dokumentar- 27, 67, 138
 Drehbuch- 140, 142
 Erinnerungs- 130
 Familien- 130
 Fernseh- 38
 Film d'art 22
 Film d'auteur 16
 Film noir 27
 Film-Essay 136
 Filmkomödie 154
 Hochzeits- 132
 Kompilations- 130
 Kurz- 22, 136–137, 167
 Literaturverfilmung 146
 Propaganda- 27
 psychoanalytischer 24
 Reise- 168
 Science-fiction- 30
 Spiel- 140, 148
 Sport- 160–163
 Straßen- 24
 Tier- 174, 175
 Unterwasser- 176–177
 Urlaubs- 144, 166
 Zeichentrick- 196–203
Film (Material) 50–52, 272–273
 8-mm- 27
 Doppel-8- 33, 41
 doppelseitig perforierter 38
 Dreischichten-Farb- 26, 51
 einseitig perforierter 38
 Entwicklung 208
 Farb- 52, 272–273
 Formate 33, 112
 35-mm- 27, 40
 höchstempfindlicher 95
 Kunstlicht- 52, 92, 108
 Lagerung 259
 Laufzeiten (Tabelle) 274
 Mehrschichtenfarb- 51
 Negativ- 51
 9,5-mm- 41
 Normal-8- 33, 41, 250
 Original- 209, 229
 Pflege 209
 Reinigung 209, 230, 259
 Schwarzweiß- 52, 272–273
 16-mm- 27, 38, 129

Single-8- 35, 250, 272–273
Sofort- 262
Spulen 39
Super-8- 33, 34–37, 208, 272–273
 Tageslicht- 52, 92
 technische Daten 272–273
 Type G 52, 108, 160
 Umkehr- 51, 52
Filmabtaster 264
Filmanfang 250
Filmaufbau 51
Filmbearbeitung 207–230
Filmbespurung 233
Filmbetrachter 211, 235, 239
Filmbühne 36
Filme 272–273
Filmebene 43, 44
Filmeinfädelung 250, 253, 255
Filmeinlegen 39, 41
Filmempfindlichkeit 52
Filmen ohne Drehbuch 144
Filmentwicklung 208
Filmentwicklung und -bearbeitung 207–230
Filmgalgen 214, 234
Filmklebeverfahren 212–215
Filmkopierung 208, 228, 229
Filmlaufzeiten (Tabelle) 274
Filmleuchte, netzunabhängige 108
Filmleuchten 98–101
Filmschnitt 209–222
 A/B-Schnitt 228
 Action-Schnitt 217, 227
 Arbeitskopie 209, 228, 229, 233, 238
 elektronischer Schneidetisch 239
 Feinschnitt 215
 Klebeverfahren 212–215
 Musikschnitt 242
 Negativ-Schnitt 209, 228
 Rohschnitt 215, 233
 Schneideraum 211
 Schneidetisch 239
 Schnittabfälle 215
 Schnittfehler 217, 224, 243
 Schnittkontrolle 214
 Schnittplan 210, 214, 228
 Schnittrhythmus 154, 156, 220, 242
 Schnittstellen 214, 224, 228, 242, 243
 Schnittstellenmarkierung 215
 Sprachschnitt 243
 thematischer Schnitt 221
 Tonschnitt 231–248
 Wirbelschnitt 224
Filmspulen 39
Filmstudios 24
Filmthema 131
Filmtransport 42
Filmtrick 186, 188, 192, 194
Filmvokabular 54
Filmwicklungen 39
Filter 92–93, 182–183
 Blau- 108
 Color-Spot- 183
 Dual-Color- 183
 Effekt- 182–184
 Farb- 183
 Filterfaktor 94, 182
 Gelatine- 182
 Gelb- 183
 Grau- 94, 186
 Grau-Verlauf- 94
 Konversions- 92, 107, 108
 Korrektur- 92, 93
 Nebel- 182
 Polarisations- 93, 182
 Prismenlinse 184
 Sterneffekt- 185
 Trick- 184
Filterfaktor 94, 182
Fischauge 185
Flachmodell-Animation 197

Flaherty, Robert 27
Fluid-Dämpfung 57
Flying-spot-Abtastsystem 264
Folienfilter 107
Folienklebepresse 212
Fonda, Jane 30
Fonda, Peter 30
Football 160
forcierte Entwicklung 208
Ford, John 28
Formatänderungen 230
fotografische Flinte 19, 20
Fotolampen 99
Fotoobjektiv 174
Fotowiderstand 49
Frequenzumfang 110
Friedkin, William 158
Friktionsdämpfung 57
Frontglied 43
Frontprojektion 195
Froschperspektive 63
Früchte des Zorns 28
Füller (Ton) 237
35-mm-Film 27, 40
35-mm-Kameras 40
15-m-Kassette 132
Fußball 160

G.P.O. Film Unit 27
Gamma 52
Gance, Abel 24
Ganggeschwindigkeit 42, 83
Ganzgroß 59
Geburt einer Nation 22
Gegenlichtaufnahmen 88, 91
Gegenlichteffekte 95
Gegenlichtkorrektur 91
Gegenschnitt 60, 68, 79, 80, 81, 82, 83
Gegenschnitt/Reaktion 79, 81, 82, 83, 85
Geheimnisse einer Seele 24
Gelatinefilter 182
Gelbfilter 183
Gelbfilterschicht 51
Gelbstich 92
Geräuscheffekte 111, 158, 242
Geräuschkulisse 115, 122
gesättigte Farben 50
gestreutes Licht 105
geteilte Leinwand 193
Getriebekopf 40, 57
Gier 25
Glanzlichter 108
Glas 88
Glasfilter 182
Glühlampen 99
Godard, Jean-Luc 12, 16, 28, 31, 83
Gradation 52
Graufilter 94, 186
Grau-Verlauffilter 94
Grease 30
Greifer 36, 253
Griffith, D.W. 22, 23
Groß 59
Große Illusion, Die 27
Grundfarben 50
Grundobjektiv 43, 64, 178
Grundrauschen 114, 115, 121, 126
Guinness, Alec 154
Gummilinse 43

Haftbuchstaben 204
Halbnah 59
Halbtotale 59, 144
Hallensport 160
Hallfeder 126
Hallplatte 126
Handbelichtungsmesser 90
Handkamera 51
Handlung 140, 146
Handlungsachse 72, 74, 75, 76, 78, 79, 86, 145, 160, 162, 227

Handlungssprung 226
Handlungsverkürzung 226
Handwerk (als Filmthema) 136
harte Tonblenden 246
hartes Licht 98
Hauptlicht 102, 103, 104, 106
Hellsektor 42
Hepworth Company 22
Heranzoomen 65, 67, 137
Hertz 110
Hinterbandkontrole 126, 246
Hintergrund 94
Hintergrundausleuchtung 103
Hintergrundgeräusche 115, 237
Hitchcock, Alfred 210
Hitze 97
Hochgeschwindigkeitskamera 38
höchstempfindlicher Film 95
Hochzeitsfilm 132
hoher Kamerastandpunkt 63
Hollywood 16, 24, 28, 104
Holzbläser 125
Horizontalschwenk 68, 69
Hörkopf 120
Hörprobe 123
120-m-Kassetten 39
Hyperfokalentfernung 46

Ichikawa, Kon 28
Impulskabel 116
Impulsverfahren 116, 117, 119
Ince, Thomas H. 22
indirektes Licht 105, 106
Innenaufnahmen 108, 133
Innenmessung 49, 90, 94
Innenräume 171
Integralmessung 49, 90, 91
Intensitätsverfahren 110
Intermediate 230
Internegativ 230
Intervalltimer 189
Interview 138, 226
Intoleranz 22, 24
Irisblende 83
Iron Horse, The 24
Iwan der Schreckliche 26
James Bond-007 jagt Dr. No 195
James, Henry 146
Jannings, Emil 24
Jazzsänger, Der 26
John Grierson 27
Jolson, Al 26

Kabinett des Dr. Caligari, Das 24
Kalotypie-Verfahren 18
Kamera(s) 34–45
 Bewegung 95
 Doppel-8- 41
 Federwerks- 38
 35-mm- 40
 Haltung 56
 Hand- 56
 Hochgeschwindigkeits- 38
 Kameratasche 258
 Kauf 128
 Marktübersicht 266–269
 Microcomputer- 37
 Position 60, 72, 76, 132, 224
 Stützen 56
 quarzgesteuerte 117, 119
 Reinigung 258
 16-mm- 38, 39, 269
 Studio- 40
 subjektive 14, 24, 220
 Super-8- 36, 114, 266
 technische Daten 266
 Video- 265
 XL- 42, 46, 48, 49, 95, 105, 108, 131, 160
Kamerabewegung 95
Kameraeinstellungen 58, 59, 60, 72–85

284

REGISTER

Kamerafahrt 67, 70, 71, 79, 150, 170
   Fahrtgeschwindigkeit 71
Kamerahaltung 56
Kamerahöhe 77
Kamerakauf 128
Kameramann 148
Kameraobjektiv 43, 258
Kameraposition 60, 72, 76, 132, 224
   bei Sportfilmen 160, 161
Kamerastützen 56
Kampfszenen 156
Kassettenprojektor 251
Kassettenrecorder 119, 121, 237
Kassettentonband 121
Keaton, Buster 22, 25
Keilschliff-Klebepresse 213
Kelvin 92
Kerzenlicht 89
Keulencharakteristik 122
Keystone Studios 22
Kinder vor der Filmkamera 130–131, 167
Kinderfest 131
Kinematograph 20
Kinematoskop 18
Kino 22
Klangbeeinflussung 126
Klangfarbe 126
Klangfilter 126
Klappe 118, 148, 149, 240
Klatschkopien 214
Klavier 125
Klebepresse 212, 237, 240
Klebestellen 240
Kleinstativ 57
Klopfmarken 246
Kodachrome 26
Kohlemikrofon 122
Kollisionsmontage 24
kombinierte Zooms 64
kombinierte Zooms und Schwenks 65
kombinierter Horizontal- und Vertikalschwenk 69
Komik im Film 154
Kommentar 138, 244, 246, 247
Kommentareinblendung 247
Komödie 24
Kompander 126
Kompendium 39, 40, 192
Kompilationsfilm 130
Komplementärfarben 50
Kondensatormikrofone 122
Kontaktkopiermaschine 229
Kontinuität, filmische 72, 86, 137, 149, 217, 225
   Kontinuität der Bewegung 86
   Kontinuität von Ton und Bild 86
   Kontinuitätsfehler 86, 225
Kontrastumfang 52
Kontrastwiedergabe 52
Konversionsfilter 92, 107, 108
Kopfhörer 116
kopfstehende Kamera 188
Kopftrommel 265
Kopiermaschine 228, 229
Kopierwerk 230
Körnigkeit 52
Körperstativ 56, 129
Korrekturfilter 92, 93
Korrekturkopie 229
Kostüme 165
kräftige Farben 63
Kranaufnahme 70, 71
Krieg der Welten 30
Kristallmikrofon 122
Kristallperlwand 254
Krönung Eduards VII 22
Kubrick, Stanley 30, 95
Kugeleinschläge 157
Kugelgelenkkopf 57
Kuleschow 24
Kunstlicht 89, 99–108

Kunstlichtfilm 52, 92, 108
Kurosawa, Akira 28, 29
kurzbrennweitige Objektive 43
Kurzfilm 22, 167
Kurzfilm, themenbezogener 136–137, 167
La Passion de Jeanne d'Arc 24
Laden von Kassetten bei Dunkelheit 39
Ladykillers 154, 155
Lagerung von Filmmaterial 259
Lambertsches Enternungsgesetz 98
Landschaft 172
Lang, Fritz 24, 25
langbrennweitige Objektive 43
Langlochband 238
Laterna magica 18
Laufbildbetrachter 211
Laufwerk 36
Lautsprecher (Tonfilmprojektion) 255
Lautstärke 110
Lautstärkeverhältnis 246
Lawman, The 157
Lean, David 6
Leben eines amerikanischen Feuerwehrmannes, Das 22
Lebensrad 18
Leerspulen 211
Leichtstativ 57
Leinwand 254
Leittextmethode 246
Lemmon, Jack 30
Leni, Paul 24
Lenin 24
lentikulare Bildwand 254
Letzte Mann, Der 24
Letztes Jahr in Marienbad 1961, 29
Leuchtenfilter 107
Leuchtstofflampen 108
Licht: Bühnen- 95
   Gegen- 88, 91
   gestreutes 105
   hartes 98
   indirektes 105, 106
   Kerzen- 89
   Kunst- 89, 98, 107
   Mini- 95
   Misch- 92, 107, 108
   Neon- 108
   Tages- 107
   weiches 98
Licht- und Farbausgleich 229
Lichtbildwand 254, 255
   Aufstellung 255
   Einkaufsratgeber 254
Lichtempfindlichkeit 52
Lichthofschutzschicht 51
Lichtmessung 90, 106
Lichtsäume 108
Lichtstärke (Projektionsobjektiv) 250, 253
Lichtstärke 46
Lichtton 110, 229, 250
Lichttonwiedergabe 251
Lichtverhältnisse, schlechte 138
Linienführung 62
Linsenpapier 258
lippensynchron 111
Literaturverfilmung 146
Liveton 111, 135, 149, 232
Lizenzhonorar 146
Lloyd, Harold 22, 25
Lom, Herbert 154
Lombard, Carole 22
Lubitsch, Ernst 24, 26
Luftaufnahme 180
Luftbild 45
Lumière, Auguste 21
Lumière, Louis 20

Magenta 50
Magnetfilm 129, 230
magnetische Bildaufzeichnung 264
Magnetspur 111, 229

Magnetton 110, 229
Magnettonkopien 110
Mahler, 88–89
Make-up 165
Makroaufnahme 144, 178, 179
Makro-Einstellung 43
Malle, Louis 28
Mamoulian, Rouben 26
Mann mit der Kamera, Der 24
Männer von Aran, Die 27
Mannschaftsspiele 160
Marey, E.T. 20
Marktübersicht Super-8- und Single-8-Kameras 266–269
Marktübersicht Super-8- und Single-8-Projektoren 270–271
Maske, bewegliche 192
Maske für Breitwandverfahren 256
Masken 33, 192
Massenkopien 230
Mastroianni, Marcello 105
Mattscheibe 45
Maugham, Somerset 24
Mehrformatprojektor 250
Mehrspur-Tonbandgerät 126
Meissonier 19
melodramatische Beleuchtung 104
MGM 25
Microcomputer-Kamera 37
Mikrofon(e) 110, 114, 122, 125
   Aufstellung 123, 125
   drahtloses 122
   Galgen 114
   Impedanz 123
   mehrere 125
   Position 114, 244
   Stativ 114
   Typen 114, 122
Mikroprismenraster 45
Mikroskopaufnahmen 178
Million, Die 27
Minilicht 95
Mischen mehrerer Tonquellen 246
Mischen und Überspielen im Projektor 247
Mischen und Überspielen im Zweibandverfahren 248
Mischlicht 92, 107, 108
Mischpult 125
Mischung 244–248, 250
mittenbetonte Messung 49, 91
Mizoguchi, Kenji 28
Moana 27
Modell, Vorsatz- 194
Modell-Animation 197
Modellaufnahmen 190, 191
Modelle, bewegte 191
Modelle, statische 190
Montage 12, 24, 54, 80–86, 209–222, 223, 226, 236
   Kollisions- 24
   Parallel- 22, 54, 82, 142
   symbolische 222
   Techniken 83
Mosaik-Szenen 193
Motorklebepresse 213
Motor-Zoom 43, 64
Moy-and-Bastie-Kamera 22
Multiplay 121, 126, 246
Munsterberg, Hugo 249
Murnau, F.W. 24
Musik auf Zeit fahren 247
Musikaufnahmen 111, 123, 124, 242, 245–247
Musikeinblendung, weiche 245
Musikinstrumente 125
Musikuntermalung 242
Muster 214
Mutaskop 18
Mutter 24, 222
Muybridge, Eadweard 19

Nachhall 125
Nachstellen der Schärfe 66, 150
Nachtaufnahmen, «getürkte» 108
Nachtszenen 108
Nachvertonung 111, 121, 232, 244
Nah 59
Nahaufnahmen 60, 77
Nahbereich, extremer 178
Nahlinse 178
Nah-Unendlich-Punkt 46
Nanuk, der Eskimo 27
Naßklebepresse 212, 213
Naßkopierung 229
naturalistische Beleuchtung 105
natürliche Beleuchtung 105
Naturtitel 167, 206
Nebel 97
Nebel, künstlicher 164
negatives Zoom 65
Negativfilm 51
Negativschnitt 209, 228
Negativschnitt, einfacher 228
Neigekopf 57
Neonlicht 108
Neue Welle 12, 28
9,5-mm-Film 41
nichtsynchronisierter Ton 245
Niedervolt-Halogenlampe 253
Niepce, Joseph Nicéphore 18
Nierencharakteristik 122
Nikolaus und Alexandra 165
Normal-8-Film 33, 41, 250
Normalobjektiv 43
Nouvelle vague 12, 28
Nummernblatt 202

Objektbewegung 68, 94
   und Brennweite 67
Objektiv(e): 43, 258
   Bildwinkel 43, 64–65, 66–67, 275
   Blende 36, 66, 186
   Brennweite 43, 66–67
   Fern- 174
   festbrennweitige 43
   Foto- 174
   Grund- 43, 64, 178
   kurzbrennweitige 43
   langbrennweitige 43
   Lichtstärke 46
   Makro- 43, 178, 179
   Normal- 43
   Projektions- 252, 253, 270
   Projektions-Zoom- 253
   Reinigung 258
   Revolverkopf 43
   Tele- 66, 77, 174
   Tele-, extremes 185
   Ultra-Weitwinkel- 185
   Vario- 43, 44, 46, 64–65, 67
   Vorsätze 184
   Weitwinkel- 43, 47, 66, 77
   Zoom- 43, 44, 46, 64–65, 67
   Zusatz- 129
Objektivblende 36, 66, 186
Objektivrevolver 43
Objektivtubus 43
Objektivvorsätze 184
Objektmessung 90
Off-Geräusche 111
Off-Kommentar 135
Off-Monolog 61
Olympiade 27
On the Show 26
optische Kopiermaschinen 229
optischer Durchsichtsucher 48
Orangestich 260
Orientierung 219
Originalfilm 209, 229
Originalton 111, 135, 149, 232
Ortssprung 88
Ozu, Yasujiro 28

REGISTER

Pabst, G.W. 24, 223
Panoramaschwenk 68–69
Panzerkreuzer Potemkin 24, 223
Parallaxe 48
Parallelmontage 22, 54, 82, 142
Paramount 27
Pathé 22, 24
Peckinpah, Sam 16
Perfoband siehe Cord-/Perfoband
Perforationslöcher 36
Perspektive 67
Perspektive und Brennweite 67
Pfeiltrick 156
Phantasmaskop 18
Phenakistoskop 18
Phototape-Kassette 262
Pickford, Mary 22, 24, 26
Pilottonverfahren 112, 116, 117
Pistentonfilm 237
Pistentonverfahren 232
Plateau, J.A.F. 18
Playbackverfahren 124
Player (Polavision) 262
Polarisationsfilter 93, 182
Polavision 262–263
Polyvision 24
Porter, Edwin S. 22
Praxinoskop 19
Primärton *siehe* Originalton
Prismenlinse 184
Probeaufnahmen 148, 149
Proben 148, 149
Programmsteuerung 247, 250
Projektion 249–256
Projektion, Checkliste 255
Projektionsabstand 254
Projektionsbild 254
Projektionsbild, schlechtes 260
Projektionsbildhelligkeit 250, 253
Projektionslampe 253
Projektionsobjektiv 252, 252, 270
Projektionstisch 255
Projektions-Zoomobjektiv 253
Projektor 32, 112, 237, 250, 252, 259, 270
Projektor, Reinigung und Pflege 259
Propaganda-Dokumentarfilm 27
Prügelszene 156
psychoanalytischer Film 24
Pudowkin, W.I. 24, 109, 222
Puffer-Szenen 227
Punktlicht 106
Punktmessung 90

Quarzgenerator 129
quarzgesteuerte Kamera 117, 119
quarzgesteuerter Kassettenrecorder 117
Quarzsteuerung 116, 117, 119, 129

Randnummern 209, 214, 228
Rashomon 28
Rauch, künstlicher 164
Rauschunterdrückungssysteme 126
Ray, Satyajit 28, 29
Realtitel 167, 206
Reed, Carol 152
Reflektorleuchte 103
Reflektortypen 98
Reflexionswinkel (Leinwand) 254
Reflex-Meßsystem 37
Reflexsucher 37, 48
Reflexsystem 45
Regen 96
Regen, künstlicher 164
Regenerierung 230
Regie 148
Regieanweisungen 149
Regisseur 16, 148
Regisseurkult 29
Reinigung der Filmführung 258
Reinigung der Kamera 258

Reinigung des Films 259
Reinigung des Objektivs 258
Reinigung des Tonkopfes 258
Reise zum Mond, Die 22
Reisefilm 166–169
Reißschwenk 68
Reiß-Zoom 159
Reisz, Karel 231
Renoir, Jean 24, 27
Reprogestell 196
Requisiten 156, 165
Resnais, Alain 28, 29
Revolverkopf 43
Richtcharakteristik 122
Richtmikrofon 114, 125, 129
Riefenstahl, Leni 27
RKO-Studios 8
Roeg, Nicholas 14
Roget, Peter Mark 18, 32
Rohmer, Eric 28
Rohschnitt 215, 233
Rollenbesetzung 148
Rollenklebepresse 212
Rolltitel 205
Rom, offene Stadt 28
Rossellini, Roberto 28
Rote Wüste, Die 10, 105
Rückblende 72, 146, 221
Rücklaufverfahren 188
Rückprojektion 195
Russell, Ken 6, 88
Rutschsicherung für Stativ 57

Saiteninstrumente 125
Saturday Night Fever 30
Scarface 12
Schallschutzgehäuse 113
Schallschutztasche 114, 129, 174
Schärfe 52
Scharfeinstellung 43–45
  automatische 45
  bei Kamerafahrt 150
  Einstellring 43, 44
  Einstellscheibe 45
  Luftbild 45
  Nachstellen der Schärfe 66, 150
  Systeme 45
  selektive 46, 66
  unter Wasser 177
Schärfentiefe 44, 46, 47, 66, 275
Schärfentiefentabellen 275
Schauplatz 146
Schicht 51
Schichtträger 51
Schießen Sie auf den Pianisten 29
Schlacht am Midway 28
Schlachter, Der 84–85
Schlagzeug 125
Schlußklappe 149
Schminke 165
Schnee, künstlicher 164
Schneeaufnahmen 97, 172
Schneideraum 211
Schneidetisch 239
Schnitt 209–222, siehe auch Filmschnitt, Montage, Tonschnitt
Schnitt nach Musik 242
Schnitt nach Sprache 243
Schnitt nach Thema 221
Schnitt, harter 226
Schnittabfälle 215
Schnittbildindikator 45
Schnittfehler 217, 224, 243
Schnittkontrolle 214
Schnittplan 210, 214, 228
Schnittrhythmus 154, 156, 220, 242
Schnittstellen 214, 215, 224, 228, 242, 243
Schnittstellenmarkierung 215
Schockeffekt 59, 223
Schrägspur-Aufzeichnung 265

Schriftschablonen 204
Schulterstativ, Schulterstütze 56, 129
Schuß-Gegenschuß 76
Schutzbeschichtung 230
Schwarzfilm 228
Schwarzweißfilm 52
Schwelltitel 209
Schwenk 57, 65, 68–69, 106, 170
Schwenkgeschwindigkeit 68
Schwenkkopf 57
Schwertkampfszene 156
Schwingspiegelverschluß 39, 42, 46, 48, 184
Science-fiction-Film 30
Scott, Ridley 16, 156
Scriptgirl 149
Sebastiane 30
16-mm-Film 37, 38, 129
16-mm-Kamera 38, 39, 269
16-mm-Projektor 251
16-mm-Schneidetisch 239
60-m-Kassette 39, 112
Seitenverhältnis 28, 33, 230, 256
Sektorenblende 42, 46
  verstellbare 42, 46, 66, 186
Selbstbespurung 233
Selbstverarbeitung 208
selektive Scharfeinstellung 46, 66
Selektivmessung 91
Sennett, Mack 22
Sequenz 16, 72–73, 84–85, 130, 220
Sidney, Sylvia 25
Sieben Samurai, Die 29
Silberbild 51
Silberhalogenide 51, 52
Silberleinwand 254
Silhouettenaufnahme 88
Simultanhandlung 82
Single-8-Film/Format 28, 35, 250, 266, 272–273
Singstimme 125
Skladanowski, Max 20
Sofortfilmverfahren 262
Sommer 97
Sonderentwicklung 208, 230
Sonnenuntergang 96
Spannung 82
Spannungsaufbau 142, 152, 153, 219, 220
Spektrum 50
Sperrgreifer 42
Spezialeffekte 164
Spezialtechniken 181–206
Spiegelblende 46, 48
Spiegeltrick 194, 206
Spiegelung 88
Spielfilm 140, 148
Spielfilmhandlung 140
Spielregel, Die 27
Spinne (Spreizsicherung für Stativ) 57, 129
Spitzenwertanzeige 114
Sportfilm:
  Autorennen 162, 163
  Fußball 160
  Hallensport 160
  Mannschaftsspiele 160
  Tennis 161
Spot-Belichtungsmesser 90, 91, 129
Spotlight 98, 99, 103, 104
Sprachaufnahmen 111, 123
Sprache des Films 54
Sprachszenen 237
Sprechkopf 120
Spreizsicherung 57, 129
Sprossenschrift 110
Sprung 60
Spulentonbandgerät 111, 119, 120, 121
Spur-zu-Spur-Überspielung 247
Stabilisierungssysteme 56
Standbildkopierung 83, 229

Standortwechsel 145
Startmarkierung 118, 240, 245
Stativ 43, 56, 57, 129, 174
Stativaufnahmen 76
Stativkopf 40, 57, 69
Stativschwenk 69
Stereo 112
Stereoaufnahmen 126
Stereotonbandgerät 121, 246
Stereotonprojektor 233, 247
Sternberg, Josef von 26, 104
Sterneffektfilter 185
Stopptrick 83, 189
Störungen 260
Storyboard 141, 146, 147
Strahlenteiler 48, 90
Straßenfilme 24
Strategie der Spinne, Die 150, 151
Streik 24
Streuschirm 105
Stroboskop 18
stroboskopischer Effekt 42
Stroheim, Erich von 25
Studiokamera 40
Stufengraukeil 90
Stummfilm 210
Stummfilmbetrachter 235
Stummfilmprojektor 245, 250, 252
Stummfilmschnitt 210
Stunts 83, 156, 158
subjektive Aufnahme 76
subjektive Kamera 14, 24, 220
subjektive Kamerafahrt 70
subtraktive Farbmischung 50
Sucher 37, 44, 45, 48–49
Sucheranzeigen 49
Sucherokular 44
Super-8 33, 34–37, 132, 138
  Cordband 111, 116–118, 124, 129, 135, 238, 240, 242, 247, 248
  Cordbandgerät 116–117, 119, 120
  Film 35, 208, 272–273
  Kamera 34, 36–37, 266–269
  Kassette 34, 37, 132
  Projektoren 250, 252, 267–269
  Schneidetisch 239
  Tonfilmkamera 113, 128, 266–269
  Tonfilmkassette 34, 112, 113
  und Video 230, 264
  Vor- und Nachteile 30, 35
Super-16 39
superlichtstarkes Objektiv 95
Swanson, Gloria 22
Synchronachse 223, 238, 239–242
synchrones Anlegen von Bild und Ton 240
Synchrongeräte 245
Synchronimpuls 240
Synchronmarke 240
Synchronsteuergerät 237, 245, 248
Synchronüberspielung 240
Szenenangaben 140
Szenenbeginn 218
Szenenbeschreibung 149
Szenenende 218
Szenenfolge 72
Szenenlänge 218
Szenenliste 214
Szenennumerierung 214
Szenenordner 214, 234
Szenenübergänge 215
Szenenwiederholungen 149

T-Blenden 46, 90
Tag für Nacht 108
Tageslicht 89, 92, 96–97, 105
Tageslicht, künstliches 108
Tageslichtaufnahmen 92
Tageslichtaufnahmen, «getürkte» 108
Tageslichtbildschirm 254
Tageslichtfilm 92
Tageslichtspulen 39

REGISTER

Tageszeit 93
Talbot, Henry Fox 18
Tarnzelt 175
Taviani, Paolo und Vittorio 54
Technicolor 26
Technische Daten – Kameras 266
Technische Daten – Projektoren 270
Technische Daten – Filme 272–273
Teilbildlinse 184
Teleaufnahmen 43, 67
Telebereich, Zoom in den 44
Telefongespräche 77
Telegrafendrähte 230
Tele-Konverter 185
Teleobjektiv 66, 77, 174
Teleobjektiv, extremes 185
Telestellung 47, 64
Televorsatz 184
Tennis 161
Thalberg, Irving 25
Thaumatrop 18
Tiefenwirkung 67
Tiere in freier Wildbahn 174, 175
Tierfilm 174, 175
Tierherden 174
Titel 204–206, 229
Toland, Gregg 8
Tonaufblendung 111, 113
Tonaufnahme 110–126
Tonaufnahmegeräte 116, 117, 119, 120–121, 259
Tonaufzeichnung 110, 116, 120
Tonausblendung 111, 113
Tonaussetzer 233, 237
Tonaussteuerung 246
Tonband 110, 116, 121, 135, 232, 238
Tonbandgerät 111, 116, 120, 129, 235, 237, 245
Tonbandkassette 121, 135
Tonein- und Ausblendung, weiche 246
Toneinsatz 245, 247
Tonfilm 26, 111, 112
Tonfilmaufnahme 124
Tonfilmaufnahmen im Einbandverfahren 115
Tonfilmbetrachter 234, 235
Tonfilmkamera 112, 113
Tonfilm-Klebestellen 237
Tonfilmprojektor 119, 240, 252, 255, 270
Tonfilmschnitt 231–248
  im Einbandverfahren 234–237
  im Zweibandverfahren 238–241
Toningenieur 148
Tonkontrolle 114, 235
Tonkopf 111, 113, 115, 120
Tonkopf-Reinigungsmittel 259
Tonkoppler 245
Tonmischung 244–248, 250
Tonpiste 111, 229
Tonprojektor 247
Tonschnitt 231–248
Tonstartmarkierung 236
Tonträger 110
Tonüberblendung 111, 113, 246
Tonwerte 90
Totale 59, 144
Trägheit des Auges 32, 196
Transportgreifer 42
Transversalverfahren 110
Treatment 140, 146, 147
Triangle Company 22
Trick(s), Trickaufnahmen 186, 188, 192–194
  Blitz 164
  Feuer 164
  Filmschnitt- 226
  kopfstehende Kamera 188
  Pfeil- 156
  Rücklaufverfahren 188
  Spiegel- 194, 206
  Stopp- 83, 189

Trickmischung 246, 247
Trickregler 237, 247
Tricktisch 196, 198
Tricktitel 206
  Vordergrund- 194
  Zeichen- 198–199, 201, 202
Trickfilter 184
Triumph des Willens 27
Trockeneis 164
Trockenklebepresse 212, 237
Trockenklebung 212
Truffaut, François 16, 28, 29

Überblendeinrichtung 113
Überblendung 52, 83, 187, 227, 228
Überdrehen 83, 179, 188
Überlagerungen 229
überlappender Dialog 243
Übersichtsaufnahme 61, 80, 81, 82, 83, 170, 219
Überspannungslampen 99
Überspielung 247, 248
Überspielung von Super-8-Filmen auf Videokassetten 230
Übersteuerung 114
Ufa 24, 25
Ultra-Weitwinkelobjektiv 185
Umfahren eines ruhenden Objekts 70
Umhängemikrofon 122
Umkehrfilm 51, 52
Umlaufblende 36, 42, 253
Umrahmung 63
Umroller 239
Unendlich 44
Unheimliche Begegnung der dritten Art 30
United Artists 24
Unter den Dächern von Paris 27
Unterdrehen 83, 95, 188
Unterlage 51
Unterwasserfilm 176–177
Urheberrecht 146
Urlaubsfilm 144, 166
UV-Filter 93

Variator 43, 64
Varioobjektiv 43, 44, 46, 64–65, 67
Verbindung verschiedener Einstellungen 60
Verfilmung einer literarischen Vorlage 146, 147
Verfolgungssequenz 142, 143, 158, 219
Vergrößerungen 230
Verkleinerungen 229–230
Verlauffilter 182
Verstärkeranlagen 125
verstellbare Sektorenblende 42, 45–46, 66, 186
Vertikalschwenk 57, 68, 69
Vertonung:
  Ausgleichsspur 112, 233
  Aussteuerung 86, 114
  Bandgeschwindigkeit 111, 121
  Bespurung 119, 233
  Bild-Ton-Versatz 112–113, 115, 234–237
  Cord-/Perfoband 111, 116–118, 124, 129, 135, 242, 247
  Cord-/Perfobandgerät 116–117, 119, 120
  Dolby-Rauschunterdrückungssystem 121, 126
  Duoplay 112, 233, 247, 250
  Einbandverfahren 34, 111–112, 115–116, 128, 232, 234–237
  Einblendregler 237, 247, 250
  Geräuscheffekte 111, 158, 242
  Geräuschkulisse 115, 122
  Grundrauschen 114, 115, 121, 126
  Hinterbandkontrolle 126, 246
  Impulsverfahren 116, 117, 119
  Kassettenrecorder 119, 121, 237
  Klangbeeinflussung 126
  Klangfilter 126
  Lautstärkeverhältnis 246
  Leittextmethode 206
  Mischung 244–248, 250
  Multiplay 121, 126, 246
  Musikaufnahmen 111, 123, 124, 242, 245–247
  Nachvertonung 111, 121, 232, 244
  Originalton 111, 135, 149
  Pilottonverfahren 112, 116, 117
  Quarzsteuerung 116, 117, 119, 129
  Selbstbespurung 233
  Spulentonbandgerät 111, 119, 120, 121
  Spur-zu-Spur-Überspielung 247
  Stereoaufnahmen 121, 126, 233, 246, 247
  Tonaufnahmegeräte 116, 117, 119, 120–121, 259
  Tonaufzeichnung 110, 116, 120
  Tonausblendung 111, 113
  Tonaussetzer 233, 237
  Tonband 110, 116, 121, 135, 232, 238
  Tonbandgerät 111, 116, 120, 129, 235, 237, 245
  Tonbandkassette 121, 135
  Toneinsatz 245, 247
  Tonfilmbetrachter 234, 235
  Tonfilmkamera 112, 113
  Tonfilmprojektor 119, 240, 252, 255, 270
  Tonfilmschnitt 231–248
  Tonkontrolle 114, 235
  Tonkoppler 245
  Tonschnitt 231–248
  Überblendung 111, 113, 246
  Vertonungsplan 246, 248
Video 30, 264–265
Video-Effekte 230
Videokamera 265
Videorecorder 264, 265
Vidor, King 26
Vierklappenvorsatz 99
Vierspur-Tonbandgerät 246, 248
Visconti, Luchino 28
Vistavision 28
Vitaphone 26
Vitti, Monica 10
Vogelperspektive 63
Von Liebe besessen 28
Vor- und Nachwickelzahntrommeln 258
Vordergrundtrick 194
Vorführgeschwindigkeit 252
Vorführkopie 229
Vorlage, literarische 146
Vormagnetisierung 121
Vorratsspule 37, 253
Vorsatzmodell 194
Vorsatztubus 104
Vorspann 255
Vorsprechen 148
Vorwickelschlaufe 36, 39, 42

Walkabout 14
Warner Brothers 25
Wasserwaage 57, 69
Wechseloptik 39
Wechselsack 129
weiches Licht 98
Weichstrahler 98, 99
Weichzeichner 182
Weichzeichnereffekt 104, 105
Weitwinkelaufnahmen 67, 144
Weitwinkelobjektiv 43, 47, 66, 77
Weitwinkel-Porträtaufnahmen 67
Weitwinkelstellung 47, 64
Weitwinkelvorsatz 184, 185
Welles, Orson 8, 26, 87
Western 24, 157

Wet-gate-Kopierverfahren 229
Wetter 96, 97
  schlechtes 96
Whalers, The 200
Wicklung A 39
Wicklung B 39
Wiedergabekopf 120
Wiene 24
Wilson, Woodrow 22
Wind, künstlicher 164
Windschutz 179
Winner, Michael 157
Winterhimmel 97
Wirbelschnitt 224
Wischblenden 83, 187, 229
Wochenschau 27
Woodstock 30

XL-Kamera 42, 46, 48, 49, 95, 105, 108, 131, 160
XL-Sektorenblenden 42

Yellow Submarine 201

Zackenschrift 110
Zahntrommeln 42
Zeffirelli, Franco 16
Zeichentrickfilm 196–203
  Animation von Stimmen 203
  Aufnahme 202
  Beschleunigung 199
  Bewegung 199, 200
  Folien 198, 199, 201, 202
  Geschwindigkeit 200
  Mundstellungen 203
  Nummernblatt 202
  Schnitt und Montage 201
  Schwenks 202
  Vertonung 203
  Verwandlungen 201
  Zoomen 202
Zeitlupe 188
Zeitraffer 57, 83, 188, 189
Zeitsprung 88, 226
Zeitverkürzung 72, 83, 217, 226
Zellen 198–202
Zelluloidfilm 20
Ziel (Schwenk) 68
Zoom 159, 170, 171, 226
  Bereich 43, 64
  Zoomfahrt 64, 65
  Objektiv 43, 44, 46, 64–65, 67
Zoopraxinoskop 19
Zootiere 175
Zukor, Adolph 22
Zurückzoomen 137
Zusammenschnitt von Stumm- und Tonszenen 241
Zusatzobjektive 129
Zusatzton 232
Zweibandprojektor 251
Zweiband-Tonschnitt 238, 239, 240, 241, 242
Zweibandverfahren 111, 116, 118, 148, 230, 232, 237, 239, 243
Zweibandverfahren 16 mm 129
Zweiflügelblende 251
Zweispurprojektor 233, 246, 247
Zweispur-Tonbandgerät 126
2001: Odyssee im Weltraum 30
Zwischenringe 178
Zwischenschnitt 72, 75, 77–84, 124, 132, 139, 145, 158, 161–163, 170–171, 173, 218, 225, 226, 227, 237, 241
Zwischentitel 204

Dank

Der Autor möchte die selbstverständliche Tatsache festhalten, daß dieses Buch vor allem das Ergebnis eines Teams ist, obwohl die Fehler, falls solche vorkommen, allein mir zuzuschreiben sind. Mein Dank gilt zuerst den geduldigen und nimmermüden Herausgebern, Gestaltern, Fotografen und Dokumentalisten, deren Namen unten aufgeführt sind.
Auf dieser Liste darf Gavin Millar nicht fehlen, dessen praktische und kritische Arbeit mir beim Filmemachen während vielen Jahren echte Freude und so etwas wie Inspiration bedeutete. Ich hoffe, daß andere geschätzte Kollegen mir verzeihen werden, wenn ich nur einen von ihnen speziell erwähnt habe: Denn die größte Freude am Filme- wie am Büchermachen ist die Freude an der Zusammenarbeit.

Dorling Kindersley dankt ganz speziell Angela Murphy, welche die enorme Arbeit der Bildbeschaffung für dieses Buch bewältigt hat; Nick Collins für seine Hilfe bei der Auswahl der Bilder und für seine fotografischen Rahmenvergrößerungen zu den Sequenzen aus den Filmen; Vincent Oliver und Andrew de Lory für die vielen eigens für dieses Buch hergestellten Fotos; Les Smith und Jim Robins, die den Maßstab für die Illustrationen gesetzt und sie hergestellt haben; und Chloe Munro und Carin Vandrehle für ihre Nachforschungsarbeiten. Besonderer Dank gebührt auch Brian Castledine, Norman Carr, Gordon Thomson, Joel Finler, Yossi Bal, Sidney Smith, Lesley Gilbert, Sue Mennell, Verity Meldrum und Chris Petit.

Die Fotos in diesem Buch wurden gemacht von:
Aerofilms Ltd 180 ml, mr, ul, ur
Ardea 174 o, m
Aspect 175; 178 ol, or, ml, mr; 179 o, ml, mr, ur
David Bruton 62 uor; 63 ol; 96 mr; 172 or; 204 o, ml, ur
John Bulmer 185 mur
Amy Carroll 130 ml; 131 ol, m, u; 166 mo; 172 ur
J. Allan Cash 160 um, ul; 174 u
Brian Castledine 51; 52 m; 60 o; 66 o; 91 m; 115; 138-9; 146 m; 185 ml, mr; 206 m
David Cheshire 59 ur; 62 ul; 64 ul; 68 or; 86 ur; 91 o; 96 ml; 144-5; 168 o; 169 ol, ul; 172 ol; 173 ol, or, mol, mor; 180 o; 183 ol; 205 m, ul; 244
Chusak 1; 48 o; 50 ml; 58 o; 59 mr; 91 mr; 96 o; 97 ol, ml; 127; 164 ul; 182 mol, mor, mur, ul, ur; 183 ul, ur; 184; 185 u; 186 u; 187 o, ur; 205 o; 249
Nick Collins 52 u
Colorsport 160 mul, mur
John Couzins 47 ur; 58 u; 59 ul; 60 u; 61
Andrew de Lory 43 ur; 44 r; 46 r; 50 ul; 53; 59 or, ml; 62 o, m, ul; 63 o, ml, ul, ur; 64 or, ul; 66 mr, mr; 68 m, u; 69; 92 or; 93 ol, or; 96 u; 102; 104 mor; 108 u; 130 außer ml; 131 or, mol, mor; 146 außer m; 164 mol, mor, mur, ur; 165 m, u; 166 ur; 167; 168 m, u; 169 om, or, mol, mor, mur, ur; 172 ol; 182 ol, o, mul; 183 ol, mol, mor, ml, mr, mul, mur; 185 o; 186 m; 187 mr; 188 o, m; 189 o, m; 192-3; 224 mo; 243 ol
Christopher Dorling 63 om; 204 mr, ul
The Ronald Grant Archive 17; 18 o, ur; 19 o, ur; 22; 23 ul, ur; 27 m
Chris Harvey 86 o, m; 162-3; 224 or, uol, uor; 225 or, m, uol
Peter Higgins 98
Mat Irvine «Small Space» Collection 190; 191 o, mr, u; 195 o
Carolyn Johns 136-7; 170-1
Kingston-upon-Thames Museum 19 ur
The Kobal Collection 4; 6; 7; 16; 18 ul, mr; 20 or, m, ur; 23 o; 24 mo, mu, u; 25 o; 26; 27 or, u; 28; 29 o, ul, uor; 30 u; 31; 95 mu; 104 o; 105 mol, mor; 156 m, ul; 157 o, or, ml, mr; 164 o; 165 ol, or
David Levin 166 or, mu
Fiona MacIntyre 179 ul
Iain MacIntyre 169 mul; 178 u
Mansell Collection 21 ol, or, mr; 25 ul, ur
C.S. Middleton 19 ul; 20 ul; 22 m, u; 24 o
Ian O'Leary 108 mr
Vincent Oliver 60 mr; 65; 66 ur; 67; 70-1; 72-3; 74-5; 76-7; 78-9; 80-1; 82; 83 o, m; 93 u; 94 m; 97 ul; 104 ur; 105 mur; 132-3; 142-3; 156 o; 161; 164 ol, mul; 166 ol, ul; 181; 194 o; 196-7; 206 u; 216-7; 218; 219 o; 224 ul, ur; 225 ul, uor, u; 226-7; 236; 243 or, u
Lelio Orci 178 u
Roger Perry 33 mr; 47 or; 91 mu; 92 mr; 94 o, u; 95 o, mo, u; 97 or, ur; 134-5; 188 u; 189 u
Seaphot 176; 177
Syndication International 160 o, mol, mom, mor, ur
Malkolm Warrington 103; 107; 172 ul; 173 om, mu, ul, ur
Abkürzungen: o: oben; m: Mitte; u: unten; l: links; r: rechts

Die Filmsequenzen sind mit der freundlichen Genehmigung der folgenden Organisationen wiedergegeben:
Artificial Eye Film Company
  10-11, 105 o *Die rote Wüste* (Regie: Michelangelo Antonioni) 1964
  54-5 *Vater und Herr* (Regie: Paulo und Vittorio Taviani) 1977
  150-1 *Die Strategie der Spinne* (Regie: Bernardo Bertolucci) 1970
  256 mu *Der Rote und der Weiße* (Regie: Miklós Jancso) 1969
Connoisseur Films
  12-13, 83 u *A Bout de Souffle* (Regie: Jean-Luc Godard) 1960
  84-5, 256 u *Der Schlachter* (Regie: Claude Chabrol) 1968
Contemporary Films
  29 ur *Schießen Sie auf den Pianisten* (Regie: François Truffaut) 1960
  201 ur *Heavy Traffic* (Regie: Ralph Bakshi) 1973
  222 *Mutter* (Regie: W. Pudowkin) 1926
  223 *Panzerkreuzer Potemkin* (Regie: Sergej Eisenstein) 1925
  256 mo *Letztes Jahr in Marienbad* (Regie: Alain Resnais) 1961
EMI Elstree Studios
  87, 220 *Der Diener* (Regie: Joseph Losey) 1963
  152-3, 219 u *Der Dritte Mann* (Regie: Carol Reed) 1949
  154-5 *Ladykillers* (Regie: Michael Balcon) 1955
  194 u *Black Narcissus* (Regie: Michael Powell, Emeric Pressburger) 1946
  201 ul *Great* (Regie: Bob Godfrey) 1976
Gala Films
  33 u, 256 o *Jules und Jim* (Regie: François Truffaut) 1961
GPO Film Unit
  203 r *Color Box* (Regie: Len Lye) 1935
Imperial War Museum
  27 ol *Triumph des Willens* (Regie: Leni Riefenstahl) 1934
MGM
  30 o *2001: Odyssee im Weltraum* (Regie: Stanley Kubrick) 1968
Paramount Pictures
  2-3 *In der Glut des Südens* (Regie: Terrence Malick) 1978
  191 ml *Krieg der Welten* (Regie: Byron Haskin) 1952
RKO General Pictures
  8-9, 104, 221 *Citizen Kane* (Regie: Orson Welles) 1941
Twentieth Century Fox
  14-15 *Walkabout* (Regie: Nicholas Roeg) 1972
  158-9 *Brennpunkt Brooklyn* (Regie: William Friedkin) 1971
United Artists
  195 u *James Bond 007 jagt Dr. No* (Regie: Terence Young) 1962
  201 o *Yellow Submarine* (Regie: George Dunning, Heinz Edelmann) 1968
Visual Programme Systems Ltd
  6 u, 88-9 *Mahler* (Regie: Ken Russell) 1973
Walt Disney Productions
  200 *The Whalers* 1938

Informationen und Ausrüstungen wurden zur Verfügung gestellt von:
AIC Fototechnik, Stuttgart
Bell & Howell Ltd
Braun AG, Frankfurt a.M.
Craven Instrument Co.
Norman Dunham, Arriflex Ltd
Mr Elworthy, J.J. Silber Ltd
Eumig Industrie GmbH, Stuttgart
Fred Haskell, Pelling and Cross Ltd
Nigel Hodgson, A.V. Distributors Ltd
Peter Maw, Bolex/Eumig (UK) Ltd
Mayfair Photographic Suppliers
Ken Oberg, Kodak Ltd
Philips AG, Zürich
Photopia Ltd
Ritter Filmgeräte GmbH, Mannheim
David W. Samuelson, Samuelson Film Services Ltd
Sankyo Ltd
Technicolor Ltd

Illustrations- und Studioservice:
John Bishop
Gilchrist Studios
Hayward and Martin
Ron Pickless
Ros Pickless
Mark Richards
Jim Robins
Les Smith
Venner Artists

Fotografische Arbeiten:
Negs
Paulo Colour
W. Photoprint

Lithographien:
A. Mondadori (Verona)